中国社会科学院创新工程学术出版资助项目

中国社会科学院马克思主义理论
学科建设与理论研究工程系列丛书

马克思 恩格斯 列宁 斯大林 论欧洲文明
LUN OUZHOU WENMING

本卷主编：罗京辉

中国社会科学出版社

图书在版编目（CIP）数据

马克思　恩格斯　列宁　斯大林论欧洲文明／罗京辉主编．—北京：
中国社会科学出版社，2015.6

（中国社会科学院马克思主义理论学科建设与理论研究工程系列丛书）

ISBN 978 - 7 - 5161 - 6305 - 4

Ⅰ.①马…　Ⅱ.①罗…　Ⅲ.①马列著作 - 文化史 - 研究 - 欧洲

Ⅳ.①A567

中国版本图书馆 CIP 数据核字（2015）第 131077 号

出 版 人　赵剑英
责任编辑　赵　丽
责任校对　石春梅
责任印制　王　超

出　　　版　中国社会科学出版社
社　　　址　北京鼓楼西大街甲 158 号
邮　　　编　100720
网　　　址　http：//www. csspw. cn
发 行 部　010 - 84083685
门 市 部　010 - 84029450
经　　　销　新华书店及其他书店

印　　　刷　北京君升印刷有限公司
装　　　订　廊坊市广阳区广增装订厂
版　　　次　2015 年 6 月第 1 版
印　　　次　2015 年 6 月第 1 次印刷

开　　　本　710×1000　1/16
印　　　张　33
插　　　页　2
字　　　数　558 千字
定　　　价　108.00 元

课题组成员

（按姓氏笔画排序）

马胜利　王振华　叶　斌　田德文　刘作奎

刘　衡　江时学　吴国庆　张金岭　张　磊

罗红波　罗京辉　周　弘　赵　晨　顾俊礼

钱小平　程卫东　潘琪昌

前　言

以毛泽东、邓小平、江泽民为核心的党的三代领导集体和以胡锦涛同志为总书记的党中央始终高度重视党的理论工作，重视全党对马克思主义理论的学习和研究工作。十八大以来，以习近平同志为总书记的党中央更是把意识形态工作作为党的一项极端重要的工作来抓。

2004 年 1 月，《中共中央关于进一步繁荣发展哲学社会科学的意见》下发，并决定实施马克思主义理论研究和建设工程。为贯彻落实党中央关于把中国社会科学院努力建设成为马克思主义坚强阵地、党和国家的思想库智囊团（智库）、哲学社会科学的最高殿堂的要求，中国社会科学院党组采取了一系列重要措施。2009 年年初决定把加强马克思主义理论学科建设与理论研究作为一项重要工作来抓，并成立中国社会科学院马克思主义理论学科建设与理论研究工程领导小组。小组成立后，一方面注重抓好马克思主义理论学科组织机构的建设，设立马克思主义理论类别的研究室和中心等；同时又注重马克思主义基础理论研究；安排了马克思主义经典作家在 36 个相关领域的"专题摘编"及基础理论专题研究。

中国社会科学院推出的"马克思主义经典作家专题摘编"丛书的出版，对马克思主义理论学科建设本身，对深化我国相关科研工作，对相关部门的工作人员和广大干部群众的学习将提供便利并会产生一定的促进作用。

中国社会科学院

"马克思主义经典作家专题摘编"编委会

2015 年 1 月

序　言

罗京辉

马克思主义诞生于欧洲，是关于人类历史发展普遍规律的科学，也是指导我们认识世界、改造世界的思想武器。作为中国社会科学院从事战后欧洲研究工作的专业机构，欧洲研究所应该也必须对马克思主义经典作家的欧洲观进行系统地研究。2010 年，在我院马克思主义工程领导小组的大力支持下，欧洲研究所成立了"马克思主义与欧洲文明研究中心"。作为中心开展的第一项工作，经过反复讨论，我们决定组织由主要所领导和离退休老同志参加的课题组，首先通读马克思和恩格斯的原著，编纂一部题为《马克思、恩格斯论欧洲文明》的资料汇编；在此基础上，另外组建一个以所内中青年党员科研骨干为主的课题组，编纂一部《列宁、斯大林论欧洲文明》的资料汇编，为进一步开展马克思主义专题研究工作进行人员和资料的准备工作。在马工程领导小组的大力支持下，经过一年多的努力，资料汇编已经成稿。

课题组同志普遍感到，编纂这两部资料汇编的过程就是学习的过程。经典作家关于欧洲文明有关的论述博大精深，为了更加清晰完整的在有限的篇幅内论述他们对于欧洲文明的论点，课题组在分工通读一遍原著的基础上，经过反复讨论，确立了资料汇编的内容框架。按照欧洲文明发展的历史列好条目后，参考原著的相关内容，我们深切地体会到经典作家创造唯物主义历史观的重要意义。欧洲上下数千年的历史，在唯物史观的关照下，结构豁然开朗。确如恩格斯在纪念马克思时所说："马克思发现了人类历史的发展规律，即历来为繁芜丛杂的意识形态所掩盖着的一个简单事实：人们首先必须吃、喝、住、穿，然后才能从事政治、科学、艺术、宗教等；所以，直接的物质的生活资料的生产，从而一个民族或一个时代的一定的经济发展阶段，便构成基础，人们的国家设施、法的观点、艺术以至宗教观念，就是从这个基础上发展起来的，因而，也必须由这个基础来解释，而不是像过去那样做得相反。不仅如此。马克思还发现了现代资本主义生产方式和它所产生的资产阶级社会的特殊的运动规律。由于剩余价值的发现，这里就豁然开朗了，而先前无论资产阶级经济学家或者社会主义批评家所做的一切研究都只是在黑暗中摸索。"①

　　研究当代国际问题，唯物史观是最为科学、有力的思想武器。在全球化时代，当今世界的政治、经济、社会、文化形态高度复杂。没有科学的方法论，势必湮没在林林总总的现象之中。以欧洲研究所重点关注的"欧洲一体化"为例，西方学者普遍注意到，战后欧洲启动一体化进程，是国家形态的一次重要转型。但是，关于转型的动力，则多数仅仅归结为谋取"繁荣"与"和平"。按照经典作家的论述，"国家是整个社会的正式代表，是社会在一个有形的组织中的集中表现"，那么，国家变化的根源就应该在于社会的变化，更确切的说，在于欧洲进入国家垄断资本主义阶段之后阶级关系的变化。不从这种角度理解，就很难把握国家形态变化乃至最终消亡的根本原因。按照经典作家的论断，只有进入到消灭生产资料私有制的共产主义社会，"国家真正作为整个社会的代表所采取的第一个行动，即以社会的名义占有生产资料，同时也是它作为国家所采取的最后一个独立行动。那时，国家政权对社会关系的干预在各个领域中将先后成为多余的事情而自行停止下来。那时，对人的统治将由对物的管理和对生产过程的领导所代替。国家不是'被废除'的，它是自行消亡的。"② 那么，按照马克思主义的观点，欧洲一体化是否应该被理解为国家形态的一种转变，而不是最终消亡？再如目前不断发酵的金融危机，其实质是什么？根据列宁的论述，"20 世纪是从旧资本主义到新资本主义，从一般资本统治到金融资本统治的转折点。"③ 那么，金融危机是否应该被理解为 21 世纪资本主义经济危机的表现形式呢？我想，这些重大理论问题正是欧洲研究所应该进行深入研究的。

　　完成资料汇编工作之后，"马克思主义与欧洲文明研究中心"准备组织中青年科研骨干，以资料汇编内容为指导，进一步学习马克思主义经典

---

　　① 弗·恩格斯：《在马克思墓前的讲话》，中共中央马克思恩格斯列宁斯大林著作编译局编译：《马克思恩格斯文集》（第三卷），人民出版社 2009 年版，第 601 页。

　　② 弗·恩格斯：《反杜林论》，中共中央马克思恩格斯列宁斯大林著作编译局编译：《马克思恩格斯文集》（第三卷），人民出版社 2009 年版，第 297 页。

　　③ 列宁：《帝国主义是资本主义的最高阶段》，中共中央马克思恩格斯列宁斯大林著作编译局编：《列宁选集》（第二卷），人民出版社 1995 年版，第 612 页。

作家的论著，开展专题研究工作，以马克思主义为指导，对欧洲文明在当代的最新发展问题进入比较系统的学术研究。这样做的目的，既是为了深化与提高欧洲研究所中青年科研骨干的马克思主义理论水平，也是为了更好地用马克思主义的立场、观点、方法回应当代欧洲重大理论与实践问题。这两个方面的工作，都是为了把我院建设成为马克思主义坚强阵地的题中应有之义。

目　　录

一　欧洲古代文明

（一）阶级与国家

1. 阶级的出现和国家的形成

随着分配上的差别的出现，也出现了阶级差别。社会分为享有特权的和受歧视的阶级，剥削的和被剥削的阶级，统治的和被统治的阶级，而同一氏族的各个公社自然形成的集团最初只是为了维护共同利益（例如在东方是灌溉）、为了抵御外敌而发展成的国家，从此 PM 也就同样具有了这样的职能：用暴力对付被统治阶级，维持统治阶级的生活条件和统治条件。

> 弗·恩格斯：《反杜林论》，中共中央马克思恩格斯列宁斯大林著作编译局编译：《马克思恩格斯文集》（第九卷），人民出版社 2009 年版，第155 页。

2. 阶级的出现、国家的形成及其本质

这个问题也和所有的问题（如资本主义、人对人的剥削怎样产生，社会主义怎样出现，它产生的条件是什么）一样，要正确地分析它，要有把握地切实地解决它，就必须对它的整个发展过程作历史的考察。研究国家问题的时候，首先就要注意，国家不是从来就有的。曾经有过一个时候是没有国家的。国家是在社会划分为阶级的地方和时候、在剥削者和被剥削者出现的时候才出现的。

在第一种人剥削人的形式、第一种阶级划分（奴隶主和奴隶）的形式尚未出现以前，还存在着父权制的或有时称为**克兰制**的（克兰就是家族，氏族。当时人们生活在氏族中，生活在家族中）家庭，这种原始时代的遗迹在很多原始民族的风俗中还表现得十分明显，不管你拿哪一部论述原始文化的著作来看，都可以遇到比较明确的描写、记载和回忆，说有过一个多少与原始共产主义相似的时代，那时社会并没有分为奴隶主和奴隶。那时还没有国家，没有系统地使用暴力和强迫人们服从暴力的特殊机构。这样的机构就叫作国家。

在人们还在不大的氏族中生活的原始社会里，还处于最低发展阶段即处于近乎蒙昧的状态，在与现代文明人类相距几千年的时代，还看不到国

家存在的标志。我们看到的是风俗的统治，是族长所享有的威信、尊敬和权力，我们看到这种权力有时是属于妇女的——妇女在当时不像现在这样处在无权的被压迫的地位——但是在任何地方我们都看不到一种特殊等级的人分化出来管理他人并为了管理而系统地一贯地掌握着某种强制机构即暴力机构，这种暴力机构，大家知道，现在就是武装队伍、监狱及其他强迫他人意志服从暴力的手段，即构成国家实质的东西。

> 列宁：《论国家（1919 年 7 月 11 日在斯维尔德洛夫大学的讲演）》，中共中央马克思恩格斯列宁斯大林著作编译局编译：《列宁选集》（第四卷），人民出版社 1995 年版，第 27—28 页。

3. 现代的文明的欧洲都经过了奴隶占有制这个阶段

我们始终都要记住历史上社会划分为阶级这一基本事实。世界各国所有人类社会数千年来的发展，都向我们表明了它如下的一般规律、常规和次序：起初是无阶级的社会——父权制原始社会，即没有贵族的原始社会；然后是以奴隶制为基础的社会，即奴隶占有制社会。整个现代的文明的欧洲都经过这个阶段，奴隶制在两千年前占有完全统治的地位。世界上其余各洲的绝大多数民族也都经过这个阶段。在最不发达的民族中，现在也还有奴隶制的遗迹，例如在非洲现时还可以找到奴隶制的设施。奴隶主和奴隶——是第一次大规模的阶级划分。前一集团不仅占有一切生产资料（即土地和工具，尽管当时工具还十分简陋），并且还占有人。这个集团就叫作奴隶主。而从事劳动并把劳动果实交给别人的人则叫作奴隶。

> 列宁：《论国家（1919 年 7 月 11 日在斯维尔德洛夫大学的讲演）》，中共中央马克思恩格斯列宁斯大林著作编译局编译：《列宁选集》（第四卷），人民出版社 1995 年版，第 28—29 页。

（二）古希腊

1. 英雄时代的希腊氏族组织已开始瓦解

在英雄时代的希腊社会制度中，古代的氏族组织还是很有活力的，不过我们也已经看到，它的瓦解已经开始：由子女继承财产的父权制，促进了财产积累于家庭中，并且使家庭变成一种与氏族对立的力量；财产的差别，通过世袭贵族和王权的最初萌芽的形成，对社会制度发生反作用；奴隶制起初虽然仅限于俘虏，但已经开辟了奴役同部落人甚至同氏族人的前景；古代部落对部落的战争，已经逐渐蜕变为在陆上和海上为攫夺牲畜、奴隶和财宝而不断进行的抢劫，变为一种正常的营生，一句话，财富被当做最高的价值而受到赞美和崇敬，古代氏族制度被滥用来替暴力掠夺财富的行为辩护。所缺少的只是一件东西，即这样一个机关，它不仅保障单个人新获得的财富不受氏族制度的共产制传统的侵犯，不仅使以前被轻视的私有财产神圣化，并宣布这种神圣化是整个人类社会的最高目的，而且还给相继发展起来的获得财产从而不断加速财富积累的新的形式，盖上社会普遍承认的印章；所缺少的只是这样一个机关，它不仅使正在开始的社会分裂为阶级的现象永久化，而且使有产者阶级剥削无产者阶级的权利以及前者对后者的统治永久化。

　　而这样的机关也就出现了。国家被发明出来了。

　　　弗·恩格斯：《家庭、私有制和国家的起源》，中共中央马克思恩格斯列
　　　宁斯大林著作编译局编译：《马克思恩格斯文集》（第四卷），人民出版社
　　　2009 年版，第 125 页。

2. 提修斯所规定之制度变革及其重大意义

在英雄时代，雅典人的四个部落，还分居在阿提卡的各个地区；甚至组成这四个部落的十二个胞族，看来也还有自己单独的居住地，即凯克罗普斯的十二个城市。制度也是英雄时代的制度：人民大会、人民议事会和巴赛勒斯。从有成文历史的时候起，土地已被分割而成了私有财产，这种情形正是和野蛮时代高级阶段末期已经比较发达的商品生产以及与之相适应的商品交易相符合的。除了谷物以外，还生产葡萄酒和植物油；爱琴海的海上贸易，逐渐脱离腓尼基人的控制而大半落于阿提卡居民之手。由于地产的买卖，由于农业和手工业、商业和航海业之间的分工的进一步发展，氏族、胞族和部落的成员，很快就都杂居起来；在胞族和部落的地区内，移来了这样的居民，他们虽然也是本民族的同胞，但并不属于这些团体，因而他们在自己的居住地上被看做外人。在和平时期，每一个胞族和每一个部落都是自己管理自己的事务，也不向雅典的人民议事会或巴赛勒斯请示。但是那些住在胞族或部落的地区内而不属于这个胞族或部落的人，自然是不能参与这种管理的。

这就扰乱了氏族制度机关的正常活动，以致在英雄时代就需要设法补救。于是实行了据说是提修斯所规定的制度。这一改变首先在于，在雅典

设立了一个中央管理机关，就是说，以前由各部落独立处理的一部分事务，被宣布为共同的事务，而移交给设在雅典的共同的议事会管辖了。由于这一点，雅典人比美洲任何土著民族都前进了一步：相邻的各部落的单纯的联盟，已经由这些部落融合为单一的民族［volk］所代替了。于是就产生了凌驾于各个部落和氏族的法的习惯之上的在雅典普遍适用的民族法［Volksrecht］；只要是雅典的公民，即使在非自己部落的地区，也取得了确定的权利和新的法律保护。但这样一来就跨出了摧毁氏族制度的第一步，因为这是后来容许不属于全阿提卡任何部落并且始终都完全处于雅典氏族制度以外的人也成为公民的第一步。据说是提修斯所规定的第二个制度，就是把全体人民，不问氏族、胞族或部落，一概分为 Eupatriden 即贵族、Geomoren 即农民和 Demiurgen 即手工业者三个阶级，并赋予贵族以担任公职的独占权。不过这一划分，除了由贵族担任公职以外，并没有起什么作用，因为除此以外，它并没有规定各个阶级之间的任何权利上的差别。但它有着重大的意义，因为它向我们展示了新的、悄悄发展起来的社会要素。它表明，由一定家庭的成员担任氏族公职的习惯，已经变为这些家庭担任公职的无可争辩的权利；这些因拥有财富而本来就有势力的家庭，开始在自己的氏族之外联合成一种独特的特权阶级；而刚刚萌芽的国家，也就使这种霸占行为神圣化。其次，它表明，农民和手工业者之间的分工已经如此牢固，以致以前氏族和部落的划分在社会意义方面已不是最重要的。最后，它宣告了氏族社会和国家之间的不可调和的对立；建立国家的最初企图，就在于破坏氏族的联系，其办法就是把每一氏族的成员分为特权者和非特权者，把非特权者又按照他们的职业分为两个阶级，从而使之互相对立起来。

弗·恩格斯：《家庭、私有制和国家的起源》，中共中央马克思恩格斯列宁斯大林著作编译局编译：《马克思恩格斯文集》（第四卷），人民出版社2009年版，第126—128页。

3. 商品生产发展及货币的出现

业已出现的对畜群和奢侈品的私人占有，引起了单个人之间的交换、使产品变成了商品。这就包含着随之而来的全部变革的萌芽。……随着商品生产，出现了个人单独经营的土地耕作，以后不久又出现了个人的土地所有制。随后就出现了货币，即其余一切商品都可以与之交换的普遍商品。

但是当人们发明货币的时候，他们并没有想到，这样一来他们就创造了一种新的社会力量，一种整个社会都要向它屈膝的普遍力量。……古老的氏族制度，不仅无力反对货币的胜利进军，而且也绝对没有办法能在自己的结构内部给货币、债权人、债务人以及逼债等找到立足之地。但是新的社会力量已经存在；挽回旧的美好时光的虔诚愿望和渴望，都没有能再把货币和高利贷从世界上消除。而且，在氏族制度中已经打开了一系列其他的次要缺口。在全部阿提卡境内，特别是在雅典城本身，各氏族和胞族的成员相互杂居，已经一代比一代厉害了，尽管这时雅典人仍然只能把土地而不能把自己的住宅卖给本氏族以外的人。随着工业和交换的进一步发展，各种生产部门——农业、手工业（在手工业内又有无数行业）、商业、航海业等——之间的分工日益充分地发展起来；居民现在依其职业分成了相当稳定的集团；其中每个集团都有好多新的共同的利益，这种利益在氏族或胞族内是没有存在的余地的，因而就需要创设新的公职来处理这种利益。奴隶的数量已经大大增加，那个时候肯定就已经远远超过自由的雅典人的数量；氏族制度最初并没有奴隶制，因而也就没有控制这大批非自由人的手段。最后，贸易把许多外地人吸引到雅典来，这些外地人是为了易于赚钱而定居这里；按照旧制度，他们既没有权利，也不受法律保护，所以尽管有传统的容忍精神，他们仍然是人民中间令人不安的异己分子。

弗·恩格斯：《家庭、私有制和国家的起源》，中共中央马克思恩格斯列宁斯大林著作编译局编译：《马克思恩格斯文集》（第四卷），人民出版社2009年版，第129—131页。

4. 氏族制度已经走到了尽头

……氏族制度已经走到了尽头。社会一天天成长、越来越超出氏族制度的范围，即使是最严重的坏事在它眼前发生，它也既不能阻止，又不能铲除了。但在这时，国家已经不知不觉地发展起来。最初在城市和乡村间，然后在各种城市劳动部门间实行的分工所造成的新集团，创立了新的机关以保护自己的利益；各种公职都设置起来了。这时，年轻的国家首先就需要一支自己的军事力量，而在操航海业的雅典人中间，起初只能是一支海上的军事力量，用以进行个别的小规模战争和保护商船。在梭伦以前的一个不能确知的时期，设置了诺克拉里，即小规模的区，每个部落设十二个；每一诺克拉里必须提供一只战船，配备上武器和船员，此外，还要提供两个骑士。这种设置对氏族制度起了双重的破坏作用：第一，它造成了一种已不再直接等同于武装起来的全体人民的公共权力；第二，它第一次不依亲属集团而依共同居住地区为了公共目的来划分人民。

弗·恩格斯：《家庭、私有制和国家的起源》，中共中央马克思恩格斯列宁斯大林著作编译局编译：《马克思恩格斯文集》（第四卷），人民出版社2009年版，第131页。

5. 梭伦的政治革命及其制度安排

既然氏族制度对于被剥削的人民不能有任何帮助，于是就只有期望正在产生的国家。而国家也确实以梭伦制度的形式给予了这种帮助，同时它又靠牺牲旧制度来增强自己。梭伦揭开了一系列所谓政治革命，而且是以侵犯所有制来揭开的……迄今的一切革命，都是为了保护一种所有制而反对另一种所有制的革命。它们如果不侵犯另一种所有制，便不能保护这一种所有制。……在梭伦所进行的革命中，应当是损害债权人的财产以保护债务人的财产。债务简单地被宣布无效了……

……现在必须防止这种使自由的雅典人变为奴隶的情形重演。这一点，首先是通过普遍实行的措施而做到的，例如禁止缔结以债务人的人身作抵押的债务契约。此外，又规定了个人所能占有的地产的最大数额，以便至少把贵族对于农民土地的无限贪欲限制一下。然后又对制度本身作了修改；对我们说来，最重要的有以下几点：

议事会规定由400人组成，每一部落为100人；因此在这里，部落依然是基础。不过这是新的国家组织从旧制度中接受下来的唯一方面。至于其他方面，梭伦把公民按照他们的地产和收入分为四个阶级；500、300及150袋谷物（1袋约等于41公升），为前三个阶级的最低限度的收入额；只有较少地产或完全没有地产的人，则属于第四阶级。一切公职只有三个上等阶级的人才能担任；最高的公职只有第一阶级的人才能担任；第四阶级只有在人民大会上发言和投票的权利，但是，一切官吏都是在这里选出的，一切官吏都要在这里报告自己的工作；一切法律都是在这里制定的；而第四阶级在这里占多数。贵族的特权，部分地以财富特权的形式得到更新，但人民却保留有决定的权力。此外，四个阶级都是新的军队组织的基础。前两个阶级提供骑兵，第三阶级提供重装步兵，第四阶级提供不穿甲胄的轻装步兵或在海军中服务，大概还领薪饷。

这样，在制度中便加入了一个全新的因素——私有财产。公民的权利和义务，是按照他们的地产的多寡来规定的，于是，随着有产阶级日益获得势力，旧的血缘亲属团体也就日益遭到排斥；氏族制度遭到了新的失败。

然而，按照财产来规定政治权利，并不是国家不可缺少的办法。虽然这种办法在国家制度史上起过很大的作用，但是许多国家，而且恰好是最发达的国家，都是不需要它的。即使在雅典，它也只起了暂时的作用；从亚里斯泰迪兹的时候起，一切公职对每个公民都是开放的。

其后 80 年间，雅典社会就逐渐采取了一个它在以后数百年中都遵循着的发展方向。在梭伦以前的时代盛行的农村高利贷，以及地产的无限制的集中，都受到了节制。商业以及靠奴隶劳动日益大规模发展起来的手工业和工艺，都成了流行的职业。人们也比较开通了。旧时残酷剥削自己同胞的方法，已经弃而不用，如今主要是剥削奴隶和雅典以外的买主了。动产，即由货币、奴隶以及商船构成的财富，日益增加。但是，这时它已经不是单单用做购置地产的手段，像在眼光狭小的最初时期那样。它已经变成目的本身了。结果，一方面形成了新阶级即从事工商业的富人对旧的贵族权力的胜利竞争，而另一方面，也使旧的氏族制度的残余失去了它的最后地盘。现在氏族、胞族和部落的成员遍布于全阿提卡并完全杂居在一起，因此，氏族、胞族和部落已不适宜于作为政治集团了，大量的雅典公民不属于任何氏族；他们是移民，他们虽然取得了公民权，但是并没有被接纳入任何旧的血族团体；此外，还有不断增加的仅仅被保护的外来的移民。

这时，帮派斗争在进行着；贵族想夺回他们以前的特权，并在短时期内占了上风，直到克利斯提尼革命（公元前 509 年）最终把他们推翻，但与之同时也推翻了氏族制度的最后残余。

> 弗·恩格斯：《家庭、私有制和国家的起源》，中共中央马克思恩格斯列宁斯大林著作编译局编译：《马克思恩格斯文集》（第四卷），人民出版社2009 年版，第 131—134 页。

6. 克利斯提尼的新制度

克利斯提尼的新制度撇开了以氏族和胞族为基础的四个旧部落。代替它们的是一种全新的组织，这种组织是以曾经用诺克拉里试验过的只依居住地区来划分公民的办法为基础的。有决定意义的已不是血族团体的族籍，而只是常住地区了；现在要加以划分的，不是人民，而是地区了；居民在政治上已变为地区的简单的附属物了。

全阿提卡被划分成一百个区域，即所谓德莫，分别实行自治。居住在每个德莫内的公民（德莫特），选举出自己的区长（德马赫）和司库，以及审理轻微案件的 30 个法官。各个德莫同样都有自己的神庙及守护神或英雄，并选出侍奉他们的祭司。德莫的最高权力属于德莫特大会。……

十个这样的单位，即德莫，构成一个部落，但是这种部落和过去的血族部落不同，现在它被叫做地区部落。地区部落不仅是一种自治的政治组织，而且也是一种军事组织；它选出一个菲拉尔赫即部落长，指挥骑兵；一个塔克色阿赫，指挥步兵；一个将军，统率在部落境内征召的全体军人。其次，它提供五艘配有船员和船长的战船，并且有阿提卡的一位英雄作为自己的守护神，英雄的名字也就是部落的名称。最后，它选举 50 名代表参加雅典议事会。

结果组成了雅典国家，它是由 10 个部落所选出的 500 名代表组成的议事会来管理的，最后一级的管理权属于人民大会，每个雅典公民都可以参加这个大会并享有投票权，此外，有执政官和其他官员掌管各行政部门和司法事务。在雅典没有总揽执行权力的最高官员。

由于实施这个新制度和容纳大量被保护民——一部分是移民，一部分是被释奴隶——，血族制度的各种机关便受到排挤而不再过问公事；它们下降为私人性质的团体和宗教社团。不过，旧氏族时代的道德影响、传统的观点和思想方式，还保存了很久才逐渐消亡下去。

弗·恩格斯：《家庭、私有制和国家的起源》，中共中央马克思恩格斯列宁斯大林著作编译局编译：《马克思恩格斯文集》（第四卷），人民出版社 2009 年版，第 134—135 页。

7. 雅典国家的产生是国家形成的一种非常典型的例子

雅典人国家的产生乃是一般国家形成的一种非常典型的例子，一方面，因为它的形成过程非常纯粹，没有受到任何外来的或内部的暴力干涉……另一方面，因为它使一个具有很高发展形态的国家，民主共和国，直接从氏族社会中产生……

弗·恩格斯：《家庭、私有制和国家的起源》，中共中央马克思恩格斯列宁斯大林著作编译局编译：《马克思恩格斯文集》（第四卷），人民出版社 2009 年版，第 136 页。

8. 雅典奴隶制下货币的补偿

在雅典人那里，奴隶主通过在产业上使用他的奴隶而直接取得的利益，或者通过把奴隶租给别人在产业上使用（例如开矿）而间接取得的利益，只是被看做预付货币资本的利息（和折旧费），这同资本主义生产中产业资本家把一部分剩余价值和固定资本的损耗看做他的固定资本的利息和补偿完全一样。

卡·马克思：《资本论》（第二卷）之《社会总资本的再生产和流通》，中共中央马克思恩格斯列宁斯大林著作编译局编译：《马克思恩格斯文集》（第六卷），人民出版社 2009 年版，第 537—538 页。

9. 希腊、罗马的奴隶制度保存着自然经济的要素

但是奴隶制度，只要它在农业、制造业、航运业等等方面是生产劳动的统治形式（就像在希腊各发达国家和罗马那样），也保存着自然经济的要素。奴隶市场本身是靠战争、海上掠夺等等才不断得到劳动力这一商品的，而这种掠夺又不是以流通过程作为中介，而是要通过直接的肉体强制，对他人的劳动力实行实物占有。

卡·马克思：《资本论》（第二卷）之《社会总资本的再生产和流通》，中共中央马克思恩格斯列宁斯大林著作编译局编译：《马克思恩格斯文集》（第六卷），人民出版社 2009 年版，第 538 页。

10. 古代商业城市和商业民族的作用

古代的商业民族存在的状况，就像伊壁鸠鲁的神存在于世界的空隙中，或者不如说，像犹太人存在于波兰社会的缝隙中一样。最初的独立的、获得巨大发展的商业城市和商业民族的商业，是作为纯粹的转运贸易建立在生产民族的野蛮状态的基础上的，这些商业城市和商业民族对这些生产民族起着中介人的作用。

卡·马克思：《资本论》第三卷第四篇第二十章《关于商人资本的历史考察》，中共中央马克思恩格斯列宁斯大林著作编译局编译：《马克思恩格斯文集》（第七卷），人民出版社 2009 年版，第 368 页。

11. 奴隶经济中货币作为资本的增殖和生息

在奴隶经济（不是家长制的奴隶经济，而是后来希腊罗马时代那样的奴隶经济）作为致富手段存在的一切形式中，因而，在货币通过购买奴隶、土地等等而成为占有别人劳动的手段的一切形式中，货币正是因为可以这样使用，所以作为资本可以增殖，生出利息。

卡·马克思：《资本论》第三卷第五篇第三十六章《资本主义以前的状
　　态》，中共中央马克思恩格斯列宁斯大林著作编译局编译：《马克思恩格
　　斯文集》（第七卷），人民出版社 2009 年版，第 672 页。

12. 希腊艺术的前提是希腊神话

我们例如先说希腊艺术同现代的关系，再说莎士比亚同现代的关系。
大家知道，希腊神话不只是希腊艺术的武库，而且是它的土壤。成为希腊
人的幻想的基础、从而成为希腊［艺术］的基础的那种对自然的观点和对
社会关系的观点，能够同走锭精纺机、铁道、机车和电报并存吗？……希
腊艺术的前提是希腊神话，也就是已经通过人民的幻想用一种不自觉的艺
术方式加工过的自然和社会形式本身。这是希腊艺术的素材。

卡·马克思：《1857—1858 年经济学手稿摘选》导言：《1.生产、消费、
　　分配、交换（流通）》，中共中央马克思恩格斯列宁斯大林著作编译局编
　　译：《马克思恩格斯文集》（第八卷），人民出版社 2009 年版，第 35 页。

13. 古希腊和古罗马的所有制形式

［所有制的］第二种形式——它也像第一种形式一样，曾经在地域上、
历史上等等发生一些重大的变化——是原始部落更为动荡的历史生活、各
种遭遇以及变化的产物，它也要以共同体作为第一个前提，但不像在第一
种情况下那样：共同体是实体，而个人则只不过是实体的偶然因素，或者
是实体的纯粹自然形成的组成部分。这第二种形式不是以土地作为自己的
基础，而是以城市作为农民（土地所有者）的已经建立的居住地。耕地表
现为城市的领土，而不是［像在第一种形式中那样］村庄表现为土地的单
纯附属物。……因此，战争就或是为了占领生存的客观条件，或是为了保
护并永久保持这种占领所要求的巨大的共同任务，巨大的共同工作。因此，
这种由家庭组成的公社首先是按军事方式组织起来的，是军事组织和军队
组织，而这是公社以所有者的资格而存在的条件之一。住处集中于城市，
是这种军事组织的基础。

卡·马克思：《政治经济学批判（1857—1858 年手稿）》摘选：《资本主义
　　生产以前的各种形式》，中共中央马克思恩格斯列宁斯大林著作编译局编
　　译：《马克思恩格斯文集》（第八卷），人民出版社 2009 年版，第 126 页。

14. 在希腊人和罗马人那里，人们的不平等的作用比任何平等要大得多

在最古老的自然形成的公社中，最多只谈得上公社成员之间的平等权

利，妇女、奴隶和外地人自然不在此列。在希腊人和罗马人那里，人们的不平等的作用比任何平等要大得多。如果认为希腊人和野蛮人、自由民和奴隶、公民和被保护民、罗马的公民和罗马的臣民（该词是在广义上使用的），都可以要求平等的政治地位，那么这在古代人看来必定是发了疯。在罗马帝国时期，所有这些区别，除自由民和奴隶的区别外，都逐渐消失了，这样，至少对自由民来说产生了私人的平等，在这种平等的基础上罗马法发展起来了，它是我们所知道的以私有制为基础的法的最完备形式。但是只要自由民和奴隶之间的对立还存在，就谈不上从一般人的平等得出的法的结论，这一点我们不久前在北美合众国各蓄奴州里还可以看得到。

> 弗·恩格斯：《反杜林论》，中共中央马克思恩格斯列宁斯大林著作编译局编译：《马克思恩格斯文集》（第九卷），人民出版社2009年版，第109页。

15. 没有奴隶制就没有希腊国家……就没有罗马帝国。没有希腊文化和罗马帝国所奠定的基础，也就没有现代的欧洲

只有奴隶制才使农业和工业之间的更大规模的分工成为可能，从而使古代世界的繁荣，使希腊文化成为可能。没有奴隶制，就没有希腊国家，就没有希腊的艺术和科学，没有奴隶制，就没有罗马帝国。没有希腊文化和罗马帝国所奠定的基础，也就没有现代的欧洲。我们永远不应该忘记，我们的全部经济、政治和智力的发展，是以奴隶制既成为必要、又得到公认这种状况为前提的。在这个意义上，我们有理由说：没有古希腊罗马的奴隶制，就没有现代的社会主义。

> 弗·恩格斯：《反杜林论》，中共中央马克思恩格斯列宁斯大林著作编译局编译：《马克思恩格斯文集》（第九卷），人民出版社2009年版，第188页。

16. 希腊人同形而上学相比在总体上是正确的

如果说，形而上学同希腊人相比在细节上是正确的，那么，希腊人同形而上学相比则在总体上是正确的。这就是我们在哲学上以及在其他许多领域中不得不一再回到这个小民族的成就上来的原因之一，这个民族的无所不包的才能和活动使他们在人类发展史上享有任何其他民族都不能企求的地位。而另外一个原因就是在希腊哲学的多种多样的形式中，几乎可以发现以后的所有看法的胚胎、萌芽。因此，理论自然科学要想追溯它的今

天的各种一般原理的形成史和发展史，也不得不回到希腊人那里去。

弗·恩格斯：《自然辩证法》，中共中央马克思恩格斯列宁斯大林著作编译局编译：《马克思恩格斯文集》（第九卷），人民出版社 2009 年版，第439 页。

17. 建立在奴隶制之上的古希腊和古罗马存在不同的国家形式

阶级出现以后，随着阶级划分的加强和巩固，随时随地就有一种特殊的机关即国家产生出来。国家形式是多种多样的。在奴隶占有制时期，在当时最先进、最文明、最开化的国家内，例如在完全建立于奴隶制之上的古希腊和古罗马，已经有各种不同的国家形式。那时已经有君主制和共和制、贵族制和民主制的区别。君主制是一人掌握权力，共和制是不存在任何非选举产生的权力机关；贵族制是很少一部分人掌握权力，民主制是人民掌握权力（民主制一词按希腊文直译过来，意思是人民掌握权力）。所有这些区别在奴隶制时代就产生了。虽然有这些区别，但奴隶占有制时代的国家，不论是君主制，还是贵族的或民主的共和制，都是奴隶占有制国家。

列宁：《论国家（1919 年 7 月 11 日在斯维尔德洛夫大学的讲演）》，中共中央马克思恩格斯列宁斯大林著作编译局编译：《列宁选集》（第四卷），人民出版社 1995 年版，第 32 页。

18. 古希腊人认为命运之神支配着人们的命运

不，不相信。布尔什维克，马克思主义者是不相信"命运"的。命运这个概念，即"希克扎尔"这个概念本身就是偏见，就是胡说，就是古希腊人的神话这一类东西的残余，古希腊人认为命运之神支配着人们的命运。

斯大林：《和德国作家埃米尔·路德维希的谈话（1931 年 12 月 13 日）》，中共中央马克思恩格斯列宁斯大林著作编译局编译：《斯大林选集》（下卷），人民出版社 1979 年版，第 310 页。

19. 希腊神话中的英雄安泰存在弱点

在古代希腊人的神话中，有一个著名的英雄名叫安泰，据神话说，他是海神波赛东和地神盖娅的儿子。他对生育、抚养和教导他成人的母亲是非常依恋的。没有哪一个英雄能同这个安泰抗衡。大家公认他是无敌的英雄。他的力量在什么地方呢？他的力量就在于，每当他同敌人决斗而遇到困难时，便往地上一靠，就是说，往生育和抚养他成人的母亲身上一靠，就取得了新的力量。可是他毕竟有一个弱点，就是怕别人用什么方法使他离开地面。敌人注意到他的这个弱点，于是时刻暗中窥伺他。后来有一个敌人利用了他的弱点，就战胜了他。这个敌人名叫海格立斯。可是，他是怎样战胜安泰的呢？原来这个敌人使安泰离开了地面，使他无法再接触地面，把他举到空中，使他无法再接触地面，这样就在空中把他扼死了。

我认为，布尔什维克很象希腊神话中的英雄安泰。布尔什维克也同安泰一样，其所以强大，就是因为他们同自己的母亲，即同那生育、抚养和教导他们成人的群众保持联系。只要他们同自己的母亲、同人民保持联系，他们就有一切把握，始终是不可战胜的。这就是布尔什维克领导不可战胜的关键。

> 斯大林：《论党的工作缺点》，中共中央马克思恩格斯列宁斯大林著作编译局编译：《斯大林选集》（下卷），人民出版社 1979 年版，第 623—624 页。

（三）古罗马

1. 在古罗马，阶级斗争只是在享有特权的少数人内部进行

最后，我希望，我这部著作对于清除那种特别是现今在德国流行的所谓凯撒主义的书生用语，将会有所帮助。在作这种肤浅的历史对比时，人们忘记了主要的一点，即在古罗马，阶级斗争只是在享有特权的少数人内部进行，只是在富有的自由民与贫穷的自由民之间进行，而从事生产的广大民众，即奴隶，则不过为这些斗士充当消极的舞台台柱。人们忘记了西斯蒙第所说的一句名言：罗马的无产阶级依靠社会过活，现代社会则依靠无产阶级过活。

> 卡·马克思：《路易·波拿巴的雾月十八日，1869 年第二版序言》，中共中央马克思恩格斯列宁斯大林著作编译局编译：《马克思恩格斯文集》（第二卷），人民出版社 2009 年版，第 466—467 页。

2. 古罗马的氏族制度

罗马的氏族，至少在该城存在的早期，有以下的制度：

（1）氏族成员的相互继承权；财产仍保留在氏族以内。在罗马氏族里，也像在希腊氏族里一样，因为父权制已经盛行，所以女系后裔已经没有继承权。……

（2）拥有共同的墓地。……

（3）共同的宗教节日。……

（4）氏族内部不得通婚。这在罗马似乎从来没有成为一种成文法、但一直是一种习俗。在名字一直保存到今天的大量罗马人夫妇中，没有一对夫妇的氏族名称是相同的。继承权也证实了这一规则。……

（5）共同的地产。这在原始时代，从部落土地开始实行分配的时候起，始终是存在的。……

（6）同氏族人有互相保护和援助的义务。……

（7）使用氏族名称的权利。这种权利一直保持到帝政时代；被释奴隶可以采用他们从前的主人的氏族名称，但不能获得氏族的权利。

（8）接纳外人入族的权利。其办法是接纳到某一家庭中（像印第安人所做的那样），这同时也就是接纳入族。

（9）选举和罢免酋长的权利，在任何地方都没有被提到过。但是，由于在罗马存在的最初时期，从选举产生的王起，自上而下一切官职都是选举或任命的……

> 弗·恩格斯：《家庭、私有制和国家的起源》，中共中央马克思恩格斯列宁斯大林著作编译局编译：《马克思恩格斯文集》（第四卷），人民出版社2009年版，第137—139页。

3. 王政时代的罗马人生活在以氏族制度为基础的军事民主制之下

像英雄时代的希腊人一样，罗马人在所谓王政时代也生活在一种以氏族、胞族和部落为基础，并从它们当中发展起来的军事民主制之下。尽管库里亚和部落可能一部分是人为的组织，但它们都是按照它们所由产生并且从四面包围着它们的那种真正的、自然形成的社会的模型造成的。尽管自然形成的罗马贵族已经获得了牢固的基础，尽管担任勒克斯的人力图逐渐扩大自己的权力，但是所有这一切并没有改变制度的最初的根本性质……这时，罗马城以及靠征服而扩大了的罗马地区的人口日益增加；增加的人口中一部分是外来移民，一部分是被征服地区，主要是拉丁地区的居民。所有这些新的国民……都处在旧的氏族、库里亚和部落之外，因而，不是 populus romanus 即本来的罗马人民的组成部分。他们是人身自由的人，可以占有地产，必须纳税和服兵役。可是他们不能担任任何官职；既不能参加库里亚大会，也不能参与征服得来的国有土地的分配。他们构成被剥夺了一切公权的平民。由于他们的人数不断增加，由于他们受过军事训练并有武装，于是就成了一种同这时根本禁止增加外来人口的旧的 populus 相对抗的可怕力量了。加之土地看来几乎是平均分配于 populus 和平民之间的，而商业和工业的财富，虽然还不十分发达，可能也主要是在平民手中。

弗·恩格斯：《家庭、私有制和国家的起源》，中共中央马克思恩格斯列宁斯大林著作编译局编译：《马克思恩格斯文集》（第四卷），人民出版社2009年版，第145—146页。

4. 在王政被废除之前以个人血缘关系为基础的古罗马社会制度就已被炸毁

据说是由塞尔维乌斯·土利乌斯这位勒克斯依照希腊的榜样特别是梭伦的榜样制定的新制度，设立了新的人民大会；能参加或不得参加这个大会的，不分 populus 和平民，都依是否服兵役而定。凡是应服兵役的男子，都按其财产分为六个阶级。前五个阶级中每个阶级的最低财产额为：一、10万阿司；二、75000 阿司；三、5 万阿司；四、25000 阿司；五、11000阿司；据杜罗·德拉马尔计算，这些数目大约相当于14000、10500、7000、3600 和 1540 马克。第六阶级为无产者，是由那些没有什么财产、不服兵役和不纳税的人构成的。在新的百人团人民大会（comia centuriata）上，公民以军队方式按连队来编组，每队 100 人，称百人团，每个百人团有一票表决权。但是，第一阶级出 80 个百人团，第二阶级出 22 个，第三阶级出 20 个，第四阶级出 22 个，第五阶级出 30 个，而第六阶级，为了体面起见，也准出一个。此外，还有从最富裕的公民中征集的骑士所组成的 18 个百人团；一共有 193 个百人团；多数票为 97 票。但骑士和第一阶级合在一起就有98 票，即占多数；只要他们意见一致，就可以不征询其余阶级的意见，决议也就有效了。

以前库里亚大会的一切政治权利（除了若干名义上的权利以外），现在都归这个新的百人团大会了；这样一来，库里亚和构成它们的各氏族，像在雅典一样，就降为纯粹私人的和宗教的团体，并且作为这样的团体还苟延残喘了很久，而库里亚大会不久就完全消失了。为了把三个旧的血族部落也从国家中排除出去，便设立了四个地区部落，每个地区部落居住罗马城的四分之一，并享有一系列的政治权利。

这样，在罗马也是在所谓王政被废除之前，以个人血缘关系为基础的古代社会制度就已经被炸毁了，代之而起的是一个新的、以地区划分和财产差别为基础的真正的国家制度。公共权力在这里体现在服兵役的公民身上，它不仅被用来反对奴隶，而且被用来反对不许服兵役和不许有武装的所谓无产者。

只是在僭取了真正王权的最后一个勒克斯，即高傲的塔克文被驱逐以后，在两个拥有同等职权（像在易洛魁人那里那样）的军事首长（执政官）代替了一个勒克斯以后，这个新制度才得到了进一步的发展，而罗马共和国的全部历史也就在这个制度的范围内演变，这里包括，共和国的贵族与平民为了担任官职以及分享国有土地而进行种种斗争，最后贵族溶化在大土地占有者和大货币占有者的新阶级中，这种大土地占有者和大货币占有者逐渐吞并了因兵役而破产的农民的一切地产，并使用奴隶来耕种由此产生的大庄园，把意大利弄到十室九空的地步，从而不仅给帝政而且也给帝政的后继者德意志野蛮人打开了门户。

弗·恩格斯：《家庭、私有制和国家的起源》，中共中央马克思恩格斯列宁斯大林著作编译局编译：《马克思恩格斯文集》（第四卷），人民出版社2009年版，第146—147页。

5. 罗马世界统治走向衰落

罗马的世界统治的刨子，刨削地中海盆地的所有地区已经有数百年之久。……一切民族差别都消失了，高卢人、伊比利亚人、利古里亚人、诺里克人都不复存在，他们都变成罗马人了。罗马的行政和罗马的法到处都摧毁了古代的血族团体，这样也就摧毁了地方的和民族的自主性的最后残余。……广大领十的广大人群，只有一条把他们联结起来的纽带，这就是罗马国家，而这个国家随着时间的推移却成了他们最凶恶的敌人和压迫者。各行省消灭了罗马，罗马本身变成了行省城市，像其他城市一样；它虽然有特权，但已经不再居于统治地位，已经不再是世界帝国的中心了，甚至也不再是皇帝和副皇帝的所在地了，他们现在住在君士坦丁堡、特里尔、米兰。罗马国家变成了一架庞大的复杂机器，专门用来榨取臣民的膏血。……

社会状况同样也是绝望的。从共和制的末期起，罗马统治的目的已经放在残酷剥削被征服的各行省上了；帝制不但没有消除这种剥削，反而把它变成了常规。帝国越是走向没落，捐税和赋役就越是增加，官吏就越是无耻地进行掠夺和勒索。商业和工业向来不是统治着各民族的罗马人的事业，只有在高利贷方面，他们做到了空前绝后。……普遍的贫困化，商业、手工业和艺术的衰落，人口的减少，都市的衰败，农业退回到更低的水平——这就是罗马人的世界统治的最终结果。

> 弗·恩格斯：《家庭、私有制和国家的起源》，中共中央马克思恩格斯列宁斯大林著作编译局编译：《马克思恩格斯文集》（第四卷），人民出版社2009年版，第166—168页。

6. 以奴隶劳动为基础的大庄园经济的衰败

农业是整个古代世界的决定性的生产部门，现在它更是这样了。在意大利，从共和制衰亡的时候起就几乎遍布全境的面积巨大的大庄园（Latifundien），是用两种方法加以利用的：或者当做牧场，在那里居民就被牛羊所代替，因为看管牛羊只用少数奴隶就行了；或者当做田庄，使用大批奴隶经营大规模的园艺业——一部分为了满足主人的奢侈生活，一部分为了在城市市场上出售。大牧场保存了下来，甚至还扩大了；但田庄田产及其园艺业却随着主人的贫穷和城市的衰落而衰败了。以奴隶劳动为基础的大庄园经济，已经不再有利可图；而在当时它却是大规模农业的唯一可能的形式。现在小规模经营又成了唯一有利的形式。田庄一个一个地分成了小块土地，分别租给缴纳一定款项的世袭佃农，或者租给分成制农民，这种分成制农民只能获得他们年劳动生产品的六分之一，或者仅仅九分之一，他们与其说是佃农，毋宁说是田产看管人。但是这种小块土地主要是交给隶农，他们每年缴纳一定的款项，被束缚在土地上，并且可以跟那块土地一起出售；这种隶农虽不是奴隶，但也不是自由的，他们不能和自由民通婚，他们相互间的婚姻也不被看做完全有效的，而是像奴隶的婚姻一样，只被看做简单的同居（contubernium）。他们是中世纪农奴的前辈。

> 弗·恩格斯：《家庭、私有制和国家的起源》，中共中央马克思恩格斯列宁斯大林著作编译局编译：《马克思恩格斯文集》（第四卷），人民出版社2009年版，第168—169页。

7. 古典的奴隶制已经过时

古典古代的奴隶制，已经过时了。无论在乡村的大规模农业方面，还是在城市的工场手工业方面，它都已经不能提供值得费力去取得的收益，因为它的产品市场已经消失了。帝国繁荣时代的庞大的生产已经收缩为小农业和小手工业，这种小农业和小手工业都不能容纳大量奴隶了。只有富人的家庭奴隶和供他们显示豪华的奴隶，在社会上还有存在余地。但是，日趋灭亡的奴隶制仍然能够使人认为，一切生产劳动都是奴隶的事，让自由的罗马人来做有失他们的身份，而现在人人都是这种自由的罗马人了。结果，一方面，多余而成了累赘的被释奴隶的人数日益增加；另一方面，隶农的人数，破产的自由民（类似美国从前各蓄奴州的白种贫民）的人数，也日益增多。……奴隶制已不再有利，因此也就灭亡了。但是垂死的奴隶制却留下了它那有毒的刺，即鄙视自由民的生产劳动。在这里罗马世界就陷入了绝境：奴隶制在经济上已经不可能了，而自由民的劳动却在道德上受鄙视。前者是已经不能再作为社会生产的基本形式，后者是还不能成为这种形式。只有一次彻底革命才能摆脱这种绝境。

> 弗·恩格斯：《家庭、私有制和国家的起源》，中共中央马克思恩格斯列宁斯大林著作编译局编译：《马克思恩格斯文集》（第四卷），人民出版社2009年版，第169页。

8. 德意志人的入侵导致罗马人世界统治的终结

到5世纪末，罗马帝国已是那么衰弱，毫无生气和束手无策，因而为德意志人的入侵敞开了大门。

……

德意志野蛮人把罗马人从他们自己的国家里解放了出来，为此他们便强夺了罗马人全部土地的三分之二在自己人当中分配。这一分配是按照氏族制度进行的；由于征服者的人数相对来说较少，仍有广大的土地未被分配，一部分归全体人民占有，一部分归各个部落和氏族占有。在每个氏族内，则用抽签方法把耕地和草地平均分给各户；……这样的做法在罗马各行省不久就取消了，单块的份地变成了可以转让的私有财产即自主地。森林和牧场始终没有分配而留做共同使用；森林和牧场的使用，以及被分配下去的耕地的耕种方式，都是按照古代的习俗和全体的决定来调整的。氏族在自己的村落里定居越久，德意志人和罗马人越是逐渐融合，亲属性质的联系就越是让位于地区性质的联系；氏族消失在马尔克公社中了，但在马尔克公社内，它起源于各成员的亲属关系的痕迹往往还是很显著的。可见，至少在保存着马尔克公社的各个国家——在法国北部、英国、德国和斯堪的纳维亚，氏族制度不知不觉地变成了地区制度。因此得以和国家相适应。但是，它仍保存了它那种自然形成而为整个氏族制度所特有的民主性质，甚至在它后来被迫蜕变的时候，也还留下了氏族制度的片断，从而在被压迫者手中留下了一种武器，直到现代还有其生命力。

这样，如果说氏族中的血缘纽带很快就丧失了自己的意义，那么，这是血缘纽带的各种机关在部落和整个民族内由于征服而同样发生蜕变的结果。我们知道，对被征服者的统治，是和氏族制度不相容的。在这里我们可以很普遍地看到这一点。各德意志民族做了罗马各行省的主人，就必须把所征服的地区组织管理起来。但是，它们既不能把大量的罗马人吸收到氏族团体里来，又不能通过氏族团体去统治他们。必须设置一种代替物来代替罗马国家，以领导起初大都还继续存在的罗马地方行政机关，而这种代替物只能是另一种国家。因此，氏族制度的机关必须转化为国家机关，并且为时势所迫，这种转化还非常迅速。征服者民族的最近的代表人是军事首长。被征服地区对内对外的安全，要求增大他的权力。于是军事首长的权力转变为王权的时机来到了，这一转变发生了。

弗·恩格斯：《家庭、私有制和国家的起源》，中共中央马克思恩格斯列宁斯大林著作编译局编译：《马克思恩格斯文集》（第四卷），人民出版社2009年版，第166—171页。

9. 债权人和债务人的关系反映的是更深刻的经济生活条件的对抗

债权人或债务人的角色在这里是从简单商品流通中产生的。简单商品流通形式的改变，在卖者和买者身上打上了这两个新烙印。最初，同卖者和买者的角色一样，这也是暂时的和由同一些流通当事人交替扮演的角色。但是，现在这种对立一开始就不是那样愉快，并且能够更牢固地结晶起来。而这两种角色还可以不依赖商品流通而出现。例如，古代世界的阶级斗争主要是以债权人和债务人之间的斗争的形式进行的；在罗马，这种斗争以负债平民的破产，沦为奴隶而告终。在中世纪，这种斗争以负债封建主的破产，他们的政治权力随着它的经济基础一起丧失而告终。但是在这里，货币形式——债权人和债务人的关系具有货币关系的形式——所反映的不过是更深刻的经济生活条件的对抗。

卡·马克思：《资本论》（第一卷）之《商品和倾向》，中共中央马克思恩格斯列宁斯大林著作编译局编译：《马克思恩格斯文集》（第五卷），人民出版社2009年版，第159页。

10. 货币作为支付手段的职能越出商品流通领域

在商品生产达到一定水平和规模时，货币作为支付手段的职能就越出商品流通领域。货币变成契约上的一般商品。地租、赋税等等由实物交纳转化为货币支付。这种转化在多大程度上取决于生产过程的总的状态，可以由例如罗马帝国两次企图用货币征收一切赋税都告失败来证明。路易十四统治下的法国农民极端贫困，这种受到布阿吉尔贝尔、沃邦元帅等人如此有力地斥责的现象，不仅是由重税引起的，而且是由实物税改为货币税造成的。一方面，在亚洲，地租的实物形式（它同时又是因税的主要因素）是建立在像自然关系那样一成不变地再生产出来的生产关系的基础上的，这种支付形式反过来又维护着这种古老的生产形式。这种支付形式是土耳其帝国自身得以维持的秘密之一。如果欧洲强加于日本的对外贸易使日本把实物地租改为货币地租，日本的模范的农业就会崩溃。这种农业的狭隘的经济存在条件也就会消失。

> 卡·马克思：《资本论》（第一卷）之《商品和倾向》，中共中央马克思恩格斯列宁斯大林著作编译局编译：《马克思恩格斯文集》（第五卷），人民出版社 2009 年版，第 164—165 页。

11. 古罗马商人资本、货币经营资本和高利贷资本的高度发展

高利贷资本的发展，和商人资本的发展，并且特别和货币经营资本的发展，是联结在一起的。在古代罗马，从共和国末期开始，虽然手工制造业还远远低于古代的平均发展水平，但商人资本、货币经营资本和高利贷资本，却已经——在古代形式范围内——发展到了最高点。

> 卡·马克思：《资本论》第三卷第五篇第三十六章《资本主义以前的状态》，中共中央马克思恩格斯列宁斯大林著作编译局编译：《马克思恩格斯文集》（第七卷），人民出版社 2009 年版，第 671 页。

12. 国内战争是比其他任何战争都更严重更残酷的战争

国内战争是比其他任何战争都更严重更残酷的战争。在历史上，自古罗马的国内战争起，一直都是如此，因为国际战争总是以有产阶级之间的勾结而告结束，唯有在国内战争中，被压迫阶级才集中全力来彻底消灭压迫阶级，消灭这个阶级存在的经济条件。

> 列宁：《在全俄社会教育第一次代表大会上的讲话》，中共中央马克思恩格斯列宁斯大林著作编译局编译：《列宁选集》（第三卷），人民出版社 1995 年版，第 828 页。

13. 古罗马的法律不把奴隶当作人，奴隶没有任何权利

不管是谁讲古代史课，你们都会听到君主制国家和共和制国家斗争的情况，但基本的事实是奴隶不算是人；奴隶不仅不算是公民，而且不算是人。罗马的法律把奴隶看成一种物品。关于杀人的法律不适用于奴隶，更不用说其他保护人身的法律了。法律只保护奴隶主，只把他们看作是有充分权利的公民。不论当时所建立的是君主国还是共和国，都不过是奴隶占有制君主国或奴隶占有制共和国。在这些国家中，奴隶主享有一切权利，而奴隶按法律规定却是一种物品，对他们不仅可以随便使用暴力，就是杀死奴隶也不算犯罪。奴隶占有制共和国按其内部结构来说分为两种：贵族共和国和民主共和国。在贵族共和国中参加选举的是少数享有特权的人，在民主共和国中参加选举的是全体，但仍然是奴隶主的全体，奴隶是除外的。我们必须注意到这种基本情况，因为它最能说明国家问题，最能清楚地表明国家的实质。

国家是一个阶级压迫另一个阶级的机器，是迫使一切从属的阶级服从于一个阶级的机器。这个机器有各种不同的形式。奴隶占有制国家可以是君主国，贵族共和国，甚至可以是民主共和国。管理形式确实是多种多样，但本质只是一个：奴隶没有任何权利，始终是被压迫阶级，不算是人。农奴制国家也有同样的情况。

> 列宁：《论国家（1919 年 7 月 11 日在斯维尔德洛夫大学的讲演）》，中共
> 中央马克思恩格斯列宁斯大林著作编译局编译：《列宁选集》（第四卷），
> 人民出版社 1995 年版，第 32—33 页。

14. 全部历史充满了被压迫阶级要推翻压迫的接连不断的尝试

无论在奴隶制下或农奴制下，少数人对绝大多数人进行统治，非采取强制手段不可。全部历史充满了被压迫阶级要推翻压迫的接连不断的尝试。在奴隶制历史上有过多次长达几十年的奴隶解放战争。顺便说说，现在德国共产党人，即德国唯一真正反对资本主义桎梏的政党，取名为"斯巴达克派"，就因为斯巴达克是大约两千年前最大一次奴隶起义中的一位最杰出的英雄。完全建立于奴隶制上的仿佛万能的罗马帝国，许多年中一直受到在斯巴达克领导下武装起来、集合起来并组成一支大军的奴隶的大规模起义的震撼和打击。最后，这些奴隶有的被打死，有的被俘虏，遭受奴隶主的酷刑。这种国内战争贯串着阶级社会的全部历史。我刚才举的例子就是

奴隶占有制时代这种国内战争中最大的一次。整个农奴制时代也同样充满着不断的农民起义。例如在中世纪的德国，地主和农奴这两个阶级之间的斗争达到了很大的规模，变成了农民反对地主的国内战争。你们大家都知道，在俄国也多次发生过这种农民反对地主——农奴主的起义。

列宁：《论国家（1919年7月11日在斯维尔德洛夫大学的讲演）》，中共中央马克思恩格斯列宁斯大林著作编译局编译：《列宁选集》（第四卷），人民出版社1995年版，第34页。

二 欧洲从中世纪到近代的转变

（一）欧洲的封建制

1. 租佃制或"分成租佃制"，是从罗马时代起到现在为止意大利农业生产的基础

我们很清楚，租佃制或"分成租佃制"，是从罗马时代起到现在为止意大利农业生产的基础。无疑，这个制度总的说来使得租佃者较之无产者得到的政治独立性，比他们在英国所享有的更为广泛。但是，如果相信西斯蒙第和近代著作家对这个问题的著述，那么，在意大利，土地占有者对租佃者的剥削同各地一样，也是很重的，而最底层农民的负担是最重的。在伦巴第，地产是很大的，当我在那里的时候，租佃者都相当富裕，但是，除了他们之外，还存在着受租佃者雇用的农村无产者阶级，这个阶级事实上担负了一切工作，却从这个制度中得不到任何利益。在租佃者较少的意大利其他地方，根据我从远处可以作出的判断，"分成租佃制"不会使他们免遭法国、德国、比利时和爱尔兰小租佃者常常遭受的那种贫困、愚昧和屈辱。我们对待农村居民的政策整个说来就是：凡是有大地产的地方，租佃者对于农业工人来说就是资本家，我们就应当采取维护农业工人利益的行动；凡是地产不大的地方，租佃者虽然名义上也是小资本家或小私有者（像法国和德国部分地区那样），但是实际上，他们通常也落到和无产者一样贫困的地步，在这种情况下，我们就应当采取维护他们的利益的行动。无疑，这种情况也必然存在于意大利。

> 卡·马克思：《马克思致卡洛·卡菲埃罗，1871年7月1—3日》，中共中央马克思恩格斯列宁斯大林著作编译局编译：《马克思恩格斯文集》（第十卷），人民出版社2009年版，第364—365页。

2. 处于所有这些阶级（平民反对派除外）之下的，就是这个民族中遭受剥削的广大群众——农民。压在农民头上的是社会的各个阶层

处于所有这些阶级（平民反对派除外）之下的，就是这个民族中遭受剥削的广大群众——农民。压在农民头上的是社会的各个阶层：诸侯、官吏、贵族、僧侣、城市贵族和市民。无论农民是属于一个诸侯、一个帝国

直属贵族、一个主教、一个寺院，还是属于一个城市，他们都毫无例外地被当做一件东西看待，被当做牛马，甚至连牛马都不如。如果他们是农奴，那就得无条件地听从主人支配。如果他们是依附农，契约规定的法定负担已经压得他们透不过气了，可是这些负担还在一天天加重。他们必须以绝大部分时间在主人的田庄上劳动，而他们在少量的自由时间里的劳动所得，还要用来缴纳什一税、地租、土地税、财产税、远征税（战争税）、邦税和帝国税。农民若不向主人送钱，非但不能结婚，连死也不行。除了常规徭役以外，农民还要为老爷采集干草、草莓、越桔、蜗牛壳，驱赶野兽以供打猎，为主人砍柴等等。捕鱼和打猎都是主人才可以干的事；如果野兽践踏了农民的庄稼，农民只许眼睁睁地看着。农民的公社牧场和林地几乎到处都被主人强占。主人像支配财产一样任意支配农民及其妻女的人身。主人享有初夜权。主人可以任意把农民投入监牢，在监牢中，正如今天一定有预审法官等着一样，当时一定有刑具等着农民。主人可以任意把农民打死，或者把农民斩首。加洛林纳法典中的那些含有惩戒意义的条款提到了"割耳"、"割鼻"、"刺眼"、"断指断手"、"斩首"、"车裂"、"火焚"、"夹火钳"、"四马分尸"等等，其中没有一项不被这些尊贵的老爷或保护人随心所欲地用来对付农民。谁来保护农民呢？法庭上坐着的都是权贵、僧侣、城市贵族或律师，他们深知拿了钱就该办什么事。帝国官场中各等级本来就是靠从农民身上吮血吸髓过活的。

> 弗·恩格斯：《德国农民战争》，中共中央马克思恩格斯列宁斯大林著作编译局编译：《马克思恩格斯文集》（第二卷），人民出版社 2009 年版，第 231—232 页。

3. 16 世纪初期帝国的各个不同等级形成了一种极其杂乱的人群

16 世纪初期帝国的各个不同等级——诸侯、贵族、高级教士、城市贵族、市民、平民和农民，形成了一种极其杂乱的人群，他们的要求极其悬殊而又错综复杂。每一等级都妨碍着另一等级，都同所有其他等级进行不断的、有时公开有时隐蔽的斗争。

> 弗·恩格斯：《德国农民战争》，中共中央马克思恩格斯列宁斯大林著作编译局编译：《马克思恩格斯文集》（第二卷），人民出版社 2009 年版，第 232 页。

4. 反封建的革命反对派活跃于整个中世纪

反封建的革命反对派活跃于整个中世纪。随着时代条件的不同，他们或者是以神秘主义的形式出现，或者是以公开的异教的形式出现，或者是以武装起义的形式出现。

弗·恩格斯：《德国农民战争》，中共中央马克思恩格斯列宁斯大林著作编译局编译：《马克思恩格斯文集》（第二卷），人民出版社 2009 年版，第 236 页。

5. 建立在农奴制基础上的贵族民主制，后来都自然而然地发展成为完备的封建等级制度

建立在农奴制基础上的贵族民主制，例如波兰的贵族民主制，又例如被日耳曼人占领的各帝国在最初几个世纪里实行的形式略有不同的贵族民主制，都是属于最原始的社会形式中的一种形式，后来都自然而然地发展成为完备的封建等级制度，而封建等级制度显然已经是更高的阶段了。

弗·恩格斯：《德国农民战争》，中共中央马克思恩格斯列宁斯大林著作编译局编译：《马克思恩格斯文集》（第二卷），人民出版社 2009 年版，第 273 页。

6. 在德国，封建贵族仍然保留着很大一部分旧日的特权

……革命爆发时德国处于怎样一种状态呢？

在德国，作为一切政治组织的基础的人民，其各个阶级的构成比任何别的国家都更为复杂。在英国和法国，集中在大城市，特别是集中在首都的强大而富裕的资产阶级，已经完全消灭了封建制度，或者至少像在英国那样，已经使它沦为一些没有多大意义的形式，而德国的封建贵族却仍然保留着很大一部分旧日的特权。封建土地所有制差不多到处都还居于统治地位。封建领主甚至还保留着对租佃者的审判权。他们虽然被剥夺了政治上的特权——对各邦君主的控制权，但他们几乎原封不动地保持着对他们领地上的农民的那种中世纪的统治权以及不纳税的权利。封建制度在有些地区比在另一些地区更为盛行，但是除了莱茵河左岸，它在任何地方都没有完全被消灭。这种封建贵族当时人数很多，一部分也很富裕，被公认为国内的第一"等级"。他们充任政府的高级官吏，军队里的军官也差不多全是他们。

弗·恩格斯：《德国的革命和反革命》，中共中央马克思恩格斯列宁斯大林著作编译局编译：《马克思恩格斯文集》（第二卷），人民出版社 2009 年版，第 353—354 页。

7. 中世纪的封建制度

中世纪的封建统治依靠的是自给自足的小规模的农民公社的经济，这种经济自己生产几乎所有必需品，几乎不进行交换。农民公社由好战的贵族保护它们不受外敌侵害并使它们具有民族的或者甚至是政治的联系。

> 弗·恩格斯：《卡尔·马克思》，中共中央马克思恩格斯列宁斯大林著作
> 编译局编译：《马克思恩格斯文集》（第三卷），人民出版社 2009 年版，
> 第 458 页。

8. 货币是市民阶级对付封建主义的有力武器

……城市的市民阶级还有一件对付封建主义的有力武器——货币。货币在中世纪早期的典型封建经济中几乎是没有地位的。封建主或者是以劳役形式，或者是以实物形式，从他的农奴那里取得他所需要的一切。……现在所有这一切都完全改变了。货币重新成为普遍的交换手段，因而货币量大大增加。贵族没有货币也不行了。但是，因为他们很少有或者说没有东西可卖，再加上这时掠夺也完全不再那么容易，所以他们不得不决定向城市的高利贷者借贷。骑士的城堡在被新式火炮轰开以前很久，就已经被货币破坏了。实际上，火药可以说只是为货币服务的法警而已。货币是市民阶级的巨大的政治平衡器。凡是在货币关系排挤了人身关系、货币贡赋排挤了实物贡赋的地方，封建关系就让位于资产阶级关系。虽然在大多数情况下农村中继续存在着古老朴拙的自然经济，但是已经有整个地区，例如在荷兰、比利时和下莱茵，农民都向主人缴纳货币，而不是徭役租和实物租了，在那里，主与奴在向地主与佃农的过渡中已经迈出了决定性的第一步，因而封建主义的政治制度在农村中也丧失了它的社会基础。

> 弗·恩格斯：《封建制度的瓦解和民族国家的产生》，中共中央马克思恩
> 格斯列宁斯大林著作编译局编译：《马克思恩格斯文集》（第四卷），人民
> 出版社 2009 年版，第 216—217 页。

9. 罗马法的反封建性质

无论国王或市民，都从新兴的法学家等级中找到了强大的支持。随着罗马法被重新发现，教士即封建时代的法律顾问和非宗教界的法学家之间出现了分工。不言而喻，这批新的法学家一开始在实质上就属于市民等级，而且，他们本身所学的、所教的和所应用的法律，按其性质来说实质上也是反封建的，在某些方面还是市民阶级的。罗马法是纯粹私有制占统治的

社会的生活条件和冲突的十分经典性的法律表现，以致一切后来的立法都不能对它做任何实质性的修改。但是，中世纪的市民阶级所有制还同封建的限制密切交织在一起，例如，这种所有制主要由特权构成。因此，从这个意义上来说，罗马法比当时的市民阶级的关系要先进得多。但是，市民阶级所有制在历史上的进一步发展，只能使这种所有制变成纯粹的私有制，而实际情况也正是如此。这种发展理应在罗马法中找到强大的助力；因为在罗马法中，凡是中世纪后期的市民阶级还在不自觉地追求的东西，都已经现成地存在了。

诚然，在很多情况下，罗马法为贵族进一步压迫农民提供了借口，例如，当农民不能提出书面证明使自己免除普通的义务的时候就是这样。但这并没有使问题的实质有所改变。即使没有罗马法，贵族也能找到各种这样的借口，并且每天都在找到这样的借口。不管怎样，实施这种绝对不承认封建关系和充分预料到现代私有制的法律，是一个重大的进步。

弗·恩格斯：《封建制度的瓦解和民族国家的产生》，中共中央马克思恩格斯列宁斯大林著作编译局编译：《马克思恩格斯文集》（第四卷），人民出版社 2009 年版，第 220—221 页。

10. 在国王军队中由招募或雇佣的部队不断增长

同封建经济作斗争而使用本身就是封建的军队（这种军队的士兵同他们的直接的封建领主的联系要比他们同国王军队指挥部的联系更为紧密），显然意味着陷入绝境，寸步难行。所以，从 14 世纪初起，国王们就力图摆脱这种封建军队，建立自己的军队。从这时起我们就看到，在国王军队中，由招募或雇佣的部队组成的部分不断增长。最初建立的多半是步兵部队，它们由城市游民和逃亡农奴组成，其中包括伦巴第人、热那亚人、德意志人、比利时人等等，他们被用来驻防城市或进行围攻，起初在野战中几乎不被使用。但是到中世纪末，我们就已经看到，有些骑士连同他们的不知用什么方法招募的扈从队投奔外国君主，受雇为他们服务，这种迹象表明了封建军事制度的彻底崩溃。

弗·恩格斯：《封建制度的瓦解和民族国家的产生》，中共中央马克思恩格斯列宁斯大林著作编译局编译：《马克思恩格斯文集》（第四卷），人民出版社 2009 年版，第 222 页。

11. 在城市和在自由农民中间建立能征善战的步兵

……在城市和在自由农民中间（在还保留着自由农民或重新出现自由

农民的地方），形成了建立能征善战的步兵的基本条件。在这以前，骑士和他们的骑兵扈从与其说是军队的核心，不如说就是军队本身；随军征伐的大群农奴后备步兵是不算数的，看来他们到战场上只是为了逃跑和抢劫。在封建制度继续繁荣时期，即13世纪末以前，进行和决定一切战争的是骑兵。从这以后，情况改变了，而且各地是同时改变的。在英国，农奴制度逐渐消灭，形成了一个人数众多的自由农民即土地占有者（自耕农）或佃农的阶级，他们是善于使用当时英国的民族武器——弓箭——的新步兵的来源。这种射箭手不论在行军中是否骑马，在作战时总是徒步的，他们的出现促使英国军队的战术发生了根本变化。从14世纪起，在地形和其他条件容许的地方，英国的骑士是选择徒步战斗的。射箭手先开始战斗，挫折敌人的斗志，后边就是徒步骑士的密集方阵等候敌人的攻击，或者待适当时机向前冲锋，只有一部分骑士仍然骑着马，以便在紧要关头侧击增援。当年英国人在法国不断取得胜利，主要是由于在军队中恢复了防御因素。这些战役大部分是采用了进攻性反击的防御战，就像威灵顿在西班牙和比利时进行的战役一样。随着法国人采用新战术（可能是从他们雇用的意大利驾手起着英国射箭手的作用的时候起），英国人的胜利就告终了。

同样，在14世纪初期，佛兰德各城市的步兵已经敢于在野战中对抗法国的骑士，并且时常取胜；而阿尔布雷希特皇帝企图把帝国的瑞士自由农民出卖给奥地利大公（皇帝本人也是奥地利大公），由此推动了第一支现代的、负有全欧威名的步兵的建立。由于瑞士人战胜了奥地利人，特别是战胜了勃艮第人，才最终使铠甲骑士（骑马的或下马的）屈服于步兵，使封建军队屈服于新兴的现代军队，使骑士屈服于市民和自由农民。……

后来，同样在14世纪，阿拉伯人把火药和大炮经过西班牙传到了欧洲。直到中世纪末，小型火器还不重要……野炮也同样处于幼年时期；相反，重炮却已经多次打穿骑士城堡的无掩蔽的石墙，向封建贵族宣告：他们的统治随着火药的出现而告终了。

弗·恩格斯：《封建制度的瓦解和民族国家的产生》，中共中央马克思恩格斯列宁斯大林著作编译局编译：《马克思恩格斯文集》（第四卷），人民出版社2009年版，第222—223页。

12. 专制君主制度的胜利

所有这些原因的共同作用……，在15世纪下半叶就决定了对封建制度的胜利，尽管这还不是市民阶级的胜利，而是王权的胜利。在欧洲各个地方，直到尚未走完封建制度道路的边远地区，王权都同时取得了胜利。在比利牛斯半岛，当地的两个罗曼语部落合并成西班牙王国，于是说普罗旺斯语的阿拉贡王国就屈从于卡斯蒂利亚的标准语；第三个部落则把它的各语言区（加利西亚除外）合并成为葡萄牙王国即伊比利亚的荷兰，它从内地分了出去，并且用它的海上活动证明了它独立存在的权利。

在法国，路易十一在勃艮第这个中间国家灭亡以后，终于在当时还是极为残缺不全的法国领土上广泛恢复了以王权为代表的民族统一，以致他的继承者已经能够干涉意大利的内乱；而这个统一仅仅由于宗教改革才一度在短期内成为问题。

英国终于停止了它在法国的会使它继续流血的唐·吉诃德式的侵略战争；封建贵族在蔷薇战争中寻找补偿，而收获超过了他们原来的打算；他们互相消耗殆尽，结果使都铎王朝登上了王位，其拥有的王权超过了以前和以后的所有王朝。斯堪的纳维亚各国早已合并。波兰自从和立陶宛合并以后，在王权尚未削弱的情况下，进入了它的光辉时期；甚至在俄国，在征服诸侯的同时，又摆脱了鞑靼人的压迫，这种局面由伊万三世最后固定下来。全欧洲只剩下两个国家，在那里，王权和那时无王权便不可能出现的民族统一根本不存在，或者只是名义上存在，这就是意大利和德意志。

　　弗·恩格斯：《封建制度的瓦解和民族国家的产生》，中共中央马克思恩格斯列宁斯大林著作编译局编译：《马克思恩格斯文集》（第四卷），人民出版社 2009 年版，第 224—225 页。

13. 封建主义到资本主义的过渡中，封建地主的抱怨

俄国的地主，由于所谓农民解放，现在用雇佣工人代替从事强制劳动的农奴来经营农业，他们抱怨两件事。第一，抱怨货币资本不足。例如，他们说，在出售农产品以前，必须对雇佣工人支付较大数量的金额，而这时缺少的正是现金这个首要的条件。要按照资本主义的方式进行生产，必须经常备有专供支付工资用的货币形式的资本。不过，地主也尽可以放心。时候一到，玫瑰花自然可以摘到，那时，产业资本家不仅拥有自己的货币，而且拥有别人的货币。

但是，更典型的是第二种怨言，这就是：即使有了货币，还是不能随时买到足够的可供支配的劳动力，因为俄国的农业劳动者由于农村公社实行土地公有，还没有完全和他们的生产资料相分离，从而还不是完全的"自由雇佣工人"。但是，后者的社会规模的存在，却是 G—W 即货币转化为商品能够表现为货币资本转化为生产资本的必不可少的条件。

> 卡·马克思：《资本论》（第二卷）之《资本形态变化及其循环》，中共中央马克思恩格斯列宁斯大林著作编译局编译：《马克思恩格斯文集》（第六卷），人民出版社 2009 年版，第 40—41 页。

14. 中世纪的自然经济以及生产方式

在真正的自然经济中，农产品根本不进入或只有极小部分进入流通过程，甚至代表土地所有者收入的那部分产品也只有一个比较小的部分进入流通过程，例如古代罗马许多大领地和查理大帝时的领地都是这样，整个中世纪的情形也或多或少是这样（见万萨德《法国劳动和劳动者的历史》）。在这种经济中，大领地的产品和剩余产品，决不单纯是农业劳动的产品，其中也包括工业劳动的产品。家庭手工业劳动和工场手工业劳动，作为农业这个基础的副业，在古代和中世纪的欧洲，以及在传统组织至今还没有遭到破坏的印度公社中，是这种自然经济赖以建立的生产方式的条件。

> 卡·马克思：《资本论》第三卷第六篇第四十七章《资本主义地租的起源》，中共中央马克思恩格斯列宁斯大林著作编译局编译：《马克思恩格斯文集》（第七卷），人民出版社 2009 年版，第 888—889 页。

15. 中世纪农民和手工业者的关系

以上所说，也适用于农民的产品和城市手工业者的产品之间的交换。起初，这种交换是在没有商人作中介的情况下，在城市的集日里直接进行的。农民就在集市上卖出买进。在那里，不仅农民知道手工业者的劳动条件，而且手工业者也知道农民的劳动条件。因为手工业者自己在某种程度上也还是一个农民，他不仅有菜园和果园，而且往往还有一小块土地，一两头母牛、猪、家禽等等。因此，中世纪的人能够按照原料、辅助材料、劳动时间而相当精确地互相计算出生产费用——至少就日常用品来说是这样。

> 弗·恩格斯：《资本论》第三卷增补Ⅰ.《价值规律和利润率》，中共中央马克思恩格斯列宁斯大林著作编译局编译：《马克思恩格斯文集》（第七卷），人民出版社 2009 年版，第 1016—1017 页。

16. 商人对世袭的停滞的社会是一个革命要素，是封建社会发生变革的起点

到目前为止，我们一直没有谈商人。直到现在，在我们进而考察简单商品生产向资本主义商品生产转化之前，我们可以不考虑商人的介入。商人对于从前一切停滞不变、可以说由于世袭而停滞不变的社会来说，是一个革命的要素。在这样的社会中，农民不仅把他的份地，而且也把他作为自由的私有者、自由的或依附的佃农或农奴的地位，世袭地和几乎不可转让地继承下来，城市手工业者则把他的手工业和他的行会特权，世袭地和几乎不可转让地继承下来，而且他们每一个人还会把他的买主、他的销售市场以及他自幼作为祖传职业学到的技能继承下来。现在商人来到了这个世界，他应当是这个世界发生变革的起点。但是，他并不是自觉的革命者；相反，他与这个世界骨肉相连。中世纪的商人决不是个人主义者；他像他的所有同时代人一样，本质上是共同体的成员。在农村，占统治地位的是从原始共产主义中生长起来的马尔克公社。起初，每个农民都有同样大小的份地，其中包括面积相等的每种质量的土地，并且每个人在公共马尔克中也相应地享有同样大小的权利。

> 弗·恩格斯：《资本论》第三卷增补Ⅰ.《价值规律和利润率》，中共中央马克思恩格斯列宁斯大林著作编译局编译：《马克思恩格斯文集》（第七卷），人民出版社 2009 年版，第 1019—1020 页。

17. 日耳曼人在西欧建立了空前复杂的社会的和政治的等级制度

日耳曼人在西欧的横行，逐渐建立了空前复杂的社会的和政治的等级制度，从而在几个世纪内消除了一切平等观念，但是同时使西欧和中欧卷入了历史的运动，在那里第一次创造了一个牢固的文化区域，并在这个区域内第一次建立了一个由互相影响和互相防范的、主要是民族国家所组成的体系。这样就准备了一个基础，后来只是在这个基础上才有可能谈人的平等和人权的问题。

> 弗·恩格斯：《反杜林论》，中共中央马克思恩格斯列宁斯大林著作编译局编译：《马克思恩格斯文集》（第九卷），人民出版社 2009 年版，第 109—110 页。

18. 中世纪社会的生产和消费方式

在中世纪的社会里，特别是在最初几世纪，生产基本上是为了供自己消费。它主要只是满足生产者及其家属的需要。在那些有人身依附关系的地方，例如在农村中，生产还满足封建主的需要。因此，在这里没有交换，产品也不具有商品的性质。农民家庭差不多生产了自己所需要的一切：食物、用具和衣服。只有当他们在满足自己的需要并向封建主交纳实物贡赋以后还能生产更多的东西时，他们才开始生产商品；这种投入社会交换即拿去出卖的多余产品就成了商品。诚然，城市手工业者一开始就必然为交换而生产，但是，他们也自己生产自己所需要的大部分东西；他们有园圃和小块土地；他们在公共森林中放牧牲畜，并且从这些森林中取得木材和燃料；妇女纺麻，纺羊毛等等。以交换为目的的生产，即商品生产，还只是在形成中。因此，交换是有限的，市场是狭小的，生产方式是稳定的，地方和外界是隔绝的，地方内部是统一的；农村中有马尔克，城市中有行会。

弗·恩格斯：《反杜林论》，中共中央马克思恩格斯列宁斯大林著作编译局编译：《马克思恩格斯文集》（第九卷），人民出版社 2009 年版，第289 页。

19. 在绝大多数国家，奴隶制发展成了农奴制

在历史上继这种形式之后的是另一种形式，即农奴制。在绝大多数国家里，奴隶制发展成了农奴制。这时社会基本上分为农奴主——地主和农奴制农民。人与人的关系的形式改变了。奴隶主把奴隶当作自己的财产，法律把这种观点固定下来，认为奴隶是一种完全被奴隶主占有的物品。农奴制农民仍然遭受阶级压迫，处于依附地位，但农奴主　地主不能把农民当作物品来占有了，而只有权占有农民的劳动，有权强迫农民尽某种义务。其实，大家知道，农奴制，特别是在俄国维持得最久、表现得最粗暴的农奴制，同奴隶制并没有什么区别。

列宁：《论国家（1919 年 7 月 11 日在斯维尔德洛夫大学的讲演）》，中共中央马克思恩格斯列宁斯大林著作编译局编译：《列宁选集》（第四卷），人民出版社 1995 年版，第 29 页。

20. 18 世纪末至 19 世纪，革命使农奴制在西欧各国被资本主义所代替

后来，在农奴制社会内，随着商业的发展和世界市场的出现，随着货币流通的发展，产生了一个新的阶级，即资本家阶级。从商品中，从商品交换中，从货币权力的出现中，产生了资本权力。在 18 世纪（更正确些

说，从 18 世纪末起）和 19 世纪，世界各地发生了革命。农奴制在西欧各国被取代了。这一点在俄国发生得最晚。俄国在 1861 年也发生了变革，结果一种社会形式被另一种社会形式所代替——农奴制被资本主义所代替。在资本主义制度下，阶级划分仍然存在，还保留着农奴制的各种遗迹和残余，但是阶级划分基本上具有另一种形式。

> 列宁：《论国家（1919 年 7 月 11 日在斯维尔德洛夫大学的讲演)》，中共
> 中央马克思恩格斯列宁斯大林著作编译局编译：《列宁选集》（第四卷），
> 人民出版社 1995 年版，第 29 页。

21. 农奴制的基本特征，就是农民被禁锢在土地上

由于剥削形式的改变，奴隶占有制国家变成了农奴制国家。这件事有很大的意义。在奴隶占有制社会中，奴隶完全没有权利，根本不算是人；在农奴制社会中，农民被束缚在土地上。农奴制的基本特征，就是农民（当时农民占大多数，城市人口极少）被禁锢在土地上，这就是农奴制这一概念的由来。农民可以在地主给他的那一块土地上为自己劳动一定的天数，其余的日子则替老爷干活。阶级社会的实质仍然存在：社会是靠阶级剥削来维持的。只有地主才能有充分的权利，农民是没有权利的。实际上，农民的地位与奴隶占有制国家内奴隶的地位没有多大区别。

> 列宁：《论国家（1919 年 7 月 11 日在斯维尔德洛夫大学的讲演)》，中共
> 中央马克思恩格斯列宁斯大林著作编译局编译：《列宁选集》（第四卷），
> 人民出版社 1995 年版，第 33 页。

22. 农奴制社会发展商业和工业的巨大因素导致了资本主义

但是通向农民解放的道路毕竟是比较宽广了，因为农奴制农民已不算是地主的直接私有物。农奴制农民可以把一部分时间用在自己那块土地上，可以说，他在某种程度上是属于他自己了。由于交换和贸易关系有了更广泛的发展，农奴制日益解体，农民解放的机会也日益增多。农奴制社会总是比奴隶占有制社会更复杂。农奴制社会有发展商业和工业的巨大因素，这在当时就导致了资本主义。

> 列宁：《论国家（1919 年 7 月 11 日在斯维尔德洛夫大学的讲演)》，中共
> 中央马克思恩格斯列宁斯大林著作编译局编译：《列宁选集》（第四卷），
> 人民出版社 1995 年版，第 33 页。

23. 中世纪农奴制占优势，当时的国家形式也是多样的

在中世纪，农奴制占优势。当时的国家形式也是多样的，既有君主制

也有共和制（虽然远不如前者明显），但始终只有地主—农奴主才被认为是统治者。农奴制农民根本没有任何政治权利。

列宁：《论国家（1919 年 7 月 11 日在斯维尔德洛夫大学的讲演）》，中共中央马克思恩格斯列宁斯大林著作编译局编译：《列宁选集》（第四卷），人民出版社 1995 年版，第 33—34 页。

24. 封建经济制度的发展

封建经济制度为了证明自己比奴隶经济制度优越，大约费去了二百年，也许略少些。不这样也不可能，因为当时发展的速度极为缓慢，而生产的技术又非常原始。

斯大林：《再论我们党内的社会民主主义倾向》，中共中央马克思恩格斯列宁斯大林著作编译局编译：《斯大林选集》（上卷），人民出版社 1979 年版，第 598 页。

25. 封建制度残余在欧洲仍存在

虽然封建制度作为社会制度在欧洲早已被打破了，但是它的相当多的残余在生活和习惯中还继续存在。从封建世家中还在继续产生技师、专家、科学家和作家，他们把老爷习气带到工业、技术、科学和文学中去。封建传统还没有被彻底打破。

斯大林：《和德国作家埃米尔·路德维希的谈话（1931 年 12 月 13 日）》，中共中央马克思恩格斯列宁斯大林著作编译局编译：《斯大林选集》（下卷），人民出版社 1979 年版，第 306 页。

26. 封建制度的基础并不是经济外的强制，而是封建土地所有制

当然，经济外的强制在巩固地主—农奴主的经济权力方面起过作用，但封建制度的基础并不是经济外的强制，而是封建土地所有制。

斯大林：《苏联社会主义经济问题》，中共中央马克思恩格斯列宁斯大林著作编译局编译：《斯大林选集》（下卷），人民出版社 1979 年版，第 570 页。

（二）欧洲民族国家的形成

1. 建立民族国家的趋向是中世纪进步的最重要杠杆之一

15 世纪时，封建制度在整个西欧都处于十分衰败的状态。在封建地区中，到处都楔入了有反封建的要求、有自己的法和武装市民的城市；它们通过货币，已经在一定程度上使封建主在社会方面甚至有的地方在政治方

面从属于自己；甚至在农村中，在农业由于特别有利的条件而得到发展的地方，旧的封建桎梏在货币的影响下也开始松动了；只有在新征服的地方，例如在易北河以东的德意志，或者在其他远离通商道路的落后地区，才继续盛行旧的贵族统治。但是，无论在城市或农村，到处都增加了这样的居民，他们首先要求结束连绵不断毫无意义的战争，停止那种总是引起内战——甚至当外敌盘踞国土时还在内战——的封建主之间的争斗，结束那种不间断地延续了整个中世纪的、毫无目的的破坏状态。这些居民本身还过于软弱，不能实现自己的愿望，所以就向整个封建制度的首脑即王权寻求有力的支持……

从中世纪早期的各族人民混合中，逐渐发展起新的民族［Nationalit ten］，大家知道，在这一发展过程中，大多数从前罗马行省内的被征服者即农民和市民，把胜利者即日耳曼统治者同化了。……关于怎样在一个地方发生了融合，而在另一个地方却发生了分离，我们从门克编制的中洛林各区地图上可以看到一个明确的图景。只要看一下这个地图上的罗曼语和德语地名的分界线就会确信，这条分界线在比利时和下洛林一段上，和一百年前法语与德语的分界线基本上是一致的。……分界线到加洛林王朝末期就已经基本上划定了……

语族一旦划分…，很自然，这些语族就成了建立国家的一定基础，民族［Nationalit ten］开始向民族［Nationen］发展。洛林这个混合国家的迅速崩溃，说明了早在 9 世纪的时候这一自发过程就已何等强烈。虽然在整个中世纪时期，语言的分界线和国家的分界线远不相符，但是每一个民族，也许意大利除外，在欧洲毕竟都有一个特别的大的国家成为其代表；所以，日益明显日益自觉地建立民族国家的趋向，成为中世纪进步的最重要杠杆之一。

弗·恩格斯：《封建制度的瓦解和民族国家的产生》，中共中央马克思恩格斯列宁斯大林著作编译局编译：《马克思恩格斯文集》（第四卷），人民出版社 2009 年版，第 217—219 页。

2. 在中世纪的混乱状态中王权是一种进步的因素

在每一个这种中世纪的国家里，国王高踞于整个封建等级制的顶端，是附庸们不能撇开不要的最高首脑，而同时他们又不断反叛这个最高首脑。……在这种普遍的混乱状态中，王权是进步的因素，这一点是十分清楚的。王权在混乱中代表着秩序，代表着正在形成的民族［Nation］而与分裂成叛乱的各附庸国的状态对抗。在封建主义表层下形成的一切革命因素都依赖王权，正像王权依赖它们一样。王权和市民阶级的联盟发端于10世纪；这一联盟往往因冲突而破裂（……），破裂后又重新恢复，并且越发巩固、越发强大，直到这一联盟帮助王权取得最后胜利，而王权则以奴役和掠夺回报它的盟友。

> 弗·恩格斯：《封建制度的瓦解和民族国家的产生》，中共中央马克思恩格斯列宁斯大林著作编译局编译：《马克思恩格斯文集》（第四卷），人民出版社2009年版，第220页。

3. 共同的地域是民族的特征之一

只有经过长期不断的交往，经过人们世世代代的共同生活，民族才能形成起来。而长期的共同生活又非有共同的地域不可。从前英吉利人和美利坚人居住在一个地域，即居住在英国，所以当时是一个民族。后来一部分英吉利人从英国迁移到新的地域，迁移到美洲，于是在这个新的地域逐渐形成了新的民族，即北美利坚民族。由于有不同的地域，结果就形成了不同的民族。

> 斯大林：《马克思主义和民族问题》，中共中央马克思恩格斯列宁斯大林著作编译局编译：《斯大林选集》（上卷），人民出版社1979年版，第62页。

4. 格鲁吉亚作为民族的出现

直到十九世纪下半叶格鲁吉亚才作为民族出现，因为当时农奴制度的崩溃和国内经济生活的发展，交通的发达和资本主义的产生，使格鲁吉亚各个地区之间实行了分工，彻底打破了各个公国在经济上的闭关自守状态，而把这些公国联成一个整体。其他一切度过了封建主义阶段并发展了资本主义的民族也是如此。

> 斯大林：《马克思主义和民族问题》，中共中央马克思恩格斯列宁斯大林著作编译局编译：《斯大林选集》（上卷），人民出版社1979年版，第63页。

5. 什么是民族?

民族是人们在历史上形成的一个有共同语言、共同地域、共同经济生活以及表现在共同文化上的共同心理素质的稳定的共同体。

同时，不言而喻，民族也和任何历史现象一样，是受变化规律支配的，它有自己的历史，有自己的始末。

斯大林：《马克思主义和民族问题》，中共中央马克思恩格斯列宁斯大林
著作编译局编译：《斯大林选集》（上卷），人民出版社1979年版，第
64页。

6. 英吉利民族和北美利坚民族的区别

在十八世纪末和十九世纪初，当北美利坚还叫作"新英格兰"的时候，英吉利民族和北美利坚民族究竟有什么区别呢？当然不是民族性格上的区别，因为北美利坚人是从英国迁移过去的，他们带到美洲去的除英吉利语言以外，还有英吉利的民族性格，虽然他们在新环境的影响下大概已开始形成自己特有的性格，但他们当然不会很快就丧失其英吉利的民族性格。当时他们和英吉利人在性格上虽然还有或多或少的共同点，但他们毕竟已经是和英吉利民族不同的一个民族了！显然，当时"新英格兰"民族不同于英吉利民族的地方并不是特别的民族性格，或者与其说是民族性格，倒不如说是和英吉利民族不同的环境即生活条件。

斯大林：《马克思主义和民族问题》，中共中央马克思恩格斯列宁斯大林
著作编译局编译：《斯大林选集》（上卷），人民出版社1979年版，第
67页。

7. 封建制度消灭和资本主义发展的过程同时就是人们形成为民族的过程

民族不是普通的历史范畴，而是一定时代即资本主义上升时代的历史范畴。封建制度消灭和资本主义发展的过程同时就是人们形成为民族的过程。例如西欧的情形就是如此。英吉利人，法兰西人、德意志人、意大利人等都是在资本主义打破封建割据局面而胜利前进时形成为民族的。

斯大林：《马克思主义和民族问题》，中共中央马克思恩格斯列宁斯大林
著作编译局编译：《斯大林选集》（上卷），人民出版社1979年版，第
69页。

8. 西欧独立的民族国家的形成

西欧各民族形成的过程同时就是它们变为独立的民族国家的过程。英吉利、法兰西等民族同时就是英吉利等国家。处于这一过程以外的爱尔兰并不能改变总的情景。

斯大林：《马克思主义和民族问题》，中共中央马克思恩格斯列宁斯大林著作
编译局编译：《斯大林选集》（上卷），人民出版社1979年版，第69页。

9. 东欧民族国家的形成

当西欧各民族发展成国家的时候，东欧却形成了多民族的国家，即由几个民族组成的国家。奥匈帝国和俄国就是这样的国家。在奥地利，当时政治上最为发展的是德意志人，于是他们就负起了把奥地利各民族统一成一个国家的任务。在匈牙利，最能适应国家组织性的是匈牙利各民族的中坚—马扎尔人，于是他们成了匈牙利的统一者。在俄国，是以历史上形成的强大而有组织的贵族军事官僚为首的大俄罗斯人担负了统一各民族的使命。

> 斯大林：《马克思主义和民族问题》，中共中央马克思恩格斯列宁斯大林著作编译局编译：《斯大林选集》（上卷），人民出版社 1979 年版，第 69 页。

10. 东欧民族国家的形成不同于西欧的原因

东欧的情形就是如此。

只有在封建制度还没有消灭、资本主义还不太发达、被排挤到次要地位的各民族在经济上还没有结合成完整的民族的条件下，才能有这种特殊的国家形成方式。

> 斯大林：《马克思主义和民族问题》，中共中央马克思恩格斯列宁斯大林著作编译局编译：《斯大林选集》（上卷），人民出版社 1979 年版，第 69 页。

11. 巩固地主阶级和新兴商人阶级的民族国家是靠残酷剥削农奴来进行的

是的，当然，彼得大帝为了提高地主阶级和发展新兴商人阶级是做了许多事情的。彼得为了建立并巩固地主和商人的民族国家是做了很多事情的。同时也应该说，提高地主阶级、帮助新兴商人阶级和巩固这两个阶级的民族国家都是靠残酷地剥削农奴来进行的。

> 斯大林：《和德国作家埃米尔·路德维希的谈话（1931 年 12 月 13 日）》，中共中央马克思恩格斯列宁斯大林著作编译局编译：《斯大林选集》（下卷），人民出版社 1979 年版，第 298 页。

12. 国家是在社会分裂为敌对阶级的基础上产生的

国家是在社会分裂为敌对阶级的基础上产生的，国家的产生是为了少数剥削者的利益来控制多数被剥削者。国家政权的工具，主要集中于军队、惩罚机关、侦察机关和监狱。国家的活动表现为两种基本的职能：内部的

（主要的）职能是控制多数被剥削者；外部的（非主要的）职能是靠侵略别国领土来扩大本国统治阶级的领土，或者是保护本国的领土不受别国的侵犯。从前的奴隶占有制度和封建制度下的情形是这样。现在的资本主义制度下的情形也是这样。

> 斯大林：《在党的第十八次代表大会上关于联共（布）中央工作的总结报告》，中共中央马克思恩格斯列宁斯大林著作编译局编译：《斯大林选集》（下卷），人民出版社1979年版，第468—469页。

（三）宗教与宗教革命

1. 人创造了宗教

反宗教的批判的根据是：**人创造了宗教**，而不是宗教创造人。就是说，宗教是还没有获得自身或已经再度丧失自身的人的自我意识和自我感觉。但是，人不是抽象的蛰居于世界之外的存在物。**人就是人的世界**，就是国家，社会。这个国家、这个社会产生了宗教，一种**颠倒的世界意识**，因为它们就是**颠倒的世界**。宗教是这个世界的总理论，是它的包罗万象的纲要，它的具有通俗形式的逻辑，它的唯灵论的荣誉问题［Potint-d'honneur］，它的狂热，它的道德约束，它的庄严补充，它借以求得慰藉和辩护的总根据。宗教是人的本质**在幻想中的实现**，团为**人的本质**不具有真正的现实性。因此，反宗教的斗争间接地就是反对以宗教为精神**抚慰**的**那个世界**的斗争。

> 卡·马克思：《〈黑格尔法哲学批判〉导言》，中共中央马克思恩格斯列宁斯大林著作编译局编译：《马克思恩格斯文集》（第一卷），人民出版社2009年版，第3页。

2. 宗教是人民的鸦片

宗教里的苦难既是现实的苦难的**表现**，又是对这种现实的苦难的**抗议**。宗教是被压迫生灵的叹息，是无情世界的情感，正像它是无精神活力的制度的精神一样。宗教是人民的**鸦片**。

> 卡·马克思：《〈黑格尔法哲学批判〉导言》，中共中央马克思恩格斯列宁斯大林著作编译局编译：《马克思恩格斯文集》（第一卷），人民出版社2009年版，第4页。

3. 理论一经掌握群众也会变成物质力量

批判的武器当然不能代替武器的批判，物质力量只能用物质力量来摧毁；但是理论一经群众掌握，也会变成物质力量。理论只要说服人［ad-homlnem］，就能掌握群众，而理论只要彻底，就能说服人［ad hominem］。所谓彻底，就是抓住事物的根本。而人的根本就是人本身。德国理论的彻底性的明证，亦即它的实践能力的明证，就在于德国理论是从坚决**积极废**除宗教出发的。对宗教的批判最后归结为**人是人的最高本质**这样一个学说，从而也归结为这样的**绝对命令：必须推翻**使人成为被侮辱、被奴役、被遗弃和被蔑视的东西的**一切关系**，一个法国人对草拟中的养犬税发出的呼声，再恰当不过地刻画了这种关系，他说："可怜的狗啊！人家要把你们当人看哪！"

卡·马克思：《〈黑格尔法哲学批判〉导言》，中共中央马克思恩格斯列宁
斯大林著作编译局编译：《马克思恩格斯文集》（第一卷），人民出版社
2009 年版，第 11 页。

4. 理论在一个国家实现的程度，总是取决于理论满足这个国家的需要的程度

宗教改革之前，官方德国是罗马最忠顺的奴仆。而在德国发生革命之前，它则是小于罗马的普鲁士和奥地利的忠顺奴仆，是土容克和庸人的忠顺奴仆。

可是，**彻底的**德国革命看来面临着一个重大的困难。

就是说，革命需要**被动**因素，需要**物质**基础。理论在一个国家实现的程度，总是取决于理论满足这个国家的需要的程度。但是，德国思想的要求和德国现实对这些要求的回答之间有惊人的不一致，与此相应，市民社会和国家之间以及和市民社会本身之间是否会有同样的不一致呢？理论需要是否会直接成为实践需要呢？光是思想力求成为现实是不够的，现实本身应当力求趋向思想。

卡·马克思：《〈黑格尔法哲学批判〉导言》，中共中央马克思恩格斯列宁
斯大林著作编译局编译：《马克思恩格斯文集》（第一卷），人民出版社
2009 年版，第 12—13 页。

5. 信仰的特权是普遍的人权

在人权这一概念中并没有宗教和人权互不相容的含义。相反**信奉宗教**、用任何方式信奉宗教、履行自己特殊宗教的礼拜的**权利**都被明确列入人权。**信仰的特权是普遍的人权。**

卡·马克思：《论犹太人问题》，中共中央马克思恩格斯列宁斯大林著作编译局编译：《马克思恩格斯文集》（第一卷），人民出版社 2009 年版，第 40 页。

6. 自由竞争在信仰领域里占统治地位

当古代世界走向灭亡的时候，古代的各种宗教就被基督教战胜了。当基督教思想在 18 世纪被启蒙思想击败的时候，封建社会正在同当时革命的资产阶级进行殊死的斗争。信仰自由和宗教自由的思想，不过表明自由竞争在信仰领域里占统治地位罢了。

卡·马克思、弗·恩格斯：《共产党宣言》，中共中央马克思恩格斯列宁斯大林著作编译局编译：《马克思恩格斯文集》（第二卷），人民出版社 2009 年版，第 51 页。

7. 16 世纪的所谓宗教战争都是阶级斗争

16 世纪的所谓宗教战争首先也是为着十分实际的物质的阶级利益而进行的。这些战争同后来英国和法国的国内冲突完全一样，都是阶级斗争。

弗·恩格斯：《德国农民战争》，中共中央马克思恩格斯列宁斯大林著作编译局编译：《马克思恩格斯文集》（第二卷），人民出版社 2009 年版，第 235 页。

8. 中世纪完全是从野蛮状态发展而来的

中世纪完全是从野蛮状态发展而来的。它把古代文明、古代哲学、政治和法学一扫而光，以便一切都从头做起。它从没落的古代世界接受的唯一事物就是基督教和一些残破不全而且丧失文明的城市。

弗·恩格斯：《德国农民战争》，中共中央马克思恩格斯列宁斯大林著作编译局编译：《马克思恩格斯文集》（第二卷），人民出版社 2009 年版，第 235 页。

9. 另一种异教是农民和平民的要求的直接表现，并且几乎总是同起义结合在一起的

城市的异教——这是中世纪真正公开的异教——主要是反对僧侣，对他们的豪富殷实和政治地位进行抨击。另一种异教则有完全不同的性质，这种异教是农民和平民的要求的直接表现，并且几乎总是同起义结合在一起的。这种异教虽然也同意市民异教关于僧侣、教皇权力以及恢复原始基督教教规的一切要求，但是它却走得更远。它要求在教区成员间恢复原始基督教的平等关系，要求承认这种关系也是市民间的准则。它从"上帝儿

女的平等"得出有关市民平等的结论,甚至已经部分地得出有关财产平等的结论。它要求贵族同农民平等,要求城市贵族和享有特权的市民同平民平等,它要求取消徭役、地租、捐税、特权,要求至少消除那些极其悬殊的贫富差别——这些要求,都是带着或多或少的明确性提出来的,而且被说成是原始基督教教义的必然结论。

> 弗·恩格斯:《德国农民战争》,中共中央马克思恩格斯列宁斯大林著作
> 编译局编译:《马克思恩格斯文集》(第二卷),人民出版社 2009 年版,
> 第 236—238 页。

10. 路德在 1517 年到 1525 年这几年间所经历的转变,也恰恰就是一切资产阶级党派目前正在经历的转变

路德在 1517 年到 1525 年这几年间所经历的转变,恰恰就是现代德国立宪派从 1846 年到 1849 年所经历的转变,也恰恰就是一切资产阶级党派目前正在经历的转变,这些资产阶级党派一度被推到运动的领导地位,但在这种运动中一转眼就被站在它背后的平民党派或无产阶级党派抛到后面去了。

> 弗·恩格斯:《德国农民战争》,中共中央马克思恩格斯列宁斯大林著作
> 编译局编译:《马克思恩格斯文集》(第二卷),人民出版社 2009 年版,
> 第 240 页。

11. 路德通过翻译圣经给平民运动提供了一种强有力的武器

路德通过翻译圣经给平民运动提供了一种强有力的武器。他在圣经译本中使公元最初几个世纪的纯朴基督教同当时已经封建化了的基督教形成鲜明的对照,提供了一幅没有层层叠叠的、人为的封建等级制度的社会图景,同正在崩溃的封建社会形成鲜明的对照。

> 弗·恩格斯:《德国农民战争》,中共中央马克思恩格斯列宁斯大林著作
> 编译局编译:《马克思恩格斯文集》(第二卷),人民出版社 2009 年版,
> 第 244 页。

12. 反封建斗争中的新兴城市中等阶级与宗教改革

当欧洲脱离中世纪的时候,新兴的城市中等阶级是欧洲的革命因素。这个阶级在中世纪的封建体制内已经赢得公认的地位,但是这个地位对它的扩张能力来说,也已经变得太狭小了。中等阶级即资产阶级的发展,已经不能同封建制度并存,因此,封建制度必定要覆灭。

但是封建制度的巨大的国际中心是罗马天主教会。它尽管发生了各种

内部战争，还是把整个封建的西欧联合为一个大的政治体系，同闹分裂的希腊正教徒和伊斯兰教的国家相对抗。它给封建制度绕上一圈神圣的灵光。它按照封建的方式建立了自己的教阶制，最后，它本身就是最有势力的封建领主，拥有天主教世界的地产的整整三分之一。要想把每个国家的世俗的封建制度成功地各个击败，就必须先摧毁它的这个神圣的中心组织。

此外，随着中等阶级的兴起，科学也大大振兴了；天文学、力学、物理学、解剖学和生理学的研究又活跃起来。资产阶级为了发展工业生产，需要科学来查明自然物体的物理特性，弄清自然力的作用方式。在此以前，科学只是教会的恭顺的婢女，不得超越宗教信仰所规定的界限，因此根本就不是科学。现在，科学反叛教会了；资产阶级没有科学是不行的，所以也不得不参加反叛。

以上只谈到新兴的中等阶级必然要同现存的教会发生冲突的两点原因，但足以证明：第一，在反对罗马教会权利的斗争中，最有直接利害关系的阶级是资产阶级；第二，当时反对封建制度的历次斗争，都要披上宗教的外衣，把矛头首先指向教会。可是，如果说率先振臂一呼的是一些大学和城市商人，那么热烈响应的必然是而且确实是广大的乡村居民即农民，他们为了活命不得不到处同他们的精神的和尘世的封建主搏斗。

> 弗·恩格斯：《社会主义从空想到科学的发展》，中共中央马克思恩格斯列宁斯大林著作编译局编译：《马克思恩格斯文集》（第三卷），人民出版社 2009 年版，第 509—510 页。

13. 路德和加尔文倡导的宗教改革

资产阶级反对封建制度的长期斗争，在三次大决战中达到了顶点。

第一次是德国的所谓宗教改革。路德提出的反对教会的战斗号召，唤起了两次政治性的起义：首先是弗兰茨·冯·济金根领导的下层贵族的起义（1523 年），然后是 1525 年伟大的农民战争。这两次起义都失败了，主要是由于最有利害关系的集团即城市市民不坚决……从那时起，斗争就蜕化为各地诸侯和中央政权之间的战斗，结果，德国在 200 年中被排除于欧洲在政治上起积极作用的民族之列。路德的宗教改革确实创立了一种新的信条，一种适合专制君主制需要的宗教。德国东北部的农民刚刚改信路德教派，就从自由人降为农奴了。

但是，在路德失败的地方，加尔文却获得了胜利。加尔文的信条正适合当时资产阶级中最果敢大胆的分子的要求。他的宿命论的学说，从宗教的角度反映了这样一件事实：在竞争的商业世界，成功或失败并不取决于一个人的活动或才智，而取决于他不能控制的各种情况。决定成败的并不是一个人的意志或行动，而是全凭未知的至高的经济力量的恩赐；在经济变革时期尤其是如此，因为这时旧的商路和中心全被新的所代替，印度和美洲已被打开大门，甚至最神圣的经济信条即金银的价值也开始动摇和崩溃了。加尔文的教会体制是完全民主的、共和的；既然上帝的王国已经共和化了，人间的王国难道还能仍然听命于君王、主教和领主吗？当德国的路德教派已变成诸侯手中的驯服工具时，加尔文教派却在荷兰创立了一个共和国，并且在英国，特别是在苏格兰，创立了一些活跃的共和主义政党。

弗·恩格斯：《社会主义从空想到科学的发展》，中共中央马克思恩格斯列宁斯大林著作编译局编译：《马克思恩格斯文集》（第三卷），人民出版社 2009 年版，第 510—511 页。

14. 基督教产生的政治历史条件

关于基督教取得胜利和世界统治地位的原因，鲍威尔也提供了非常珍贵的材料。……

罗马的占领，在所有被征服的国家，首先直接破坏了过去的政治秩序，其次也间接破坏了旧有的社会生活条件。其办法是：第一，以罗马公民与非公民或国家臣民之间的简单区别，代替了从前的等级划分（奴隶制度除外）；第二，这是主要的，以罗马国家的名义进行压榨。如果说在帝国内部，为了国家的利益，对行省总督的贪财欲望还尽量加以限制，那么在这些国家代之而来的，是为了充实国库而课收的日益加重和日益烦苛的赋税，这样一种压榨行为起了可怕的破坏作用；最后，第三，到处都由罗马法官根据罗马法进行判决，这样一来，凡是与罗马法制不相符合的本地社会制度都被宣布无效。这三种办法必然产生惊人的荡平一切的作用，特别是运用于各国居民达几百年之久的时候更是如此。这些居民中间的最强有力的部分，不是在被征服前、被征服时、甚至往往在被征服后的斗争中被消灭，便是沦为奴隶。各行省的社会关系愈益接近意大利首都的社会关系。居民逐渐分裂为三个由极复杂的成分和民族凑合起来的阶级：富人，其中不少是被释放的奴隶（……）。大地主、高利贷者、或大地主兼高利贷者……；没有财产的自由民，他们在罗马靠国家吃喝玩乐，在各行省只能自找生路；

最后是广大的群众——奴隶。

　　弗·恩格斯：《布鲁诺·鲍威尔和原始基督教》，中共中央马克思恩格斯列宁斯大林著作编译局编译：《马克思恩格斯文集》（第三卷），人民出版社2009年版，第595—596页。

15. 宗教观念形成和发展的社会意识形态因素

　　同普遍的无权地位和对改善现状的可能表示绝望的情况相适应的，是普遍的意志消沉和精神颓废。剩下的少数具有贵族气派和贵族思想的古罗马人，不是被消灭，便是死亡了。他们当中最后的一个人是塔西伦。其余的人巴不得能够完全避开社会生活，他们沉溺于聚财和斗富、诽谤和倾轧之中。没有财产的自由民，在罗马由国家供养，在各行省则境况困苦。他们必须劳动，而且还要对付奴隶劳动的竞争。不过这些人只住在城市。除他们以外，在各行省还有农民，即自由的土地占有者（有些地方也许还同公有制有联系），或大地主的债务奴仆（如在高卢）。这一阶级最少被社会变革所触及。它反对宗教变革的时间也最久。最后是奴隶，他们没有权利，没有主见，不可能解放自己，如斯巴达克失败所证明的那样；可是他们当中大部分原是自由民或是被释放的奴隶的后裔。所以他们必然对自己的生活状况怀有极为强烈的（虽然表面上并不显露的）怨恨。

　　……

　　罗马帝国在消灭各民族政治和社会独特性的同时，也消灭了他们独特的宗教。古代一切宗教都是自发的部落宗教和后来的民族宗教，它们从各民族的社会条件和政治条件中产生，并和这些条件紧紧连在一起。宗教的这种基础一旦遭到破坏，沿袭的社会形式、传统的政治设施和民族独立一旦遭到毁灭，那么从属于此的宗教自然也就会崩溃。本民族神可以容许异民族神和自己并立（这在古代是通常现象），但不能容许他们居于自己之上。东方的祭神仪式移植到罗马，只损害罗马宗教，但不能阻止东方宗教的衰落。民族神一旦不能保卫本民族的独立和自主，就会自取灭亡。情况到处都是这样（农民，特别是山地农民除外）。庸俗哲学的启蒙作用（我简直想说是伏尔泰主义）在罗马和希腊所做到的事情，在各行省由于罗马帝国的奴役，以及由于那些从前以享有自由而自豪的战士被绝望的臣民和自私的无赖所取代，同样也做到了。

　　这就是当时的物质和精神状况。现状不堪忍受，未来也许更加可怕。

没有任何出路。悲观绝望，或从最猥鄙的感官享乐中寻求解脱——至少有可能让自己这样做的那些人是如此，可是这只是极少数人。其余的人就只好俯首帖耳地服从于不可避免的命运。

但是，在各阶级中必然有一些人，他们既然对物质上的得救感到绝望，就去追寻灵魂得救来代替，即追寻思想上的安慰，以免陷入彻底绝望的境地。这样的安慰既不是斯多亚学派，也不是伊壁鸠鲁学派所能提供的，因为第一，这两个学派是不以普通人的思想为对象的哲学体系；第二，这两个学派的门徒的生活方式，把他们的学说弄得声名狼藉。安慰不是要代替那失去了的哲学，而是要代替那失去了的宗教，它必须以宗教形式出现，当时甚至直到 17 世纪，一切能够打动群众的东西莫不如此。

几乎用不着说明，在追求这种思想上的安慰，设法从外在世界遁入内在世界的人中，大多数必然是奴隶。

正是在这经济、政治、智力和道德的总解体时期，出现了基督教。它和以前的一切宗教发生了尖锐的对立。

弗·恩格斯：《布鲁诺·鲍威尔和原始基督教》，中共中央马克思恩格斯列宁斯大林著作编译局编译：《马克思恩格斯文集》（第三卷），人民出版社 2009 年版，第 596—598 页。

16. 宗教的形成和发展

宗教是在最原始的时代从人们关于他们自身的自然和周围的外部自然的错误的、最原始的观念中产生的。但是，任何意识形态一经产生，就同现有的观念材料相结合而发展起来，并对这些材料作进一步的加工……因此，大部分是每个有亲属关系的民族集团所共有的这些原始的宗教观念，在这些集团分裂以后，便在每个民族那里依各自遇到的生活条件而独特地发展起来，而这一过程对一系列民族集团来说，特别是对雅利安人（所谓印欧人）来说，已由比较神话学详细地证实了。这样在每一个民族中形成的神，都是民族的神，这些神的王国不越出它们所守护的民族领域，在这个界线以外，就无可争辩地由别的神统治了。只要这些民族存在，这些神也就继续活在人们的观念中；这些民族没落了，这些神也就随着灭亡。罗马世界帝国使得古老的民族没落了（……），古老的民族的神就灭亡了，甚至罗马的那些仅仅适合于罗马城这个狭小圈子的神也灭亡了；罗马曾企图除本地的神以外还承认和供奉一切多少受崇敬的异族的神，这就清楚地

表明了有以一种世界宗教来充实世界帝国的需要。但是一种新的世界宗教
是不能这样用皇帝的敕令创造出来的。新的世界宗教，即基督教，已经从
普遍化了的东方神学，特别是犹太神学同庸俗化了的希腊哲学，特别是斯
多亚派哲学的混合中悄悄地产生了。……它那流传到我们今天的官方形式
仅仅是尼西亚宗教会议为了使它成为国教而赋予它的那种形式。它在250
年后已经变成国教这一事实，足以证明它是适应时势的宗教。在中世纪，
随着封建制度的发展，基督教成为一种同它相适应的、具有相应的封建等
级制的宗教。当市民阶级兴起的时候，新教异端首先在法国南部的阿尔比
派中间，在那里的城市最繁荣的时代，同封建的天主教相对抗而发展起来。
中世纪把意识形态的其他一切形式——哲学、政治、法学，都合并到神学
中，使它们成为神学中的科目。因此，当时任何社会运动和政治运动都不
得不采取神学的形式；对于完全由宗教培育起来的群众感情说来，要掀起
巨大的风暴，就必须让群众的切身利益披上宗教的外衣出现。市民阶级从
最初起就给自己制造了一种由无财产的、不属于任何公认的等级的城市平
民、短工和各种仆役所组成的附属品，即后来的无产阶级的前身，同样，
宗教异端也早就分成了两派：市民温和派和甚至也为市民异教徒所憎恶的
平民革命派。

> 弗·恩格斯：《路德维希·费尔巴哈和古典德国哲学的终结》，中共中央
> 马克思恩格斯列宁斯大林著作编译局编译：《马克思恩格斯文集》（第四
> 卷），人民出版社 2009 年版，第 309—310 页。

17. 新兴市民阶级的斗争与宗教改革

新教异端的不可根绝是同正在兴起的市民阶级的不可战胜相适应的；
当这个市民阶级已经充分强大的时候，他们从前同封建贵族进行的主要是
地方性的斗争便开始具有全国性的规模了。第一次大规模的行动发生在德
国，这就是所谓的宗教改革。那时市民阶级既不够强大又不够发展，不足
以把其他的反叛等级——城市平民、下层贵族和乡村农民——联合在自己
的旗帜之下。贵族首先被击败；农民举行了起义，形成了这次整个革命运
动的顶点，城市背弃了农民，革命被各邦君主的军队镇压下去了，这些君
主攫取了革命的全部果实。从那时起，德国有整整三个世纪从那些能独立
地干预历史的国家的行列中消失了。但是除德国人路德外，还出现了法国
人加尔文，他以真正法国式的尖锐性突出了宗教改革的资产阶级性质，使

教会共和化和民主化。当路德的宗教改革在德国已经蜕化并把德国引向灭亡的时候，加尔文的宗教改革却成了日内瓦、荷兰和苏格兰共和党人的旗帜，使荷兰摆脱了西班牙和德意志帝国的统治，并为英国发生的资产阶级革命的第二幕提供了意识形态的外衣。在这里，加尔文教派显示出它是当时资产阶级利益的真正的宗教外衣，因此，在1689年革命由于一部分贵族同资产阶级间的妥协而结束以后，它也没有得到完全的承认。英国的国教会恢复了，但不是恢复到它以前的形式，即由国王充任教皇的天主教，而是强烈地加尔文教派化了。旧的国教会庆祝欢乐的天主教礼拜日，反对枯燥的加尔文教派礼拜日。新的资产阶级化的国教会，则采用后一种礼拜日，这种礼拜日至今还在装饰着英国。

> 弗·恩格斯：《路德维希·费尔巴哈和古典德国哲学的终结》，中共中央马克思恩格斯列宁斯大林著作编译局编译：《马克思恩格斯文集》（第四卷），人民出版社2009年版，第310—311页。

18. 基督教已不能成为任何进步阶级的意识形态外衣

在法国，1685年加尔文教派中的少数派曾遭到镇压，被迫皈依天主教或者被驱逐出境。但是这有什么用处呢？那时自由思想家皮埃尔·培尔已经在忙于从事活动，而1694年伏尔泰也诞生了。路易十四的暴力措施只是使法国的资产阶级更便于以唯一同已经发展起来的资产阶级相适应的、非宗教的、纯粹政治的形式进行自己的革命。出席国民议会的不是新教徒，而是自由思想家了。由此可见，基督教进入了它的最后阶段。此后，它已不能成为任何进步阶级的意向的意识形态外衣了；它越来越变成统治阶级专有的东西，统治阶级只把它当做使下层阶级就范的统治手段。

> 弗·恩格斯：《路德维希·费尔巴哈和古典德国哲学的终结》，中共中央马克思恩格斯列宁斯大林著作编译局编译：《马克思恩格斯文集》（第四卷），人民出版社2009年版，第311页。

19. 宗教与传统

宗教一旦形成，总要包含某些传统的材料，因为在一切意识形态领域内传统都是一种巨大的保守力量。但是，这些材料所发生的变化是由造成这种变化的人们的阶级关系即经济关系引起的。

> 弗·恩格斯：《路德维希·费尔巴哈和古典德国哲学的终结》，中共中央马克思恩格斯列宁斯大林著作编译局编译：《马克思恩格斯文集》（第四卷），人民出版社2009年版，第312页。

20. 原始基督教的产生及其演变

最初的基督徒来自什么样的人呢？主要来自属于人民最低阶层的"受苦受难的人"，革命的因素总是这样形成的。这些人之中都有些什么人呢？在城市里，是形形色色的破产的自由人，他们很像美国南部各蓄奴州的"白种贫民"或在殖民地口岸和中国口岸流浪并从事冒险的欧洲人，此外还有被释的奴隶和特别是未被释的奴隶；在意大利、西西里、阿非利加的大庄园里，是奴隶；在各行省农业地区，是日益陷入债务奴役的小农。对所有这些人说来，绝对不存在任何共同的求得解放的道路。对所有这些人说来，天堂已经一去不复返；破产的自由人的天堂是他们先人曾在其中作自由公民的过去那种既是城市、又是国家的城邦；战俘奴隶的天堂是被俘和成为奴隶以前的自由时代；小农的天堂是已经被消灭的氏族制度和土地公有制。所有这一切，都被罗马征服者用荡平一切的铁拳消灭净尽了。……被奴役、受压迫、沦为赤贫的人们的出路在哪里？他们怎样才能得救？所有这些彼此利益各不相同甚至互相冲突的不同的人群的共同出路在哪里？可是为了使所有这些人都卷入一个统一的伟大革命运动，必须找到这样一条出路。

这样的出路找到了。但不是在现世。在当时的情况下，出路只能是在宗教领域内。于是另一个世界打开了。肉体死后灵魂继续存在，就渐渐成为罗马世界各地公认的信条。死后的灵魂将为其生前的行为受到某种报偿或惩罚这一信念，也越来越为大家所接受。但报偿是相当靠不住的；古代世界具有强烈的自发唯物主义，它把人世生活看得比冥土生活宝贵得多；希腊人把死后的永生还看成是一种不幸。于是，基督教出现了。它认真地对待彼岸世界的报偿和惩罚，造出天国和地狱。一条把受苦受难的人从我们苦难的尘世引入永恒的天堂的出路找到了。事实上，也只有靠对彼岸世界获得报偿的希望，斯多亚—斐洛学说的弃世和禁欲才得以提升为能吸引被压迫人民群众的一种新的世界宗教的基本道德原则。

弗·恩格斯：《论原是基督教的历史》，中共中央马克思恩格斯列宁斯大林著作编译局编译：《马克思恩格斯文集》（第四卷），人民出版社2009年版，第492—493页。

21. 基督教只承认一切人的一种平等，即原罪的平等

基督教只承认一切人的一种平等，即原罪的平等，这同它曾经作为奴

隶和被压迫者的宗教的性质是完全适合的。此外，基督教至多还承认上帝的选民的平等，但是这种平等只是在开始时才被强调过。在新宗教的最初阶段同样可以发现财产共有的痕迹，这与其说是来源于真正的平等观念，不如说是来源于被迫害者的团结。僧侣和俗人对立的确立，很快就使这种基督教平等的萌芽也归于消失。

> 弗·恩格斯：《反杜林论》，中共中央马克思恩格斯列宁斯大林著作编译局编译：《马克思恩格斯文集》（第九卷），人民出版社 2009 年版，第109 页。

22. 一切宗教都是支配人们日常生活的外部力量在人们头脑中的幻想的反映

一切宗教都不过是支配着人们日常生活的外部力量在人们头脑中的幻想的反映，在这种反映中，人间的力量采取了超人间的力量的形式。在历史的初期，首先是自然力量获得了这样的反映，而在进一步的发展中，在不同的民族那里又经历了极为不同和极为复杂的人格化……除自然力量外，不久社会力量也起了作用，这种力量和自然力量本身一样，对人来说是异己的，最初也是不能解释的，它以同样的表面上的自然必然性支配着人……在更进一步的发展阶段上，许多神的全部自然属性和社会属性都转移到一个万能的神身上，而这个神本身又只是抽象的人的反映。这样就产生了一神教，从历史上说它是后期希腊庸俗哲学的最后产物，并在犹太的独一无二的民族神雅赫维身上得到了体现……当社会通过占有和有计划地使用全部生产资料而使自己和一切社会成员摆脱奴役状态的时候，当谋事在人，成事也在人的时候，现在还在宗教中反映出来的最后的异己力量才会消失，因而宗教反映本身也就随着消失。理由很简单，因为那时再没有什么东西可以反映了。

> 弗·恩格斯：《反杜林论》，中共中央马克思恩格斯列宁斯大林著作编译局编译：《马克思恩格斯文集》（第九卷），人民出版社 2009 年版，第333—334 页。

23. 欧洲自然科学的发展

自然科学在当时也有自己的独立宣言，诚然，宣言并不是一开头就发布的，正如路德并不是第一个新教徒一样。哥白尼在自然科学领域内推出伟大的著作，犹如路德在宗教领域内焚毁教谕；哥白尼在他的著作中虽然还有些胆怯，但经过 36 年的踌躇之后，可以说是在临终之际向教会的迷信提出了挑战。从此以后，自然研究基本上从宗教下面解放出来了……科学的发展从此便大踏步地前进，这种发展可以说同从其出发点起的时间距离的平方成正比，仿佛要向世界表明，对于有机物最高精华的运动，即对于人的精神起作用的，是一种和无机物的运动规律正好相反的规律。

> 弗·恩格斯：《自然辩证法》，中共中央马克思恩格斯列宁斯大林著作编译局编译：《马克思恩格斯文集》（第九卷），人民出版社 2009 年版，第 406 页。

24. 宗教本身是没有内容的，它的根源是在人间，随着以宗教为理论的被歪曲了的现实的消失，宗教也将自行消亡

我要求他们，如果真要讨论共产主义，那就要用另一种完全不同的方式，更切实地加以讨论。我还要求他们更多地在批判政治状况当中来批判宗教，而不是在宗教当中来批判政治状况，因为这样做才更符合报纸的本质和读者的教育水平，因为宗教本身是没有内容的，它的根源不是在天上，而是在人间，随着以宗教为理论的被歪曲了的现实的消失，宗教也将自行消亡。

> 卡·马克思：《马克思致阿尔诺德·卢格，1842 年 11 月 30 日于伦敦》，中共中央马克思恩格斯列宁斯大林著作编译局编译：《马克思恩格斯文集》（第十卷），人民出版社 2009 年版，第 3—4 页。

25. 俾斯麦的"文化斗争"巩固了天主教徒的好战的教权主义，危害了真正的文化事业

俾斯麦的这场斗争（"文化斗争"，Kulturkampf），只是巩固了天主教徒的好战的教权主义，只是危害了真正的文化事业，因为他不是把政治上的分野提到首位，而是把宗教上的分野提到首位，使工人阶级和民主派的某些阶层忽视革命的阶级斗争的迫切任务而去重视最表面的、资产阶级虚伪的反教权主义运动。

> 列宁：《论工人政党对宗教的态度》，中共中央马克思恩格斯列宁斯大林著作编译局编译：《列宁选集》（第二卷），人民出版社 1995 年版，第 248 页。

26. "宣布宗教为私人的事情"产生了一种对马克思主义的歪曲，成了机会主义

这个策略［"宣布宗教为私人的事情"——这是爱尔福特纲领（1891

年）的一个著名论点〕现在竟然成为陈规，竟然产生了一种对马克思主义的新的歪曲，使它走向反面，成了机会主义。有人把爱尔福特纲领的这一论点说成这样，似乎我们社会民主党人，我们的党，认为宗教是私人的事情，对于我们社会民主党人来说，对于我们党来说，宗教是私人的事情。在 19 世纪 90 年代，恩格斯没有同这种机会主义观点进行直接的论战，但是他认为必须坚决反对这种观点，不过不是用论战的方式而是采用正面叙述的方式。就是说，当时恩格斯有意地着重声明，社会民主党认为宗教对于国家来说是私人的事情，但是对于社会民主党本身、对于马克思主义、对于工人政党来说决不是私人的事情。

> 列宁：《论工人政党对宗教的态度》，中共中央马克思恩格斯列宁斯大林
> 著作编译局编译：《列宁选集》（第二卷），人民出版社 1995 年版，第
> 249 页。

27. 马克思主义对待宗教的策略是十分严谨的

要稍微能认真一些看待马克思主义，考虑马克思主义的哲学原理和国际社会民主党的经验，就能很容易地看出，马克思主义对待宗教的策略是十分严谨的，是经过马克思和恩格斯周密考虑的；在迂腐或无知的人看来是动摇的表现，其实都是从辩证唯物主义中得出来的直接的和必然的结论。如果认为马克思主义对宗教采取似乎是"温和"的态度是出于所谓"策略上的"考虑，是为了"不要把人吓跑"等等，那就大错特错了。相反，马克思主义在这个问题上的政治路线，也是同它的哲学原理有密切关系的。

> 列宁·《论工人政党对宗教的态度》，中共中央马克思恩格斯列宁斯大林
> 著作编译局编译：《列宁选集》（第二卷），人民出版社 1995 年版，第
> 250 页。

28. 马克思主义认为必须善于同宗教作斗争，应当用唯物主义观点来说明群众中的信仰和宗教的根源，应该把这一斗争同目的在于消灭产生宗教的社会根源的阶级运动的具体实践联系起来

马克思主义是唯物主义。正因为如此，它同 18 世纪百科全书派的唯物主义或费尔巴哈的唯物主义一样，也毫不留情地反对宗教。这是没有疑问的。但是，马克思和恩格斯的辩证唯物主义比百科全书派和费尔巴哈更进一步，它把唯物主义哲学应用到历史领域，应用到社会科学领域。我们应当同宗教作斗争。这是整个唯物主义的起码原则，因而也是马克思主义的

起码原则。但是，马克思主义不是停留在起码原则上的唯物主义。马克思主义更前进了一步。它认为必须善于同宗教作斗争，为此应当用唯物主义观点来说明群众中的信仰和宗教的根源。同宗教作斗争不应该局限于抽象的思想宣传，不能把它归结为这样的宣传；而应该把这一斗争同目的在于消灭产生宗教的社会根源的阶级运动的具体实践联系起来。

> 列宁：《论工人政党对宗教的态度》，中共中央马克思恩格斯列宁斯大林
> 著作编译局编译：《列宁选集》（第二卷），人民出版社1995年版，第
> 250页。

29. 现代宗教的根源就是对资本的捉摸不定的力量的恐惧

为什么宗教在城市无产阶级的落后阶层中，在广大的半无产阶级阶层中，以及在农民群众中能够保持它的影响呢？资产阶级进步派、激进派或资产阶级唯物主义者回答说，这是由于人民的愚昧无知。由此得出结论说：打倒宗教，无神论万岁，传播无神论观点是我们的主要任务。马克思主义者说：这话不对。这是一种肤浅的、资产阶级狭隘的文化主义观点。这种观点不够深刻，不是用唯物主义的观点而是用唯心主义的观点来说明宗教的根源。在现代资本主义国家里，这种根源主要是社会的根源。劳动群众受到社会的压制，面对时时刻刻给普通劳动人民带来最可怕的灾难、最残酷的折磨的资本主义（比战争、地震等任何非常事件带来的灾难和折磨多一千倍）捉摸不定的力量，他们觉得似乎毫无办法，——这就是目前宗教最深刻的根源。"恐惧创造神"。现代宗教的根源就是对资本的捉摸不定的力量的恐惧，而这种力量确实是捉摸不定的，因为人民群众不能预见到它，它使无产者和小业主在生活中随时随地都可能遭到，而且正在遭到"突如其来的"、"出人意料的"、"偶然发生的"破产和毁灭，使他们变成乞丐，变成穷光蛋，变成娼妓，甚至活活饿死。凡是不愿一直留在预备班的唯物主义者，都应当首先而且特别注意这种根源。只要受资本主义苦役制度压迫、受资本主义的捉摸不定的破坏势力摆布的群众自己还没有学会团结一致地、有组织地、有计划地、自觉地反对宗教的这种根源，反对任何形式的资本统治，那么无论什么启蒙书籍都不能使这些群众不信仰宗教。

> 列宁：《论工人政党对宗教的态度》，中共中央马克思恩格斯列宁斯大林
> 著作编译局编译：《列宁选集》（第二卷），人民出版社1995年版，第
> 250—251页。

30. 马克思主义者应该首先考虑使罢工运动得到成功，应当坚决反对在这场斗争中把工人分成无神论者和基督教徒，应当坚决反对这样的划分

一个对辩证唯物主义的原理即马克思和恩格斯哲学的原理没有深入思考过的人，也许不能理解（至少是不能一下子理解）这条原则。怎么会这样呢？为什么进行思想宣传，宣扬某种思想，同维持了数千年之久的这一文化和进步的敌人（即宗教）作斗争，要服从阶级斗争，即服从在经济政治方面实现一定的实际目标的斗争呢？

这种反对意见也是一种流行的反对马克思主义的意见，这证明反驳者完全不懂得马克思的辩证法。使这种反驳者感到不安的矛盾，是实际生活中的实际矛盾，即辩证的矛盾，而不是字面上的、臆造出来的矛盾。谁认为在理论上宣传无神论，即破除某些无产阶级群众的宗教信仰，同这些群众阶级斗争的成效、进程和条件之间有一种绝对的、不可逾越的界限，那他就不是辩证地看问题，就是把可以移动的、相对的界限看作绝对的界限，就是硬把活的现实中的不可分割的东西加以分割。……马克思主义者应该首先考虑使罢工运动得到成功，应当坚决反对在这场斗争中把工人分成无神论者和基督教徒，应当坚决反对这样的划分。在这种情况下，宣传无神论就是多余的和有害的，这倒并不是出于不要把落后群众吓跑，不要在选举时落选等庸俗考虑，而是从实际推进阶级斗争这一点出发的，因为在现代资本主义社会环境中，阶级斗争能把信基督教的工人吸引到社会民主党和无神论这方面来，而且比枯燥地宣传无神论还要有效　百倍。在这样的时候和这样的环境中，宣传无神论，就只能有利于神父，因为他们恰恰最愿意用信不信上帝这一标准来划分工人，以代替是否参加罢工这一标准。无政府主义者鼓吹在任何情况下都要对上帝开战，实际上是帮助了神父和资产阶级（正如无政府主义者实际上始终在帮助资产阶级一样）。马克思主义者应当是唯物主义者，即宗教的敌人，但是他们应当是辩证唯物主义者，就是说，他们不应当抽象地对待反宗教斗争问题，他们进行这一斗争不应当立足于抽象的、纯粹理论的、始终不变的宣传，而应当具体地、立足于当前实际上所进行的、对广大群众教育最大最有效的阶级斗争。马克思主义者应该善于估计整个具体情况，随时看清无政府主义同机会主义的界限（这个界限是相对的，是可以移动、可以改变的，但它确实是存在的），既不陷入无政府主义者那种抽象的、口头上的、其实是空洞的"革命主义",也不陷入小资产者或自由派知识分子那种庸俗观念和机会主义,不要像他们那样害怕同宗教作斗争,忘记自己的这种任务,容忍对上帝的信仰,不从阶级斗争的利益出发,而是打小算盘:不得罪人,不排斥人,不吓唬人,遵循聪明绝顶的处世之道:"你活,也让别人活",如此等等。

> 列宁:《论工人政党对宗教的态度》,中共中央马克思恩格斯列宁斯大林著作编译局编译:《列宁选集》(第二卷),人民出版社 1995 年版,第251—253 页。

31. 司祭能不能成为社会民主党党员需要具体情况具体分析

凡是同社会民主党对宗教的态度有关的具体问题,都应该根据上述观点(上一条)来解决。例如,经常有人提出这样的问题:司祭能不能成为社会民主党党员。人们通常根据欧洲各社会民主党的经验对这一问题作无条件的、肯定的回答。但是这种经验并不仅仅是把马克思主义学说应用于工人运动的结果,而且也是由西欧特殊的历史条件决定的;这种条件在俄国并不存在(关于这种条件,我们到下面再谈),所以在这个问题上无条件的肯定的回答在我国是不正确的。不能一成不变地在任何情况下都宣布说司祭不能成为社会民主党党员,但是也不能一成不变地提出相反的规定。如果有一个司祭愿意到我们这里来共同进行政治工作,真心诚意地完成党的工作,不反对党纲,那我们就可以吸收他加入社会民主党,因为在这样的条件下,我们党纲的精神和基本原则同这个司祭的宗教信念的矛盾,也许只是关系到他一个人的矛盾,只是他个人的矛盾,而一个政治组织要用考试的方法来检验自己成员所持的观点是否同党纲矛盾,那是办不到的。当然,这种情况即使在欧洲也是极其少有的,在俄国则更是难以想象了。如果这位司祭加入社会民主党之后,竟在党内积极宣传宗教观点,以此作为他主要的甚至是唯一的工作,那么党当然应该把他开除出自己的队伍。我们不仅应当容许,而且应当特别注意吸收所有信仰上帝的工人加入社会民主党,我们当然反对任何侮辱他们宗教信念的行为,但是我们吸收他们是要用我们党纲的精神来教育他们,而不是要他们来积极反对党纲。我们容许党内自由发表意见,但是以自由结合原则所容许的一定范围为限,因为我们没有义务同积极宣传被党内多数人屏弃的观点的人携手并进。

> 列宁:《论工人政党对宗教的态度》,中共中央马克思恩格斯列宁斯大林

著作编译局编译：《列宁选集》（第二卷），人民出版社 1995 年版，第
253—254 页。

32. "社会主义是我的宗教"的声明背离了马克思主义（因而也就背离了社会主义），但是这种背离的意义和所谓的比重在不同环境下可能是不相同的

假定有的社会民主党党员声明"社会主义是我的宗教"，并且宣传与此相应的观点，对这种党员能不能在任何情况下都一概加以申斥呢？不能这样做。这种声明确实背离了马克思主义（因而也就背离了社会主义），但是这种背离的意义和所谓的比重在不同环境下可能是不相同的。如果一个鼓动员或一个在对工人群众讲话的人，为了说得明白一点，为了给自己的解释开一个头，为了用不开展的群众最熟悉的字眼更具体地说明自己的观点，而说了这样一句话，这是一回事。如果一个著作家开始宣扬"造神说"或造神社会主义（就像我们的卢那察尔斯基及其同伙那样），那是另一回事。在前一种情况下，提出申斥就是吹毛求疵，甚至是过分地限制鼓动员的自由，限制他运用"教育手段"来施加影响的自由，而在后一种情况下，党的申斥却是必须而且应该的。"社会主义是宗教"这一论点，对某些人来说，是从宗教转到社会主义的一种方式，而对另一些人来说，则是离开社会主义而转到宗教的一种方式。

列宁：《论工人政党对宗教的态度》，中共中央马克思恩格斯列宁斯大林
著作编译局编译：《列宁选集》（第二卷），人民出版社 1995 年版，第
253—254 页。

33. 无产阶级政党要求国家把宗教宣布为私人的事情，但决不认为同人民的鸦片作斗争，同宗教迷信等等作斗争的问题是"私人的事情"；使欧洲的社会民主党人对宗教问题采取过分冷漠态度的条件分两种

现在来谈谈哪些条件使"宣布宗教为私人的事情"这一论点在西欧遭到了机会主义者的歪曲。当然，这里是有产生机会主义的一般原因的影响，如为了眼前的利益而牺牲工人运动根本的利益。无产阶级政党要求国家把宗教宣布为私人的事情，但决不认为同人民的鸦片作斗争，同宗教迷信等等作斗争的问题是"私人的事情"。机会主义者把情况歪曲成似乎社会民主党认为宗教是私人的事情！

但是除了常见的机会主义歪曲（对于这种歪曲，我们的杜马党团在讨

论有关宗教问题的发言时完全没有加以说明）而外，还有一些特殊的历史条件使欧洲的社会民主党人对宗教问题采取了目前这种可以说是过分冷漠的态度。这些条件分两种：

第一，反宗教的斗争是革命资产阶级的历史任务，在西欧，资产阶级民主派在他们自己的革命时代，或者说在他们自己冲击封建制度和中世纪制度的时代已经在相当大的程度上完成了（或着手完成）这个任务。无论在法国或德国都有资产阶级反宗教斗争的传统，这个斗争在社会主义运动以前很久就开始了（百科全书派、费尔巴哈）。在俄国，由于我国资产阶级民主革命的条件，这个任务几乎完全落到了工人阶级的肩上。同欧洲比较起来，我国小资产阶级的（民粹主义的）民主派在这方面做的事情并不是（像《路标》中的那些新出现的黑帮立宪民主党人或立宪民主党人黑帮所想的那样）太多了，而是太少了。

另一方面，资产阶级反宗教斗争的传统在欧洲已造成了无政府主义对于这一斗争所作的纯粹资产阶级的歪曲，而无政府主义者，正如马克思主义者早已屡次说明的，虽然非常"猛烈地"攻击资产阶级，但是他们还是站在资产阶级世界观的立场上。罗马语各国的无政府主义者和布朗基主义者，德国的莫斯特（附带说一句，他曾经是杜林的门生）之流，奥地利80年代的无政府主义者，在反宗教斗争中使革命的空谈达到登峰造极的地步。难怪现在欧洲社会民主党人要矫枉过正，把无政府主义者弄弯了的棍子弄直。这是可以理解的，在某种程度上说是理所当然的，但是我们俄国社会民主党人要是忘记西欧的特殊历史条件，那是不行的。

第二，在西欧，自从民族资产阶级革命结束以后，自从实现了比较完全的信教自由以后，反宗教的民主斗争问题在历史上已被资产阶级民主派反社会主义的斗争排挤到次要的地位，所以资产阶级政府往往故意对教权主义举行假自由主义的"讨伐"，转移群众对社会主义的注意力。德国的文化斗争以及法国资产阶级共和派的反教权主义斗争，都带有这种性质。资产阶级的反教权主义运动，是转移工人群众对社会主义的注意力的手段，——这就是目前西欧社会民主党人对反宗教斗争普遍采取"冷漠"态度的根源。这同样是可以理解的，也是理所当然的，因为社会民主党人的确应该使反宗教斗争服从争取社会主义的斗争，以对抗资产阶级和俾斯麦分子的反教权主义运动。

俄国的情况就完全不同了。无产阶级是我国资产阶级民主革命的领袖。无产阶级政党应当成为反对一切中世纪制度的斗争的思想领袖，这一斗争还包括反对陈腐的、官方的宗教，反对任何革新宗教、重新建立或用另一种方式建立宗教的尝试等等。因此，如果说当德国社会民主党人把工人政党要求国家宣布宗教为私人的事情的主张偷换成宣布宗教对社会民主党人和社会民主党本身来说也是私人的事情时，恩格斯纠正这种机会主义的方式还比较温和，那么俄国机会主义者仿效德国人的这种歪曲，就应该受到恩格斯严厉一百倍的斥责。

我们的党团在杜马讲坛上声明宗教是人民的鸦片，这样做是完全正确的，这就开创了一个先例，俄国社会民主党人每次对宗教神论的结论发挥得更详细呢？我们认为不必。这样做会使无产阶级政党有夸大反宗教斗争意义的危险；这样做会抹杀资产阶级反宗教斗争同社会党人反宗教斗争之间的界限。社会民主党党团在黑帮杜马中应该完成的第一件事情，已经光荣地完成了。

第二件事情，也许是社会民主党人最重要的事情，就是说明教会和僧侣支持黑帮政府、支持资产阶级反对工人阶级的阶级作用，这一任务也光荣地完成了。当然，关于这个问题还可以说得很多，今后社会民主党人谈这个问题还会对苏尔科夫同志的发言作补充，但是这篇发言毕竟是很出色的，我们党的直接任务就是要各级党组织广泛宣传这篇发言。

第三件事情，就是要十分详尽地说明经常被德国机会主义者歪曲的"宣布宗教为私人的事情"这一原理的正确含义。遗憾的是苏尔科夫同志没有这样做。尤其令人遗憾的是，在党团过去的活动中，别洛乌索夫同志在这个问题上犯过错误（已被《无产者报》及时指出）。党团内的讨论情况表明，党团争论无神论问题，却没有正确说明宣布宗教为私人的事情这一著名的要求。我们不会把整个党团所犯的这个错误都推在苏尔科夫同志一个人身上。不仅如此，我们公开承认这是全党的过错，因为我们党对这个问题解释不够，没有让社会民主党人充分认识到恩格斯批评德国机会主义者的意思。党团内的讨论情况证明，这正是由于对问题了解得不清楚，而决不是不愿意考虑马克思的学说，所以我们深信，党团在以后发言时一定会纠正这一错误。

列宁：《论工人政党对宗教的态度》，中共中央马克思恩格斯列宁斯大林著作编译局编译：《列宁选集》（第二卷），人民出版社1995年版，第254页。

34. 从 18 世纪以来，无神论者对宗教的批判

恩格斯早就嘱咐过现代无产阶级的领导者，要把 18 世纪末战斗的无神论的文献翻译出来，在人民中间广泛传播。我们惭愧的是，直到今天还没有做这件事（这是证明在革命时代夺取政权要比正确地运用这个政权容易得多的许多例子之一）。有时人们用各种"动听的"理由来为我们这种软弱无力、无所作为和笨拙无能进行辩护，例如说 18 世纪无神论的旧文献已经过时、不科学、很幼稚等等。这种不是掩盖学究气就是掩盖对马克思主义一窍不通的冒充博学的诡辩，是再坏不过了。当然，在 18 世纪革命家的无神论著作中有不少不科学的和幼稚的地方。但是，谁也不会阻止出版者把这些作品加以删节和附以短跋，指出人类从 18 世纪末以来对宗教的科学批判所取得的进步，指出有关的最新著作等等。一个马克思主义者如果以为，被整个现代社会置于愚昧无知和囿于偏见这种境地的亿万人民群众（特别是农民和手工业者）只有通过纯粹马克思主义的教育这条直路，才能摆脱愚昧状态，那就是最大的而且是最坏的错误。应该向他们提供各种无神论的宣传材料，告诉他们实际生活各个方面的事实，用各种办法接近他们，以引起他们的兴趣，唤醒他们的宗教迷梦，用种种方法从各方面使他们振作起来，如此等等。

18 世纪老无神论者所写的那些泼辣的、生动的、有才华的政论，机智地公开地抨击了当时盛行的僧侣主义，这些政论在唤醒人们的宗教迷梦方面，往往要比那些文字枯燥无味，几乎完全没有选择适当的事实来加以说明，而仅仅是转述马克思主义的文章要合适千百倍，此类转述充斥我们的出版物，并且常常歪曲（这是无庸讳言的）马克思主义。马克思和恩格斯的所有比较重要的著作我们都有了译本。担心在我国人们不会用马克思和恩格斯的修正意见来补充旧无神论和旧唯物主义，那是没有任何根据的。最重要的事情，也是我们那些貌似马克思主义、实则歪曲马克思主义的共产党员往往忽视的事情，就是要善于唤起最落后的群众自觉地对待宗教问题，自觉地批判宗教。

列宁：《论战斗唯物主义的意义（1922 年 3 月 12 日）》，中共中央马克思恩格斯列宁斯大林著作编译局编译：《列宁选集》（第四卷），人民出版社 1995 年版，第 648—649 页。

35. 宗教与资本主义的结合

另一方面，请看一看当今对宗教作科学批判的代表人物吧。这些有教养的

资产阶级代表人物在驳斥宗教偏见时差不多总要"加上"一些自己的见解，从而马上暴露出他们是资产阶级的思想奴隶，是"僧侣主义的有学位的奴仆"。

举两个例子。罗·尤·维佩尔教授在1918年出版了一本题名《基督教的起源》的小册子（莫斯科法罗斯出版社版）。作者叙述了现代科学的主要成就，但他不仅没有反对教会这种政治组织的武器，即偏见和骗局，不仅回避了这些问题，而且表示了一种简直可笑而反动透顶的奢望：要凌驾于唯心主义和唯物主义这两个"极端"之上。这是为现在占统治地位的资产阶级效劳，而资产阶级则从他们在世界各国劳动者身上榨取到的利润中拿出几亿卢布来扶持宗教。

德国的著名学者阿尔图尔·德雷夫斯在他的《基督神话》一书中驳斥了宗教偏见和神话，证明根本就没有基督这样一个人，但在该书末尾，他却主张要有一种宗教，不过，是一种革新的、去芜存精的、巧妙的、能够抵抗"日益汹涌的自然主义潮流"的宗教（1910年德文第4版第238页）。德雷夫斯是一个明目张胆的、自觉的反动分子，他公开帮助剥削者用更为卑鄙下流的新的宗教偏见来代替陈旧腐朽的宗教偏见。

> 列宁：《论战斗唯物主义的意义（1922年3月12日）》，中共中央马克思恩格斯列宁斯大林著作编译局编译：《列宁选集》（第四卷），人民出版社1995年版，第649—650页。

36. 如何与宗教蒙昧主义作斗争

这并不是说，不应该翻译德雷夫斯的东西。这只是说，共产党员和一切彻底的唯物主义者虽然在一定程度上要同资产阶级中的进步分子结成联盟，但是当这些进步分子变成反动的时候，就要坚决地揭露他们。这只是说，不敢同18世纪即资产阶级还是革命阶级时期的资产阶级代表人物结成联盟，就无异是背叛马克思主义和唯物主义，因为我们在同流行的宗教蒙昧主义的斗争中，必须通过某种形式在某种程度上同德雷夫斯们结成"联盟"。

> 列宁：《论战斗唯物主义的意义（1922年3月12日）》，中共中央马克思恩格斯列宁斯大林著作编译局编译：《列宁选集》（第四卷），人民出版社1995年版，第650页。

（四）文艺复兴

1. 艺术与社会发展的关系

关于艺术，大家知道，它的一定的繁盛时期决不是同社会的一般发展成比例的，因而也决不是同仿佛是社会组织的骼路的物质基础的一般发展成比例的。例如，拿希腊人或莎士比亚同现代人相比。就某些艺术形式，例如史诗来说，甚至谁都承认：当艺术生产一旦作为艺术生产出现，它们就再不能以那种在世界史上划时代的、古典的形式创造出来；因此，在艺术本身的领域内，某些有重大意义的艺术形式只有在艺术发展的不发达阶段上才是可能的。如果说在艺术本身的领域内部的不同艺术种类的关系中有这种情形，那么，在整个艺术领域同社会一般发展的关系上有这种情形，就不足为奇了。

> 卡·马克思：《1857—1858 年经济学手稿摘选》导言：《1.生产、消费、分配、交换（流通）》，中共中央马克思恩格斯列宁斯大林著作编译局编译：《马克思恩格斯文集》（第八卷），人民出版社 2009 年版，第 34 页。

2. 文艺复兴是地球从来没有经历过的一场最伟大的革命

这是地球从来没有经历过的一场最伟大的革命。自然科学在这场革命中也生机勃勃，它是彻底革命的，它和意大利伟大人物的觉醒的现代哲学携手并进，并使自己的殉道者被送到火刑场和牢狱。值得注意的是，新教徒同天主教徒一道竞相迫害他们。前者烧死了塞尔维特，后者烧死了乔尔丹诺·市鲁诺。这是一个需要巨人并且产生了巨人的时代，那是一些在学识、精神和性格方面的巨人。这个时代，法国人正确地称之为文艺复兴，而新教的欧洲则片面狭隘地称之为宗教改革。

> 弗·恩格斯：《自然辩证法》，中共中央马克思恩格斯列宁斯大林著作编译局编译：《马克思恩格斯文集》（第九卷），人民出版社 2009 年版，第 405—406 页。

3. 文艺复兴是个伟大的时代

现代的自然研究同整个近代史一样，发端于这样一个伟大的时代，这个时代，我们德国人根据我们当时所遭遇的民族不幸称之为宗教改革，法国人称之为文艺复兴，而意大利人则称之为 16 世纪……这个时代是从 15 世纪下半叶开始的。王权依靠市民摧毁了封建贵族的权力，建立了巨大的、实质上以民族为基础的君主国，而现代的欧洲国家和现代的资产阶级社会就在这种君主国里发展起来；当市民和贵族还在互相争斗时，德国农民战争就预告了未来的阶级斗争，因为德国农民战争不仅把起义的农民引上了舞台……而且在农民之后，把现代无产阶级的先驱也引上了舞台，他们手

持红旗，高喊财产公有的要求。拜占庭灭亡时抢救出来的手稿，罗马废墟
中发掘出来的古代雕像，在惊讶的西方面前展示了一个新世界——希腊古
代；在它的光辉的形象面前，中世纪的幽灵消逝了，意大利出现了出人意
料的艺术繁荣，这种艺术繁荣好像是古典古代的反照，以后就再也不曾达
到过。在意大利、法国、德国都产生了新的文学，即最初的现代文学，英
国和西班牙跟着很快进入了自己的古典文学时代……教会的精神独裁被摧
毁了，日耳曼语各民族大部分都直截了当地抛弃了它，接受了新教，同时，
在罗曼语各民族那里，一种从阿拉伯人那里吸收过来并从新发现的希腊哲
学那里得到营养的开朗的自由思想，越来越深地扎下了根，为 18 世纪的唯
物主义作了准备。

> 弗·恩格斯：《自然辩证法》，中共中央马克思恩格斯列宁斯大林著作编
> 译局编译：《马克思恩格斯文集》（第九卷），人民出版社 2009 年版，第
> 408—409 页。

4. 文艺复兴是一次最伟大的、进步的变革，是一个需要巨人并且产生了巨人的时代

　　这是人类以往从来没有经历过的一次最伟大的、进步的变革，是一个
需要巨人并且产生了巨人的时代，那是一些在思维能力、激情和性格方面，
在多才多艺和学识渊博方面的巨人。给资产阶级的现代统治打下基础的人
物，决没有市民局限性。相反，这些人物都不同程度地体现了那种勇于冒
险的时代特征。那时，几乎没有一个著名人物不曾作过长途的旅行，不会
说四五种语言，不在好几个专业上放射出光芒。莱奥纳多·达·芬奇不仅
是大画家，而且也是大数学家、力学家和工程师，他在物理学的各种不同
分支中都有重要的发现。阿尔布雷希特·丢勒是画家、铜版雕刻家、雕塑
家、建筑师……马基雅弗利是政治家、历史编纂学家、诗人，同时又是第
一个值得一提的近代军事著作家。路德不但清扫了教会这个奥吉亚斯的牛
圈，而且也清扫了德国语言这个奥吉亚斯的牛圈，创造了现代德国散文，
并且创作了成为 16 世纪《马赛曲》的充满胜利信心的赞美诗的词和曲。
那个时代的英雄们还没有成为分工的奴隶……而尤其突出的是，他们几乎
全都置身于时代运动中，在实际斗争中意气风发，站在这一方面或那一方
面进行斗争，有人用舌和笔，有人用剑，有些人则两者并用。因此他们具
有成为全面的人的那种性格上的丰富和力量。

弗·恩格斯：《自然辩证法》，中共中央马克思恩格斯列宁斯大林著作编译局编译：《马克思恩格斯文集》（第九卷），人民出版社 2009 年版，第 409—410 页。

5. 自然研究本身就是彻底革命的

自然研究当时也在普遍的革命中发展着，而且它本身就是彻底革命的，因为它必须为争取自己的生存权利而斗争。自然研究同开创了近代哲学的意大利伟大人物携手并进，并使自己的殉道者被送到火刑场和宗教裁判所的牢狱。值得注意的是，新救徒在迫害自由的自然研究方面超过了天主教徒。塞尔维特正要发现血液循环过程的时候，加尔文便烧死了他，而且还活活地把他烤了两个钟头，而宗教裁判所则只是满足于直截了当地烧死乔尔丹诺·布鲁诺。

弗·恩格斯：《自然辩证法》，中共中央马克思恩格斯列宁斯大林著作编译局编译：《马克思恩格斯文集》（第九卷），人民出版社 2009 年版，第 410 页。

6. 欧洲现代科学迅速发展

古代留传下欧几里得几何学和托勒密太阳系，阿拉伯人留传下十进位制、代数学的发端、现代的数字和炼金术；基督教的中世纪什么也没有留下。在这种情况下，占首要地位的必然是最基本的自然科学、即关于地球上的物体和天体的力学，和它靠近并且为它服务的，是一些数学方法的发现和完善化。在这方面已取得了一些伟大的成就。在以牛顿和林耐为标志的这一时期末，我们见到这些科学部门在某种程度上已臻完成。最重要的数学方法基本上被确立了，主要由笛卡儿确立了解析几何，耐普尔确立了对数，莱布尼茨，也许还有牛顿确立了微积分。固体力学也是一样，它的主要规律彻底弄清楚了。最后，在太阳系的天文学中，开普勒发现了行星运动的规律，而牛顿则从物质的普遍运动规律的角度对这些规律进行了概括。

弗·恩格斯：《自然辩证法》，中共中央马克思恩格斯列宁斯大林著作编译局编译：《马克思恩格斯文集》（第九卷），人民出版社 2009 年版，第 411 页。

7. 科学的重新兴起和高速发展应归功于生产

如果说，在中世纪的黑夜之后，科学以意想不到的力量一下子重新兴起，并且以神奇的速度发展起来，那么，我们要再次把这个奇迹归功于生产。第一，从十字军征讨以来，工业有了巨大的发展，并随之出现许多新的事实，有力学上的（纺织、钟表制造、磨坊），有化学上的（染色、冶金、酿酒），也有物理学上的（眼镜），这些事实不但提供了大量可供观察的材料，而且自身也提供了和以往完全不同的实验手段，并使新的工具的设计成为可能。可以说，真正系统的实验科学这时才成为可能。第二，这时整个西欧和中欧，包括波兰在内，已在相互联系中发展起来，虽然意大利由于自己的从古代流传下来的文明，还继续居于首位。第三，地理上的发现——纯粹是为了营利，因而归根到底是为了生产而完成的——又在气象学、动物学、植物学、生理学（人体的）方面，展示了无数在此以前还见不到的材料。第四，印刷机出现了。

> 弗·恩格斯：《自然辩证法》，中共中央马克思恩格斯列宁斯大林著作编译局编译：《马克思恩格斯文集》（第九卷），人民出版社 2009 年版，第 427—428 页。

（五）城市兴起

1. 城市的兴起

当居于统治地位的封建贵族的疯狂争斗的喧嚣充塞着中世纪的时候，被压迫阶级的静悄悄的劳动却在破坏着整个西欧的封建制度，造成封建主的地位日益削弱的局面。……周围已经兴起了城市：在意大利、法国南部和莱茵河畔，古罗马的自治市从灰烬中复活了；在其他地方，特别是在德意志内部，兴建着新的城市；这些城市总是用护城墙和护城壕围绕着，只有用大量军队才能攻下，因此是比贵族的城堡坚固得多的要塞。在这些城墙和城壕的后面，发展了中世纪手工业（十足行会的和小规模的），积累起最初的资本，产生了城市相互之间和城市与外界之间商业来往的需要，而与此同时，也逐渐产生了保护这种商业来往的手段。

> 弗·恩格斯：《封建制度的瓦解和民族国家的产生》，中共中央马克思恩格斯列宁斯大林著作编译局编译：《马克思恩格斯文集》（第四卷），人民出版社 2009 年版，第 215 页。

2. 世界贸易的发展

在 15 世纪，城市市民在社会中已经比封建贵族更为不可或缺。诚然，农业仍旧是广大居民的营生，因而是主要的生产部门。但是，少数分散的在某些地方顶着贵族的侵夺而保存下来的自由农民却充分证明，在农业中重要的并不是贵族的寄生和压榨，而是农民的劳动。而且，贵族的需要也大大增加和改变了，甚至对于他们来说城市也是不可或缺的了……某种程度的世界贸易发展起来了；意大利人在地中海上航行，并越过地中海沿大西洋岸直达佛兰德；汉撒同盟的人在荷兰人和英国人加紧竞争的情况下仍然控制着北海和波罗的海。北方和南方各海上贸易中心之间通过陆地保持联系，实现这种联系的道路经过德意志。贵族越来越成为多余并且阻碍着发展，而城市市民却成为体现着进一步发展生产、贸易、教育、社会制度和政治制度的阶级了。

> 弗·恩格斯：《封建制度的瓦解和民族国家的产生》，中共中央马克思恩格斯列宁斯大林著作编译局编译：《马克思恩格斯文集》（第四卷），人民出版社 2009 年版，第 216 页。

3. 工场手工业内部的分工和社会内部的分工

一切发达的、以商品交换为中介的分工的基础，都是城乡的分离。可以说，社会的全部经济史，都概括为这种对立的运动。但是关于这种对立，我们不在这里多谈。

> 卡·马克思：《资本论》（第一卷）之《相对剩余价值的生产》，中共中央马克思恩格斯列宁斯大林著作编译局编译：《马克思恩格斯文集》（第五卷），人民出版社 2009 年版，第 408 页。

4. 农村人口不断地流往城市

人口不断地流往城市，农村人口由于租地集中、耕地转化为牧场、采用机器等原因而不断地"变得过剩"，农村人口因小屋拆除而不断地被驱逐，这些现象是同时发生的。

> 卡·马克思：《资本论》（第一卷）之《资本的积累过程》，中共中央马克思恩格斯列宁斯大林著作编译局编译：《马克思恩格斯文集》（第五卷），人民出版社 2009 年版，第 796 页。

5. 封建社会的解体和新兴生产力诞生了"市民社会"

……其实，这是对于 16 世纪以来就作了准备、而在 18 世纪大踏步走向成熟的"市民社会"的预感。在这个自由竞争的社会里，单个的人表现为摆脱了自然联系等等，而在过去的历史时代，自然联系等等使他成为一定的狭隘人群的附属物。这种 18 世纪的个人，一方面是封建社会形式解体的产物，另一方面是 16 世纪以来新兴生产力的产物……

卡·马克思：《1857—1858 年经济学手稿摘选》导言：《1.生产、消费、分配、交换（流通）》，中共中央马克思恩格斯列宁斯大林著作编译局编译：《马克思恩格斯文集》（第八卷），人民出版社 2009 年版，第 5 页。

6. 火器的采用对政治上的统治和奴役关系起了变革的作用

在 14 世纪初，火药从阿拉伯人那里传入西欧，像每一个小学生都知道的那样，它使整个作战方法发生了变革。但是火药和火器的采用决不是一种暴力行为，而是一种工业的，也就是经济的进步。不管工业是以生产什么东西为目的，还是以破坏什么东西为目的，工业总还是工业。火器的采用不仅对作战方法本身，而且对政治上的统治和奴役关系起了变革的作用。要获得火药和火器，就要有工业和金钱，而这两者都为市民所占有。因此，火器一开始就是城市和以城市为依靠的新兴君主政体反对封建贵族的武器。以前一直攻不破的贵族城堡的石墙抵不住市民的大炮，市民的枪弹射穿了骑士的盔甲。贵族的统治跟身披铠甲的贵族骑兵队同归于尽了。随着市民等级的发展，步兵和炮兵越来越成为决定性的兵种，在炮兵的压力下，军事行业不得不增加新的纯粹工业的部门——工程部门。

弗·恩格斯：《反杜林论》，中共中央马克思恩格斯列宁斯大林著作编译局编译：《马克思恩格斯文集》（第九卷），人民出版社 2009 年版，第 174—175 页。

7. 世界贸易因发现美洲而得到巨大的发展

由于商业的发展，由于商品交换的发展，分化出了一个新的阶级——资本家阶级。资本产生于中世纪末期，当时世界贸易因发现美洲而得到巨大的发展，贵金属的数量激增，金银成了交换手段，货币周转使得一些人能够掌握巨量财富。全世界都认为金银是财富。地主阶级的经济力量衰落下去，新阶级即资本代表者的力量发展起来。

列宁：《论国家（1919 年 7 月 11 日在斯维尔德洛夫大学的讲演）》，中共中央马克思恩格斯列宁斯大林著作编译局编译：《列宁选集》（第四卷），人民出版社 1995 年版，第 34—35 页。

（六）中世纪文化

1. 文化运动有利于市民阶级和王权反对封建制度的斗争

印刷术的推广，古代文献研究的复兴，从 1450 年起日益强大和日益普遍的整个文化运动，所有这一切都有利于市民阶级和王权反对封建制度的斗争。

弗·恩格斯：《封建制度的瓦解和民族国家的产生》，中共中央马克思恩格斯列宁斯大林著作编译局编译：《马克思恩格斯文集》（第四卷），人民出版社 2009 年版，第 223—224 页。

2. 中世纪的农业账簿劳动也是由公社产品的扣除来补偿的

在中世纪，我们只在修道院中发现农业的账簿。但是，我们知道，在远古的印度公社中，已经有一个农业记账员。在那里，簿记已经独立为一个公社官员的专职。由于这种分工，节约了时间、劳力和开支，但是，生产和记载生产的簿记，终究是两回事，就像给船装货和装货单是两回事一样。充当记账员的那一部分公社劳动力，是从生产中抽出来的。他执行职能所需的各种费用，不是由他自己的劳动来补偿，而是由公社产品的扣除来补偿的。只要作些适当的修改，资本家的簿记人员的情况，就和印度公社的记账员的情况相同。

卡·马克思：《资本论》（第二卷）之《资本形态变化及其循环》，中共中央马克思恩格斯列宁斯大林著作编译局编译：《马克思恩格斯文集》（第六卷），人民出版社 2009 年版，第 151 页。

3. 资本主义社会与野蛮人的区别

在这里，资本主义社会和野蛮人的区别，并不像西尼耳所认为的那样，仿佛野蛮人的特权和特性是有时耗费自己的劳动而不能使他获得任何可以分解为（转化为）收入即消费资料的果实。区别在于：

（a）资本主义社会把它所支配的年劳动的较大部分用来生产生产资料（即不变资本），而生产资料既不能以工资形式也不能以剩余价值形式分解为收入，而只能作为资本执行职能。

（b）野蛮人在制作弓、箭、石检、斧子、筐子等等的时候，非常明确地知道，他所花的时间不是用来生产消费资料的，也就是说，是用来满足他对生产资料的需要的，仅此而已。此外，野蛮人由于对时间的浪费漠不关心，还犯了一个严重的经济上的罪行。例如，像泰勒所说的，他往往用整整一个月的时间来制造一支箭。

卡·马克思：《资本论》（第二卷）之《社会总资本的再生产和流通》，中共中央马克思恩格斯列宁斯大林著作编译局编译：《马克思恩格斯文集》（第六卷），人民出版社 2009 年版，第 489 页。

三　资产阶级革命

（一）启蒙运动

1. 思维着的知性成了衡量一切的唯一尺度

在法国为行将到来的革命启发过人们头脑的那些伟大人物，本身都是非常革命的。他们不承认任何外界的权威，不管这种权威是什么样的。宗教、自然观、社会、国家制度，一切都受到了最无情的批判；一切都必须在理性的法庭面前为自己的存在作辩护或者放弃存在的权利。思维着的知性成了衡量一切的唯一尺度。那时，如黑格尔所说的，是世界用头立地的时代。

> 弗·恩格斯：《反杜林论》，中共中央马克思恩格斯列宁斯大林著作编译局编译：《马克思恩格斯文集》（第九卷），人民出版社 2009 年版，第 19—20 页。

2. 这个理性的王国不过是资产阶级的理想化的王国

现在我们知道，这个理性的王国不过是资产阶级的理想化的王国；永恒的正义在资产阶级的司法中得到实现，平等归结为法律面前的资产阶级的平等，被宣布为最主要的人权之一的是资产阶级的所有权，而理性的国家、卢梭的社会契约在实践中表现为，而且也只能表现为资产阶级的民主共和国。18 世纪伟大的思想家们，也同他们的一切先驱者一样，没有能够超出他们自己的时代使他们受到的限制。

> 弗·恩格斯：《反杜林论》，中共中央马克思恩格斯列宁斯大林著作编译局编译：《马克思恩格斯文集》（第九卷），人民出版社 2009 年版，第 20 页。

3. 18 世纪的欧洲哲学思想

在此期间，同 18 世纪的法国哲学并列和继它之后，近代德国哲学产生了，并且在黑格尔那里完成了。它的最大的功绩，就是恢复了辩证法这一最高的思维形式。古希腊的哲学家都是天生的自发的辩证论者，他们中最博学的人物亚里士多德就已经研究了辩证思维的最主要的形式。而近代哲学虽然也有辩证法的卓越代表（例如笛卡儿和斯宾诺莎），但是特别由于英国的影响却日益陷入所谓形而上学的思维方式；18 世纪的法国人也几乎全都为这种思维方式所支配，至少在他们的专门哲学著作中是如此。可是，在本来意义的哲学之外，他们同样也能够写出辩证法的杰作；我们只要提一下狄德罗的《拉摩的侄子》和卢梭的《论人间不平等的起源》就够了。

> 弗·恩格斯：《反杜林论》，中共中央马克思恩格斯列宁斯大林著作编译局编译：《马克思恩格斯文集》（第九卷），人民出版社 2009 年版，第 22—23 页。

4. 近代德国哲学在黑格尔的体系中完成了

这种近代德国哲学在黑格尔的体系中完成了，在这个体系中，黑格尔第一次——这是他的伟大功绩——把整个自然的、历史的和精神的世界描写为一个过程，即把它描写为处在不断的运动、变化、转变和发展中，并企图揭示这种运动和发展的内在联系。从这个观点来看，人类的历史已经不再是乱七八糟的、统统应当被这时已经成熟了的哲学理性的法庭所唾弃并最好尽快被人遗忘的毫无意义的暴力行为，而是人类本身的发展过程，而思维的任务现在就是要透过一切迷乱现象探索这一过程的逐步发展的阶段，并且透过一切表面的偶然性揭示这一过程的内在规律性。

> 弗·恩格斯：《反杜林论》，中共中央马克思恩格斯列宁斯大林著作编译局编译：《马克思恩格斯文集》（第九卷），人民出版社 2009 年版，第 26—27 页。

5. 黑格尔的思想所受到的限制

虽然黑格尔和圣西门一样是当时最博学的人物，但是他毕竟受到了限制，首先是他自己的必然有限的知识的限制，其次是他那个时代的在广度和深度方面都同样有限的知识和见解的限制。但是，除此以外还有第三种限制。黑格尔是唯心主义者，就是说，在他看来，他头脑中的思想不是现实的事物和过程的或多或少抽象的反映，相反，在他看来，事物及其发展只是在世界出现以前已经在某个地方存在着的"观念"的现实化的反映。这样，一切都被头足倒置了，世界的现实联系完全被颠倒了。

> 弗·恩格斯：《反杜林论》，中共中央马克思恩格斯列宁斯大林著作编译局编译：《马克思恩格斯文集》（第九卷），人民出版社 2009 年版，第 27 页。

6. 现代的平等要求不同于传统的平等要求

一切人，作为人来说，都有某些共同点，在这些共同点所及的范围内，他们是平等的，这样的观念自然是非常古老的。但是现代的平等要求与此完全不同；这种平等要求更应当是从人的这种共同特性中，从人就他们是人而言的这种平等中引申出这样的要求：一切人，或至少是一个国家的一切公民，或一个社会的一切成员，都应当有平等的政治地位和社会地位。要从这种相对平等的原始观念中得出国家和社会中的平等权利的结论，要使这个结论甚至能够成为某种自然而然的、不言而喻的东西，必然要经过而且确实已经经过几千年。

> 弗·恩格斯：《反杜林论》，中共中央马克思恩格斯列宁斯大林著作编译局编译：《马克思恩格斯文集》（第九卷），人民出版社 2009 年版，第109 页。

7. 平等的观念是一种历史的产物

平等的观念，无论以资产阶级的形式出现，还是以无产阶级的形式出现，本身都是一种历史的产物，这一观念的形成，需要一定的历史条件，而这种历史条件本身又以长期的以往的历史为前提。所以，这样的平等观念说它是什么都行，就不能说它是永恒的真理……如果它像马克思所说的，"已经成为国民的牢固的成见"，那么这不是由于它具有公理式的真理性，而是由于 18 世纪的思想得到普遍传播和仍然合乎时宜。

> 弗·恩格斯：《反杜林论》，中共中央马克思恩格斯列宁斯大林著作编译局编译：《马克思恩格斯文集》（第九卷），人民出版社 2009 年版，第113 页。

8. 现代唯物主义不是单纯地恢复旧唯物主义，而是把 2000 年来哲学和自然科学发展的全部思想内容……加到旧唯物主义的持久性的基础上

古希腊罗马哲学是原始的自发的唯物主义。作为这样的唯物主义，它没有能力弄清思维对物质的关系。但是，弄清这个问题的必要性，引出了关于可以和肉体分开的灵魂的学说，然后引出了这种灵魂不死的论断，最后引出了一神教。这样，旧唯物主义就被唯心主义否定了。但是在哲学的进一步发展中，唯心主义也站不住脚了，它被现代唯物主义所否定。现代唯物主义，否定的否定，不是单纯地恢复旧唯物主义，而是把 2000 年来哲学和自然科学发展的全部思想内容以及这 2000 年的历史本身的全部思想内容加到旧唯物主义的持久性的基础上。这已经根本不再是哲学，而只是世界观，这种世界观……应当在各种现实的科学中得到证实和表现出来。因

此，哲学在这里被"扬弃"了，就是说，"既被克服又被保存"，按其形式来说是被克服了，按其现实的内容来说是被保存了。

> 弗·恩格斯：《反杜林论》，中共中央马克思恩格斯列宁斯大林著作编译局编译：《马克思恩格斯文集》（第九卷），人民出版社 2009 年版，第 146 页。

9. 卢梭的思想进程和辩证说法

我们在卢梭那里不仅已经可以看到那种和马克思《资本论》中所遵循的完全相同的思想进程，而且还在他的详细叙述中可以看到和马克思所使用的完全相同的整整一系列辩证的说法：按本性说是对抗的、包含着矛盾的过程，一个极端向它的反面的转化，最后，作为整个过程的核心的否定的否定。

> 弗·恩格斯：《反杜林论》，中共中央马克思恩格斯列宁斯大林著作编译局编译：《马克思恩格斯文集》（第九卷），人民出版社 2009 年版，第 147—148 页。

10. 18 世纪的科学还深深地禁锢在神学之中

18 世纪上半叶的自然科学在知识上，甚至在材料的整理上大大超过了希腊古代，但是在以观念形式把握这些材料上，在一般的自然观上却大大低于希腊古代。在希腊哲学家看来，世界在本质上是某种从混沌中产生出来的东西，是某种发展起来的东西、某种生成的东西。在我们所探讨的这个时期的自然科学家看来，世界却是某种僵化的东西、某种不变的东西，而在他们中的大多数人看来，是某种一下子就造成的东西。科学还深深地禁锢在神学之中。

> 弗·恩格斯：《自然辩证法》，中共中央马克思恩格斯列宁斯大林著作编译局编译：《马克思恩格斯文集》（第九卷），人民出版社 2009 年版，第 412 页。

11. 康德在僵化的自然观上打开了第一个突破口

在这种僵化的自然观上打开第一个突破口的，不是一位自然科学家，而是一位哲学家。1755 年，康德的《自然通史和天体论》出版。关于第一推动的问题被排除了，地球和整个太阳系表现为某种在时间的进程中生成的东西……在康德的发现中包含着一切继续进步的起点。如果地球是某种生成的东西，那么它现在的地质的、地理的和气候的状况，它的植物和动物，也一定是某种生成的东西，它不仅在空间中必然有彼此并列的历史，而且在时间上也必然有前后相继的历史。如果当时立即沿着这个方向坚决地继续研究下去，那么自然科学现在就会大大超过它目前的水平。但是哲学能够产生什么成果呢？康德的著作没有产生直接的成果，直到很多年以后拉普拉斯和赫歇尔才充实了这部著作的内容，并且作了更详细的论证，因此才使"星云假说"逐渐受人重视。进一步的一些发现使它终于获得了胜利；其中最重要的发现是：恒星的自行；宇宙空间中具有阻抗的介质得到证实；宇宙物质的化学同一性以及康德所假定的炽热星云团的存在通过光谱分析得到证明。

> 弗·恩格斯：《自然辩证法》，中共中央马克思恩格斯列宁斯大林著作编译局编译：《马克思恩格斯文集》（第九卷），人民出版社 2009 年版，第 414—415 页。

12. 在黑格尔的辩证法中，一切真实的联系都是颠倒的

在黑格尔的辩证法中，正像在他的体系的所有其他分支中一样，一切真实的联系都是颠倒的。但是，正如马克思所说的，"辩证法在黑格尔手中神秘化了，但这决没有妨碍他第一个全面地有意识地叙述了辩证法的一般运动形式。在他那里，辩证法是倒立着的。必须把它倒过来，以便发现神秘外壳中的合理内核。"

> 弗·恩格斯：《自然辩证法》，中共中央马克思恩格斯列宁斯大林著作编译局编译：《马克思恩格斯文集》（第九卷），人民出版社 2009 年版，第 441 页。

13. 俄国启蒙者与西欧

像西欧的启蒙者和 60 年代的大多数著作家一样，斯卡尔金对于农奴制度及其在经济、社会和法律方面的一切产物充满着强烈的仇恨。这是"启蒙者"的第一个特征。**俄国的一切启蒙者所共有的第二个特征，就是热烈拥护教育、自治、自由、西欧生活方式和整个俄国全盘欧化。**最后，"启蒙者"的第三个特征就是坚持人民群众的利益，主要是农民的利益（农民在启蒙者时代还没有完全解放，或者刚刚得到解放），他们真诚相信农奴制度及其残余一经废除就会有普遍幸福，而且衷心想要促进这一事业。这三个特征就是我们所说的"60 年代遗产"的本质。

> 列宁：《我们拒绝什么遗产》，中共中央马克思恩格斯列宁斯大林著作编译局编译：《列宁选集》（第一卷），人民出版社 1995 年版，第 109 页。

14. 西欧或俄国的启蒙者没有看出产生农奴制的制度中的矛盾

不应忘记，在 18 世纪启蒙者（他们被公认为资产阶级的先驱）写作的时候，在我们的 40 年代至 60 年代的启蒙者写作的时候，一切社会问题都归结为与农奴制度及其残余作斗争。新的社会经济关系及其矛盾，当时还处于萌芽状态。因此，资产阶级的思想家在当时并没有表现出任何自私的观念；相反，**不论在西欧或俄国，他们完全真诚地相信共同的幸福生活，而且真诚地期望共同的幸福生活，他们确实没有看出（从某种程度上说还不可能看出）从农奴制度产生出来的那个制度中的各种矛盾**。难怪斯卡尔金在其书中的一个地方引证了亚当·斯密的话。我们看到，他的观点以及他的论据的性质在许多方面都在重复这位先进资产阶级的伟大思想家的论点。

列宁：《我们拒绝什么遗产》，中共中央马克思恩格斯列宁斯大林著作编译局编译：《列宁选集》（第一卷），人民出版社 1995 年版，第 110 页。

15. "学生们"捍卫欧洲主义的一般理想

我们曾经看到，**启蒙者观点的主要特点之一是热烈追求俄国欧化**，而民粹派分子只要依然是民粹派分子，就无论如何也不能完全同意这种追求。

因此，归根到底我们就得出了我们在上面个别场合曾不止一次指出过的结论：学生们是比民粹派分子彻底得多、忠实得多的遗产保存者。他们不仅不拒绝遗产，相反，他们认为自己最主要的任务之一是驳斥那些浪漫主义的和小资产阶级的顾虑，这些顾虑使民粹派分子在很多十分重要的问题上拒绝接受启蒙者的欧洲理想。当然，"学生们"保存遗产，不同于档案保管员保存旧的文件。保存遗产，还决不等于局限于遗产，所以**"学生们"除了捍卫欧洲主义的一般理想而外，还分析了我国资本主义发展所包含的各种矛盾**，并从上述特有的观点出发评价了这个发展。

列宁：《我们拒绝什么遗产》，中共中央马克思恩格斯列宁斯大林著作编译局编译：《列宁选集》（第一卷），人民出版社 1995 年版，第 130 页。

16. 启蒙者的遗产，是拥护欧洲理想和广大群众利益的人的遗产

我们已经表明：如果谈的是现代人所承受的"遗产"，那就要区别两种遗产：一种遗产是**启蒙者的遗产，是绝对敌视改革前的一切的人的遗产，是拥护欧洲理想和广大群众利益的人的遗产**。另一种遗产是民粹派的遗产。我们已经表明，把这两种不同的东西混淆起来是非常错误的，因为任何一个人都知道，过去和现在都有一些人保存了"60 年代的传统"并与民粹主

义毫无共同之处。米海洛夫斯基先生所发表的种种意见完完全全是以混淆这两种根本不同的遗产为根据的。因为米海洛夫斯基先生不会不知道这个区别，所以他的做法不仅完全肯定是荒唐的，而且是诽谤性的。《莫斯科新闻》是不是专门攻击了民粹主义呢？根本没有：它同样地甚至更厉害地攻击了启蒙者，而与民粹主义格格不入的《欧洲通报》对于它来说，则是和民粹派的《俄国财富》一样的敌人。当然，同那些最坚决地拒绝遗产的民粹派分子，例如尤佐夫先生，《莫斯科新闻》当然在许多方面是会有意见分歧的，但是它未必会去凶恶地攻击他，而且终究会因为他与愿意保持遗产的民粹派分子不同而称赞他。阿布拉莫夫先生或者沃伦斯基先生是否攻击过民粹主义呢？根本没有。前者本人就是民粹派分子；他们两人都攻击过启蒙者。"俄国学生们"是否攻击过启蒙者呢？他们是否曾经拒绝过嘱咐我们绝对仇视改革前的生活方式及其残余的那种遗产呢？**不仅没有攻击过，反而揭露过民粹派分子因对资本主义怀有小资产阶级的恐怖心理而力求支持这些残余中的若干东西的企图。他们是否曾经攻击过把一切欧洲理想遗留给我们的遗产呢？**不仅没有攻击过，反而揭露过民粹派分子为代替全欧理想而在许多极其重要的问题上编造各种古怪的蠢话。他们是否曾经攻击过嘱咐我们要关心劳动居民群众利益的那种遗产呢？不仅没有攻击过，反而对民粹派分子进行了如下的揭露：民粹派分子对这些利益的关心是不彻底的（因为他们竭力把农民资产阶级与农村无产阶级混淆起来）；民粹派分子不是注意现有的东西，而是幻想也许会有的东西，所以这些关心就变得没有什么用处了；民粹派分子的关心是极端狭隘的，因为他们从来就不能够正确地评价使这些人易于或难于获得自己关心自己的可能性的条件（经济条件和其他条件）。

> 列宁：《我们拒绝什么遗产》，中共中央马克思恩格斯列宁斯大林著作编译局编译：《列宁选集》（第一卷），人民出版社 1995 年版，第 130—132 页。

17. 小资产阶级在西欧各处的民主运动中都起过相当的作用

如果在这个党内也有不戴假面具，而是真正的非社会主义者政治家，非社会主义者民主主义者，那么这个党努力去同我国资产阶级中持反政府态度的分子接近，努力唤醒我国小资产阶级，小商人和小手工业者等等这一阶级的政治自觉，它就会带来不少的好处。这个**小资产阶级在西欧各处**

的民主运动中都起过相当的作用，它在我们俄国改革后的时代，已在文化方面以及其他方面取得特别迅速的成就，它不能不感觉到警察政府进行压迫和恬不知耻地援助大工厂主、金融和工业垄断大王的事实。

列宁：《俄国社会民主党人的任务》，中共中央马克思恩格斯列宁斯大林著作编译局编译：《列宁选集》（第一卷），人民出版社 1995 年版，第 155 页。

18. 从唯物主义来理解黑格尔辩证法

根据马克思怎样运用从唯物主义来理解的黑格尔辩证法的例子，我们能够而且应该从各方面来深入探讨这个辩证法，在杂志上登载黑格尔主要著作的节录，用唯物主义观点加以解释，举马克思运用辩证法的实例，以及现代史尤其是现代帝国主义战争和革命提供得非常之多的经济关系和政治关系方面辩证法的实例予以说明。依我看，《在马克思主义旗帜下》杂志的编辑和撰稿人这个集体应该是一种"黑格尔辩证法唯物主义之友协会"。现代的自然科学家从作了唯物主义解释的黑格尔辩证法中可以找到（只要他们善于去找，只要我们能学会帮助他们）自然科学革命所提出的种种哲学问题的解答，崇拜资产阶级时髦的知识分子在这些哲学问题上往往"跌入"反动的泥坑。

列宁：《论战斗唯物主义的意义（1922 年 3 月 12 日）》，中共中央马克思恩格斯列宁斯大林著作编译局编译：《列宁选集》（第四卷），人民出版社 1995 年版，第 652 页。

19. 出版自由反映资产阶级的进步性

"出版自由"这个口号从中世纪末直到 19 世纪成了全世界一个伟大的口号。为什么呢？因为它反映了资产阶级的进步性，即反映了资产阶级反对僧侣、国王、封建主和地主的斗争。

列宁：《关于"出版自由"——给 Г. 米雅斯尼科夫的信（1921 年 8 月 5 日）》，中共中央马克思恩格斯列宁斯大林著作编译局编译：《列宁选集》（第四卷），人民出版社 1995 年版，第 546 页。

20. 出版自由是资本家收买报纸、收买作家的自由

在全世界，凡是有资本家的地方，所谓出版自由，就是收买报纸、收买作家的自由，就是买通、收买和炮制"舆论"帮助资产阶级的自由。

这是事实。

任何人任何时候都推翻不了。

列宁：《关于"出版自由"——给 Г. 米雅斯尼科夫的信（1921 年 8 月 5

日)》，中共中央马克思恩格斯列宁斯大林著作编译局编译：《列宁选集》
（第四卷），人民出版社 1995 年版，第 546 页。

（二）资产阶级与资产阶级革命

**1. 现代资产阶级本身是一个长期发展过程的产物，是生产方式和交换
方式的一系列变革的产物**

现代资产阶级本身是一个长期发展过程的产物，是生产方式和交换方
式的一系列变革的产物。

资产阶级的这种发展的每一个阶段，都伴随着相应的政治上的进展。
它在封建主统治下是被压迫的等级，在公社里是武装的和自治的团体，在
一些地方组成独立的城市共和国，在另一些地方组成君主国中的纳税的第
三等级；后来，在工场手工业时期，它是等级君主国或专制君主国中同贵
族抗衡的势力，而且是大君主国的主要基础；最后，从大工业和世界市场
建立的时候起，它在现代的代议制国家里夺得了独占的政治统治。现代的
国家政权不过是管理整个资产阶级的共同事务的委员会罢了。

> 卡·马克思、弗·恩格斯：《共产党宣言》，中共中央马克思恩格斯列宁
> 斯大林著作编译局编译：《马克思恩格斯文集》（第二卷），人民出版社
> 2009 年版，第 33 页。

2. 资产阶级在历史上曾经起过非常革命的作用

资产阶级在历史上曾经起过非常革命的作用……资产阶级在它的不到
一百年的阶级统治中所创造的生产力，比过去一切世代创造的全部生产力
还要多，还要大。自然力的征服，机器的采用，化学在工业和农业中的应
用，轮船的行驶，铁路的通行，电报的使用，整个整个大陆的开垦，河川
的通航，仿佛用法术从地下呼唤出来的大量人口——过去哪一个世纪料想
到在社会劳动里蕴藏有这样的生产力呢？

> 卡·马克思、弗·恩格斯：《共产党宣言》，中共中央马克思恩格斯列宁
> 斯大林著作编译局编译：《马克思恩格斯文集》（第二卷），人民出版社
> 2009 年版，第 33—36 页。

**3. 只有在现代生产力和资产阶级生产方式这两个要素互相矛盾的时
候，这种革命才有可能**

在这种普遍繁荣的情况下，即在资产阶级社会的生产力正以在整个资
产阶级关系范围内所能达到的速度蓬勃发展的时候，也就谈不到什么真正

的革命。只有在现代生产力和资产阶级生产方式这两个要素互相矛盾的时候，这种革命才有可能。……

新的革命，只有在新的危机之后才可能发生。但新的革命正如新的危机一样肯定会来临。

> 卡·马克思：《1848 年至 1850 年的法兰西阶级斗争》，中共中央马克思恩格斯列宁斯大林著作编译局编译：《马克思恩格斯文集》（第二卷），人民出版社 2009 年版，第 176 页。

4. 任何人企图用暴力来压制革命，那只能使它越来越强烈，直到它把自己的枷锁打碎

为了争取社会的和政治的统治，英国资产阶级不是经过了 48 年，而法国资产阶级不是经过了 40 年空前的斗争吗？资产阶级不正是在复辟了的君主制以为自己的地位比任何时候都巩固的时刻才最接近自己的胜利的吗？把革命的发生归咎于少数煽动者的恶意那种迷信的时代，早已过去了。现在每个人都知道，任何地方发生革命动荡，其背后必然有某种社会要求，而腐朽的制度阻碍这种要求得到满足。这种要求也许还未被人强烈地、普遍地感觉到，因此还不能保证立即获得成功；但是，任何人企图用暴力来压制这种要求，那只能使它越来越强烈，直到它把自己的枷锁打碎。

> 弗·恩格斯：《德国的革命和反革命》，中共中央马克思恩格斯列宁斯大林著作编译局编译：《马克思恩格斯文集》（第二卷），人民出版社 2009 年版，第 351—352 页。

5. 1848 年 2 月和 3 月突然爆发的运动，是民族的要求和需要的自发的不可遏止的表现

1848 年 2 月和 3 月突然爆发的运动，不是个别人活动的结果，而是民族的要求和需要的自发的不可遏止的表现，每个国家的各个阶级对这种要求和需要的认识程度虽然各不相同，但都已清楚地感觉到。这已经是一件公认的事实。

> 弗·恩格斯：《德国的革命和反革命》，中共中央马克思恩格斯列宁斯大林著作编译局编译：《马克思恩格斯文集》（第二卷），人民出版社 2009 年版，第 352 页。

6. 资产阶级革命，总是突飞猛进，接连不断地取得胜利，然而这种革命为时短暂，很快就达到自己的顶点

资产阶级革命，例如 18 世纪的革命，总是突飞猛进，接连不断地取得

胜利，革命的戏剧效果一个胜似一个，人和事物好像是被五彩缤纷的火光所照耀，每天都充满极乐狂欢；然而这种革命为时短暂，很快就达到自己的顶点，而社会在还未学会清醒地领略其疾风暴雨时期的成果之前，长期沉溺于消沉状态。

> 卡·马克思：《路易·波拿巴的雾月十八日》，中共中央马克思恩格斯列宁斯大林著作编译局编译：《马克思恩格斯文集》（第二卷），人民出版社2009 年版，第 474 页。

7. 六月起义者的失败揭示出，资产阶级共和国在这里是表示一个阶级对其他阶级实行无限制的专制统治

六月起义者的失败，固然为资产阶级共和国的奠基和建立准备和扫清了基地，但同时它也表明，欧洲的问题并不是争论"共和国还是君主国"的问题，而是别的问题。它揭示出，资产阶级共和国在这里是表示一个阶级对其他阶级实行无限制的专制统治。它表明，在那些阶级构成发达、具备现代生产条件、拥有通过百年来的努力而使一切传统观念都融于其中的精神意识的旧文明国家里，共和国一般只是资产阶级社会的政治变革形式，而不是资产阶级社会的保守的存在形式……

> 卡·马克思：《路易·波拿巴的雾月十八日》，中共中央马克思恩格斯列宁斯大林著作编译局编译：《马克思恩格斯文集》（第二卷），人民出版社2009 年版，第 479 页。

8. 欧洲各国的革命使社会各阶级在行动中显露出自己的面目

1848 年革命给了马克思以前的所有这些喧嚣一时、五花八门的社会主义形式以致命的打击。各国的革命使社会各阶级在行动中显露出自己的面目。共和派资产阶级在巴黎 1848 年 6 月的那些日子里枪杀工人，最终证明只有无产阶级具有社会主义本性。自由派资产阶级害怕这个阶级的独立行动，比害怕任何反动势力还要厉害百倍。怯懦的自由派在反动势力面前摇尾乞怜。农民以废除封建残余为满足，转而支持现存秩序，只是间或动摇于工人民主派和资产阶级自由派之间。一切关于非阶级的社会主义和非阶级的政治的学说，都是胡说八道。

巴黎公社（1871 年）最终结束了资产阶级变革的这一发展过程；只是靠无产阶级的英勇，共和制这种最明显地表现出阶级关系的国家组织形式才得以巩固下来。

在欧洲所有的其他国家，比较错综复杂和不那么彻底的发展过程也导致同样的资产阶级社会的形成。到第一个时期（1848—1871 年）即风暴和革命时期的末尾，马克思以前的社会主义已奄奄一息。独立的无产阶级政党——第一国际（1864—1872 年）和德国社会民主党诞生了。

列宁：《马克思主义学说的历史命运》，中共中央马克思恩格斯列宁斯大林著作编译局编译：《列宁选集》（第二卷），人民出版社 1995 年版，第 306 页。

9. 1872 年至 1904 年间欧洲一切资产阶级政党的解体和无产阶级的成熟的过程正在持续地进行

……1872—1904 年（欧洲）的"和平"时期已经一去不复返了。物价的飞涨和托拉斯的压榨已使经济斗争空前尖锐化，这甚至使那些受自由派腐蚀最深的英国工人也行动起来了。就是在德国这个最"顽固"的资产阶级容克国家里，政治危机也在迅速成熟。疯狂的扩充军备和帝国主义政策，使得目前欧洲的"社会和平"活像一桶火药。而一切资产阶级政党的解体和无产阶级的成熟的过程正在持续地进行。

列宁：《马克思主义学说的历史命运》，中共中央马克思恩格斯列宁斯大林著作编译局编译：《列宁选集》（第二卷），人民出版社 1995 年版，第 308 页。

10. 在西欧大陆上，资产阶级民主革命时代恰是民族运动以及建立民族国家的时代

在西欧大陆上，资产阶级民主革命时代所包括的是一段相当确定的时期，大致是从 1789 年到 1871 年。这个时代恰恰是民族运动以及建立民族国家的时代。这个时代结束后，西欧便形成了资产阶级国家的体系，这些国家通常都是单一民族国家。因此，现在到西欧社会党人纲领里去寻找民族自决权，就是不懂得马克思主义的起码常识。

列宁：《论民族自决权》，中共中央马克思恩格斯列宁斯大林著作编译局编译：《列宁选集》（第二卷），人民出版社 1995 年版，第 380 页。

11. 德国资产阶级在战争问题上愚弄工人阶级和劳动群众

……（德国资产阶级）愚弄工人阶级和劳动群众，硬说它进行战争是为了保卫祖国、自由和文化，是为了解放受沙皇政府压迫的各族人民，是为了摧毁反动的沙皇制度。而实际上正是这个充当以威廉二世为首的普鲁士容克的走狗的资产阶级，一直是沙皇政府最忠实的盟友和俄国工农革命

运动的敌人。实际上，不管战争的结局如何，这个资产阶级都将同容克一道去全力支持沙皇君主政府反对俄国革命。

> 列宁：《战争和俄国社会民主党》，中共中央马克思恩格斯列宁斯大林著作编译局编译：《列宁选集》（第二卷），人民出版社 1995 年版，第403 页。

12. 英法资产阶级在战争问题上愚弄工人阶级和劳动群众

……（英法资产阶级）愚弄工人阶级和劳动群众，硬说它们进行战争是为了保卫祖国、自由和文化，反对德国的军国主义和专制制度。而实际上英法资产阶级早就在用亿万巨款雇用和训练欧洲最反动最野蛮的君主政府——俄国沙皇政府的军队去进攻德国。

实际上英法资产阶级作战的目的是夺取德国的殖民地，打垮这个经济发展更为迅速的竞争国。为了达到这个高尚的目的，这两个"先进的"、"民主的"国家正在帮助野蛮的沙皇政府进一步扼杀波兰、乌克兰等，进一步镇压俄国的革命。

> 列宁：《战争和俄国社会民主党》，中共中央马克思恩格斯列宁斯大林著作编译局编译：《列宁选集》（第二卷），人民出版社 1995 年版，第404 页。

13. 德国资产阶级和英法资产阶级在战争中都在掠夺，都表现出野蛮和无限残暴，谁也丝毫不比对手逊色，但他们都在用爱国主义的虚伪言词极力地宣扬为"自己"国家进行战争的意义

两个参战国集团（德国资产阶级和英法资产阶级）在战争中都在掠夺，都表现出野蛮和无限残暴，谁也丝毫不比对手逊色，但是，为了愚弄无产阶级，为了转移他们对唯一真正的解放战争，即既反对"自己"国家的也反对"别人"国家的资产阶级的国内战争的注意力——为了这个崇高的目的，各国资产阶级都在用爱国主义的虚伪言词极力地宣扬为"自己"国家进行战争的意义，硬说他们竭力战胜对方，并不是为了掠夺和侵占领土，而是为了"解放"除自己本国人民以外的所有其他各国人民。

但是，各国的政府和资产阶级愈是拼命地设法分裂工人，唆使他们自相残杀，愈是穷凶极恶地为了这个崇高的目的而实施戒严和战时书报检查（这一切即使是在目前，在战争时期，也主要是为了迫害"国内"敌人，其次才是为了对付国外敌人），觉悟的无产阶级就愈是要刻不容缓地负起责

任，维护自己的阶级团结，捍卫自己的国际主义，坚持自己的社会主义信念，反对各国"爱国主义的"资产阶级集团的猖獗的沙文主义。如果觉悟的工人放弃这项任务，那就是放弃自己对自由和民主的一切追求，更不要说对社会主义的追求了。

> 列宁：《战争和俄国社会民主党》，中共中央马克思恩格斯列宁斯大林著作编译局编译：《列宁选集》（第二卷），人民出版社 1995 年版，第 404—405 页。

14. 欧洲最主要的一些国家的社会党，没有执行自己的这项任务，而这些党的领袖们的行为，特别是德国党的领袖们的行为，已经近乎对社会主义事业的直接背叛了

我们不得不以极其难过的心情指出，欧洲最主要的一些国家的社会党，没有执行自己的这项任务，而这些党的领袖们的行为，特别是德国党的领袖们的行为，已经近乎对社会主义事业的直接背叛了。在这一具有重大的世界历史意义的关头，当今的第二社会主义国际（1889—1914 年）的大多数领袖力图以民族主义来偷换社会主义。由于他们的这种行为，这些国家的工人政党不但没有起来反对政府的罪恶行径，反而号召工人阶级使自己的立场同帝国主义政府的立场一致起来。国际的领袖们背叛了社会主义，他们投票赞成军事拨款，重复"自己"国家的资产阶级沙文主义（"爱国主义"）口号，为战争辩护，参加交战国的资产阶级内阁，等等。当代欧洲最有影响的社会党领袖和最有影响的社会党报刊所持的观点，都是资产阶级沙文主义和自由主义的观点，而决不是社会主义的观点。对于这样玷污社会主义首先应该负责的是德国社会民主党人，因为他们是第二国际最强大和最有影响的党。但是也不能说法国的社会党人是正确的，因为他们接受了资产阶级政府的部长席位，而这个资产阶级正是当年出卖自己的祖国、同俾斯麦勾结起来镇压公社的资产阶级。

德国和奥地利的社会民主党人试图为自己支持战争的行为辩护，说他们这样做似乎是在反对俄国沙皇政府。我们俄国社会民主党人声明，我们认为这种辩护纯粹是诡辩。在我国，近几年来重新掀起了强大的反对沙皇政府的革命运动。俄国工人阶级始终走在这一运动的前列。近几年来成百万人参加的政治罢工，提出了推翻沙皇制度、建立民主共和国的口号。就在大战前夕，当法兰西共和国总统彭加勒访问尼古拉二世的时候，他在彼得堡的街头可以亲眼看到俄国工人筑起的街垒。为了使全人类摆脱沙皇君主制度这一耻辱，俄国无产阶级从来不惜作出任何牺牲。但是我们必须指出：如果说有什么东西在某种条件下可以推迟沙皇制度的灭亡，可以帮助沙皇制度反对俄国的整个民主派的话，那就是目前的战争；因为这场战争是拿英、法、俄等国资产阶级的钱袋来为沙皇制度的反动目的服务的。如果说有什么东西可以阻挠俄国工人阶级反对沙皇制度的革命斗争的话，那就是俄国沙文主义报刊不断地举出来让我们仿效的德国和奥地利社会民主党领袖们的行为。

> 列宁：《战争和俄国社会民主党》，中共中央马克思恩格斯列宁斯大林著
> 作编译局编译：《列宁选集》（第二卷），人民出版社 1995 年版，第 405—
> 406 页。

15. 欧洲社会民主党人的政治口号应当是建立共和制的欧洲联邦

欧洲社会民主党人当前的政治口号应当是建立共和制的欧洲联邦。但是，与只要能把无产阶级卷入沙文主义大潮流什么事情都可以"答应"的资产阶级不同，社会民主党人将要阐明：如果不提以革命推翻德、奥、俄三国的君主制度，这个口号便完全是欺骗性的和毫无意义的。

由于俄国最落后，由于它还没有完成资产阶级革命，这个国家的社会民主党人的任务仍然是实现彻底的民主改革所要求的三个基本条件：建立民主共和国（其中一切民族都享有充分的平等和自决权）、没收地主土地、实行八小时工作制。但是在一切先进国家，战争已把社会主义革命的口号提到日程上来。压在无产阶级肩上的战争负担愈沉重，无产阶级在当今的"爱国主义的"野蛮行为（它是在大资本主义所造成的巨大技术成就的条件下发生的）带来的灾祸过去以后重建欧洲时应当起的作用愈积极，这一口号就愈是显得迫切。资产阶级正利用战时法律来封住无产阶级的嘴，这就向无产阶级提出一项任务——必须创立秘密的鼓动形式和组织形式。让机会主义者不惜用背叛自己信念的代价去"保全"合法组织吧，革命的社会民主党人要利用工人阶级在组织方面的素养和联系，去创立适应于危机时代的为社会主义而斗争的秘密形式，使工人不是同自己国家的沙文主义资产阶级，而是同各国的工人团结起来。无产阶级的国际没有灭亡，也不会灭亡。工人群众定将冲破一切障碍创立一个新的国际。机会主义目前的胜利是不会长久的。战争造成的牺牲愈大，工人群众就会愈加看清机会主

义者背叛工人事业的行为，愈加认清把枪口转向各自国家的政府和资产阶级的必要性。

> 列宁：《战争和俄国社会民主党》，中共中央马克思恩格斯列宁斯大林著作编译局编译：《列宁选集》（第二卷），人民出版社1995年版，第408—409页。

16. 资产阶级在这场战争中用来欺骗人民的一个最常见的手段，就是用"民族解放"的观念来掩盖战争的掠夺目的

资产阶级在这场战争中用来欺骗人民的一个最常见的手段，就是用"民族解放"的观念来掩盖战争的掠夺目的。英国人答应给比利时自由，德国人答应给波兰自由，等等。实际上，正如我们所看到的，这是一场世界大多数民族的压迫者为巩固和扩大这种压迫而进行的战争。

> 列宁：《社会主义与战争》，中共中央马克思恩格斯列宁斯大林著作编译局编译：《列宁选集》（第二卷），人民出版社1995年版，第527页。

17. 西方资产阶级革命的路径

大家知道，西方（英、法、德、奥）资产阶级革命是循着另一条道路进行的。西方革命的领导权不是属于当时由于本身幼弱而没有成为并且不可能成为独立的政治力量的无产阶级，而是属于自由资产阶级。西方农民摆脱农奴制而获得的解放不是从人数很少和没有组织的无产阶级手里得到的，而是从资产阶级手里得到的。西方农民是和自由资产阶级一道反对旧制度的。西方农民是资产阶级的后备军。因此，西方革命的结果使资产阶级的政治比重大大增加了。

> 斯大林：《论列宁主义基础》，中共中央马克思恩格斯列宁斯大林著作编译局编译：《斯大林选集》（上卷），人民出版社1979年版，第228页。

18. 俄国资产阶级革命的路径

而俄国资产阶级革命所产生的结果却完全相反。俄国革命的结果不是使资产阶级这个政治力量加强，而是使它削弱；不是使它的政治后备军增加，而是使它失去了基本的后备军，即失去了农民。俄国资产阶级革命不是把自由资产阶级提到了首位，而是把革命无产阶级提到了首位，把千百万农民团结在革命无产阶级的周围。

> 斯大林：《论列宁主义基础》，中共中央马克思恩格斯列宁斯大林著作编译局编译：《斯大林选集》（上卷），人民出版社1979年版，第228页。

19. 资产阶级革命的发生

资产阶级革命通常是在资本主义结构较为现成的形式已经具备时开始发生的，这种形式在公开革命以前就已在封建社会内部生长并成熟了。

> 斯大林：《论列宁主义的几个问题》，中共中央马克思恩格斯列宁斯大林
>
> 著作编译局编译：《斯大林选集》（上卷），人民出版社 1979 年版，第
>
> 402 页。

20. 资产阶级的军队受控于资产阶级

到现在为止，一切存在于资本主义制度下的军队，不管它们的成分怎样，都是巩固资产阶级政权的军队。这种军队过去是现在还是维持资产阶级统治的军队。各国资产者都在撒谎，说军队在政治上是中立的。这是不正确的。在资产阶级国家里，军队被剥夺了政治权利，被排斥在政治舞台之外。这是事实。然而这绝对不是说军队在政治上是中立的。恰恰相反，无论在什么时候，无论在什么地方，在所有的资本主义国家里，军队过去和现在都被卷入政治斗争，充当镇压劳动人民的工具。军队在那里镇压工人，充当统治者的支柱，这难道不是事实吗？

在资本主义国家里通常是以仇视别国人民、仇视其他国家、仇视别国工农的精神教育军队的。这样做是为了什么呢？为了把军队变成驯服的兽群，供国家间、列强间发生军事冲突时驱使。一切资本主义军队虚弱的根源就在这里。

> 斯大林：《论红军的三个特点》，中共中央马克思恩格斯列宁斯大林著作
>
> 编译局编译：《斯大林选集》（下卷），人民出版社 1979 年版，第 2、
>
> 4 页。

21. 历史上的革命都是片面的，都是一个剥削阶级取代另一个剥削阶级

在各国人民的历史上有过不少次革命。它们和十月革命不同的地方，就是它们都是片面的革命。一种剥削劳动者的形式被另一种剥削形式代替了，但是剥削本身仍然存在。一些剥削者和压迫者被另一些剥削者和压迫者代替了，但是剥削者和压迫者本身仍然存在。只有十月革命的目的才是消灭任何剥削，消灭所有一切剥削者和压迫者。

奴隶革命把奴隶主消灭了，把奴隶主剥削劳动者的形式废除了。可是，这个革命用农奴主和农奴主剥削劳动者的形式代替了奴隶主和奴隶

占有制的剥削形式。一些剥削者被另一些剥削者代替了。在奴隶制度下，"法律"允许奴隶主杀死奴隶。在农奴制度下，"法律""只"允许农奴主出卖农奴。

农奴革命把农奴主消灭了，把农奴制的剥削形式废除了。可是，这个革命用资本家和地主，用资本家和地主剥削劳动者的形式代替了农奴主和农奴制的剥削形式。一些剥削者被另一些剥削者代替了。在农奴制度下，"法律"允许出卖农奴。在资本主义制度下，"法律""只"允许使劳动者失业和贫困，破产和饿死。

只有我们的苏维埃革命，只有我们的十月革命才这样提出问题：不是用一些剥削者代替另一些剥削者，不是用一种剥削形式代替另一种剥削形式，而是根绝任何剥削，根绝所有一切剥削者，所有一切富豪和压迫者，不管是新的还是旧的。

> 斯大林：《在全苏集体农庄突击队员第一次代表大会上的演说》，中共中央马克思恩格斯列宁斯大林著作编译局编译：《斯大林选集》（下卷），人民出版社1979年版，第316页。

22. 资产阶级国家宪法的特点

各资产阶级国家的宪法，通常是以资本主义制度不可动摇这一信念为出发点的。这些宪法的主要基础是资本主义的原则，是资本主义的基本准则：对土地、森林、工厂以及其他生产工具和生产资料的私有制；人对人的剥削，以及剥削者和被剥削者的存在，在社会的一个极端是多数劳动者受冻挨饿，而在另一个极端是少数不劳而获的人奢侈挥霍；以及其他等等。各资产阶级国家的宪法，就是以资本主义的这种准则为依据的。它们反映这些准则，用立法程序把这些准则固定下来。

……资产阶级宪法暗中从以下的前提出发：社会是由彼此对抗的阶级，即占有财富的阶级和没有财富的阶级组成的；无论哪一个党执政，对社会的国家领导权（专政）都应当属于资产阶级；宪法所以需要，是为了把合乎有产阶级愿望并有利于有产阶级的社会秩序固定下来。

……资产阶级宪法暗中从以下的前提出发：各民族和种族彼此不能平等；有享受完备权利的民族，也有享受不完备权利的民族；此外，还有第二种民族或种族，例如殖民地的民族或种族，他们享受的权利要比享受不完备权利的民族更少。这就是说，所有这些宪法基本上是民族主义的宪法，即统治民族的宪法。

……从民主主义的观点来看，各资产阶级宪法可以分为两类：一类宪法直接否认公民有平等的权利和民主自由，或在事实上把它们化为乌有。另一类宪法很乐意地接受、甚至标榜民主原则，但同时加上许多附带条件和限制，而使民主权利和自由残缺不全。它们说一切公民都有平等选举权，但同时又用居住期限、教育程度以至财产资格来加以限制。它们说公民有平等权利，但同时又加上附带条件，把妇女或一部分妇女除外。如此等等。

……资产阶级的宪法通常限于规定公民的形式权利，而不注意实现这些权利的条件，实现这些权利的可能，实现这些权利的手段。它们空谈公民平等，可是忘记了，既然资本家和地主在社会上有财富和政治势力，而工人和农民却没有财富和政治势力，既然资本家和地主是剥削者，而工人和农民是被剥削者，那么厂主同工人、地主同农民，就不能有真正的平等。又如，它们空谈言论自由、集会自由、出版自由，可是忘记了，既然工人阶级不可能拥有适当的会场、良好的印刷厂、充分的印刷纸张等等，那么这些自由对于工人阶级就会变成空话。

斯大林：《关于苏联宪法草案》，中共中央马克思恩格斯列宁斯大林著作编译局编译：《斯大林选集》（下卷），人民出版社 1979 年版，第399—403 页。

23. 任何基础都有同它相适应的自己的上层建筑

任何基础都有同它相适应的自己的上层建筑。封建制度的基础有自己的上层建筑，自己的政治、法律等等观点，以及同这些观点相适应的设施；资本主义的基础有自己的上层建筑；社会主义的基础也有自己的上层建筑。如果基础发生变化和被消灭，那么它的上层建筑也就会随着发生变化和被消灭。如果产生新的基础，那就会随着产生同它相适应的上层建筑。

斯大林：《马克思主义和语言学问题》，中共中央马克思恩格斯列宁斯大林著作编译局编译：《斯大林选集》（下卷），人民出版社 1979 年版，第501—502 页。

（三）英国资产阶级革命

1. 科学和实践结合的结果就是英国的社会革命

我在前面已经说过，各门科学在 18 世纪已经具有自己的科学形式，因此它们终于一方面和哲学，另一方面和实践结合起来了。科学和哲学结合的结果就是唯物主义（牛顿的学说和洛克的学说同样是唯物主义的前提）、启蒙运动和法国的政治革命。科学和实践结合的结果就是英国的社会革命。

> 弗·恩格斯：《英国状况》，中共中央马克思恩格斯列宁斯大林著作编译局编译：《马克思恩格斯文集》（第一卷），人民出版社 2009 年版，第97 页。

2. 1648 年革命和 1789 年革命，并不是英国的革命和法国的革命，而是欧洲的革命，反映了当时整个世界的要求

1648 年革命和 1789 年革命，并不是英国的革命和法国的革命，而是欧洲的革命。它们不是社会中某一阶级对旧政治制度的胜利；它们宣告了欧洲新社会的政治制度。资产阶级在这两次革命中获得了胜利，然而，当时资产阶级的胜利意味着新社会制度的胜利，资产阶级所有制对封建所有制的胜利，民族对地方主义的胜利，竞争对行会制度的胜利，遗产分割制对长子继承制的胜利，土地所有者支配土地对土地所有者隶属于土地的胜利，启蒙运动对迷信的胜利，家庭对宗族的胜利，勤劳对游手好闲的胜利，资产阶级权利对中世纪特权的胜利。1648 年革命是 17 世纪对 16 世纪的胜利，1789 年革命是 18 世纪对 17 世纪的胜利。这两次革命不仅反映了发生革命的地区即英法两国的要求，而且在更大程度上反映了当时整个世界的要求。

> 卡·马克思：《资产阶级和反革命》，中共中央马克思恩格斯列宁斯大林著作编译局编译：《马克思恩格斯文集》（第二卷），人民出版社 2009 年版，第 74 页。

3. 英国是资产阶级世界的缔造者

在大陆上，不论危机时期还是繁荣时期都比英国来得晚。最初的过程总是发生在英国；英国是资产阶级世界的缔造者。资产阶级社会经常反复经历的周期的各个阶段，在大陆上是以第二次和第三次的形式出现的。首先，大陆对英国的输出要比对任何国家的输出多得多。但是，这种对英国的输出却又取决于英国的情况，特别是英国海外市场的情况。其次，英国对海外国家的输出要比整个大陆多得多，所以大陆对这些国家的输出量始终要取决于英国对海外的输出量。因此，如果危机首先在大陆上造成革命，那么革命的原因仍然始终出在英国。在资产阶级机体中，四肢自然要比心脏更早地发生震荡，因为心脏得到补救的可能性要大些。另一方面，大陆革命对英国的影响程度同时又是一个温度计，它可以显示出，这种革命在多大的程度上真正危及资产阶级的生存条件，在多大的程度上仅仅触及资产阶级的政治形式。

> 卡·马克思：《1848 年至 1850 年的法兰西阶级斗争》，中共中央马克思恩格斯列宁斯大林著作编译局编译：《马克思恩格斯文集》（第二卷），人民出版社 2009 年版，第 175—176 页。

4. 光荣革命

资产阶级的第二次大起义，在加尔文教派中给自己找到了现成的战斗理论。这次起义是在英国发生的。发动者是城市中等阶级，完成者是农村地区的自耕农。很奇怪的是：在资产阶级的这三次大起义中，农民提供了战斗大军，而农民恰恰成为在胜利后由于胜利带来的经济后果而必然破产的阶级。克伦威尔之后 100 年，英国的自耕农几乎绝迹了。如果没有这些自耕农和城市平民，资产阶级决不会单独把斗争进行到底，决不会把查理一世送上断头台。哪怕只是为了获得那些当时已经成熟而只待采摘的资产阶级的胜利之果，也必须使革命远远超越这一目的，就像法国在 1793 年和德国在 1848 年那样。显然，这就是资产阶级社会发展的规律之一。

在这种极端的革命活动之后，接踵而至的是不可避免的反动，这个反动也同样超出它可能继续存在下去的限度。经过多次动荡以后，新的重心终于确立了，并且成了今后发展的新起点。英国历史上被体面人物称为"大叛乱"的这段辉煌时期，以及随后的斗争，以自由党历史学家誉为"光荣革命"的较为不足道的事件而告结束。

新的起点是新兴的中等阶级和以前的封建地主之间的妥协。后者在当时和现在均被称为贵族，其实早已开始向法国的路易—菲力浦在很久之后才变成的"王国第一流资产者"转变了。对英国幸运的是，旧的封建诸侯已经在蔷薇战争中自相残杀殆尽。他们的继承人虽然大部分是这些旧家族的后裔，但是离开嫡系已经很远，甚至形成了一个崭新的集团，他们的习惯和旨趣，与其说是封建的，不如说是资产阶级的。他们完全懂得金钱的价值，为了立即增加地租，竟把成百的小佃户赶走，而代之以绵羊。亨利八世贱卖教会的土地，造成一大批新的资产阶级地主；在整个 17 世纪不断发生的没收大采邑分赠给暴发户或半暴发户的过程，也造成了同样的结果。因此，从亨利七世以来，英国的"贵族"不但不反对发展工业生产，反而力图间接地从中获益，经常有这样一部分大地主，他们由于经济的或政治的原因，愿意同金融资产阶级和工业资产阶级的首脑人物合作。这样，1689 年的妥协很容易就达成了。"俸禄和官职"这些政治上的战利品留给了大地主家庭，只不过要充分照顾金融的、工业的和商业的中等阶级的经济利益。这些经济利益，当时已经很强大，足以决定国家的一般政策。当然，在细节问题上也会有争执，但是总的说来，贵族寡头非常清楚，他们本身的经济繁荣同工商业中等阶级的经济繁荣是密不可分的。

> 弗·恩格斯：《社会主义从空想到科学的发展》，中共中央马克思恩格斯列宁斯大林著作编译局编译：《马克思恩格斯文集》（第三卷），人民出版社 2009 年版，第 511—513 页。

5. 剩余价值分为资本和收入

关于从工人那里掠夺来的赃物应该怎样在工业资本家和游手好闲的土地所有者等人之间进行分配才最有利于积累这种学究气的争论，遇到七月革命就平息下去了。此后不久，城市无产阶级在里昂敲响了警钟，而农村无产阶级在英国燃起了熊熊烈火。

> 卡·马克思：《资本论》（第一卷）之《资本的积累过程》，中共中央马克思恩格斯列宁斯大林著作编译局编译：《马克思恩格斯文集》（第五卷），人民出版社 2009 年版，第 688 页。

6. 批形而上学的社会学家的思想来源

在形而上学的社会学家看来，《资本论》自然同样是不相称的著作。他看不出什么是社会这种先验的议论毫无用处，不懂得这种方法并不是研究问题和说明问题，**不过是把英国商人的资产阶级思想或俄国民主主义者的小市民社会主义理想充作社会概念罢了**。正因为如此，这一切历史哲学理论就像肥皂泡一样，一出现就化为乌有，至多不过是当时社会思想和社会关系的征象，丝毫没有促进人们对社会关系，即使是个别的但是现实的（而不是那些"适合人的本性的"）社会关系的理解。马克思在这方面大大前进了一步：他抛弃了所有这些关于一般社会和一般进步的议论，而对一种社会（资本主义社会）和一种进步（资本主义进步）作了科学的分析。米海洛夫斯基先生却责备马克思，说他从头开始，而不从尾开始；从分析事实开始，而不从最终结论开始；从研究个别的、历史上一定的社会关系开始，而不从什么是一般社会关系的一般理论开始！于是他问："相称的著作究竟在哪里呢?"呵，好一个绝顶聪明的主观社会学家!!

> 列宁:《什么是"人民之友"以及他们如何攻击社会民主党人?》，中共中
> 央马克思恩格斯列宁斯大林著作编译局编译:《列宁选集》(第一卷)，人
> 民出版社1995年版，第12—13页。

7. 资产阶级民主制度有德国那样的，也有英国那样的；有奥地利那样的，也有美国或瑞士那样的

有各种各样的资产阶级民主派。拥护参议院、"请求"施行普选制、同时在暗地里偷偷摸摸地就残缺不全的宪法和沙皇政府搞交易的君主派地方自治人士，是资产阶级民主派。拿着武器反对地主和官吏、带着"幼稚的共和主义情绪"提议"驱逐沙皇"的农民，也是资产阶级民主派。资产阶级民主制度有德国那样的，也有英国那样的；有奥地利那样的，也有美国或瑞士那样的。一个马克思主义者在民主革命时代竟没有看到民主主义的这种程度上的差别，没有看到民主主义各种形式的性质上的区别，却专门"卖弄聪明"，说什么这反正是"资产阶级革命"，反正是"资产阶级革命"的果实，这样的马克思主义者可真是了不起。

> 列宁:《社会民主党在民主革命中的两种策略》，中共中央马克思恩格斯
> 列宁斯大林著作编译局编译:《列宁选集》(第一卷)，人民出版社1995
> 年版，第558—559页。

8. 英国资产阶级是最聪明和圆滑的

宪章派和他们所组织的罢工运动曾起了巨大作用，曾经迫使统治阶级在选举制度方面、在消灭所谓"衰败城镇"和实行"宪章"某几条方面作了许多让步。宪章派曾经起了不小的历史作用，并且促使一部分统治阶级为了避免重大的震动而作了一些让步，实行了一些改良。一般地应该说，在一切统治阶级中间，英国的统治阶级，无论是贵族也好，资产阶级也好，从他们的阶级利益看来，从维持他们的政权看来，都是最聪明、最圆滑的。我们就从现代历史上举一个例子吧。比如1926年英国总罢工。当时工联总理事会号召罢工，任何资产阶级遇到这种事件，首先就会逮捕工联领袖。英国资产阶级没有这样做，从他们的利益看来，他们是做得很聪明的。不论在美国、德国、法国，我都不能想象资产阶级方面会有这样圆滑的阶级战略。为了确立自己的统治，英国统治阶级从来不惜实行若干小的让步和改良。但是以为这些改良是革命，那就错了。

斯大林：《和英国作家赫·乔·威尔斯的谈话》，中共中央马克思恩格斯列宁斯大林著作编译局编译：《斯大林选集》（下卷），人民出版社1979年版，第365页。

（四） 法国资产阶级革命

1. 法国二月革命的代言人，按其地位和观点看来是属于资产阶级的

在二月街垒战中产生出来的临时政府，按其构成成分必然反映出分享胜利果实的各个不同的党派。它只能是各个不同阶级间妥协的产物，这些阶级曾共同努力推翻了七月王朝，但他们的利益是互相敌对的。临时政府中绝大多数是资产阶级的代表。赖德律-洛兰和弗洛孔代表共和派小资产阶级，代表共和派资产阶级的是《国民报》方面的人物，代表王朝反对派的是克雷米约、杜邦·德勒尔等。工人阶级只有两个代表：路易·勃朗和阿尔伯。至于临时政府中的拉马丁，他当时并不代表任何现实利益，不代表任何特定阶级；他体现了二月革命本身，体现了这次带有自己的幻想、诗意、虚构的内容和辞藻的总起义。不过，这个二月革命的代言人，按其地位和观点看来是属于资产阶级的。

卡·马克思：《1848年至1850年的法兰西阶级斗争》，中共中央马克思恩格斯列宁斯大林著作编译局编译：《马克思恩格斯文集》（第二卷），人民出版社2009年版，第85页。

2. 法国的资产阶级比大陆上其他地区的资产阶级更革命，但工业资产阶级并没有统治法国

法国的工业比大陆上其他地区的工业更发达，而法国的资产阶级比大陆上其他地区的资产阶级更革命。但是二月革命难道不是直接反对金融贵族的吗？这一事实证明，工业资产阶级并没有统治法国。工业资产阶级的统治只有在现代工业已按本身需要改造了一切所有制关系的地方才有可能实现；而工业又只有在它已夺得世界市场的时候才能达到这样强大的地步，因为在本国的疆界内是不能满足其发展需要的。

卡·马克思：《1848年至1850年的法兰西阶级斗争》，中共中央马克思恩格斯列宁斯大林著作编译局编译：《马克思恩格斯文集》（第二卷），人民出版社2009年版，第88—89页。

3. 统治阶级决不能容许用合乎宪法的办法解决问题

统治阶级决不能容许用合乎宪法的办法解决问题，这个办法就是：波

拿巴在 1852 年 5 月辞职，同时由全国选民选举新总统，在新总统上任后几个月内由为修改宪法而选出的特别议院来修改宪法。新总统选举之日，必定是正统派、奥尔良派、资产阶级共和派、革命派等一切敌对派别相逢之时。结果必然要在各个集团之间以暴力一决胜负。

　　　　卡·马克思：《1848 年至 1850 年的法兰西阶级斗争》，中共中央马克思恩格斯列宁斯大林著作编译局编译：《马克思恩格斯文集》（第二卷），人民出版社 2009 年版，第 183 页。

4. 二月革命在法国所推翻的那种政府，正是普鲁士资产阶级在自己国内所要建立的

　　二月革命在法国所推翻的那种政府，正是普鲁士资产阶级在自己国内所要建立的。二月革命声称自己是工人阶级反对资产阶级的革命，它宣告了资产阶级政府的垮台和工人的解放。而普鲁士资产阶级最近则受够了自己国内工人阶级的骚扰。在西里西亚起义所引起的最初恐怖过去以后，他们甚至想为自身利益来利用这些骚扰。但他们对革命的社会主义和共产主义始终怀有本能的恐惧。因此，当他们看到巴黎政府的首脑人物正是被他们视为财产、秩序、宗教、家庭以及现代资产者的其他家神的最危险的敌人的时候，他们的革命热情马上一落千丈。

　　　　弗·恩格斯：《德国的革命和反革命》，中共中央马克思恩格斯列宁斯大林著作编译局编译：《马克思恩格斯文集》（第二卷），人民出版社 2009 年版，第 386 页。

5. 阶级斗争的结果借以表现出来的变换不已的政治形式，在法国表现得最为鲜明

　　但是要做到这一点，就需要像马克思那样深知法国历史。法国是这样一个国家，在那里历史上的阶级斗争，比起其他各国来每一次都达到更加彻底的结局，因而阶级斗争借以进行、阶级斗争的结果借以表现出来的变换不已的政治形式，在那里也表现得最为鲜明。法国在中世纪是封建制度的中心，从文艺复兴时代起是统一的等级君主制的典型国家，它在大革命中粉碎了封建制度，建立了纯粹的资产阶级统治，这种统治所具有的典型性是欧洲任何其他国家所没有的。而正在上升的无产阶级反对占统治地位的资产阶级的斗争，在这里也以其他各国所没有的尖锐形式表现出来。

　　　　卡·马克思：《路易·波拿巴的雾月十八日》，中共中央马克思恩格斯列宁斯大林著作编译局编译：《马克思恩格斯文集》（第二卷），人民出版社

2009 年版，第 468—469 页。

6. 马克思最先发现了用以理解法兰西第二共和国历史的钥匙

正是马克思最先发现了重大的历史运动规律。根据这个规律，一切历史上的斗争，无论是在政治、宗教、哲学的领域中进行的，还是在其他意识形态领域中进行的，实际上只是或多或少明显地表现了各社会阶级的斗争，而这些阶级的存在以及它们之间的冲突，又为它们的经济状况的发展程度、它们的生产的性质和方式以及由生产所决定的交换的性质和方式所制约。这个规律对于历史，同能量转化定律对于自然科学具有同样的意义。这个规律在这里也是马克思用以理解法兰西第二共和国历史的钥匙。

卡·马克思：《路易·波拿巴的雾月十八日》，中共中央马克思恩格斯列宁斯大林著作编译局编译：《马克思恩格斯文集》（第二卷），人民出版社2009 年版，第 469 页。

7. 人们在直接碰到的、既定的、从过去承继下来的条件下自己创造自己的历史

黑格尔在某个地方说过，一切伟大的世界历史事变和人物，可以说都出现两次。他忘记补充一点：第一次是作为悲剧出现，第二次是作为笑剧出现。科西迪耶尔代替丹东，路易·勃朗代替罗伯斯比尔，1848—1851 年的山岳党代替 793—1795 年的山岳党，侄子代替伯父。在使雾月十八日事变得以再版的种种情况中，也可以看出一幅同样的漫画！

人们自己创造自己的历史，但是他们并不是随心所欲地创造，并不是在他们自己选定的条件下创造，而是在直接碰到的、既定的、从过去承继下来的条件下创造。

卡·马克思：《路易·波拿巴的雾月十八日》，中共中央马克思恩格斯列宁斯大林著作编译局编译：《马克思恩格斯文集》（第二卷），人民出版社2009 年版，第 470 页。

8. 在第一次法国革命中，这些党派中的每一个党派都是以更先进的党派为依靠

在第一次法国革命中，立宪派统治以后是吉伦特派的统治；吉伦特派统治以后是雅各宾派的统治。这些党派中的每一个党派，都是以更先进的党派为依靠。每当某一个党派把革命推进得很远，以致它既不能跟上，更不能领导的时候，这个党派就要被站在它后面的更勇敢的同盟者推开并且送上断头台。革命就这样沿着上升的路线行进。

卡·马克思：《路易·波拿巴的雾月十八日》，中共中央马克思恩格斯列宁斯大林著作编译局编译：《马克思恩格斯文集》（第二卷），人民出版社2009年版，第494页。

9. 社会民主派的特殊性质表现在，以民主主义的方法来改造社会，但是这种改造始终不超出小资产阶级的范围

1849年2月举行了和解宴会，制定了共同纲领，设立了共同的选举委员会，提出了共同的候选人。无产阶级的社会要求已被磨掉革命的锋芒，发生了民主主义的转折，小资产阶级的民主主义要求则丢掉了纯政治的形式而显露出社会主义的锋芒。这样就产生了社会民主派。……社会民主派的特殊性质表现在，它要求把民主共和制度作为手段并不是为了消灭两极——资本和雇佣劳动，而是为了缓和资本和雇佣劳动之间的对抗并使之变得协调起来。无论它提出什么办法来达到这个目标，无论目标本身涂上的革命颜色是淡是浓，其内容始终是一样的：以民主主义的方法来改造社会，但是这种改造始终不超出小资产阶级的范围。

卡·马克思：《路易·波拿巴的雾月十八日》，中共中央马克思恩格斯列宁斯大林著作编译局编译：《马克思恩格斯文集》（第二卷），人民出版社2009年版，第500—501页。

10. 所谓的1848年革命，现出了一片汪洋大海，只要它动荡起来，就能把由坚硬岩石构成的大陆撞得粉碎

所谓的1848年革命，只不过是一些微不足道的事件，是欧洲社会干硬外壳上的一些细小的裂口和缝隙。但是它们却暴露出了外壳下面的一个无底深渊。在看来似乎坚硬的外表下面，现出了一片汪洋大海，只要它动荡起来，就能把由坚硬岩石构成的大陆撞得粉碎。那些革命吵吵嚷嚷、模模糊糊地宣布了无产阶级解放这个19世纪的秘密，本世纪革命的秘密。

卡·马克思：《在"人民报"创刊纪念会上的演说》，中共中央马克思恩格斯列宁斯大林著作编译局编译：《马克思恩格斯文集》（第二卷），人民出版社2009年版，第579页。

11. 法国大革命后形成的阶级斗争新局面

法国从1789年起的经济发展和政治发展使巴黎在最近50年来形成了这样的局面：那里爆发的每一次革命都不能不带有某种无产阶级的性质，就是说，用鲜血换取了胜利的无产阶级，在胜利之后总是提出自己的要求。

这些要求或多或少是含糊不清的，甚至是混乱的，这与巴黎工人每次达到的发展程度有关，但是，所有这些要求归根到底都是要消灭资本家和工人之间的阶级对立。至于这一点如何才能实现，的确谁也不知道。然而，这一要求本身，尽管还很不明确，可是对现存社会制度已经含有一种威胁，而且提出这个要求的工人们还拥有武装；因此，掌握国家大权的资产者的第一个信条就是解除工人的武装。于是，在每次工人赢得革命以后就产生新的斗争，其结果总是工人失败。

> 卡·马克思：《法兰西内战》，中共中央马克思恩格斯列宁斯大林著作编译局编译：《马克思恩格斯文集》（第三卷），人民出版社 2009 年版，第101 页。

12. 马克思论路易·波拿巴的第二帝国

这个以政变为出生证书、以普选为批准手续、以宝剑为权杖的第二帝国，声称它倚靠农民阶级，即倚靠没有直接卷入劳资斗争的广大生产者群众。它声称它通过打破议会制度并因而打破政府公开为有产阶级当奴仆的局面而拯救了工人阶级。它声称它以支持有产阶级对工人阶级的经济统治而拯救了有产阶级。最后，它声称它通过为所有的人恢复了国家荣誉的幻觉，而把一切阶级联合了起来。事实上，帝国是在资产阶级已经丧失统治国家的能力而工人阶级又尚未获得这种能力时唯一可能的统治形式。全世界都欢迎这个帝国，认为它是社会救主。在它的统治下，资产阶级社会免除了各种政治牵挂，得到了甚至它自己也梦想不到的高度发展。工商业扩展到极大的规模；金融诈骗风行全世界；民众的贫困同无耻的骄奢淫逸形成鲜明对比。表面上高高凌驾于社会之上的国家政权，实际上正是这个社会最丑恶的东西，正是这个社会一切腐败事物的温床。它本身的腐朽性以及它所拯救了的那个社会的腐朽性，恰恰被一心想把这个统治制度的最高司令部从巴黎搬到柏林去的普鲁士的刺刀尽行戳穿了。帝国制度是国家政权的最低贱的形式，同时也是最后的形式。它是新兴资产阶级社会当作自己争取摆脱封建制度的解放手段而开始缔造的，而成熟了的资产阶级社会最后却把它变成了资本奴役劳动的工具。

> 卡·马克思：《法兰西内战》，中共中央马克思恩格斯列宁斯大林著作编译局编译：《马克思恩格斯文集》（第三卷），人民出版社 2009 年版，第153—154 页。

13. 法国大革命与英国资产阶级革命的比较

法国大革命是资产阶级的第三次起义，然而这是完全抛开宗教外衣、在毫不掩饰的政治战线上作战的首次起义，这也是真正把斗争进行到底，直到交战的一方即贵族被彻底消灭而另一方即资产阶级完全胜利的首次起义。在英国，革命以前的制度和革命以后的制度因袭相承，地主和资本家互相妥协，这表现在诉讼上仍然按前例行事，还虔诚地保留着一些封建的法律形式。在法国，革命同过去的传统完全决裂，扫清了封建制度的最后遗迹，并且在民法典中把古代罗马法——它几乎完满地反映了马克思称之为商品生产的那个经济发展阶段的法律关系——巧妙地运用于现代的资本主义条件；这种运用实在巧妙，甚至法国的这部革命的法典直到现在还是所有其他国家，包括英国在内，在改革财产法时所依据的范本。可是我们不要忘记，英吉利法一直是用野蛮的封建的语言来表达资本主义社会的经济关系，——这种语言适应它所表达的事物的情况，正像英语的拼法适应英语读音的情况一模一样（一个法国人说过：你们写的是伦敦，读出来却是君士坦丁堡）——但是，只有英吉利法把古代日耳曼自由的精华，即个人自由、地方自治以及不受任何干涉（除了法庭干涉）的独立性的精华，保存了好几个世纪，并把它们移植到美洲和各殖民地。这些东西在大陆上专制君主制时期已经消失，至今在任何地方都未能完全恢复。

弗·恩格斯：《社会主义从空想到科学的发展》，中共中央马克思恩格斯列宁斯大林著作编译局编译：《马克思恩格斯文集》（第三卷），人民出版社 2009 年版，第 514—515 页。

14. 在人类历史上由于某种判断的盲目性，人们会根本看不到眼前的事物。后来，到了一定的时候，人们就惊奇地发现，从前没有看到的东西现在到处都露出自己的痕迹

在人类历史上存在着和古生物学中一样的情形。由于某种判断的盲目性，甚至最杰出的人物也会根本看不到眼前的事物。后来，到了一定的时候，人们就惊奇地发现，从前没有看到的东西现在到处都露出自己的痕迹。对法国革命以及与之相联系的启蒙运动的第一个反应，自然是用中世纪的、浪漫主义的眼光来看待一切，甚至像格林这样的人也不能摆脱这种看法。第二个反应是越过中世纪去看每个民族的原始时代，而这种反应是和社会主义趋向相适应的，虽然那些学者并没有想到他们和这种趋向有什么联系。

于是他们在最旧的东西中惊奇地发现了最新的东西，甚至发现了连蒲鲁东看到都会害怕的平等派。

> 卡·马克思：《马克思致恩格斯》，中共中央马克思恩格斯列宁斯大林著作编译局编译：《马克思恩格斯文集》（第十卷），人民出版社 2009 年版，第 284 页。

15. 没有完成的德国革命和已经完成的法国革命的不同

这是些很有教益的话，这些话告诉我们四个重要的原理：（1）**没有完成的德国革命和已经完成的法国革命的不同之处，就在于德国资产阶级不仅是背叛了民主主义，而且特别是背叛了农民。**（2）完全实现民主革命的基础是建立自由的农民阶级。（3）建立这样一个阶级，就是废除封建义务，消灭封建制度，但这还决不是社会主义革命。（4）农民是资产阶级即民主派资产阶级的"天然的"同盟者，没有这种同盟者，资产阶级就"无力"反对反动势力。

> 列宁：《社会民主党在民主革命中的两种策略》，中共中央马克思恩格斯列宁斯大林著作编译局编译：《列宁选集》（第一卷），人民出版社 1995 年版，第 639 页。

16. 法国大革命开辟了人类历史的新时代

法国大革命开辟了人类历史的新时代。从那时起到巴黎公社为止，从 1789 年起到 1871 年为止，战争的类型之一是具有资产阶级进步性的、民族解放性质的战争。换句话说，这些战争的主要内容和历史意义在于推翻专制制度和封建制度，摧毁这些制度，推翻异族压迫。因此这些战争是进步的战争，在这样的战争中，一切正直的、革命的民主主义者以及一切社会党人，总是希望对推翻或摧毁封建制度、专制制度和异族压迫的极端有害的基础起了促进作用的那个国家（即那个国家的资产阶级）取得胜利。例如，在法国的历次革命战争中，有过法国人掠夺和侵占他国领土的因素，但是这丝毫没有改变这些战争的根本历史意义，因为这些战争破坏或震撼了整个旧农奴制欧洲的封建制度和专制制度。在普法战争中，德国掠夺过法国，但是这并没有改变这次战争的根本历史意义，因为这次战争使数千万德国人民摆脱了封建割据状态，摆脱了俄国沙皇和拿破仑第三这两个专制君主的压迫。

> 列宁：《社会主义与战争》，中共中央马克思恩格斯列宁斯大林著作编译局编译：《列宁选集》（第二卷），人民出版社 1995 年版，第 510—511 页。

17. 法国大革命的影响（一）

拿法国大革命来说吧。它被称为大革命不是没有道理的。这次革命给本阶级，给它所服务的那个阶级，给资产阶级做了很多事情，以至整个 19 世纪，即给予全人类以文明和文化的世纪，都是在法国革命的标志下度过的。19 世纪在世界各地只是做了一件事情，就是实行了、分别地实现了、继续完成了伟大的法国资产阶级革命家们所开创的事业，这些革命家是为资产阶级的利益服务的，不过他们没有意识到这一点，他们被自由、平等、博爱的词句蒙蔽了。

> 列宁：《在全俄社会教育第一次代表大会上的讲话》，中共中央马克思恩
> 格斯列宁斯大林著作编译局编译：《列宁选集》（第三卷），人民出版社
> 1995 年版，第 829 页。

18. 法国大革命的影响（二）

这次革命建立的新的国家组织，在全世界工人阶级中已经取得道义上的胜利，现在就已经得到全世界工人阶级的支持。当时伟大的法国资产阶级革命家在斗争中遭到灭亡，是因为他们孤军奋斗，没有得到其他国家的支持。当时欧洲所有国家尤其是先进的英国都起来反对他们。现在我们的革命仅仅经过布尔什维克政权一年半的统治，就使它所创立的新的国家组织即苏维埃组织成了全世界工人所理解、所熟悉、所欢迎的组织，成了他们自己的组织。

> 列宁：《在全俄社会教育第一次代表大会上的讲话》，中共中央马克思恩
> 格斯列宁斯大林著作编译局编译：《列宁选集》（第三卷），人民出版社
> 1995 年版，第 830 页。

19. 法国资产阶级革命就是要放纵资本主义发展

关于富农经济。弗鲁姆金说："我们不应当妨碍富农经济的生产。"这是什么意思呢？这就是不妨碍富农发展他们的剥削经济。而不妨碍富农发展他们的剥削经济又是什么意思呢？这就是放纵农村资本主义，给它自由，让它发展。这恰恰是法国自由主义者的老口号："让他做吧，让他走吧"，就是说，不要妨碍资产阶级干它自己的事，不要妨碍资产阶级自由行动。

这个口号是法国的老自由主义者在法国资产阶级革命时期，在同束缚资产阶级而不让它发展的封建政权进行斗争的时期提出的。这样说来，我们现在应当从社会主义的口号——"要不断加强对资本主义成分的限制"

（见控制数字提纲），转到资产阶级自由主义的口号——不要束缚农村资本主义的发展。怎么，难道我们想由布尔什维克变为资产阶级自由主义者吗？弗鲁姆金的这个资产阶级自由主义的口号和党的路线之间能有什么共同之处呢？

……

其次，不妨碍富农经济是什么意思呢？这就是给富农自由。而给富农自由又是什么意思呢？这就是给他们政权。法国的资产阶级自由主义者在要求封建政权不妨碍资产阶级发展的时候，提出的具体要求就是给资产阶级政权。当时他们是对的。资产阶级为了得到充分的发展，就必须要有政权。因此，如果推论下去，那就应当说：让富农参加政权。因为终究必须了解：剥夺富农的政权而把它集中在工人阶级的手中，就不能不束缚富农经济的发展。这些就是读了弗鲁姆金的第二封信自然得出的结论。

斯大林：《论国家工业化和联共（布）党内的右倾》，中共中央马克思恩格斯列宁斯大林著作编译局编译：《斯大林选集》（下卷），人民出版社1979年版，第97—98页。

20. 突然的语言革命是很可笑的

有人说，语言发展的阶段论是马克思主义的理论，因为语言发展的阶段论认为突然的爆发是必要的，是语言从旧质过渡到新质的条件。这当然是不正确的，因为在这个理论中，很难找到任何马克思主义的东西。如果阶段论真的认为在语言发展历史中有突然的爆发，那就更糟了。马克思主义不承认在语言发展中有突然的爆发，有现存语言的突然死亡和新语言的突然创造。拉法格说在法国"1789年到1794年间发生突然的语言革命"（见拉法格的《语言和革命》这本小册子），是不正确的。那时在法国没有任何语言革命，更谈不上什么突然的语言革命。当然，在这个时期中法语的词汇增加了许多新词语，消失了一些陈旧的词，有些词的含义改变了，仅此而已。但是这样的改变，丝毫也不决定语言的命运。语言中主要的东西是它的语法构造和基本词汇。在法国资产阶级革命时期，法语的语法构造和基本词汇不仅没有消失，而且保存下来，没有重大的改变，不仅保存下来了，而且直到现在，在现代的法语中还继续生存着。更不用说，要消灭现存的语言和创立新的民族语言（"突然的语言革命"！），五六年的时间是少得可笑，这需要几百年的时间。

斯大林:《马克思主义和语言学问题》,中共中央马克思恩格斯列宁斯大
林著作编译局编译:《斯大林选集》(下卷),人民出版社1979年版,第
518—519页。

21. 法国大革命是要消灭封建制度

十月革命既不是法国大革命的继续,也不是法国大革命的完成。法国
革命的目的是消灭封建制度以建立资本主义。十月革命的目的则是消灭资
本主义以建立社会主义。

斯大林:《和德国作家埃米尔·路德维希的谈话(1931年12月13日)》,
中共中央马克思恩格斯列宁斯大林著作编译局编译:《斯大林选集》(下
卷),人民出版社1979年版,第312页。

22. 社会并不是在科学规律面前无能为力的

在我的《意见》中有一个大家知道的论点:社会在科学规律面前并不
是无能为力的,人们认识了经济规律,就能利用它们以利于社会。你断定
这个论点不适用于其他社会形态,说它只是在社会主义制度和共产主义制
度下才有效,说经济过程的自发性质,比如在资本主义制度下,使社会没
有可能利用经济规律以利于社会。

这是不对的。在资产阶级革命时代,例如,在法国,资产阶级就曾经
利用生产关系一定要适合生产力性质这个大家知道的规律来反对封建制度,
推翻了封建的生产关系,建立了新的资产阶级的生产关系,并且使这种生
产关系适合封建制度内部生长起来的生产力的性质。资产阶级做到了这一
点,并不是它有特殊本领,而是因为它的切身利益要求它这样做。封建主
反抗这一点,并不是由于他们愚钝,而是由于他们的切身利益要求他们阻
挠这一规律的实现。

……

在资产阶级革命以后的时代,当资产阶级破坏了封建的生产关系,确
立了资产阶级的生产关系的时候,无疑有过一个时期,资产阶级的生产关
系是完全适合生产力的性质的。否则,资本主义就不会象它在资产阶级
革命以后有过的那样迅速的发展了。

斯大林:《答亚历山大·伊里奇·诺特京同志》,中共中央马克思恩格斯
列宁斯大林著作编译局编译:《斯大林选集》(下卷),人民出版社1979
年版,第575、577页。

（五）德国的民族统一运动

1. 1848 年德国意大利革命为社会主义革命准备了基础

《共产党宣言》的发表，可以说正好碰上 1848 年 3 月 18 日这个日子，碰上米兰和柏林发生革命，这是两个民族的武装起义，其中一个处于欧洲大陆中，另一个处于地中海各国中心……如果说，这两个伟大民族在 1848—1871 年期间得到复兴并以这种或那种形式重新获得独立，那么，这是因为，正如马克思所说，那些镇压 1848 年革命的人违反自己的意志充当了这次革命的遗嘱执行人。

……

由此可见，1848 年革命虽然不是社会主义革命，但它毕竟为社会主义革命扫清了道路，为这个革命准备了基础。

> 卡·马克思、弗·恩格斯：《共产党宣言 1893 年意大利文版序言》，中共中央马克思恩格斯列宁斯大林著作编译局编译：《马克思恩格斯文集》（第二卷），人民出版社 2009 年版，第 25—26 页。

2. 问题首先在于争取民族生存

我看情况是这样：德国已被巴登格卷入争取民族生存的战争。如果德国被巴登格打败了，那么，波拿巴主义就会有若干年的巩固，而德国会有若干年、也许是若干世代的破产。到那时，就再也谈不上什么独立的德国工人运动了，到那时，恢复民族生存的斗争就将占去一切，德国工人充其量也只能跟在法国工人后面跑。如果德国胜利了，那么，法国的波拿巴主义就肯定要遭到破产，关于恢复德国统一的无休止的争论就将最终平息，德国工人就能按照与过去截然不同的全国规模组织起来，同时，不管法国出现什么样的政府，法国工人无疑将获得比在波拿巴主义统治下要自由一些的活动空间。包括各个阶级在内的德国全体人民群众已经认识到，问题首先正是在于争取民族生存，因此，他们立即投入了这场斗争。

> 弗·恩格斯：《恩格斯致马克思》，中共中央马克思恩格斯列宁斯大林著作编译局编译：《马克思恩格斯文集》（第十卷），人民出版社 2009 年版，第 340 页。

3. 参加保卫德国的民族运动

我认为我们的人可以：

（1）参加民族运动——这种运动强大到什么程度，你从库格曼的信中可以看到——，只要这一运动是保卫德国的（但这并不排除在缔结和约以前在某种情况下的进攻）；

（2）同时强调德国民族利益和普鲁士王朝利益之间的区别；

（3）反对兼并阿尔萨斯和洛林的一切企图——俾斯麦现在暗示，他打算把这两个地方并入巴伐利亚和巴登；

（4）一等到巴黎由一个共和主义的、非沙文主义的政府掌握政权，就力争同它达成光荣的和平；

（5）不断强调德国工人利益和法国工人利益的一致性，他们过去不赞成战争，现在也不彼此交战；

（6）至于俄国，就像国际的宣言中所说的那样。

> 弗·恩格斯：《恩格斯致马克思》，中共中央马克思恩格斯列宁斯大林著作编译局编译：《马克思恩格斯文集》（第十卷），人民出版社 2009 年版，第 341—342 页。

4. 德国的资产阶级革命是无产阶级革命的直接序幕

在德国，只要资产阶级采取革命的行动，共产党就同它一起去反对专制君主制、封建土地所有制和小资产阶级。

……

共产党人把自己的主要注意力集中在德国，因为德国正处在资产阶级革命的前夜，因为同 17 世纪的英国和 18 世纪的法国相比，德国将在整个欧洲文明更进步的条件下，拥有发展得多的无产阶级去实现这个变革，因而德国的资产阶级革命只能是无产阶级革命的直接序幕。

> 卡·马克思、弗·恩格斯：《共产党宣言》，中共中央马克思恩格斯列宁斯大林著作编译局编译：《马克思恩格斯文集》（第二卷），人民出版社 2009 年版，第 66 页。

5. 民主派小资产者根本不愿为革命无产者的利益而变革整个社会

德国的这个小资产阶级民主派力量很大。它不但包括居住在城市里的绝大多数市民、小工业品商贩和手工业师傅，跟着它走的还有农民以及尚未得到独立的城市无产阶级支持的农村无产阶级。……

民主派小资产者根本不愿为革命无产者的利益而变革整个社会，他们要求改变社会状况，是想使现存社会尽可能让他们感到日子好过而舒服。

卡·马克思、弗·恩格斯：《共产主义者同盟中央委员会告同盟书》，中共中央马克思恩格斯列宁斯大林著作编译局编译：《马克思恩格斯文集》（第二卷），人民出版社2009年版，第191页。

6. 1848年的德国革命即使没有证明德国的进步，却也证明了欧洲的进步

这两次革命，即16世纪的革命和1848—1850年的革命，尽管十分相似，但也有很明显的本质的区别。1848年的革命即使没有证明德国的进步，却也证明了欧洲的进步。

弗·恩格斯：《德国农民战争》，中共中央马克思恩格斯列宁斯大林著作编译局编译：《马克思恩格斯文集》（第二卷），人民出版社2009年版，第318页。

7. 1848年的革命并不是德国的地方性事件，它是伟大的欧洲事件的一个部分

1848年的革命并不是德国的地方性事件，它是伟大的欧洲事件的一个部分。在1848年革命的整个进程中，它的动因并不是局限于一个国家的狭窄范围之内，甚至也不是局限于一个洲的狭窄范围之内。可以说，曾经作为这次革命的舞台的那些国家，对于这次革命的发生所起的作用恰恰最少。这些国家或多或少是一些没有意识、没有意志的原料，将在目前席卷整个世界的一场运动的进程中受到改造。这场运动在我们的现存社会制度下看起来当然只能是一种外来的力量，但它归根结底正是我们自己的运动。

弗·恩格斯：《德国农民战争》，中共中央马克思恩格斯列宁斯大林著作编译局编译：《马克思恩格斯文集》（第二卷），人民出版社2009年版，第319页。

8. 德国资产阶级争取政治权力的第一次严重斗争获得了胜利，这个变化是从1840年开始的

随着财富的增多和贸易的扩展，资产阶级很快就达到了这样一个阶段：它发现自己最重要的利益的发展受到本国政治制度的约束，国家被36个意图和癖好互相矛盾的君主所任意分割，封建压迫束缚着农业和与之相联系的商业，愚昧而专横的官僚统治对资产阶级的一切事务都严加监视。同时，关税同盟的扩大与巩固，蒸汽在交通方面的普遍采用，国内贸易中日益加剧的竞争，使各邦各省的商业阶级互相接近，使它们的利益一致起来，力量集中起来了。这一情况的自然结果就是：它们全都转到自由主义反对派的营垒中去了，德国资产阶级争取政治权力的第一次严重斗争获得了胜利。这个变化可以说是从 1840 年，即从普鲁士的资产阶级领导德国资产阶级运动的时候开始的。

弗·恩格斯：《德国的革命和反革命》，中共中央马克思恩格斯列宁斯大林著作编译局编译：《马克思恩格斯文集》（第二卷），人民出版社 2009 年版，第 355 页。

9. 德国中等阶级或资产阶级的政治运动，可以从 1840 年算起

德国中等阶级或资产阶级的政治运动，可以从 1840 年算起。在这以前，已经有种种征兆表明，这个国家的拥有资本和工业的阶级已经成熟到这样一种程度，它再也不能在半封建半官僚的君主制的压迫下继续消极忍耐了。

弗·恩格斯：《德国的革命和反革命》，中共中央马克思恩格斯列宁斯大林著作编译局编译：《马克思恩格斯文集》（第二卷），人民出版社 2009 年版，第 360 页。

10. 德国政治发展缓慢是梅特涅政府实行愚民政策的结果

在评价德国政治发展缓慢时，任何人都不应该不考虑；在德国要得到任何问题的准确信息都是困难的；在这里，一切信息的来源都在政府控制之下，从贫民学校、主日学校以至报纸和大学，没有事先得到许可，什么也不能说，不能教，不能印刷，不能发表。就以维也纳为例，维也纳居民在勤劳和经营工业的能力方面在全德国可以说是首屈一指，论智慧、勇敢和革命魄力，他们更是远远超过别人，但他们对于自身的真正利益，却比别人无知，他们在革命中犯的错误也比别人多。这在很大程度上是由于他们对于最普通的政治问题也几乎一无所知，这是梅特涅政府实行愚民政策的结果。

弗·恩格斯：《德国的革命和反革命》，中共中央马克思恩格斯列宁斯大林著作编译局编译：《马克思恩格斯文集》（第二卷），人民出版社 2009 年版，第 362 页。

11. 不同阶级的这种联合，虽然在某种程度上向来是一切革命的必要条件，却不能持久，一切革命的命运都是如此

维也纳的革命可以说几乎是全体居民一致完成的。……

但是，不同阶级的这种联合，虽然在某种程度上向来是一切革命的必要条件，却不能持久，一切革命的命运都是如此。在战胜共同的敌人之后，战胜者之间就要分成不同的营垒，彼此兵戎相见。正是旧的复杂的社会机

体中阶级对抗的这种迅速而剧烈的发展，使革命成为社会进步和政治进步的强大推动力；正是新的党派的这种不断的迅速成长，一个接替一个掌握政权，使一个民族在这种剧烈的动荡时期 5 年就走完在普通环境下 100 年还走不完的途程。

> 弗·恩格斯：《德国的革命和反革命》，中共中央马克思恩格斯列宁斯大林著作编译局编译：《马克思恩格斯文集》（第二卷），人民出版社 2009年版，第 382—383 页。

12. 维也纳或柏林的每个决定性的革命胜利，对全德国都有决定的意义

奥地利和普鲁士在德国是居于支配地位的两个邦，因此维也纳或柏林的每个决定性的革命胜利，对全德国都有决定的意义。这两个城市 1848 年三月事变的发展，决定了全德国事态的进程。所以，如果不是由于各小邦的存在而产生了一个机构——这个机构的存在本身正是德国的不正常状态的最显著的证据，正是最近这次革命半途而废的证据。……上述机构如此不正常，它所处的地位如此滑稽可笑，可是又如此自命不凡，可以说，在历史上将找不到第二个这样的机构。这个机构就是所谓的美因河畔法兰克福的德国国民议会。

> 弗·恩格斯：《德国的革命和反革命》，中共中央马克思恩格斯列宁斯大林著作编译局编译：《马克思恩格斯文集》（第二卷），人民出版社 2009年版，第 392 页。

13. 德国国民议会从存在的第一天起，就害怕最小的人民运动甚于害怕全德各邦政府的所有一切反动阴谋

这个议会虽然自称体现了德国思想和学术的精华，而事实上它只是一个供老朽政客在全德国眼前表现他们不自觉的滑稽丑态和他们思想与行动上的无能的舞台。这个老太婆议会从存在的第一天起，就害怕最小的人民运动甚于害怕全德各邦政府的所有一切反动阴谋。

> 弗·恩格斯：《德国的革命和反革命》，中共中央马克思恩格斯列宁斯大林著作编译局编译：《马克思恩格斯文集》（第二卷），人民出版社 2009年版，第 393 页。

14. 德国国民议会是一个假想的国家的议会，因为它拒绝建立它自身赖以存在的首要条件——统一的德国

总之，这个自称为德国新的中央政权的机构，使一切都保持原来的状态。它根本没有实现人们久已渴望的德国的统一，连统治德国的各邦君主中最无足轻重的君主也没有废除，它没有加强德国各个分散的省份之间的联系，它从未采取任何步骤去摧毁分隔汉诺威和普鲁士、分隔普鲁士和奥地利的关税壁垒；它甚至完全没有打算废除在普鲁士到处妨碍内河航行的苛捐杂税。……

德国国民议会是一个假想的国家的议会，因为它拒绝建立它自身赖以存在的首要条件——统一的德国。

> 弗·恩格斯：《德国的革命和反革命》，中共中央马克思恩格斯列宁斯大林著作编译局编译：《马克思恩格斯文集》（第二卷），人民出版社 2009 年版，第 393—394 页。

15. 小资产阶级擅长吹牛，在行动上却十分无能，而且不敢作任何冒险

小资产阶级擅长吹牛，在行动上却十分无能，而且不敢作任何冒险。这个阶级的商业交易和信贷业务的小本经营，很容易给它的性格打上缺乏魄力和进取心的烙印，因此它的政治活动也自然具有同样的特点。所以小资产阶级是用漂亮的言词和吹嘘它要完成什么功绩来鼓动起义的，一旦完全违背它的愿望而爆发了起义，它就迫不及待地攫取权力；但它使用这种权力只是为了毁灭起义的成果。每当一个地方的武装冲突使事态发展到了危急关头，小资产阶级就十分害怕他们所面临的危险局势，害怕人民真正接受了他们号召武装起来的高调，害怕已经落到他们手里的政权，尤其是害怕他们被迫采取的政策会给他们自己、给他们的社会地位和他们的财产带来的后果。人们不是希望他们真的像他们常说的那样，为了起义的事业，可以不惜牺牲"生命财产"吗？他们在起义时不是被迫担任官方职务，因而在失败时就有失去自己的资本的风险吗？而在起义胜利时，他们不是深信自己会立即被赶下台，并且眼看着他们的全部政策被作为他们的战斗部队主力的胜利的无产阶级根本改变吗？这样，小资产阶级就被种种互相对立的危险团团包围，它除了让一切都听天由命之外，再也不知道如何使用它的权力，因此，它当然也就失去了本来可能有的取得胜利的小小的机会，而把起义完全断送了。小资产阶级的策略，或者更确切地说，小资产阶级的毫无策略，到处都是一样的，所以 1849 年 5 月德国各个地方的起义，也都是由一个模子铸出来的。

弗·恩格斯：《德国的革命和反革命》，中共中央马克思恩格斯列宁斯大林著作编译局编译：《马克思恩格斯文集》（第二卷），人民出版社 2009年版，第 451 页。

16. 德国刚从中世纪挣脱出来，目前还仅仅是准备借助于大工业和通过崩溃来进入现代资产阶级社会

我们德国刚刚从中世纪挣脱出来，目前还仅仅是准备借助于大工业和通过崩溃来进入现代资产阶级社会。在我国，需要尽可能发展的，恰恰是促使资本积聚并使对立尖锐化的资产阶级经济制度，特别是在东北部。易北河以东地区封建制度在经济上的解体，在我看来，是我们最迫切需要的前进的一步，除此之外，我们所需要的是，全德国工业的和手工业的小生产的解体并为大工业所取代。

弗·恩格斯：《恩格斯致威廉·白拉克，1878 年 4 月 30 日》，中共中央马克思恩格斯列宁斯大林著作编译局编译：《马克思恩格斯文集》（第十卷），人民出版社 2009 年版，第 424 页。

17. 资产阶级内部的斗争总的来说是推动资产阶级前进的

资产阶级自从面对着一个有觉悟、有组织的无产阶级以来，就陷入了无法解决的矛盾之中：一方面是它的自由和民主的总倾向；另一方面是它对无产阶级进行防御斗争所需要的镇压。一个怯懦的资产阶级，如德国的和俄国的资产阶级，可以牺牲自己总的阶级倾向，去换取残酷镇压所带来的暂时利益。可是一个具有自己革命历史的资产阶级，如英国的特别是法国的资产阶级，是不能够轻易这样做的。这样就产生了资产阶级内部的斗争，这种斗争尽管有时也使用暴力和镇压，但总的来说，是推动资产阶级前进的。

弗·恩格斯：《恩格斯致劳拉·拉法格》，中共中央马克思恩格斯列宁斯大林著作编译局编译：《马克思恩格斯文集》（第十卷），人民出版社 2009年版，第 554 页。

18. 德国历史完全是一部苦难史

在研究德国历史（它完全是一部苦难史）时，我始终认为，只有拿法国的相应的时代来作比较，才可以得出正确的标准，因为那里发生的一切正好和我们这里发生的相反。那里是封建国家的各个分散的成员组成一个民族国家，我们这里恰好是处于最严重的衰落时期。那里的整个发展过程中贯穿着罕见的客观逻辑，我们这里则表现出不可救药的，而且越来越不可救药的紊乱。在那里，在中世纪，英国征服者是外国干涉的代表，帮助普罗旺斯族反对北法兰西族。对英国人的战争可说是三十年战争，但是战争的结果是外国干涉者被驱逐出去和南部被北部制服。随后是中央政权同依靠国外领地、起着勃兰登堡——普鲁士所起作用的勃艮第藩国的斗争，但是这一斗争的结果是中央政权获得胜利和民族国家最后形成。在我们这里，当时恰好是民族国家彻底瓦解（如果神圣罗马帝国范围内的"德意志王国"可以称为民族国家的话），德国领土开始大规模被掠夺。这对德国人来说是极其令人羞愧的对照，但是正因为如此就更有教益，自从我们的工人重又使德国站在历史运动的前列以来，我们对过去的耻辱就稍微容易忍受了。

弗·恩格斯：《恩格斯致弗兰茨·梅林》，中共中央马克思恩格斯列宁斯大林著作编译局编译：《马克思恩格斯文集》（第十卷），人民出版社 2009 年版，第 660—661 页。

19. 当时的德国社会民主工人政党和现在的俄国社会民主工人政党之间有多么大的差别

这件事实，这件从我们现在的观点看来是骇人听闻的和不可思议的事实，清楚地向我们表明，**当时的德国社会民主工人政党和现在的俄国社会民主工人政党之间有多么大的差别。**这件事实向我们表明，在德国民主革命中所显露出来的运动的无产阶级特征和无产阶级潮流要少得多（因为德国 1848 年在经济方面和在政治方面还落后——国家没有统一）。这在评价马克思当时和不久以后关于必须独立组织无产阶级政党的多次声明时，是不应当忘记的（例如普列汉诺夫就忘记了这一点）。马克思只是根据民主革命的经验，几乎经过了一年才实际作出这个结论来，可见德国当时的整个气氛充满了多么浓厚的市侩性、小资产阶级性。对我们来说，这个结论是早就从国际社会民主运动半世纪的经验中得到的坚固的成果，而我们就是根据这个成果开始组织俄国社会民主工党的。

列宁：《社会民主党在民主革命中的两种策略》，中共中央马克思恩格斯列宁斯大林著作编译局编译：《列宁选集》（第一卷），人民出版社 1995 年版，第 641 页。

20. 萨多瓦会战

萨多瓦会战所解决的，是在建立德意志民族资本主义国家方面奥地利和普鲁士这两个资产阶级君主国究竟哪一个当霸主的问题。

> 列宁：《伟大的创举，用革命精神从事工作（共产主义星期六）》，中共中央马克思恩格斯列宁斯大林著作编译局编译：《列宁选集》（第四卷），人民出版社 1995 年版，第 14 页。

（六）俄国革命

1. 列夫·托尔斯泰的作品反映出俄国革命的某些本质方面

把［列夫·托尔斯泰］这位伟大艺术家的名字同他显然不理解、显然避开的革命联系在一起，初看起来，会觉得奇怪和勉强。分明不能正确反映现象的东西，怎么能叫作镜子呢？然而我国的革命是一个非常复杂的现象；在直接进行革命、参加革命的群众当中，各社会阶层的许多人也显然不理解正在发生的事情，也避开了事变进程向他们提出的真正具有历史意义的任务。如果我们看到的是一位真正伟大的艺术家，那么他在自己的作品中至少会反映出革命的某些本质的方面。

> 列宁：《列夫·托尔斯泰是俄国革命的镜子》，中共中央马克思恩格斯列宁斯大林著作编译局编译：《列宁选集》（第二卷），人民出版社 1995 年版，第 241 页。

2. 托尔斯泰的作品无情地批判了资本主义的剥削，揭露了政府的暴虐以及法庭和国家管理机关的滑稽剧，暴露了财富的增加和文明的成就同工人群众的穷困、野蛮和痛苦的加剧之间极其深刻的矛盾

托尔斯泰的作品、观点、学说、学派中的矛盾的确是显著的。一方面，是一个天才的艺术家，不仅创作了无与伦比的俄国生活的图画，而且创作了世界文学中第一流的作品；另一方面，是一个发狂地信仰基督的地主。一方面，他对社会上的撒谎和虚伪提出了非常有力的、直率的、真诚的抗议；另一方面，是一个"托尔斯泰主义者"，即一个颓唐的、歇斯底里的可怜虫，所谓俄国的知识分子，这种人当众拍着胸脯说："我卑鄙，我下流，可是我在进行道德上的自我修身；我再也不吃肉了，我现在只吃米粉饼子。"一方面，无情地批判了资本主义的剥削，揭露了政府的暴虐以及法庭和国家管理机关的滑稽剧，暴露了财富的增加和文明的成就同工人群众的穷困、野蛮和痛苦的加剧之间极其深刻的矛盾；另一方面，疯狂地鼓吹"不"用暴力"抵抗邪恶"。一方面，是最清醒的现实主义，撕下了一切假

面具；另一方面，鼓吹世界上最卑鄙龌龊的东西之一，即宗教，力求让有道德信念的神父代替有官职的神父，这就是说，培养一种最精巧的因而是特别恶劣的僧侣主义。

> 列宁：《列夫·托尔斯泰是俄国革命的镜子》，中共中央马克思恩格斯列宁斯大林著作编译局编译：《列宁选集》（第二卷），人民出版社 1995 年版，第 242 页。

3. 托尔斯泰是俄国千百万农民在俄国资产阶级革命快要到来的时候的思想和情绪的表现者

托尔斯泰处在这样的矛盾中，绝对不能理解工人运动和工人运动在争取社会主义的斗争中所起的作用，而且也绝对不能理解俄国的革命，这是不言而喻的。但是托尔斯泰的观点和学说中的矛盾并不是偶然的，而是 19 世纪最后 30 多年俄国实际生活所处的矛盾条件的表现。昨天刚从农奴制度下解放出来的宗法式的农村，简直在遭受资本和国库的洗劫。农民经济和农民生活的旧基础，那些确实保持了许多世纪的旧基础，正在异常迅速地遭到破坏。对托尔斯泰观点中的矛盾，不应该从现代工人运动和现代社会主义的角度去评价（这样评价当然是必要的，然而是不够的），而应该从那种对正在兴起的资本主义的抗议，对群众破产和丧失土地的抗议（俄国有宗法式的农村，就一定会有这种抗议）的角度去评价。作为一个发明救世新术的先知，托尔斯泰是可笑的，所以国内外的那些偏偏想把他学说中最弱的一面变成一种教义的"托尔斯泰主义者"是十分可怜的。作为俄国千百万农民在俄国资产阶级革命快要到来的时候的思想和情绪的表现者，托尔斯泰是伟大的。托尔斯泰富于独创性，因为他的全部观点，总的说来，恰恰表现了我国革命是农民资产阶级革命的特点。从这个角度来看，托尔斯泰观点中的矛盾，的确是一面反映农民在我国革命中的历史活动所处的矛盾条件的镜子。一方面，几百年来农奴制的压迫和改革以后几十年来的加速破产，积下了无数的仇恨、愤怒和生死搏斗的决心。要求彻底铲除官办的教会，打倒地主和地主政府，消灭一切旧的土地占有形式和占有制度，清扫土地，建立一种自由平等的小农的社会生活来代替警察式的阶级国家，——这种愿望像一根红线贯穿着农民在我国革命中的每一个历史步骤，而且毫无疑问，托尔斯泰作品的思想内容，与其说符合于抽象的"基督教无政府主义"（这有时被人们看作是他的观点"体系"），不如说更符合于农民的这种愿望。

列宁：《列夫·托尔斯泰是俄国革命的镜子》，中共中央马克思恩格斯列宁斯大林著作编译局编译：《列宁选集》（第二卷），人民出版社 1995 年版，第 242—243 页。

4. 托尔斯泰的思想是俄国农民起义的弱点和缺陷的一面镜子

托尔斯泰的思想是我国［俄国］农民起义的弱点和缺陷的一面镜子，是宗法式农村的软弱和"善于经营的农夫"迟钝胆小的反映。

列宁：《列夫·托尔斯泰是俄国革命的镜子》，中共中央马克思恩格斯列宁斯大林著作编译局编译：《列宁选集》（第二卷），人民出版社 1995 年版，第 244 页。

5. 俄国革命中的这些战士的社会成分是农民和无产阶级兼而有之

我国革命中的这些战士的社会成分是农民和无产阶级兼而有之。无产阶级占少数；因此军队中的运动，丝毫没有表现出像那些只要一挥手就马上会成为社会民主党人的无产阶级所表现出来的那种全国团结一致的精神和党性觉悟。

列宁：《列夫·托尔斯泰是俄国革命的镜子》，中共中央马克思恩格斯列宁斯大林著作编译局编译：《列宁选集》（第二卷），人民出版社 1995 年版，第 244 页。

6. 俄国革命中士兵对农民非常同情

从民意党时期以来，革命的巨大进步正好表现在：拿起武器来反对上司的，是那些以自己的独立精神使自由派地主和自由派军官丧魂落魄的"灰色畜生"。士兵对农民的事情非常同情；只要一提起土地，他们的眼睛就会发亮。军队中的权力不止一次落到了士兵群众的手里，但是他们几乎没有坚决地利用这种权力；士兵们动摇不定；过了几天甚至几个小时，在他们杀了某个可恨的军官之后，就把其余拘禁起来的军官释放了，同当局进行谈判，然后站着让人枪毙，躺下让人鞭笞，重新套上枷锁，——这一切都完全符合列夫·尼古拉耶维奇·托尔斯泰的精神！

列宁：《列夫·托尔斯泰是俄国革命的镜子》，中共中央马克思恩格斯列宁斯大林著作编译局编译：《列宁选集》（第二卷），人民出版社 1995 年版，第 244—245 页。

7. 对邪恶不抵抗是俄国第一次革命运动失败的极重要的原因

托尔斯泰反映了强烈的仇恨、已经成熟的对美好生活的向往和摆脱过去的愿望，同时也反映了耽于幻想、缺乏政治素养、革命意志不坚定这种不成熟性。历史条件和经济条件既说明发生群众革命斗争的必然性，也说明他们缺乏斗争的准备，像托尔斯泰那样对邪恶不抵抗；而这种不抵抗是第一次革命运动失败的极重要的原因。

> 列宁：《列夫·托尔斯泰是俄国革命的镜子》，中共中央马克思恩格斯列宁斯大林著作编译局编译：《列宁选集》（第二卷），人民出版社 1995 年版，第 245 页。

8. 资本主义的发展每时每刻都在改变和加强那些推动千百万农民进行革命民主主义斗争的条件

资本主义的发展每时每刻都在改变和加强那些推动千百万农民进行革命民主主义斗争的条件，这些农民由于仇恨地主—农奴主和他们的政府而团结起来了。就是在农民中间，交换的增长、市场统治和货币权力的加强，也正在一步一步排除宗法式的旧东西和宗法式的托尔斯泰思想。但是，最初几年的革命和最初几次群众革命斗争的失败，毫无疑问得到了一种收获，即群众以前那种软弱性和散漫性遭受了致命的打击。分界线更加清楚了。各阶级、各政党彼此划清了界限。

> 列宁：《列夫·托尔斯泰是俄国革命的镜子》，中共中央马克思恩格斯列宁斯大林著作编译局编译：《列宁选集》（第二卷），人民出版社 1995 年版，第 245 页。

9. 1911 年前六年内俄国社会政治形势的变化

……我们且看看近六年来具体的社会政治形势发生了什么变化。我们马上就可以很明显地看到这个时期划分为两个三年，前三年大约在 1907 年夏季结束，后三年大约在 1910 年夏季结束。从纯理论的角度来看，前三年的特征是俄国国家制度的基本特点发生了迅速的变化，而且这些变化的进展很不平衡，向两边摆动的幅度很大。"上层建筑"的这些变化的社会经济基础，就是俄国社会的各个阶级在各个不同舞台上的活动（杜马内外的活动、出版、结社、集会等等），这些活动的形式之公开，力量之雄厚，规模之巨大，在历史上是罕见的。

反之，后三年的特征（我们再说一遍，这里也是只从纯理论的"社会学的"角度来看）则是演进十分缓慢，几乎等于停滞不动。在国家制度方面没有发生任何比较显著的变化。前一时期各个阶级展开各种公开的和多方面的活动的"舞台",现在大多数都完全没有或者几乎完全没有这种活动了。

这两个时期的相同之处在于:俄国的演进在前后两个时期都仍旧是先前的、资本主义的演进。这种经济演进同现存的许多中世纪的封建制度之间的矛盾并没有消除,这个矛盾还是同从前一样,并没有因为某种局部的资产阶级的内容渗入这些或那些个别制度而缓和,反而更加尖锐了。

这两个时期的不同之处在于:前一时期摆在历史活动的舞台最前面的问题,是上述那些迅速的、不平衡的变化究竟会引起什么结果。由于俄国的演进具有资本主义的性质,这些变化的内容也就不能不是资产阶级的。但是有各种各样的资产阶级。采取某种温和的自由主义立场的中等资产阶级和大资产阶级,由于自身的阶级地位而害怕剧烈的变化,力求在土地制度和政治的"上层建筑"方面保存大量旧制度的残余。农村小资产阶级是同"自食其力"的农民交织在一起的,因此它不能不力求实现另一种资产阶级的改革,给一切中世纪的旧东西保留的余地要少得多。雇佣工人既然自觉地对待自己周围所发生的一切,就不能不对这两种不同趋向的冲突采取明确的态度,因为这两种不同的趋向虽然都仍没有超出资产阶级制度的范围,但是它们所决定的资产阶级制度的形式及其发展速度和进步影响所波及的广度是完全不同的。

可见在过去的三年,通常称作策略问题的那些问题被提到马克思主义的首要地位并不是偶然的,而是必然的。形形色色的路标派分子认为,由这些问题所引起的争论和分歧,似乎是"知识分子的"争论,是"争取对不成熟的无产阶级施加影响的斗争",是"知识分子适应无产阶级"的表现,没有再比这种意见更其错误的了。恰恰相反,正因为无产阶级已经成熟,它才不能对俄国整个资产阶级发展中的两种不同趋向的冲突采取漠不关心的态度,这个阶级的思想家才不能不提出适应(直接地或间接地适应,正面地或反面地反映)这两种不同趋向的理论公式。

在后三年,俄国资产阶级发展中的两种不同趋向的冲突没有成为迫切问题,因为这两种趋向都被"死硬派"压下去了,被推到了后面,被逼了回去,被暂时湮没了。中世纪的死硬派不仅挤满了舞台的最前面,而且使资产阶级社会的最广大阶层的内心充满了路标派的情绪,充满了沮丧心情和脱离革命的思想。这时呈现出来的不是改革旧制度的两种方式的冲突,而是对任何改革的丧失信心、"顺从"和"悔罪"的心情、对反社会学说的迷恋、神秘主义的风行等等。

这种异常剧烈的变化，既不是偶然的现象，也不单是"外界"压力的结果。前一个时期使那些几辈子、几世纪以来一直不关心政治问题、不过问政治问题的居民阶层受到了极其剧烈的震动，这就自然而然地、不可避免地要产生"重新估计一切价值"，重新研究各种基本问题，重新注意理论，注意基本常识和初步知识的趋向。千百万人骤然从长梦中觉醒过来，一下子碰到许多极其重要的问题，他们不能在这个高度长久地坚持下去，他们不能不停顿一下，不能不回头去研究基本问题，不能不作一番新的准备工作，这有助于"消化"那些极其深刻的教训，使无比广大的群众能够更坚决、更自觉、更自信、更坚定地再向前进。

历史发展的辩证法就是这样：前一时期的迫切任务是在国内生活的各方面实现直接改革，后一时期的迫切任务是总结经验，使更广大的阶层掌握这种经验，使这种经验深入到所谓底层，深入到各阶级的落后群众中去。

列宁：《论马克思主义历史发展中的几个特点》，中共中央马克思恩格斯列宁斯大林著作编译局编译：《列宁选集》（第二卷），人民出版社 1995年版，第 278—281 页。

10. 赫尔岑是"俄国"社会主义即"民粹主义"的创始人，其学说是一种表示俄国的资产阶级农民民主派的革命性的温情的词句和善良的愿望

赫尔岑既然不理解 1848 年整个运动的以及马克思以前各种形式的社会主义的资产阶级民主主义实质，也就更加无法理解俄国革命的资产阶级性质。赫尔岑是"俄国"社会主义即"民粹主义"的创始人。赫尔岑把农民连带土地的解放，把村社土地占有制和农民的"土地权"思想看作"社会主义"，他把他在这一方面的得意想法反复发挥了无数次。

其实，赫尔岑的这一学说，也像一切俄国民粹主义——一直到现时的"社会革命党人"的褪了色的民粹主义——一样，是没有一点社会主义气味的。它也像西欧"1848 年的社会主义"的各种形式一样，是一种表示俄国的资产阶级农民民主派的革命性的温情的词句和善良的愿望。1861 年农民得到的土地愈多，得到的土地愈便宜，农奴主—地主的权力也就会被破坏得愈厉害，俄国资本主义的发展也就会愈迅速，愈自由，愈广泛。"土地权"和"平分土地"的思想，无非是为了完全推翻地主权力和完全消灭地

主土地占有制而斗争的农民追求平等的革命愿望的表现而已。

1905 年的革命完全证明了这一点：一方面，无产阶级创立了社会民主工党，完全独立地领导了革命斗争；另一方面，革命农民（"劳动派"和"农民协会"）力求用各种方式消灭地主土地占有制，直到"废除土地私有制"，他们正是以业主的身分，以小农场主的身分进行斗争的。

现在争论什么土地权的"社会主义性"等等，这只能模糊和掩盖真正重要而严肃的历史问题，即自由派资产阶级和革命农民在俄国资产阶级革命中利益的区别问题，换句话说，就是关于这场革命中自由主义倾向和民主主义倾向、"妥协主义"（君主主义）倾向和共和主义倾向的问题。如果我们是看问题的实质，而不是看词句，如果我们是把阶级斗争当作"理论"和学说的基础来研究，而不是相反的话，那么，赫尔岑的《钟声》杂志所提出的正是这个问题。

列宁：《纪念赫尔岑》，中共中央马克思恩格斯列宁斯大林著作编译局编译：《列宁选集》（第二卷），人民出版社 1995 年版，第 285—286 页。

11. 无产阶级这个唯一彻底革命的阶级，起来领导群众了，并且第一次唤起了千百万农民进行公开的革命斗争

我们纪念赫尔岑时，清楚地看到先后在俄国革命中活动的三代人物、三个阶级。起初是贵族和地主，十二月党人和赫尔岑。这些革命者的圈子是狭小的。他们同人民的距离非常远。但是，他们的事业没有落空。十二月党人唤醒了赫尔岑。赫尔岑开展了革命鼓动。

响应、扩大、巩固和加强了这种革命鼓动的，是平民知识分子革命家，从车尔尼雪夫斯基到"民意党"的英雄们。战士的圈子扩大了，他们同人民的联系密切起来了。赫尔岑称他们是"未来风暴中的年轻航海长"。但是，这还不是风暴本身。

风暴是群众自身的运动。无产阶级这个唯一彻底革命的阶级，起来领导群众了，并且第一次唤起了千百万农民进行公开的革命斗争。第一次风暴是在 1905 年。第二次风暴正在我们眼前开始扩展。

无产阶级纪念赫尔岑时，以他为榜样来学习了解革命理论的伟大意义；学习了解，对革命的无限忠心和向人民进行的革命宣传，即使在播种与收获相隔几十年的时候也决不会白费；学习判定各阶级在俄国革命和国际革命中的作用。吸取了这些教训的无产阶级，一定会给自己开拓一条与全世界社会主义工人自由联合的道路，粉碎沙皇君主制恶棍，而赫尔岑就是通过向群众发表**自由的俄罗斯言论**，举起伟大的斗争旗帜来反对这个恶棍的第一人。

> 列宁：《纪念赫尔岑》，中共中央马克思恩格斯列宁斯大林著作编译局编译：《列宁选集》（第二卷），人民出版社 1995 年版，第 289 页。

12. 俄国资产阶级民主派具有民粹主义色彩

俄国资产阶级民主派，从它的早期的单枪匹马的先驱者贵族赫尔岑起到它的群众性的代表——1905 年农民协会会员和 1906—1912 年的头三届杜马中的劳动派代表止，都具有民粹主义色彩。

> 列宁：《中国的民主主义和民粹主义》，中共中央马克思恩格斯列宁斯大林著作编译局编译：《列宁选集》（第二卷），人民出版社 1995 年版，第 290 页。

13. 在现代俄国，有两种政治乌托邦最根深蒂固：自由派的乌托邦和民粹派的乌托邦

在现代俄国，有两种政治乌托邦最根深蒂固，并且由于具有诱惑力而对群众发生了相当的影响。这就是自由派的乌托邦和民粹派的乌托邦。

自由派的乌托邦，就是妄想用和平的、和谐的办法，不得罪任何人，不赶走普利什凯维奇之流，不经过激烈的彻底的阶级斗争，就能够在俄国，在俄国的政治自由方面，在广大劳动人民的地位方面，得到某些重大的改善。这是一个自由的俄国同普利什凯维奇之流和睦相处的乌托邦。

民粹派的乌托邦，就是民粹派知识分子和劳动派农民所抱的幻想，他们以为可以用公平地重分全部土地的办法来消除资本的权力和统治，消除雇佣奴隶制，或者以为在资本的统治下，在金钱的支配下，在商品生产的条件下，也可以维持"公平的"、"平均的"土地分配制度。

这两种乌托邦是怎样产生的呢？为什么在现代俄国相当根深蒂固呢？

这两种乌托邦的产生反映了这样一些阶级的利益，它们进行反对旧制度、反对农奴制、反对政治压迫，一句话，"反对普利什凯维奇之流"的斗争，而在这种斗争中，它们又没有取得独立的地位。乌托邦、幻想，就是这种不独立性，这种软弱性的产物。沉迷于幻想是弱者的命运。

自由派资产阶级，尤其是自由派资产阶级知识分子，不能不追求自由和法制，因为没有自由和法制，资产阶级的统治就不彻底，不完整，没有

保证。但是资产阶级害怕群众运动甚于害怕反动势力。因此，自由派在政治上就表现出惊人的、不可思议的软弱和十足的无能。因此，自由派的全部政策永远是模棱两可、虚伪不堪、假仁假义、躲躲闪闪的，他们必须玩弄民主的把戏才能把群众争取过去，同时他们又极端反对民主，极端仇视群众运动，仇视群众的创举和首倡精神，仇视他们那种如马克思形容19世纪欧洲一次群众运动时所说的"冲天"的气魄。

自由派的乌托邦是俄国政治解放事业中的软弱无能的乌托邦，是那些唯利是图，想同普利什凯维奇之流"和平"分享特权并把这种高贵的愿望诡称为俄国民主派"和平"胜利论的富豪们的乌托邦。自由派的乌托邦是这样一种幻想，既要战胜普利什凯维奇之流而又不使他们遭受伤害，既要摧毁他们而又不使他们感到痛苦。很明显，这种乌托邦之所以有害，不仅由于它是乌托邦，而且由于它腐蚀群众的民主主义意识。相信这种乌托邦的群众，永远也不会争得自由；这样的群众不配享受自由；这样的群众完全应该受普利什凯维奇之流的嘲弄。

民粹派和劳动派的乌托邦，是处在资本家和雇佣工人之间的小业主的一种试图不通过阶级斗争而消灭雇佣奴隶制的幻想。当经济解放问题也如现时政治解放问题这样成为俄国当前的迫切问题的时候，民粹派的乌托邦的害处就不亚于自由派的乌托邦的了。

但是，现在俄国所处的时代还是资产阶级改革的时代，而不是无产阶级改革的时代；彻底成熟了的问题不是无产阶级经济解放的问题，而是政治自由即（就其实质来说）充分的资产阶级自由的问题。

即使在后面这个问题上，民粹派的乌托邦也起着一种特殊的历史作用。这种乌托邦在重分土地应有（和将有）什么经济结果的问题上虽然是一种空想，但是它却是农民群众，即在资产阶级农奴制的现代俄国占人口多数的群众的波澜壮阔的民主主义高涨的产物和征兆（在纯粹资产阶级的俄国，也象在纯粹资产阶级的欧洲一样，农民是不会占人口多数的）。

自由派的乌托邦腐蚀群众的民主主义意识。民粹派的乌托邦则腐蚀群众的社会主义意识，但它却是群众民主主义高涨的产物和征兆，甚至在某种程度上是这种高涨的表现。

民粹派和劳动派在俄国土地问题上，用来作为反对资本主义的手段的是，他们提出并推行最彻底最坚决的资本主义办法。这就是历史的辩证法。

重分土地的"平均制"是乌托邦，但是重分土地必须与一切旧的，即地主的、份地的、"官家的"土地占有制完全决裂，这却是最需要的、经济上进步的、对于俄国这样的国家最迫切的资产阶级民主主义的办法。

应该记住恩格斯的名言：

"在经济学的形式上是错误的东西，在世界历史上却可以是正确的。"

恩格斯的这个深刻论断是针对空想社会主义说的：这种社会主义在经济学的形式上是"错误的"。这种社会主义所以是"错误的"，因为它认为从交换规律的观点来看，有剩余价值是不公平的。资产阶级政治经济学的理论家反对这种社会主义，在经济学的形式上则是正确的，因为由交换规律产生剩余价值是完全"自然的"，完全"公平的"。

但是，空想社会主义在世界历史上却是正确的，因为它是由资本主义产生的那个阶级的征兆、表现和先声；现在，在20世纪初，这个阶级已成长为能够消灭资本主义并且正在为此坚决奋斗的巨大力量。

在评价俄国的（也许不仅是俄国一国的，而且是在20世纪发生资产阶级革命的许多亚洲国家的）现代民粹派或劳动派的乌托邦的时候，必须记住恩格斯的这个深刻论断。

民粹派的民主主义在经济学的形式上是错误的，而在历史上却是正确的；这种民主主义作为社会主义乌托邦是错误的，但是，作为农民群众的特殊的、有历史局限性的民主主义斗争的表现，却是正确的，因为这种斗争是资产阶级改革不可或缺的因素，同时是这一改革获得全胜的条件。

自由派的乌托邦教农民群众放弃斗争。民粹派的乌托邦则反映了农民群众斗争的愿望，答应胜利以后让他们享受千万种福利，尽管这种胜利实际上只能给他们一百种福利。但是，世世代代处在闻所未闻的黑暗、匮乏、贫困、肮脏、被遗弃、被欺压的境遇中的奋起斗争的千百万民众，把可能得到的胜利果实夸大十倍，这难道不是很自然的吗？

自由派的乌托邦是对新剥削者企图与旧剥削者分享特权的这种私欲的掩饰。民粹派的乌托邦是千百万小资产阶级劳动者要求根本消灭封建旧剥削者的愿望的反映，也是他们要把资本主义新剥削者"一并"消灭掉的虚幻的冀望。

列宁：《两种乌托邦》，中共中央马克思恩格斯列宁斯大林著作编译局编译：《列宁选集》（第二卷），人民出版社1995年版，第297—301页。

14. 俄国改良主义把现代俄国和现代欧洲的政治形势的根本条件混为一谈

在俄国，改良主义还有一种特殊表现形式，就是把现代俄国和现代欧洲的政治形势的根本条件混为一谈。在自由派看来，这样做是合理的，因为自由派相信并宣扬"谢天谢地，我们立宪了"。自由派反映资产阶级的利益，他们坚决认为10月17日以后，任何超出改良主义范围的民主措施，都是丧失理智、犯罪、作恶的行为，等等。

但是，我国取消派实际上坚持的正是这些资产阶级阶级观点，他们不断系统地把"公开的党"和"争取合法性的斗争"等等"搬到"（以书面形式）俄国。换句话说，他们同自由派一样，也鼓吹把欧洲宪制搬到俄国而不经过那条曾经使西欧确立宪制并使之经过几代人有时甚至经过几个世纪得到巩固的独特道路。取消派和自由派就像俗话所说的，又想洗毛皮，又不让毛皮下水。

在欧洲，改良主义实际上就是不要马克思主义，用资产阶级的"社会政策"取代马克思主义。我国取消派的改良主义不仅有这种表现，它还破坏马克思主义的组织，拒绝实现工人阶级的民主任务而代之以自由派的工人政策。

列宁：《马克思主义和改良主义》，中共中央马克思恩格斯列宁斯大林著作编译局编译：《列宁选集》（第二卷），人民出版社1995年版，第330页。

15. 俄国这一民族国家的特点

在民族问题上，俄国所具有的特殊条件恰恰同我们在奥地利看到的相反。俄国是以一个民族即以大俄罗斯民族为中心的国家。大俄罗斯人占据着广袤的连片地区，人口约有7000万。这个民族国家的特点是：第一，"异族人"（总计占全国人口多数，即57%）恰恰是住在边疆地区；第二，这些异族人所受的压迫比在邻国（并且不仅是在欧洲的邻国）要厉害得多；第三，这些居住在边疆地区的被压迫民族往往有一些同族人住在国界的另一边，他们享有较多的民族独立（只要提一下住在俄国西部和南部边界以外的芬兰人、瑞典人、波兰人、乌克兰人、罗马尼亚人就够了）；第四，"异族"边疆地区的资本主义发展程度和一般文化水平，往往高于国家的中部地区。最后，我们看到，正是在毗邻的亚洲国家资产阶级革命和民族运动的阶段已经开始，这种革命和运动部分地蔓延到了俄国境内的那些同血统的民族。

可见，正是由于俄国民族问题的这些具体的历史特点，我们在当前所处的时代承认民族自决权，具有特别迫切的意义。

列宁：《论民族自决权》，中共中央马克思恩格斯列宁斯大林著作编译局

编译：《列宁选集》（第二卷），人民出版社1995年版，第381—382页。

16. 压迫其他民族的民族不能获得解放

让我们看看压迫民族的地位。压迫其他民族的民族能不能获得解放呢？不能。大俄罗斯居民要获得解放，就必须反对这种压迫。镇压被压迫民族运动的漫长历史，数百年的历史，"上层"阶级对这种镇压的不断宣传，造成了大俄罗斯民族的种种偏见，成了大俄罗斯民族本身解放事业的莫大障碍。

大俄罗斯黑帮有意支持和煽动这种偏见。大俄罗斯资产阶级容忍或迎合这种偏见。大俄罗斯无产阶级不同这种偏见进行不断的斗争，就不能实现自己的目的，就不能替自己扫清走向解放的道路。

建立独立自主的民族国家，在俄国暂时还只是大俄罗斯民族的特权。我们，大俄罗斯无产者，不维护任何特权，当然也就不维护这种特权。我们在这个国家的土地上进行斗争，要把这个国家的各民族工人联合起来，我们不能保证民族的发展一定要经过某条道路，我们要经过一切可能的道路走向我们的阶级目标。

可是，不同一切民族主义进行斗争，不捍卫各民族的平等，就不可能走向这一目标。例如，乌克兰能不能组成独立国家，这要以千百种预先不得而知的因素为转移。我们不想凭空"猜测"，但坚决拥护这一毫无疑问的原则：乌克兰有成立这种国家的权利。我们尊重这种权利，我们不赞成大俄罗斯人有统治乌克兰人的特权，我们教育群众承认这种权利，否认任何一个民族享有国家特权。

在资产阶级革命时代一切国家都经历过的那种飞跃中，为了建立民族国家的权利而发生冲突和斗争是可能的，而且是很有可能的。我们无产者预先就宣布我们反对大俄罗斯人的特权，并且依照这个方针来进行自己的全部宣传鼓动工作。

列宁：《论民族自决权》，中共中央马克思恩格斯列宁斯大林著作编译局

编译：《列宁选集》（第二卷），人民出版社 1995 年版，第 386—387 页。

17. 自由派敌视民族政治自决原则的实际阶级意义在于民族自由主义

自由派敌视民族政治自决原则的实际阶级意义只有一个，这就是民族自由主义，就是维护大俄罗斯资产阶级的国家特权。而俄国马克思主义者中间的机会主义者，即取消派分子谢姆柯夫斯基、崩得分子李普曼、乌克兰小资产者尤尔凯维奇等，正是在目前，在六三体制时代极力反对民族自决权，他们实际上完全是跟着民族自由主义跑，而用民族自由主义思想来腐蚀工人阶级。

列宁：《论民族自决权》，中共中央马克思恩格斯列宁斯大林著作编译局编译：《列宁选集》（第二卷），人民出版社 1995 年版，第 397 页。

18. 民族主义会经历几个不同的阶段

大俄罗斯民族主义，也同任何民族主义一样，会经历几个不同的阶段，这要看资产阶级国家内部哪些阶级占首要地位。1905 年以前，我们几乎只知道有民族主义反动派。革命以后，我国就产生了民族主义自由派。

列宁：《论民族自决权》，中共中央马克思恩格斯列宁斯大林著作编译局编译：《列宁选集》（第二卷），人民出版社 1995 年版，第 400 页。

19. 俄国社会民主党的责任是要揭露欧洲大战的真实意义

（俄国）社会民主党的责任，首先是揭露这场战争（欧洲大战）的这种真实意义，无情地揭穿统治阶级即地主和资产阶级为了替战争辩护而散布的谎言、诡辩和"爱国主义的"花言巧语。

列宁：《战争和俄国社会民主党》，中共中央马克思恩格斯列宁斯大林著作编译局编译：《列宁选集》（第二卷），人民出版社 1995 年版，第 403 页。

20. 在俄国，革命社会民主主义无产阶级分子同小资产阶级机会主义分子的彻底分裂，是由工人运动的全部历史准备好了的

在俄国，革命社会民主主义无产阶级分子同小资产阶级机会主义分子的彻底分裂，是由工人运动的全部历史准备好了的。一些人无视这个历史，激昂慷慨地反对"派别活动"，因而无法理解俄国无产阶级政党是在同各种机会主义进行的多年斗争中形成的这一实际的建党过程，这种人是在给工人运动大帮倒忙。在参加目前这场战争的所有"大"国当中，俄国是在最近经历了革命的唯一的国家。尽管无产阶级在这次革命中起了决定性作用，革命的资产阶级内容不能不造成工人运动中资产阶级派别同无产阶级

派别的分裂。俄国社会民主党作为一个同群众性的工人运动有联系的组织（而不像1883—1894年那样仅仅是一种思潮）已存在了大约20年（1894—1914年），在这整个时期中，无产阶级革命派别同小资产阶级机会主义派别一直在进行着斗争。1894—1902年这个时期的"经济主义"，无疑是属于后一种派别。它的思想体系中的许多论据和特征——"司徒卢威式地"歪曲马克思主义，用"群众"作借口来为机会主义辩护等等——同现在考茨基、库诺和普列汉诺夫等人的庸俗化了的马克思主义极为相似。提醒现在这一代社会民主党人，让他们能看到过去的《工人思想报》和《工人事业》杂志同现在的考茨基的类似之处，是大有好处的。

列宁：《第二国际的破产》，中共中央马克思恩格斯列宁斯大林著作编译局编译：《列宁选集》（第二卷），人民出版社1995年版，第505页。

（七）奥地利资产阶级革命

奥地利资产阶级革命进程中同时建立了独立的民族国家

奥地利的资产阶级民主革命是1848年开始，1867年完成的。从那时起到现在差不多经历了半个世纪，那里始终是由大体上已经建立的资产阶级宪制统治着，而合法的工人政党也就是根据这个宪制公开进行活动的。

因此，就奥地利发展的内部条件来说（即从整个奥地利资本主义发展，特别是奥地利各个民族资本主义发展来看），并没有产生飞跃的因素，而伴随这种飞跃的现象之一，则可能是建立独立的民族国家。

……

奥地利不仅是一个长期来以德意志人占优势的国家，而且奥地利的德意志人还曾经怀有想做整个德意志民族霸主的野心。……

列宁：《论民族自决权》，中共中央马克思恩格斯列宁斯大林著作编译局编译：《列宁选集》（第二卷），人民出版社1995年版，第380—381页。

四　近代欧洲文明

1. 资本主义的产生及其法律面前一律平等的片面性

由于商业的发展，由于商品交换的发展，分化出了一个新的阶级——资本家阶级。资本产生于中世纪末期，当时世界贸易因发现美洲而得到巨大的发展，贵金属的数量激增，金银成了交换手段，货币周转使得一些人能够掌握巨量财富。全世界都认为金银是财富。地主阶级的经济力量衰落下去，新阶级即资本代表者的力量发展起来。结果社会被改造成这样：全体公民似乎一律平等了；以前那种奴隶主和奴隶的划分已经消灭了；所有的人，不管他占有的是何种资本，是不是作为私有财产的土地，也不管他是不是只有一双做工的手的穷光蛋，都被认为在法律面前一律平等了。法律对大家都同样保护，对任何人所拥有的财产都加以保护，使其不受那些没有财产的、除了双手以外一无所有的、日益贫穷破产而变成无产者的群众的侵犯。资本主义社会的情形就是这样。

列宁：《论国家（1919 年 7 月 11 日在斯维尔德洛夫大学的讲演)》，中共中央马克思恩格斯列宁斯大林著作编译局编译：《列宁选集》（第四卷)，人民出版社 1995 年版，第 35 页。

2. 对官僚或农奴制以及资产阶级等等文化的态度，急躁冒进是最有害的

对那些过多地、过于轻率地侈谈什么"无产阶级"文化的人，我们就不禁要抱这种态度，因为在开始的时候，我们能够有真正的资产阶级文化也就够了，在开始的时候，我们能够抛掉资产阶级制度以前的糟糕之极的文化，即官僚或农奴制等等的文化也就不错了。在文化问题上，急躁冒进是最有害的。我们许多年轻的著作家和共产党员应该牢牢记住这一点。

因此，在国家机关问题上，根据过去的经验我们现在也应当得出这样的结论：最好慢一些。

列宁：《宁肯少些，但要好些》，中共中央马克思恩格斯列宁斯大林著作编译局编译：《列宁选集》（第四卷)，人民出版社 1995 年版，第 784 页。

3. 绝对的东西与纯粹的民主

我们不信奉"绝对的东西"。我们嘲笑"纯粹的民主"。

列宁：《关于"出版自由"——给 Г. 米雅斯尼科夫的信》，中共中央马克思恩格斯列宁斯大林著作编译局编译：《列宁选集》（第四卷），人民出版社 1995 年版，第 546 页。

4. 资本主义经济规律是什么

资本主义的基本经济规律是不是存在呢？是的，是存在的。这规律是什么呢？它的特点何在呢？资本主义的基本经济规律是这样一种规律，它不是决定资本主义生产发展的某一个别方面或某些个别过程，而是决定资本主义生产发展的一切主要方面和一切主要过程，因而是决定资本主义生产的实质、决定资本主义生产的本质的。

价值规律是不是资本主义的基本经济规律呢？不是的。价值规律首先是商品生产的规律。它象商品生产一样，在资本主义以前就存在过，而且在推翻资本主义以后，例如在我国，也继续存在着，诚然，它发生作用的范围是被限制了的。当然，价值规律在资本主义条件下有广阔的作用范围，它在资本主义生产的发展方面发生很大的作用，但是它不仅不决定资本主义生产的实质和资本主义利润的基础，甚至没有提出这样的问题。所以，价值规律不能是现代资本主义的基本经济规律。

依据同一理由，竞争和生产无政府状态的规律，或各国资本主义发展不平衡的规律，都不能是资本主义的基本经济规律。

有人说，平均利润率的规律是现代资本主义的基本经济规律。这是不对的。现代资本主义即垄断资本主义不能满足于平均利润，何况这种平均利润由于资本有机构成的增高而有下降的趋势。现代垄断资本主义所要求的不是平均利润，而是比较正常地实现扩大再生产所必需的最大限度的利润。

最适合于资本主义的基本经济规律这个概念的，是剩余价值规律，即资本主义利润的产生和增殖的规律。这个规律确实预先决定了资本主义生产的基本特点。然而，剩余价值的规律是过于一般的规律，它没有涉及最高利润率的问题，而保证这种利润率却是垄断资本主义发展的条件。要弥补这个缺陷，就必须把剩余价值规律具体化并加以发展，使之适应于垄断资本主义的条件，同时要考虑到，垄断资本主义所要求的不是随便什么利润，而正是最大限度的利润。这才会是现代资本主义的基本经济规律。

现代资本主义基本经济规律的主要特点和要求，可以大致表述如下：

用剥削本国大多数居民并使他们破产和贫困的办法，用奴役和不断掠夺其他国家人民、特别是落后国家人民的办法，以及用旨在保证最高利润的战争和国民经济军事化的办法，来保证最大限度的资本主义利润。

有人说，对于资本主义在现今条件下的发展来说，平均利润总还可以认为是足够的。这是不对的。平均利润是最低限度的赢利，再低下去，资本主义生产就会成为不可能了。但是，如果认为现代垄断资本主义的头子夺取殖民地、奴役各国人民、策动战争只是想给自己保证平均利润，那就可笑了。不，不是平均利润，也不是那照例比平均利润稍为高些的超额利润，而正是最大限度的利润才是垄断资本主义的发动力。正是由于必须取得最大限度的利润，垄断资本主义才采取这样冒险的步骤，例如奴役和不断掠夺殖民地和其他落后国家，把许多独立国变为附属国，组织新战争（在现代资本主义的头子们看来，战争是取得最大限度利润的最好的"生意"），以及夺取世界的经济霸权。

资本主义基本经济规律的意义之一也就在于：这个规律既然决定资本主义生产方式发展方面一切最重要的现象，既然决定资本主义生产的高涨和危机，它的胜利和失败，它的长处和短处，——它的矛盾发展的全部过程，——于是就使我们能够了解和说明这一切现象。

请看许许多多"令人惊异"的例子中的一个例子。

大家知道，在资本主义的历史和实践中，有过表明资本主义制度下技术蓬勃发展的事实，那时资本家表现为先进技术的旗手、生产技术发展方面的革命家。但是大家同样知道，也有过表明资本主义制度下技术停止发展的另一种事实，那时资本家表现为新技术发展方面的反动者，并常常转而使用手工劳动。

怎样来说明这种惊人的矛盾呢？只有用现代资本主义的基本经济规律，即用取得最大限度利润的必要性才能加以说明。当新技术向资本主义预示着最大利润的时候，资本主义就拥护新技术。当新技术不再预示着最大利润的时候，资本主义就反对新技术，主张转而采用手工劳动。

关于现代资本主义基本经济规律的情形，就是如此。

斯大林：《对于和一九五一年十一月讨论会有关的经济问题的意见》，中共中央马克思恩格斯列宁斯大林著作编译局编译：《斯大林选集》（下卷），人民出版社 1979 年版，第 567—569 页。

5. 资本主义技术突飞猛进

我们是在一个技术非常落后的国家内取得了政权的。除了少数大工业单位多少有些新的技术基础以外，我们千百个工厂的技术是根本不能拿现代技术成就来衡量的。可是，我们周围有许多资本主义国家，它们拥有比我国发达得多的和现代化的工业技术。你们看一看资本主义国家，就可以看到那里的技术不仅是在前进，而且简直是在突飞猛进，超过了旧式的工业技术。

> 斯大林：《论国家工业化和联共（布）党内的右倾》，中共中央马克思恩格斯列宁斯大林著作编译局编译：《斯大林选集》（下卷），人民出版社1979年版，第77页。

6. 资本家与苏维埃的不同诉求

在资本家那里，因为存在着土地私有制，所以不购买许多土地或不缴纳绝对地租，就不能建立大规模谷物工厂，而要这样做就不能不使生产担负很大的开支。在我们这里则恰恰相反，因为我们这里没有土地私有制，所以既没有绝对地租，也没有土地的买卖，这就不能不为大规模谷物经济的发展创造有利条件。

在资本家那里，建立大规模谷物农场的目的是获得最大限度的利润，或者至少是获得相当于所谓平均利润率的利润，一般说来，不这样资本家就没有兴趣去建立谷物农场。在我们这里则恰恰相反，大规模谷物农场同时又是国营农场，它们为了保证自己的发展既不需要最大限度的利润，也不需要平均利润率，可以只限于最低限度的利润，有时甚至没有任何利润，这又为大规模谷物经济的发展创造了有利条件。

最后，在资本主义制度下，对大规模谷物农场无论在信贷上或税收上都没有特别的优待，而在以支持社会主义经济为宗旨的苏维埃制度下，现在和将来都有这种优待。

> 斯大林：《大转变的一年》，中共中央马克思恩格斯列宁斯大林著作编译局编译：《斯大林选集》（下卷），人民出版社1979年版，第204—205页。

7. 资本主义的劣根性

还需要一种不患资本主义的不治之症而且大大优越于资本主义的制度。危机、失业、浪费和广大群众的贫困，——这就是资本主义的不治之症。我们的制度不患这种病症，因为政权掌握在我们手里，掌握在工人阶级手里，因为我们实行计划经济，有计划地积累资财，并且按国民经济各部门合理地加以分配。我们不患资本主义的不治之症。这就是我们和资本主义不同的地方，这就是我们优越于资本主义的有决定意义的地方。

请看资本家想怎样摆脱经济危机。他们最大限度地降低工人工资。他们最大限度地降低原料价格。可是，他们不肯稍微认真地降低日用工业品和食品的价格。这就是说，他们想靠牺牲商品主要消费者的利益，牺牲工人的利益，牺牲农民的利益，牺牲劳动者的利益来摆脱危机。资本家在拆自己的台脚。结果不是摆脱危机而是加深了危机，积累了引起更加剧烈的新危机的新前提。

> 斯大林：《论经济工作人员的任务》，中共中央马克思恩格斯列宁斯大林著作编译局编译：《斯大林选集》（下卷），人民出版社 1979 年版，第269 页。

（一）资产阶级民主制

1. 把资产阶级统治看做普选权的产物和结果，看做人民主权意志的绝对表现——这就是资产阶级宪法的意义

在 1848 年 5 月 4 日、1848 年 12 月 20 日、1849 年 5 月 13 日、1849 年7 月 8 日，普选权承认秩序党和资产阶级专政是对的。而在 1850 年 3 月 10日，普选权则承认自己是错的。把资产阶级统治看做普选权的产物和结果，看做人民主权意志的绝对表现——这就是资产阶级宪法的意义。但是，当这种选举权，这种主权意志的内容已不再归结为资产阶级统治的时候，宪法还有什么意义呢？难道资产阶级的责任不正是要调整选举权，使它合乎理性，即合乎资产阶级的统治吗？普选权一再消灭现存国家权力而又从自身再造出新的国家权力，不就是消灭整个稳定状态，不就是时刻危及一切现存权力，不就是破坏权威，不就是威胁着要把无政府状态本身提升为权威吗？在 1850 年 3 月 10 日之后，谁还会怀疑这一点呢？

资产阶级既然将它一向用来掩饰自己并从中汲取无限权力的普选权抛弃，也就是公开承认：**"我们的专政以前是依靠人民意志而存在的，现在它却必须违背人民意志而使自己巩固起来。"**

> 卡·马克思：《1848 年至 1850 年的法兰西阶级斗争》，中共中央马克思恩格斯列宁斯大林著作编译局编译：《马克思恩格斯文集》（第二卷），人民

出版社 2009 年版，第 170—171 页。

2. 资产阶级起初是一个被压迫的等级

资产阶级起初是一个被压迫的等级，它不得不向进行统治的封建贵族交纳贡税，它由各种各样的依附农和农奴补充自己的队伍，它在反对贵族的不断斗争中占领了一个又一个的阵地，最后，在最发达的国家中取代了贵族的统治；在法国它直接推翻了贵族，在英国它逐步地使贵族资产阶级化，并把贵族同化，作为它自己装潢门面的上层。它是怎样达到这个地步的呢？只是通过"经济状况"的改变，而政治状态的改变则是或早或迟，或自愿或经过斗争随之发生的。资产阶级反对封建贵族的斗争是城市反对乡村、工业反对地产、货币经济反对自然经济的斗争，在这一斗争中，资产者的决定性的武器是他们的经济上的权力手段，这些手段由于工业（起初是手工业，后来扩展成为工场手工业）的发展和商业的扩展而不断增长起来。

弗·恩格斯：《反杜林论》，中共中央马克思恩格斯列宁斯大林著作编译
局编译：《马克思恩格斯文集》（第九卷），人民出版社 2009 年版，第
171 页。

3. 一旦人民群众有了自己的意志……军国主义将由于自身发展的辩证法而灭亡

一旦人民群众——农村工人、城市工人和农民——有了自己的意志，这样的时机就要到来。那时，君主的军队将转变为人民的军队，机器将拒绝效劳，军国主义将由于自身发展的辩证法而灭亡。1848 年资产阶级民主主义不能做到使劳动群众具有一种内容适合于他们的阶级地位的意志，正是因为这种民主主义是资产阶级的，而不是无产阶级的，而这一点社会主义一定会做到。而这就意味着从内部炸毁军国主义并随之炸毁一切常备军。

弗·恩格斯：《反杜林论》，中共中央马克思恩格斯列宁斯大林著作编译
局编译：《马克思恩格斯文集》（第九卷），人民出版社 2009 年版，第
178 页。

4. 同启蒙学者的华美诺言比起来，由"理性的胜利"建立起来的社会制度和政治制度竟是一幅令人极度失望的讽刺画

我们在《引论》里已经看到，为革命作了准备的 18 世纪的法国哲学家们，如何求助于理性，把理性当做一切现存事物的唯一的裁判者。他们

认为，应当建立理性的国家、理性的社会，应当无情地铲除一切同永恒理性相矛盾的东西。我们也已经看到，这个永恒的理性实际上不过是恰好那时正在发展成为资产者的中等市民的理想化的知性而已。因此，当法国革命把这个理性的社会和这个理性的国家实现了的时候，新制度就表明，不论它较之旧制度如何合理，却决不是绝对合乎理性的。理性的国家完全破产了。卢梭的社会契约在恐怖时代获得了实现，对自己的政治能力丧失了信心的资产阶级，为了摆脱恐怖时代，起初求助于腐败的督政府，最后则托庇于拿破仑的专制统治。早先许诺的永久和平变成了一场无休止的掠夺战争。理性的社会的遭遇也并不更好一些。富有和贫穷的对立并没有化为普遍的幸福，反而由于调和这种对立的行会特权和其他特权的废除，由于缓和这种对立的教会慈善设施的取消而更加尖锐化了；工业在资本主义基础上的迅速发展，使劳动群众的贫穷和困苦成了社会的生存条件。犯罪现象一年比一年增多。如果说以前在光天化日之下肆无忌惮地干出来的封建罪恶虽然没有消灭，但终究已经暂时被迫收敛了，那么，以前只是暗中偷着干的资产阶级罪恶却更加猖獗了。商业日益变成欺诈。革命的箴言"博爱"化为竞争中的蓄意刁难和忌妒。贿赂代替了暴力压迫，金钱代替刀剑成了社会权力的第一杠杆。初夜权从封建领主手中转到了资产阶级工厂主的手中。卖淫增加到了前所未闻的程度。婚姻本身和以前一样仍然是法律承认的卖淫的形式，是卖淫的官方的外衣，并且还以大量的通奸作为补充。总之，同启蒙学者的华美诺言比起来，由"理性的胜利"建立起来的社会制度和政治制度竟是一幅令人极度失望的讽刺画。

弗·恩格斯：《反杜林论》，中共中央马克思恩格斯列宁斯大林著作编译局编译：《马克思恩格斯文集》（第九卷），人民出版社 2009 年版，第272—273 页。

5. 现代国家本质上都是资本主义的机器

现代国家，不管它的形式如何，本质上都是资本主义的机器，资本家的国家，理想的总资本家。它越是把更多的生产力据为己有，就越是成为真正的总资本家，越是剥削更多的公民。工人仍然是雇佣劳动者，无产者。资本关系并没有被消灭，反而被推到了顶点。但是在顶点上是要发生变革的。生产力归国家所有不是冲突的解决，但是这里包含着解决冲突的形式上的手段，解决冲突的线索。

弗·恩格斯:《反杜林论》，中共中央马克思恩格斯列宁斯大林著作编译局编译:《马克思恩格斯文集》（第九卷），人民出版社 2009 年版，第 295 页。

6. 社会分成大家公认的许多等级，使得资产者要搞欺骗相当容易

这里最可恶的，就是那种已经深入工人肺腑的资产阶级式的"体面"。社会分成大家公认的许多等级，其中每一个等级都有自己的自尊心，但同时还有一种生来就对比自己"更好"、"更高"的等级表示尊敬的心理；这种东西已经存在得这样久和这样根深蒂固，使得资产者要搞欺骗还相当容易。

弗·恩格斯:《恩格斯致弗里德里希·阿道夫·左尔格》，中共中央马克思恩格斯列宁斯大林著作编译局编译:《马克思恩格斯文集》（第十卷），人民出版社 2009 年版，第 576—577 页。

7. 真正的市民社会只是随同资产阶级发展起来的

市民社会包括各个人在生产力发展的一定阶段上的一切物质交往。它包括该阶段的整个商业生活和工业生活，因此它超出了国家和民族的范围，尽管另一方面它对外仍必须作为民族起作用，对内仍必须组成为国家。"市民社会"这一用语是在 18 世纪产生的，当时财产关系已经摆脱了古典古代的和中世纪的共同体。真正的市民社会只是随同资产阶级发展起来的；但是市民社会这一名称始终标志着直接从生产和交往中发展起来的社会组织，这种社会组织在一切时代都构成国家的基础以及任何其他的观念的上层建筑的基础。

卡·马克思、弗·恩格斯:《德意志的意识形态》，中共中央马克思恩格斯列宁斯大林著作编译局编译:《马克思恩格斯文集》（第一卷），人民出版社 2009 年版，第 582—583 页。

8. 资本主义发展过程的开始（近代欧洲文明——资产阶级民主制）

马克思所以把中世纪经济制度的其他特征撇开不谈，是因为这些特征属于封建社会形态，而马克思研究的只是资本主义社会形态。**资本主义发展过程，按其纯粹状态来说，确实是从分散的小商品生产者的制度和他们的个人劳动所有制开始的**（例如在英国）。

列宁:《什么是"人民之友"以及他们如何攻击社会民主党人?》，中共中央马克思恩格斯列宁斯大林著作编译局编译:《列宁选集》（第一卷），人民出版社 1995 年版，第 45 页。

9. 西欧有了资本主义不等于俄国也应当有资本主义

从来没有一个马克思主义者在什么地方论证过：**俄国"应当有"资本主义，"因为"西欧已经有了资本主义，等等**。从来没有一个马克思主义者认为马克思的理论是一种必须普遍遵守的历史哲学公式，是一种超出了对某种社会经济形态的说明的东西。只有主观哲学家米海洛夫斯基先生才会这样不了解马克思，竟然认为马克思准有某种一般哲学的理论；因此他从马克思那里得到了一个十分明确的解答：他是找错人了。从来没有一个马克思主义者不是根据理论符合一定的即俄国的社会经济关系的现实和历史这一点，而是根据别的什么来论证自己的社会民主主义观点的，而且他们也不能根据别的什么来论证自己的这种观点，因为"马克思主义"的创始人马克思自己就十分明确地说过对理论的这种要求，并且以此作为全部学说的基础。

列宁：《什么是"人民之友"以及他们如何攻击社会民主党人？》，中共中央马克思恩格斯列宁斯大林著作编译局编译：《列宁选集》（第一卷），人民出版社1995年版，第58页。

10. 俄国官僚很有西欧反动专家的经验

事实上在治理俄罗斯国家的我国官僚是特别厉害的反动机构，它还不大为我国革命者所注意。这种主要靠平民知识分子补充的官僚，按其出身及其活动的使命和性质来说，都带有浓厚的资产阶级性质，但专制制度和高贵地主的巨大政治特权，却赋予他们特别有害的品质。他们是见风使舵的人，把兼顾地主和资产者的利益看做自己的最高任务。他们是犹杜什卡，利用自己同农奴主的感情和联系来欺骗工农，借口"保护经济上的弱者"和对他们实行"监护"以免受富农和高利贷者的压迫，而采取各种办法把劳动者压低到"贱民"的地位，使他们受农奴主——地主的宰割，从而更加无法抵御资产阶级的进攻。**他们是最危险的伪君子，很有西欧反动专家的经验**，巧于用爱人民的词藻来掩饰他们阿拉克切耶夫式的贪欲。

列宁：《什么是"人民之友"以及他们如何攻击社会民主党人？》，中共中央马克思恩格斯列宁斯大林著作编译局编译：《列宁选集》（第一卷），人民出版社1995年版，第72页。

11. 民粹主义根据的是西欧早就抛弃了的落后理论

然而民粹主义对这些问题的解答毫无用处，因为这种解答所根据的是

西欧早就抛弃了的落后理论，是对资本主义所进行的浪漫主义的和小资产阶级的批判，是对俄国历史和现实中最重要事实的忽视。当俄国资本主义及其固有的矛盾还不够发展的时候，这种对资本主义的粗浅批判还能站得住。但是民粹主义绝对不能满足俄国资本主义当前的发展，不能满足我们关于俄国经济历史和现实的知识的现状，不能满足当前对社会学理论提出的要求。民粹主义在当时是一种进步现象，因为它第一次提出了资本主义问题，而现在则成为一种反动的和有害的理论，因为它使社会思想发生混乱，助长停滞现象和各种亚洲式的东西。民粹主义对资本主义的批判的反动性质，使现在的民粹主义甚至具有这样一些特点，这些特点使它连那种只限于忠实地保持遗产的世界观都不如。

> 列宁：《我们拒绝什么遗产》，中共中央马克思恩格斯列宁斯大林著作编
> 译局编译：《列宁选集》（第一卷），人民出版社 1995 年版，第 120 页。

12. 民粹派关于俄国独特性的学说和"60 年代"的全盘欧化论

关于俄国的独特性的学说，使民粹派分子抓住西欧的一些过时的理论不放，使他们以惊人的轻率态度对待西欧文化的许多成就；民粹派分子安慰自己说，虽然我们没有文明人类的某些特点，但是"我们命中注定要"向世界表明新的经营方法等等。**民粹派分子不仅不把西欧进步思想界对资本主义及其一切现象的分析用之于神圣的俄罗斯，反而竭力想出一些借口不对俄国资本主义作出人们曾对欧洲资本主义作出过的结论，**民粹派分子奉承从事这种分析的人，同时……同时却始终心安理得地当这些人毕生所反对的浪漫主义者。一切民粹派分子共同主张的关于俄国独特性的学说，也是不仅与"遗产"毫无共同之处，甚至和它正相抵触。相反，**"60 年代"力图欧化俄国，相信俄国会吸收全欧的文化，关心把这个文化的各种设施移植到我们这个一点也不独特的土地上来。**任何关于俄国独特性的学说，都完全不符合 60 年代的精神和传统。民粹派对农村的理想化和粉饰，更不符合这个传统。

> 列宁：《我们拒绝什么遗产》，中共中央马克思恩格斯列宁斯大林著作编
> 译局编译：《列宁选集》（第一卷），人民出版社 1995 年版，第 123 页。

13. 民粹派希望避开欧洲所走的那条危险道路

民粹派除了上述非常严重的错误之外，在社会学方面缺乏现实主义这一点，也使得他们在思考和议论社会事务和问题时，采取一种特别的思维

方式，这种思维方式可说是知识分子狭隘的自以为是，或者甚至可说是官僚主义的思维。民粹派总是这样议论："我们"应当给祖国选择什么道路；如果"我们"让祖国走这样的道路，那就会遇到什么样的灾祸；如果**我们避开欧洲老婆婆所走的那条危险道路，如果我们既从欧洲又从我们历来的村社制度中"吸收好的东西"**，那"我们"就能保证使自己获得什么样的出路，以及其他等等。因此，民粹派分子对于各个根据自己的利益来创造历史的社会阶级的独立趋向采取完全不信任和轻视的态度。

列宁：《我们拒绝什么遗产》，中共中央马克思恩格斯列宁斯大林著作编

译局编译：《列宁选集》（第一卷），人民出版社 1995 年版，第 127 页。

14. 俄国的民主改革进行得愈慢，各民族资产阶级的民族迫害和撕杀也就会愈顽强，愈粗暴，愈残酷

俄国的民主改革进行得愈慢，各民族资产阶级的民族迫害和撕杀也就会愈顽强，愈粗暴，愈残酷。同时，俄国普利什凯维奇之流的特殊反动性，将会在某些被压迫民族（它们在邻国有时享有大得多的自由）中间，引起（并加强）"分立主义"趋向。

列宁：《论民族自决权》，中共中央马克思恩格斯列宁斯大林著作编译局

编译：《列宁选集》（第二卷），人民出版社 1995 年版，第 401 页。

15. 资产阶级议会的弊病

"不应当是议会式的，而应当是工作的"机构，这正好击中了现代的议员和社会民主党的议会"哈巴狗"的要害！请看一看任何一个议会制的国家，从美国到瑞士，从法国到英国和挪威等等，那里真正的"国家"工作是在幕后做的，是由各部、官厅和司令部进行的。议会专门为了愚弄"老百姓"而从事空谈。这是千真万确的事实，甚至在俄罗斯共和国这个资产阶级民主共和国里，在还没有来得及建立真正的议会以前，议会制的所有这些弊病就已经显露出来了。带有腐朽的市侩习气的英雄们，如斯柯别列夫和策列铁里之流，切尔诺夫和阿夫克森齐耶夫之流，竟把苏维埃糟蹋成最卑鄙的资产阶级的议会，把它变成了清谈馆。在苏维埃里，"社会党人"部长先生们用空谈和决议来愚弄轻信的农民。在政府里，不断地更换角色，一方面为的是依次让更多的社会革命党人和孟什维克尝尝高官厚禄的"甜头"，另一方面为的是"转移"人民的"视线"。而在官厅里，在司令部里，却在"干着""国家"工作！

列宁：《国家与革命》，中共中央马克思恩格斯列宁斯大林著作编译局编译：《列宁选集》（第三卷），人民出版社1995年版，第151页。

16. 民主制度始终受到资本主义剥削制度狭窄框子的限制

在资本主义社会里，在它最顺利的发展条件下，比较完全的民主制度就是民主共和制。但是这种民主制度始终受到资本主义剥削制度狭窄框子的限制，因此它实质上始终是少数人的即只是有产阶级的、只是富人的民主制度。资本主义社会的自由始终与古希腊共和国的自由即奴隶主的自由大致相同。由于资本主义剥削制度的条件，现代的雇佣奴隶被贫困压得喘不过气，结果都"无暇过问民主"，"无暇过问政治"，大多数居民在通常的平静的局势下都被排斥在社会政治生活之外。

德国可以说是证实这一论断的最明显的例子，因为在这个国家里，宪法规定的合法性保持得惊人地长久和稳定，几乎有半世纪之久（1871—1914年），而在这个时期内，同其他国家的社会民主党相比，德国社会民主党又做了多得多的工作来"利用合法性"，来使工人参加党的比例达到举世未有的高度。

这种在资本主义社会里能看到的有政治觉悟的积极的雇佣奴隶所占的最大的百分比究竟是多少呢？1500万雇佣工人中有100万是社会民主党党员！1500万雇佣工人中有300万是工会会员！

极少数人享受民主，富人享受民主，——这就是资本主义社会的民主制度。如果仔细地考察一下资本主义民主的结构，那么无论在选举权的一些"微小的"（似乎是微小的）细节上（居住年限、妇女被排斥等等），或是在代表机构的办事手续上，或是在行使集会权的实际障碍上（公共建筑物不准"叫化子"使用!），或是在纯粹资本主义的办报原则上，等等，到处都可以看到对民主制度的重重限制。用来对付穷人的这些限制、例外、排斥、阻碍，看起来似乎是很微小的，特别是在那些从来没有亲身体验过贫困、从来没有接近过被压迫阶级群众的生活的人（这种人在资产阶级的政论家和政治家中，如果不占百分之九十九，也得占十分之九）看起来是很微小的，但是这些限制加在一起，就把穷人排斥和推出政治生活之外，使他们不能积极参加民主生活。

马克思正好抓住了资本主义民主的这一实质，他在分析公社的经验时说：这就是容许被压迫者每隔几年决定一次究竟由压迫阶级中的什么人在议会里代表和镇压他们！

列宁：《国家与革命》，中共中央马克思恩格斯列宁斯大林著作编译局编译：《列宁选集》（第三卷），人民出版社1995年版，第189—190页。

17. 资产阶级民主只有形式上的平等和集会权利

旧的资产阶级民主宪法大书特书形式上的平等和集会权利，我们的、无产阶级和农民的、苏维埃的宪法则抛弃形式上平等的虚伪词句。当资产阶级共和派推翻帝制时，他们并不关心君主派同共和派的形式上的平等。现在要来推翻资产阶级了，只有叛徒或白痴才会极力为资产阶级争取形式上的平等权利。如果所有好的建筑物都让资产阶级占去了，"集会自由"对工人和农民来说就一文不值。我们的苏维埃把城市和乡村中好的建筑物从富人手里全部夺了过来，并把所有这些建筑物交给了工人和农民，供他们集会结社之用。这就是我们的集会自由——劳动者享受的集会自由！这就是我们的苏维埃宪法、我们的社会主义宪法的意义和内容！

列宁：《给美国工人的信》，中共中央马克思恩格斯列宁斯大林著作编译局编译：《列宁选集》（第三卷），人民出版社1995年版，第569页。

18. "纯粹民主"是自由主义者用来愚弄工人的谎话。资产阶级民主虽然在历史上是一大进步，但它始终是狭隘的、虚伪的民主

如果不是嘲弄理智和历史，那就很明显：只要有不同的阶级存在，就不能说"纯粹民主"，而只能说阶级的民主（附带说一下，"纯粹民主"不仅是既不了解阶级斗争也不了解国家实质的无知之谈，而且是十足的空谈，因为在共产主义社会中，民主将演变成习惯，消亡下去，但永远也不会是"纯粹的"民主）。

"纯粹民主"是自由主义者用来愚弄工人的谎话。历史上有代替封建制度的资产阶级民主，也有代替资产阶级民主的无产阶级民主。

列宁：《无产阶级革命和叛徒考茨基》，中共中央马克思恩格斯列宁斯大林著作编译局编译：《列宁选集》（第三卷），人民出版社1995年版，第600—601页。

19. 资产阶级民主始终是而且在资本主义制度下不能不是狭隘的

资产阶级民主同中世纪制度比较起来，在历史上是一大进步，但它始终是而且在资本主义制度下不能不是狭隘的、残缺不全的、虚伪的、骗人的民主，对富人是天堂，对被剥削者、对穷人是陷阱和骗局。正是这个真

理，这个马克思主义学说的最重要的组成部分，是"马克思主义者"考茨基不理解的。正是在这个根本问题上，考茨基不去对那些使一切资产阶级民主变为对富人的民主的条件进行科学的批判，反而奉献出一些使资产阶级"称心快意"的东西。

列宁：《无产阶级革命和叛徒考茨基》，中共中央马克思恩格斯列宁斯大林著作编译局编译：《列宁选集》（第三卷），人民出版社 1995 年版，第601 页。

20. 即使是最民主的国家，在宪法上总是留下许多后路或保留条件

只要看看现代国家的根本法，看看这些国家的管理制度，看看集会自由或出版自由，看看"公民在法律上一律平等"，那就处处都可以看到任何一个正直的觉悟的工人都很熟悉的资产阶级民主的虚伪性。任何一个国家，即使是最民主的国家，在宪法上总是留下许多后路或保留条件，以保证资产阶级"在有人破坏秩序时"，实际上就是在被剥削阶级"破坏"自己的奴隶地位和试图不像奴隶那样俯首听命时，有可能调动军队来镇压工人，实行戒严等等。

列宁：《无产阶级革命和叛徒考茨基》，中共中央马克思恩格斯列宁斯大林著作编译局编译：《列宁选集》（第三卷），人民出版社 1995 年版，第603 页。

21. 资产阶级民主国的统治党仅仅对其他资产阶级政党才保护少数，而对无产阶级则实行戒严或制造大暴行

博学的考茨基先生"忘记了"（大概是偶然忘记了）一件"小事情"，就是资产阶级民主国的统治党仅仅对其他资产阶级政党才保护少数，而对无产阶级，则在一切重大的、深刻的、根本的问题上，不仅不"保护少数"，反而实行戒严或制造大暴行。民主愈发达，在发生危及资产阶级的任何深刻的政治分歧时，大暴行或内战也就愈容易发生。资产阶级民主的这个"规律"，原是博学的考茨基先生在共和制法国的德雷福斯案件中，在民主共和国美国对黑人和国际主义者的私刑中，在民主英国的爱尔兰和北爱尔兰事件中，在 1917 年 4 月俄罗斯民主共和国对布尔什维克的迫害和大暴行中，都可以看到的。我故意不仅举出战时的例子，而且举出战前和平时期的例子。甜蜜蜜的考茨基先生宁愿闭眼不看 20 世纪的这些事实，却向工人讲述 18 世纪英国辉格党和托利党的十分新鲜、极其有趣、大有教益、

非常重要的故事。

列宁：《无产阶级革命和叛徒考茨基》，中共中央马克思恩格斯列宁斯大林著作编译局编译：《列宁选集》（第三卷），人民出版社1995年版，第604页。

22. 民主愈发达，交易所和银行家对资产阶级议会的操纵就愈厉害

就拿资产阶级议会来说吧。能不能设想博学的考茨基从来没有听说过，民主愈发达，交易所和银行家对资产阶级议会的操纵就愈厉害呢？当然不能由此得出结论说，不应该利用资产阶级议会（布尔什维克利用议会，恐怕比世界上任何一个政党都更有成效，因为在1912—1914年，我们把第四届杜马的整个工人选民团都争取过来了）。但是应当由此得出结论说，只有自由主义者才会像考茨基那样忘记资产阶级议会制是有历史局限性的，是有历史条件的。在最民主的资产阶级国家中，被压迫群众随时随地都可以碰到这个惊人的矛盾：一方面是资本家"民主"所标榜的形式上的平等，一方面是使无产者成为雇佣奴隶的千百种事实上的限制和诡计。正是这个矛盾使群众认清了资本主义的腐朽、虚假和伪善。为了使群众作好进行革命的准备，社会主义的鼓动家和宣传家向群众不断揭露的正是这个矛盾！然而当革命的纪元已经开始的时候，考茨基却转过身子把背朝着革命，赞美起垂死的资产阶级民主的妙处来了。

列宁：《无产阶级革命和叛徒考茨基》，中共中央马克思恩格斯列宁斯大林著作编译局编译：《列宁选集》（第三卷），人民出版社1995年版，第604—605页。

23. 资产阶级的议会是别人的机构，是资产阶级压迫无产者的工具，是敌对阶级即剥削者少数的机构

在资产阶级民主制度下，资本家千方百计地（"纯粹的"民主愈发达，方法就愈巧妙，愈有效）排斥群众，使他们不能参加管理，不能享受集会自由、出版自由等等。苏维埃政权是世界上第一个（严格说来是第二个，因为巴黎公社已开始这样做过）吸引群众即被剥削群众参加管理的政权。劳动群众参加资产阶级议会（在资产阶级民主制度下，议会任何时候也解决不了极其重大的问题；解决这些问题的是交易所和银行）的门径被千百道墙垣阻隔着，所以工人们都十分清楚地知道和感觉到，看到和觉察到：资产阶级的议会是别人的机构，是资产阶级压迫无产者的工具，是敌对阶

级即剥削者少数的机构。

苏维埃是被剥削劳动群众自己的直接的组织，它便于这些群众自己用一切可能的办法来建设国家和管理国家。这里，恰恰是被剥削劳动者的先锋队——城市无产阶级具有一种优越条件，就是大企业把他们极好地联合起来了，他们最容易进行选举和监督当选人。苏维埃组织自然而然使一切被剥削劳动者便于团结在他们的先锋队即无产阶级的周围。旧的资产阶级机构，即官吏，还有财富特权、资产阶级的教育和联系等等特权（资产阶级民主愈发达，这些事实上的特权也就愈多种多样）——所有这些，在苏维埃组织下正在消失。出版自由不再是假的，因为印刷所和纸张都从资产阶级手里夺过来了。最好的建筑如宫殿、公馆、地主宅邸等等也是如此。苏维埃政权把成千上万座最好的建筑物一下子从剥削者手里夺过来，就使群众的集会权利更加"民主"百万倍，而没有集会权利，民主就是骗局。非地方性的苏维埃的间接选举使苏维埃代表大会易于举行，使整个机构开支小些，灵活些，在生活沸腾、要求特别迅速地召回或派遣出席全国苏维埃代表大会的地方代表的时期，使工农更便于参加。

> 列宁：《无产阶级革命和叛徒考茨基》，中共中央马克思恩格斯列宁斯大林著作编译局编译：《列宁选集》（第三卷），人民出版社1995年版，第605—606页。

24. 资产阶级民主只着眼于形式上的民主

考茨基是从形式上看立宪会议问题的。在我的提纲里曾多次明白地说过，革命的利益高于立宪会议形式上的权利（见提纲第16条和第17条）。着眼于形式上的民主，那是资产阶级民主主义者的观点，他们不承认无产阶级的利益和无产阶级阶级斗争的利益高于一切。作为一个历史学家，考茨基也许不能不承认，资产阶级议会是某一个阶级的机关。但是现在考茨基需要（为了进行背弃革命的卑鄙勾当）忘记马克思主义，因此他不提出俄国立宪会议是哪个阶级的机关的问题。考茨基不分析具体环境，不愿看看事实，根本不向德国读者说：我的提纲不仅从理论上阐述了资产阶级民主的局限性问题（提纲第1—3条），不仅谈到了使1917年10月中旬各党派提出的名单同1917年12月的实际情况不相符合的具体条件（提纲第4—6条），而且谈到了1917年10—12月阶级斗争和国内战争的历史（提纲第7—15条）。我们根据这段具体历史得出了结论（提纲第14条）："全部政权归立宪会议"的口号，实际上成了立宪民主党人和卡列金分子及其帮凶的口号。

历史学家考茨基没有注意到这一点。历史学家考茨基从来没有听说过，普选制有时产生小资产阶级的议会，有时产生反动的反革命的议会。马克思主义的历史学家考茨基没有听说过，选举形式、民主形式是一回事，这个机构的阶级内容却是另一回事。立宪会议的阶级内容问题，在我的提纲中已经直接提出和解决了。也许我解决得不对。假使有人对我们的分析提出马克思主义的批评，那我们真是求之不得。考茨基本来就应该进行这种批评，而不应该去写那些十足的蠢话（这种话在考茨基的著作中很多），说有人在阻碍批评布尔什维主义。可是问题正在于考茨基没有进行这种批评。他甚至没有提出对苏维埃和立宪会议进行阶级分析的问题。因此，无法同考茨基展开争论或辩论，只好向读者表明，为什么只能把考茨基称为叛徒。

列宁：《无产阶级革命和叛徒考茨基》，中共中央马克思恩格斯列宁斯大林著作编译局编译：《列宁选集》（第三卷），人民出版社1995年版，第626—627页。

25. 资产阶级民主和资产阶级议会具有剥削性质

一切想以社会党人闻名的人在口头上都推崇巴黎公社，因为他们知道，工人群众热诚地同情公社，可是巴黎公社特别清楚地表明，资产阶级议会制和资产阶级民主虽然比中世纪制度进步得多，但它们是有历史条件的，它们的价值是有限的，在无产阶级革命时代必然要起根本的变化。正是最正确地评价了公社的历史意义的马克思，在对公社进行分析时指出了资产阶级民主和资产阶级议会制的剥削性质，说明在这种制度下，被压迫阶级得到的权利就是每隔几年决定一次究竟由有产阶级中的什么人在议会里"代表和镇压"（ver-und zertreten）人民。正是现在，当苏维埃运动遍及全世界、谁都清楚是在继续公社事业的时候，社会主义的叛徒们却忘记了巴黎公社的具体经验和具体教训，重新弹起关于"一般民主"的资产阶级旧调。公社不是议会机构。

列宁：《共产国际第一次代表大会文献》，中共中央马克思恩格斯列宁斯大林著作编译局编译：《列宁选集》（第三卷），人民出版社1995年版，第694页。

26. 资产阶级民主就是资产阶级专政

19世纪和20世纪的历史还在战前就向我们表明，臭名昭著的"纯粹民主"在资本主义制度下事实上究竟是怎么一回事。马克思主义者一向认为，民主愈发达，愈"纯粹"，阶级斗争就愈公开，愈尖锐，愈残酷，资本的压迫和资产阶级的专政就表现得愈"纯粹"。在共和制的法国发生的德雷福斯案件，在自由民主的共和国美国由资本家武装起来的雇佣军队对罢工者进行的血腥屠杀，这些事实和无数类似的事实都证明了资产阶级枉费心机地企图掩盖的一条真理：在最民主的共和国内，实际上是资产阶级的恐怖和专政居统治地位，每当剥削者开始感到资本的权力发生动摇时，这种恐怖和专政就会公开表现出来。

1914—1918 年的帝国主义战争，甚至使落后的工人也彻底认清了资产阶级民主的真正性质：即使在最自由的共和国，资产阶级民主也是资产阶级专政。为了确定让德国还是英国的百万富翁或亿万富翁集团大发其财，几千万人死于非命，就是在最自由的共和国也建立了资产阶级的军事专政。甚至在德国战败以后，协约国各国还保持着这种军事专政。正是战争大大擦亮了劳动者的眼睛，撕掉了资产阶级民主的漂亮外衣，使人民看到了在战争期间和借战争的机会大搞投机牟取暴利的无数事实。资产阶级假"自由平等"之名进行了这场战争，军火商假"自由平等"之名发了一大笔横财。伯尔尼黄色国际无论怎样努力，都无法对群众掩盖现在已被彻底揭穿的资产阶级自由、资产阶级平等、资产阶级民主的剥削性质。

> 列宁：《共产国际第一次代表大会文献》，中共中央马克思恩格斯列宁斯大林著作编译局编译：《列宁选集》（第三卷），人民出版社 1995 年版，第 696—697 页。

27. 资产阶级民主与无产阶级民主的差别

资产阶级民主无论在何时何地都保证公民不分性别、宗教、种族、民族一律平等，但是它无论在什么地方也没有实行过，而且在资本主义的统治下也不可能实行；苏维埃政权即无产阶级专政则立刻实现、全部实现这种平等，因为只有不从生产资料私有制、不从瓜分和重新瓜分生产资料的斗争中捞取好处的工人政权，才能够做到这一点。

旧式民主即资产阶级民主和议会制被组织得尽量使劳动群众远离管理机构。

> 列宁：《共产国际第一次代表大会文献》，中共中央马克思恩格斯列宁斯大林著作编译局编译：《列宁选集》（第三卷），人民出版社 1995 年版，第 700 页。

28. 资产阶级的民主制和议会制同苏维埃的或无产阶级的民主制之间的差别

总的说来，资产阶级的民主制和议会制同苏维埃的或无产阶级的民主制之间的差别在于：前者是把重心放在冠冕堂皇地宣布各种自由和权利上，实际上却不让大多数居民即工人和农民稍微充分地享受这些自由和权利，相反地，无产阶级的或苏维埃的民主则不是把重心放在宣布全体人民的权利和自由上，而是着重于实际保证那些曾受资本压迫和剥削的劳动群众能实际参与国家管理，实际使用最好的集会场所、最好的印刷所和最大的纸库（储备）来教育那些被资本主义弄得愚昧无知的人们，实际保证这些群众有真正的（实际的）可能来逐渐摆脱宗教偏见等等的束缚。在实际上使被剥削的劳动者能够真正享受文化、文明和民主的福利，这正是苏维埃政权一项最重要的工作，而且今后应当坚定不移地把这项工作继续下去。

列宁：《共产国际第一次代表大会文献》，中共中央马克思恩格斯列宁斯
大林著作编译局编译：《列宁选集》（第三卷），人民出版社 1995 年版，
第 724 页。

29. 资产阶级民主的自由人权大宪章的浮华辞藻

卡尔·马克思在《资本论》中讥笑了资产阶级民主的自由人权大宪章的浮华辞藻，讥笑了所有关于一般自由、平等、博爱的美丽词句，这些词句迷惑了一切国家的市侩和庸人，也迷惑了今日的卑鄙的伯尔尼国际的卑鄙英雄们。与这种冠冕堂皇的人权宣言针锋相对，马克思用无产阶级的平凡的、质朴的、实在的、简单的提法提出问题。由国家规定缩短工作日，就是这种提法的一个典型。无产阶级革命的内容愈展开，马克思意见的全部正确性和深刻性在我们面前就显得愈清楚，愈透彻。真正共产主义的"公式"与考茨基之流、孟什维克、社会革命党人及其在伯尔尼国际中的亲爱"兄弟们"的华丽、圆滑、堂皇的辞藻不同的地方，就在于它把一切归结于劳动条件。少谈些什么"劳动民主"，什么"自由、平等、博爱"，什么"民权制度"等等的空话吧。今天有觉悟的工人和农民从这些浮夸的词句里，是不难看出资产阶级知识分子的欺诈手腕的，正像每个有生活经验的人只要看到那种"贵人"修饰得十分"光滑的"面孔和外表，就能一下子正确无误地断定"这准是个骗子"。

列宁：《伟大的创举，用革命精神从事工作（共产主义星期六）》，中共中

央马克思恩格斯列宁斯大林著作编译局编译：《列宁选集》（第四卷），人民出版社 1995 年版，第 17 页。

30. 真正更民主的国家在世界上还没有过

真正更民主的、同被剥削劳动群众有更紧密联系的国家在世界上还没有过。

列宁：《伟大的创举——用革命精神从事工作（共产主义星期六）》，中共中央马克思恩格斯列宁斯大林著作编译局编译：《列宁选集》（第四卷），人民出版社 1995 年版，第 23 页。

31. 国家是资本家控制贫苦农民和工人阶级的机器，它宣布普选权，在表面上是自由的

其实，国家仍然是帮助资本家控制贫苦农民和工人阶级的机器，但它在表面上是自由的。它宣布普选权，并且通过自己的拥护者、鼓吹者、学者和哲学家宣称它不是阶级的国家。甚至在目前苏维埃社会主义共和国开始反对它的时候，这班人还责备我们破坏自由，说我们建立的国家是以一部分人强制和镇压另一部分人为基础的，而他们所代表的国家却是全民的，民主的。所以在目前这个时候，在社会主义革命在全世界已经开始并且恰好在几个国家内获得胜利的时候，在反对全世界资本的斗争特别尖锐的时候，这个问题即国家问题就具有最大的意义，可以说，已经成为最迫切的问题，成为当代一切政治问题和一切政治争论的焦点了。

列宁：《论国家（1919 年 7 月 11 日在斯维尔德洛夫大学的讲演)》，中共中央马克思恩格斯列宁斯大林著作编译局编译：《列宁选集》（第四卷），人民出版社 1995 年版，第 36 页。

32. 资本主义国家及其民主的本质

我已经介绍你们阅读恩格斯的著作《家庭、私有制和国家的起源》。在这部著作里就讲到，凡是存在着土地和生产资料的私有制、资本占统治地位的国家，不管怎样民主，都是资本主义国家，都是资本家用来控制工人阶级和贫苦农民的机器。至于普选权、立宪会议和议会，那不过是形式，不过是一种空头支票，丝毫也不能改变事情的实质。

国家的统治形式可以各不相同：在有这种形式的地方，资本就用这种方式表现它的力量，在有另一种形式的地方，资本又用另一种方式表现它的力量，但实质上政权总是操在资本手里，不管权利有没有资格限制或其他限制，不管是不是民主共和国，反正都是一样，而且共和国愈民主，资

本主义的这种统治就愈厉害，愈无耻。北美合众国是世界上最民主的共和国之一，可是，世界上没有一个国家像美国那样（凡是在1905年以后到过那里的人大概都知道），资本权力即一小撮亿万富翁统治整个社会的权力表现得如此横蛮，采用贿赂手段如此明目张胆。资本既然存在，也就统治着整个社会，所以任何民主共和制、任何选举制度都不会改变事情的实质。

民主共和制和普选制同农奴制比较起来是一大进步，因为它们使无产阶级有可能达到现在这样的统一和团结，有可能组成整齐的、有纪律的队伍去同资本有步骤地进行斗争。农奴制农民连稍微近似这点的东西也没有，奴隶就更不用说了。我们知道，奴隶举行过起义，进行过暴动，掀起过国内战争，但是他们始终未能造成自觉的多数，未能建立起领导斗争的政党，未能清楚地了解他们所要达到的目的，甚至在历史上最革命的时机，还是往往成为统治阶级手下的小卒。资产阶级的共和制、议会和普选制，所有这一切，从全世界社会发展来看，是一大进步。人类走到了资本主义，而只有资本主义，凭借城市的文化，才使被压迫的无产者阶级有可能认清自己的地位，创立世界工人运动，造就出在全世界组织成政党的千百万工人，建立起自觉地领导群众斗争的社会主义政党。没有议会制度，没有选举制度，工人阶级就不会有这样的发展。因此，这一切东西在广大群众的眼中具有很大的意义。因此，要来一个转变是件很困难的事情。不仅那些别有用心的伪君子、学者和神父支持和维护资产阶级的谎言，说国家是自由的，说国家负有使命保护所有的人的利益，就是许多诚心诚意重复陈腐偏见而不能了解从资本主义旧社会向社会主义过渡的人，也是如此。不仅直接依赖于资产阶级的人，不仅受资本压迫或被资本收买的人（替资本服务的有大量的、各种各样的学者、艺术家和神父等等），就是那些只是受资产阶级自由这种偏见影响的人，也都在全世界攻击布尔什维主义，因为苏维埃共和国刚一成立就抛弃了这种资产阶级谎言，公开声明说：你们把你们的国家叫作自由国家，其实只要私有制存在，你们的国家即使是民主共和制的国家，也无非是资本家镇压工人的机器，而且国家愈自由，这种情形就愈明显。欧洲的瑞士和美洲的北美合众国就是这样的例子。这两个都是民主共和国，粉饰得很漂亮，你谈劳动民主和全体公民一律平等，尽管如此，任何地方的资本统治都没有像这两个国家那样无耻，那样残酷，那样露骨。其实，瑞士和美国都是资本在实行统治，只要工人试图真的稍稍改善一下自己的处境，就立刻会引起一场国内战争。在这两个国家内，士兵较少，即常备军较少（瑞士实行民兵制，每个瑞士人的家里都有枪；美国直到最近还没有常备军），因此，罢工发生时，资产阶级就武装起来，雇用士兵去镇压罢工，而且在任何地方，对工人运动的镇压，都不如瑞士和美国那样凶暴残忍；在任何一国的议会里，资本的势力都不如这两个国家那样强大。资本的势力就是一切，交易所就是一切，而议会、选举则不过是傀儡、木偶……但是愈往后，工人的眼睛就愈亮，苏维埃政权的思想就传布得愈广泛，尤其是在我们刚刚经历过的这场血腥的大厮杀以后。工人阶级日益清楚地认识到必须同资本家作无情的斗争。

列宁：《论国家（1919 年 7 月 11 日在斯维尔德洛夫大学的讲演）》，中共
中央马克思恩格斯列宁斯大林著作编译局编译：《列宁选集》（第四卷），
人民出版社 1995 年版，第 37—39 页。

33. 在最文明最自由的资产阶级民主制度下，广大被剥削者一直被排斥在国家管理工作之外

在最文明最自由的资产阶级民主制度下，他们事实上在百分之九十九的情况下仍然一直被排斥在国家管理工作之外。只有在苏维埃里，广大被剥削者才开始不是从书本上，而是从自己的实际经验中真正地学习建设社会主义，学习建立新的社会纪律，建立自由工作者的自由联盟。

列宁：《为共产国际第二次代表大会准备的文件，关于共产国际第二次代
表大会的基本任务的提纲》，中共中央马克思恩格斯列宁斯大林著作编译
局编译：《列宁选集》（第四卷），人民出版社 1995 年版，第 238 页。

34. 资本主义国家中存在中世纪的、半徭役式的剥削制度残余

在一切资本主义国家里，甚至在最先进的资本主义国家里，还保留着大土地占有者对附近小农所施行的中世纪的、半徭役式的剥削制残余，例如德国的租房农民，法国的分成制农民，美国的分成制佃农（在美国南部，不仅黑人多半受这样的剥削，而且白人有时也受这种剥削）。在这种情况下，无产阶级国家必须把小农所承租的土地，无偿地交给原租地者使用，因为没有别的经济的和技术的基础，并且也不能立刻建立起这种基础。

列宁：《土地问题提纲初稿（为共产国际第二次代表大会草拟）》，中共中
央马克思恩格斯列宁斯大林著作编译局编译：《列宁选集》（第四卷），人
民出版社 1995 年版，第 230—231 页。

35. 资产阶级民主的全部历史已经把议会讲坛变成压迫劳动者的主要场所或主要的场所之一

资产阶级民主的全部历史已经把议会讲坛，特别是先进国家的议会讲坛变成进行闻所未闻的营私舞弊、在财政上和政治上欺骗人民、升官发财、弄虚作假、压迫劳动者的主要场所或主要的场所之一。

> 列宁：《为共产国际第二次代表大会准备的文件，关于共产国际第二次代表大会的基本任务的提纲》，中共中央马克思恩格斯列宁斯大林著作编译局编译：《列宁选集》（第四卷），人民出版社1995年版，第242页。

36. 尽管议会制在历史上已经过时了，但是实际战胜议会制还相距很远

议会制"在历史上已经过时了"。就宣传意义上来说，这是对的。但是谁都知道，从宣传到实际战胜议会制，还相距很远。早在几十年前，就可以而且完全有理由宣布资本主义"在历史上已经过时了"，但是决不能因此就说不必要在资本主义基地上进行很长期很顽强的斗争。就世界历史来说，议会制"在历史上已经过时了"，这就是说，资产阶级议会制时代已经告终，无产阶级专政时代已经开始。这是毫无疑义的。但是世界历史的尺度是以数十年为单位来衡量的。早10—20年或迟10—20年，这用世界历史的尺度来衡量，是算不得什么的，这从世界历史的角度来看，是微不足道的，甚至是无法大致估计在内的。正因为如此，拿世界历史的尺度来衡量实际政策问题，便是绝对不能容忍的理论错误。

议会制"在政治上已经过时了"吗？这是另外一回事。

> 列宁：《共产主义运动中的"左派"幼稚病（节选），参加不参加资产阶级议会？》，中共中央马克思恩格斯列宁斯大林著作编译局编译：《列宁选集》（第四卷），人民出版社1995年版，第166页。

37. 对于阶级、对于群众，议会制在政治上还没有过时

既然"数百万的"和"众多的"无产者，不仅仍旧赞成议会制，而且简直是"反革命的"，那怎么能说"议会制在政治上已经过时了"呢!？显然在德国，议会制在政治上还没有过时。显然是德国"左派"把自己的愿望，把自己思想上政治上的态度，当作了客观现实。这对革命家是最危险的错误。

> 列宁：《共产主义运动中的"左派"幼稚病（节选），参加不参加资产阶级议会？》，中共中央马克思恩格斯列宁斯大林著作编译局编译：《列宁选

集》（第四卷），人民出版社 1995 年版，第 167 页。

38. 尤其是在最先进的资本主义国家中，工人报刊的状况特别明显地说明资产阶级民主下的自由和平等完全是假的

尤其是在最先进的资本主义国家中，工人报刊的状况特别明显地说明资产阶级民主下的自由和平等完全是假的，说明必须经常把合法工作和不合法工作结合起来。无论在战败国德国或在战胜国美国，为了取缔工人报刊，资产阶级国家机构都使尽了全部力量，金融大王施展了一切伎俩：司法追究，逮捕编辑（或雇用凶手来杀害他们），禁止邮寄，没收纸张，如此等等。此外，日报所需要的新闻资料都掌握在资产阶级通讯社手里，广告又由资本家"自由"支配，而大型报纸没有广告是弥补不了亏空的。总之，资产阶级正在用欺骗，用资本和资产阶级国家的压力，来取缔革命无产阶级的报刊。

> 列宁：《为共产国际第二次代表大会准备的文件，关于共产国际第二次代表大会的基本任务的提纲（1920 年 7 月 4 日）》，中共中央马克思恩格斯列宁斯大林著作编译局编译：《列宁选集》（第四卷），人民出版社 1995 年版，第 244—245 页。

39. 世界上任何一个最先进的资产阶级共和国的任何一个民主政党都没实现妇女的真正解放

拿妇女状况来说吧。在这一方面，世界上任何一个最先进的资产阶级共和国内的任何一个民主政党，几十年中也没有做出我们在我国政权建立后第一年内所做到的百分之一。我们真正彻底废除了那些剥夺妇女平等权利、限制离婚、规定可恶的离婚手续、不承认私生子、追究私生子的父亲等等卑鄙的法律，这种法律的残余在各文明国家内还大量存在，而这正是资产阶级和资本主义的耻辱。我们有充分的权利以我们在这方面所做的一切而自豪。可是，我们把旧时资产阶级法律和制度的废物清除得愈干净，我们就愈清楚地看到，这只是为建筑物清理地基，还不是建筑物本身。尽管颁布了种种解放妇女的法律，妇女仍然是家庭奴隶，因为琐碎的家务压在她们身上，使她们喘不过气来，变得愚钝卑微，把她们禁锢在做饭管孩子的事情上，用完全非生产性的、琐碎的、劳神的、使人愚钝的、折磨人的事情消耗她们的精力。只有在大规模地开始为消除这种琐碎家务而斗争（在掌握国家权力的无产阶级领导下），更确切地说，大规模地开始把琐碎

家务改造为社会主义大经济的地方和时候，才会开始有真正的妇女解放，真正的共产主义。

列宁：《伟大的创举——用革命精神从事工作（共产主义星期六）》，中共中央马克思恩格斯列宁斯大林著作编译局编译：《列宁选集》（第四卷），人民出版社1995年版，第18—19页。

40. 在历史上，欧洲民主国家都没有实现男女在法律上平等，苏维埃政权实现了

从很久以前起，在几十年以至几百年的过程中，西欧各次解放运动的代表人物都曾提出要废除这些过时的法律，要求男女在法律上平等，可是任何一个欧洲民主国家，任何一个最先进的共和国，都没能实现这个要求，因为，只要还存在资本主义，保留土地私有制和工厂私有制，保留资本的权力，那么，男子就会有特权。俄国所以能实现这一点，完全是因为从1917年10月25日起，这里确立了工人政权。苏维埃政权刚诞生就决心成为反对一切剥削的劳动者的政权。它所提出的任务就是要使地主资本家不能再剥削劳动者，消灭资本的统治。苏维埃政权竭力要使劳动者建立起没有土地私有制和工厂私有制的生活，因为私有制在世界各国，甚至在有充分政治自由的最民主的共和国里，都使劳动者事实上处于贫困的、雇佣奴隶的地位，使妇女处于受双重奴役的地位。

苏维埃政权这个劳动者的政权在诞生后的最初几个月里，就在有关妇女的立法方面实行了最彻底的变革。苏维埃共和国彻底废除了使妇女处于从属地位的法律。我指的就是专门利用妇女较弱的地位把她们置于不平等的甚至往往是受屈辱的地位的法律，即关于离婚、关于非婚生子女、关于女方要求子女的生父负担子女抚养费的权利的法律。

应该指出，正是在这方面，甚至最先进国家的资产阶级立法也利用妇女较弱的地位，使她们处于不平等的和受屈辱的地位。也正是在这方面，苏维埃政权彻底废除了劳动群众所不能容忍的不合理的旧法律。今天我们可以十分自豪而毫不夸大地说，除了苏维埃俄国，世界上没有哪个国家实现了妇女与男子的完全平等，妇女不再处于日常家庭生活中显而易见的那种屈辱地位。这是我们最初的最重要的任务之一。

列宁：《论苏维埃共和国女工运动的任务——莫斯科市非党女工第四次代表会议上的讲话》，中共中央马克思恩格斯列宁斯大林著作编译局编译：

《列宁选集》（第四卷），人民出版社1995年版，第45—46页。

41. 各民主共和国使妇女处于不平等的地位，这才是破坏民主

我们看到，各民主共和国都宣布了平等，但是在民法中，在规定妇女的家庭地位和离婚权利的法律中，妇女到处都处于不平等的地位，处于受卑视的地位。我们说，这才是破坏民主，而且正是破坏被压迫者应享有的民主。苏维埃政权比所有最先进的国家更彻底地实现了民主，在它的法律中丝毫也看不到妇女受到不平等待遇的痕迹。再说一遍，任何一个国家、任何一项民主立法，为妇女做到的都不及苏维埃政权在它建立后的最初几个月所做到的一半。

> 列宁：《论苏维埃共和国女工运动的任务——莫斯科市非党女工第四次代表会议上的讲话》，中共中央马克思恩格斯列宁斯大林著作编译局编译：《列宁选集》（第四卷），人民出版社1995年版，第47页。

42. 民主即使在最先进的国家也只是用来掩饰奴役制度的东西

我们这些苏维埃政权的代表者，布尔什维克共产党员和苏维埃政权的拥护者，经常受到某些人的指责。他们说我们破坏民主，并举出苏维埃政权解散立宪会议这件事作为指责的根据。对于这种指责，我们通常这样回答：这种民主和立宪会议是在世界上存在私有制的情况下产生的，在这种情况下，人与人之间不平等，拥有资本的人当老板，其余的人即替他做工的人则是他的雇佣奴隶，——那样的民主在我们看来毫无价值。这种民主即使在最先进的国家也只是用来掩饰奴役制度的东西。我们社会主义者只拥护能改善劳动者和被压迫者的状况的民主。社会主义在全世界的任务是反对一切人剥削人的现象。在我们看来，真正有意义的民主，是那种为处于不平等地位的被剥削者服务的民主。不劳动者被剥夺选举权，那才是人与人之间真正的平等。不劳动者不得食。

> 列宁：《论苏维埃共和国女工运动的任务——莫斯科市非党女工第四次代表会议上的讲话》，中共中央马克思恩格斯列宁斯大林著作编译局编译：《列宁选集》（第四卷），人民出版社1995年版，第47页。

43. 甚至在最先进、最自由的资本主义国家里，妇女也极少参加政治活动

在资本主义旧社会里，要从事政治活动需要有特殊的素养，因此，甚至在最先进、最自由的资本主义国家里，妇女也极少参加政治活动。我们

的任务是要使政治成为每个劳动妇女都能参与的事情。自从土地私有制和工厂私有制被消灭、地主资本家政权被推翻以后，政治任务对于劳动群众和劳动妇女，已经是一种简单明白、大家完全能参与的事情了。在资本主义社会，妇女处于无权的地位，与男子相比，她们是极少参与政治的。要改变这种状况，就要有劳动者的政权，有了劳动者的政权，政治的首要任务就同劳动者自己的命运息息相关了。

> 列宁：《论苏维埃共和国女工运动的任务——莫斯科市非党女工第四次代表会议上的讲话》，中共中央马克思恩格斯列宁斯大林著作编译局编译：《列宁选集》（第四卷），人民出版社1995年版，第49页。

44. 资产阶级民主的特点就是抽象地或从形式上提出平等问题，包括民族平等问题

资产阶级民主由它的本性所决定的一个特点就是抽象地或从形式上提出平等问题，包括民族平等问题。资产阶级民主在个人平等的名义下，宣布有产者和无产者、剥削者和被剥削者的形式上或法律上的平等，用这种弥天大谎来欺骗被压迫阶级。平等思想本身就是商品生产关系的反映，资产阶级借口个人绝对平等，把这种思想变为反对消灭阶级的斗争工具。要求平等的实际含义只能是要求消灭阶级。

> 列宁：《民族和殖民地问题提纲初稿（为共产国际第二次代表大会草拟）》，中共中央马克思恩格斯列宁斯大林著作编译局编译：《列宁选集》（第四卷），人民出版社1995年版，第216页。

45. 资产阶级民主革命的妥协与懦弱

这些胆小鬼、空谈家、妄自尊大的纳尔苏修斯和哈姆雷特总是挥舞纸剑，可是连君主制都没有消灭！我们却把全部君主制垃圾比任何人任何时候都更干净地扫除了。我们没有让等级制这个古老的建筑留下一砖一瓦（英、法、德这些最先进的国家至今还没有消除等级制的遗迹！）。等级制的老根，即封建制度和农奴制度在土地占有制方面的残余，也被我们彻底铲除了。伟大十月革命的土地改革"最终"会有怎样的结果，这个问题"可以争论"（国外有足够的著作家、立宪民主党人、孟什维克和社会革命党人来争论这个问题）。我们现在不愿把时间花在这些争论上，因为我们正在用斗争来解决这种争论以及与此有关的许多争论。然而有一件事实是无可争辩的：小资产阶级民主派与保持农奴制传统的地主"妥协了"八个月，而我们在几星期内就把这些地主连同他们的一切传统都从俄国的土地上彻底扫除了。

就拿宗教、妇女的毫无权利或非俄罗斯民族的被压迫和不平等地位来说吧。这些都是资产阶级民主革命的问题。小资产阶级民主派这些鄙俗之徒在这些问题上空谈了八个月。世界上没有一个最先进的国家按照资产阶级民主方针彻底地解决了这些问题。而在我国，这些问题已由十月革命后颁布的法律彻底地解决了。我们一向在认真地同宗教进行斗争。我们让一切非俄罗斯民族成立了自己的共和国或自治区。在我们俄国，妇女无权或少权这种卑鄙、丑恶、可耻的现象，这种农奴制和中世纪制度的可恶的残余已经没有了，而这种现象却在世界各国无一例外被自私自利的资产阶级和愚蠢的吓怕了的小资产阶级重新恢复了。

这都是资产阶级民主革命的内容。在 150 年和 250 年以前，这一革命（如果就同一类型的每一民族形式来说，可以说是这些革命）的先进领袖们曾向人民许愿，说要使人类排除中世纪的特权，排除妇女的不平等地位，排除国家对这种或那种宗教（即"宗教思想"、"宗教信仰"）的种种优待，排除民族权利的不平等。许了愿，但没有兑现。他们是不可能兑现的，障碍在于要"尊重""神圣的私有制"。在我国无产阶级革命中，就不存在这种对倍加可恶的中世纪制度和对"神圣的私有制"的可恶的"尊重"。

列宁：《十月革命四周年》，中共中央马克思恩格斯列宁斯大林著作编译局编译：《列宁选集》（第四卷），人民出版社 1995 年版，第 564—566 页。

46. 即使最民主的资产阶级共和国，是以农奴主的态度对待妇女和非婚生子女的

任何一个关心这个问题的人，只要稍微注意一下资产阶级国家关于结婚、离婚和非婚生子女的法律以及这方面的实际情况，就会知道现代资产阶级民主制，即使是在所有最民主的资产阶级共和国中，都是以农奴主的态度对待妇女和非婚生子女的。

列宁：《论战斗唯物主义的意义》，中共中央马克思恩格斯列宁斯大林著作编译局编译：《列宁选集》（第四卷），人民出版社 1995 年版，第 654 页。

47. 最先进、最强大、最文明、最自由的资本主义国家对工人的公然欺骗

在全世界首先是在最先进、最强大、最文明、最自由的资本主义国家

目前这种由军国主义、帝国主义、对殖民地和弱小国家的压迫、全世界的帝国主义大厮杀、凡尔赛"和约"所造成的具体形势下，凡是认为可以用和平方式使资本家服从被剥削的大多数人的意志，可以通过和平的、改良主义的道路过渡到社会主义，都不仅是市侩的极端愚蠢的想法，而且是对工人的公然的欺骗，对资本主义雇佣奴隶制的粉饰，对真实情况的隐瞒。现在的真实情况是：最文明最民主的资产阶级，也已经不惜采取任何欺骗和犯罪的手段，不惜屠杀千百万工人和农民来挽救生产资料私有制。只有用暴力推翻资产阶级，没收他们的财产，彻底破坏全部资产阶级国家机构即议会、司法、军事、官僚、行政、地方自治等等机构，一直到驱逐和关押全部最危险最顽固的剥削者，严格地监视他们，以便同他们必然进行反抗和恢复资本主义奴隶制的尝试作斗争，只有这种措施才能使整个剥削阶级真正服从我们。

另一方面，第二国际的旧政党和老领袖总是认为，在资本主义奴隶制下，在资产阶级压迫下（这种压迫具有层出不穷多种多样的形式，某个资本主义国家愈文明，这些压迫形式就愈巧妙，同时也就愈残酷，愈厉害），多数被剥削劳动者自己能够培养出十分明确的社会主义意识、坚定的社会主义信念和品格，这种看法同样是对资本主义和资产阶级民主的粉饰，同样是对工人的欺骗。事实上，只有无产阶级的先锋队，在无产阶级这个唯一革命阶级的全体或多数人的支持下，推翻剥削者，镇压剥削者，使被剥削者摆脱奴隶地位，立刻靠剥夺资本家来改善他们的生活条件，只有在这以后，只有在尖锐的阶级斗争的进程中，才能启发和教育最广大的被剥削劳动群众，把他们组织在无产阶级周围，受无产阶级的影响和领导，使他们克服私有制所造成的自私、分散、劣根性和软弱性，使他们结成自由工作者的自由联盟。

> 列宁：《为共产国际第二次代表大会准备的文件，关于共产国际第二次代表大会的基本任务的提纲》，中共中央马克思恩格斯列宁斯大林著作编译局编译：《列宁选集》（第四卷），人民出版社1995年版，第236—237页。

48. 德国的政治自由

德国已经是多少有些政治自由的欧洲式的国家。无怪乎那里的"侵犯"政策从来不采取蹂躏的方式。

> 斯大林：《马克思主义和民族问题》，中共中央马克思恩格斯列宁斯大林

著作编译局编译：《斯大林选集》（上卷），人民出版社 1979 年版，第 95 页。

49. 法国比德国民主

在法国，"保障"当然更多些，因为法国比德国民主。

斯大林：《马克思主义和民族问题》，中共中央马克思恩格斯列宁斯大林著作编译局编译：《斯大林选集》（上卷），人民出版社 1979 年版，第 95 页。

50. 瑞士有高度的资产阶级民主

瑞士更不用说了。那里由于有高度的、虽然是资产阶级的民主，各民族都自由地生活着，不管它们是少数还是多数。

斯大林：《马克思主义和民族问题》，中共中央马克思恩格斯列宁斯大林著作编译局编译：《斯大林选集》（上卷），人民出版社 1979 年版，第 96 页。

51. 西方工人政党的形成

在西方，例如在法国或德国，工人政党是在工会和政党合法存在的条件下，在资产阶级革命以后的环境中，在有资产阶级议会的情况下，在窃取了政权的资产阶级面对面地和无产阶级对垒着的时候，从工会中产生出来的。

斯大林：《列宁是俄国共产党的组织者和领袖》，中共中央马克思恩格斯列宁斯大林著作编译局编译：《斯大林选集》（上卷），人民出版社 1979 年版，第 130 页。

（二）欧洲的社会变革

1. 现代国家是与现代私有制相适应的

所有制的最初形式，无论是在古典古代世界或中世纪，都是部落所有制，这种所有制在罗马人那里主要是由战争决定的，而在日耳曼人那里则是由畜牧业决定的。在古典古代民族中，一个城市里聚居着几个部落，因此部落所有制就具有国家所有制的形式，而个人的权利则局限于简单的占有，但是这种占有也和一般部落所有制一样，仅仅涉及地产。无论在古代或现代民族中，真正的私有制只是随着动产的出现才开始的。——（奴隶制和共同体）（古罗马公民的合法的所有权 [dominium ex jure Quiritum]）。在起源于中世纪的民族那里，部落所有制经过了几个不同的阶段——封建地产，同业公会的动产，工场手工业资本——才发展为由大工业和普遍竞争所引起的现代资本，即变为抛弃了共同体的一切外观并消除了国家对所有制发展的任何影响的纯粹私有制。现代国家是与这种现代私有制相适应的。

> 卡·马克思、弗·恩格斯：《德意志的意识形态》，中共中央马克思恩格斯列宁斯大林著作编译局编译：《马克思恩格斯文集》（第一卷），人民出版社2009年版，第583页。

2. 欧洲国家的民族革命的成败也要依无产阶级革命的成败而定

六月失败使欧洲各个专制国家识破了一个秘密，即法国为了能在国内进行内战，无论如何都必须对外保持和平。这就把已经开始争取民族独立的各国人民置于俄国、奥地利和普鲁士的强权之下，而同时这些国家的民族革命的成败也就要依无产阶级革命的成败而定，它们那种表面上不依社会大变革为转移的独立自主性就消失了。只要工人还是奴隶，匈牙利人、波兰人或意大利人都不会获得自由！

> 弗·恩格斯：《1848年至1850年的法兰西阶级斗争》，中共中央马克思恩格斯列宁斯大林著作编译局编译：《马克思恩格斯文集》（第二卷），人民出版社2009年版，第104页。

3. 从15世纪起，德国资产阶级的社会和政治作用增长起来了

造成这种情况的原因是：自从查理大帝时代以来，德意志人就十分坚决顽强地力求征服欧洲东部，把它殖民地化，或至少文明化。封建贵族在易北河与奥得河之间所进行的征服，武装骑士团在普鲁士和立窝尼亚一带所建立的封建殖民地，只是为德国工商业资产阶级所实行的一个规模更大和更有效得多的日耳曼化计划奠定了基础，因为在德国，正如在西欧其他国家一样，从15世纪起，资产阶级的社会和政治作用增长起来了。

> 弗·恩格斯：《德国的革命和反革命》，中共中央马克思恩格斯列宁斯大林著作编译局编译：《马克思恩格斯文集》（第二卷），人民出版社2009年版，第396—397页。

4. 1848年6月23日巴黎的流血斗争是一次伟大的决战

决定性的战斗已经临近了。它只能在法国爆发；因为当英国没有参加革命战斗而德国仍然四分五裂的时候，法国由于国家的独立、文明和中央集权，是唯一能够推动周围各国发生强烈震动的国家。所以，当1848年6月23日巴黎的流血斗争开始的时候，当接二连三的电报和信件使欧洲越来越清楚地看到这次斗争是在工人群众为一方和得到军队援助的巴黎居民的其他一切阶级为另一方之间进行的这样一个事实的时候，当战斗以现代内战史上前所未有的激烈程度打了好几天，但双方都没有得到明显的胜利的时候，每个人都清楚地看到，这是一次伟大的决战，如果起义胜利，整个欧洲大陆就会掀起新的革命浪潮，如果起义失败，反革命统治就会至少暂时恢复。

弗·恩格斯：《德国的革命和反革命》，中共中央马克思恩格斯列宁斯大林著作编译局编译：《马克思恩格斯文集》（第二卷），人民出版社 2009 年版，第 406—407 页。

5. 无论哪一个社会形态，在它所能容纳的全部生产力发挥出来以前，是决不会灭亡的

我所得到的，并且一经得到就用于指导我的研究工作的总的结果，可以简要地表述如下：人们在自己生活的社会生产中发生一定的、必然的、不以他们的意志为转移的关系，即同他们的物质生产力的一定发展阶段相适合的生产关系。这些生产关系的总和构成社会的经济结构，即有法律的和政治的上层建筑竖立其上并有一定的社会意识形式与之相适应的现实基础。物质生活的生产方式制约着整个社会生活、政治生活和精神生活的过程。不是人们的意识决定人们的存在，相反，是人们的社会存在决定人们的意识。社会的物质生产力发展到一定阶段，便同它们一直在其中运动的现存生产关系或财产关系（这只是生产关系的法律用语）发生矛盾。于是这些关系便由生产力的发展形式变成生产力的桎梏。那时社会革命的时代就到来了。随着经济基础的变更，全部庞大的上层建筑也或慢或快地发生变革。……无论哪一个社会形态，在它所能容纳的全部生产力发挥出来以前，是决不会灭亡的；而新的更高的生产关系，在它的物质存在条件在旧社会的胎胞里成熟以前，是决不会出现的。所以人类始终只提出自己能够解决的任务，因为只要仔细考察就可以发现，任务本身，只有在解决它的物质条件已经存在或者至少是在生成过程中的时候，才会产生。大体说来，亚细亚的、古希腊罗马的、封建的和现代资产阶级的生产方式可以看做是经济的社会形态演进的几个时代。资产阶级的生产关系是社会生产过程的最后一个对抗形式，这里所说的对抗，不是指个人的对抗，而是指从个人的社会生活条件中生长出来的对抗；但是，在资产阶级社会的胎胞里发展的生产力，同时又创造着解决这种对抗的物质条件。因此，人类社会的史前时期就以这种社会形态而告终。

卡·马克思：《〈政治经济学批判〉序言》，中共中央马克思恩格斯列宁斯大林著作编译局编译：《马克思恩格斯文集》（第二卷），人民出版社2009年版，第591—592页。

6. 土地国有化将成为一种"社会必然"

……社会的经济发展，人口的增长和集中，迫使资本主义农场主在农业中采用集体的和有组织的劳动以及利用机器和其他发明的种种情况，将使土地国有化越来越成为一种"社会必然"。

卡·马克思：《论土地国有化》，中共中央马克思恩格斯列宁斯大林著作编译局编译：《马克思恩格斯文集》（第三卷），人民出版社2009年版，第230页。

7. 英国工业革命

当革命在法国保证资产阶级赢得政治胜利的时候，在英国，瓦特、阿克莱、卡特赖特等人，发动了一场工业革命，把经济力量的重心完全转移了。资产阶级的财富，比土地贵族的财富增长得更快。在资产阶级内部，金融贵族、银行家等等，越来越被工厂主推向后台。1689年的妥协，甚至在迎合资产阶级的利益逐步作了调整以后，也不再适合这次妥协的参与者们的力量对比了。这些参与者的性质也有所改变，1830年的资产阶级，与前一个世纪的资产阶级大不相同。政治权力仍然留在贵族的手中，并被他们用来抵制新工业资产阶级的野心，这种权力已经同新的经济利益不能相容了。必须同贵族进行一次新的斗争；斗争的结局只能是新的经济力量的胜利。首先，在1830年的法国革命的刺激下，不顾一切抵抗，通过了改革法案，使资产阶级在议会中获得了公认的和强大的地位。随后，谷物法废除了，这又永远确立了资产阶级，特别是资产阶级中最活跃的部分即工厂主对土地贵族的优势。这是资产阶级的最大的胜利，然而，也是资产阶级仅仅为自己的利益获得的最后一次胜利。以后它取得任何一次胜利，都不得不同一个新的社会力量分享，这个新的社会力量起初是它的同盟者，不久就成了它的对手。

工业革命创造了一个大工业资本家的阶级，但是也创造了一个人数远远超过前者的产业工人的阶级。随着工业革命逐步波及各个工业部门，这个阶级在人数上不断增加；随着人数的增加，它的力量也增强了。这股力量早在1824年就已显露出来，当时它迫使议会勉强地废除了禁止工人结社的法律。在改革运动中，工人是改革派的激进的一翼；当1832年的法案剥夺工人的选举权的时候，他们就把自己的要求写进人民宪章，并组成一个独立的政党，即宪章派，以对抗强大的资产阶级反谷物法同盟。这是近代第一个工人政党。

> 弗·恩格斯：《社会主义从空想到科学的发展》，中共中央马克思恩格斯列宁斯大林著作编译局编译：《马克思恩格斯文集》（第三卷），人民出版社2009年版，第516—517页。

8. 变革与传统

……无论英国资产者的宗教执迷，还是大陆资产者的事后皈依宗教，恐怕都阻挡不了日益高涨的无产阶级的潮流。传统是一种巨大的阻力，是历史的惯性力，但是它是消极的，所以一定要被摧毁。因此，宗教也不能永保资本主义社会的平安。如果说我们的法律的、哲学的和宗教的观念，都是一定社会内占统治地位的经济关系的近枝或远蔓，那么，这些观念终究不能抵抗因这种经济关系的完全改变所产生的影响。除非我们相信超自然的奇迹，否则，我们就必须承认，任何宗教教义都难以支撑一个摇摇欲坠的社会。

事实上，在英国，工人也重新开始活动了。无疑地，他们还拘泥于各种传统。首先是资产者的传统，例如，有一种很普遍的看法，以为只能有两个政党——保守党和自由党，而工人阶级必须依靠并通过伟大的自由党来谋取自身的解放。还有工人的传统，从工人最初尝试独立行动时所因袭下来的传统，例如，凡是没有经过正规学徒训练的工人都被许多旧工联关在门外；每一个采取这种做法的工会这样一来就等于为自己培养工贼。但是尽管如此，英国的工人阶级还是在前进，甚至布伦坦诺教授也不能不惋惜地把这一点告诉他的讲坛社会主义者同仁。工人阶级在前进，如同英国的种种事情一样，迈出的是缓慢而适度的步伐，有时踌躇不定，有时作一些没有多大效果的尝试，在前进中有时过分小心地猜疑"社会主义"这个词，却又逐渐吸收社会主义的实质；运动在扩展着，吸引了一批又一批的工人。现在它已经唤醒了伦敦东头的那些没有技术的工人，我们看到，这些新的力量反过来又给工人阶级以多么有力的推动。如果运动的步伐赶不上某些人的急躁要求，那么就请他们不要忘记；正是工人阶级保存着英国民族性格的最优秀的品质，在英国所取得的每一个进步，以后照例是永不会化为乌有的。如果说老宪章派的儿子们由于上述原因还做得不够，那么，孙子们则可望不辱没他们的祖父。

弗·恩格斯：《社会主义从空想到科学的发展》，中共中央马克思恩格斯列宁斯大林著作编译局编译：《马克思恩格斯文集》（第三卷），人民出版社 2009 年版，第 521—522 页。

9. 周转的延长带给英国小租地农场主的麻烦

那些过去主要是饲养牲畜的人，在夏季供应中部各郡的牧场，在冬季充实东部各郡的牲畜栏……这种人已经因谷物价格的波动和下跃而变得贫堪，所以很高兴能够从黄油和干酪的高价中得到好处，他们每周把黄油拿到市场去卖，以抵补日常开支，又用干酪从代理商（干酪一旦可以搬运，他就把它运走，价格当然由他决定）那里取得垫款。出于这个原因，再加上农业要受政治经济学原理的支配，所以，以前从制奶地区送到南方去饲养的小牛，现在往往出世不过八天到十天，就在伯明翰、曼彻斯特、利物浦及其他邻近的各大城市的屠宰场被大批宰掉。如果麦芽不上税，那就不仅租地农场主可以获得更多的利润，他们的幼畜可以养得大些和重些，而且没有养母牛的人，也可以用麦芽代替牛奶来饲养小牛了；目前幼畜奇缺的情况，也就可以大大避免了。现在，如果我们劝这些小租地农场主饲养小牛，他们就会说：我们很清楚，用牛奶饲养小牛是合算的，但是第一，我们必须垫现钱，这我们办不到？第二，我们要等很久才能把钱收回，而从事奶业可以立即把钱收回。

既然周转的延长对英国的小租地农场主已经有这样大的影响，那就不难理解，它在大陆的小农中间必然会引起多么大的麻烦。

卡·马克思：《资本论》（第二卷）之《资本周转》，中共中央马克思恩格斯列宁斯大林著作编译局编译：《马克思恩格斯文集》（第六卷），人民出版社 2009 年版，第 263 页。

10. 资本家唯一关心的是剩余价值

至于单个资本家，那么很清楚，他唯一关心的，是剩余价值即他出售自己的商品时所得到的价值余额和生产商品时所预付的总资本的比率；而对这个余额和资本的各个特殊组成部分的特定关系以及这个余额和它们之间的内在联系，他不仅不关心，而且掩盖这个特定关系和这种内在联系，正是他的利益所在。

> 卡·马克思:《资本论》第三卷第一篇第二章《利润率》,中共中央马克
> 思恩格斯列宁斯大林著作编译局编译:《马克思恩格斯文集》(第七卷),
> 人民出版社 2009 年版,第 51 页。

11. 所有权与管理权分离

资本主义生产本身已经使那种完全同资本所有权分离的指挥劳动比比皆是。因此,这种指挥劳动就无须资本家亲自进行了。一个乐队指挥完全不必就是乐队的乐器的所有者;如何处理其他演奏者的"工资"问题,也不是他这个乐队指挥职能范围以内的事情。合作工厂提供了一个实例,证明资本家作为生产上的执行职能的人员已经成为多余的了,就像资本家自己发展到最成熟时,认为大地主是多余的一样。只要资本家的劳动不是由单纯作为资本主义生产过程的那种生产过程引起,因而这种劳动并不随着资本的消失而自行消失;只要这种劳动不只限于剥削他人劳动这个职能;从而,只要这种劳动是由作为社会劳动的劳动的形式引起,由许多人为达到共同结果而形成的结合和协作引起,它就同资本完全无关,就像这个形式本身一旦把资本主义的外壳炸毁,就同资本完全无关一样。说这种劳动作为资本家的劳动,作为资本家的职能是必要的,这无非意味着,庸俗经济学家不能设想各种在资本主义生产方式内部发展起来的形式竟能够离开并且摆脱它们的对立的、资本主义的性质。相对于货币资本家来说,产业资本家是劳动者,不过是作为资本家的劳动者,即作为对他人劳动的剥削者的劳动者。他为这种劳动所要求和所取得的工资,恰好等于他所占有的他人劳动的量,而且就他为进行剥削而亲自花费必要的精力来说,上述的工资直接取决于对这种劳动的剥削程度,而不是取决于他为进行这种剥削所付出的、并且在适当的报酬下可以让一个经理去承担的那种努力的程度。每一次危机以后,我们都可以在英国工厂区看到许多以前的工厂主,他们现在作为经理,为了低微的工资,替那些往往是他们自己的债权人的新工厂主,去管理他们自己从前所有的工厂。

> 卡·马克思:《资本论》第三卷第五篇第二十三章《利息和企业主收入》,
> 中共中央马克思恩格斯列宁斯大林著作编译局编译:《马克思恩格斯文
> 集》(第七卷),人民出版社 2009 年版,第 434—435 页。

12. 股份公司，社会企业，私人财产的资本在资本主义内的扬弃

……股份公司的成立。由此：

（1）生产规模惊人地扩大了，个别资本不可能建立的企业出现了。同时，以前曾经是政府企业的那些企业，变成了社会的企业。

（2）那种本身建立在社会生产方式的基础上并以生产资料和劳动力的社会集中为前提的资本，在这里直接取得了社会资本（即那些直接联合起来的个人的资本）的形式，而与私人资本相对立，并且它的企业也表现为社会企业，而与私人企业相对立。这是作为私人财产的资本在资本主义生产方式本身范围内的扬弃。

（3）实际执行职能的资本家转化为单纯的经理，别人的资本的管理人，而资本所有者则转化为单纯的所有者，单纯的货币资本家。……而这个资本所有权这样一来现在就同现实再生产过程中的职能完全分离，正像这种职能在经理身上同资本所有权完全分离一样。……在股份公司内，职能已经同资本所有权相分离，因而劳动也已经完全同生产资料的所有权和剩余劳动的所有权相分离。资本主义生产极度发展的这个结果，是资本再转化为生产者的财产所必需的过渡点，不过这种财产不再是各个互相分离的生产者的私有财产，而是联合起来的生产者的财产，即直接的社会财产。另一方面，这是再生产过程中所有那些直到今天还和资本所有权结合在一起的职能转化为联合起来的生产者的单纯职能，转化为社会职能的过渡点。

卡·马克思：《资本论》第三卷第五篇第二十七章《信用在资本主义生产中的作用》，中共中央马克思恩格斯列宁斯大林著作编译局编译：《马克思恩格斯文集》（第七卷），人民出版社 2009 年版，第 494—495 页。

13. 股份制是资本主义生产方式在资本主义生产方式本身范围内的扬弃

这是资本主义生产方式在资本主义生产方式本身范围内的扬弃，因而是一个自行扬弃的矛盾，这个矛盾明显地表现为通向一种新的生产形式的单纯过渡点。它作为这样的矛盾在现象上也会表现出来。它在一定部门中造成了垄断，因而引起国家的干涉。它再生产出了一种新的金融贵族，一种新的寄生虫，——发起人、创业人和徒有其名的董事，并在创立公司、发行股票和进行股票交易方面再生产出了一整套投机和欺诈活动。这是一种没有私有财产控制的私人生产。

卡·马克思:《资本论》第三卷第五篇第二十七章《信用在资本主义生产中的作用》,中共中央马克思恩格斯列宁斯大林著作编译局编译:《马克思恩格斯文集》(第七卷),人民出版社2009年版,第497页。

14. 资本主义生产方式与股份制、合作工厂的关系

工人自己的合作工厂,是在旧形式内对旧形式打开的第一个缺口,虽然它在自己的实际组织中,当然到处都再生产出并且必然会再生产出现存制度的一切缺点。但是,资本和劳动之间的对立在这种工厂内已经被扬弃,虽然起初只是在下述形式上被扬弃,即工人作为联合体是他们自己的资本家,也就是说,他们利用生产资料来使他们自己的劳动增殖。这种工厂表明,在物质生产力和与之相适应的社会生产形式的一定的发展阶段上,一种新的生产方式怎样会自然而然地从一种生产方式中发展并形成起来。没有从资本主义生产方式中产生的工厂制度,合作工厂就不可能发展起来;同样,没有从资本主义生产方式中产生的信用制度,合作工厂也不可能发展起来。信用制度是资本主义的私人企业逐渐转化为资本主义的股份公司的主要基础,同样,它又是按或大或小的国家规模逐渐扩大合作企业的手段。资本主义的股份企业,也和合作工厂一样,应当被看做是由资本主义生产方式转化为联合的生产方式的过渡形式,只不过在前者那里,对立是消极地扬弃的,而在后者那里,对立是积极地扬弃的。

卡·马克思:《资本论》第三卷第五篇第二十七章《信用在资本主义生产中的作用》,中共中央马克思恩格斯列宁斯大林著作编译局编译:《马克思恩格斯文集》(第七卷),人民出版社2009年版,第499页。

15. 信用制度是新生产方式的过渡形式

信用制度固有的二重性质是:一方面,把资本主义生产的动力——用剥削他人劳动的办法来发财致富——发展成为最纯粹最巨大的赌博欺诈制度,并且使剥削社会财富的少数人的人数越来越减少;另一方面,造成转到一种新生产方式的过渡形式。正是这种二重性质,使信用的主要宣扬者,从约翰·罗到伊萨克·贝列拉,都具有这样一种有趣的混合性质:既是骗子又是预言家。

卡·马克思:《资本论》第三卷第五篇第二十七章《信用在资本主义生产中的作用》,中共中央马克思恩格斯列宁斯大林著作编译局编译:《马克思恩格斯文集》(第七卷),人民出版社2009年版,第500页。

16. 雇佣工人、资本家、土地所有者是资本主义社会的三大阶级

单纯劳动力的所有者、资本的所有者和土地的所有者——他们各自的收入源泉是工资、利润和地租——，也就是说，雇佣工人、资本家和土地所有者，形成建立在资本主义生产方式基础上的现代社会的三大阶级。

> 卡·马克思：《资本论》第三卷第七篇第五十二章《阶级》，中共中央马克思恩格斯列宁斯大林著作编译局编译：《马克思恩格斯文集》（第七卷），人民出版社 2009 年版，第 1001 页。

17. "市民社会"、个人、社会联系

……只有到 18 世纪，在"市民社会"中，社会联系的各种形式，对个人说来，才表现为只是达到他私人目的的手段，才表现为外在的必然性。但是，产生这种孤立个人的观点的时代，正是具有迄今为止最发达的社会关系（从这种观点看来是一般关系）的时代。

> 卡·马克思：《1857—1858 年经济学手稿摘选》导言：《1.生产、消费、分配、交换（流通）》，中共中央马克思恩格斯列宁斯大林著作编译局编译：《马克思恩格斯文集》（第八卷），人民出版社 2009 年版，第 6 页。

18. 资产阶级社会与前社会形态的关系

资产阶级社会是最发达的和最多样性的历史的生产组织。因此，那些表现它的各种关系的范畴以及对于它的结构的理解，同时也能使我们透视一切已经覆灭的社会形式的结构和生产关系。资产阶级社会借这些社会形式的残片和因素建立起来，其中一部分是还未克服的遗物，继续在这里存留着，一部分原来只是征兆的东西，发展到具有充分意义，等等。

> 卡·马克思：《1857—1858 年经济学手稿摘选》导言：《1.生产、消费、分配、交换（流通）》，中共中央马克思恩格斯列宁斯大林著作编译局编译：《马克思恩格斯文集》（第八卷），人民出版社 2009 年版，第 29 页。

19. 资本是资产阶级社会中支配一切的经济权力

资本是资产阶级社会的支配一切的经济权力。它必须成为起点又成为终点……

> 卡·马克思：《1857—1858 年经济学手稿摘选》导言：《1.生产、消费、分配、交换（流通）》，中共中央马克思恩格斯列宁斯大林著作编译局编译：《马克思恩格斯文集》（第八卷），人民出版社 2009 年版，第 31—32 页。

20. 资本主义生产与科学的关系

只有资本主义生产才把物质生产过程变成科学在生产中的应用——被

运用于实践的科学——，但是，这只是通过使劳动从属于资本，只是通过压制工人本身的智力和专业的发展来实现的。

卡·马克思：《政治经济学批判（1861—1863 年手稿）》摘选：《机器、自然力和科学的应用（蒸汽、电、机械的和化学的因素）》，中共中央马克思恩格斯列宁斯大林著作编译局编译：《马克思恩格斯文集》（第八卷），人民出版社 2009 年版，第 363 页。

21. 自然科学是资本的致富手段

自然科学本身［自然科学是一切知识的基础］的发展，也像与生产过程有关的一切知识的发展一样，它本身仍然是在资本主义生产的基础上进行的，这种资本主义生产第一次在相当大的程度上为自然科学创造了进行研究、观察、实验的物质手段。由于自然科学被资本用做致富手段，从而科学本身也成为那些发展科学的人的致富手段，所以，搞科学的人为了探索科学的实际应用而互相竞争。另一方面，发明成了一种特殊的职业。因此，随着资本主义生产的扩展，科学因素第一次被有意识地和广泛地加以发展、应用并体现在生活中，其规模是以往的时代根本想象不到的。

卡·马克思：《政治经济学批判（1861—1863 年手稿）》摘选：《机器、自然力和科学的应用（蒸汽、电、机械的和化学的因素）》，中共中央马克思恩格斯列宁斯大林著作编译局编译：《马克思恩格斯文集》（第八卷），人民出版社 2009 年版，第 358—359 页。

22. 科学是服务于资本的独立力量

科学成为与劳动相对立的、服务于资本的独立力量，一般说来属于生产条件成为与劳动相对立的独立力量这一范畴。并且正是科学的这种分离和独立（最初只是对资本有利），同时成为发展科学和知识的潜力的条件。

卡·马克思：《政治经济学批判（1861—1863 年手稿）》摘选：《机器、自然力和科学的应用（蒸汽、电、机械的和化学的因素）》，中共中央马克思恩格斯列宁斯大林著作编译局编译：《马克思恩格斯文集》（第八卷），人民出版社 2009 年版，第 366 页。

23. 资本主义的原始积累

在资本主义时代之前，至少在英国，存在过以劳动者自己的生产资料的私有制为基础的小生产。资本的所谓原始积累，在这里就是这些直接生产者的被剥夺，即以自己劳动为基础的私有制的解体……现在要剥夺的已经不再是独立经营的劳动者，而是剥削许多工人的资本家了。这种剥夺是通过资本主义生产本身的内在规律的作用，即通过资本的积聚进行的。一个资本家打倒许多资本家。随着这种积聚或少数资本家对多数资本家的剥夺，规模不断扩大的劳动过程的协作形式日益发展，科学日益被自觉地应用于工艺方面，土地日益被有计划地共同利用，劳动资料日益转化为只能共同使用的劳动资料，一切生产资料因作为结合的、社会的劳动的共同生产资料使用而日益节省。随着那些掠夺和垄断这一转化过程的全部利益的资本巨头不断减少，贫困、压迫、奴役、退化和剥削的程度不断加深，而日益壮大的、由资本主义生产过程本身的机制所训练、联合和组织和劳动的社会化，达到了同它们的资本主义外壳不能相容的地步。这个外壳就要炸毁了。资本主义私有制的丧钟就要响了。剥夺者就要被剥夺了。

> 弗·恩格斯：《反杜林论》，中共中央马克思恩格斯列宁斯大林著作编译局编译：《马克思恩格斯文集》（第九卷），人民出版社 2009 年版，第140—141 页。

24. 达尔文的生存斗争学说

达尔文的全部生存斗争学说，不过是把霍布斯关于一切人反对一切人的战争的学说和资产阶级经济学的竞争学说以及马尔萨斯的人口论从社会搬到生物界而已。变完这个戏法以后（它的无条件的合理性，特别是同马尔萨斯的学说相关的东西，还很成问题），要把这些学说从自然界的历史中再搬回到社会的历史中去，那是很容易的；如果断言这样一来便证明这些论断是社会的永恒的自然规律，那就过于天真了。

> 弗·恩格斯：《自然辩证法》，中共中央马克思恩格斯列宁斯大林著作编译局编译：《马克思恩格斯文集》（第九卷），人民出版社 2009 年版，第548 页。

25. 人们的社会历史始终只是他们的个体发展的历史

社会——不管其形式如何——是什么呢？是人们交互活动的产物。人们能否自由选择某一社会形式呢？决不能。在人们的生产力发展的一定状况下，就会有一定的交换［commerce］和消费形式。在生产、交换和消费发展的一定阶段上，就会有相应的社会制度形式、相应的家庭、等级或阶级组织，一句话，就会有相应的市民社会。有一定的市民社会，就会有不过是市民社会的正式表现的相应的政治国家……

　　这里不必再补充说，人们不能自由选择自己的生产力——这是他们的全部历史的基础，因为任何生产力都是一种既得的力量，是以往的活动的产物。可见，生产力是人们应用能力的结果，但是这种能力本身决定于人们所处的条件，决定于先前已经获得的生产力，决定于在他们以前已经存在、不是由他们创立而是由前一代人创立的社会形式。后来的每一代人都得到前一代人已经取得的生产力并当做原料来为自己新的生产服务，由于这一简单的事实，就形成人们的历史中的联系，就形成人类的历史，这个历史随着人们的生产力以及人们的社会关系的愈益发展而愈益成为人类的历史。由此就必然得出一个结论：人们的社会历史始终只是他们的个体发展的历史，而不管他们是否意识到这一点。他们的物质关系形成他们的一切关系的基础。这种物质关系不过是他们的物质的和个体的活动所借以实现的必然形式罢了。

卡·马克思：《马克思致帕维尔·瓦西里耶维奇·安年科夫》，中共中央马克思恩格斯列宁斯大林著作编译局编译：《马克思恩格斯文集》（第十卷），人民出版社 2009 年版，第 42—43 页。

26. 人们借以进行生产、消费和交换的经济形式是暂时的和历史性的形式

　　各种特权、行会和公会的制度、中世纪的全部规则，曾是唯一适应于既得的生产力和产生这些制度的先前存在的社会状况的社会关系。在行会制度及各种规则的保护下积累了资本，发展了海上贸易，建立了殖民地，而人们如果想把这些果实赖以成熟起来的那些形式保存下去，他们就会失去这一切果实。于是就爆发了两次霹雷般的震动，即 1640 年和 1688 年的革命。一切旧的经济形式、一切和这些形式相适应的社会关系、曾经是旧市民社会的正式表现的政治国家，当时在英国都被破坏了。可见，人们借以进行生产、消费和交换的经济形式是暂时的和历史性的形式。随着新的生产力的获得，人们便改变自己的生产方式，而随着生产方式的改变，他们便改变所有不过是这一特定生产方式的必然关系的经济关系。

卡·马克思：《马克思致帕维尔·瓦西里耶维奇·安年科夫》，中共中央马克思恩格斯列宁斯大林著作编译局编译：《马克思恩格斯文集》（第十卷），人民出版社 2009 年版，第 44 页。

27. 直接奴隶制是我们现代工业的枢纽，奴隶制是一个极为重要的经济范畴

直接奴隶制也像机器、信用等等一样，是我们现代工业的枢纽。没有奴隶制，就没有棉花；没有棉花，就没有现代工业。奴隶制使殖民地具有了价值，殖民地造成了世界贸易，而世界贸易则是机器大工业的必不可少的条件。在买卖黑奴以前，殖民地给予旧大陆的产品很少，没有显著地改变世界的面貌。可见，奴隶制是一个极为重要的经济范畴。没有奴隶制，北美这个最进步的国家就会变成宗法式的国家。只要从世界地图上抹去北美，结果就会出现混乱状态，就会出现贸易和现代文明的彻底衰落。但是，让奴隶制消失，那就等于从世界地图上把美国抹去。可见，正因为奴隶制是一个经济范畴，所以奴隶制从世界开始存在时起就在各个民族中存在。现代各民族无非是善于在本国把奴隶制掩饰起来，而在新大陆则公开地推行它。

> 卡·马克思：《马克思致帕维尔·瓦西里耶维奇·安年科夫》，中共中央马克思恩格斯列宁斯大林著作编译局编译：《马克思恩格斯文集》（第十卷），人民出版社2009年版，第49页。

28. 资产阶级经济学家也已经对各个阶级作过经济上的分析

……至于讲到我，无论是发现现代社会中有阶级存在或发现各阶级间的斗争，都不是我的功劳。在我以前很久，资产阶级历史编纂学家就已经叙述过阶级斗争的历史发展，资产阶级经济学家也已经对各个阶级作过经济上的分析。我所加上的新内容就是证明了下列几点：（1）阶级的存在仅仅同生产发展的一定历史阶段相联系；（2）阶级斗争必然导致无产阶级专政；（3）这个专政不过是达到消灭一切阶级和进入无阶级社会的过渡……

> 卡·马克思：《马克思致约瑟夫·魏德曼》，中共中央马克思恩格斯列宁斯大林著作编译局编译：《马克思恩格斯文集》（第十卷），人民出版社2009年版，第106页。

29. 创造了现代资产阶级社会的那些力量现在已经由于接连不断的商业危机而使这个社会走向解体并且最后走向灭亡

我们的出发点是：创造了现代资产阶级社会的那些力量——蒸汽机、现代化的机器、大规模的殖民、铁路和轮船、世界贸易，现在已经由于接连不断的商业危机而使这个社会走向解体并且最后走向灭亡；这些生产资料和交换手段也足以在短时间内使比例关系翻转过来，把每个人的生产力提高到能生产出够两个人、三个人、四个人、五个人或六个人消费的产品；那时，城市工业就能腾出足够的人员，给农业提供同此前完全不同的力量；科学终于也将大规模地、像在工业中一样彻底地应用于农业，欧洲东南部和美国西部在我们看来是取之不尽、用之不竭的天然肥沃的地区将以空前巨大的规模进行开发。如果这些地区都已经开垦出来，可是还有匮乏现象，那才是该说应该警惕的时候。

> 卡·马克思：《马克思致弗里德里希·阿尔伯特·朗格》，中共中央马克思恩格斯列宁斯大林著作编译局编译：《马克思恩格斯文集》（第十卷），人民出版社 2009 年版，第 225—226 页。

30. 社会革命必须认真地从基础开始，就是说，从土地所有制开始

在爱尔兰的英国国教会——或者如这里的人们通常所说的，爱尔兰教会——是英国地主所有制在爱尔兰的宗教堡垒，同时又是英国本土的国教会的前沿堡垒（在这里我是把国教会当做土地所有者来谈的）。随着国教会在爱尔兰的垮台，在英国它也会衰败下去，而紧跟在这二者之后（没落）的将首先是爱尔兰的地主所有制，然后是英国的地主所有制。我早就确信，社会革命必须认真地从基础开始，就是说，从土地所有制开始。

此外，事态将会产生极其有利的结果：爱尔兰教会一旦垮台，阿尔斯特省信仰新教的爱尔兰佃农便会向爱尔兰其他三省信仰天主教的佃农靠拢，并参加他们的运动，而到目前为止，地主所有制还是能够利用这种宗教矛盾的……

> 卡·马克思：《马克思致路德维希·库格曼》，中共中央马克思恩格斯列宁斯大林著作编译局编译：《马克思恩格斯文集》（第十卷），人民出版社 2009 年版，第 287—288 页。

31. 没有妇女的酵素就不可能有伟大的社会变革

每个了解一点历史的人也都知道，没有妇女的酵素就不可能有伟大的社会变革。社会的进步可以用女性（丑的也包括在内）的社会地位来精确地衡量……

> 卡·马克思：《马克思致路德维希·库格曼》，中共中央马克思恩格斯列宁斯大林著作编译局编译：《马克思恩格斯文集》（第十卷），人民出版社 2009 年版，第 299 页。

32. 公社所有制起源于印度，在欧洲各文明民族发展的初期都可以看到

公社所有制起源于蒙古的说法是一个历史谎言。正像我在我的著作中多次指出的那样，它起源于印度，因而在欧洲各文明民族发展的初期都可以看到。俄国公社所有制的特殊的斯拉夫的（不是蒙古的）形态（它也可以在非俄罗斯的南方斯拉夫人中看到），经过相应的改变，甚至与印度公社所有制的古代德意志的变种极为相像。

卡·马克思：《马克思致路德维希·库格曼》，中共中央马克思恩格斯列宁斯大林著作编译局编译：《马克思恩格斯文集》（第十卷），人民出版社2009年版，第320页。

33. 废除资本正是社会变革，其中包括对整个生产方式的改造

巴枯宁有一种独特的理论——蒲鲁东主义和共产主义的混合物，其中最主要的东西就是：他认为应当消除的主要祸害不是资本，就是说，不是由于社会发展而产生的资本家和雇佣工人的阶级对立，而是国家。广大的社会民主党工人群众都和我们抱有同样的观点，认为国家权力不过是统治阶级——地主和资本家——为维护其社会特权而为自己建立的组织，而巴枯宁却硬说国家创造了资本，资本家只是由于国家的恩赐才拥有自己的资本。因此，既然国家是主要祸害，那就必须首先废除国家，那时资本就会自行完蛋。我们的说法恰好相反：废除了资本，即废除了少数人对全部生产资料的占有，国家就会自行垮台。差别是本质性的：要废除国家而不预先实行社会变革，这是荒谬的；废除资本正是社会变革，其中包括对整个生产方式的改造。

弗·恩格斯：《恩格斯致泰奥多尔·库诺》，中共中央马克思恩格斯列宁斯大林著作编译局编译：《马克思恩格斯文集》（第十卷），人民出版社2009年版，第376—377页。

34. 资产阶级的即资本主义的发展证明自己比革命的反抗更有力量，再要反对资本主义生产，就需要新的更强大的推动力

英国和法国向大工业的过渡大体已经完成。无产阶级所处的境况现在已经稳定；农业区和工业区，大工业和家庭工业已经分离，并且按现代工业所能容许的程度固定下来了。甚至每隔十年一次的周期性危机引起的波动，也已经成了习以为常的生存条件。工业变革时期出现的政治运动或直接社会主义运动（那时还不成熟）遭到了失败，遗留下来的与其说是鼓舞，不如说是沮丧，资产阶级的即资本主义的发展证明自己比革命的反抗更有力量；再要反对资本主义生产，就需要新的更强大的推动力，例如，英国失去它目前在世界市场上的统治地位或者法国发生某种特别的革命事件。

> 弗·恩格斯：《恩格斯致卡尔·考茨基》，中共中央马克思恩格斯列宁斯大林著作编译局编译：《马克思恩格斯文集》（第十卷），人民出版社 2009年版，第 525—526 页。

35. 由于大工业突飞猛进的发展，整个德国都卷入社会革命

德国大工业的发展在 1848 年才开始，这是那一年最可观的遗产。工业变革仍然在继续，而且是在极其不利的条件下继续着。以小块自由地产或租佃地产支撑的家庭工业，仍然在同机器和蒸汽抗争，濒于毁灭的小农抓住家庭工业作为最后的救命稻草，但是，他们刚刚被卷入工业，就又被机器和蒸汽压下去。农业的辅助收入，自己种的马铃薯，成为资本家压低工资最有力的工具，资本家现在把全部正常的剩余价值赠送给外国买主，只有靠这种办法才能在世界市场上保持住竞争能力，他自己的全部利润则通过降低正常工资来榨取。同时，由于大工业突飞猛进的发展，工业中心的整个生活条件发生了根本变化。这样，整个德国（也许只有容克统治的东北地区除外）都卷入社会革命，小农被拉入工业，最守旧的地区也被卷进这个运动，因而整个德国的革命化比英国或法国彻底得多。

> 弗·恩格斯：《恩格斯致卡尔·考茨基》，中共中央马克思恩格斯列宁斯大林著作编译局编译：《马克思恩格斯文集》（第十卷），人民出版社 2009年版，第 526 页。

36. 历史总是像一种自然过程一样地进行，也是服从于同一运动规律的

历史是这样创造的：最终的结果总是从许多单个的意志的相互冲突中产生出来的，而其中每一个意志，又是由于许多特殊的生活条件，才成为它所成为的那样。这样就有无数互相交错的力量，有无数个力的平行四边形，由此就产生出一个合力，即历史结果，而这个结果又可以看做一个作为整体的、不自觉地和不自主地起着作用的力量的产物。因为任何一个人的愿望都会受到任何另一个人的妨碍，而最后出现的结果就是谁都没有希

望过的事物。所以到目前为止的历史总是像一种自然过程一样地进行，而且实质上也是服从于同一运动规律的。但是，各个人的意志——其中的每一个都希望得到他的体质和外部的、归根到底是经济的情况（或是他个人的，或是一般社会性的）使他向往的东西——虽然都达不到自己的愿望，而是融合为一个总的平均数，一个总的合力，然而从这一事实中决不应作出结论说，这些意志等于零。相反，每个意志都对合力有所贡献，因而是包括在这个合力里面的。

弗·恩格斯：《恩格斯致约瑟夫·布洛赫》，中共中央马克思恩格斯列宁斯大林著作编译局编译：《马克思恩格斯文集》（第十卷），人民出版社2009年版，第592页。

37. 资本主义生产准备着自身的灭亡

资本主义生产准备着自身的灭亡，您可以相信，俄国也将会是这样。资本主义生产会引起彻底的土地革命，假如它存在相当长的时间，就必然会引起这一革命，——我指的是土地所有制的革命，这一革命将使地主和农民一同遭到破产，他们将被一个从农村富农和城市投机资产者中产生的新的大土地所有者阶级所代替。不管怎样，我相信在俄国培植资本主义的那些保守派，总有一天会对自己所做的事造成的后果感到震惊。

弗·恩格斯：《恩格斯致尼古拉·弗兰策维奇·丹尼尔逊》，中共中央马克思恩格斯列宁斯大林著作编译局编译：《马克思恩格斯文集》（第十卷），人民出版社2009年版，第636页。

38. 从原始的农业共产主义过渡到资本主义的工业制度，没有社会的巨大的变革，那是不可能的

毫无疑问，从原始的农业共产主义过渡到资本主义的工业制度，没有社会的巨大的变革，没有整个整个阶级的消失和它们向另一些阶级的转变，那是不可能的；而这必然要引起多么巨大的痛苦，使人的生命和生产力遭受多么巨大的浪费，我们已经在西欧——在较小的规模上——看到了。

弗·恩格斯：《恩格斯致尼古拉·弗兰策维奇·丹尼尔逊》，中共中央马克思恩格斯列宁斯大林著作编译局编译：《马克思恩格斯文集》（第十卷），人民出版社2009年版，第663页。

39. 俄国农民改革与西欧之比较

不言而喻，既然斯卡尔金对改革抱有这种观点，那他无论如何也不会像民粹派分子过去和现在那样醉心于把改革甜蜜地理想化，说什么改革批

准了人民生产，说它超过了西欧的农民改革，说它把俄国好像变成了一块白板等等。斯卡尔金不仅没有说也不会说这一类话，而且甚至直接说，**我国农民改革比之西欧是在对农民更加不利的条件下实行的，它所带来的好处也少于西欧**。斯卡尔金写道："如果我们问一问自己，那就会直接提出一个问题：**为什么农奴解放在我国就不像本世纪头 25 年在普鲁士和萨克森那样迅速、那样与日俱增地表现出良好结果来呢？**"（第 221 页）"**在普鲁士，和在德国各地一样，要赎的不是农民早已依据法律成为其财产的份地，而是农民必须向地主尽的义务。**"（第 272 页）

列宁：《我们拒绝什么遗产》，中共中央马克思恩格斯列宁斯大林著作编

译局编译：《列宁选集》（第一卷），人民出版社 1995 年版，第 103 页。

40. 民粹派责备经济唯物主义者不去偏爱'法规'，而相反地去偏爱以没有法规为基础的西欧制度

民粹派分子所以看不见这种旧法规是不堪忍受的，一方面是因为他们以为'农民的灵魂'（统一而不可分的灵魂），在向法规方面'进化'，另一方面是因为他们确信'知识界'、'社会'或'领导阶级'已经具备或定将具备完美的道德。**他们责备经济唯物主义者不去偏爱'法规'，而相反地去偏爱以没有法规为基础的西欧制度**。经济唯物主义者的确断言：在自然经济基础上生长起来的旧法规残余，在一个已经转入货币经济的国家里，变得日益'不堪忍受'，因为货币经济无论在全国各个居民阶层的实际状况方面，还是在它们的智力和道德方面，都引起了无数的变化。因此他们深信：产生国家经济生活中有益的新'法规'所必需的条件，不可能从适合于自然经济和农奴制度的法规残余中发展起来，而只能在西欧和美洲先进国家那样广泛和普遍地没有这种旧法规的环境中发展起来。

列宁：《我们拒绝什么遗产》，中共中央马克思恩格斯列宁斯大林著作编

译局编译：《列宁选集》（第一卷），人民出版社 1995 年版，第 126 页。

41. 近代欧洲社会变革中的诸多特点

技术十分发达、文化丰富全面、实行立宪、文明又先进的欧洲，已经进入这样一个历史时期，这时当权的资产阶级由于惧怕日益成长壮大的无产阶级而支持一切落后的、垂死的、中世纪的东西。正在衰朽的资产阶级与一切已经衰朽的和正在衰朽的势力联合起来，以求保存摇摇欲坠的雇佣奴隶制。

在先进的欧洲，当权的是支持一切落后东西的资产阶级。当今欧洲之所以先进，并不是由于资产阶级的存在，而是由于不顾资产阶级的反对，因为只有无产阶级才能使争取美好未来的百万大军日益壮大起来，只有它才能保持和传播对落后、野蛮、特权、奴隶制和人侮辱人现象的无情的仇视心理。

在"先进的"欧洲，只有无产阶级才是先进的阶级。而活着的资产阶级甘愿干一切野蛮、残暴和罪恶的勾当，以维护垂死的资本主义奴隶制。

欧洲资产阶级为了金融经纪人和资本家骗子的自私目的而支持亚洲的反动势力，这可以说是整个欧洲资产阶级已经腐朽的一个最明显不过的例子。

> 列宁：《落后的欧洲和先进的亚洲》，中共中央马克思恩格斯列宁斯大林著作编译局编译：《列宁选集》（第二卷），人民出版社 1995 年版，第317 页。

42. 农民既是受压迫者，又必然在大多数情况下成为商人和投机者

实际生活中，"农民"的各种特性不管多么不同，多么矛盾，总是溶合成为一个整体。但是划分还是可能的，不仅可能，而且是农民经济条件和农民生活条件必然产生的结果。劳动农民历来都受地主、资本家、商人、投机者和他们的国家（包括最民主的资产阶级共和国在内）的压迫。多少世纪以来，劳动农民养成了一种敌视和仇恨这些压迫者和剥削者的心理，实际生活所给予的这种"教育"使农民不得不寻求同工人结成联盟来反对资本家，反对投机者，反对商人。同时，经济环境，商品经济的环境，又必然使农民（不是任何时候，而是在大多数情况下）成为商人和投机者。

> 列宁：《无产阶级专政时代的经济和政治》，中共中央马克思恩格斯列宁斯大林著作编译局编译：《列宁选集》（第四卷），人民出版社 1995 年版，第65 页。

43. 社会革命在西欧不是一天一天地，而是每时每刻地成熟起来

大家知道，社会革命现时在西欧不是一天一天地，而是每时每刻地成熟起来。美国和英国的情形也如此。这些国家似乎是文化和文明的代表，是德帝国主义生番的征服者，可是一看到凡尔赛和约，大家都认为，这个和约的掠夺性比德国掠夺者强迫我们接受的布列斯特和约还要厉害一百倍，但凡尔赛和约只能是对这些倒霉的战胜国的资本家和帝国主义者自己的最沉重的打击。凡尔赛和约使各战胜国民族擦亮了眼睛，并且证明英法等国

并不是文化和文明的代表，而是一些号称民主实则由帝国主义强盗操纵的国家。这些强盗之间的内部斗争发展得异常迅速，这使我们十分高兴，因为我们知道凡尔赛和约不过是高唱凯歌的帝国主义者的表面胜利，实质上它意味着整个帝国主义世界的崩溃，意味着劳动群众断然离开那些在战争时期同腐朽的帝国主义者结成联盟并维护着一个参战强盗集团的社会党人。劳动人民的眼睛已经擦亮了，因为凡尔赛和约是掠夺性的和约，它表明，英法两国同德国作战，实际上是为了巩固自己对殖民地的统治和加强本国帝国主义的实力。这种内部斗争愈往后就会愈扩大。今天我看到 11 月 21 日从伦敦发出的一则无线电讯，美国记者（这些人是不可能有同情革命者的嫌疑的）在电讯中写道，法国出现空前的反美情绪，因为美国人拒绝批准凡尔赛和约。

> 列宁：《在俄东部各民族共产党组织第二次代表大会上的报告》，中共中央马克思恩格斯列宁斯大林著作编译局编译：《列宁选集》（第四卷），人民出版社 1995 年版，第 74 页。

44. 资本主义在东欧的发展和"民族意识"的加强

可是资本主义在东欧各国也开始发展起来了。商业和交通日益发达，大城市相继出现，各民族在经济上逐渐结合起来。资本主义闯进了被排挤的各民族的平静生活中，惊醒了它们，使它们行动起来。报刊和剧院的发展，莱希斯拉特（奥地利）和杜马（俄国）的活动，都加强了"民族意识"。新兴的知识分子充满了"民族思想"，并在这方面进行活动。

> 斯大林：《马克思主义和民族问题》，中共中央马克思恩格斯列宁斯大林著作编译局编译：《斯大林选集》（上卷），人民出版社 1979 年版，第 70 页。

45. 民族斗争在东欧的形成

但是那些觉醒起来要求独立生活的被排挤的民族已不能形成独立的民族国家了，因为它们在自己的道路上碰到了早已居于国家领导地位的统治民族中的领导阶层极其强烈的反对。它们来迟了！

奥地利的捷克人和波兰人等等，匈牙利的克罗地亚人等等，俄国的拉脱维亚人、立陶宛人、乌克兰人、格鲁吉亚人和亚美尼亚人等等就是这样形成民族的。在西欧（爱尔兰）是例外的，在东欧却成了通例。

西欧的爱尔兰用民族运动回答了这种例外的情形，东欧已觉醒的各民族也不免要这样回答。

推动东欧各个年轻民族去进行斗争的情况就是这样形成的。

斯大林：《马克思主义和民族问题》，中共中央马克思恩格斯列宁斯大林

著作编译局编译：《斯大林选集》（上卷），人民出版社 1979 年版，第

70 页。

46. 民族斗争和阶级斗争

其实，斗争并不是在整个民族和整个民族之间，而是在统治民族的和被排挤民族的统治阶级之间开始并激烈起来的。通常是被压迫民族中的城市小资产阶级起来反对统治民族中的大资产阶级（捷克人和德意志人），或者被压迫民族中的农村资产阶级起来反对统治民族中的地主（波兰的乌克兰人），或是被压迫民族中的整个"民族"资产阶级起来反对统治民族中的执政贵族（俄国的波兰、立陶宛、乌克兰）。

斯大林：《马克思主义和民族问题》，中共中央马克思恩格斯列宁斯大林

著作编译局编译：《斯大林选集》（上卷），人民出版社 1979 年版，第

70 页。

47. 民族运动的开始

在年轻的资产阶级看来，市场是基本问题。它的目的是销售自己的商品，战胜和自己竞争的异族资产阶级。因此，它力求保证自己有"自己的""本族的"市场。市场是资产阶级学习民族主义的第一个学校。

但问题通常不仅限于市场。统治民族中的半封建半资产阶级的官僚常用他们"只捉不放"的方法干预斗争。于是统治民族中的资产阶级，不论小资产阶级或大资产阶级，就有可能"更迅速地""更坚决地"制服自己的竞争者。"力量"既日趋统一，限制"异族"资产阶级的一连串办法以至高压手段也就开始实行起来了。斗争由经济范围转入政治范围。限制迁徙自由，限制语言使用，限制选举权，减少学校，限制宗教活动等等办法纷纷加到"竞争者"的头上。当然，采取这种办法的目的不仅是为了统治民族中的资产阶级的利益，而且可以说是为了执政官僚们特殊集团的目的。但结果都是一样：资产阶级和官僚在这种场合总是携手并进的，不论奥匈帝国或俄国，情形都是如此。

被压迫民族中受各方面排挤的资产阶级自然要行动起来。它向"下层同胞"呼吁，开始高呼"祖国"，把自己的私事冒充全民的事情。它为着

"祖国"的利益而在"同胞"中间给自己招募军队。"下层"对这种号召并非始终不理,有时也在资产阶级旗帜的周围集合起来,因为上层的高压手段也在触犯它们,引起它们的不满。

民族运动就是这样开始的。

> 斯大林:《马克思主义和民族问题》,中共中央马克思恩格斯列宁斯大林著作编译局编译:《斯大林选集》(上卷),人民出版社 1979 年版,第70—71 页。

48. 民族运动的力量取决于无产阶级和农民参加运动的程度

民族运动的力量取决于该民族广大阶层即无产阶级和农民参加运动的程度。

无产阶级是否站到资产阶级民族主义的旗帜下面,这要看阶级矛盾的发展程度,要看无产阶级的觉悟程度和组织程度。觉悟的无产阶级有自己的久经考验的旗帜,它用不着站到资产阶级的旗帜下面去。

至于农民是否参加民族运动,这首先要看高压手段的性质。如果高压手段触犯到"土地"利益,象在爱尔兰发生过的情形那样,那么广大农民群众就会立刻站到民族运动的旗帜下面去。

> 斯大林:《马克思主义和民族问题》,中共中央马克思恩格斯列宁斯大林著作编译局编译:《斯大林选集》(上卷),人民出版社 1979 年版,第71—72 页。

49. 民族运动的内容取决于各种不同的要求

当然,民族运动的内容决不会到处一样,它完全取决于运动所提出的各种不同的要求。爱尔兰的运动具有土地问题的性质,波希米亚的运动带着"语言问题的"性质,这里要求公民权利平等和信教自由,那里要求任用"本族的"官吏或组织本族的议会。在各种不同的要求中往往透露出民族所具有的各种不同的特征(语言、地域等等)。

> 斯大林:《马克思主义和民族问题》,中共中央马克思恩格斯列宁斯大林著作编译局编译:《斯大林选集》(上卷),人民出版社 1979 年版,第72 页。

50. 民族斗争和资产阶级斗争

由此可见,在资本主义上升时期,民族斗争是资产阶级之间的斗争。有时资产阶级也能把无产阶级吸引到民族运动中去,那时民族斗争表面上就会带着"全民的"性质,然而这只是表面上如此。实质上这个斗争始终是资产阶级的，主要是有利于和适合于资产阶级的。

斯大林：《马克思主义和民族问题》，中共中央马克思恩格斯列宁斯大林著作编译局编译：《斯大林选集》（上卷），人民出版社1979年版，第72—73页。

51. 民族运动的命运和资产阶级的命运联系在一起

民族运动实质上既然是资产阶级的运动，它的命运自然就和资产阶级的命运联系在一起。只有资产阶级灭亡，民族运动才会彻底灭亡。只有在社会主义世界里，完全的和平才能建立起来。可是把民族斗争减到最小限度，从根本上瓦解它，尽量使它无害于无产阶级，这在资本主义范围内也是可以做到的。瑞士和美国的例子就可以证明这一点。为此就必须使国家民主化，使各个民族有自由发展的可能。

斯大林：《马克思主义和民族问题》，中共中央马克思恩格斯列宁斯大林著作编译局编译：《斯大林选集》（上卷），人民出版社1979年版，第75页。

52. 民族问题的历史性

民族问题只有和发展着的历史条件联系起来看才能得到解决。

某个民族所处的经济、政治和文化的条件便是解决该民族究竟应当怎样处理自己的事情和它的未来宪法究竟应当采取什么形式这种问题的唯一关键。同时，很可能每个民族解决问题都需要用特殊的方法。如果在什么地方必须辩证地提出问题，那正是在这个地方，正是在民族问题上。

斯大林：《马克思主义和民族问题》，中共中央马克思恩格斯列宁斯大林著作编译局编译：《斯大林选集》（上卷），人民出版社1979年版，第77页。

53. 解决民族问题的关键

以具体历史条件为出发点，把辩证地提问题当作唯一正确的提问题的方法，——这就是解决民族问题的关键。

斯大林：《马克思主义和民族问题》，中共中央马克思恩格斯列宁斯大林著作编译局编译：《斯大林选集》（上卷），人民出版社1979年版，第81页。

54. 民族自治是和阶级斗争的整个进程相抵触的

在资本主义的最初阶段，还可以谈无产阶级和资产阶级的"文化共同性"。然而随着大工业的发展和阶级斗争的尖锐化，这种"共同性"开始消失了。在同一民族的雇主和工人再不能互相了解的时候，根本就谈不到民族的"文化共同性"。在资产阶级渴望战争，无产阶级却宣布"以战争对付战争"的时候，还谈得上什么"共同命运"呢？能不能把这些彼此对立的分子组成一个统一的包括各个阶级的民族联盟呢？既然如此，还谈得上"民族的全体成员结合成一个民族文化共同体"吗？因此，民族自治是和阶级斗争的整个进程相抵触的，这不是很明显吗？

斯大林：《马克思主义和民族问题》，中共中央马克思恩格斯列宁斯大林著作编译局编译：《斯大林选集》（上卷），人民出版社1979年版，第88页。

55. 国家完全民主化是解决俄国民族问题的基础和条件

总之，国家完全民主化是解决民族问题的基础和条件。

在解决问题时，不仅要估计到国内的情况，而且要估计到国外的情况。俄国位于欧洲和亚洲之间，奥地利和中国之间。民主主义在亚洲的增长是必不可免的。帝国主义在欧洲的增长不是偶然的。资本在欧洲已感到地盘狭小，于是冲入异国去寻找新的市场、廉价的劳动力、新的投资场所。但是这就会引起国际纠纷和战争。谁也不能说巴尔干战争是纠纷的终结，而不是纠纷的开始。因此，完全可能造成一种内外形势结合在一起的局面，那时俄国某个民族将认为必须提出和解决本身独立的问题。在这种情况下加以阻碍，当然不是马克思主义者的事情。

斯大林：《马克思主义和民族问题》，中共中央马克思恩格斯列宁斯大林著作编译局编译：《斯大林选集》（上卷），人民出版社1979年版，第112页。

56. 民族问题的性质

民族问题不能认为是什么独立自在的、一成不变的问题。民族问题只是改造现存制度总问题的一部分，它完全是由社会环境的条件、国家政权的性质并且总的说来是由社会发展的全部进程决定的。这在俄国革命时期表现得特别明显，当时民族问题和俄国边疆地区的民族运动随着革命的进程和结局而迅速和明显地改变自己的内容。

斯大林：《十月革命和民族问题》，中共中央马克思恩格斯列宁斯大林著作编译局编译：《斯大林选集》（上卷），人民出版社1979年版，第118页。

57. 俄国资产阶级革命时期的民族运动

在俄国资产阶级革命时代（1917 年 2 月），各边疆地区的民族运动带有资产阶级解放运动的性质。世世代代受"旧制度"压迫和剥削的俄国各民族，初次感觉到自己的力量并奋起投入反对压迫者的战斗。"消灭民族压迫"，——这就是当时运动的口号。俄国各边疆地区转瞬间布满了"全民族"机关。领导运动的是各民族的资产阶级民主主义知识分子。

> 斯大林：《十月革命和民族问题》，中共中央马克思恩格斯列宁斯大林著作编译局编译：《斯大林选集》（上卷），人民出版社 1979 年版，第118 页。

58. 如何消灭民族压迫

这样，旧的资产阶级民主主义对自决原则的解释就成了空谈，失去了它的革命意义。很明显，在这种情况下，就谈不到消灭民族压迫和确保小民族国家的独立了。显然，不同帝国主义决裂，不推翻"自己的"民族资产阶级，不由劳动群众自己来掌握政权，被压迫民族劳动群众是不能解放的，民族压迫是不能消灭的。

> 斯大林：《十月革命和民族问题》，中共中央马克思恩格斯列宁斯大林著作编译局编译：《斯大林选集》（上卷），人民出版社 1979 年版，第120 页。

59. 俄国资产阶级民主革命和西方革命时所处的条件不同

俄国进行资产阶级民主革命（1905 年）时同西方进行革命变革时所处的条件（例如法国和德国）是不同的。西方革命是在资本主义处于工场手工业时期、阶级斗争还不发展的条件下爆发的。那时无产阶级力量小，人数少，还没有自己的能够提出本阶级要求的政党；而资产阶级很革命，足以使工人和农民相信它，并引导他们去同贵族进行斗争。在俄国却相反，革命是在资本主义处于机器时期、阶级斗争已经发展的条件下开始的（1905 年）。那时人数较多而且被资本主义团结起来的俄国无产阶级已经和资产阶级进行过多次战斗，已经有自己的、比资产阶级政党更团结的政党，已经有自己的阶级要求，而俄国资产阶级（何况是靠政府订货生存的资产阶级）被无产阶级的革命性吓坏了，竟设法勾结政府和地主来反对工人和农民。俄国革命因俄国在满洲战场上遭受军事失败而爆发这一事实，只是加速了事变，但是丝毫没有改变事情的本质。

> 斯大林：《列宁是俄国共产党的组织者和领袖》，中共中央马克思恩格斯
> 列宁斯大林著作编译局编译：《斯大林选集》（上卷），人民出版社1979
> 年版，第133页。

60. 资产阶级推动欧洲社会变革

欧洲年轻的资产阶级在封建制度时期，除行会小作坊之外，开始建设大的工场手工业企业，从而推进了社会生产力，它当然不知道，也没有想到，这种革新会引起怎样的社会后果；它没有意识到，也没有了解到，这种"细微的"革新会引起社会力量的重新配置，结果会发生革命，这个革命不但会打倒它所十分感恩的王权，而且会打倒它的优秀人物往往梦想厕身其间的贵族，——当时资产阶级只是想要减低商品生产的费用，把更多的商品投到亚洲市场和刚发现的美洲市场，以便获得更多的利润，——它当时的自觉活动只局限于这种日常实践的狭隘范围。

> 斯大林：《论辩证唯物主义和历史唯物主义》，中共中央马克思恩格斯列
> 宁斯大林著作编译局编译：《斯大林选集》（下卷），人民出版社1979年
> 版，第451页。

（三）工业文明与城市化

1. 科学发明的直接结果是工业兴起

这些发明使社会的运动活跃起来。它们的最直接的结果就是英国工业的兴起，首先是棉纺织业的兴起。虽然珍妮纺纱机降低了纱线的生产费用，并且由于扩大了市场而给予工业以第一推动，但是，它几乎没有触及工业生产的社会方面，即生产的性质。只是在阿克莱和克朗普顿的机器以及瓦特的蒸汽机建立了工厂制度以后，运动才开展起来。最初出现的是使用马力或水力的比较小的工厂，但它们很快就被使用水力或蒸汽力的比较大的工厂排挤了。第一个蒸汽纺纱厂是瓦特于1785年在诺丁汉郡建立的；随后又有另一些厂建立起来，新的制度很快就普及了。

> 弗·恩格斯：《英国状况》，中共中央马克思恩格斯列宁斯大林著作编译
> 局编译：《马克思恩格斯文集》（第一卷），人民出版社2009年版，第
> 98页。

2. 工业化是英国各种关系的基础

英国工业的这一次革命化是现代英国各种关系的基础，是整个社会的运动的动力。上面已经谈过，它的第一个结果就是利益被升格为对人的统

治。利益霸占了新创造出来的各种工业力量并利用它们来达到自己的目的：由于私有制的作用，这些理应属于全人类的力量便成为少数富有的资本家的垄断物，成为他们奴役群众的工具。商业吞并了工业，因而变得无所不能，变成了人类的纽带；个人的或国家的一切交往，都被溶化在商业交往中，这就等于说，财产、物升格为世界的统治者。

> 弗·恩格斯：《英国状况》，中共中央马克思恩格斯列宁斯大林著作编译局编译：《马克思恩格斯文集》（第一卷），人民出版社 2009 年版，第105 页。

3. 工业革命产生了无产阶级

18 世纪在英国所引起的最重要的结果就是：由于工业革命，产生了无产阶级。新的工业总是需要大批常备的工人来供给无数新的劳动部门，而且需要的是以前未曾有过的工人。1780 年以前，英国的无产者很少，这是上面所描述的英国社会状况必然产生的结果。工业把劳动集中到工厂和城市，工业活动和农业活动不可能结合在一起了，新的工人阶级只能依靠自己的劳动。过去的例外变成了通则，而且还逐渐扩展到城市以外。小块土地的耕作被大租佃者所排斥，这样就产生了新的雇农阶级。城市人口增加了两三倍，这些增加的人口几乎全是工人。采矿业的扩展同样需要大量的新工人，这些工人也是全靠自己的日工资生活的。……

整个前进运动的结果是：英国人现在分化成三派，即土地贵族、金钱贵族和工人民主派。这是英国仅有的三派，是这里唯一起作用的动力；至于它们**怎样**起作用，我们也许将在以后的文章中加以说明。

> 弗·恩格斯：《英国状况》，中共中央马克思恩格斯列宁斯大林著作编译局编译：《马克思恩格斯文集》（第一卷），人民出版社 2009 年版，第107 页。

4. 工业变革的最重要的产物是英国无产阶级

简单说来，这就是最近六十年的英国工业史，这是人类编年史中的一部无与伦比的历史。六十年至八十年以前，英国和其他任何国家一样，城市很小，只有很少而且简单的工业，人口稀疏而且多半是农业人口。现在它和其他任何国家都不一样了：有居民达 250 万人的首都，有巨大的工厂城市，有向全世界供给产品而且几乎全都是用极复杂的机器生产的工业，有勤劳智慧的稠密的人口，这些人口有三分之二从事工业，他们是由完全不同的阶级组成的，可以说，组成了一个和过去完全不同的、具有不同的习惯和不同的需要的民族。工业革命对英国的意义，就像政治革命对法国，哲学革命对德国一样。1760 年的英国和 1844 年的英国之间的差别，至少像旧制度下的法国和七月革命的法国之间的差别一样大。但是，这种工业变革的最重要的产物是英国无产阶级。

弗·恩格斯：《英国工人阶级状况》，中共中央马克思恩格斯列宁斯大林著作编译局编译：《马克思恩格斯文集》（第一卷），人民出版社 2009 年版，第 402 页。

5. 工业革命的历史意义

第一批无产者属于工业，是工业的直接产物，因此，我们首先要研究的是**工业工人**，即从事原料加工的人。工业材料即原料和燃料本身的生产，只是由于工业变革才重要起来，也只是在这个时候，新型的无产阶级，即**煤矿和金属矿的工人**，才能够产生。第三是工业影响了**农业**，第四是工业影响了**爱尔兰**，这样也就可以确定相应的各部门无产阶级的位置。我们也会看到，各种工人（也许爱尔兰人是例外）的教育程度直接取决于他们和工业的联系，所以最清楚地意识到自己的利益的是工业工人，矿工们已经差一些，而农业工人几乎还完全没有意识到。我们在工业无产者本身的队伍中也会发现这样的顺序，并且会看到，工厂工人，工业革命的这些初生子，始终是工人运动的核心，其他工人如何参加运动，完全决定他们的手工业被工业变革侵害的程度。这样，我们从英国的例子中，从工人运动与工业运动同步并进这一事实中，就会更好地理解工业的历史意义。

弗·恩格斯：《英国工人阶级状况》，中共中央马克思恩格斯列宁斯大林著作编译局编译：《马克思恩格斯文集》（第一卷），人民出版社 2009 年版，第 405 页。

6. 工业是摇撼世界基础的三大杠杆

分工，水力特别是蒸汽力的利用，机器装置的应用，这就是从上世纪中叶起工业用来摇撼世界基础的三个伟大的杠杆。

弗·恩格斯：《英国工人阶级状况》，中共中央马克思恩格斯列宁斯大林著作编译局编译：《马克思恩格斯文集》（第一卷），人民出版社 2009 年版，第 406 页。

7. 物质劳动和精神劳动的最大的一次分工就是城乡分离

物质劳动和精神劳动的最大的一次分工，就是城市和乡村的分离。城乡之间的对立是随着野蛮向文明的过渡、部落制度向国家的过渡、地域局限性向民族的过渡而开始的，它贯穿着文明的全部历史直至现在（反谷物法同盟）。——随着城市的出现，必然要有行政机关、警察、赋税等等，一句话，必然要有公共机构，从而也就必然要有一般政治。在这里，居民第一次划分为两大阶级，这种划分直接以分工和生产工具为基础。城市已经表明了人口、生产工具、资本、享受和需求的集中这个事实；而在乡村则是完全相反的情况：隔绝和分散。城乡之间的对立只有在私有制的范围内才能存在。城乡之间的对立是个人屈从于分工、屈从于他被迫从事的某种活动的最鲜明的反映，这种屈从把一部分人变为受局限的城市动物，把另一部分人变为受局限的乡村动物，并且每天都重新产生二者利益之间的对立。

卡·马克思、弗·恩格斯：《德意志的意识形态》，中共中央马克思恩格斯列宁斯大林著作编译局编译：《马克思恩格斯文集》（第一卷），人民出版社 2009 年版，第 556 页。

8. 从 1848 年起在德国开始的工商业、铁路、电报和海洋航运业的兴旺，对于德国说来却是空前未有的

比 1866 年的重大历史事件意义重大得多的，是从 1848 年起在德国开始的工商业、铁路、电报和海洋航运业的兴旺。尽管这些进步还赶不上英国以至法国在同一时期所取得的进步，但它们对于德国说来却是空前未有的，它们在 20 年中带来的成果比以前整整一个世纪还要多。只有到这时，德国才真正地、不可逆转地被卷入了世界贸易。工业家的资本迅速增加了，资产阶级的社会地位也相应地提高了。最能表明工业繁荣的投机事业广泛发展，它已把伯爵和公爵们紧系在它的凯旋车上了。在 15 年以前，德国铁路还曾向英国企业主乞求援助，而如今德国资本——保佑它在天之灵！——却已经在俄国和罗马尼亚修筑铁路了。

弗·恩格斯：《德国农民战争》（1870 年第二版序言），中共中央马克思恩格斯列宁斯大林著作编译局编译：《马克思恩格斯文集》（第二卷），人民出版社 2009 年版，第 207 页。

9. 德国工业在 14 和 15 世纪已经相当繁荣

德国工业在 14 和 15 世纪已经相当繁荣。城市行会手工业已经取代封建的地方性的农村工业，并且已经为较广大的地区，甚至为较远的市场从

事生产。粗毛呢和亚麻布的织造这时已经成为固定而又分布很广的工业部门；就连比较精细的毛织品和亚麻织品以及丝织品也已经在奥格斯堡织造出来。除了纺织业以外，那些靠中世纪末期僧侣的和世俗的奢侈生活来维持的工艺品生产部门，例如金银加工业、雕塑和雕花业、铜版雕刻和木板雕刻业、武器锻造业、奖章制作业、旋工行业等等，也都蒸蒸日上。一系列或多或少具有重要意义的发明大大促进了手工业的发展，其中具有光辉历史意义的是火药和印刷术的发明。商业也同工业齐头并进。

弗·恩格斯：《德国农民战争》，中共中央马克思恩格斯列宁斯大林著作编译局编译：《马克思恩格斯文集》（第二卷），人民出版社 2009 年版，第 221 页。

10. 只有创造新的、更有威力的手段，才能取得新的、更重大的成果

如果不用蒸汽力代替人力，也就是说，如果不创造与旧的手工织机大不相同的新的生产手段，织布机的生产率便不能增加两倍，同样，在军事艺术上也不可能用旧的手段取得新的成果。只有创造新的、更有威力的手段，才能取得新的、更重大的成果。

弗·恩格斯：《1852 年神圣同盟对法战争的条件与前景》，中共中央马克思恩格斯列宁斯大林著作编译局编译：《马克思恩格斯文集》（第二卷），人民出版社 2009 年版，第 335—336 页。

11. 我们的一切发明和进步，似乎结果是使物质力量成为有智慧的生命，而人的生命则化为愚钝的物质力量

在我们这个时代，每一种事物好像都包含有自己的反面。我们看到，机器具有减少人类劳动和使劳动更有成效的神奇力量，然而却引起了饥饿和过度的疲劳。财富的新源泉，由于某种奇怪的、不可思议的魔力而变成贫困的源泉。技术的胜利，似乎是以道德的败坏为代价换来的。随着人类愈益控制自然，个人却似乎愈益成为别人的奴隶或自身的卑劣行为的奴隶。甚至科学的纯洁光辉仿佛也只能在愚昧无知的黑暗背景上闪耀。我们的一切发明和进步，似乎结果是使物质力量成为有智慧的生命，而人的生命则化为愚钝的物质力量。现代工业和科学为一方与现代贫困和衰颓为另一方的这种对抗，我们时代的生产力与社会关系之间的这种对抗，是显而易见的、不可避免的和毋庸争辩的事实。

卡·马克思：《在"人民报"创刊纪念会上的演说》，中共中央马克思恩格斯列宁斯大林著作编译局编译：《马克思恩格斯文集》（第二卷），人民

出版社 2009 年版，第 580 页。

12. 资产阶级历史时期负有为新世界创造物质基础的使命

资产阶级历史时期负有为新世界创造物质基础的使命：一方面要造成以全人类互相依赖为基础的普遍交往，以及进行这种交往的工具；另一方面要发展人的生产力，把物质生产变成对自然力的科学支配。资产阶级的工业和商业正为新世界创造这些物质条件，正像地质变革创造了地球表层一样。只有在伟大的社会革命支配了资产阶级时代的成果，支配了世界市场和现代生产力并且使这一切都服从于最先进的民族的共同监督的时候，人类的进步才会不再像可怕的异教神怪那样，只有用被杀害者的头颅做酒杯才能喝下甜美的酒浆。

卡·马克思：《不列颠在印度统治的未来结果》，中共中央马克思恩格斯列宁斯大林著作编译局编译：《马克思恩格斯文集》（第二卷），人民出版社 2009 年版，第 691 页。

13. 住房短缺是资产阶级社会的必然产物

住房短缺究竟是从哪里来的呢？它是怎样发生的呢？善良的资产者萨克斯先生可能不知道，它是资产阶级社会形式的必然产物；这样一种社会没有住房短缺就不可能存在，在这种社会中，广大的劳动群众不得不专靠工资来过活，也就是靠为维持生命和延续后代所必需的那些生活资料来过活；在这种社会中，机器等等的不断改善经常使大量工人失业；在这种社会中，工业的剧烈的周期波动一方面决定着大量失业工人后备军的存在，另一方面又不时地造成大批工人失业并把他们抛上街头；在这种社会中，工人大批地涌进大城市，而且涌入的速度比在现有条件下为他们修造住房的速度更快；所以，在这种社会中，最污秽的猪圈也经常能找到租赁者；最后，在这种社会中，身为资本家的房主不仅有权，而且由于竞争，在某种程度上还有责任从自己的房产中无情地榨取最高额的租金。在这样的社会中，住房短缺并不是偶然的事情，它是一种必然的现象；这种现象连同它对健康等等的各种反作用，只有在产生这种现象的整个社会制度都已经发生根本变革的时候，才能消除。但是，资产阶级社会主义是不可能知道这点的。它不可能用现存条件来解释住房短缺现象。因此，它别无他法，只好用一些道德说教来把住房短缺归之于人的邪恶，也就是原罪。

弗·恩格斯：《论住宅问题》，中共中央马克思恩格斯列宁斯大林著作编

译局编译：《马克思恩格斯文集》（第三卷），人民出版社 2009 年版，第
275—276 页。

14. 城乡对立是住宅问题的核心

资产阶级解决住宅问题的办法显然遭到了失败，由于碰到城乡对立而
遭到了失败。在这里我们接触到了问题的核心。住宅问题，只有当社会已
经得到充分改造，从而可能着手消灭在现代资本主义社会里已达到极其尖
锐程度的城乡对立时，才能获得解决。资本主义社会不能消灭这种对立，
相反，它必然使这种对立日益尖锐化。对此，现代第一批空想社会主义者
欧文和傅立叶已经有正确的认识。

> 弗·恩格斯：《论住宅问题》，中共中央马克思恩格斯列宁斯大林著作编
> 译局编译：《马克思恩格斯文集》（第三卷），人民出版社 2009 年版，第
> 283 页。

15. 现代国家是有产阶级用来反对被剥削阶级的总权力

现代的国家不能够也不愿意消除住房灾难。国家无非是有产阶级即土
地所有者和资本家用来反对被剥削阶级即农民和工人的有组织的总权力。

> 弗·恩格斯：《论住宅问题》，中共中央马克思恩格斯列宁斯大林著作编
> 译局编译：《马克思恩格斯文集》（第三卷），人民出版社 2009 年版，第
> 299 页。

16. 解决住宅问题的办法在于消灭资本主义生产方式

资本主义生产方式使我们的工人每夜都被圈在里边的这些传染病发源
地、恶劣的洞穴和地窟，并不是在被消灭，而只是在……被迁移！同一个
经济必然性在 个地方产生了这些东西，在另一个地方也会再产生它们。
当资本主义生产方式还存在的时候，企图单独解决住宅问题或其他任何同
工人命运有关的社会问题都是愚蠢的。解决办法在于消灭资本主义生产方
式，由工人阶级自己占有全部生活资料和劳动资料。

> 弗·恩格斯：《论住宅问题》，中共中央马克思恩格斯列宁斯大林著作编
> 译局编译：《马克思恩格斯文集》（第三卷），人民出版社 2009 年版，第
> 307 页。

17. 城市资产阶级的兴起与发展

当城市产生，而独立的手工业和最初在国内后来在国际上的商业交往
也随之产生的时候，城市资产阶级就发展起来了，这个资产阶级早在中世
纪时期，就已经在反对贵族的斗争中争得了在封建制度内同样跻身于特权

等级的地位。可是随着 15 世纪中叶以后欧洲以外的世界的发现，资产阶级得到了一个更广大得多的通商区域，从而也得到了发展自己工业的新刺激，在一些最重要的生产部门中，手工业被已经具有工厂性质的工场手工业所排挤，工场手工业又被大工业所排挤，而这种大工业是由于前一世纪的各种发明，特别是由于蒸汽机的发明才有可能建立的。大工业又反过来影响商业，它在落后国家里排挤旧式手工劳动，在比较发达的国家里，创造出现代的新式交通工具——轮船、铁路和电报。这样，资产阶级日益把社会财富和社会权力集中在自己手里，虽然它在长时期内还被排除于政权之外，政权仍然操在贵族和靠贵族支持的王权手里。但到了一定的发展阶段——在法国是从大革命起——它把政权也夺到手了，于是它对于无产阶级和小农说来就成了统治阶级。

> 弗·恩格斯：《卡尔·马克思》，中共中央马克思恩格斯列宁斯大林著作编译局编译：《马克思恩格斯文集》（第三卷），人民出版社 2009 年版，第 458—459 页。

18. 英国从保护关税制度到自由贸易政策的转变

马克思说："保护关税制度是制造工厂主、剥夺独立劳动者、使国民的生产资料和生活资料资本化、强行缩短从旧生产方式向现代生产方式的过渡的一种人为手段。"……

现代工业体系即依靠用蒸汽发动的机器的生产，就是在保护关税制度的卵翼之下于 18 世纪最后 30 多年中在英国孵化和发育起来的。而且，好像保护关税政策还不够似的，反对法国革命的几次战争又帮了忙，确保了英国对新工业方法的垄断。英国的战舰割断英国在工业上的竞争者同他们各自的殖民市场之间的联系达 20 多年之久，同时又用武力为英国贸易打开了这些市场。南美各殖民地脱离了它们的欧洲宗主国，英国侵占了法国和荷兰的所有重要的殖民地，印度被逐渐征服——这就把所有这些广大地区的居民变成了英国商品的消费者。于是，英国在国内市场上实行的保护关税制度，又有了在国外强加给其商品的可能消费者的自由贸易作为补充。由于两种制度的这样巧妙的结合，到 1815 年战争结束时，英国获得了一切重要工业部门的世界贸易的实际垄断权。

在接下来的和平年代中，这种垄断权继续扩大和加强。英国在战争时期所取得的优势逐年增长；看来，它把它的一切可能的竞争者越来越远地抛在后面了。使输出工业品的数量不断增长，实际上成了关系这个国家的生死存亡的问题。在这条道路上看来只有两个障碍：其他国家的禁止性或保护性立法，以及输入英国的原料和食品的进口税。

于是，古典政治经济学——法国重农学派及其英国继承者亚当·斯密和李嘉图——的自由贸易学说，就在约翰牛的国家里流行起来。就国内来说，工厂主是不需要实行保护关税制度的，他们已打败了一切外国竞争者，他们的生存完全依赖于出口的扩大。就国内来说，实行保护关税制度仅仅有利于食品和其他原料的生产者，有利于有农业收入的人，在英国当时的条件下也就是收地租的人，即土地贵族。而对于工厂主，这种保护关税制度是有害的。由于征收原料税，用这种原料加工的商品的价格便提高了；由于征收食品税，劳动的价格便提高了；保护关税制度使英国工厂主在这两方面同他们的外国竞争者相比都处于不利的地位。而由于所有其他国家向英国输出的主要是农产品，从英国输入的主要是工业品，废除英国对谷物和原料的保护关税，一般地说同时也就是要求外国相应地废除，至少是降低他们对英国工业品征收的进口税。

经过长期而激烈的斗争以后，英国的工业资本家取得了胜利，他们在当时实际上就已经是全民族的领导阶级，这个阶级的利益当时成为主要的民族利益。土地贵族被迫让步。谷物税和其他原料税被废除了。自由贸易成了风行一时的口号。当时英国工厂主及其代言人即政治经济学家的下一个任务是，使所有其他国家都改奉自由贸易的教义，从而建立一个以英国为大工业中心的世界，所有其他国家都成为依附于它的农业区。

弗·恩格斯：《保护关税制度与自由贸易》，中共中央马克思恩格斯列宁斯大林著作编译局编译：《马克思恩格斯文集》（第四卷），人民出版社2009年版，第334—335页。

19. 机器的发展

一个工业部门生产方式的变革，会引起其他部门生产方式的变革。这首先涉及因社会分工而孤立起来以致各自生产一种独立的商品、但又作为一个总过程的各阶段而紧密联系在一起的那些工业部门。因此，有了机器纺纱，就必须有机器织布，而这二者又使漂白业、印花业和染色业必须进行力学和化学革命。同样，另一方面，棉纺业的革命又引起分离棉花纤维和棉籽的轧棉机的发明，由于这一发明，棉花生产才有可能按目前所需要的巨大规模进行。但是，工农业生产方式的革命，尤其使社会生产过程的一般条件即交通运输手段的革命成为必要。

> 卡·马克思：《资本论》（第一卷）之《相对剩余价值的生产》，中共中央马克思恩格斯列宁斯大林著作编译局编译：《马克思恩格斯文集》（第五卷），人民出版社 2009 年版，第 440—441 页。

20. 大工业和农业

在农业领域内，就消灭旧社会的堡垒——"农民"，并代之以雇佣工人来说，大工业起了最革命的作用。这样，农村中社会变革的需要和社会对立，就和城市相同了。最墨守成规和最不合理的经营，被科学在工艺上的自觉应用代替了。

> 卡·马克思：《资本论》（第一卷）之《相对剩余价值的生产》，中共中央马克思恩格斯列宁斯大林著作编译局编译：《马克思恩格斯文集》（第五卷），人民出版社 2009 年版，第 578 页。

21. 周转对生产的束缚

"城市的生产被束缚在日周转中，农村的生产则被束缚在年周转中。"（弥勒《治国艺术原理》1809 年柏林版第 3 册第 178 页）这就是浪漫主义关于工业和农业的天真的观念。

> 卡·马克思：《资本论》（第二卷）之《资本周转》，中共中央马克思恩格斯列宁斯大林著作编译局编译：《马克思恩格斯文集》（第六卷），人民出版社 2009 年版，第 207 页。

22. 气候原因导致家庭工业的兴起，并服务于资本主义

气候越是不利，农业劳动期间，从而资本和劳动的支出，就越是紧缩在短时期内。以俄国为例。在那里，北部一些地区，一年只有 130 天到 150 天可以进行田间劳动。可以想象，假如俄国欧洲地区的 6500 万人口中，竟有 5000 万人在必须停止一切田间劳动的冬季的 6 个月或 8 个月中无所事事，俄国将会遭受多么大的损失。除了有 20 万农民在俄国的 10 500 家工厂劳动，农村到处都发展了自己的家庭工业。有些村庄，那里所有的农民世世代代都是织工、皮匠、鞋匠、锁匠、制刀匠，等等；在莫斯科、弗拉基米尔、卡卢加、科斯特罗马、彼得堡等省份，情况更是这样。附带说一下，这种家庭工业现在已经越来越被迫为资本主义生产服务了；例如，织工使用的经纱和纬纱，由商人直接供给或者通过代理商得到。

> 卡·马克思：《资本论》（第二卷）之《资本周转》，中共中央马克思恩格

斯列宁斯大林著作编译局编译：《马克思恩格斯文集》（第六卷），人民出版社 2009 年版，第 268—269 页。

23. 货币资本的转化对于城市建设和工业生产十分重要

在生产期间（和劳动期间不同）较长的一切产业部门，资本主义生产者在生产期间不断把货币投入流通，这些货币一部分用来支付所使用的劳动力的报酬，一部分用来购买要消费的生产资料：所以，生产资料是直接从商品市场取走的，消费资料是一部分由花费自己工资的工人间接从商品市场取走的，一部分由决不停止消费的资本家自己直接从商品市场取走的，而这些资本家起初并没有同时把商品形式的等价物投入市场。在这期间，他们投入流通的货币就会使商品价值（包括其中所包含的剩余价值）转化为货币。在发达的资本主义生产中，当股份公司等等进行为期很长的工程事业时，如铺设铁路、开凿运河、建筑船坞、大的城市建设、建造铁船、大规模农田排水工程等等，这个要素将是十分重要的。

卡·马克思：《资本论》（第二卷）之《社会总资本的再生产和流通》，中共中央马克思恩格斯列宁斯大林著作编译局编译：《马克思恩格斯文集》（第六卷），人民出版社 2009 年版，第 535—536 页。

24. 资本主义生产方式与以往社会形态的生产方式的区别

资本主义生产方式不同于建立在奴隶制基础上的生产方式的地方，除了其他方面，还在于：劳动力的价值或价格，表现为劳动本身的价值或价格，或者说，表现为工资（第一册第十七章）。因此，预付资本的可变价值部分，表现为在工资上耗费的资本，表现为一个用来支付在生产上耗费的全部劳动的价值或价格的资本价值。

卡·马克思：《资本论》第三卷第一篇第一章《成本价格和利润》，中共中央马克思恩格斯列宁斯大林著作编译局编译：《马克思恩格斯文集》（第七卷），人民出版社 2009 年版，第 38 页。

25. 资本主义生产与非资本主义生产的关系

在资本主义生产占统治地位的社会状态内，非资本主义的生产者也受资本主义观念的支配。以对现实关系具有深刻理解而著名的巴尔扎克，在他最后的一部小说《农民》里，切当地描写了一个小农为了保持住一个高利贷者对自己的厚待，如何白白地替高利贷者干各种活，并且认为，他这样做，并没有向高利贷者献出什么东西，因为他自己的劳动不需要花费他自己的现金。这样一来，高利贷者却可以一箭双雕。他既节省了工资的现金支出，同时又使那个由于无法在自有土地上劳动而日趋没落的农民，越来越深地陷入高利贷的蜘蛛网中。

> 卡·马克思：《资本论》第三卷第一篇第一章《成本价格和利润》，中共中央马克思恩格斯列宁斯大林著作编译局编译：《马克思恩格斯文集》（第七卷），人民出版社 2009 年版，第 47 页。

26. 何谓资本家

他所以是一个资本家，能完成对劳动的剥削过程，也只是因为他作为劳动条件的所有者同只是作为劳动力的占有者的工人相对立。还在前面第一册就已经指出，正是非劳动者对这种生产资料的占有，使劳动者转化为雇佣工人，使非劳动者转化为资本家。

> 卡·马克思：《资本论》第三卷第一篇第二章《利润率》，中共中央马克思恩格斯列宁斯大林著作编译局编译：《马克思恩格斯文集》（第七卷），人民出版社 2009 年版，第 49—50 页。

27. 交通革命

缩短流通时间的主要方法是改进交通。近 50 年来，交通方面已经发生了革命，只有 18 世纪下半叶的工业革命才能与这一革命相比。在陆地上，碎石路已经被铁路排挤到次要地位，在海上，缓慢的不定期的帆船已经被快捷的定期的轮船航线排挤到次要地位，并且整个地球布满了电报网。苏伊士运河才真正开辟了通往东亚和澳洲的轮船交通。

> 卡·马克思：《资本论》第三卷第一篇第四章《周转对利润率的影响》，中共中央马克思恩格斯列宁斯大林著作编译局编译：《马克思恩格斯文集》（第七卷），人民出版社 2009 年版，第 84 页。

28. 资本主义生产对活劳动的浪费

如果我们单独考察资本主义生产并且把流通过程和激烈竞争撇开不说，资本主义生产对已经实现的、对象化在商品中的劳动，是异常节约的。相反地，它对人，对活劳动的浪费，却大大超过任何别的生产方式，它不仅浪费血和肉，而且也浪费神经和大脑。在这个直接处于人类社会实行自觉改造以前的历史时期，人类本身的发展实际上只是通过极大地浪费个人发展的办法来保证和实现的。因为这里所说的全部节约都来源于劳动的社会性质，所以，实际上正是劳动的这种直接社会性质造成工人的生命和健康的浪费。

> 卡·马克思：《资本论》第三卷第一篇第五章《不变资本使用上的节约》，

中共中央马克思恩格斯列宁斯大林著作编译局编译：《马克思恩格斯文集》（第七卷），人民出版社 2009 年版，第 103—104 页。

29. 卡特尔（托拉斯）形成的目的

自从写了上面这段话以来（1865 年），由于一切文明国家，特别是美国和德国的工业的迅速发展，世界市场上的竞争大大加剧了。迅速而巨大地膨胀起来的现代生产力，一天比一天厉害地不再顺从它们应当在其中运动的资本主义商品交换规律——这个事实，资本家本人今天也越来越强烈地意识到了。这一点特别表现在下述两种征兆中。第一，普遍实行保护关税的新狂热。这种保护关税和旧的保护关税制度的区别特别表现在：它保护得最多的恰好是可供出口的物品。第二，整个大生产部门的工厂主组成卡特尔（托拉斯），其目的是调节生产，从而调节价格和利润。不言而喻，这种试验只在经济气候比较有利的时候才能进行。风暴一到来，它们就会被抛弃，并且会证明，虽然生产需要调节，但是负有这个使命的，肯定不是资本家阶级。在此期间，这种卡特尔只有一个目的，那就是使小资本家比以前更快地被大资本家吃掉。

弗·恩格斯：《资本论》第三卷第一篇第六章《价格变动的影响》（16）注释，中共中央马克思恩格斯列宁斯大林著作编译局编译：《马克思恩格斯文集》（第七卷），人民出版社 2009 年版，第 136 页。

30. 欧洲利润率与亚洲利润率的差别

达一点在比较各国的利润率时特别重要。假定在一个欧洲国家，剩余价值率为 100%，这就是说，工人半天为自己劳动，半天为雇主劳动；在一个亚洲国家，剩余价值率 = 25%，这就是说，工人在一天中 $\frac{4}{5}$ 的时间为自己劳动，$\frac{1}{5}$ 为雇主劳动。假定在这个欧洲国家，国民资本的构成是 84c + 16v；在这个亚洲国家，国民资本的构成是 16c + 84v，因为在那里机器等等用得不多，并且在一定时间内一定量劳动力在生产中消费掉的原料也比较少。这样，我们就会得出以下计算：

在这个欧洲国家，产品价值 = 84c + 16v + 16m = 116；利润率 = $\frac{16}{100}$ = 16%。

在这个亚洲国家，产品价值 = 16c + 84v + 2lm = 121；利润率 = $\frac{21}{100}$ = 21%。

可见，这个亚洲国家的利润率比这个欧洲国家的利润率高25%以上，尽管前者的剩余价值率只有后者的$\frac{1}{4}$。凯里、巴师夏之流一定会得出正好相反的结论。

> 卡·马克思：《资本论》第三卷第二篇第八章《不同生产部门的资本的不同构成》，中共中央马克思恩格斯列宁斯大林著作编译局编译：《马克思恩格斯文集》（第七卷），人民出版社2009年版，第168—169页。

31. 商品价值先于生产价格

因此，撇开价格和价格变动受价值规律支配不说，把商品价值看做不仅在理论上，而且在历史上先于生产价格，是完全恰当的。这适用于生产资料归劳动者所有的那种状态；这种状态，无论在古代世界还是近代世界，都可以在自耕农和手工业者那里看到。这也符合我们以前所说的见解，即产品发展成为商品，是由不同共同体之间的交换，而不是由同一公社各个成员之间的交换引起的。这一点，正像它适用于这种原始状态一样，也适用于后来以奴隶制和农奴制为基础的状态，同时也适用于手工业行会组织，只要它处于这样一种情况：固定在每个生产部门中的生产资料很不容易从一个部门转移到另一个部门，因而不同生产部门的互相关系在一定限度内就好像不同的国家或不同的共产主义共同体之间的互相关系一样。

> 卡·马克思：《资本论》第三卷第二篇第十章《一般利润率通过竞争而平均化》，中共中央马克思恩格斯列宁斯大林著作编译局编译：《马克思恩格斯文集》（第七卷），人民出版社2009年版，第198页。

32. 资本有机构成与剩余价值的关系

在资本主义生产发展阶段不同、因而资本有机构成也不同的各个国家中，剩余价值率（剩余价值是决定利润率的一个因素）在正常工作日较短的国家可以高于正常工作日较长的国家。第一，如果英国的10小时工作日由于劳动强度较高，而和奥地利的14小时工作日相等，那么，在工作日分割相同的情况下，英国5小时剩余劳动，在世界市场上可以比奥地利7小时剩余劳动代表更高的价值。第二，同奥地利相比，英国的工作日可以有较大的部分形成剩余劳动。

> 卡·马克思：《资本论》第三卷第三篇第十三章《规律本身》，中共中央马克思恩格斯列宁斯大林著作编译局编译：《马克思恩格斯文集》（第七卷），人民出版社2009年版，第240页。

33. 资本主义生产与积累发展必然导致资本扩张

资本主义生产和积累的发展进程，要求劳动过程的规模及其范围日益扩大，要求每一个企业的预付资本相应地日益增加。因此，日益增长的资本积聚（与此同时，资本家人数也会增加，只是增加的程度较小），既是资本主义生产和积累的物质条件之一，又是二者本身产生的结果之一。与此同时进行并互相影响的，是或多或少直接从事生产的人日益被剥夺。因此，对各单个资本家来说，不言而喻的是：他们支配的劳动军越来越大（尽管对他们来说，可变资本同不变资本相比已经减少）；他们占有的剩余价值量，从而利润量，会随着利润率的下降并且不顾这种下降而同时增长起来。那些使大批劳动军集中在各单个资本家支配下的原因，又正好使所使用的固定资本和原料、辅助材料的量同所使用的活劳动量相比以越来越大的比例增加起来。

> 卡·马克思：《资本论》第三卷第三篇第十三章《规律本身》，中共中央马克思恩格斯列宁斯大林著作编译局编译：《马克思恩格斯文集》（第七卷），人民出版社 2009 年版，第 244 页。

34. 资本主义生产方式中商人资本与以前生产方式的商人资本不同

在资本主义生产方式中——也就是说，一旦资本支配生产本身并赋予生产一个完全改变了的独特形式——，商人资本只是表现为执行一种特殊职能的资本。在以前的一切生产方式中，商人资本表现为资本的真正职能，而生产越是为生产者本人直接生产生活资料，情形就越是如此。

> 卡·马克思：《资本论》第三卷第四篇第二十章《关于商人资本的历史考察》，中共中央马克思恩格斯列宁斯大林著作编译局编译：《马克思恩格斯文集》（第七卷），人民出版社 2009 年版，第 364 页。

35. 在资本主义生产中，商人资本只是作为生产资本的要素执行职能

在资本主义生产中，商人资本从它原来的独立存在，下降为投资的一个特殊要素，而利润的平均化，又把它的利润率化为一般的平均水平。它只是作为生产资本的要素执行职能。在这里，随着商人资本的发展而形成的特殊社会状态，不再具有决定的作用，相反地，在商人资本占优势的地方，过时的状态占着统治地位。这一点甚至适用于同一个国家，在那里，比如说，纯粹的商业城市就和工业城市完全不同，而呈现出类似过去的状态。

卡·马克思:《资本论》第三卷第四篇第二十章《关于商人资本的历史考察》,中共中央马克思恩格斯列宁斯大林著作编译局编译:《马克思恩格斯文集》(第七卷),人民出版社 2009 年版,第 365 页。

36. 商业与城市工业的关系

城市工业本身一旦和农业分离,它的产品会从一开始就是商品,因而它的产品的出售就需要有商业作为中介,这是理所当然的。因此,商业依赖于城市的发展,而城市的发展也要以商业为条件,这是不言而喻的。但工业的发展在多大程度上与此齐头并进,在这里,却完全取决于另外一些情况。在古罗马,还在共和制的后期,商人资本已发展到古代世界前所未有的高度,而工业的发展却没有什么进步;在科林斯,在欧洲和小亚细亚的其他希腊城市,商业的发展却伴随有手工业的高度发展。另一方面,正好与城市的发展及其条件相反,对那些没有定居下来的游牧民族来说,商业的精神和商业资本的发展,却往往是它们固有的特征。

卡·马克思:《资本论》第三卷第四篇第二十章《关于商人资本的历史考察》,中共中央马克思恩格斯列宁斯大林著作编译局编译:《马克思恩格斯文集》(第七卷),人民出版社 2009 年版,第 370—371 页。

37. 在资本主义生产方式中商业资本从属于工业资本

毫无疑问——并且正是这个事实产生了完全错误的观点——,在 16 世纪和 17 世纪,由于地理上的发现而在商业上发生的并迅速促进了商人资本发展的大革命,是促使封建生产方式向资本主义生产方式过渡的一个主要因素。世界市场的突然扩大,流通商品种类的倍增,欧洲各国竭力想占有亚洲产品和美洲宝藏的竞争热,殖民制度,——所有这一切对打破生产的封建束缚起了重大的作用。但现代生产方式,在它的最初时期,即工场手工业时期,只是在它的各种条件在中世纪内已经形成的地方,才得到了发展。例如,我们可以拿荷兰同葡萄牙进行比较。另外,如果说在 16 世纪,部分地说直到 17 世纪,商业的突然扩大和新世界市场的形成,对旧生产方式的衰落和资本主义生产方式的勃兴,产生过压倒一切的影响,那么,这种情况反过来是在已经形成的资本主义生产方式的基础上发生的。世界市场本身形成这个生产方式的基础。另一方面,这个生产方式所固有的以越来越大的规模进行生产的必要性,促使世界市场不断扩大,所以,在这里不是商业使工业发生革命,而是工业不断使商业发生革命。商业的统治权

现在也是和大工业的各种条件的或大或小的优势结合在一起的。例如，我
们可以拿英国和荷兰来比较一下。荷兰作为一个占统治地位的商业国家走
向衰落的历史，就是一部商业资本从属于工业资本的历史。资本主义以前
的、民族的生产方式具有的内部的坚固性和结构，对于商业的解体作用造
成了多大的障碍，这从英国人同印度和中国的交往中可以明显地看出来。
在印度和中国，小农业和家庭工业的统一形成了生产方式的广阔基础。此
外，在印度还有建立在土地公有制基础上的农村公社的形式，这种农村公
社在中国也是原始的形式。在印度，英国人曾经作为统治者和地租所得者，
同时使用他们的直接的政治权力和经济权力，以图摧毁这种小规模的经济
公社。如果说他们的商业在那里对生产方式发生了革命的影响，那只是指
他们通过他们的商品的低廉价格，消灭了纺织业，——工农业生产的这种
统一体的一个自古不可分割的部分，这样一来也就破坏了公社。但是，就
是在这里，对他们来说，这种解体进程也是进行得极其缓慢的。在中国，
那就更缓慢了，因为在这里没有直接政治权力的帮助。因农业和手工制造
业的直接结合而造成的巨大的节约和时间的节省，在这里对大工业产品进
行了最顽强的抵抗；因为在大工业产品的价格中，会加进大工业产品到处
都要经历的流通过程的各种非生产费用。同英国的商业相反，俄国的商业
则没有触动亚洲生产的经济基础。

> 卡·马克思：《资本论》第三卷第四篇第二十章《关于商人资本的历史考
> 察》，中共中央马克思恩格斯列宁斯大林著作编译局编译：《马克思恩格
> 斯文集》（第七卷），人民出版社 2009 年版，第 371—372 页。

**38. 相对于工人劳动创造剩余价值而言，资本家劳动不是创造剩余价
值，而是他所完成的劳动的等价物**

另一方面，这个利息形式又使利润的另一部分取得企业主收入，以
至监督工资这种质的形式。资本家作为资本家所要执行的特殊职能，并
且恰好是他在同工人相区别和相对立中具有的特殊职能，被表现为单纯
的劳动职能。他创造剩余价值，不是因为他作为资本家进行劳动，而是
因为他除了具有作为资本家的属性以外，他也进行劳动。因此，剩余价
值的这一部分也就不再是剩余价值，而是与剩余价值相反的东西，是所
完成的劳动的等价物。因为资本的异化性质，它同劳动的对立，被转移
到现实剥削过程之外，即转移到生息资本上，所以这个剥削过程本身也

就表现为单纯的劳动过程，在这个过程中，执行职能的资本家与工人相比，不过是在进行另一种劳动。因此，剥削的劳动和被剥削的劳动，二者作为劳动成了同一的东西。剥削的劳动，像被剥削的劳动一样，是劳动。利息成了资本的社会形式，不过被表现在一种中立的、没有差别的形式上；企业主收入成了资本的经济职能，不过这个职能的一定的、资本主义的性质被抽掉了。

卡·马克思:《资本论》第三卷第五篇第二十三章《利息和企业主收入》，中共中央马克思恩格斯列宁斯大林著作编译局编译：《马克思恩格斯文集》（第七卷），人民出版社 2009 年版，第 429 页。

39. 在资本主义生产方式中的高利贷，小生产者

然而，高利贷资本在资本主义生产方式以前的各时期具有特征的存在形式有两种。我说的是具有特征的形式。同一些形式会在资本主义生产的基础上再现，但只是作为从属的形式。在这里，它们不再是决定生息资本特征的形式了。这两种形式是：第一是对那些大肆挥霍的显贵，主要是对地主放的高利贷；第二是对那些自己拥有劳动条件的小生产者放的高利贷。这种小生产者包括手工业者，但主要是农民，因为总的说来，在资本主义以前的状态中，只要这种状态允许独立的单个小生产者存在，农民阶级必然是这种小生产者的大多数。

富裕地主因高利贷而遭到破产，小生产者被敲骨吸髓，这二者造成了大货币资本的形成和集中。但是，这个过程会在多大的程度上像在现代欧洲那样使旧的生产力式废除，并且是否会以资本主义生产方式代替它，这完全要取决于历史的发展阶段以及由此产生的各种情况。

卡·马克思:《资本论》第三卷第五篇第三十六章《资本主义以前的状态》，中共中央马克思恩格斯列宁斯大林著作编译局编译：《马克思恩格斯文集》（第七卷），人民出版社 2009 年版，第 672 页。

40. 自耕农的封建土地所有制解体所产生的形式之一

自耕农的这种自由小块土地所有制形式，作为占统治地位的正常形式，一方面，在古典古代的极盛时期，形成社会的经济基础，另一方面，在现代各民族中，我们又发现它是封建土地所有制解体所产生的各种形式之一。英国的自耕农，瑞典的农民等级，法国的和德国西部的农民，都属于这一类。在这里，我们没有谈到殖民地，因为那里的独立农民是在不同的条件

下发展起来的。

> 卡·马克思:《资本论》第三卷第六篇第四十七章《资本主义地租的起
> 源》,中共中央马克思恩格斯列宁斯大林著作编译局编译:《马克思恩格
> 斯文集》(第七卷),人民出版社 2009 年版,第 911 页。

41. 大工业和按工业方式经营的大农业对农村劳动力和土地的破坏

如果说小土地所有制创造出了一个半处于社会之外的未开化的阶级,它兼有原始社会形式的一切粗野性和文明国家的一切贫困痛苦,那么,大土地所有制则在劳动力的天然能力借以逃身的最后领域,在劳动力作为更新民族生活力的后备力量借以积蓄的最后领域,即在农村本身中,破坏了劳动力。大工业和按工业方式经营的大农业共同发生作用。如果说它们原来的区别在于,前者更多地滥用和破坏劳动力,即人类的自然力,而后者更直接地滥用和破坏土地的自然力,那么,在以后的发展进程中,二者会携手并进,因为产业制度在农村也使劳动者精力衰竭,而工业和商业则为农业提供使土地贫瘠的各种手段。

> 卡·马克思:《资本论》第三卷第六篇第四十七章《资本主义地租的起
> 源》,中共中央马克思恩格斯列宁斯大林著作编译局编译:《马克思恩格
> 斯文集》(第七卷),人民出版社 2009 年版,第 919 页。

42. 资本、土地、劳动的社会属性

资本,土地,劳动!但资本不是物,而是一定的、社会的、属于一定历史社会形态的生产关系,后者体现在一个物上,并赋予这个物以独特的社会性质。资本不是物质的和生产出来的生产资料的总和。资本是已经转化为资本的生产资料,这种生产资料本身不是资本,就像金或银本身不是货币一样。社会某一部分人所垄断的生产资料,同活劳动力相对立而独立化的这种劳动力的产品和活动条件,通过这种对立在资本上人格化了。不仅工人的已经转化为独立权力的产品,作为其生产者的统治者和购买者的产品,而且这种劳动的社会力量及未来的……[?这里字迹不清]形式,也作为生产者的产品的属性而与生产者相对立。由此,在这里,对于历史地形成的社会生产过程的因素之一,我们有了一个确定的、乍一看来极为神秘的社会形式。

> 卡·马克思:《资本论》第三卷第七篇第四十八章《三位一体的公式》,
> 中共中央马克思恩格斯列宁斯大林著作编译局编译:《马克思恩格斯文
> 集》(第七卷),人民出版社 2009 年版,第 922 页。

43. 资本文明的两面性：一方面有利于生产力的发展，另一方面有利于更高级新形态要素的创造从而在新形态中由必然王国走向自由王国

资本的文明面之一是，它榨取这种剩余劳动的方式和条件，同以前的奴隶制、农奴制等形式相比，都更有利于生产力的发展，有利于社会关系的发展，有利于更高级的新形态的各种要素的创造。因此，资本一方面会导致这样一个阶段，在这个阶段上，社会上的一部分人靠牺牲另一部分人来强制和垄断社会发展（包括这种发展的物质方面和精神方面的利益）的现象将会消灭；另一方面，这个阶段又会为这样一些关系创造出物质手段和萌芽，这些关系在一个更高级的社会形式中，使这种剩余劳动能够同物质劳动一般所占用的时间的更大的节制结合在一起。……像野蛮人为了满足自己的需要，为了维持和再生产自己的生命，必须与自然搏斗一样，文明人也必须这样做；而且在一切社会形式中，在一切可能的生产方式中，他都必须这样做。这个自然必然性的王国会随着人的发展而扩大，因为需要会扩大；但是，满足这种需要的生产力同时也会扩大。这个领域内的自由只能是：社会化的人，联合起来的生产者，将合理地调节他们和自然之间的物质变换，把它置于他们的共同控制之下，而不让它作为一种盲目的力量来统治自己；靠消耗最小的力量，在最无愧于和最适合于他们的人类本性的条件下来进行这种物质变换。但是，这个领域始终是一个必然王国。在这个必然王国的彼岸，作为目的本身的人类能力的发挥，真正的自由王国，就开始了。但是，这个自由王国只有建立在必然王国的基础上，才能繁荣起来。工作日的缩短是根本条件。

　　　卡·马克思：《资本论》第三卷第七篇第四十八章《三位一体的公式》，
中共中央马克思恩格斯列宁斯大林著作编译局编译：《马克思恩格斯文集》（第七卷），人民出版社 2009 年版，第 927—929 页。

44. 资本主义生产方式是一种特殊的、具有独特历史规定性的生产方式

相反，对资本主义生产方式的科学分析却证明：资本主义生产方式是一种特殊的、具有独特历史规定性的生产方式；它和任何其他一定的生产方式一样，把社会生产力及其发展形式的一个既定的阶段作为自己的历史条件，而这个条件又是一个先行过程的历史结果和产物，并且是新的生产方式由以产生的既定基础；同这种独特的、历史地规定的生产方式相适应的生产关系——即人们在他们的社会生活过程中、在他们的社会生活的生产中所处的各种关系——，具有一种独特的、历史的和暂时的性质；最后，分配关系本质上和这些生产关系是同一的，是生产关系的反面，所以二者共有同样的历史的暂时的性质。

> 卡·马克思：《资本论》第三卷第七篇第五十一章《分配关系和生产关系》，中共中央马克思恩格斯列宁斯大林著作编译局编译：《马克思恩格斯文集》（第七卷），人民出版社 2009 年版，第 994 页。

45. 一定的分配关系只是历史地规定的生产关系的表现

我们再来考察一下这种所谓的分配关系本身。工资以雇佣劳动为前提，利润以资本为前提。因此，这些一定的分配形式是以生产条件的一定的社会性质和生产当事人之间的一定的社会关系为前提的。因此，一定的分配关系只是历史地规定的生产关系的表现。

> 卡·马克思：《资本论》第三卷第七篇第五十一章《分配关系和生产关系》，中共中央马克思恩格斯列宁斯大林著作编译局编译：《马克思恩格斯文集》（第七卷），人民出版社 2009 年版，第 998 页。

46. 生产关系与分配关系，生产关系决定分配关系

可见，所谓的分配关系，是同生产过程的历史地规定的特殊社会形式，以及人们在他们的人类生活的再生产过程中相互所处的关系相适应的，并且是由这些形式和关系产生的。这些分配关系的历史性质就是生产关系的历史性质，分配关系不过表现生产关系的一个方面。资本主义的分配不同于各种由其他生产方式产生的分配形式，而每一种分配形式，都会随着它由以产生并且与之相适应的一定的生产形式的消失而消失。

> 卡·马克思：《资本论》第三卷第七篇第五十一章《分配关系和生产关系》，中共中央马克思恩格斯列宁斯大林著作编译局编译：《马克思恩格斯文集》（第七卷），人民出版社 2009 年版，第 999—1000 页。

47. 交易所在资本主义中的突出作用

从第三卷第五篇，特别是第［二十七］章可以看出，交易所在整个资本主义生产中占有怎样的地位。但是，自从 1865 年写作本书以来，情况已经发生了变化，这种变化使今天交易所的作用大大增加了，并且还在不断增加。这种变化在其进一步的发展中有一种趋势，要把全部生产，工业生产和农业生产，以及全部交往，交通工具和交换职能，都集中在交易所经纪人手里，这样，交易所就成为资本主义生产本身的最突出的代表。

弗·恩格斯：《资本论》第三卷增补Ⅱ《交易所》，中共中央马克思恩格斯列宁斯大林著作编译局编译：《马克思恩格斯文集》（第七卷），人民出版社 2009 年版，第 1028 页。

48. 食利者的人数随着积累的增长而增加

现在情况不同了。自 1866 年危机以来，积累以不断加快的速度进行，以致在所有的工业国，至少在英国，生产的扩展赶不上积累的增长，单个资本家的积累已经不能在扩大自身营业方面全部用掉；英国的棉纺织业在 1845 年就已如此，还有铁路投机。但是随着这种积累的增长，食利者的人数也增加了。这种人对营业上经常出现的紧张已感到厌烦，只想悠闲自在，或者只揽一点像公司董事或监事之类的闲差事。

弗·恩格斯：《资本论》第三卷增补Ⅱ《交易所》，中共中央马克思恩格斯列宁斯大林著作编译局编译：《马克思恩格斯文集》（第七卷），人民出版社 2009 年版，第 1028—1029 页。

49. 股份公司的兴起

此后，工业逐渐转变为股份企业。一个部门接着一个部门遭到这种命运。首先是现在需要巨额投资的铁业（在此以前是采矿业，不过还没有矿业股票）。然后是化学工业，以及机器制造厂。在大陆，有纺织业，在英国，还只有兰开夏郡的少数几个地方（奥尔德姆的纺纱业，伯恩利的织布业等等，缝衣合作社，但后者只是准备阶段，在下一次危机到来时，又会落到老板手里），啤酒厂（数年前，有几家美国啤酒厂卖给了英国资本，然后有基尼斯、巴斯、奥尔索普等公司）。然后有托拉斯。这种托拉斯创立了实行共同管理的巨大企业（例如联合制碱托拉斯）。普通的独家商号只不过越来越成为使营业扩大到足以"建立股份公司"地步的准备阶段。

商业也是这样。里夫公司、帕森斯公司、摩利公司、莫里逊公司、狄龙公司，全都建立股份公司了。现在，甚至零售商店都已如此，而且不单是徒具"百货商店"之类的合作商店的虚名。

弗·恩格斯：《资本论》第三卷增补Ⅱ《交易所》，中共中央马克思恩格斯列宁斯大林著作编译局编译：《马克思恩格斯文集》（第七卷），人民出版社 2009 年版，第 1029 页。

50. 经理、工程师属于雇佣劳动者

……自然，所有以这种或那种方式参加商品生产的人，从真正的工人到（有别于资本家的）经理、工程师，都属于生产劳动者的范围。正因为

如此，最近的英国官方工厂报告"十分明确地"把在工厂中和工厂办事处中使用的所有人员，除了工厂主本人以外，全都列入雇佣劳动者的范畴（见这个臭报告临近结尾部分的话）。

> 卡·马克思：《政治经济学批判（1861—1863年手稿）》摘选：《生产劳动和非生产劳动的区别问题》，中共中央马克思恩格斯列宁斯大林著作编译局编译：《马克思恩格斯文集》（第八卷），人民出版社2009年版，第218页。

51. 使用机器是缩短工人为商品生产的有酬时间而延长其无酬时间

使用机器的目的，一般说来，是减低商品的价值，从而减低商品的价格，使商品变便宜，也就是缩短生产一个商品的必要劳动时间，但无论如何不是缩短工人从事这种变便宜的商品的生产的劳动时间。实际上，这里的问题不在于缩短工作日，而在于——凡是在资本主义基础上发展生产力的场合都是如此——缩短工人为再生产其劳动能力所必需的劳动时间，换句话说，就是缩短工人为生产其工资所必需的劳动时间，因而缩短工人为自己劳动的工作日部分，即他的劳动时间的有酬部分，并通过缩短这一部分而延长他无偿地为资本劳动的工作日部分，即工作日的无酬部分，他的剩余劳动时间。

> 卡·马克思：《政治经济学批判（1861—1863年手稿）》摘选：《机器、自然力和科学的应用（蒸汽、电、机械的和化学的因素）》，中共中央马克思恩格斯列宁斯大林著作编译局编译：《马克思恩格斯文集》（第八卷），人民出版社2009年版，第276—277页。

52. 使用机器的基本原则是以简单劳动代替熟练劳动从而把工资降低到平均工资的水平

使用机器的基本原则，在于以简单劳动代替熟练劳动，从而也在于把大量工资降低到平均工资的水平，或把工人的必要劳动减低到平均最低限度和把劳动能力的生产费用减低到简单劳动能力的生产费用的水平。

> 卡·马克思：《政治经济学批判（1861—1863年手稿）》摘选：《机器、自然力和科学的应用（蒸汽、电、机械的和化学的因素）》，中共中央马克思恩格斯列宁斯大林著作编译局编译：《马克思恩格斯文集》（第八卷），人民出版社2009年版，第279页。

53. 机器与工场手工业中的简单协作和分工不同，是不变资本

因此，机器与工场手工业中的简单协作和分工不同，它是制造出来的生产力。机器具有价值；它作为商品（直接作为机器，或间接作为必须消费掉以便使动力具有所需要的形式的商品）进入生产领域，在那里，它作为机器，作为不变资本的一部分而起作用。机器和不变资本的任何部分一样，把它本身包含的价值加到产品上，也就是说，它使产品由于加进生产它本身所需要的劳动时间而变贵。

> 卡·马克思：《政治经济学批判（1861—1863 年手稿）》摘选：《机器、自然力和科学的应用（蒸汽、电、机械的和化学的因素）》，中共中央马克思恩格斯列宁斯大林著作编译局编译：《马克思恩格斯文集》（第八卷），人民出版社 2009 年版，第 280 页。

54. 机器成为了资本形式，成为了镇压劳动的手段

罢工大部分是为了阻止降低工资，或者是为了迫使提高工资，或者是为了规定正常工作日的界限。同时，这里的问题总是关系到限制绝对的或相对的剩余劳动时间量，或者关系到把这一剩余时间的一部分转给工人自己。为了进行对抗，资本家就采用机器。在这里，机器直接成了缩短必要劳动时间的手段。同时机器成了资本的形式，成了资本驾驭劳动的权力，成了资本镇压劳动追求独立的一切要求的手段。在这里，机器就它本身的使命来说，也成了与劳动相敌对的资本形式。

> 卡·马克思：《政治经济学批判（1861—1863 年手稿）》摘选：《机器、自然力和科学的应用（蒸汽、电、机械的和化学的因素）》，中共中央马克思恩格斯列宁斯大林著作编译局编译：《马克思恩格斯文集》（第八卷），人民出版社 2009 年版，第 300 页。

55. 在资本主义生产的粗野、躁动时期劳动时间长和强度高

只是由于资本无耻地、肆无忌惮地贪求骇人听闻地超越劳动时间的自然界限——而随着生产力的发展，劳动也不知不觉变得强度更大和更加紧张——，这种情况迫使甚至以资本主义生产为基础的社会，也不得不为正常工作日的长度强制规定硬性的界限（其中主要推动因素，自然是工人阶级本身的反抗）。这种情况初次发生在资本主义生产已经经历了它本身的粗野时期、躁动时期并建立起自身物质基础的时期。

> 卡·马克思：《政治经济学批判（1861—1863 年手稿）》摘选：《机器、自然力和科学的应用（蒸汽、电、机械的和化学的因素）》，中共中央马克思恩格斯列宁斯大林著作编译局编译：《马克思恩格斯文集》（第八卷），人民出版社 2009 年版，第 321 页。

56. 现代大工业社会的无产阶级和资产阶级

现代的大工业，一方面造成了无产阶级，这个阶级能够在历史上第一次不是要求消灭某个特殊的阶级组织或某种特殊的阶级特权，而是要求根本消灭阶级；这个阶级所处的地位，使他们不得不贯彻这一要求，否则就有沦为中国苦力的危险。另一方面，这个大工业造成了资产阶级这样一个享有全部生产工具和生活资料的垄断权的阶级，但是在每一个狂热投机的时期和接踵而来的每次崩溃中，都表明它已经无力继续支配那越出了它的控制力量的生产力，在这个阶级的领导下，社会就像司机无力拉开紧闭的安全阀的一辆机车一样，迅速奔向毁灭。换句话说，这是因为：现代资本主义生产方式所造成的生产力和由它创立的财富分配制度，已经和这种生产方式本身发生激烈的矛盾，而且矛盾达到了这种程度，以至于如果要避免整个现代社会毁灭，就必须使生产方式和分配方式发生一个会消除一切阶级差别的变革。

弗·恩格斯：《反杜林论》，中共中央马克思恩格斯列宁斯大林著作编译局编译：《马克思恩格斯文集》（第九卷），人民出版社 2009 年版，第164—165 页。

57. 工厂城市把所有的水都变成臭气熏天的污水

大工业使我们学会，为了技术上的目的，把几乎到处都可以造成的分子运动转变为物体运动，这样大工业在很大程度上使工业生产摆脱了地方的局限性。水力是受地方局限的，蒸汽力却是自由的。如果说水力必然存在于乡村，那么蒸汽力却决不是必然存在于城市。只有蒸汽力的资本主义应用才使它主要集中于城市，并把工厂乡村转变为工厂城市。但是这样一来，蒸汽力的资本主义应用就同时破坏了自己的运行条件。蒸汽机的第一需要和大工业中差不多一切生产部门的主要需要，就是比较干净的水。但是工厂城市把所有的水都变成臭气熏天的污水。因此，虽然向城市集中是资本主义生产的基本条件，但是每个工业资本家又总是力图离开资本主义生产所必然造成的大城市，而迁移到农村地区去经营。

弗·恩格斯：《反杜林论》，中共中央马克思恩格斯列宁斯大林著作编译局编译：《马克思恩格斯文集》（第九卷），人民出版社 2009 年版，第312—313 页。

58. 只有按计划协调配置生产力的社会才能消灭现代工业的矛盾

要消灭这种新的恶性循环，要消灭这个不断重新产生的现代工业的矛盾，又只有消灭现代工业的资本主义性质才有可能。只有按照一个统一的大的计划协调地配置自己的生产力的社会，才能使工业在全国分布得最适合于它自身的发展和其他生产要素的保持或发展。

弗·恩格斯：《反杜林论》，中共中央马克思恩格斯列宁斯大林著作编译局编译：《马克思恩格斯文集》（第九卷），人民出版社 2009 年版，第 313 页。

59. 劳动创造了人本身

政治经济学家说：劳动是一切财富的源泉。其实，劳动和自然界在一起才是一切财富的源泉，自然界为劳动提供材料，劳动把材料转变为财富。但是劳动的作用还远不止于此。劳动是整个人类生活的第一个基本条件，而且达到这样的程度，以致我们在某种意义上不得不说：劳动创造了人本身。

弗·恩格斯：《自然辩证法》，中共中央马克思恩格斯列宁斯大林著作编译局编译：《马克思恩格斯文集》（第九卷），人民出版社 2009 年版，第 550 页。

60. 正在生成中的人离植物界越远，他超出动物界的程度也就越高

肉类食物几乎现成地含有身体的新陈代谢所必需的各种最重要的物质；它缩短了消化过程以及身体内其他植物性过程即同植物生活相应的过程的时间，因此为过真正动物的生活赢得了更多的时间、更多的物质和更多的精力。这种正在生成中的人离植物界越远，他超出动物界的程度也就越高。如果说除吃肉外还要习惯于吃植物这一情况使野猫和野狗变成了人的奴仆，那么除吃植物外也要吃肉的习惯则大大促进了正在生成中的人的体力和独立性。但是最重要的还是肉食对于脑的影响；脑因此得到了比过去丰富得多的为脑本身的营养和发展所必需的物质，因而它就能够一代一代更迅速更完善地发育起来。请素食主义者先生们恕我直言，如果不吃肉，人是不会到达现在这个地步的，至于说在我们所知道的一切民族中，都曾经有一个时期由于吃肉而竟吃起人来（柏林人的祖先，韦累塔比人或维耳茨人，在 10 世纪还吃他们的父母），这在今天同我们已经毫不相干。

弗·恩格斯：《自然辩证法》，中共中央马克思恩格斯列宁斯大林著作编译局编译：《马克思恩格斯文集》（第九卷），人民出版社 2009 年版，第 556 页。

61. 在自然界中任何事物都不是孤立发生的

正如我们已经指出的,动物通过它们的活动同样也改变外部自然界,虽然在程度上不如人。我们也看到:动物对环境的这些改变又反过来作用于改变环境的动物,使它们发生变化。因为在自然界中任何事物都不是孤立发生的……我们已经看到:山羊怎样阻碍了希腊森林的恢复;在圣赫勒拿岛,第一批扬帆过海者带到岛上来的山羊和猪,把岛上原有的一切植物几乎全部消灭光,因而为后来的水手和移民所引进的植物的繁殖准备了土地……动物在消灭某一地带的植物时,并不明白它们是在干什么。人消灭植物,是为了腾出土地播种五谷,或者种植树木和葡萄,他们知道这样可以得到多倍的收获。他们把有用植物和家畜从一个地区移到另一个地区,这样就把各大洲动植物的生活都改变了。不仅如此,植物和动物经过人工培养以后,在人的手下变得再也认不出它们本来的样子了。

> 弗·恩格斯:《自然辩证法》,中共中央马克思恩格斯列宁斯大林著作编译局编译:《马克思恩格斯文集》(第九卷),人民出版社 2009 年版,第558 页。

62. 人类使自然界为自己的目的服务

动物仅仅利用外部自然界,简单地通过自身的存在在自然界中引起变化;而人则通过他所作出的改变来使自然界为自己的目的服务,来支配自然界。这便是人同其他动物的最终的本质的差别,而造成这一差别的又是劳动。

> 弗·恩格斯:《自然辩证法》,中共中央马克思恩格斯列宁斯大林著作编译局编译:《马克思恩格斯文集》(第九卷),人民出版社 2009 年版,第559 页。

63. 人类不要过分陶醉于对自然界的胜利

但是我们不要过分陶醉于我们人类对自然界的胜利。对于每一次这样的胜利,自然界都对我们进行报复。每一次胜利,起初确实取得了我们预期的结果,但是往后和再往后却发生完全不同的、出乎预料的影响,常常把最初的结果又消除了。美索不达米亚、希腊、小亚细亚以及其他各地的居民,为了得到耕地,毁灭了森林,但是他们做梦也想不到,这些地方今天竟因此而成为不毛之地,因为他们使这些地方失去了森林,也就失去了水分的积聚中心和贮藏库。阿尔卑斯山的意大利人,当他们在山南坡把那些在山北坡得到精心保护的松树林砍光用尽时，没有预料到，这样一来，他们就把本地区的高山畜牧业的根基毁掉了，他们更没有预料到，他们这样做，竟使山泉在一年中的大部分时间内枯竭了，同时在雨季又使更加凶猛的洪水倾泻到平原上。在欧洲推广马铃薯的人，并不知道他们在推广这种含粉块茎的同时也使瘰疬症传播开来了。因此我们每走一步都要记住：我们决不像征服者统治异族人那样支配自然界，决不像站在自然界之外的人似的去支配自然界——相反，我们连同我们的肉、血和头脑都是属于自然界和存在于自然界之中的；我们对自然界的整个支配作用，就在于我们比其他一切生物强，能够认识和正确运用自然规律。

> 弗·恩格斯：《自然辩证法》，中共中央马克思恩格斯列宁斯大林著作编
> 译局编译：《马克思恩格斯文集》（第九卷），人民出版社 2009 年版，第
> 559—560 页。

64. 大工业所造成的必然后果之一就是：它在建立本国国内市场的过程中，同时又在破坏这一市场

要知道，大工业所造成的必然后果之一就是：它在建立本国国内市场的过程中，同时又在破坏这一市场。它是靠破坏农民家庭工业的基础而建立国内市场的。但是，没有家庭工业，农民就无法生存。他们作为农民遭到破产，他们的购买力降到最低点；而他们作为无产者在适应新的生存条件以前，对新出现的工业企业来说，将是极为匮乏的市场。

> 弗·恩格斯：《恩格斯致尼古拉·弗兰策维奇·丹尼尔逊》，中共中央马
> 克思恩格斯列宁斯大林著作编译局编译：《马克思恩格斯文集》（第十
> 卷），人民出版社 2009 年版，第 635 页。

65. 如果看机器的基本形式，工业革命并不是始于动力，而是始于英国人称为工作机的那部分机器

如果我们看一看机器的基本形式，那就毫无疑问，工业革命并不是始于动力，而是始于英国人称为工作机的那部分机器，就是说，并不是始于比如说转动纺车的脚被水或蒸汽所代替，而是始于直接的纺纱过程本身的改变和人的一部分劳动被排除，而人的这部分劳动不是指单纯的力的使用（比如踩动轮子），而是同加工、同对所加工的材料的直接作用有关的。另一方面，同样没有疑问的是，一当问题不再涉及机器的历史发展，而是涉及在当前生产方式基础上的机器，工作机（例如在缝纫机上）就是唯一有

决定意义的，因为现在谁都知道，一旦这一过程实现了机械化，就可以根据机械的大小，用手、水或蒸汽机来转动机械。

> 卡·马克思：《马克思致恩格斯》，中共中央马克思恩格斯列宁斯大林著作编译局编译：《马克思恩格斯文集》（第十卷），人民出版社 2009 年版，第 200 页。

66. 一旦机械应用于必须通过人的劳动才能取得最后成果的地方，工业革命就开始了

一旦机械应用于自古以来都必须通过人的劳动才能取得最后成果的地方，就是说，不是应用于如上述工具那样从一开始就根本不需要用人的手来加工原料的地方，而是应用于按事物的性质来说，人不是从一开始就只作为简单的力起作用的地方，工业革命就开始了。

> 卡·马克思：《马克思致恩格斯》，中共中央马克思恩格斯列宁斯大林著作编译局编译：《马克思恩格斯文集》（第十卷），人民出版社 2009 年版，第 201—202 页。

67. 铁路的敷设加速了资本主义生产的最终发展，从而加速了资本主义生产的彻底变革

铁路首先是作为"实业之冠"出现在那些现代工业最发达的国家，如英国、美国、比利时、法国等。我把它叫做"实业之冠"，不仅是因为它终于（同远洋轮船和电报一起）成了和现代生产资料相适应的交通联络工具，而且也因为它给巨大的股份公司提供了基础，同时形成了从股份银行开始的其他各种股份公司的一个新的起点。总之，它给资本的积聚以一种从未预料到的推动力，而且也加速了和大大扩大了借贷资本的世界性活动，从而使整个世界陷入金融欺诈和相互借贷——资本主义形式的"国际"博爱——的罗网之中。

另一方面，铁路网在居主导地位的资本主义国家的出现，促使甚至迫使那些资本主义还局限在社会的少数点面上的国家在最短期间建立起它们的资本主义的上层建筑，并把这种上层建筑扩大到同主要生产仍以传统方式进行的社会机体的躯干完全不相称的地步。因此，毫无疑问，铁路的敷设在这些国家里加速了社会的和政治的解体，就像在比较先进的国家中加速了资本主义生产的最终发展，从而加速了资本主义生产的彻底变革一样。

> 卡·马克思：《马克思致尼古拉·弗兰策维奇丹·尼尔逊》，中共中央马克思恩格斯列宁斯大林著作编译局编译：《马克思恩格斯文集》（第十

卷），人民出版社 2009 年版，第 433—434 页。

68. 俄国贫民生活状况与英国相比

而米海洛夫斯基先生却有这种勇气说："马克思谈的是现成的无产阶级和现成的资本主义，而我们还需要创造无产阶级和资本主义。"俄国还需要创造无产阶级?! 在俄国，只有在俄国，才能看到群众穷得走投无路，劳动者横遭剥削，**它的贫民生活状况往往被拿来同英国相比（而且比得合情合理）**；千百万人民忍饥挨饿是经常的现象，而粮食输出却在日益增加。在这样的俄国，竟没有无产阶级!!

> 列宁：《什么是"人民之友"以及他们如何攻击社会民主党人?》，中共中央马克思恩格斯列宁斯大林著作编译局编译：《列宁选集》（第一卷），人民出版社 1995 年版，第 61—62 页。

69. 欧洲的思想情感方式，对于顺利使用机器来说，是和蒸汽、煤炭和技术同样必需的

没有一本"俄国学生们"所出版的书不谈到或不指明：在农业中以自由雇佣劳动来代替工役，以工厂工业来代替所谓"手工"工业，是在我们眼前发生的（并且发生得非常快的）现实现象，而根本不只是"未来"现象；这种代替在各方面说来都是一种进步现象，它摧毁着墨守陈规的、长期停滞不前的、分散的小手工生产；它在提高社会劳动生产率，从而创造提高劳动人民生活水平的可能性；它在创造把这种可能性变成必然性的条件，也就是使那些被抛掷到"穷乡僻壤"的"定居的无产者"，使那些无论在肉体上还是在精神上都是定居的无产者变成流动的无产者，**使那些盘剥极其残酷，人身依附形式繁多的亚洲劳动形式变成欧洲劳动形式；"欧洲的思想情感方式，对于顺利使用机器来说，是和蒸汽、煤炭和技术同样必需的"** 等等。

> 列宁：《我们拒绝什么遗产》，中共中央马克思恩格斯列宁斯大林著作编译局编译：《列宁选集》（第一卷），人民出版社 1995 年版，第 137 页。

70. 英国、德国和俄国的铁路网（近代欧洲文明——工业文明与城市化）

俄国的铁路网从 1865 年的 3819 公里增长到 1890 年的 29063 公里，即增加 6 倍多。英国迈出这样的一步用了较长的时间（1845 年为 4082 公里，1875 年为 26819 公里，增加了 5 倍），德国则用了较短的时间（1845 年为

2143 公里，1875 年为 27981 公里，增加了 11 倍）。每年敷设的铁路俄里数在各个不同的时期变动很大：例如，在 1868—1872 年这 5 年中敷设了 8806 俄里，而在 1878—1882 年这 5 年中只敷设了 2221 俄里。根据这种变动的幅度，可以判断资本主义需要多么庞大的失业工人后备军，因为资本主义时而扩大对工人的需求，时而又缩小对工人的需求。

列宁：《俄国资本主义的发展》，中共中央马克思恩格斯列宁斯大林著作

编译局编译：《列宁选集》（第一卷），人民出版社 1995 年版，第 196 页。

71. 俄国同西欧工业国家比较

在第一个地区，即非农业的或工业的地区，我们看到城市人口百分比增长得特别迅速：从 14.1 增长到 21.1。农村人口的增长在这里则很慢，——差不多比整个俄国慢一半。相反，城市人口的增长则大大超过平均数（105％与 97％之比）。如果拿**俄国同西欧工业国家比较**（像我们常常做的那样），那就必须只拿这一地区同西欧工业国家比较，因为只有这一地区是同工业资本主义国家的条件大体相同的。

列宁：《俄国资本主义的发展》，中共中央马克思恩格斯列宁斯大林著作

编译局编译：《列宁选集》（第一卷），人民出版社 1995 年版，第 204 页。

72. 俄国的统计在这方面也大大落后于欧洲的统计

不仅在俄国，而且在一切国家，资本主义的发展都引起了未被正式列为城市的新工业中心的形成。"城市与乡村间的差别正在消失：在日益成长的工业城市近旁发生这个现象，是因为工业企业与工人住宅移到了市郊和城市附近；在日益衰落的小城市近旁发生这个现象，是因为这些小城市与周围村庄的日益接近，也因为大工业村的发展……城市居民区与农村居民区的差别，由于很多过渡区域的形成而正在消灭。统计学早已承认了这点，抛开了关于城市的历史法律概念，而代之以只根据居民人数来区分居民区的统计概念"（毕歇尔《国民经济的发生》1893 年蒂宾根版第 296—297 页和第 303—304 页）**俄国的统计在这方面也大大落后于欧洲的统计**。在德国和法国（《政治家年鉴》第 536 页和第 474 页），列入城市的是居民超过 2000 的居民点；在英国，是城市类型的卫生区域，即也包括工厂村等等。因此，俄国的"城市"人口资料，完全不能和欧洲的相比。

列宁：《俄国资本主义的发展》，中共中央马克思恩格斯列宁斯大林著作

编译局编译：《列宁选集》（第一卷），人民出版社1995年版，第207页。

73. 资本主义最典型的特点之一就是工业蓬勃发展

资本主义最典型的特点之一，就是工业蓬勃发展，生产集中于愈来愈大的企业的过程进行得非常迅速。现代工业调查提供了说明这一过程的最完备最确切的材料。

> 列宁：《帝国主义是资本主义的最高阶段》，中共中央马克思恩格斯列宁斯大林著作编译局编译：《列宁选集》（第二卷），人民出版社1995年版，第584页。

74. 在欧洲新资本主义于20世纪初代替旧资本主义

对于欧洲，可以相当精确地确定新资本主义最终代替旧资本主义的时间是20世纪初。

> 列宁：《帝国主义是资本主义的最高阶段》，中共中央马克思恩格斯列宁斯大林著作编译局编译：《列宁选集》（第二卷），人民出版社1995年版，第584页。

75. 垄断组织的历史

……对垄断组织的历史可以作如下的概括：（1）19世纪60年代和70年代是自由竞争发展的顶点即最高阶段。这时垄断组织还只是一种不明显的萌芽。（2）1873年危机之后，卡特尔有一段很长的发展时期，但卡特尔在当时还是一种例外，还不稳固，还是一种暂时现象。（3）19世纪末的高涨和1900—1903年的危机。这时卡特尔成了全部经济生活的基础之一。资本主义转化为帝国主义。

> 列宁：《帝国主义是资本主义的最高阶段》，中共中央马克思恩格斯列宁斯大林著作编译局编译：《列宁选集》（第二卷），人民出版社1995年版，第589—590页。

76. 垄断推进了生产与技术的社会化

竞争转化为垄断。生产的社会化有了巨大的进展。就连技术发明和技术改进的过程也社会化了。

> 列宁：《帝国主义是资本主义的最高阶段》，中共中央马克思恩格斯列宁斯大林著作编译局编译：《列宁选集》（第二卷），人民出版社1995年版，第592页。

77. 银行业与工业的联系

银行业发展的最新成就还是垄断。

说到银行和工业的密切联系，那么，正是在这一方面，银行的新作用恐怕表现得最明显。银行给某个企业主贴现票据，给他开立往来帐户等等，这些业务单独地来看，一点也没有减少这个企业主的独立性，银行也没有越出普通的中介人作用的范围。可是，如果这些业务愈来愈频繁、愈来愈加强，如果银行把大量资本"收集"在自己手里，如果办理某个企业的往来帐使银行能够愈来愈详细和充分地了解它的顾客的经济状况（事实上也确实如此），那么，结果就是工业资本家愈来愈完全依赖于银行。

同时，银行同最大的工商业企业之间的所谓人事结合也发展起来，双方通过占有股票，通过银行和工商业企业的经理互任对方的监事（或董事），而日益融合起来。……

列宁：《帝国主义是资本主义的最高阶段》，中共中央马克思恩格斯列宁斯大林著作编译局编译：《列宁选集》（第二卷），人民出版社1995年版，第607页。

78. 20世纪是从旧资本主义到新资本主义，从一般资本统治到金融资本统治的转折点

20世纪是从旧资本主义到新资本主义，从一般资本统治到金融资本统治的转折点。

列宁：《帝国主义是资本主义的最高阶段》，中共中央马克思恩格斯列宁斯大林著作编译局编译：《列宁选集》（第二卷），人民出版社1995年版，第612页。

79. 垄断不可避免地要渗透到社会生活的各个方面

垄断既然已经形成，而且操纵着几十亿资本，它就绝对不可避免地要渗透到社会生活的各个方面去，而不管政治制度或其他任何"细节"如何。在德国经济著作中，通常是阿谀地赞美普鲁士官员的廉洁，而影射法国的巴拿马案件或美国政界的贿赂风气。但是事实是，甚至专论德国银行业务的资产阶级书刊，也不得不经常谈到远远越出纯银行业务范围的事情，例如，针对官员们愈来愈多地转到银行去服务这件事，谈到了"钻进银行的欲望"："暗地里想在贝伦街〈柏林街名，德意志银行的所在地〉钻营一个肥缺的官员，他们的廉洁情况究竟怎样呢？"

列宁：《帝国主义是资本主义的最高阶段》，中共中央马克思恩格斯列宁斯大林著作编译局编译：《列宁选集》（第二卷），人民出版社1995年版，

第 623 页。

80. 资本主义的"分离"特性

资本主义的一般特性，就是资本的占有同资本在生产中的运用相分离，货币资本同工业资本或者说生产资本相分离，全靠货币资本的收入为生的食利者同企业家及一切直接参与运用资本的人相分离。帝国主义，或者说金融资本的统治，是资本主义的最高阶段，这时候，这种分离达到了极大的程度。金融资本对其他一切形式的资本的优势，意味着食利者和金融寡头占统治地位，意味着少数拥有金融"实力"的国家处于和其余一切国家不同的特殊地位。至于这一过程进行到了怎样的程度，可以根据发行各种有价证券的统计材料来判断。

> 列宁：《帝国主义是资本主义的最高阶段》，中共中央马克思恩格斯列宁斯大林著作编译局编译：《列宁选集》（第二卷），人民出版社 1995 年版，第 624 页。

81. 资本主义是发展到最高阶段的商品生产，这时劳动力也成了商品

资本主义是发展到最高阶段的商品生产，这时劳动力也成了商品。国内交换尤其是国际交换的发展，是资本主义的具有代表性的特征。在资本主义制度下，各个企业、各个工业部门和各个国家的发展必然是不平衡的，跳跃式的。起先，英国早于别国成为资本主义国家，到 19 世纪中叶，英国实行自由贸易，力图成为"世界工厂"，由它供给各国成品，这些国家则供给它原料作为交换。但是英国的这种垄断，在 19 世纪最后的 25 年已经被打破了，因为当时有许多国家用"保护"关税来自卫，发展成为独立的资本主义国家。临近 20 世纪时，我们看到已经形成了另一种垄断：第一，所有发达的资本主义国家都有了资本家的垄断同盟；第二，少数积累了巨额资本的最富的国家处于垄断地位。在先进的国家里出现了大量的"过剩资本"。

> 列宁：《帝国主义是资本主义的最高阶段》，中共中央马克思恩格斯列宁斯大林著作编译局编译：《列宁选集》（第二卷），人民出版社 1995 年版，第 626 页。

82. 电力工业是最能代表最新技术成就，代表 19 世纪末、20 世纪初的资本主义的一个工业部门

电力工业是最能代表最新技术成就，代表 19 世纪末、20 世纪初的资

本主义的一个工业部门。它在美国和德国这两个最先进的新兴资本主义国家里最发达。在德国，1900 年的危机对这个部门集中程度的提高发生了特别巨大的影响。在此之前已经同工业相当紧密地长合在一起的银行，在这个危机时期极大地加速和加深了较小企业的毁灭和它们被大企业吞并的过程。

> 列宁：《帝国主义是资本主义的最高阶段》，中共中央马克思恩格斯列宁斯大林著作编译局编译：《列宁选集》（第二卷），人民出版社 1995 年版，第 631 页。

83. 资本家同盟之间在从经济上瓜分世界的基础上形成了一定的关系

最新资本主义时代向我们表明，资本家同盟之间在从经济上瓜分世界的基础上形成了一定的关系，而与此同时，与此相联系，各个政治同盟、各个国家之间在从领土上瓜分世界、争夺殖民地、"争夺经济领土"的基础上也形成了一定的关系。

> 列宁：《帝国主义是资本主义的最高阶段》，中共中央马克思恩格斯列宁斯大林著作编译局编译：《列宁选集》（第二卷），人民出版社 1995 年版，第 631 页。

84. 欧洲科学中具有替资产阶级及其偏见和反动性效劳的不同形式

且不说格·瓦·普列汉诺夫，只要指出车尔尼雪夫斯基就够了，现代的民粹派（人民社会党人和社会革命党人等）由于一味追随时髦的反动哲学学说，往往离开车尔尼雪夫斯基而倒退，他们被欧洲科学的所谓"最新成就"的假象所迷惑，不能透过这种假象看清它是替资产阶级及其偏见和反动性效劳的不同形式。

> 列宁：《论战斗唯物主义的意义（1922 年 3 月 12 日）》，中共中央马克思恩格斯列宁斯大林著作编译局编译：《列宁选集》（第四卷），人民出版社 1995 年版，第 646—647 页。

85. 现代自然科学经历着急剧的变革，往往会产生一些大大小小的反动的哲学学派和流派

必须记住，正因为现代自然科学经历着急剧的变革，所以往往会产生一些大大小小的反动的哲学学派和流派。因此，现在的任务就是要注意自然科学领域最新的革命所提出的种种问题，并吸收自然科学家参加哲学杂志所进行的这一工作，不解决这个任务，战斗唯物主义决不可能是战斗的，也决不可能是唯物主义。季米里亚捷夫在杂志第 1 期上不得不声明，各国

已有一大批资产阶级知识分子抓住了爱因斯坦的理论，而爱因斯坦本人，用季米里亚捷夫的话来说，并没有对唯物主义原理进行任何主动的攻击。这不仅是爱因斯坦一人的遭遇，也是19世纪末以来自然科学的许多大革新家，甚至是多数大革新家的遭遇。

> 列宁：《论战斗唯物主义的意义（1922年3月12日）》，中共中央马克思恩格斯列宁斯大林著作编译局编译：《列宁选集》（第四卷），人民出版社1995年版，第651页。

86. 资本主义经济制度的发展

资产阶级经济制度为了证明自己比封建经济制度优越，大约费去了一百年，或者不到一百年。还在封建社会内部，资产阶级经济制度就已显示出它比封建经济制度优越，并且优越得多。这里所需时间的不同是因为资产阶级经济制度有更快的发展速度，有更发达的技术。

> 斯大林：《再论我们党内的社会民主主义倾向》，中共中央马克思恩格斯列宁斯大林著作编译局编译：《斯大林选集》（上卷），人民出版社1979年版，第598页。

87. 历史上强大工业国形成与发展的三条道路

到现在为止，在历史上强大工业国的形成和发展有过三条道路。

第一条道路是侵占和掠夺殖民地的道路。例如英国就是这样发展起来的，英国在世界各洲夺取了殖民地，它在两个世纪当中为加强本国工业而从殖民地榨取"追加资本"，最后变成"世界工场"。你们知道，我们是不能走这条发展道路的，因为对殖民地的侵占和掠夺是同苏维埃制度的本质不相容的。

第二条道路是一个国家对另一个国家实行军事破坏和索取赔款的道路。例如德国的情况就是这样，德国在普法战争时期击败了法国，从法国榨取了五十亿的赔款，然后把这笔款项投入自己的工业。你们知道，这条发展道路也是同苏维埃制度的本质不相容的，因为它在实质上同第一条道路毫无区别。

第三条道路是资本主义落后的国家在奴役性的条件下把经营权租让给资本主义发达的国家并且在奴役性的条件下向这些国家借款的道路。例如沙皇俄国的情况就是这样，沙皇俄国在奴役性的条件下把经营权租让出去，在奴役性的条件下取得西方列强的借款，因而就受到半殖民地生活的束缚，不过，这并没有排除它后来终于能够爬上独立发展工业的道路，当然这免不了要靠几次比较"成功的"战争，也免不了要靠对邻国的掠夺。几乎无须证明，苏维埃国家也不能走这条道路。因为我们同各国帝国主义者血战三年，并不是为了在国内战争胜利结束后的第二天又心甘情愿地去受帝国主义的奴役。

斯大林：《问题和答复》，中共中央马克思恩格斯列宁斯大林著作编译局编译：《斯大林选集》（上卷），人民出版社1979年版，第383—384页。

88. 英国的工业化

英国的工业化是靠数十年数百年掠夺殖民地，在那里收集"追加的"资本，把它们投入本国的工业并加快自己工业化的速度来实现的。这是一种工业化方法。

斯大林：《关于苏联经济状况和党的政策》，中共中央马克思恩格斯列宁斯大林著作编译局编译：《斯大林选集》（上卷），人民出版社1979年版，第464页。

89. 德国的工业化

德国由于十九世纪七十年代对法战争的胜利而加速了自己的工业化。当时德国向法国人索取了五十亿法郎的赔款，把这笔赔款投入自己的工业。这是第二种工业化方法。

斯大林：《关于苏联经济状况和党的政策》，中共中央马克思恩格斯列宁斯大林著作编译局编译：《斯大林选集》（上卷），人民出版社1979年版，第464页。

90. 沙俄的工业化

俄国，旧的俄国，在受奴役的条件下出让经营权，在受奴役的条件下获得借款，它竭力用这种方法逐步爬上工业化的道路。这是第三种方法。但这是被奴役的或半被奴役的道路，是使俄国变成半殖民地的道路。

斯大林：《关于苏联经济状况和党的政策》，中共中央马克思恩格斯列宁斯大林著作编译局编译：《斯大林选集》（上卷），人民出版社1979年版，第464页。

91. 资本主义发展工业的方法

从资本主义国家的历史可以知道，任何一个想把自己的工业提到更高水平的新兴国家都必须得到外来的援助，即长期的信贷或借款。西方各国的资本家有鉴于此，就完全拒绝给我国信贷和借款，以为没有信贷和借款，我国的工业化就一定会破产。可是资本家们想错了。他们没有估计到我国和资本主义国家不同，我国有某些特别的积累来源足以恢复和继续发展工业。的确，我们不仅恢复了工业，不仅恢复了农业和运输业，而且已经把改造重工业、农业和运输业的巨大工作引上了轨道。当然，我们在这方面是花了几百亿卢布的。这几百亿卢布是从哪里得来的呢？是从轻工业方面，从农业方面，从预算上的积累方面得来的。我们不久以前的情形就是这样。

> 斯大林：《新的环境和新的经济建设任务》，中共中央马克思恩格斯列宁斯大林著作编译局编译：《斯大林选集》（下卷），人民出版社 1979 年版，第 292 页。

92. 资本主义的工业化方法

苏维埃的国家工业化方法，与资本主义的工业化方法根本不同。在资本主义国家，工业化通常都是从轻工业开始。由于轻工业同重工业比较起来，需要的投资少，资本周转快，获得利润也较容易，所以在那里，轻工业成了工业化的头一个对象。只有经过一个长时期，轻工业积累了利润并把这些利润集中于银行，这才轮到重工业，积累才开始逐渐转到重工业中去，造成重工业发展的条件。但这是一个需要数十年之久的长期过程，在这一时期内只得等待轻工业发展并在没有重工业的情形下勉强凑合着。共产党当然不能走这条道路。党知道战争日益逼近，没有重工业就无法保卫国家，所以必须赶快着手发展重工业，如果这件事做迟了，那就要失败。党记住了列宁的话：没有重工业，便无法保持国家的独立；没有重工业，苏维埃制度就会灭亡。因此我国共产党也就拒绝了"通常的"工业化道路，而从发展重工业开始来实行国家工业化。这件事是非常困难的，但是，是可以克服的。在这方面，工业国有化和银行国有化大大帮助了我们，使我们能够迅速聚集资金，把它转用到重工业方面去。

> 斯大林：《在莫斯科市斯大林选区选举前的选民大会上的演说》，中共中央马克思恩格斯列宁斯大林著作编译局编译：《斯大林选集》（下卷），人民出版社 1979 年版，第 496 页。

（四）世界贸易与对外扩张

1. 随着美洲和通往东印度的航线的发现产生了历史发展的一个新阶段

随着工场手工业的出现，工人和雇主的关系也发生了变化。在行会中，帮工和师傅之间的宗法关系继续存在，而在工场手工业中，这种关系由工人和资本家之间的金钱关系代替了；在乡村和小城市中，这种关系仍然带有宗法色彩，而在比较大的、真正的工场手工业城市里，则早就失去了几乎全部宗法色彩。

随着美洲和通往东印度的航线的发现，交往扩大了，工场手工业和整个生产运动有了巨大的发展。从那里输入的新产品，特别是进入流通的大量金银完全改变了阶级之间的相互关系，并且沉重地打击了封建土地所有制和劳动者；冒险者的远征，殖民地的开拓，首先是当时市场已经可能扩大为而且日益扩大为世界市场，——所有这一切产生了历史发展的一个新阶段，关于这个阶段的一般情况我们不准备在这里多谈。新发现的土地的殖民地化，又助长了各国之间的商业斗争，因而使这种斗争变得更加广泛和更加残酷了。

> 卡·马克思、弗·恩格斯：《德意志的意识形态》，中共中央马克思恩格斯列宁斯大林著作编译局编译：《马克思恩格斯文集》（第一卷），人民出版社 2009 年版，第 562 页。

2. 德意志人进行并吞的趋势过去一向是，现在也还是西欧文明传播到东欧的最有力的方法之一

如果说易北河和萨勒河以东的全部领土的确曾一度被斯拉夫血统的人所占据，那么这个事实只能证明德意志民族征服、并吞和同化它的古老的东方邻人的历史趋势以及它的肉体的和精神的能力；德意志人进行并吞的趋势过去一向是，现在也还是西欧文明传播到东欧的最有力的方法之一，只有当日耳曼化的过程进行到那些能够保持独立民族生存、团结统一的大民族（匈牙利人是这种民族，在某种程度上波兰人也是这种民族）的边界时，这种趋势才会停止；因此，这些垂死的民族的自然而不可避免的命运，就是让它们的强邻完成这种瓦解和并吞它们的过程。

> 弗·恩格斯：《德国的革命和反革命》，中共中央马克思恩格斯列宁斯大林著作编译局编译：《马克思恩格斯文集》（第二卷），人民出版社 2009

年版，第 430 页。

3. 中国在 1840 年战争失败以后被迫付给英国的赔款、大量的非生产性的鸦片消费、鸦片贸易引起大量金银外流

在 1830 年以前，中国人在对外贸易上经常是出超，白银不断地从印度、英国和美国向中国输出。可是从 1833 年，特别是 l840 年以来，由中国向印度输出的白银，几乎使天朝帝国的银源有枯竭的危险。……

中国过去几乎不输入英国棉织品，英国毛织品的输入也微不足道，但从 1833 年对华贸易垄断权由东印度公司手中转到私人商业手中之后，这两种商品的输入便迅速地增加了。从 1840 年其他国家特别是我国也开始参加和中国的通商之后，这两项输入增加得更多了。这种外国工业品的输入，对本国工业也发生了类似过去对小亚细亚、波斯和印度所发生的那种影响。中国的纺织业者在外国的这种竞争之下受到很大的损害，结果社会生活也受到了相应程度的破坏。

中国在 1840 年战争失败以后被迫付给英国的赔款、大量的非生产性的鸦片消费、鸦片贸易所引起的金银外流、外国竞争对本国工业的破坏性影响、国家行政机关的腐化，这一切造成了两个后果：旧税更重更难负担，旧税之外又加新税。

卡·马克思：《中国革命和欧洲革命》，中共中央马克思恩格斯列宁斯大林著作编译局编译：《马克思恩格斯文集》（第二卷），人民出版社 2009 年版，第 608—609 页。

4. 不列颠人给印度斯坦带来深重灾难

但是，不列颠人给印度斯坦带来的灾难，与印度斯坦过去所遭受的一切灾难比较起来，毫无疑问在本质上属于另一种，在程度上要深重得多。我在这里所指的还不是不列颠东印度公司在亚洲式专制的基础上建立起来的欧洲式专制，这两种专制结合起来要比萨尔赛达庙里任何狰狞的神像都更为可怕。这并不是不列颠殖民统治独有的特征，它只不过是对荷兰殖民统治的模仿，而且模仿得惟妙惟肖。

……

内战、外侮、革命、征服、饥荒——尽管所有这一切接连不断地对印度斯坦造成的影响显得异常复杂、剧烈和具有破坏性，它们却只不过触动它的表面。英国则摧毁了印度社会的整个结构，而且至今还没有任何重新改建的迹象。印度人失掉了他们的旧世界而没有获得一个新世界，这就使他们现在所遭受的灾难具有一种特殊的悲惨色彩，使不列颠统治下的印度斯坦同它的一切古老传统，同它过去的全部历史断绝了联系。

> 卡·马克思：《不列颠在印度的统治》，中共中央马克思恩格斯列宁斯大林著作编译局编译：《马克思恩格斯文集》（第二卷），人民出版社2009年版，第678页。

5. 英国把印度的棉织品挤出了欧洲市场

不列颠入侵者打碎了印度的手织机，毁掉了它的手纺车。英国起先是把印度的棉织品挤出了欧洲市场，然后是向印度斯坦输入棉纱，最后就使英国棉织品泛滥于这个棉织品的故乡。从1818年到1836年，大不列颠向印度输出的棉纱增长的比例是1：5200。在1824年，输入印度的不列颠细棉布不过100万码，而到1837年就超过了6400万码。但是在同一时期，达卡的人口却从15万人减少到2万人。然而，曾以纺织品闻名于世的印度城市的这种衰败决不是不列颠统治的最坏的结果。不列颠的蒸汽机和科学在印度斯坦全境彻底摧毁了农业和制造业的结合。

> 卡·马克思：《不列颠在印度的统治》，中共中央马克思恩格斯列宁斯大林著作编译局编译：《马克思恩格斯文集》（第二卷），人民出版社2009年版，第680—681页。

6. 英国在印度要完成双重的使命：即消灭旧的亚洲式的社会和在亚洲为西方式的社会奠定物质基础，从而毁灭了印度的文明

英国在印度要完成双重的使命：一个是破坏的使命，即消灭旧的亚洲式的社会；另一个是重建的使命，即在亚洲为西方式的社会奠定物质基础。

相继侵入印度的阿拉伯人、土耳其人、鞑靼人和莫卧儿人，不久就被印度化了——野蛮的征服者，按照一条永恒的历史规律，本身被他们所征服的臣民的较高文明所征服。不列颠人是第一批文明程度高于印度因而不受印度文明影响的征服者。他们破坏了本地的公社，摧毁了本地的工业，夷平了本地社会中伟大和崇高的一切，从而毁灭了印度的文明。他们在印度进行统治的历史，除破坏以外很难说还有别的什么内容。

> 卡·马克思：《不列颠在印度统治的未来结果》，中共中央马克思恩格斯列宁斯大林著作编译局编译：《马克思恩格斯文集》（第二卷），人民出版社2009年版，第686页。

7. 当我们把目光从资产阶级文明的故乡转向殖民地的时候，资产阶级文明的极端伪善和它的野蛮本性就赤裸裸地呈现在我们面前

当我们把目光从资产阶级文明的故乡转向殖民地的时候，资产阶级文明的极端伪善和它的野蛮本性就赤裸裸地呈现在我们面前，它在故乡还装出一副体面的样子，而在殖民地它就丝毫不加掩饰了。资产阶级是财产的捍卫者，但是难道曾经有哪个革命党发动过孟加拉、马德拉斯和孟买那样的土地革命吗？当资产阶级在印度单靠贪污不能填满他们那无底的欲望的时候，难道他们不是都像大强盗克莱夫勋爵本人所说的那样，采取了凶恶的勒索手段吗？当他们在欧洲大谈国债神圣不可侵犯的时候，难道他们不是同时就在印度没收了那些把私人积蓄投给东印度公司作股本的拉甲所应得的红利吗？当他们以保护"我们的神圣宗教"为口实反对法国革命的时候，难道他们不是同时就在印度禁止传播基督教吗？而且为了从络绎不绝的朝拜奥里萨和孟加拉的神庙的香客身上榨取钱财，难道他们不是把札格纳特庙里的杀生害命和卖淫变成了一种职业吗？这就是维护"财产、秩序、家庭和宗教"的人的真面目！

> 卡·马克思：《不列颠在印度统治的未来结果》，中共中央马克思恩格斯列宁斯大林著作编译局编译：《马克思恩格斯文集》（第二卷），人民出版社 2009 年版，第 690 页。

8. 马克思论自由贸易

在他看来，自由贸易是现代资本主义生产的正常条件。只有实行自由贸易，蒸汽、电力、机器的巨大生产力才能够获得充分的发展，这种发展的速度越快，也就会越快、越充分地实现其不可避免的后果：社会分裂为两个阶级———一面是资本家，一面是雇佣工人；一边是世袭的富有，另一边是世袭的贫困；供过于求，市场无法吸收日益增加的大量的工业品；不断重复出现周期———繁荣、生产过剩、危机、恐慌、慢性萧条、贸易逐渐复苏，这种复苏并不是持续好转的先兆，而是新的生产过剩和危机的先兆；一句话，生产力发展到了这种程度，以致生产力与其赖以发展起来的社会制度不能相容，使这种制度成了生产力不能忍受的桎梏；唯一可能的出路，就是实行社会革命，把社会生产力从过时的社会制度的桎梏下解放出来，把真正的生产者、广大人民群众从雇佣奴役状态中解放出来。而由于自由贸易是这种历史演进的自然的、正常的环境，是最迅速地使不可避免的社会革命所必需的条件得以造成的经济培养基——由于这个原因，而且只是由于这个原因，马克思才宣布赞成自由贸易。

弗·恩格斯：《保护关税制度与自由贸易》，中共中央马克思恩格斯列宁斯大林著作编译局编译：《马克思恩格斯文集》（第四卷），人民出版社2009年版，第336页。

9. 其他国家如何应对英国推行的自由贸易政策

无论如何，紧接着自由贸易在英国获胜以后的那些年代，看来是证实了对于建立在这个胜利基础上的繁荣所抱的最大希望。英国的贸易达到了神话般的规模；英国在世界市场上的工业垄断地位显得比过去任何时候都更加巩固……但是，难道其他各国就应该坐视不动，温顺地听任这一变化使自己沦为英国这个"世界工厂"的简单的农业附庸吗？

其他各国并没有这样做。法国在将近200年中在自己的工业的周围筑起了一道保护性和禁止性关税的真正的万里长城，并且在一切奢侈品和工艺品的生产方面获得英国也完全难以与之争胜的优势地位。瑞士在实行彻底的自由贸易的情况下，拥有了英国的竞争也损害不了的一些比较重要的工业部门。德国实行了比欧洲大陆其他任何大国都自由得多的关税制度，因而以一种甚至比英国还要快的速度发展着自己的工业。而美国，由于1861年的内战，一下子使它只能依靠自己的资源，不得不设法满足突然产生的对各种工业品的需求，而它要做到这一点只有建立自己本国的工业。随着战争的停止，战争所产生的需求没有了；但是新的工业依然存在，并且要对付英国的竞争。战争使美国人觉悟到：一个民族，有3500万人口（这个数字至多在40年内就能增加一倍），又拥有巨大的资源，而周围的邻国在许多年中还不得不主要从事农业——这样一个民族，有"天定命运"要在主要消费品方面不论是平时还是战时都不依赖外国工业。于是，美国实行了保护关税制度。

弗·恩格斯：《保护关税制度与自由贸易》，中共中央马克思恩格斯列宁斯大林著作编译局编译：《马克思恩格斯文集》（第四卷），人民出版社2009年版，第336—338页。

10. 摆脱保护关税制度并不容易

保护关税制度再好也不过是一种无限螺旋，你永远不会知道什么时候能把它拧到头。你保护一个工业部门，同时也就直接或间接地损害了一切其他工业部门，因此不得不把它们也保护起来。这样一来，你又给你原先保护的那个工业部门造成损失，不得不补偿它的损失，可是，这一补偿又会像前面的情况一样，影响到一切其他行业，因而使它们也有权利要求补偿，于是就这样循环往复，永无尽头。

……

不过，在将来，任何一个国家从保护关税制度转向自由贸易都不可能再有当时英国所拥有的那种条件，即一切工业部门，或者说几乎一切工业部门，都能够在自由市场上同外国竞争相抗衡。早在可以期望有这种幸运的状况以前很久，就会出现实现这一转变的必要性。这种必要性会在各个不同的工业部门中在不同的时间表现出来，这些部门的彼此矛盾的利益将会引起大有启迪意义的争吵、议会走廊中的阴谋诡计和议会会场内的勾心斗角。

弗·恩格斯：《保护关税制度与自由贸易》，中共中央马克思恩格斯列宁斯大林著作编译局编译：《马克思恩格斯文集》（第四卷），人民出版社2009年版，第339—341页。

11. 实行保护关税制度还是实行自由贸易，对社会主义者最终都没有差别

关于自由贸易和保护关税制度的问题，完全是在现代资本主义生产制度的范围内兜圈子，因此对于我们，即要求消灭这一制度的社会主义者说来，没有什么直接的兴趣。……无论是实行保护关税制度还是实行自由贸易，最终都没有差别，而在最终结局到来以前的延缓时期也未必会有什么不同。因为在这一天到来以前的长时期内，保护关税制度对于任何一个有望成功地争取自立于世界市场的国家都会变成不能忍受的镣铐。

弗·恩格斯：《保护关税制度与自由贸易》，中共中央马克思恩格斯列宁斯大林著作编译局编译：《马克思恩格斯文集》（第四卷），人民出版社2009年版，第349—350页。

12. 资本主义的世界贸易对别国的破坏作用

另一方面，那些造成资本主义生产的基本条件，即雇佣工人阶级的存在的情况，也促使一切商品生产过渡到资本主义的商品生产。资本主义的商品生产越发展，它对主要是直接满足自己需要而只把多余产品转化为商品的每一种旧生产形式，就越发生破坏和解体的作用。它使产品的出售成为人们关心的主要事情，它起初并没有显著地侵袭到生产方式本身，例如，资本主义的世界贸易对中国、印度、阿拉伯等国人民最初发生的影响就是如此。但是接着，在它已经扎根的地方，它就会把一切以生产者本人劳动为基础或只把多余产品当做商品出售的商品生产形式尽行破坏。它首先是使商品生产普遍化，然后使一切商品生产逐步转化为资本主义的商品生产。

> 卡·马克思：《资本论》（第二卷）之《资本形态变化及其循环》，中共中央马克思恩格斯列宁斯大林著作编译局编译：《马克思恩格斯文集》（第六卷），人民出版社 2009 年版，第 43 页。

13. 世界市场的发展使国家的平均储备量减少

例如，运输工具的发展，使存放在港口的进口棉花可以迅速从利物浦运到曼彻斯特，这样，工厂主就可以根据需要以相对较小的规模更新它的棉花储备。不过，这时作为商品储备存放在利物浦商人手中的棉花的数量就要相应地增大。因此，这只是储备的形式变换，而莱勒等人却看不到这一点。而就社会资本来考察，储备形式的产品量，现在仍然和以前一样多。对于一个国家来说，必须为比如说一年准备好的储备量，会随着运输工具的发展而减少。如果有大批轮船、帆船往来于美英之间，英国的棉花储备更新的机会就会增多，因而必须在英国国内存放的棉花平均储备量就会减少。世界市场的发展，从而同种物品供应来源的增多，会产生同样的结果。物品会从不同国家和在不同时期一批一批地运来。

> 卡·马克思：《资本论》（第二卷）之《资本形态变化及其循环》，中共中央马克思恩格斯列宁斯大林著作编译局编译：《马克思恩格斯文集》（第六卷），人民出版社 2009 年版，第 160—161 页。

14. 海外贸易的资本周转是信用制度的源泉之一

因此，同一个资本要重新作为生产资本执行职能，重新开始相同的经营，共需历时八个月。由此引起的周转的差别，是各种信用期限的物质基础之一，正如海外贸易，像威尼斯和热那亚的海外贸易，一般说来也是真正的信用制度的源泉之一。

> 卡·马克思：《资本论》（第二卷）之《资本周转》，中共中央马克思恩格斯列宁斯大林著作编译局编译：《马克思恩格斯文集》（第六卷），人民出版社 2009 年版，第 280 页。

15. 英国对印度的棉纱贸易状况

英国的棉纺织品或棉纱要卖给印度。假定出口商人把钱付给英国棉纺织厂主。（出口商人要在货币市场情况良好时，才愿意这样做。如果工厂主自己要靠贷款来补偿他的货币资本，情况就已经不妙了。）出口商人后来在印度市场上出售他的棉纺织品，他的预付资本则从印度市场汇回。在流回之前，事情就同在劳动期间延长的场合下，要使生产过程按已有规模继续进行，就需要预付新的货币资本完全一样。工厂主用来付给他的工人的报酬以及更新他的流动资本的其他要素的货币资本，不是他所生产的棉纱的货币形式。只有在这个棉纱的价值已经以货币或产品的形式流回英国时，情况才能是这样。这种货币资本同上述场合一样是追加的货币资本。区别不过在于：预付这种追加货币资本的，不是工厂主，而是商人，并且商人或许也是靠贷款得到这种追加货币资本的。同样，在这个货币投入市场以前或与此同时，不会有追加产品投入英国市场，可以让人们用这个货币购买并进入生产消费或个人消费。所以，如果这种状态持续时间较长，规模较大，它就一定会和上述劳动期间的延长引起一样的结果。

然而，棉纱可能在印度再赊卖出去。以此在印度赊购产品，作为回头货运回英国，或把一张金额相当的汇票汇回英国。只要这种状态延续下去，就会对印度的货币市场造成一种压力，而对英国的反作用可能在英国引起一次危机。这种危机，即使在它伴随着向印度输出贵金属的情况下，也会在印度引起一次新的危机，因为曾经从印度的银行取得贷款的英国商行和它们的印度分行会陷于破产。因此，出现贸易逆差的市场和出现贸易顺差的市场会同时发生危机。这种现象还可以更加复杂化。例如，英国把银块送往印度，但是，印度的英国债权人现在会在印度索债，于是印度随后不久又要把它的银块送回英国。

向印度的出口贸易和从印度的进口贸易大致平衡是可能的，虽然后者（除了棉花涨价这一类特殊情况）的规模是由前者决定的，并受前者刺激的。英国和印度之间的贸易差额，可以看起来是平衡的，或者只是显出偏向这方或那方的微小的摆动。但是，危机一旦在英国爆发，就可以看到没有卖出去的棉纺织品堆积在印度（就是商品资本没有转化为货币资本，从这方面说，也就是生产过剩）；另一方面，在英国，不仅堆积着没有卖出去的印度产品的存货，而且大部分已经卖出、已经消费的存货还丝毫没有得到货款。因此，在货币市场上作为危机表现出来的，实际上不过是表现生产过程和再生产过程本身的失常。

> 卡·马克思：《资本论》（第二卷）之《资本周转》，中共中央马克思恩格斯列宁斯大林著作编译局编译：《马克思恩格斯文集》（第六卷），人民出版社 2009 年版，第 351—352 页。

16. 欧洲资本主义国家金银的需求，大多是贸易得来

根据较早的统计资料，每年金的总产量等于 80 万—90 万磅，价值约 110000 万到 125000 万马克。而根据泽特贝尔的统计，从 1871 年到 1875 年，每年平均只生产金 170675 公斤，价值约 47600 万马克。其中澳大利亚约提供 16700 万马克，美国提供 16600 万马克，俄国提供 9300 万马克。余额则分别由不同国家提供，其中每个国家提供的数额都在 1000 万马克以下。同时期，银的年产量将近 200 万公斤，价值 35450 万马克。其中墨西哥约提供 10800 万，美国 10200 万，南美 6700 万，德国 2600 万，等等。

在资本主义生产占统治地位的国家，只有美国是金和银的生产者。欧洲各资本主义国家几乎所有的金以及绝大部分银都是从澳大利亚、美国、墨西哥、南美和俄国得到的。

> 卡·马克思：《资本论》（第二卷）之《社会总资本的再生产和流通》，中共中央马克思恩格斯列宁斯大林著作编译局编译：《马克思恩格斯文集》（第六卷），人民出版社 2009 年版，第 527 页。

17. 世界市场是资本主义生产方式的基础和生活环境

我们在这一章中研究的各种现象要得到充分阐明，必须以信用制度和世界市场上的竞争为前提，因为一般说来，世界市场是资本主义生产方式的基础和生活环境。

> 卡·马克思：《资本论》第三卷第一篇第六章《价格变动的影响》，中共中央马克思恩格斯列宁斯大林著作编译局编译：《马克思恩格斯文集》（第七卷），人民出版社 2009 年版，第 125—126 页。

18. 对外贸易具有提高利润率的作用

对外贸易一方面使不变资本的要素变得便宜，一方面使可变资本转变成的必要生活资料变得便宜，就这一点说，它具有提高利润率的作用，因为它使剩余价值率提高，使不变资本价值降低。一般说来，它在这方面起

作用，是因为它可以使生产规模扩大。因此，它一方面加速积累，但是另一方面也加速可变资本同不变资本相比的相对减少，从而加速利润率的下降。同样，对外贸易的扩大，虽然在资本主义生产方式的幼年时期是这种生产方式的基础，但在资本主义生产方式的发展中，由于这种生产方式的内在必然性，由于这种生产方式要求不断扩大市场，它成为这种生产方式本身的产物。在这里，我们再一次看见了同样的二重作用。（李嘉图完全忽视了对外贸易的这个方面。）

> 卡·马克思：《资本论》第三卷第三篇第十四章《起反作用的各种原因》，中共中央马克思恩格斯列宁斯大林著作编译局编译：《马克思恩格斯文集》（第七卷），人民出版社2009年版，第264页。

19. 商人资本的主要利润依靠对输出国的剥削

商人资本的独立发展与资本主义生产的发展程度成反比例这个规律，在例如威尼斯人、热那亚人、荷兰人等经营的转运贸易（carrying trade）的历史上表现得最为明显，在这种贸易上，主要利润的获取不是靠输出本国产品，而是靠在商业和一般经济不发达的各共同体间的产品交换中起中介作用，靠对两个生产国家进行剥削。

> 卡·马克思：《资本论》第三卷第四篇第二十章《关于商人资本的历史考察》，中共中央马克思恩格斯列宁斯大林著作编译局编译：《马克思恩格斯文集》（第七卷），人民出版社2009年版，第366页。

20. 经济危机，经济危机周期性，世界市场

我曾在别的地方指出，自上一次大规模的普遍危机爆发以来，在这方面已经发生了转变。周期过程的急性形式和迄今10年一次的周期，看来让位给比较短暂的营业稍许好转和比较持久的合混不振这二者之间比较慢性的和拖延时日的互相交替现象，这种现象在不同的工业国发生于不同的时间。但这也许只是周期的持续时间拖长了。在世界贸易的幼年期，自1815年至1847年，大约是5年一个周期；自1847年至1867年，周期显然是10年一次；现在我们不又是处在一个空前激烈的新的世界性的崩溃的准备时期吗？有许多征兆好像在预示这一点。自1867年最近一次的普遍危机爆发以来，已经发生了巨大的变化。由于交通工具的惊人发展——远洋轮船、铁路、电报、苏伊士运河——，第一次真正地形成了世界市场。除了以前垄断工业的英国，现在又出现了一系列的同它竞

争的工业国家；欧洲的过剩资本，在世界各地开辟了无限广阔和多种多样的投资领域，所以资本比以前分散得更加广泛，并且地方性的过度投机也比较容易克服了。由于这一切，以前的危机策源地和造成危机的机会，多数已经消除或大大削弱。同时，国内市场上的竞争，由于卡特尔和托拉斯的出现而后退，国外市场上的竞争也由于保护关税（英国以外的一切大工业国都用这个办法来保护自己）的实行而受到限制。但是，这种保护关税本身，只不过是最后的、全面的、决定世界市场霸权的工业战争的准备。所以，每一个对旧危机的重演有抵消作用的要素，都包含着更猛烈得多的未来危机的萌芽。

> 弗·恩格斯：《资本论》第三卷第五篇第三十章《货币资本和现实资本 Ⅰ》注释(8)，中共中央马克思恩格斯列宁斯大林著作编译局编译：《马克思恩格斯文集》（第七卷），人民出版社 2009 年版，第 554 页。

21. 资本主义征服的三种形式

……所有的征服有三种可能。征服民族把自己的生产方式强加于被征服的民族（例如，英国人本世纪在爱尔兰所做的，部分地在印度所做的），或者是征服民族让旧生产方式维持下去，自己满足于征收贡赋（如土耳其人和罗马人），或者是发生一种相互作用，产生一种新的、综合的东西（日耳曼人的征服中一部分就是这样）。在所有的情况下，生产方式，不论是征服民族的，被征服民族的，还是两者混合形成的，总是决定新出现的分配。……

> 卡·马克思：《1857—1858 年经济学手稿摘选》导言：《Ⅰ. 生产、消费、分配、交换（流迪）》，中共中央马克思恩格斯列宁斯大林著作编译局编译：《马克思恩格斯文集》（第八卷），人民出版社 2009 年版，第 21 页。

22. 摆脱了资本主义生产的局限性的社会可以更大踏步地前进

资本主义的工业已经相对地摆脱了它本身所需原料的产地的地方局限性。纺织工业所加工的原料大部分是进口的。西班牙的铁矿石在英国和德国加工；西班牙和南美的铜矿石在英国加工。每个煤矿区都把燃料远销本地区以外的逐年扩大的工业地区。在欧洲的整个沿海地区，蒸汽机用英国的煤，有的地方用德国和比利时的煤来发动。摆脱了资本主义生产的局限性的社会可以更大踏步地前进。

> 弗·恩格斯：《反杜林论》，中共中央马克思恩格斯列宁斯大林著作编译局编译：《马克思恩格斯文集》（第九卷），人民出版社 2009 年版，第

313 页。

23. 不列颠人在印度的全部统治是肮脏的

不列颠人在印度的全部统治是肮脏的，直到今天还是如此。……英国人虽然已经使这个国家大大地爱尔兰化了，但是打破这种一成不变的原始形态毕竟是欧洲化的必要条件。只靠税吏是不能完成这项任务的。要破坏这些村社的自给自足的性质，必须消灭古老的工业。

> 卡·马克思：《马克思致恩格斯，1853 年 6 月 14 日》，中共中央马克思恩格斯列宁斯大林著作编译局编译：《马克思恩格斯文集》（第十卷），人民出版社 2009 年版，第 116—118 页。

24. 英国公民的所谓自由是建立在对殖民地的压迫上的

可以把爱尔兰看做英国的第一个殖民地，而且是这样一个殖民地，它由于靠近宗主国，仍然被直接用旧的方式统治着，在这里已可以看出，英国公民的所谓自由是建立在对殖民地的压迫上的。

……

这个国家由于英国人从 1100 年到 1850 年所进行的侵略战争（这种战争以及戒严状态的确延续了这么长的时间），遭到了彻底的破坏。从大部分废墟可以看出，这是由于战争的破坏造成的。

> 弗·恩格斯：《恩格斯致马克思，1856 年 5 月 23 日》，中共中央马克思恩格斯列宁斯大林著作编译局编译：《马克思恩格斯文集》（第十卷），人民出版社 2009 年版，第 132—133 页。

25. 资产阶级社会的真正任务是建成世界市场和确立以这种市场为基础的生产

不能否认，资产阶级社会已经第二次经历了它的十六世纪，我希望这个十六世纪把它送进坟墓，就像第一个十六世纪给它带来了生命一样。资产阶级社会的真正任务是建成世界市场（至少是一个轮廓）和确立以这种市场为基础的生产。因为地球是圆的，所以随着加利福尼亚和澳大利亚的殖民地化，随着中国和日本的门户开放，这个过程看来已完成了。

> 卡·马克思：《马克思致恩格斯》，中共中央马克思恩格斯列宁斯大林著作编译局编译：《马克思恩格斯文集》（第十卷），人民出版社 2009 年版，第 166 页。

26. 对中国的出口贸易的全部增长额始终都只限于这一项鸦片贸易

至于特别谈到中国，我在仔细分析了 1836 年以来的贸易动向之后，可以肯定地说；首先，1844—1846 年英国和美国的出口增长，在 1847 年就已经证明完全是假的，并且在后来的 10 年当中出口额平均起来几乎是停滞不动的，而英国和美国从中国的进口却大大地增长了；其次，五口通商和占领香港仅仅产生了一个结果：贸易从广州转移到上海。其他"贸易中心"是算不上数的。这个市场失败的主要原因看来是鸦片贸易，事实上，对中国的出口贸易的全部增长额始终都只限于这一项贸易，第二个原因则是这个国家内部的经济组织和小农业等等，摧毁这一切需要很长的时间。目前那个据我看是帕麦斯顿同彼得堡内阁联合炮制出来交给额尔金勋爵带去的英中条约，是一个彻头彻尾的讽刺……

卡·马克思：《马克思致恩格斯》中共中央马克思恩格斯列宁斯大林著作编译局编译：《马克思恩格斯文集》（第十卷），人民出版社 2009 年版，第 166—167 页。

27. 英国资产阶级和英国贵族都想把爱尔兰变成一个纯粹的牧场，向英国市场提供最廉价的肉类和羊毛

至于英国资产阶级，它首先是和英国贵族有着共同的利益，都想把爱尔兰变成一个纯粹的牧场，向英国市场提供最廉价的肉类和羊毛。他们也都想用驱逐佃户和强制移民的办法使爱尔兰的人口尽量减少，少到能够让英国资本（租佃资本）"安全地"在这个国家里发挥作用，他们都想清扫爱尔兰领地，就像过去清扫英格兰和苏格兰的农业区一样。

卡·马克思：《马克思致齐格弗里德·迈耶尔和奥古斯特·福格特》，中共中央马克思恩格斯列宁斯大林著作编译局编译：《马克思恩格斯文集》（第十卷），人民出版社 2009 年版，第 327—328 页。

28. 掠夺是一切资产阶级的生存原则

至于德国的资产者，他们那种征服者的醉态一点也不使我感到惊奇。首先，掠夺是一切资产阶级的生存原则，夺取外国领土始终是"夺取"。此外，德国的资产者长期以来驯服地承受着他们的国君们、特别是霍亨索伦王朝的脚踢，如果变换一下，把这种脚踢加之于外国人，那么，德国的资产者是必然会感到心满意足的。

卡·马克思：《马克思致路德维希·库格曼，1870 年 12 月 13 日》，中共中央马克思恩格斯列宁斯大林著作编译局编译：《马克思恩格斯文集》（第十卷），人民出版社 2009 年版，第 347 页。

29. 美国、法国、德国，甚至奥地利势必将在开放的世界市场上对付英国的竞争

毋庸置疑，当前俄国现代"大工业"的迅猛增长是由人为的手段——禁止性关税、国家补贴等等引起的。从柯尔培尔时起就已实行禁止性关税制度的法国，以及西班牙、意大利都是这样，甚至德国从 1878 年起也是这样。尽管德国在 1878 年实行保护关税制度时，几乎已经完成了工业革命，当时这样做是为了使资本家能够迫使国内消费者按高价购买商品，以便他们能够按低于成本价格的价格在国外推销同样的商品。美国为了缩短其企业家尚不能按照同等条件与英国竞争的时间，也采取了同样的做法。美国、法国、德国，甚至奥地利势必将在开放的世界市场上成功地对付英国的竞争，至少在某些重要商品方面是这样，对此我是没有怀疑的。

弗·恩格斯：《恩格斯致尼古拉·弗兰策维奇·丹尼尔逊》，中共中央马克思恩格斯列宁斯大林著作编译局编译：《马克思恩格斯文集》（第十卷），人民出版社 2009 年版，第 625 页。

30. 有些竞争能力的国家，可以通过贸易上的剧烈变化和用暴力开辟新市场来摆脱没有出路的状态

资本主义生产作为一个暂时的经济阶段，充满着各种内在矛盾，这些矛盾随着资本主义生产的发展而发展，并日趋明显。这种在建立自己的市场的同时又破坏这个市场的趋势正是这类矛盾之一。另一个矛盾是资本主义生产所造成的没有出路的状态，这种状态在俄国这样一个没有国外市场的国家，比那些在开放的世界市场上多少有些竞争能力的国家要出现得快一些。在后边这些国家中，这种没有出路的状态，似乎可以通过贸易上的剧烈变化和用暴力开辟新市场来摆脱。但是，即使在这样的情况下，这些国家也会陷入困境。就拿英国来说。最后一个新的市场是中国，这一市场的开辟可以使英国的贸易暂时恢复繁荣。因此，英国资本极力要修建中国的铁路。但是，中国的铁路意味着中国小农经济和家庭工业的整个基础的破坏，由于那里甚至没有中国的大工业来予以平衡，亿万居民将陷于无法生存的境地。其后果将是出现世界上从未有过的大规模移民……

弗·恩格斯：《恩格斯致尼古拉·弗兰策维奇·丹尼尔逊》，中共中央马克思恩格斯列宁斯大林著作编译局编译：《马克思恩格斯文集》（第十

卷），人民出版社 2009 年版，第 635—636 页。

31. 普遍实行的保护关税制度是对付英国自由贸易的自卫手段

代表英国利益的著作家不能理解；为什么全世界都拒绝学习他们的自由贸易的榜样，而去实行保护关税。他们当然不敢正视这样一种情况：目前几乎普遍实行的这种保护关税制度，正是对付使英国的工业垄断达到顶峰的这同一个英国自由贸易的自卫手段，这种手段或多或少是明智的，而在某些场合下是绝对愚蠢的。（例如对德国来说就是愚蠢的，德国由于实行自由贸易已经成了一个大工业国，而它现在把保护关税推行到农产品和原料方面，这就提高了工业生产的费用！）我认为，这种普遍倒退到保护关税的做法不是一种简单的偶然现象，而是对英国那种令人不能忍受的工业垄断的反应。这种反应的形式，正如我说过的，也许是不适当的，甚至是很糟糕的，但是，这种反应的历史必然性，我觉得是显而易见的。

弗·恩格斯：《恩格斯致尼古拉·弗兰策维奇·丹尼尔逊》，中共中央马克思恩格斯列宁斯大林著作编译局编译：《马克思恩格斯文集》（第十卷），人民出版社 2009 年版，第 626 页。

32. 欧俄的区域成为英国的国外市场，而不是俄国的国内市场

我们在这里只须指出，由于俄国边疆地区有大量空闲的可供开垦的土地，俄国比其他资本主义国家处于特别有利的情况。不必说亚俄，就是在欧俄也有这样的边疆地区，它们由于距离遥远，交通不便，在经济方面同俄罗斯中部的联系还极端薄弱。例如，拿"遥远的北方"，——阿尔汉格尔斯克省来看，该省辽阔的土地和自然资源还没有怎样开发。当地主要产品之一木材，直到最近主要是输往英国。因此，从这方面说来，**欧俄的这一区域就成为英国的国外市场，而不是俄国的国内市场。过去俄国企业家当然嫉妒英国人，**现在铁路敷设到阿尔汉格尔斯克，他们兴高采烈起来，预见到"边疆地区各种工业部门中的精神振奋与企业家的活动了"。

列宁：《俄国资本主义的发展》，中共中央马克思恩格斯列宁斯大林著作编译局编译：《列宁选集》（第一卷），人民出版社 1995 年版，第 233 页。

33. 欧洲各国资产阶级政府对中国实行殖民政策

是的，中国人的确憎恶欧洲人，然而他们憎恶的是哪一种欧洲人呢？为什么要憎恶呢？中国人憎恶的不是欧洲人民，因为他们之间并无冲突，他们憎恶的是欧洲资本家和唯资本家之命是从的欧洲各国政府。那些到中

国来只是为了大发横财的人，那些利用自己吹捧的文明来进行欺骗、掠夺和镇压的人，那些为了取得贩卖毒害人民的鸦片的权利而同中国作战（1856 年英法对华的战争）的人，那些利用传教伪善地掩盖掠夺政策的人，中国人难道能不痛恨他们吗？**欧洲各国资产阶级政府早就对中国实行这种掠夺政策了，现在俄国专制政府也参加了进去。**这种掠夺政策通常叫作殖民政策。凡是资本主义工业发展很快的国家，都要急于找寻殖民地，也就是找寻一些工业不发达、还多少保留着宗法式生活特点的国家，它们可以向那里销售工业品，牟取重利。为了让一小撮资本家大发横财，各国资产阶级政府进行了连年不断的战争，把士兵整团整团地开到有损健康的热带国家去送命，耗费了从人民身上搜刮来的大量钱财，迫使当地居民奋起反抗，或者使他们濒于饿死的境地。我们不妨回忆一下印度土著的抗英起义和印度的饥荒，以及现在英国人对布尔人的战争。

> 列宁：《对华战争》，中共中央马克思恩格斯列宁斯大林著作编译局编译：《列宁选集》（第一卷），人民出版社 1995 年版，第 279 页。

34. 建筑铁路同整个生产资料私有制连结在一起成为进行压迫的工具

建筑铁路似乎是一种普通的、自然的、民主的、文化的、传播文明的事业。在那些由于粉饰资本主义奴隶制而得到报酬的资产阶级教授看来，在小资产阶级庸人看来，建筑铁路就是这么一回事。实际上，资本主义的线索象千丝万缕的密网，把这种事业同整个生产资料私有制连结在一起，把这种建筑事业变成对 10 亿人（殖民地加半殖民地），即占世界人口半数以上的附属国人民，以及对"文明"国家资本的雇佣奴隶进行压迫的工具。

> 列宁：《帝国主义是资本主义的最高阶段》，中共中央马克思恩格斯列宁斯大林著作编译局编译：《列宁选集》（第二卷），人民出版社 1995 年版，第 578 页。

35. 早期的英国资产阶级政治家反对殖民政策

在 1840—1860 年英国自由竞争最兴盛的时期，英国居于领导地位的资产阶级政治家是反对殖民政策的，他们认为殖民地的解放和完全脱离英国，是一件不可避免而且有益的事情。

……

值得注意的是，这些居于领导地位的英国资产阶级政治家当时就清楚地看到现代帝国主义的所谓纯粹经济根源和社会政治根源之间的联系。……

> 列宁：《帝国主义是资本主义的最高阶段》，中共中央马克思恩格斯列宁斯大林著作编译局编译：《列宁选集》（第二卷），人民出版社 1995 年版，第 641—642 页。

36. 帝国主义是作为一般资本主义基本特性的发展和直接继续而生长起来的

帝国主义是作为一般资本主义基本特性的发展和直接继续而生长起来的。但是，只有在资本主义发展到一定的、很高的阶段，资本主义的某些基本特性开始转化成自己的对立面，从资本主义到更高级的社会经济结构的过渡时代的特点已经全面形成和暴露出来的时候，资本主义才变成了资本帝国主义。在这一过程中，经济上的基本事实，就是资本主义的自由竞争为资本主义的垄断所代替。自由竞争是资本主义和一般商品生产的基本特性；垄断是自由竞争的直接对立面，但是我们眼看着自由竞争开始转化为垄断：自由竞争造成大生产，排挤小生产，又用更大的生产来代替大生产，使生产和资本的集中达到这样的程度，以致从中产生了并且还在产生着垄断，即卡特尔、辛迪加、托拉斯以及同它们相融合的十来家支配着几十亿资金的银行的资本。同时，从自由竞争中生长起来的垄断并不消除自由竞争，而是凌驾于这种竞争之上，与之并存，因而产生许多特别尖锐特别剧烈的矛盾、摩擦和冲突。垄断是从资本主义到更高级的制度的过渡。

> 列宁：《帝国主义是资本主义的最高阶段》，中共中央马克思恩格斯列宁斯人林著作编译局编译：《列宁选集》（第二卷），人民出版社 1995 年版，第 650 页。

37. 帝国主义的定义

如果必须给帝国主义下一个尽量简短的定义，那就应当说，帝国主义是资本主义的垄断阶段。这样的定义能包括最主要之点，因为一方面，金融资本就是和工业家垄断同盟的资本融合起来的少数垄断性的最大银行的银行资本；另一方面，瓜分世界，就是由无阻碍地向未被任何一个资本主义大国占据的地区推行的殖民政策，过渡到垄断地占有已经瓜分完了的世界领土的殖民政策。

> 列宁：《帝国主义是资本主义的最高阶段》，中共中央马克思恩格斯列宁斯大林著作编译局编译：《列宁选集》（第二卷），人民出版社 1995 年版，

第 650 页。

38. 垄断是帝国主义最深厚的经济基础

帝国主义最深厚的经济基础就是垄断。这是资本主义的垄断，也就是说，这种垄断是从资本主义生长起来并且处在资本主义、商品生产和竞争的一般环境里，同这种一般环境始终有无法解决的矛盾。尽管如此，这种垄断还是同任何垄断一样，必然产生停滞和腐朽的趋向。在规定了（即使是暂时地）垄断价格的范围内，技术进步因而也是其他一切进步的动因，前进的动因，就在一定程度上消失了；其次在经济上也就有可能人为地阻碍技术进步。例如，美国有个姓欧文斯的发明了一种能引起制瓶业革命的制瓶机。德国制瓶工厂主的卡特尔收买了欧文斯的发明专利权，可是却把这个发明束之高阁，阻碍它的应用。当然，在资本主义制度下，垄断决不能完全地、长久地排除世界市场上的竞争（这也是超帝国主义论荒谬的原因之一）。用改良技术的办法可能降低生产费用和提高利润，这种可能性当然是促进着各种变化的。但是垄断所固有的停滞和腐朽的趋势仍旧在发生作用，而且在某些工业部门，在某些国家，在一定的时期，这种趋势还占上风。

列宁：《帝国主义是资本主义的最高阶段》，中共中央马克思恩格斯列宁斯大林著作编译局编译：《列宁选集》（第二卷），人民出版社 1995 年版，第 660—661 页。

39. 垄断的四种主要形式

我们已经看到，帝国主义就其经济实质来说，是垄断资本主义。这就决定了帝国主义的历史地位，因为在自由竞争的基础上、而且正是从自由竞争中生长起来的垄断，是从资本主义社会经济结构向更高级的结构的过渡。必须特别指出能够说明我们研究的这个时代的垄断的四种主要形式，或垄断资本主义的四种主要表现。

第一，垄断是从发展到很高阶段的生产集中生长起来的。这指的是资本家的垄断同盟卡特尔、辛迪加、托拉斯。我们看到，这些垄断同盟在现代经济生活中起着多么大的作用。到 20 世纪初，它们已经在各先进国家取得了完全的优势。如果说，最先走上卡特尔化道路的，是那些实行高额保护关税制的国家（德国和美国），那么实行自由贸易制的英国也同样表明了垄断由生产集中产生这个基本事实，不过稍微迟一点罢了。

第二，垄断导致加紧抢占最重要的原料产地，尤其是资本主义社会的基础工业部门，即卡特尔化程度最高的工业部门，如煤炭工业和钢铁工业所需要的原料产地。垄断地占有最重要的原料产地，大大加强了大资本的权力，加剧了卡特尔化的工业和没有卡特尔化的工业之间的矛盾。

第三，垄断是从银行生长起来的。银行已经由普通的中介企业变成了金融资本的垄断者。在任何一个最先进的资本主义国家中，为数不过三五家的最大银行实行工业资本同银行资本的"人事结合"，集中支配着占全国资本和货币收入很大部分的几十亿几十亿资金。金融寡头给现代资产阶级社会中所有一切经济机构和政治机构罩上了一层依附关系的密网，——这就是这种垄断的最突出的表现。

第四，垄断是从殖民政策生长起来的。在殖民政策的无数"旧的"动机以外，金融资本又增加了争夺原料产地、争夺资本输出、争夺"势力范围"（即进行有利的交易、取得租让、取得垄断利润等等的范围）直到争夺一般经济领土的动机。例如，当欧洲大国在非洲的殖民地占非洲面积十分之一的时候（那还是 1876 年的情况），殖民政策可以用非垄断的方式，用所谓"自由占领"土地的方式发展。但是，当非洲十分之九的面积已经被占领（到 1900 年时）、全世界已经瓜分完毕的时候，一个垄断地占有殖民地、因而使瓜分世界和重新瓜分世界的斗争特别尖锐起来的时代就不可避免地到来了。

垄断资本主义使资本主义的一切矛盾尖锐到什么程度，这是大家都知道的。只要指出物价高涨和卡特尔的压迫就够了。这种矛盾的尖锐化，是从全世界金融资本取得最终胜利时开始的过渡历史时期的最强大的动力。

> 列宁：《帝国主义是资本主义的最高阶段》，中共中央马克思恩格斯列宁斯大林著作编译局编译：《列宁选集》（第二卷），人民出版社 1995 年版，第 683—684 页。

40. 帝国主义的特征

帝国主义是资本主义的特殊历史阶段。这个特点分三个方面：（1）帝国主义是垄断的资本主义；（2）帝国主义是寄生的或腐朽的资本主义；（3）帝国主义是垂死的资本主义。垄断代替自由竞争，是帝国主义的根本经济特征，是帝国主义的实质。垄断制表现为五种主要形式：（1）成立卡特尔、辛迪加和托拉斯；生产集中达到了产生这种资本家垄断同盟的阶段；

（2）大银行占垄断地位，3—5 家大银行支配着美、法、德三国的全部经济生活；（3）原料产地被各托拉斯和金融寡头占据（金融资本是同银行资本融合的垄断工业资本）；（4）国际卡特尔开始（在经济上）瓜分世界。这种国际卡特尔的数目已超过 100 个，它们控制着整个世界市场，并且"和睦地"进行瓜分（在战争还没有重新瓜分它以前）。资本输出作为一种非常典型的现象，和非垄断资本主义时期的商品输出不同，它同从经济上、从政治和领土上瓜分世界有着密切的联系；（5）从领土上瓜分世界（瓜分殖民地）已经完毕。

帝国主义，作为美洲和欧洲然后是亚洲的资本主义的最高阶段，截至 1898—1914 年这一时期已完全形成。美西战争（1898 年），英布战争（1899—1902 年），日俄战争（1904—1905 年）以及欧洲 1900 年的经济危机，——这就是世界历史新时代的主要历史里程碑。

> 列宁：《帝国主义和社会主义运动中的分裂》，中共中央马克思恩格斯列宁斯大林著作编译局编译：《列宁选集》（第二卷），人民出版社 1995 年版，第 704—705 页。

41. 帝国主义是垂死的资本主义，向社会主义过渡的资本主义

不难理解为什么帝国主义是垂死的资本主义，向社会主义过渡的资本主义，因为从资本主义中成长起来的垄断已经是资本主义的垂死状态，是它向社会主义过渡的开始。帝国主义造成的大规模的劳动社会化（即辩护士——资产阶级经济学家称之为"交织的现象"），其含义也是一样。

> 列宁：《帝国主义和社会主义运动中的分裂》，中共中央马克思恩格斯列宁斯大林著作编译局编译：《列宁选集》（第二卷），人民出版社 1995 年版，第 706 页。

42. 英德资本为取得世界霸权而屠杀千百万人的战争

在任何一个资本主义国家里，包括俄国在内，大多数人，尤其是劳动群众，都千百次地亲身遭受过，他们的亲属也遭受过资本的压迫、资本的掠夺和各种各样的侮辱。帝国主义战争——为决定由英国资本或德国资本取得掠夺全世界的霸权而屠杀千百万人的战争——更异常地加剧、扩大和加深了这种困苦，使人们认清了这种困苦。所以大多数人尤其是劳动群众必然同情无产阶级，因为无产阶级英勇果敢、毫不留情地以革命手段推翻

资本的压迫，推翻剥削者，镇压他们的反抗，用自己的鲜血开辟一条创建不容剥削者存在的新社会的道路。

> 列宁：《伟大的创举》，中共中央马克思恩格斯列宁斯大林著作编译局编
> 译：《列宁选集》（第四卷），人民出版社 1995 年版，第 12 页。

43. 第一次世界大战是为了英美法三国亿万富翁的利润而对千百万工人的屠杀

1919 年 5 月 10 日莫斯科—喀山铁路工人在莫斯科举行的第一次共产主义星期六义务劳动，要比兴登堡或者福煦和英国人在 1914—1918 年帝国主义大战中的任何一次胜利具有更大的历史意义。帝国主义者的胜利是为了英美法三国亿万富翁的利润而对千百万工人进行的屠杀，是垂死的、快胀死的和在活活腐烂的资本主义的残暴行为。

> 列宁：《伟大的创举（1919 年 6 月 28 日）》，中共中央马克思恩格斯列宁
> 斯大林著作编译局编译：《列宁选集》（第四卷），人民出版社 1995 年版，
> 第 14 页。

44. 帝国主义已经把世界瓜分完毕，不可避免地走向战争

目前整个国际形势的基础就是帝国主义的经济关系。资本主义的这个新的、最高的和最后的阶段到 20 世纪已经完全形成了。大家当然都知道，帝国主义最突出最本质的特征就是资本达到了巨大的规模。大规模的垄断代替了自由竞争。极少数资本家有时能把一些工业部门整个集中在自己手里；这些工业部门转到了往往是国际性的卡特尔、辛迪加、托拉斯等联合组织的手里。因此，垄断资本家不仅在个别国家内，而且在世界范围内，在金融方面、产权方面、部分地也在生产方面，控制了整个整个的工业部门。在这个基础上就形成了极少数大银行、金融大王、金融巨头的空前未有的统治，他们实际上甚至把最自由的共和国都变成了金融君主国。这一点，像法国的利西斯这样一些决非革命的著作家，在战前就已经公开承认了。

一小撮资本家的这种统治达到全盛时期是在世界已经瓜分完毕的时候，不仅各种原料产地和生产资料已被最大的资本家夺走，就是殖民地也已经初步瓜分完毕。大约 40 年前，6 个资本主义强国所属殖民地的人口不过稍稍超出 25000 万。1914 年大战爆发前夕，殖民地人口已近 6 亿，如果再加上波斯、土耳其、中国这类当时已处于半殖民地地位的国家，匡算一下，约有 10 亿人口被最富有、最文明和最自由的国家置于殖民地附属地位，受

它们的压迫。大家知道，殖民地附属地位，除了在政治上法律上直接处于附属地位之外，还必须有一系列财政和经济上的附属关系，还要进行一系列不能算作战争的战争，因为这些战争常常不过是用最精良的杀人武器装备起来的欧美帝国主义军队残害手无寸铁的殖民地国家居民的大屠杀而已。

　　由于世界已经瓜分完毕，由于资本主义垄断的这种统治，由于极少数大银行（每个国家最多只有两三家、四五家）的无限权力，就不可避免地爆发了 1914—1918 年第一次帝国主义大战。这场战争是为了重新瓜分世界。这场战争是为了决定：极少数大国集团（英国集团或德国集团），谁可以、谁有权来掠夺、扼杀和剥削全世界。大家知道，战争对这个问题的解决是有利于英国集团的。这场战争的结果使资本主义的一切矛盾空前尖锐化了。战争一下子就把世界上近 25000 万的人口置于同殖民地毫无差别的境地，把俄国约 13000 万的人口，奥匈帝国、德国、保加利亚不下 12000万的人口置于这样的境地。这是包括像德国那样最先进、最文明、最有文化、具有现代技术水平的国家在内的 25000 万人口！战争的结果签订了凡尔赛条约，迫使先进的民族屈居殖民地附属地位，陷于贫困、饥饿、破产、无权的境地，今后世世代代都要受条约的束缚，这种遭遇是任何文明的民族所未曾有过的。现在你们可以看到这样一幅世界的图景：战后马上使不下 125000 万人遭受殖民压迫，遭受野蛮的资本主义的剥削。资本主义自夸爱好和平，50 来年前，它还可以勉强这样吹嘘，因为那时候，世界还没有瓜分完毕，垄断还不占统治地位，资本主义还可以比较和平地发展，而没有引起大规模的军事冲突。

　　如今这个"和平"时期已经过去，压迫更加骇人听闻了，殖民压迫和军事压迫又重新抬头，而且变本加厉了。凡尔赛条约使德国以及其他许多战败国经济崩溃，无法生存，丧尽权利，备受屈辱。

列宁：《共产国际第二次代表大会文献，关于国际形势和共产国际基本任务的报告（1920 年 7 月 19 日）》，中共中央马克思恩格斯列宁斯大林著作编译局编译：《列宁选集》（第四卷），人民出版社 1995 年版，第 257—259 页。

45. 不管法国人和英国人怎样以战胜者自居，美国还是决定要榨取他们的脂膏

　　英国和法国是胜利了，但它们欠下了美国很多的债。不管法国人和英国人怎样以战胜者自居，美国还是决定要榨取他们的脂膏，要为美国在战时提供的援助取得超额利息，而此刻正在建设并在规模上日益超过英国的美国舰队，势必是实现这一目的的保证。掠夺成性的美帝国主义表现极其粗野，这从以下这件事可以看出：美国的经纪人收买妇女和姑娘这种活商品，把她们运到美国去卖淫。自由文明的美国竟以活商品供给妓院！在波兰和比利时，经常发生同美国经纪人发生冲突的事情。这不过是一个小小的例子，它说明在每一个得到过协约国援助的小国里都大量发生着类似的事情。就拿波兰来说吧。你们可以看到，虽然它自夸现在是一个独立强国，但美国的经纪人和投机商人却纷纷去到那里，要收买波兰的所有财富。美国经纪人正在把波兰全部买下来。那里没有一个工厂、没有一个工业部门不在美国人的掌握之中。美国已蛮横到如此地步，竟奴役起"伟大自由的胜利者"法国来了。法国过去是一个放高利贷的国家，现在却完全成了美国的债务国，因为法国已毫无经济实力，粮食和煤炭都不能自给，不能大规模发展自己的物质力量，而美国又一定要它交纳全部贡款。因此，法国、英国和其他强国的经济破产愈往后就愈明显。法国大选的结果是教权派占了上风。法国人民过去受了骗，为了所谓自由民主拿出了全部力量去跟德国打仗，现在得到的报酬却是无穷的债务、凶残的美帝国主义者的嘲弄，以及代表最野蛮的反动势力的教权派在大选中的获得多数。

> 列宁：《在俄东部各民族共产党组织第二次代表大会上的报告》，中共中央马克思恩格斯列宁斯大林著作编译局编译：《列宁选集》（第四卷），人民出版社1995年版，第74—75页。

46. 世界局势错综复杂，协约国再无力出兵攻打苏维埃

世界局势已变得无比的错综复杂。我们打垮高尔察克和尤登尼奇这些国际资本的走狗是一个巨大的胜利。但是，我们在国际范围内取得的胜利还要巨大得多，虽然这个胜利并不十分明显。这个胜利就是：帝国主义内部在瓦解，它不能派军队来攻打我们了。协约国作过出兵的尝试，但没有得到任何结果，因为协约国军队一碰到我们的军队，一读到译成他们本国文字的俄罗斯苏维埃宪法，就瓦解了。不管腐朽的社会主义的首领们有多大影响，我们的宪法总是不断博得劳动群众的同情。"苏维埃"这个词现在已为大家所理解，苏维埃宪法已经译成各国文字，每个工人都读到了。工人知道，这是劳动者的宪法，这是号召大家去战胜国

际资本的劳动者的政治制度。工人知道，这是我们反对国际帝国主义者的斗争的成果。我们这个胜利已经影响了每一个帝国主义国家，因为我们已把它们的军队夺过来了，争取过来了，它们再不能派这些军队来进攻苏维埃俄国了。

它们曾试用外国军队，即试用芬兰、波兰和拉脱维亚的军队来作战，但也没有得到什么结果。几星期以前，英国大臣邱吉尔在议院的演说中夸口说（他的话已电告全世界）：已经组织了 14 个国家对苏维埃俄国进行讨伐，新年到来之前就能战胜俄国。确实，参加讨伐的国家是不少，有芬兰、乌克兰、波兰、格鲁吉亚、捷克斯洛伐克，还有日本人、法国人、英国人和德国人。但是我们知道讨伐究竟得到了什么结果！我们知道，爱沙尼亚人已离开了尤登尼奇的军队，由于爱沙尼亚人不肯帮助尤登尼奇，现在各家报纸正在进行着激烈的论战；芬兰也没有帮助尤登尼奇，虽然芬兰的资产阶级是很想这样做的。这样，第二次进攻我们的尝试也失败了。在第一个阶段，协约国派出了它的装备精良的军队，看起来他们会战胜苏维埃共和国。然而，他们却退出了高加索、阿尔汉格尔斯克、克里木，现在他们虽然还留在摩尔曼，但是同捷克斯洛伐克军还留在西伯利亚一样，也已经像是残存的孤岛了。想用自己的军队来战胜我们的第一次尝试以我们取得胜利而告终。第二次尝试是命令跟我们毗邻而在财政上完全依赖协约国的那些国家来攻打我们，迫使它们来扼杀我们这个社会主义发源地。然而这一次尝试也失败了，原来这些小国哪个也没有能力来打这样的仗。更糟糕的是，每一个小国都对协约国有很深的仇恨。芬兰没在尤登尼奇占领红谢洛的时候夺取彼得格勒，就是因为它拿不定主意，它看出它跟苏维埃俄国为邻还能够独立生存，而同协约国就不可能和平相处。所有的小国都有过这种情形。芬兰、立陶宛、爱斯兰和波兰现在就是这样。这些国家虽然盛行着彻头彻尾的沙文主义，但都仇恨协约国在它们那里盘剥它们。现在，我们根据对事态发展的准确估计，可以毫不夸大地说，反苏维埃共和国的国际战争，不仅第一阶段已经破产，而且第二阶段也破产了。现在，我们的任务就是要去战胜已被打垮一半的邓尼金的军队。

列宁：《在俄东部各民族共产党组织第二次代表大会上的报告》，中共中央马克思恩格斯列宁斯大林著作编译局编译：《列宁选集》（第四卷），人民出版社 1995 年版，第 75—77 页。

47. 帝国主义世界战争和它所造成的绝境极其有力地推进和加速了世界革命

惨绝人寰、卑鄙龌龊的帝国主义世界战争和它所造成的绝境，极其有力地推动和加速了世界革命，这场革命向广度和深度的发展如此迅猛，更替的形式如此丰富，在实践上对一切学理主义的驳斥如此富有教益，使人有充分的理由指望能够迅速而彻底地把国际共产主义运动中的"左派"共产主义者的幼稚病医治好。

> 列宁：《共产主义运动中的"左派"幼稚病（节选）（1920 年 4—5 月），几点结论》，中共中央马克思恩格斯列宁斯大林著作编译局编译：《列宁选集》（第四卷），人民出版社 1995 年版，第 211 页。

1914—1918 年的帝国主义战争，在一切民族和全世界被压迫阶级面前，特别清楚地揭示了资产阶级民主词句的欺骗性，用事实表明，所谓"西方民主国家"的凡尔赛条约是比德国容克和德皇的布列斯特—里托夫斯克条约更加野蛮、更加卑劣地强加于弱国的暴力。国际联盟和战后协约国的全部政策更清楚更突出地揭示了这一真相，它们到处加剧了先进国家的无产阶级和殖民地、附属国的一切劳动群众的革命斗争，使所谓在资本主义制度下各民族能够和平共居和一律平等的市侩的民族主义幻想更快地破灭。

> 列宁：《民族和殖民地问题提纲初稿（为共产国际第二次代表大会草拟）（1920 年 6 月 5 日）》，中共中央马克思恩格斯列宁斯大林著作编译局编译：《列宁选集》（第四卷），人民出版社 1995 年版，第 217 页。

48. 资本主义在全世界的扩张

资本主义已经成为极少数"先进"国对地球上大多数居民进行金融奴役和殖民压迫的世界体系——所有这些，一方面使各个民族的经济和领土变成所谓世界经济的整个链条的各个环节，另一方面又把地球上的居民分裂成两个阵营：一方面是剥削和压迫广大殖民地和附属国的极少数资本主义"先进"国，另一方面是不得不为摆脱帝国主义的压迫而斗争的占极大多数的殖民地和附属国。

> 斯大林：《论列宁主义基础》，中共中央马克思恩格斯列宁斯大林著作编译局编译：《斯大林选集》（上卷），人民出版社 1979 年版，第 203—204 页。

49. 英国工业以国外市场为基础

英国工业首先是以国外市场为基础的。英国许多工业部门的产品百分之四十至五十是输往国外市场的。

> 斯大林：《关于苏联经济状况和党的政策》，中共中央马克思恩格斯列宁斯大林著作编译局编译：《斯大林选集》（上卷），人民出版社1979年版，第469页。

50. 资本主义就是要掠夺落后者

延缓速度就是落后。而落后者是要挨打的。但是我们不愿意挨打。不，我们绝对不愿意！旧俄历史的特征之一就是它因为落后而不断挨打。蒙古的可汗打过它。土耳其的别克打过它。瑞典的封建主打过它。波兰和立陶宛的地主打过它。英国和法国的资本家打过它。日本的贵族打过它。大家都打过它，就是因为它落后。因为它的军事落后，文化落后，国家制度落后，工业落后，农业落后。大家都打它，因为这既可获利，又不会受到惩罚。你们记得革命前的一位诗人的话吧："俄罗斯母亲呵！你又贫穷又富饶，你又强大又软弱。"这些先生把旧日诗人的这句话背得很熟。他们一面打，一面说："你富饶"，那就可以靠你发财。他们一面打，一面说："你贫穷，软弱"，那就可以打你抢你而不受到惩罚。打落后者，打弱者，——这已经成了剥削者的规律。这就是资本主义弱肉强食的规律。你落后，你软弱，那你就是无理，于是也就可以打你，奴役你。你强大，那你就是有理，于是就得小心对待你。

> 斯大林：《论经济工作人员的任务》，中共中央马克思恩格斯列宁斯大林著作编译局编译：《斯大林选集》（下卷），人民出版社1979年版，第273页。

51. 资本主义危机引发世界大战

如果以为第二次世界大战是偶然发生的，或者是由于某些国家领导人犯了错误而发生的，那就不正确了，虽然错误确实是有过的。其实，这次战争是世界各种经济和政治势力在现代垄断资本主义基础上发展的必然产物。马克思主义者不止一次地说过，资本主义的世界经济体系包含着总危机和军事冲突的因素，因此现代世界资本主义并不是平稳地均衡地向前发展，而是经历着危机和战祸的。问题在于，各资本主义国家发展的不平衡，通常经过相当时期就要剧烈破坏世界资本主义体系内部的均势，那些认为自己没有足够的原料产地和销售市场的资本主义国家，通常就要用武力来改变这种状况，重新划分"势力范围"，以求有利于自己。因而，资本主义世界就分裂为两个敌对的营垒而进行战争。

如果这些国家能根据它们的经济实力用和平协商的办法来定期重分原料产地和销售市场，那也许能避免战祸。但是这在现今资本主义世界经济发展的条件下，是无法实现的。

所以，资本主义世界经济体系第一次危机的结果引起了第一次世界大战，而第二次危机的结果就引起了第二次世界大战。

> 斯大林：《广播演说》，中共中央马克思恩格斯列宁斯大林著作编译局编译：《斯大林选集》（下卷），人民出版社 1979 年版，第 488—9 页。

（五）资本主义经济危机

1. 欧洲从 18 世纪初以来没有一次严重的革命事先没发生过商业危机和金融危机

欧洲从 18 世纪初以来没有一次严重的革命事先没发生过商业危机和金融危机。1848 年的革命是这样，1789 年的革命也是这样。不错，我们每天都看到，不仅称霸世界的列强和它们的臣民之间、国家和社会之间、阶级和阶级之间发生冲突的迹象日趋严重，而且现时的列强相互之间的冲突正在一步步尖锐，乃至剑拔弩张，非由国君们来打最后的交道不可了。……战争也好，革命也好，如果不是来自工商业普遍危机，都不大可能造成全欧洲的纷争，而那种危机到来的信号，总是来自英国这个欧洲工业在世界市场上的代表。

> 卡·马克思：《中国革命和欧洲革命》，中共中央马克思恩格斯列宁斯大林著作编译局编译：《马克思恩格斯文集》（第二卷），人民出版社 2009 年版，第 613—614 页。

2. 世界市场与资本主义经济危机的关系

资本主义生产的三个主要事实：

（1）生产资料集中在少数人手中，因此不再表现为直接劳动者的财产，而是相反地转化为社会的生产能力，尽管首先表现为资本家的私有财产。这些资本家是资产阶级社会的受托人，但是他们会把从这种委托中得到的全部果实装进私囊。

（2）劳动本身由于协作、分工以及劳动和自然科学的结合而组织成为社会的劳动。

从这两方面，资本主义生产方式把私有财产和私人劳动扬弃了，虽然是在对立的形式上把它们扬弃的。

（3）世界市场的形成。

在资本主义生产力方式内发展着的、与人口相比惊人巨大的生产力，以及虽然不是与此按同一比例的、比人口增加快得多的资本价值（不仅是它的物质实体）的增加，同这个惊人巨大的生产力为之服务的、与财富的增长相比变得越来越狭小的基础相矛盾，同这个不断膨胀的资本的价值增殖的条件相矛盾。危机就是这样发生的。

> 卡·马克思：《资本论》第三卷第三篇第十五章《规律的内部矛盾的展开》，中共中央马克思恩格斯列宁斯大林著作编译局编译：《马克思恩格斯文集》（第七卷），人民出版社 2009 年版，第 295—296 页。

3. 资本主义的货币表现为资本与劳动之间的对立

物质财富的对立的社会规定性——物质财富同作为雇佣劳动的劳动之间的对立——，离开生产过程，已经表现在资本所有权本身中。这个要素是资本主义生产过程本身不断产生的结果，并且作为这样的结果又是它的不断存在的前提；这个要素离开资本主义生产过程本身，现在表现在这样的事实上：货币，商品也一样，自在地，潜在地，在可能性上是资本，它们能够作为资本出售，并且以这个形式支配他人的劳动，要求占有他人的劳动，因而是自行增殖的价值。这里也清楚地表明了：占有他人劳动的根据和手段，就是这种关系，而不是资本家方面提供的任何作为对等价值的劳动。

> 卡·马克思：《资本论》第三卷第五篇第二十一章《生息资本》，中共中央马克思恩格斯列宁斯大林著作编译局编译：《马克思恩格斯文集》（第七卷），人民出版社 2009 年版，第 398 页。

4. 19 世纪中期的经济危机因货币资本荒而严重

奥弗斯顿想要证明：1847 年的危机以及随之而来的高利息率，同"现有货币量"无关，也就是说，同他所鼓吹的 1844 年的银行法的规定无关。然而事实上它同这些规定是有关的，因为对银行准备金枯竭——奥弗斯顿的一个创造——的恐惧，使 1847—1848 年的危机加上了货币恐慌。但是现在问题不在这里。由于营业范围同现有资金相比过度扩大，货币资本荒已经存在；由于农作物歉收、铁路投资过多、生产过剩特别是棉纺织品的生产过剩、在印度和中国的营业欺诈、投机、砂糖输入过多等等而引起的再生产过程的混乱，导致了货币资本荒的爆发。

> 卡·马克思：《资本论》第三卷第五篇第二十六章《货币资本的积累，它对利息率的影响》，中共中央马克思恩格斯列宁斯大林著作编译局编译：《马克思恩格斯文集》（第七卷），人民出版社 2009 年版，第 475—476 页。

5. 信用制度，世界市场，经济危机

因此，信用制度加速了生产力的物质上的发展和世界市场的形成；使这二者作为新生产形式的物质基础发展到一定的高度，是资本主义生产方式的历史使命。同时，信用加速了这种矛盾的暴力的爆发，即危机，因而促进了旧生产方式解体的各要素。

> 卡·马克思：《资本论》第三卷第五篇第二十七章《信用在资本主义生产中的作用》，中共中央马克思恩格斯列宁斯大林著作编译局编译：《马克思恩格斯文集》（第七卷），人民出版社 2009 年版，第 500 页。

6. 生产过程和流通过程分离而不能顺利互相转化，就发生危机

在单纯的商品形态变化中已经显露出来的危机可能性，通过（直接的）生产过程和流通过程的彼此分离再次并且以更发展了的形式表现出来。一旦两个过程不能顺利地互相转化而彼此独立，就发生危机。

> 卡·马克思：《政治经济学批判（1861—1863 年手稿）》摘选：《危机问题》，中共中央马克思恩格斯列宁斯大林著作编译局编译：《马克思恩格斯文集》（第八卷），人民出版社 2009 年版，第 245 页。

7. 生产过程和流通过程分离、卖和买的分离而不能顺利互相转化，就发生危机

……因此，危机的可能性，就其在形态变化的简单形式中的表现来说，仅仅来自以下情况，即商品形态变化在其运动中经历的形式差别——阶段——第一，必须是相互补充的形式和阶段。第二，尽管有这种内在的必然的相互联系，却是过程的互不相干地存在着的、在时间和空间上彼此分开的、彼此可以分离并且已经分离的、互相独立的部分和形式。因此，危机的可能性只在于卖和买的分离。

> 卡·马克思：《政治经济学批判（1861—1863 年手稿）》摘选：《危机问

题》，中共中央马克思恩格斯列宁斯大林著作编译局编译：《马克思恩格斯文集》（第八卷），人民出版社 2009 年版，第 245 页。

8. 经济危机就是对生产过程中已经独立阶段实行暴力统一

……我们说过，这个形式包含着危机的可能性，也就是包含着这样的可能性：相互联系和不可分离的因素彼此脱离，因此它们的统一要以暴力的方式实现，它们的相互联系要通过对它们彼此的独立性发生作用的暴力来实现。此外，危机无非是生产过程中已经彼此独立的阶段以暴力方式实现统一。

卡·马克思：《政治经济学批判（1861—1863 年手稿）》摘选：《危机问
题》，中共中央马克思恩格斯列宁斯大林著作编译局编译：《马克思恩格
斯文集》（第八卷），人民出版社 2009 年版，第 247 页。

9. 危机的最抽象形式是商品的形态变化本身

危机的一般的、抽象的可能性，无非就是危机的最抽象的形式，它没有内容，没有危机的内容丰富的动因。卖和买可能彼此脱离。因此它们是潜在的危机。它们的一致对商品来说始终是生命攸关的因素。但是它们也可能顺利地相互转化。所以，危机的最抽象的形式（因而危机的形式上的可能性）始终是商品的形态变化本身，在商品形态变化中，包含在商品的统一中的交换价值和使用价值的矛盾以至货币和商品的矛盾，仅仅作为展开的运动而存在。但是，使危机的这种可能性变成危机的起因，并不包含在这个形式本身之中；这个形式本身所包含的只是：危机的形式已经存在。

卡·马克思：《政治经济学批判（1861—1863 年手稿）》摘选：《危机问
题》，中共中央马克思恩格斯列宁斯大林著作编译局编译：《马克思恩格
斯文集》（第八卷），人民出版社 2009 年版，第 247 页。

10. 世界市场危机必须看做是资产阶级经济一切矛盾的现实的综合和暴力方式的平衡

这对于考察资产阶级经济是重要的。世界市场危机必须看做是资产阶级经济一切矛盾的现实的综合和暴力方式的平衡。因此，在这些危机中综合起来的各个因素，必然在资产阶级经济的每一个领域中出现并得以展开。我们越是深入地研究这种经济，一方面，这个矛盾的各个新的规定就必然被阐明，另一方面，这个矛盾的比较抽象的形式会再现在并包含在比较具体的形式中这一点，也必然得到证明。

卡·马克思:《政治经济学批判(1861—1863年手稿)》摘选:《危机问题》,中共中央马克思恩格斯列宁斯大林著作编译局编译:《马克思恩格斯文集》(第八卷),人民出版社2009年版,第247页。

11. 经济危机的两种形式

总之,可以说:危机的第一种形式是商品形态变化本身,即买和卖的分离。

危机的第二种形式是货币作为支付手段的职能,这里货币在两个不同的、时间上彼此分开的时刻执行两种不同的职能。

这两种形式都还是十分抽象的,虽然第二种形式比第一种形式具体些。

卡·马克思:《政治经济学批判(1861—1863年手稿)》摘选:《危机问题》,中共中央马克思恩格斯列宁斯大林著作编译局编译:《马克思恩格斯文集》(第八卷),人民出版社2009年版,第247—248页。

社会化生产和资本主义占有之间的矛盾表现为个别工厂中生产的组织性和整个社会中生产的无政府状态之间的对立。

资本主义生产方式利用这一杠杆结束了旧日的和平的稳定状态。它在哪一个工业部门被采用,就不容许任何旧的生产方法在那里和它并存。它在哪里控制了手工业,就把那里的旧的手工业消灭掉。劳动场地变成了战场。伟大的地理发现以及随之而来的殖民地的开拓使销售市场扩大了许多倍,并且加速了手工业向工场手工业的转化。斗争不仅爆发于地方的各个生产者之间,地方性的斗争又发展为全国性的,发展为17世纪和18世纪的商业战争。最后,大工业和世界市场的形成使这个斗争成为普遍的,同时使它具有了空前的剧烈性。在资本家和资本家之间,在工业部门和工业部门之间以及国家和国家之间,生死存亡都取决于天然的或人为的生产条件的优劣。失败者被无情地淘汰掉。这是从自然界加倍疯狂地搬到社会中来的达尔文的个体生存斗争。动物的自然状态竟表现为人类发展的顶点。社会化生产和资本主义占有之间的矛盾表现为个别工厂中生产的组织性和整个社会中生产的无政府状态之间的对立。

弗·恩格斯:《反杜林论》,中共中央马克思恩格斯列宁斯大林著作编译局编译:《马克思恩格斯文集》(第九卷),人民出版社2009年版,第290页。

12. 危机差不多每隔十年就要发生一次

事实上,自从1825年第一次普遍危机爆发以来,整个工商业世界,一切文明民族及其野蛮程度不同的附属地中的生产和交换，差不多每隔十年就要出轨一次。交易停顿，市场盈溢，产品大量滞销积压，银根奇紧，信用停止，工厂停工，工人群众因为他们生产的生活资料过多而缺乏生活资料，破产相继发生，拍卖纷至沓来。停滞状态持续几年，生产力和产品被大量浪费和破坏，直到最后，大批积压的商品以或多或少压低了的价格卖出，生产和交换又逐渐恢复运转。步伐逐渐加快，慢步转成快步，工业快步转成跑步，跑步又转成工业、商业、信用和投机事业的真正障碍赛马中的狂奔，最后，经过几次拼命的跳跃重新陷入崩溃的深渊。如此反复不已。从 1825 年以来，这种情况我们已经历了整整五次，目前（1877 年）正经历着第六次。这些危机的性质表现得这样明显，以致傅立叶把第一次危机称为 crise pléthorique〔多血症危机〕，即由过剩引起的危机时，就中肯地说明了所有这几次危机的实质。

> 弗·恩格斯：《反杜林论》，中共中央马克思恩格斯列宁斯大林著作编译局编译：《马克思恩格斯文集》（第九卷），人民出版社 2009 年版，第292—293 页。

13. 在危机中，社会化生产和资本主义占有之间的矛盾剧烈地爆发出来

在危机中，社会化生产和资本主义占有之间的矛盾剧烈地爆发出来。商品流通暂时停顿下来，流通手段即货币成为流通的障碍，商品生产和商品流通的一切规律都颠倒过来了。经济的冲突达到了顶点：生产方式起来反对交换方式，生产力起来反对已经被它超过的生产方式。

> 弗·恩格斯：《反杜林论》，中共中央马克思恩格斯列宁斯大林著作编译局编译：《马克思恩格斯文集》（第九卷），人民出版社 2009 年版，第293 页。

（六）工人运动

1. 工人为生存而斗争

总之，应当看到，工人和资本家同样苦恼，工人是为他的生存而苦恼，资本家则是为他的死钱财的赢利而苦恼。

工人不仅必须为物质的生活资料而斗争，而且必须为谋求工作，即为谋求实现自己的活动的可能性、手段而斗争。

> 卡·马克思：《1844 年经济学哲学手稿》，中共中央马克思恩格斯列宁斯大林著作编译局编译：《马克思恩格斯文集》（第一卷），人民出版社 2009

年版，第 119 页。

2. 资本是对劳动及其产品的支配权力

因此，资本是对劳动及其产品的**支配权力**。资本家拥有这种权力并不是由于他的个人的特性或人的特性，而只是由于他是资本的**所有者**。他的权力就是他的资本的那种不可抗拒的**购买的**权力。

下面我们首先将看到，资本家怎样利用资本来行使他对劳动的支配权力，然后将看到资本的支配权力怎样支配着资本家本身。

什么是资本？

"一定量的积蓄的和储存的劳动。"

资本是**积蓄的劳动**。

卡·马克思：《1844 年经济学哲学手稿》，中共中央马克思恩格斯列宁斯大林著作编译局编译：《马克思恩格斯文集》（第一卷），人民出版社 2009 年版，第 130 页。

3. 整个社会必然分化为有产者阶级和没有财产的工人阶级

我们从国民经济学本身出发，用它自己的话指出，工人降低为商品，而且降低为最贱的商品；工人的贫困同他的生产的影响和规模成反比；竞争的必然结果是资本在少数人手中积累起来，也就是垄断的更惊人的恢复；最后，资本家和地租所得者之间、农民和工人之间的区别消失了，而整个社会必然分化为两个阶级，**即有产者**阶级和没有财产的**工人**阶级。

卡·马克思：《1844 年经济学哲学手稿》，中共中央马克思恩格斯列宁斯大林著作编译局编译：《马克思恩格斯文集》（第一卷），人民出版社 2009 年版，第 155 页。

4. 物的世界的增值同人的世界的贬值成正比

工人生产的财富越多，他的生产的影响和规模越大，他就越贫穷。工人创造的商品越多，他就越变成廉价的商品。物的世界的**增值**同人的世界的**贬值**成正比。劳动生产的不仅是商品，它还生产作为**商品**的劳动自身和工人，而且是按它一般生产商品的比例生产的。

这一事实无非是表明：劳动所生产的对象，即劳动的产品，作为一种**异己的存在物**，作为**不依赖于**生产者的**力量**，同劳动相对立。劳动的产品是固定在某个对象中的、物化的劳动，这就是劳动的**对象化**。劳动的现实化就是劳动的对象化。在国民经济的实际状况中，劳动的这种现实化表现为工人的**非现实化**，对象化表现为**对象的丧失**和**被对象奴役**，占有表现为**异化、外化**。

> 卡·马克思：《1844 年经济学哲学手稿》，中共中央马克思恩格斯列宁斯大林著作编译局编译：《马克思恩格斯文集》（第一卷），人民出版社 2009 年版，第 156—157 页。

5. 私有财产是外化劳动即工人对自然界和对自身的外在关系的产物

总之，通过异化的、外化的劳动，工人生产出一个同劳动疏远的、站在劳动之外的人对这个劳动的关系。工人对劳动的关系，生产出资本家——或者不管人们给劳动的主宰起个什么别的名字——对这个劳动的关系。

因此，**私有财产**是**外化劳动**即工人对自然界和对自身的外在关系的产物、结果和必然后果。

因此，我们通过分析，从**外化劳动**这一概念，即从**外化的人**、异化劳动、异化的生命、**异化的人**这一概念得出**私有财产**这一概念。

……

私有财产只有发展到最后的、最高的阶段，它的这个秘密才重新暴露出来，就是说，私有财产一方面是外化劳动的**产物**，另一方面又是劳动借以外化的**手段，是这一外化的实现。**

> 卡·马克思：《1844 年经济学哲学手稿》，中共中央马克思恩格斯列宁斯大林著作编译局编译：《马克思恩格斯文集》（第一卷），人民出版社 2009 年版，第 166 页。

6. 工人阶级处境悲惨的原因应当到资本主义制度本身中去寻找

这样一来，下面这个重大的基本事实就越来越明显了：工人阶级处境悲惨的原因不应当到这些小的弊病中去寻找，而应当到**资本主义制度本身**中去寻找。工人为取得每天的一定数目的工资而把自己的劳动力卖给资本家。在不多的几小时工作之后，他就把这笔工资的价值再生产出来了。但是，他的劳动合同却规定，工人必须再工作好几个小时，才算完成一个工作日。工人用这个附加的几小时剩余劳动生产出来的价值，就是剩余价值。这个剩余价值不破费资本家一文钱，但仍然落入资本家的腰包。这就是这样一个制度的基础，这个制度使文明社会越来越分裂，一方面是一小撮路特希尔德们和万德比尔特们，他们是全部生产资料和消费资料的所有者，另一方面是广大的雇佣工人，他们除了自己的劳动力之外一无所有。产生这个结果的，并不是这个或那个次要的弊端而是制度本身，这个事实目前已经在英国资本主义的发展过程中十分鲜明地显示出来。

> 弗·恩格斯：《英国工人阶级状况》，中共中央马克思恩格斯列宁斯大林著作编译局编译：《马克思恩格斯文集》（第一卷），人民出版社 2009 年版，第 368 页。

7. 英国是无产阶级发展的典型国家

英国工人阶级的历史是从上个世纪后半期，随着蒸汽机和棉花加工机的发明而开始的。大家知道，这些发明推动了工业革命，工业革命同时又推动了整个市民社会的变革，它的世界历史意义只是现在才开始被认识。英国是发生这种变革（这种变革越是无声无息地进行，就越是强有力）的典型地方，因此，英国也是这种变革最主要的结果即无产阶级发展的典型国家。只有在英国，才能把无产阶级放在它的一切关系中并从各个方面来加以研究。

> 弗·恩格斯：《英国工人阶级状况》，中共中央马克思恩格斯列宁斯大林著作编译局编译：《马克思恩格斯文集》（第一卷），人民出版社 2009 年版，第 388 页。

8. 工业革命促使无产阶级去争取应有的地位

工业革命只是使这种情况发展到极点，把工人完全变成了简单的机器，剥夺了他们独立活动的最后一点残余。但是，正因为如此，工业革命也就促使他们去思考，促使他们去争取人应有的地位。像法国的政治一样，英国的工业和整个市民社会运动把最后的一些还对人类共同利益漠不关心的阶级卷入了历史的旋涡。

> 弗·恩格斯：《英国工人阶级状况》，中共中央马克思恩格斯列宁斯大林著作编译局编译：《马克思恩格斯文集》（第一卷），人民出版社 2009 年版，第 390 页。

9. 无产阶级和资产阶级是两大对立阵营

敌对的方面已渐渐划分成相互斗争的两大阵营；一方面是资产阶级，另一方面是无产阶级。这个一切人反对一切人的、无产阶级反对资产阶级的战争不会使我们感到惊奇，因为它不过是已经包含在自由竞争中的原则的彻底实现。让我们奇怪的倒是，虽然孕育着大雷雨的乌云日益密集在资产阶级头上，但他们却泰然处之，无动于衷；虽然他们每天都在报上看到这些事情，但他们别说没有对现在的社会状况感到愤怒，甚至也没有对这种社会状况所引起的后果感到恐惧，没有对每一起个别的犯罪行为所预示的总爆发感到恐惧。可是这正好说明他们是资产阶级；从资产阶级的立场出发，他们甚至连事实都看不到，更不用说这些事实所产生的结果了。令人惊异的仅仅是，阶级偏见和先入之见竟能使整个阶级盲目到这种程度，可以说盲目到疯狂的程度。但是这个民族还是要按照自己的道路发展下去，不管资产者是否看到这一点；而且在这种发展中，总有一天会发生有产阶级的聪明人士所梦想不到的事件，从而使这个阶级感到震惊。

弗·恩格斯：《英国工人阶级状况》，中共中央马克思恩格斯列宁斯大林著作编译局编译：《马克思恩格斯文集》（第一卷），人民出版社 2009 年版，第 446 页。

10. 工人只有仇恨和反抗资产阶级才能拯救自己的人的尊严

即使我没有在许多场合——证明，大家也会同意我的意见：英国工人在这种状况下是不会感到幸福的，处于这种境况，无论是个人还是整个阶级都不可能像人一样地思想、感觉和生活。因此，工人必须设法摆脱这种非人的状况，必须争取良好的比较合乎人的身份的地位。如果他们不去和资产阶级本身的利益（它的利益正是在于剥削工人）作斗争，他们就不可能做到这一点。但是资产阶级却用他们的财产和他们掌握的国家政权所能提供的一切力量来维护自己的利益。工人一旦想要摆脱现状，资产者就会成为他们的公开敌人。

此外，工人随时都发现资产阶级把他当做物品、当做自己的财产来对待，就凭这一点，工人也要成为资产阶级的敌人。我在前面已经举了上百个例子，而且还能再举出上百个例子来证明，在目前情况下，工人只有仇恨和反抗资产阶级，才能拯救自己的人的尊严。

弗·恩格斯：《英国工人阶级状况》，中共中央马克思恩格斯列宁斯大林著作编译局编译：《马克思恩格斯文集》（第一卷），人民出版社 2009 年版，第 448 页。

11. 法律是资产者为工人准备的鞭子

趁这个机会来谈谈在英国是怎样神圣地看待法律的。对资产者来说，法律当然是神圣的，因为法律是资产者本身的创造物，是经过他的同意并且是为了保护他和他的利益而颁布的。资产者懂得，即使个别的法律对他特别不利，但是整个立法毕竟是保护他的利益的，而最重要的是，法律的神圣性，由社会上一部分人积极地按自己的意志规定下来并由另一部分人消极地接受下来的秩序的不可侵犯性，是资产者的社会地位的最强有力的支柱。英国资产者把法律看做自己的化身，正如他把自己的上帝看做自己的化身一样，所以他认为法律是神圣的，所以警察手中的棍子（其实就是他自己手中的棍子）对于他具有极大的安抚力。而在工人看来当然就不是这样。工人有足够的体验，并且十分清楚地知道，法律对他来说是资产者给他准备的鞭子，因此，不是万不得已工人是不会诉诸法律的。

> 弗·恩格斯：《英国工人阶级状况》，中共中央马克思恩格斯列宁斯大林著作编译局编译：《马克思恩格斯文集》（第一卷），人民出版社 2009 年版，第 462 页。

12. 无产阶级是大工业本身的产物

随着工业的发展，无产阶级不仅人数增加了，而且结合成更大的集体，它的力量日益增长，而且它越来越感觉到自己的力量。

……

在当前同资产阶级对立的一切阶级中，只有无产阶级是真正革命的阶级。其余的阶级都随着大工业的发展而日趋没落和灭亡，无产阶级却是大工业本身的产物。

> 卡·马克思、弗·恩格斯：《共产党宣言》，中共中央马克思恩格斯列宁斯大林著作编译局编译：《马克思恩格斯文集》（第二卷），人民出版社 2009 年版，第 40—41 页。

13. 无产阶级的运动是绝大多数人的，为绝大多数人谋利益的独立的运动

过去的一切运动都是少数人的，或者为少数人谋利益的运动。无产阶级的运动是绝大多数人的，为绝大多数人谋利益的独立的运动。无产阶级，现今社会的最下层，如果不炸毁构成官方社会的整个上层，就不能抬起头来，挺起胸来。

> 卡·马克思、弗·恩格斯：《共产党宣言》，中共中央马克思恩格斯列宁斯大林著作编译局编译：《马克思恩格斯文集》（第二卷），人民出版社 2009 年版，第 42 页。

14. 各文明国家的联合的行动，是无产阶级获得解放的首要条件之一

工人没有祖国。决不能剥夺他们所没有的东西。因为无产阶级首先必须取得政治统治，上升为民族的阶级，把自身组织成为民族，所以它本身还是民族的，虽然完全不是资产阶级所理解的那种意思。

随着资产阶级的发展，随着贸易自由的实现和世界市场的建立，随着工业生产以及与之相适应的生活条件的趋于一致，各国人民之间的民族分隔和对立日益消失。

无产阶级的统治将使它们更快地消失。联合的行动，至少是各文明国家的联合的行动，是无产阶级获得解放的首要条件之一。

> 卡·马克思、弗·恩格斯：《共产党宣言》，中共中央马克思恩格斯列宁斯大林著作编译局编译：《马克思恩格斯文集》（第二卷），人民出版社2009年版，第50页。

15. 工业无产阶级的发展是受工业资产阶级的发展制约的

一般说来，工业无产阶级的发展是受工业资产阶级的发展制约的。在工业资产阶级统治下，它才能获得广大的全国规模的存在，从而能够把它的革命提高为全国规模的革命：在这种统治下，它才能创造出现代的生产资料，这种生产资料同时也正是它用以达到自身革命解放的手段。只有工业资产阶级的统治才能铲除封建社会的物质根底，并且铺平无产阶级革命唯一能借以实现的地基。

> 卡·马克思：《1848年至1850年的法兰西阶级斗争》，中共中央马克思恩格斯列宁斯大林著作编译局编译：《马克思恩格斯文集》（第二卷），人民出版社2009年版，第88页。

16. 伴随着1848年以后的工业高涨，无产阶级的社会活动和政治活动也开展起来了

伴随着1848年以后的工业高涨，无产阶级的社会活动和政治活动也开展起来了。单是目前德国工人在其工会、合作社、政治组织和政治集会中，在选举以及所谓国会中所起的作用，就足以表明，最近20年来在德国已不知不觉地发生了什么样的变革。德国工人获得了很大的荣誉：唯有他们做到了把工人和工人代表派到国会中去，而无论是法国人或英国人到现在为止都没有能够做到这一点。

> 弗·恩格斯：《德国农民战争，1870年第二版序言》，中共中央马克思恩格斯列宁斯大林著作编译局编译：《马克思恩格斯文集》（第二卷），人民

出版社 2009 年版，第 209 页。

17. 德国工人同欧洲其他各国工人比较起来，有两大优越之处

德国工人同欧洲其他各国工人比较起来，有两大优越之处。第一，他们属于欧洲最有理论修养的民族，他们保持了德国那些所谓"有教养的人"几乎完全丧失了的理论感。如果不是先有德国哲学，特别是黑格尔哲学，那么德国科学社会主义，即过去从来没有过的唯一科学的社会主义，就决不可能创立。……

第二个优越之处，就是德国人参加工人运动……，它是站在圣西门、傅立叶和欧文这三个人的肩上的。虽然这三个人的学说含有十分虚幻和空想的性质，但他们终究是属于一切时代最伟大的智士之列的，他们天才地预示了我们现在已经科学地证明了其正确性的无数真理。同德国的理论上的社会主义一样，德国的实践的工人运动也永远不应当忘记，它是站在英国和法国的运动的肩上发展起来的，它能够直接利用英国和法国的运动用很高的代价换来的经验，而在现在避免它们当时往往无法避免的那些错误。……德国工人非常巧妙地利用了自己地位的有利之处。自从有工人运动以来，斗争是第一次在其所有三个方面——理论方面、政治方面和实践经济方面（反抗资本家）互相配合，互相联系，有计划地推进。德国工人运动所以强大有力和不可战胜，也正是由于这种可以说是集中的攻击。

弗·恩格斯：《德国农民战争，1870 年第二版序言》，中共中央马克思恩格斯列宁斯大林著作编译局编译：《马克思恩格斯文集》（第二卷），人民出版社 2009 年版，第 217—218 页。

18. 在资产阶级的各个部分，尤其是其中最进步的部分即大工业家还没有获得政权并按照他们的需要改造国家以前，工人阶级运动本身就永远不会是独立的

人数众多、强大、集中而有觉悟的无产阶级的生存条件的演变，是与人数众多、富裕、集中而强有力的资产阶级的生存条件的发展同时进行的。在资产阶级的各个部分，尤其是其中最进步的部分即大工业家还没有获得政权并按照他们的需要改造国家以前，工人阶级运动本身就永远不会是独立的，永远不会具有纯粹无产阶级的性质。……

如果说资产阶级的积极运动可以从 1840 年算起，那么工人阶级的积极运动则开始于 1844 年西里西亚和波希米亚的工人起义。

弗·恩格斯：《德国的革命和反革命》，中共中央马克思恩格斯列宁斯大林著作编译局编译：《马克思恩格斯文集》（第二卷），人民出版社 2009年版，第 356—357 页。

19. 大城市的工人阶级把社会主义和共产主义的学说当做自己解放的手段

1844 年发生了西里西亚的织工起义，接着又发生了布拉格印花工厂工人的起义。这些被残酷镇压下去的起义，这些不是反对政府而是反对企业主的工人起义，产生了深刻的影响，对在工人中间的社会主义和共产主义宣传给予了新的推动。饥荒的 1847 年的粮食暴动也起了这种作用。简单地说，正像大部分有产阶级（大封建地主除外）团结在立宪反对派的旗帜周围一样，大城市的工人阶级把社会主义和共产主义的学说当做自己解放的手段……

弗·恩格斯：《德国的革命和反革命》，中共中央马克思恩格斯列宁斯大林著作编译局编译：《马克思恩格斯文集》（第二卷），人民出版社 2009年版，第 368 页。

20. 无产阶级是带着进行过世界历史性的伟大斗争的光荣而失败的，整个欧洲都被六月的地震所惊动

无产阶级中有一部分人醉心于教条的实验，醉心于成立交换银行和工人团体，换句话说，醉心于这样一种运动，即不去利用旧世界自身所具有的一切强大手段来推翻旧世界，却企图躲在社会背后，用私人的办法。在自身的有限的生存条件的范围内实现自身的解救，因此必然是要失败的。当六月事变中无产阶级与之斗争的一切阶级还没有在无产阶级身边倒下的时候，无产阶级大概既不能使本身恢复自己原有的革命的伟大，也不能从重新缔结的联盟中获得新的力量。但是，无产阶级至少是带着进行过世界历史性的伟大斗争的光荣而失败的；不仅法国，而且整个欧洲都被六月的地震所惊动……

卡·马克思：《路易·波拿巴的雾月十八日》，中共中央马克思恩格斯列宁斯大林著作编译局编译：《马克思恩格斯文集》（第二卷），人民出版社 2009 年版，第 478 页。

21. 要使社会的新生力量很好地发挥作用，就只能由新生的人来掌握它们，而这些新生的人就是工人

我们知道，要使社会的新生力量很好地发挥作用，就只能由新生的人来掌握它们，而这些新生的人就是工人。工人也同机器本身一样，是现代的产物。在那些使资产阶级、贵族和可怜的倒退预言家惊慌失措的现象当中，我们认出了我们的勇敢的朋友好人儿罗宾，这个会迅速刨土的老田鼠、光荣的工兵——革命。英国工人是现代工业的头一个产儿。他们在支援这种工业所引起的社会革命方面肯定是不会落在最后的，这种革命意味着他们的本阶级在全世界的解放，这种革命同资本的统治和雇佣奴隶制具有同样的普遍性质。

> 卡·马克思：《在"人民报"创刊纪念会上的演说》，中共中央马克思恩格斯列宁斯大林著作编译局编译：《马克思恩格斯文集》（第二卷），人民出版社2009年版，第580页。

22. 劳动群众的贫困

不论是机器的改进，科学在生产上的应用，交通工具的改良，新的殖民地的开辟，向外移民，扩大市场，自由贸易，或者是所有这一切加在一起，都不能消除劳动群众的贫困；在现代这种邪恶的基础上，劳动生产力的任何新的发展，都不可避免地要加深社会对比和加强社会对抗。这在欧洲一切国家里，现在对于每一个没有偏见的人都已成了十分明显的真理，只有那些一心想使别人沉湎于痴人乐园的人才会否认这一点。在这种"令人陶醉的"经济进步时代，在不列颠帝国的首都，饿死几乎已经成为一种常规。这个时代在世界历史上留下的标志，就是被称为工商业危机的社会瘟疫日益频繁地重复发生，规模日益扩大，后果日益带有致命性。

> 卡·马克思：《国际工人协会成立宣言》，中共中央马克思恩格斯列宁斯大林著作编译局编译：《马克思恩格斯文集》（第三卷），人民出版社2009年版，第10页。

23. 十小时工作日法案的通过

英国工人阶级经过30年惊人顽强的斗争，利用土地巨头和金融巨头间的暂时的分裂，终于争得了十小时工作日法案的通过。这一法案对于工厂工人在体力、道德和智力方面引起的非常良好的后果，在工厂视察员每半年一次的报告书中都曾指出过，现在已经为大家所公认。欧洲大陆上的大多数政府都不得不在作了或多或少的修改之后采用了英国的工厂法，而英国议会本身也不得不每年扩大这一法律的应用范围。

> 卡·马克思：《国际工人协会成立宣言》，中共中央马克思恩格斯列宁斯大林著作编译局编译：《马克思恩格斯文集》（第三卷），人民出版社2009

年版，第 11 页。

24. 合作运动的意义及其局限性

我们说的是合作运动，特别是由少数勇敢的"手"独力创办起来的合作工厂。对这些伟大的社会试验的意义不论给予多么高的估价都是不算过分的。工人们不是在口头上，而是用事实证明；大规模的生产，并且是按照现代科学要求进行的生产，没有那个雇用工人阶级的雇主阶级也能够进行，他们证明：为了有效地进行生产，劳动工具不应当被垄断起来作为统治和掠夺工人的工具，雇佣劳动，也像奴隶劳动和农奴劳动一样，只是一种暂时的和低级的形式，它注定要让位于带着兴奋愉快心情自愿进行的联合劳动。在英国，合作制的种子是由罗伯特·欧文播下的；大陆上工人进行的试验，实际上是从并非 1848 年发明的，而是 1848 年大声宣布的理论中得出的实际结论。同时，1848 年到 1864 年这个时期的经验毫无疑问地证明，不管合作劳动在原则上是多么卓越，在实际上多么有效，只要它仍然限于个别工人的偶然努力的狭隘范围，就始终既不能阻止垄断势力按照几何级数增长，也不能解放群众，甚至不能显著地减轻他们的贫困的重担。……要解放劳动群众，合作劳动必须在全国范围内发展，因而也必须依靠全国的财力。但是土地巨头和资本巨头总是要利用他们的政治特权来维护和永久保持他们的经济垄断的。他们不仅不会促进劳动解放，而且恰恰相反，会继续在它的道路上设置种种障碍。……所以，夺取政权已成为工人阶级的伟大使命。工人们似乎已经了解到这一点，因为英国、德国、意大利和法国都同时活跃起来了，并且同时都在努力从政治上改组工人政党。

卡·马克思：《国际工人协会成立宣言》，中共中央马克思恩格斯列宁斯大林著作编译局编译：《马克思恩格斯文集》（第三卷），人民出版社 2009 年版，第 12—13 页。

25. 为实现正义的对外政策而斗争，是争取工人阶级解放的总斗争的一部分

工人阶级的解放既然要求工人们兄弟般的合作，那么在那种为追求罪恶目的而利用民族偏见并在掠夺战争中洒流人民鲜血和浪费人民财富的对外政策下，他们又怎么能完成这个伟大任务呢？使西欧避免了为在大西洋彼岸永久保持和推广奴隶制进行可耻的十字军征讨冒险的，并不是统治阶级的智慧，而是英国工人阶级对于他们那种罪恶的疯狂行为所进行的英勇

反抗。欧洲的上层阶级只是以无耻的赞许、假装的同情或白痴般的漠不关心态度来观望俄罗斯怎样侵占高加索的山区要塞和宰割英勇的波兰；这个头在圣彼得堡而爪牙在欧洲各国内阁的野蛮强国所从事的大规模的不曾遇到任何抵抗的侵略，给工人阶级指明了他们的责任，要他们洞悉国际政治的秘密，监督本国政府的外交活动，在必要时就用能用的一切办法反抗它；在不可能防止这种活动时就团结起来同时揭露它，努力做到使私人关系间应该遵循的那种简单的道德和正义的准则，成为各民族之间的关系中的至高无上的准则。

为这样一种对外政策而进行的斗争，是争取工人阶级解放的总斗争的一部分。

卡·马克思：《国际工人协会成立宣言》，中共中央马克思恩格斯列宁斯大林著作编译局编译：《马克思恩格斯文集》（第三卷），人民出版社 2009年版，第 14 页。

26. 批判蒲鲁东的经济学观点

蒲鲁东实际上所谈的是现存的现代资产阶级财产。这种财产是什么？——对这一问题，只能通过对"政治经济学"的批判性分析来回答，这种批判性分析对财产关系的总和，不是从它们的法律表现上即作为意志关系来把握，而是从它们的现实形态上即作为生产关系来把握。……蒲鲁东把这些经济关系的总和同"财产"这个一般的法律概念纠缠在一起…纠缠在连他自己也模糊不清的关于真正资产阶级财产的种种幻想里面。

……

他对科学辩证法的秘密了解得多么肤浅，另一方面他又是多么赞同思辨哲学的幻想，因为他不是把经济范畴看做历史的、与物质生产的一定发展阶段相适应的生产关系的理论表现、而是荒谬地把它看做预先存在的、永恒的观念……他同空想主义者一起追求一种可用来先验地构想某种"解决社会问题"的公式的所谓"科学"，而不是去从对历史运动的批判的认识中，即对本身就产生了解放的物质条件的运动的批判的认识中得出科学。……他还把对李嘉图的价值理论的空想主义解释误当做一种新科学的基础。

弗·恩格斯：《论蒲鲁东》，中共中央马克思恩格斯列宁斯大林著作编译局编译：《马克思恩格斯文集》（第三卷），人民出版社 2009 年版，第18—20 页。

27. 批判蒲鲁东的政治观点和哲学思想

至于谈到蒲鲁东的政治著作和哲学著作，那么所有这些著作都像经济学著作一样，也暴露出同样矛盾的、双重的性质。同时，它们的价值只是地方性的，即只限于法国。但是，他对宗教、教会等等的攻击在当时法国的条件下对该国来说是一个巨大的功绩，因为那时法国的社会主义者们认为，信仰宗教是他们优越于 18 世纪的资产阶级伏尔泰主义和 19 世纪的德国无神论的地方。如果说，彼得大帝用野蛮制服了俄国的野蛮，那么，蒲鲁东就是尽了最大的努力用空谈来战胜法国的空谈。

……

蒲鲁东是天生地倾向于辩证法的。但是他从来也不懂得真正科学的辩证法，所以他陷入了诡辩的泥坑。实际上这是和他的小资产阶级观点有联系的。小资产者像历史编纂学家劳默一样，是由 "一方面" 和 "另一方面" 构成的。小资产者在自己的经济利益上是如此，因而在自己的政治上、在自己的宗教观点、科学观点和艺术观点上也是如此。

> 弗·恩格斯：《论蒲鲁东》，中共中央马克思恩格斯列宁斯大林著作编译局编译：《马克思恩格斯文集》（第三卷），人民出版社 2009 年版，第 23—24 页。

28. 工联主义

工联作为抵制资本进攻的中心，工作颇有成效。它们遭到失败，部分是由于不正确地使用自己的力量。总的说来，它们遭到失败是因为它们只限于进行游击式的斗争以反对现存制度所产生的结果，而不同时努力改变这个制度，不运用自己有组织的力量作为杠杆来最终解放工人阶级，也就是最终消灭雇佣劳动制度。

> 卡·马克思：《工资、价格和利润》，中共中央马克思恩格斯列宁斯大林著作编译局编译：《马克思恩格斯文集》（第三卷），人民出版社 2009 年版，第 78 页。

29. 英国工人阶级为争取十小时工作日而斗争

为规定工作日而进行的斗争，从自由工人在历史上最初出现的时候起，一直延续到现在。在各种不同的行业中，流行着各种不同的传统的工作日；可是实际上这样的工作日很少得到遵守。只有在那些由法律规定工作日，并且其遵守受到监督的地方，才能够说，在那儿，存在着正常的工作日。

但是直到现在，几乎只有在英国的工厂区才是这种情况。在这里为一切妇女和 13 岁至 18 岁的男孩规定了 10 小时工作日（每星期前五天每天做工 10 小时半，星期六做工 7 小时半）。同时，因为男工没有女工童工就不能劳动，所以，他们的工作时间每天也就变为 10 小时了。英国的工厂工人获得这一法律，是由于多年的坚持，是由于与工厂主作过最激烈最坚决的斗争，是由于新闻出版自由、集会结社的权利，并且是由于巧妙地利用统治阶级内部的分裂。这个法律成了英国工人的保护者。它逐渐推广到一切大工业部门，去年，差不多推广到所有行业，至少推广到了一切雇用妇女和儿童的部门。

弗·恩格斯：《卡·马克思〈资本论〉第一卷书评》，中共中央马克思恩格斯列宁斯大林著作编译局编译：《马克思恩格斯文集》（第三卷），人民出版社 2009 年版，第 85 页。

30. 我们的目标是消灭使某些人生前具有摄取他人劳动果实的经济权力的制度

继承权之所以具有社会意义，只是由于它给继承人以死者生前所拥有的权力，即借助自己的财产以摄取他人劳动果实的权力。……继承法不是现存社会经济组织的原因，而是这种经济组织的结果，是这种经济组织的法律结果，这种经济组织是以生产资料即土地、原料、机器等的私有制为基础的。

……

我们应当同原因而不是同结果作斗争，同经济基础而不是同它的法律的上层建筑作斗争。……因此我们的伟大目标应当是消灭那些使某些人生前具有摄取许多人的劳动果实的经济权力的制度。

……

继承权的消亡将是废除生产资料私有制的社会改造的自然结果，但是废除继承权决不是这种社会改造的起点。

卡·马克思：《委员会关于继承权的报告》，中共中央马克思恩格斯列宁斯大林著作编译局编译：《马克思恩格斯文集》（第三卷），人民出版社 2009 年版，第 88—89 页。

31. 争取普选权的斗争

有产阶级，即土地贵族和资产者，使劳动人民处于被奴役的地位，这不仅靠他们的财富的力量，不仅靠资本对劳动的剥削，而且还靠国家的力量，靠军队、官僚和法庭。如果放弃在政治领域中同我们的敌人作斗争，那就是放弃了一种最有力的行动手段，特别是组织和宣传的手段。普选权赋予我们一种卓越的行动手段。在德国，组织成坚强政党的工人，派出六个代表参加所谓国民代表会议；我们的朋友倍倍尔和李卜克内西居然能在那里反对侵略战争，这比起我们多年来通过报刊和集会所进行的宣传，起了有力得多的、有利于国际宣传的作用。现在，在法国也刚刚选出了工人的代表，他们将在国民议会中大声宣布我们的原则。在英国最近的选举中，也将发生同样的情形。

弗·恩格斯：《致国际工人协会西班牙联合委员会》，中共中央马克思恩格斯列宁斯大林著作编译局编译：《马克思恩格斯文集》（第三卷），人民出版社 2009 年版，第 92 页。

32. 马克思论巴黎公社

帝国的直接对立物就是公社。巴黎无产阶级在宣布二月革命时所呼喊的"社会共和国"口号，的确是但也仅仅是表现出这样一种模糊的意向，即要求建立一个不但取代阶级统治的君主制形式、而且取代阶级统治本身的共和国。公社正是这个共和国的毫不含糊的形式。

既是旧政权中央政府所在地同时又是法国工人阶级社会大本营的巴黎，手执武器奋起反抗了梯也尔和乡绅议员们恢复并巩固帝国留给他们的这个旧政权的企图。巴黎所以能够反抗，只是由于被围困使它摆脱了军队并用主要由工人组成的国民自卫军来代替它。现在必须使这一事实成为制度，所以，公社的第一个法令就是废除常备军而代之以武装的人民。

公社是由巴黎各区通过普选选出的市政委员组成的。这些委员对选民负责，随时可以罢免。其中大多数自然都是工人或公认的工人阶级代表。公社是一个实干的而不是议会式的机构，它既是行政机关，同时也是立法机关。警察不再是中央政府的工具，他们立刻被免除了政治职能，而变为公社的承担责任的、随时可以罢免的工作人员。其他各行政部门的官员也是一样。从公社委员起，自上至下一切公职人员，都只能领取相当于工人工资的报酬。从前国家的高官显宦所享有的一切特权以及公务津贴，都随着这些人物本身的消失而消失了。社会公职已不再是中央政府走卒们的私有物。不仅城市的管理，而且连先前由国家行使的全部创议权也都转归公社。

公社在铲除了常备军和警察这两支旧政府手中的物质力量以后，便急切地着手摧毁作为压迫工具的精神力量，即"僧侣势力"，方法是宣布教会与国家分离，并剥夺一切教会所占有的财产。教士们要重新过私人的清修隐遁的生活，像他们的先驱者即使徒们那样靠信徒的施舍过活。一切教育机构对人民免费开放，完全不受教会和国家的干涉。这样，不但人人都能受教育，而且科学也摆脱了阶级偏见和政府权力的桎梏。

法官的虚假的独立性被取消，这种独立性只是他们用来掩盖自己向历届政府奴颜谄媚的假面具，而他们对于那些政府是依次宣誓尽忠，然后又依次背叛的。法官和审判官，也如其他一切公务人员一样，今后均由选举产生，对选民负责，并且可以罢免。

> 卡·马克思：《法兰西内战》，中共中央马克思恩格斯列宁斯大林著作编译局编译：《马克思恩格斯文集》（第三卷）人民出版社 2009 年版，第 154—155 页。

33. 公社真正实现了廉价政府的口号

公社实现了所有资产阶级革命都提出的廉价政府这一口号，因为它取消了两个最大的开支项目，即常备军和国家官吏。公社的存在本身就意味着那至少在欧洲是阶级统治的真正赘瘤和不可或缺的外衣的君主制已不复存在。公社给共和国奠定了真正民主制度的基础。但是，无论廉价政府或"真正共和国"，都不是它的终极目标，而只是它的伴生物。

> 卡·马克思：《法兰西内战》，中共中央马克思恩格斯列宁斯大林著作编译局编译：《马克思恩格斯文集》（第三卷），人民出版社 2009 年版，第 157 页。

34. 公社的秘密在于它实质上是工人阶级的政府

公社的真正秘密就在于：它实质上是工人阶级的政府，是生产者阶级同占有者阶级斗争的产物，是终于发现的可以使劳动在经济上获得解放的政治形式。

> 卡·马克思：《法兰西内战》，中共中央马克思恩格斯列宁斯大林著作编译局编译：《马克思恩格斯文集》（第三卷），人民出版社 2009 年版，第 158 页。

35. 这是工人阶级首创能力得到公开承认的第一次革命

这是使工人阶级作为唯一具有社会首创能力的阶级得到公开承认的第一次革命；甚至巴黎中等阶级的大多数，即店主、手工业者和商人——唯富有的资本家除外——也都承认工人阶级是这样一个阶级。

> 卡·马克思:《法兰西内战》,中共中央马克思恩格斯列宁斯大林著作编
> 译局编译:《马克思恩格斯文集》(第三卷),人民出版社 2009 年版,第
> 160 页。

36. 公社是法国社会的一切健全成分的真正代表

公社是法国社会的一切健全成分的真正代表,因而也就是真正的国民政府,而另一方面,它作为工人的政府,作为劳动解放的勇敢斗士,同时又具有十足国际的性质。普鲁士军队使法国的两个省归属于德国,而就在这支军队的眼前,公社使全世界的工人都归属于法国。

> 卡·马克思:《法兰西内战》,中共中央马克思恩格斯列宁斯大林著作编
> 译局编译:《马克思恩格斯文集》(第三卷),人民出版社 2009 年版,第
> 162 页。

37. 公社——人民群众获得社会解放的政治形式

公社——这是社会把国家政权重新收回,把它从统治社会、压制社会的力量变成社会本身的充满生气的力量;这是人民群众把国家政权重新收回,他们组成自己的力量去代替压迫他们的有组织的力量;这是人民群众获得社会解放的政治形式,这种政治形式代替了被人民群众的敌人用来压迫他们的假托的社会力量(即被人民群众的压迫者所篡夺的力量)(原为人民群众自己的力量,但被组织起来反对和打击他们)。

> 卡·马克思:《法兰西内战》,中共中央马克思恩格斯列宁斯大林著作编
> 译局编译:《马克思恩格斯文集》(第三卷),人民出版社 2009 年版,第
> 195 页。

38. 劳动的解放

劳动的解放——公社的伟大目标——是这样开始实现的:一方面取缔国家寄生虫的非生产性活动和胡作非为,从根源上杜绝把巨量国民产品浪费于供养国家这个魔怪,另一方面,公社的工作人员执行实际的行政管理职务,不论是地方的还是全国的,只领取工人的工资。由此可见,公社一开始就厉行节约,既进行政治变革,又实行经济改革。

> 卡·马克思:《法兰西内战》,中共中央马克思恩格斯列宁斯大林著作编
> 译局编译:《马克思恩格斯文集》(第三卷),人民出版社 2009 年版,第
> 198 页。

39. 革命的新特点在于用人民自己的政府去代替统治阶级的国家机器

革命以人民群众的名义，并且是公开为着人民群众即生产者群众的利益而进行，这是这次革命和以前历次革命相同之点。这次革命的新的特点在于人民在首次起义之后没有解除自己的武装，没有把他们的权力拱手交给统治阶级的共和主义骗子们；这次革命的新的特点还在于人民组成了公社，从而把他们这次革命的真正领导权握在自己手中，同时找到了在革命胜利时把这一权力保持在人民自己手中的办法，即用他们自己的政府机器去代替统治阶级的国家机器、政府机器。

> 卡·马克思：《法兰西内战》，中共中央马克思恩格斯列宁斯大林著作编
> 译局编译：《马克思恩格斯文集》（第三卷），人民出版社 2009 年版，第
> 207 页。

40. 放弃政治是不可能的

向工人鼓吹放弃政治，就等于把他们推入资产阶级政治的怀抱。特别是在巴黎公社已经把无产阶级的政治行动提到日程上来以后，放弃政治是根本不可能的。我们要消灭阶级。用什么手段才能达到这个目的呢？这就是无产阶级的政治统治。……工人的政党不应当成为某一个资产阶级政党的尾巴，而应当成为一个独立的政党，它有自己的目的和自己的政治。政治自由、集会结社的权利和新闻出版自由是我们的武器。

> 弗·恩格斯：《关于工人阶级的政治行动》，中共中央马克思恩格斯列宁
> 斯大林著作编译局编译：《马克思恩格斯文集》（第三卷），人民出版社
> 2009 年版，第 224—225 页。

41. 国际工人协会活动的总方针原则

鉴于：

工人阶级的解放应该由工人阶级自己去争取；工人阶级的解放斗争不是要争取阶级特权和垄断权，而是要争取平等的权利和义务，并消灭一切阶级统治；

劳动者在经济上受劳动资料即生活源泉的垄断者的支配，是一切形式的奴役的基础，是一切社会贫困、精神沉沦和政治依附的基础；

因而工人阶级的经济解放是伟大的目标，一切政治运动都应该作为手段服从于这一目标；

为达到这个伟大目标所做的一切努力之所以至今没有收到效果，是由

于每个国家里各个不同劳动部门的工人彼此间不够团结，由于各国工人阶级彼此间缺乏亲密的联合；

劳动的解放既不是一个地方的问题，也不是一个国家的问题，而是涉及存在现代社会的一切国家的社会问题，它的解决有赖于最先进的国家在实践上和理论上的合作；

目前欧洲各个最发达的工业国工人阶级运动的新高涨，在鼓起新的希望的同时，也郑重地警告不要重犯过去的错误，要求立刻把各个仍然分散的运动联合起来；

鉴于上述理由，创立了国际工人协会。

> 卡·马克思：《国际工人协会共同章程》，中共中央马克思恩格斯列宁斯大林著作编译局编译：《马克思恩格斯文集》（第三卷），人民出版社 2009 年版，第 226—227 页。

42. 建立无产阶级独立政党的必要性

无产阶级在反对有产阶级联合力量的斗争中，只有把自身组织成为与有产阶级建立的一切旧政党不同的、相对立的政党，才能作为一个阶级来行动。为保证社会革命获得胜利和实现革命的最高目标——消灭阶级，无产阶级这样组织成为政党是必要的。

> 卡·马克思：《国际工人协会共同章程》，中共中央马克思恩格斯列宁斯大林著作编译局编译：《马克思恩格斯文集》（第三卷），人民出版社 2009 年版，第 228 页。

43. 权威与自治是相对的

把权威原则说成是绝对坏的东西，而把自治原则说成是绝对好的东西，这是荒谬的。权威与自治是相对的东西，它们的应用范围是随着社会发展阶段的不同而改变的。如果自治论者仅仅是想说，未来的社会组织将只在生产条件所必然要求的限度内允许权威存在，那也许还可以同他们说得通。但是，他们闭眼不看使权威成为必要的种种事实，只是拼命反对字眼。

> 弗·恩格斯：《论权威》，中共中央马克思恩格斯列宁斯大林著作编译局编译：《马克思恩格斯文集》（第三卷），人民出版社 2009 年版，第 337—338 页。

44. 要求一举把政治国家废除是错误的

反权威主义者却要求在产生权威的政治国家的各种社会条件消除以前，一举把权威的政治国家废除。他们要求把废除权威作为社会革命的第一个行动。这些先生见过革命没有？革命无疑是天下最权威的东西。革命就是一部分人用枪杆、刺刀、大炮，即用非常权威的手段强迫另一部分人接受自己的意志。获得胜利的政党如果不愿意失去自己努力争得的成果，就必须凭借它以武器对反动派造成的恐惧，来维持自己的统治。要是巴黎公社面对资产者没有运用武装人民这个权威，它能支持哪怕一天吗？反过来说，难道我们没有理由责备公社把这个权威用得太少了吗？

> 弗·恩格斯：《论权威》，中共中央马克思恩格斯列宁斯大林著作编译局编译：《马克思恩格斯文集》（第三卷），人民出版社 2009 年版，第338 页。

45. 压迫其他民族的民族是不能获得解放的

压迫其他民族的民族是不能获得解放的。它用来压迫其他民族的力量，最后总是要反过来反对它自己的。只要俄国士兵还侵占着波兰，俄国人民就既不能获得政治解放，也不能获得社会解放。但是在俄国目前的发展水平下，有一点是毫无疑问的：俄国失去波兰之日，也就是俄国国内的运动强大到足以推翻现存秩序之时。波兰的独立和俄国的革命是互为条件的。

> 弗·恩格斯：《流亡者文献》，中共中央马克思恩格斯列宁斯大林著作编译局编译：《马克思恩格斯文集》（第三卷），人民出版社 2009 年版，第355—356 页。

46. 始终瞄准和追求最后的目标

德国共产主义者所以是共产主义者，是因为他们通过一切不是由他们而是由历史发展进程造成的中间站和妥协，始终清楚地瞄准和追求最后目的：消灭阶级和建立不再有土地私有制和生产资料私有制的社会。

> 弗·恩格斯：《流亡者文献》，中共中央马克思恩格斯列宁斯大林著作编译局编译：《马克思恩格斯文集》（第三卷），人民出版社 2009 年版，第363 页。

47. 俄国的公社所有制有可能在一定条件下转变为较高级的社会形式

俄国的公社所有制早已度过了它的繁荣时代，看样子正在趋于解体。但是也不可否认有可能使这一社会形式转变为高级形式，只要它能够保留到条件已经成熟到可以这样做的时候，只要它显示出能够在农民不再是单独而是集体耕作的方式下向前发展；就是说，有可能实现这种向高级形式的过渡，而俄国农民无须经过资产阶级的小块土地所有制的中间阶段。然而这只有在下述情况下才会发生，即西欧在这种公社所有制彻底解体以前就胜利地完成无产阶级革命并给俄国农民提供实现这种过渡的必要条件，特别是提供在整个农业制度中实行必然与此相联系的变革所必需的物质条件。……如果有什么东西还能挽救俄国的公社所有制，使它有可能变成确实富有生命力的新形式，那么这正是西欧的无产阶级革命。

> 弗·恩格斯：《流亡者文献》，中共中央马克思恩格斯列宁斯大林著作编译局编译：《马克思恩格斯文集》（第三卷），人民出版社 2009 年版，第398—399 页。

48. 俄国革命在日益临近

俄国无疑是处在革命的前夜。……这里，革命的一切条件都结合在一起；这次革命将由首都的上等阶级，甚至可能由政府自己开始进行，但是农民将把它向前推进，很快就会使它超出最初的立宪阶段的范围：这个革命单只由于如下一点就对全欧洲具有极伟大的意义，这就是它会一举消灭欧洲整个反动势力的迄今一直末被触动的最后的后备力量。这个革命无疑正在日益临近。

> 弗·恩格斯：《流亡者文献》，中共中央马克思恩格斯列宁斯大林著作编译局编译：《马克思恩格斯文集》（第三卷），人民出版社 2009 年版，第401 页。

49. 把农民吸引到革命中来

……凡是农民作为私有者大批存在的地方，凡是像在西欧大陆各国那样农民甚至多少还占多数的地方，凡是农民没有消失，没有像在英国那样为农业短工取代的地方，就会发生下列情况：或者农民会阻碍和断送一切工人革命，就像法国迄今所发生的那样，或者无产阶级（因为有产农民不属于无产阶级，甚至从他们的状况来看已属于无产阶级的时候，他们也认为自己不属于无产阶级）将以政府的身份采取措施，直接改善农民的状况，从而把他们吸引到革命中来；这些措施，一开始就应当促进土地的私有制向集体所有制过渡，让农民自己通过经济的道路来实现这种过渡；但是不能采取得罪农民的措施，例如宣布废除继承权或废除农民所有权；只有当资本主义租地农场主排挤了农民，而真正的农民变成了同城市工人一样的无产者、雇佣工人，因而和城市工人直接地而不是间接地有了共同利益的时候，才能够这样做；尤其不能像在巴枯宁的革命进军中那样用简单地把大地产分给农民以扩大小块地产的办法来巩固小块土地所有制。……无产阶级要想有任何胜利的可能性，至少应当善于变通，直接为农民做很多的事情，就像法国资产阶级在进行革命时为当时法国农民所做的那样。

> 卡·马克思：《巴枯宁"国家制度和无政府状态"》，中共中央马克思恩格斯列宁斯大林著作编译局编译：《马克思恩格斯文集》（第三卷），人民出版社 2009 年版，第 403—404 页。

50. 无产阶级需要国家不是为了自由，而是为了镇压自己的敌人

既然国家只是在斗争中、在革命中用来对敌人实行暴力镇压的一种暂时的设施，那么，说自由的人民国家，就纯粹是无稽之谈了：当无产阶级还需要国家的时候，它需要国家不是为了自由，而是为了镇压自己的敌人，一到有可能谈自由的时候，国家本身就不再存在了。

> 弗·恩格斯：《给奥·倍倍尔的信》，中共中央马克思恩格斯列宁斯大林著作编译局编译：《马克思恩格斯文集》（第三卷），人民出版社 2009 年版，第 414 页。

51. 纲领是一面公开的旗帜

一般说来，一个政党的正式纲领没有它的实际行动那样重要。但是，一个新的纲领毕竟总是一面公开树立起来的旗帜，而外界就根据它来判断这个党。因此，新的纲领无论如何不应当像这个草案那样比爱森纳赫纲领倒退一步。我们总还得想一想，其他国家的工人对这个纲领将会说些什么；整个德国社会主义无产阶级向拉萨尔主义的这种投降将会造成什么印象。

> 弗·恩格斯：《给奥·倍倍尔的信》，中共中央马克思恩格斯列宁斯大林著作编译局编译：《马克思恩格斯文集》（第三卷），人民出版社 2009 年版，第 415 页。

52. 我们一贯强调阶级斗争

将近 40 年来，我们一贯强调阶级斗争，认为它是历史的直接动力，特别是一贯强调资产阶级和无产阶级之间的阶级斗争，认为它是现代社会变革的巨大杠杆，所以我们决不能和那些想把这个阶级斗争从运动中勾销的人们一道走。在创立国际时，我们明确地制定了一个战斗口号：工人阶级的解放应当是工人阶级自己的事情。所以，我们不能和那些公开说什么工人太没有教养，不能自己解放自己，因而必须由仁爱的大小资产者从上面来解放的人们一道走。

> 卡·马克思、弗·恩格斯：《给奥·倍倍尔、威·李卜克内西、威·白拉克等人的信》，中共中央马克思恩格斯列宁斯大林著作编译局编译：《马

克思恩格斯文集》（第三卷），人民出版社 2009 年版，第 484 页。

53. 其他阶级出身的人要掌握无产阶级世界观

如果其他阶级出身的这种人参加无产阶级运动，那么首先就要求他们不要把资产阶级、小资产阶级等等的偏见的任何残余带进来，而要无条件地掌握无产阶级世界观。

> 卡·马克思、弗·恩格斯：《给奥·倍倍尔、威·李卜克内西、威·白拉克等人的信》，中共中央马克思恩格斯列宁斯大林著作编译局编译：《马克思恩格斯文集》（第三卷），人民出版社 2009 年版，第 484 页。

54. 法国工人党的目标和手段

鉴于这种集体占有只有通过组成为独立政党的生产者阶级或无产阶级的革命活动才能实现；要建立上述组织，就必须使用无产阶级所拥有的一切手段，包括借助于由向来是欺骗的工具变为解放工具的普选权；所以，法国社会主义工人确定其经济方面努力的最终目的是使全部生产资料归集体所有，并决定提出下述最低纲领参加选举，以此作为组织和斗争的手段。

> 卡·马克思：《法国工人党纲领导言（草案）》，中共中央马克思恩格斯列宁斯大林著作编译局编译：《马克思恩格斯文集》（第三卷），人民出版社 2009 年版，第 568 页。

55. 农业公社有可能使俄国不通过资本主义制度的卡夫丁峡谷

在整个欧洲，它是唯一在一个巨大的帝国内的农村生活中尚占统治地位的组织形式。土地公有制赋予它以集体占有的自然基础，而它的历史环境，即它和资本主义生产同时存在，则为它提供了大规模组织起来进行合作劳动的现成的物质条件。因此，它可以不通过资本主义制度的卡夫丁峡谷，而占有资本主义制度所创造的一切积极的成果。它可以借使用机器而逐步以联合耕作代替小地块耕作，而俄国土地的天然地势又非常适合于使用机器。如果它在现在的形式下事先被置于正常条件之下，那它就能够成为现代社会所趋向的那种经济制度的直接出发点，不必自杀就可以获得新的生命。

> 卡·马克思：《给维·伊·查苏利奇的复信》，中共中央马克思恩格斯列宁斯大林著作编译局编译：《马克思恩格斯文集》（第三卷），人民出版社 2009 年版，第 587 页。

56. 公社的原则是永存的

至于巴黎的斗争，他说，恐怕快要结束了；但是即使公社被打败，斗争也只是推迟而已。公社的原则是永存的，是消灭不了的：这些原则将一再凸显出来，直到工人阶级获得解放。

《卡·马克思关于巴黎公社的发言记录》，中共中央马克思恩格斯列宁斯大林著作编译局编译：《马克思恩格斯文集》（第三卷），人民出版社 2009 年版，第 607 页。

57. 《新莱茵报》政治纲领的两个要点

《新莱茵报》的政治纲领有两个要点：建立统一的、不可分割的、民主的德意志共和国和对俄国进行一场包括恢复波兰的战争。……无产阶级的利益迫切要求德国彻底统一成一个民族，只有这样才能造成一个清除了过去遗留下来的一切琐碎障碍、让无产阶级同资产阶级可以较量的战场。但是，建立普鲁士的领导地位同样也是无产阶级的利益所不容许的；普鲁士国家及其全部制度、传统和王朝，正是德国革命应当打倒的唯一的国内劲敌；此外，普鲁士只有先把德国分裂，只有先把德意志奥地利从德国排除出去，才能统一德国。普鲁士国家的消灭，奥地利国家的崩溃，德国真正统一成为共和国——我们在最近将来的革命纲领只能是这样的。要实现这个纲领，就要通过对俄战争，而且只有走这条路。

弗·恩格斯：《马克思和〈新莱茵报〉》，中共中央马克思恩格斯列宁斯大林著作编译局编译：《马克思恩格斯文集》（第四卷），人民出版社 2009 年版，第 7 页。

58. 对《新莱茵报》的评价

《新莱茵报》在它创办即将一周年时就这样停刊了……没有一家德国报纸——尤论在以前或以后——像《新莱茵报》这样有威力和有影响，这样善于鼓舞无产阶级群众。

而这一点首先归功于马克思。

弗·恩格斯：《马克思和〈新莱茵报〉》，中共中央马克思恩格斯列宁斯大林著作编译局编译：《马克思恩格斯文集》（第四卷），人民出版社 2009 年版，第 12 页。

59. 共产主义者同盟——世界上第一个无产阶级政党——的简史

随着科隆共产党人 1852 年被判决，德国独立工人运动第一个时期的帷幕便降下了。这个时期现在几乎已经被遗忘。但它从 1836 年起持续到了 1852 年，并且随着德国工人散居国外，这个运动差不多在一切文明国家中都曾经开展过。而且还不仅如此。目前的国际工人运动实际上是当年德国工人运动的直接继续，那时的德国工人运动一般说来是第一次国际工人运动，并且产生出许多在国际工人协会中起领导作用的人。而共产主义者同盟在 1847 年的《共产主义宣言》中写在旗帜上的理论原则，则是目前欧洲和美洲整个无产阶级运动的最牢固的国际纽带。

> 弗·恩格斯：《关于共产主义者同盟的历史》，中共中央马克思恩格斯列宁斯大林著作编译局编译：《马克思恩格斯文集》（第四卷），人民出版社 2009 年版，第 226 页。

60. 共产党在德国的要求

（1）宣布全德国为统一的、不可分割的共和国。

（3）给人民代表支付薪金，使德国工人也有可能出席德国人民的国会。

（4）武装全体人民。

（7）各邦君主的领地和其他封建地产，一切矿山、矿井等等，全部归国家所有。在这些土地上用最新的科学方法大规模地经营农业，以利于全社会。

（8）宣布农民的抵押地归国家所有。这些抵押地的利息由农民交纳给国家。

（9）在通行租佃制的地区，地租或租金作为赋税交纳给国家。

（11）国家掌握一切运输工具：铁路、运河、轮船、道路、邮局等。它们全部转为国家财产，并且无偿地由没有财产的阶级支配。

（14）限制继承权。

（15）实行高额累进税，取消消费税。

（16）建立国家工场。国家保证所有工人都能生存，并且负责照管没有劳动能力的人。

（17）实行普遍的免费的国民教育。

为了德国无产阶级、小资产阶级和小农的利益，必须尽力争取实现上述各项措施；因为只有实现这些措施，德国千百万一直受少数人剥削，且少数人仍力图使之继续受压迫的人，才能争得自己的权利和作为一切财富的生产者所应有的权力。

> 弗·恩格斯：《关于共产主义者同盟的历史》，中共中央马克思恩格斯列宁斯大林著作编译局编译：《马克思恩格斯文集》（第四卷），人民出版社

2009 年版，第 238 页。

61. 西欧工人政党关注俄国革命的原因

我们，西欧的工人政党，加倍地关心俄国革命政党的胜利。

第一，因为沙俄帝国是欧洲反动势力的主要堡垒、后备阵地和后备军，因为单是它的消极存在，对我们来说已经是一种威胁和危险。

第二，——对于这一点，我们这方面一直还强调得不够——因为这个帝国以其对西方事务的不断干涉，阻挠和破坏我们的正常发展，而且其目的是占领一些可以保证它对欧洲的统治并从而使欧洲无产阶级的胜利成为不可能的地理据点。

弗·恩格斯：《俄国沙皇政府的对外政策》，中共中央马克思恩格斯列宁斯大林著作编译局编译：《马克思恩格斯文集》（第四卷），人民出版社2009 年版，第 353 页。

62. 19 世纪末的欧洲局势及西欧工人政党的任务

决定欧洲当前局势的是以下三个事实；（1）德国吞并阿尔萨斯—洛林，（2）沙皇俄国力图占领君士坦丁堡；（3）无产阶级和资产阶级之间的斗争在所有国家中更加炽烈地燃烧起来，社会主义运动的普遍高涨是这个斗争的标志。

前两件事实使得欧洲分裂为现在的两大军事阵营。德国的吞并把法国变成俄国反对德国的同盟者，沙皇对君士坦丁堡的威胁把奥地利，甚至意大利，变成德国的同盟者。两个阵营都在准备决战，准备一场世界上从未见过的战争，一场将有 1000 万到 1500 万武装的士兵互相对峙的战争。……

只有当俄国局势发生变化，使得俄国人民能够永远结束自己沙皇的传统的侵略政策，抛弃世界霸权的幻想，而关心自己在国内的受到极严重威胁的切身利益时，这种世界战争的全部危险才会消失。

……

而这样一来，西方就有可能不受外来干扰地、一心一意地致力于自己当前的历史任务：解决无产阶级和资产阶级之间的冲突和把资本主义社会改造为社会主义社会。

……

正是由于这些情况，整个西欧，特别是西欧的工人政党，关心着，深切地关心着俄国革命政党的胜利和沙皇专制制度的崩溃。欧洲正好像沿着斜坡一样越来越快地滑向规模空前和激烈程度空前的世界战争的深渊。能够阻止这种趋势的只有一种情况，那就是俄国制度的改变。这种改变必将在最近若干年内发生，这是毋庸置疑的。但愿这种改变及时发生，发生在没有它就无法避免的那种事情出现之前。

> 弗·恩格斯：《俄国沙皇政府的对外政策》，中共中央马克思恩格斯列宁斯大林著作编译局编译：《马克思恩格斯文集》（第四卷），人民出版社2009年版，第390—394页。

63. 对德国社会民主党内"青年派"的批评

在理论方面，我在这家报纸上看到了（一般来说在"反对派"的所有其他报刊上也是这样）被歪曲得面目全非的"马克思主义"，其特点是：第一，对他们宣称要加以维护的那个世界观完全理解错了；第二，对于在每一特定时刻起决定作用的历史事实一无所知；第三，明显地表现出德国著作家所特具的无限优越感。……在实践方面，我在这家报纸上看到的，是完全不顾党进行斗争的一切现实条件，而幻想置生死于不顾地"拿下障碍物"；这也许会给作者们的不屈不挠的年轻人的勇气带来荣誉，但是，如果把这种幻想搬到现实中去，则可能把一个甚至最强大的、拥有数百万成员的党，在所有敌视它的人的完全合情合理的嘲笑中毁灭掉。

> 弗·恩格斯：《给〈萨克森工人报〉编辑部的答复》，中共中央马克思恩格斯列宁斯大林著作编译局编译：《马克思恩格斯文集》（第四卷），人民出版社2009年版，第396页。

64. 在党内担任负责职务应当具备的条件

……在我们党内，每个人都应该从普通一兵做起；要在党内担任负责的职务，仅仅有写作才能或理论知识，甚至二者全都具备，都是不够的，要担任领导职务还需要熟悉党的斗争条件，掌握这种斗争的方式，具备久经考验的耿耿忠心和坚强性格，最后还必须自愿地把自己列入战士的行列中——一句话，他们这些受过"学院式教育"的人，总的说来，应该向工人学习的地方，比工人应该向他们学习的地方要多得多。

> 弗·恩格斯：《给〈萨克森工人报〉编辑部的答复》，中共中央马克思恩格斯列宁斯大林著作编译局编译：《马克思恩格斯文集》（第四卷），人民出版社2009年版，第397页。

65. 关于合法与非法的斗争问题

应当努力暂时运用合法的斗争手段来应对局面。不仅我们这样做，凡是工人享有某种法定的活动自由的所有国家里的所有工人政党也都在这样做，原因很简单，那就是运用这种办法收效最大。但是这必须以对方也在法律范围内活动为前提。如果有人企图借助新的非常法，或者借助非法判决和帝国法院的非法行为，借助警察的专横或者行政当局的任何其他的非法侵犯而重新把我们的党实际上置于普通法之外，那么这就使德国社会民主党不得不重新走上它还能走得通的唯一的一条道路，即不合法的道路。

> 弗·恩格斯：《给〈社会民主党人报〉读者的告别信》，中共中央马克思恩格斯列宁斯大林著作编译局编译：《马克思恩格斯文集》（第四卷），人民出版社 2009 年版，第 401 页。

66. 批判"和平长入新社会"的机会主义观点

可以设想，在人民代议机关把一切权力集中在自己手里、只要取得大多数人民的支持就能够按照宪法随意办事的国家里，旧社会有可能和平长入新社会……。但是在德国，政府几乎有无上的权力，帝国国会及其他一切代议机关毫无实权，因此，在德国宣布要这样做，而且在没有任何必要的情况下宣布要这样做，就是揭去专制制度的遮羞布，自己去遮盖那赤裸裸的东西。

这样的政策长此以往只能把党引入迷途。人们把一般的抽象的政治问题提到首要地位，从而把那些在重大事件一旦发生，政治危机一旦来临就会自行提到日程上来的紧迫的具体问题掩盖起来。其结果就是使党在决定性的时刻突然不知所措，使党在具有决定意义的问题上由于从未进行过讨论而认识模糊和意见不一。……为了眼前暂时的利益而忘记根本大计，只图一时的成就而不顾后果，为了运动的现在而牺牲运动的未来，这种做法可能也是出于"真诚的"动机。但这是机会主义，始终是机会主义，而且"真诚的"机会主义也许比其他一切机会主义更危险。

> 弗·恩格斯：《1891 年社会民主党纲领草案批判》，中共中央马克思恩格斯列宁斯大林著作编译局编译：《马克思恩格斯文集》（第四卷），人民出版社 2009 年版，第 414—415 页。

67. 德国社会民主党和工人阶级将为建立民主共和国而斗争

我们的党和工人阶级只有在民主共和国这种形式下，才能取得统治。

民主共和国甚至是无产阶级专政的特殊形式，法国大革命已经证明了这一点。……但是，在德国连一个公开要求共和国的党纲都不能提出的事实，证明了以为在这个国家可以用舒舒服服和平的方法建立共和国，不仅建立共和国，而且还可以建立共产主义社会，这是多么大的幻想。

> 弗·恩格斯：《1891 年社会民主党纲领草案批判》，中共中央马克思恩格斯列宁斯大林著作编译局编译：《马克思恩格斯文集》（第四卷），人民出版社 2009 年版，第 415 页。

68. 德国社会民主党和各国社会主义者对战争应持的立场和态度

战争在今天意味着什么，这是每个人都知道的。这意味着：法国和俄国为一方，德国和奥地利，也许还有意大利为另一方。所有这些国家的被迫入伍的社会主义者，将不得不相互厮杀；在这样的情况下，德国社会民主党应采取什么行动呢？其结果会怎样呢？

……

但是要知道，德国社会民主党由于 30 年来的不断战斗，以及它在这段时期内作出的牺牲，它已经争得了世界上任何一个社会主义政党也没有取得的地位，这个地位能保证它在短期内使政权转到自己手里。社会主义的德国站在国际工人运动的最前列、最光荣、最重要的岗位上，它的职责就是保卫这个岗位，直到最后一个人，不受任何人的侵犯。

但是，如果说俄国人战胜德国意味着德国社会主义被镇压，那么在这样的前景下德国社会主义者的职责将是什么呢？他们应当消极地听任那些很可能使他们毁灭的意外事件发生吗？应当不加抵抗就放弃已经争得的、他们必须对全世界无产阶级负责的那个岗位吗？

决不能这样。为了欧洲革命的利益，他们必须坚守所有已经占领的阵地，不向内外敌人投降。而他们要做到这一点、只有同俄国及其所有同盟者——不管这些同盟者是谁——进行不调和的斗争。……

一场有俄国人和法国人侵入德国的战争。对德国来说将是生死攸关的战斗，在这场战斗中，德国为了保证自己民族的生存必须采取最革命的手段。现在的政府，除非在迫不得已的情况下，决不会解除对革命的束缚。但是我们有一个强大的党，它能迫使政府这样做，或者在必要时取代它，这个党就是社会民主党。

……

……各国的社会主义者都拥护和平。如果战争毕竟还是发生了，那时毋庸置疑的只有一点：这场有 1500 万到 2000 万武装人员互相残杀，并且会使欧洲遭到空前浩劫的战争，必定要或者是导致社会主义的迅速胜利，或者是如此强烈地震撼旧的秩序，并留下如此大片的废墟，以至于旧的资本主义社会的存在比以前更加不可能，而社会革命尽管被推迟 10 年或 15 年，以后必然会获得更迅速和更彻底的胜利。

> 弗·恩格斯：《德国的社会主义》，中共中央马克思恩格斯列宁斯大林著作编译局编译：《马克思恩格斯文集》（第四卷），人民出版社 2009 年版，第 431—436 页。

69. 民主共和国是适宜于无产阶级夺取最终胜利的政治形式

马克思和我在 40 年间反复不断地说过，在我们看来，民主共和国是唯一的这样的政治形式，在这种政治形式下，工人阶级和资本家阶级之间的斗争能够先具有普遍的性质，然后以无产阶级的决定性胜利告终。

> 弗·恩格斯：《答可尊敬的乔万尼·波维奥》，中共中央马克思恩格斯列宁斯大林著作编译局编译：《马克思恩格斯文集》（第四卷），人民出版社 2009 年版，第 443 页。

70. 实现一切生产资料归社会所有的经济革命方式将取决于夺取政权时的情况

……德国的社会主义提出了一切生产资料归社会所有的要求。这一经济革命将怎样进行呢？这将取决于我们党夺取政权时的情况，取决于这件事发生的时机和取决于达到这个目的的方式。

> 弗·恩格斯：《答可尊敬的乔万尼·波维奥》，中共中央马克思恩格斯列宁斯大林著作编译局编译：《马克思恩格斯文集》（第四卷），人民出版社 2009 年版，第 444 页。

71. 希望从大学生行列中产生出脑力劳动无产阶级

……希望你们的努力将获得成功，能使大学生们意识到，从他们的行列中应该产生出脑力劳动无产阶级，它的使命是在即将来临的革命中同自己从事体力劳动的工人兄弟在一个队伍里肩并肩地发挥重要作用。

过去的资产阶级革命向大学要求的仅仅是律师，作为培养政治家的最好的原料；而工人阶级的解放，除此之外还需要医生、工程师、化学家、农艺师及其他专门人才，因为问题在于不仅要掌管政治机器，而且要掌管全部社会生产，而在这里需要的决不是响亮的词句，而是扎实的知识。

弗·恩格斯：《致国际社会主义者大学生代表大会》，中共中央马克思恩格斯列宁斯大林著作编译局编译：《马克思恩格斯文集》（第四卷），人民出版社 2009 年版，第 446 页。

72. 我根本不把自己称做社会民主主义者而称做共产主义者的原因

读者将会看到，在所有这些文章里，尤其是在后面这篇文章里，我根本不把自己称做社会民主主义者，而称做共产主义者。这是因为当时在各个国家里那些自称是社会民主主义者的人根本不把全部生产资料转归社会所有这一口号写在自己旗帜上。在法国，社会民主主义者指的是对工人阶级怀着或多或少真实的、但总是捉摸不定的同情心的民主共和主义者，即 1848 年的赖德律 - 洛兰式的人物和 1874 年的带有蒲鲁东主义情绪的"激进社会主义者"。在德国，自称为社会民主主义者的是拉萨尔派，虽然他们中间的许多人已越来越深刻地意识到生产资料社会化的必要性，但是，道地拉萨尔式的由国家资助的生产合作社仍然是唯一得到他们公开承认的纲领要点。因此，对马克思和我来说，选择如此有伸缩性的名称来表示我们特有的观点，是绝对不行的。现在情况不同了，这个词也许可以过得去，但是对于经济纲领不单纯是一般社会主义的而直接是共产主义的党来说，对于政治上的最终目的是消除整个国家因而也消除民主的党来说，这个词还是不确切的。

弗·恩格斯：《〈人民国家报〉国际问题论文集（1871—1875）序》，中共中央马克思恩格斯列宁斯大林著作编译局编译：《马克思恩格斯文集》（第四卷），人民出版社 2009 年版，第 448—449 页。

73. 在一定条件下那些处于资本主义以前阶段的国家可以缩短向社会主义社会发展的过程

……较低的经济发展阶段解决只有高得多的发展阶段才产生了的和才能产生的问题和冲突，这在历史上是不可能的。在商品生产和单个交换以前出现的一切形式的氏族公社同未来的社会主义社会只有一个共同点，就是一定的东西即生产资料由一定的集团共同所有和共同使用。但是单单这一个共同特性并不会使较低的社会形式能够从自己本身产生出未来的社会主义社会，后者是资本主义社会的最独特的最后的产物。每一种特定的经济形态都应当解决它自己的、从它本身产生的问题；如果要去解决另一种完全不同的经济形态的问题，那是十分荒谬的。……

然而，不仅可能而且毋庸置疑的是，当西欧各国人民的无产阶级取得胜利和生产资料转归公有之后，那些刚刚进入资本主义生产而仍然保全了氏族制度或氏族制度残余的国家，可以利用公有制的残余和与之相适应的人民风尚作为强大的手段，来大大缩短自己向社会主义社会发展的过程，并避免我们在西欧开辟道路时所不得不经历的大部分苦难和斗争。但这方面的必不可少的条件是：目前还是资本主义的西方作出榜样和积极支持。只有当资本主义经济在自己故乡和在它兴盛的国家里被克服的时候，只有当落后国家从这个榜样上看到"这是怎么回事"，看到怎样把现代工业的生产力作为社会财产来为整个社会服务的时候——只有到那个时候，这些落后的国家才能开始这种缩短的发展过程。然而那时它们的成功也是有保证的。这不仅适用于俄国，而且适用于处在资本主义以前的阶段的一切国家。

> 弗·恩格斯：《〈论俄国的社会问题〉跋》，中共中央马克思恩格斯列宁斯大林著作编译局编译：《马克思恩格斯文集》（第四卷），人民出版社2009年版，第458—459页。

74. 要想保全俄国残存的公社就必须首先推翻沙皇专制制度

……要想保全这个残存的公社，就必须首先推翻沙皇专制制度，必须在俄国进行革命。俄国的革命不仅会把这个民族的大部分即农民从构成他们的"天地"、他们的"世界"的农村的隔绝状态中解脱出来，不仅会把农民引上一个大舞台，使他们通过这个大舞台认识外部世界，同时也认识自己，了解自己的处境和摆脱目前贫困的方法；俄国革命还会给西方的工人运动以新的推动，为它创造新的更好的斗争条件，从而加速现代工业无产阶级的胜利；没有这种胜利，目前的俄国无论是在公社的基础上还是在资本主义的基础上，都不可能达到社会主义的改造。

> 弗·恩格斯：《〈论俄国的社会问题〉跋》，中共中央马克思恩格斯列宁斯大林著作编译局编译：《马克思恩格斯文集》（第四卷），人民出版社2009年版，第466—467页。

75. 社会党人的目标和斗争策略

"在无产阶级和资产阶级的斗争所经历的各个发展阶段上，社会党人始终代表整个运动的利益……社会党人为工人阶级的最近的目的和利益而斗争，但是他们在当前的运动中同时代表运动的未来。"

社会党人总是积极参加无产阶级和资产阶级斗争经历的每个发展阶段，

而且，一时一刻也不忘记，这些阶段只不过是达到首要的伟大目标的阶梯。这个目标就是：由无产阶级夺取政权作为改造社会的手段。他们的位置是在为每一个有利于工人阶级的直接利益而斗争的战士的行列中；但是，他们只是把所有这些政治的或经济的利益看做分期偿付的债款。因此他们把每一个进步的或者革命的运动看做是沿着自己道路上前进的一步；他们的特殊任务是推动其他革命政党前进，如果其中的某一个政党获得胜利，他们就要去捍卫无产阶级的利益。这种永远不忽视伟大目标的策略，能够防止社会党人产生失望情绪，而这种情绪却是其他缺少远大目光的政党——不论是纯粹的共和主义者或感情上的社会主义者——无法避免的，因为他们把前进中的一个普通阶段看做是最终目的。

让我们把所有这些运用于意大利吧。

> 弗·恩格斯：《未来的意大利革命和社会党》，中共中央马克思恩格斯列宁斯大林著作编译局编译：《马克思恩格斯文集》（第四卷），人民出版社2009年版，第469—470页。

76. 基督教与工人社会主义的异同

原始基督教的历史与现代工人运动有些值得注意的共同点。基督教和后者一样，在产生时也是被压迫者的运动：它最初是奴隶和被释奴隶、穷人和无权者、被罗马征服或驱散的人们的宗教。基督教和工人的社会主义都宣传将来会从奴役和贫困中得救；基督教是在死后的彼岸生活中，在天国里寻求这种得救，而社会主义则是在现世里，在社会改造中寻求。

> 弗·恩格斯：《论原始基督教的历史》，中共中央马克思恩格斯列宁斯大林著作编译局编译：《马克思恩格斯文集》（第四卷），人民出版社2009年版，第475页。

77. 声援意大利社会党人的斗争

年轻的意大利社会党正在遭到极其残酷的政府反动势力的打击，在这样的时刻，我们处于阿尔卑斯山脉另一边的社会党人必须设法为它提供援助。……如果意大利的社会党人宣布"阶级斗争"是我们生活的社会中压倒一切的因素，如果他们组成为"以夺取政权和领导全国事务为宗旨的政党"，那么，他们是在进行名副其实的马克思主义宣传；他们是在严格遵循马克思和我在1848年发表的《共产党宣言》中所指出的路线；他们的活动就同法国、比利时、瑞士、西班牙，尤其是德国的社会党完全一样。说到

"阶级斗争",它不仅使我们回溯到"中世纪",而且还回溯到古代共和国——雅典、斯巴达和罗马共和国的内部冲突。所有这些冲突都是阶级斗争。自从原始公社解体以来,组成为每个社会的各阶级之间的斗争,总是历史发展的伟大动力。这种斗争只有在阶级本身消失之后,即社会主义取得胜利之后才会消失。而在那一天到来以前,相互对立的阶级、无产阶级、资产阶级、土地贵族,将照旧彼此进行斗争,而不管意大利半官方报刊怎么说。

> 弗·恩格斯:《国际社会主义和意大利社会主义》,中共中央马克思恩格斯列宁斯大林著作编译局编译:《马克思恩格斯文集》(第四卷),人民出版社 2009 年版,第 504—505 页。

78. 无产阶级政党为了夺取政权应当首先从城市走向农村

……农民到处都是人口、生产和政治力量的非常重要的因素。……农民至今在多数场合下只是通过他们那种根源于农村生活闭塞状况的冷漠态度而证明自己是一个政治力量的因素。人口的主体的这种冷漠态度,不仅是巴黎和罗马议会贪污腐化的最强大的支柱,而且是俄国专制制度的最强大的支柱。然而这种冷漠态度决不是不可克服的。……资本主义生产形式的发展,割断了农业小生产的命脉,这种小生产正在无法挽救地灭亡和衰落。……这个时候,在西方强大的社会主义工人政党已经成长走来了。……社会党夺取政权已成为可以预见的将来的事情。然而,为了夺取政权,这个政党应当首先从城市走向农村,应当成为农村中的一股力量。

> 弗·恩格斯:《法德农民问题》,中共中央马克思恩格斯列宁斯大林著作编译局编译:《马克思恩格斯文集》(第四卷),人民出版社 2009 年版,第 509—510 页。

79. 对农村不同阶级和阶层状况的分析及区别对待的政策

我们可能面对的农村居民,包含有一些很不相同的组成部分,这些不同的组成部分本身又按各个地区而有所区别。

……

在所有的农民当中,小农不仅一般说来对于西欧是最重要的农民,而且还给我们提供了解开整个问题的关键。只要我们搞清楚了我们对小农应有的态度,我们便有了确定我们对农村居民其他组成部分的态度的一切立足点。

我们这里所说的小农，是指小块土地的所有者或租佃者——尤其是所有者，这块土地既不大于他以自己全家的力量通常所能耕种的限度，也不小于足以让他养家糊口的限度。因此，这个小农，像小手工业者一样，是一种工人，他和现代无产者不同的地方就是他还占有自己的劳动资料；所以，这是过去的生产方式的一种残余。

……

作为未来的无产者，他们本来应当乐意倾听社会主义的宣传。但是他们那根深蒂固的私有观念，暂时还阻碍他们这样做。为了保持他们那一小块岌岌可危的土地而进行的斗争越加艰苦，他们便越加顽固地拼命抓住这一小块土地不放，他们便越加倾向于把那些谈论将土地所有权转交整个社会掌握的社会民主党人看做如同高利贷者和律师一样危险的敌人。社会民主党应当用什么办法来战胜这种成见呢？在不背叛自己的情况下，它能给走向灭亡的小农拿出些什么呢？

……

我们对待小农的态度究竟是怎样的呢？在我们夺得国家政权的那一天，我们应该怎样对待他们呢？

第一，法国纲领的论点是完全正确的：我们预见到小农必然灭亡，但是我们无论如何不要以自己的干预去加速其灭亡。

第二，同样明显的是，当我们掌握了国家政权的时候，我们决不会考虑用暴力去剥夺小农（不论有无赔偿，都是一样），像我们将不得不如此对待大土地占有者那样。我们对于小农的任务，首先是把他们的私人生产和私人占有变为合作社的生产和占有，不是采用暴力，而是通过示范和为此提供社会帮助。

……

现在我们来谈一谈较大的农民。……由于资本主义经济和海外廉价粮食生产的竞争，无论大农和中农都同样无法挽救地要走向灭亡，这是这些农民日益增加的债务和到处可见的衰落所证明了的。对于这种衰落我们根本没有办法阻止，这里我们也只能建议把各个农户联合为合作社，以便在这种合作社内越来越多地消除对雇佣劳动的剥削，并把这些合作社逐渐变成一个全国大生产合作社的拥有同等权利和义务的组成部分。如果这些农民看到他们现在的生产方式必然要灭亡并且从中得出必要的结论，他们就要到我们这里来，而我们的职责就是要尽力使他们也易于过渡到新的生产方式。否则，我们就只得让他们听天由命，而去同一定会对我们表示欢迎的他们的雇佣工人打交道了。大概我们在这里也将拒绝实行暴力的剥夺，并且可以指望，经济发展将使这些顽固脑袋也能变得明智。

只有对于大土地占有制，事情才十分简单。……我们的党一旦掌握了国家政权，就应该干脆地剥夺大土地占有者，就像剥夺工厂主一样。这一剥夺是否要用赎买来实行，这大半不取决于我们，而取决于我们取得政权时的情况，尤其是也取决于大土地占有者先生们自己的态度。

> 弗·恩格斯：《法德农民问题》，中共中央马克思恩格斯列宁斯大林著作编译局编译：《马克思恩格斯文集》（第四卷），人民出版社 2009 年版，第 511—529 页。

80. 卡·马克思《1848 年至 1850 年的法兰西阶级斗争》一书的特别重大意义

使本书具有特别重大意义的是，在这里第一次提出了世界各国工人政党都一致用以扼要表述自己的经济改造要求的公式，即：生产资料归社会所有。在第二章中，讲到被称做"初次概述无产阶级各种革命要求的笨拙公式"的"劳动权"时说："其实劳动权就是支配资本的权力，支配资本的权力就是占有生产资料，使生产资料受联合起来的工人阶级支配，也就是消灭雇佣劳动、资本及其相互间的关系。"可见，这里第一次表述了一个使现代工人社会主义既与封建的、资产阶级的、小资产阶级的等形形色色的社会主义截然不同，又与空想的以及自发的工人共产主义所提出的模糊的财产公有截然不同的原理。

> 弗·恩格斯：《卡·马克思〈1848 年至 1850 年的法兰西阶级斗争〉一书导言，中共中央马克思恩格斯列宁斯大林著作编译局编译：《马克思恩格斯文集》（第四卷），人民出版社 2009 年版，第 536—537 页。

81. 德国社会民主党利用普选权取得的成就

1870—1871 年的战争和公社的失败，暂时使欧洲工人运动的重心从法国移到了德国。……社会民主党也更加迅猛和持续地成长起来。

……

德国工人仅仅以自己作为最强有力、最守纪律并且增长最快的社会主义政党的存在，就已经对工人阶级事业作出了头一个重大贡献，而除此以外，他们还对这个事业作出了第二个重大贡献。他们给了世界各国的同志们一件新的武器——最锐利的武器中的一件武器，向他们表明了应该怎样使用普选权。

……

在竞选宣传中，它给了我们独一无二的手段到人民还疏远我们的地方去接触群众，并迫使一切政党在全体人民面前回答我们的抨击，维护自己的观点和行动，此外，它在帝国国会中给我们的代表提供了一个讲坛，我们的代表在这个讲坛上可以比在报刊上和集会上更有权威和更自由得多地向自己在议会中的对手和议会外的群众讲话。

……

而由于这样有成效地利用普选权，无产阶级的一种崭新的斗争方式就开始发挥作用，并且迅速获得进一步的发展。人们发现，在资产阶级用来组织其统治的国家机构中，也有一些东西是工人阶级能够用来对这些机构本身作斗争的。

> 弗·恩格斯：《卡·马克思〈1848 年至 1850 年的法兰西阶级斗争〉一书导言》，中共中央马克思恩格斯列宁斯大林著作编译局编译：《马克思恩格斯文集》（第四卷），人民出版社 2009 年版，第 543—545 页。

82. 对剩余劳动的贪欲；工厂主和领主

即使撇开一天比一天更带威胁性的高涨着的工人运动不说，也有必要对工厂劳动强制地进行限制，正像有必要用海鸟粪对英国田地施肥一样。同是盲目的掠夺欲，在后一种情况下使地力枯竭，而在前一种情况下使国家的生命力遭到根本的摧残。英国的周期复发的流行病和德法两国士兵身高的降低，都同样明白地说明了这个问题。

> 卡·马克思：《资本论》（第一卷）之《绝对剩余价值的生产》，中共中央马克思恩格斯列宁斯大林著作编译局编译：《马克思恩格斯文集》（第五卷），人民出版社 2009 年版，第 277 页。

83. 在剥削上不受法律限制的英国工业部门

在爱尔兰武装到牙齿的英国政府所属的委员会，竟痛切地规劝都柏林、利默里科、科克等地那些铁石心肠的面包房老板：

"委员会认为，劳动时间受自然规律的限制，若有违反，必受惩罚。老板们用解雇来威胁工人，迫使他们违背宗教信仰，违反国家法律，冒犯社会舆论〈这些全是指星期日劳动〉，这样老板们就挑起劳资之间的仇恨。提供了危害宗教、道德和社会秩序的先例委员会认为，把工作日延长到12小时以上，是横暴地侵犯工人的家庭生活和私人生活，这就侵犯一个男人的家庭，使他不能履行他作为一个儿子、兄弟、丈夫和父亲所应尽的家庭义务，以致造成道德上的非常不幸的后果。12小时以上的劳动会损害工人的健康，使他们早衰早死，因而造成工人家庭的不幸，恰好在最必要的时候，失去家长的照料和扶持。"

以上是爱尔兰的情形。在海峡彼岸的苏格兰，农业工人（即庄稼汉）揭露，他在最寒冷的天气里，每天要劳动13—14个小时，星期日还要从事4小时的额外劳动（这还是在信守安息日的国家里呢！）。就在这个时候，伦敦一个大陪审团面前站着三个铁路员工：一个列车长，一个司机，一个信号员。一次惨重的车祸把几百名旅客送到了另一个世界。这几个铁路员工的疏忽大意是造成这次不幸事件的原因。他们在陪审员面前异口同声地说，10—12年以前，他们每天只劳动8小时。但是在最近5—6年内，劳动时间延长到了14、18甚至20小时，而在旅客特别拥挤的时候，例如在旅行季节，他们往往要连续劳动40—50小时。可是他们都是些普通人，并不是塞克洛普。他们的劳动力使用到一定限度就不中用了。他们浑身麻木，头发昏，眼发花。但是最"可尊敬的不列颠陪审员"对他们的回答，是定为"杀人罪"，交付巡回审判庭审理，并只在一项温和的附录中表示良好的愿望，希望铁路大亨们将来在购买必要数量的"劳动力"时大方一些，在榨取所购买的劳动力时"节制"、"节欲"或"节俭"一些。

卡·马克思：《资本论》（第一卷）之《绝对剩余价值的生产》，中共中央马克思恩格斯列宁斯大林著作编译局编译：《马克思恩格斯文集》（第五卷），人民出版社2009年版，第292—293页。

84. 14世纪中叶至17世纪末叶关于延长工作日的强制性法律

正常工作日的规定，是几个世纪以来资本家和工人之间斗争的结果。但在这个斗争的历史中，出现了两种对立的倾向。例如，我们对照一下英国现行的工厂立法和从14世纪起一直到18世纪中叶的劳工法。现代的工厂法强制地缩短工作日，而那些劳工法力图强制地延长工作日。资本在它的萌芽时期，由于刚刚出世，不能单纯依靠经济关系的力量，还要依靠国家政权的帮助才能确保自己吮吸足够数量的剩余劳动的权利，它在那时提出的要求，同它在成年时期不得不忍痛做出的让步比较起来，诚然是很有限的。只是过了几个世纪以后，"自由"工人由于资本主义生产方式的发展，才自愿地，也就是说，才在社会条件的逼迫下，按照自己的日常生活资料的价格出卖自己一生的全部能动时间，出卖自己的劳动能力本身，为了一碗红豆汤出卖自己的长子继承权。因此，从14世纪中叶至17世纪末，资本借助国家政权的力量力图迫使成年工人接受的工作日的延长程度，同19世纪下半叶国家在某些地方为了限制儿童血液变成资本而对劳动时间规定的界限大体相一致，这是很自然的了。例如，在马萨诸塞州，这个直到最近还是北美共和国最自由的州，今天国家颁布的12岁以下儿童的劳动时间的界限，在17世纪中叶还曾经是英国的健壮的手工业者、结实的雇农和大力士般的铁匠的正常工作日。

第一个劳工法（爱德华三世二十三年即1349年）的颁布，其直接借口（是借口，而不是原因，因为这种法律在这个借口不再存在的情况下继续存在了几百年）是鼠疫猖獗，人口大大减少，用一个托利党著作家的话来说，当时"要用合理的价格（即能保证雇主得到合理的剩余劳动量的价格）雇用工人，已经困难到了实在难以忍受的地步"。

卡·马克思：《资本论》（第一卷）之《绝对剩余价值的生产》，中共中央
马克思恩格斯列宁斯大林著作编译局编译：《马克思恩格斯文集》（第五
卷），人民出版社2009年版，第312—313页。

85. 从1802年到1833年，议会颁布了五个劳动法

从1802年到1833年，议会颁布了五个劳动法，但是议会非常狡猾，它没有批准一文钱用于强制地实施这些法令，用于维持必要的官员等等。这些法令只是一纸空文。

卡·马克思：《资本论》（第一卷）之《绝对剩余价值的生产》，中共中央
马克思恩格斯列宁斯大林著作编译局编译：《马克思恩格斯文集》（第五
卷），人民出版社2009年版，第321页。

86. 十小时工作日法令于1848年5月1日生效

资本想先发制人，但是失败了。十小时工作日法令于1848年5月1日生效。但这时，宪章派也失败了。他们的领袖被关进监狱，他们的组织遭到破坏。宪章派的失败已经动摇了英国工人阶级的自信心。不久，巴黎的六月起义和对起义的血腥镇压，使欧洲大陆和英国的统治阶级的一切派

别——土地所有者和资本家，交易所豺狼和小商人，保护关税论者和自由
贸易论者。政府和反对派，教士和自由思想者，年轻的娼妇和年老的修
女——都在拯救财产、宗教、家庭和社会的共同口号下联合起来了！工人
阶级到处被排除在法律保护之外，被革出教门，受到"嫌疑犯处治法"的
迫害。工厂主先生们可以为所欲为了。他们进行公开的反叛，不仅反对十
小时工作日法令，而且反对1833年以来力图对劳动力的"自由"榨取稍加
限制的一切立法。这是一次缩小型的"维护奴隶制的叛乱"，这次叛乱蛮
横无耻，疯狂已极，持续了两年多，而这样做是十分便宜的，因为叛乱的
资本家只是用自己工人的生命进行冒险。

> 卡·马克思：《资本论》（第一卷）之《绝对剩余价值的生产》，中共中央
> 马克思恩格斯列宁斯大林著作编译局编译：《马克思恩格斯文集》（第五
> 卷），人民出版社2009年版，第329页。

87. 英国的工厂工人是整个现代工人阶级的先进战士

英国的工厂工人不仅是英国工人阶级的先进战士，而且是整个现代工
人阶级的先进战士，最先向资本的理论挑战的也正是他们的理论家。所以，
工厂哲学家尤尔咒骂说，英国工人阶级洗不掉的耻辱就是，他们面对勇敢
地为"劳动的完全自由"而奋斗的资本，竟把"工厂法的奴隶制"写在自
己的旗帜上。

> 卡·马克思：《资本论》（第一卷）之《绝对剩余价值的生产》，中共中央
> 马克思恩格斯列宁斯大林著作编译局编译：《马克思恩格斯文集》（第五
> 卷），人民出版社2009年版，第346页。

88. 在每一个大的资产阶级运动中都爆发过无产阶级的先驱者的独立运动

但是，除了封建贵族和资产阶级之间的对立，还存在着剥削者和被剥
削者、游手好闲的富人和从事劳动的穷人之间的普遍的对立。正是由于这
种情形，资产阶级的代表才能标榜自己不是某一特殊的阶级的代表，而是
整个受苦人类的代表。不仅如此，资产阶级从它产生的时候起就背负着自
己的对立物：资本家没有雇佣工人就不能存在，随着中世纪的行会师傅发
展成为现代的资产者，行会帮工和行会外的短工便相应地发展成为无产者。
虽然总的说来，资产阶级在同贵族斗争时有理由认为自己同时代表当时的
各个劳动阶级的利益，但是在每一个大的资产阶级运动中，都爆发过作为

现代无产阶级的发展程度不同的先驱者的那个阶级的独立运动。例如，德国宗教改革和农民战争时期的托马斯·闵采尔派，英国大革命时期的平等派，法国大革命时期的巴贝夫。伴随着一个还没有成熟的阶级的这些革命暴动，产生了相应的理论表现，在 16 世纪和 17 世纪有理想社会制度的空想的描写，而在 18 世纪已经有了直接共产主义的理论（摩莱里和马布利）。平等的要求已经不再限于政治权利方面，它也应当扩大到个人的社会地位方面，不仅应当消灭阶级特权，而且应当消灭阶级差别本身。

> 弗·恩格斯：《反杜林论》，中共中央马克思恩格斯列宁斯大林著作编译局编译：《马克思恩格斯文集》（第九卷），人民出版社 2009 年版，第 20—21 页。

89. 无产阶级和资产阶级之间的阶级斗争在欧洲最先进的国家的历史中升到了重要地位

1831 年在里昂发生了第一次工人起义；在 1838—1842 年，第一次全国性的工人运动，即英国宪章派的运动达到了高潮。无产阶级和资产阶级之间的阶级斗争一方面随着大工业的发展，另一方面随着资产阶级新近取得的政治统治的发展，在欧洲最先进的国家的历史中升到了重要地位。事实日益令人信服地证明，资产阶级经济学关于资本和劳动的利益一致、关于自由竞争必将带来普遍和谐和人民的普遍福利的学说完全是撒谎。

> 弗·恩格斯：《反杜林论》，中共中央马克思恩格斯列宁斯大林著作编译局编译：《马克思恩格斯文集》（第九卷），人民出版社 2009 年版，第 28—29 页。

90. 只有大工业才能发展那些使生产方式的变革成为绝对必要的冲突……大工业又正是通过这些巨大的生产力来发展解决这些冲突的手段

在这个时候，资本主义生产方式以及随之而来的资产阶级和无产阶级之间的对立还没有得到充分发展。在英国刚刚兴起的大工业，在法国还不为人所知。但是，一方面，只有大工业才能发展那些使生产方式的变革成为绝对必要的冲突——不仅是大工业所产生的各个阶级之间的冲突，而且是它所产生的生产力和交换形式本身之间的冲突；另一方面，大工业又正是通过这些巨大的生产力来发展解决这些冲突的手段。因此如果说，在 1800 年前后，新的社会制度所产生的冲突还只是开始形成，那么，解决这些冲突的手段就更是这样了。

弗·恩格斯:《反杜林论》,中共中央马克思恩格斯列宁斯大林著作编译局编译:《马克思恩格斯文集》(第九卷),人民出版社 2009 年版,第 273—274 页。

91. 工人阶级按其本性来说应当是真正"革命的"

资产者习惯于把眼前的直接利益看做"现实",而且这个阶级实际上到处妥协,甚至和封建主义妥协,可是工人阶级按其本性来说应当是真正"革命的"。

卡·马克思:《马克思致路德维希·库格曼》,中共中央马克思恩格斯列宁斯大林著作编译局编译:《马克思恩格斯文集》(第十卷),人民出版社 2009 年版,第 221 页。

92. 英国工人阶级必须和统治阶级的爱尔兰政策一刀两断,这是基于英国无产阶级利益的要求

我越来越确信——问题只在于要让英国工人阶级也确信——,只要英国工人阶级对爱尔兰的政策还没有和统治阶级的政策一刀两断,只要英国工人阶级还没有做到不仅和爱尔兰人一致行动,而且倡议取消 1801 年所实行的合并,代之以自由联盟的关系,它在英国本土就永远不会有所作为。这是必须做到的,这并不是出于对爱尔兰的同情,而是基于英国无产阶级利益的要求。如果不这样做,英国人民就还得受统治阶级的摆布,因为他们必然要和统治阶级结成反对爱尔兰的统一战线。在英国本土的任何人民运动都会因为和爱尔兰人(他们占英国本土工人阶级的相当大的一部分)的不和而陷入瘫痪状态。英国无产阶级解放的首要条件——推翻英国的土地寡头政权——也就不能实现……

卡·马克思:《马克思致路德维希·库格曼》,中共中央马克思恩格斯列宁斯大林著作编译局编译:《马克思恩格斯文集》(第十卷),人民出版社 2009 年版,第 314 页。

93. 爱尔兰的民族解放是英国工人阶级自己的社会解放的首要条件

加速英国的社会革命就是国际工人协会的最重要的目标。而加速这一革命的唯一办法就是使爱尔兰独立。因此,"国际"的任务就是到处把英国和爱尔兰的冲突提到首要地位,到处都公开站在爱尔兰方面。伦敦中央委员会的特殊任务就是唤醒英国工人阶级,使他们意识到:爱尔兰的民族解放对他们来说并不是一个抽象的正义或博爱的问题,而是他们自己的社会解放的首要条件。

卡·马克思：《马克思致齐格弗里德·迈耶尔和奥古斯特·福格特》，中
共中央马克思恩格斯列宁斯大林著作编译局编译：《马克思恩格斯文集》
（第十卷），人民出版社 2009 年版，第 329 页。

94. 巴黎工人为了资产阶级去同普鲁士人作战，那是荒谬的

……假如人们在巴黎能做点什么，那就应当阻止工人在缔结和约之前
采取行动。俾斯麦不久就会缔结和约，这或者是在占领巴黎之后，或者是
由于欧洲的局势迫使他结束战争。不管和约如何，它必然会在工人们有所
行动之前就缔结。如果工人们现在为保卫国家效劳而取得胜利，那他们就
不得不继承波拿巴和当前这个满目疮痍的共和国的遗产，他们将无谓地遭
到德国军队的镇压，又会倒退 20 年。如果他们等待，则什么也不会失去。
边界可能会有某些改变，但这只是暂时的，将来又会被取消。为了资产阶
级去同普鲁士人作战，那是荒谬的。不管是什么样的政府缔结和约，仅仅
由于这一点它就不可能长期维持下去，而被俘释放回来的军队在发生内部
冲突时也就不那么可怕了。对工人来说，在缔结和约以后，一切条件都将
比任何时候更有利。但是，他们是否会在外国进攻的压力下陷入迷津，并
在攻打巴黎前夕宣布成立社会共和国呢？假如德国军队要以对巴黎工人进
行街垒战作为最后的战争行动，那是很可怕的。这会使我们倒退 50 年，而
且会造成十分混乱的局面，以致所有的人和事都会陷入迷误的境地，那时
法国工人中将会滋长民族仇恨和盛行空谈的风气……

弗·恩格斯：《恩格斯致马克思》，中共中央马克思恩格斯列宁斯大林著
作编译局编译：《马克思恩格斯文集》（第十卷），人民出版社 2009 年版，
第 344—345 页。

95. 巴黎工人的失败是由于他们过分仁慈而造成的

看来巴黎人是要失败了。这是他们的过错，但这种过错实际上是由于
他们过分仁慈而造成的。中央委员会以及后来公社都给了梯也尔这个邪恶
的小矮子以集中敌人兵力的时间：（1）因为它们愚蠢地不愿意开始内战，
好像梯也尔力图用暴力解除巴黎武装并不是开始内战似的；好像只是为解
决对普鲁士人的和战问题而召集的国民议会不曾立即对共和国宣战似的！
（2）为了避免篡夺政权的嫌疑，它们进行公社的选举，而组织公社的选举
等等又花费了许多时间，因而它们失去了宝贵的时机（当反动派在巴
黎——旺多姆广场——失败以后，本来是应该立刻向凡尔赛进军的）。

卡·马克思：《马克思致威廉·李卜克内西》中共中央马克思恩格斯列宁斯大林著作编译局编译：《马克思恩格斯文集》（第十卷），人民出版社2009 年版，第 351 页。

96. 历史上还没有过巴黎工人这种英勇奋斗的范例！法国革命的下一次尝试应该把官僚军事机器打碎

我认为法国革命的下一次尝试不应该再像以前那样把官僚军事机器从一些人的手里转到另一些人的手里，而应该把它打碎，这正是大陆上任何一次真正的人民革命的先决条件。这也正是我们英勇的巴黎党内同志们的尝试。这些巴黎人，具有何等的灵活性，何等的历史主动性，何等的自我牺牲精神！在忍受了六个月与其说是外部敌人不如说是内部叛变所造成的饥饿和破坏之后，他们起义了，在普军的刺刀下起义了，好像法国和德国之间不曾发生战争似的，好像敌人并没有站在巴黎的大门前似的！历史上还没有过这种英勇奋斗的范例！如果他们战败了，那只能归咎于他们的"仁慈"。当维努瓦和随后巴黎国民自卫军中的反动分子逃出巴黎的时候，本来是应该立刻向凡尔赛进军的。由于讲良心而把时机错过了。他们不愿意开始内战，好像那邪恶的小矮子梯也尔在企图解除巴黎武装时还没有开始内战似的！第二个错误是中央委员会为了让位给公社而过早地放弃了自己的权力。这又是出于过分"诚实的"考虑！不管怎样，巴黎的这次起义，即使它会被旧社会的豺狼、瘟猪和下贱的走狗们镇压下去，它还是我们党从巴黎六月起义以来最光荣的业绩。就让人们把这些冲天的巴黎人同那个戴着陈腐面具，散发着兵营、教堂、土容克的气味，特别是市侩气味的德意志普鲁士神圣罗马帝国的天国奴隶们比较一下吧……

卡·马克思：《马克思致路德维希·库格曼》，中共中央马克思恩格斯列宁斯大林著作编译局编译：《马克思恩格斯文集》（第十卷），人民出版社2009 年版，第 352—353 页。

97. 巴黎的斗争是具有世界历史意义的新起点

工人阶级在后一场合下的消沉，是比无论多少"领导者"遭到牺牲更严重得多的不幸。工人阶级反对资本家阶级及其国家的斗争，由于巴黎的斗争而进入了一个新阶段。不管这件事情的直接结果怎样，具有世界历史意义的新起点毕竟是已经取得了。

卡·马克思：《马克思致路德维希·库格曼》，中共中央马克思恩格斯列宁斯大林著作编译局编译：《马克思恩格斯文集》（第十卷），人民出版社

2009 年版，第 354 页。

98. **一旦工人阶级成熟到可以进行独立的历史运动，一切宗派实质上就都是反动的了**

……成立国际是为了用工人阶级的真正的战斗组织来代替那些社会主义的或半社会主义的宗派。只要看一下最初的章程和《成立宣言》就会发现这一点。另一方面，要不是历史的进程已经粉碎了宗派主义，国际就不可能巩固。社会主义的宗派主义的发展和真正工人运动的发展总是成反比。只要宗派有其（历史的）存在的理由，工人阶级就还没有成熟到可以进行独立的历史运动。一旦工人阶级成熟到这种程度，一切宗派实质上就都是反动的了。

卡·马克思：《马克思致弗里德里希·波尔特》，中共中央马克思恩格斯列宁斯大林著作编译局编译：《马克思恩格斯文集》（第十卷），人民出版社 2009 年版，第 367 页。

99. **工人阶级的政治运动自然是以为自身夺得政权作为最终目的**

……工人阶级的政治运动自然是以为自身夺得政权作为最终目的，为此当然需要一种发展到一定程度的、在经济斗争中成长起来的工人阶级的预先的组织。

但是另一方面，任何运动，只要工人阶级在其中作为一个阶级与统治阶级相对抗，并试图通过外部压力对统治阶级实行强制，就都是政治运动。……

在工人阶级在组织上还没有发展到足以对统治阶级的集体权力即政治权力进行决定性攻击的地方，工人阶级无论如何必须不断地进行反对统治阶级政策的鼓动（并对这种政策采取敌对态度），从而使自己在这方面受到训练。否则，工人阶级仍将是统治阶级手中的玩物。

卡·马克思：《马克思致弗里德里希·波尔特》，中共中央马克思恩格斯列宁斯大林著作编译局编译：《马克思恩格斯文集》（第十卷），人民出版社 2009 年版，第 369 页。

100. **没有什么东西能比革命更有权威。为了进行斗争，必须把一切力量捏在一起，并使这些力量集中在同一个攻击点上**

我不知道什么东西能比革命更有权威了，如果用炸弹和枪弹把自己的意志强加于别人，就像在一切革命中所做的那样，那么，我认为，这就是在行使权威。巴黎公社遭到灭亡，就是由于缺乏集中和权威。胜利以后，你们可以随意对待权威等等，但是，为了进行斗争，我们必须把我们的一切力量捏在一起，并使这些力量集中在同一个攻击点上。如果有人对我说，权威和集中是两种在任何情况下都应当加以诅咒的东西，那么我就认为，说这种话的人，要么不知道什么叫革命，要么只不过是口头革命派。

> 弗·恩格斯：《恩格斯致卡洛·特尔察吉》中共中央马克思恩格斯列宁斯
> 大林著作编译局编译：《马克思恩格斯文集》（第十卷），人民出版社2009
> 年版，第375—376页。

101. 无产阶级的运动必然要经过各种发展阶段，在每一个阶段上都有一部分人停留下来，不再前进

老黑格尔早就说过：一个党如果分裂了并且经得起这种分裂，这就证明自己是胜利的党。无产阶级的运动必然要经过各种发展阶段；在每一个阶段上都有一部分人停留下来，不再前进。仅仅这一点就说明了，为什么"无产阶级的团结一致"实际上到处都是在各种不同的党派中实现的，这些党派彼此进行着生死的斗争，就像在罗马帝国里处于残酷迫害下的各基督教派一样。

> 弗·恩格斯：《恩格斯致奥古斯特·倍倍尔》，中共中央马克思恩格斯列
> 宁斯大林著作编译局编译：《马克思恩格斯文集》（第十卷），人民出版社
> 2009年版，第393页。

102. 巴黎公社无疑是国际的精神产儿

第一个伟大的成就必然打破各个派别的这种幼稚的联合。这个成就就是巴黎公社，公社无疑是国际的精神产儿，尽管国际没有动一个手指去促使它诞生。

> 弗·恩格斯：《恩格斯致弗里德里希·阿道夫·左尔格》，中共中央马克
> 思恩格斯列宁斯大林著作编译局编译：《马克思恩格斯文集》（第十卷），
> 人民出版社2009年版，第398页。

103. 要创立一个世界各国各无产阶级政党的联盟，需要有对工人运动的普遍镇压

10年来，国际支配了欧洲历史的一个方面，即蕴藏着未来的一个方面，它能够自豪地回顾自己的工作。可是，它的旧形式已经过时了。要创立一个像旧国际那样的新国际，即世界各国各无产阶级政党的联盟，需要有对工人运动的普遍镇压，即像1849—1864年那样的情形。可是现在的无

产阶级世界太大、太广了，要达到这一点已不可能了。我相信，下一个国际——在马克思的著作产生了多年的影响以后——将是纯粹共产主义的国际，而且将直截了当地树立起我们的原则……

弗·恩格斯：《恩格斯致弗里德里希·阿道夫·左尔格》，中共中央马克思恩格斯列宁斯大林著作编译局编译：《马克思恩格斯文集》（第十卷），人民出版社 2009 年版，第 399 页。

104. 英国的工人运动多年来一直在为增加工资和缩短工作时间而罢工的狭小圈子里毫无出路地打转转，这不是真正的工人运动

英国的工人运动多年来一直在为增加工资和缩短工作时间而罢工的狭小圈子里毫无出路地打转转，而且这些罢工不是被当做权宜之计和宣传、组织的手段，而是被当做最终的目的。工联甚至在原则上根据其章程排斥任何政治行动，因此也拒绝参加工人阶级作为阶级而举行的任何一般性活动。工人在政治上分为保守派和自由主义激进派，即迪斯累里（比肯斯菲尔德）内阁的拥护者和格莱斯顿内阁的拥护者。所以，关于这里的工人运动，只能说这里有一些罢工，这些罢工无论是成功还是失败，都不能把运动推进一步。在生意萧条的最近几年里，这样的罢工常常是资本家为找到关闭自己工厂的借口而故意制造出来的，它不能使工人阶级前进一步，把这样的罢工吹嘘为具有世界历史意义的斗争，例如像这里的《自由》所做的那样，在我看来只有害处。毋庸讳言，目前在这里还没有出现大陆上那样的真正的工人运动。

弗·恩格斯：《恩格斯致爱德华·伯恩斯坦》，中共中央马克思恩格斯列宁斯大林著作编译局编译：《马克思恩格斯文集》（第十卷），人民出版社 2009 年版，第 437 页。

105. 无产阶级解放所必需的物质条件

无产阶级解放所必需的物质条件是在资本主义生产发展过程中自发地产生的。

卡·马克思：《马克思致卡洛·卡菲埃罗》，中共中央马克思恩格斯列宁斯大林著作编译局编译：《马克思恩格斯文集》（第十卷），人民出版社 2009 年版，第 438—439 页。

106. 无产阶级如果向小资产阶级和农民的思想和愿望作出让步，它就会丧失自己在历史上的领导地位

小资产者和农民的加入的确证明，运动有了极大的进展，但是同时这

对运动也是危险的，只要人们忘记，这些人是被迫而来的，他们来，仅仅
是因为迫不得已。他们的加入表明，无产阶级已经确实成为领导阶级。但
是，既然他们是带着小资产阶级和农民的思想和愿望来的，那就不能忘记，
无产阶级如果向这些思想和愿望作出让步，它就会丧失自己在历史上的领
导地位。

弗·恩格斯：《恩格斯致奥古斯特·倍倍尔》，中共中央马克思恩格斯列
宁斯大林著作编译局编译：《马克思恩格斯文集》（第十卷），人民出版社
2009 年版，第 442—443 页。

107. 真正的无产阶级革命一旦爆发，革命的直接的下一步的行动方式的种种条件也就具备了

世界末日日益临近的幻梦曾经煽起原始基督徒反对罗马世界帝国的火
焰，并且给了他们取得胜利的信心。对于占统治地位的社会秩序所必然发
生而且也一直在我们眼前发生着的解体过程的科学认识，被旧时代幽灵的
化身即各国政府折磨得日益激愤的群众，以及与此同时生产资料大踏步向
前的积极发展——所有这些就足以保证：真正的无产阶级革命一旦爆发，
革命的直接的下一步的行动方式的种种条件（虽然决不会是田园诗式的）
也就具备了。

卡·马克思：《马克思致斐迪南·多梅拉·纽文胡斯》，中共中央马克思
恩格斯列宁斯大林著作编译局编译：《马克思恩格斯文集》（第十卷），人
民出版社 2009 年版，第 459 页。

108. 工人的斗争是唯一伟大的斗争

在德国，只有他们是生活在比较现代的条件下，他们的一切大大小小
的不幸都是资本的压迫所造成的；德国的其他一切斗争，无论是社会斗争
或政治斗争，都是琐碎的和微不足道的，都是围绕着一些在别的地方早已
解决了的琐碎的事情打转，而工人的斗争是唯一伟大的、唯一站在时代高
度的、唯一不使战士软弱无力而是不断加强他们的力量的斗争……

弗·恩格斯：《恩格斯致爱德华·伯恩斯坦》，中共中央马克思恩格斯列
宁斯大林著作编译局编译：《马克思恩格斯文集》（第十卷），人民出版社
2009 年版，第 470 页。

109. 胜利了的无产阶级不能强迫他国人民接受任何替他们造福的办法

有一点是肯定的：胜利了的无产阶级不能强迫他国人民接受任何替他
们造福的办法，否则就会断送自己的胜利。当然，这决不排除各种各样的

自卫战争。

> 弗·恩格斯:《恩格斯致卡尔·考茨基》,中共中央马克思恩格斯列宁斯
> 大林著作编译局编译:《马克思恩格斯文集》(第十卷),人民出版社 2009
> 年版,第 481 页。

110. 一个大国的任何工人政党,只有在内部斗争中才能发展起来

看来,一个大国的任何工人政党,只有在内部斗争中才能发展起来,这是符合一般辩证发展规律的。

> 弗·恩格斯:《恩格斯致爱德华·伯恩斯坦》,中共中央马克思恩格斯列
> 宁斯大林著作编译局编译:《马克思恩格斯文集》(第十卷),人民出版社
> 2009 年版,第 483 页。

111. 德国无产阶级已经成为一个强大的党

对敌对者采取顺从和让步的办法,我们什么也得不到。只有通过顽强的抵抗,我们才能迫使人们尊重我们,才能成为一支力量。只有力量才能赢得尊重,只有当我们有力量时,庸人们才会尊重我们。向庸人让步的人,庸人是瞧不起的,这种人在庸人看来不是一支力量。可以让人透过丝绒手套感觉到钢手铁腕,但必须让人感觉到它。德国无产阶级已经成为一个强大的党,愿它的代表人物无愧于这个阶级!

> 弗·恩格斯:《恩格斯致奥古斯特·倍倍尔》中共中央马克思恩格斯列宁
> 斯大林著作编译局编译:《马克思恩格斯文集》(第十卷),人民出版社
> 2009 年版,第 529 页。

112. 批评是工人运动的生命要素

每一个党的生存和发展通常伴随着党内较为温和的派别和较为极端的派别的发展和相互斗争,谁如果不由分说地开除较为极端的派别。那只会促进这个派别的发展。工人运动的基础是最尖锐地批评现存社会,批评是工人运动的生命要素,工人运动本身怎么能逃避批评,禁止争论呢?难道我们要求别人给自己以言论自由,仅仅是为了在我们自己队伍中又消灭言论自由吗?

> 弗·恩格斯:《恩格斯致格尔松·特里尔》中共中央马克思恩格斯列宁斯
> 大林著作编译局编译:《马克思恩格斯文集》(第十卷),人民出版社 2009
> 年版,第 580 页。

113. 无产阶级的解放只能是国际的事业

无论是法国人、德国人,还是英国人,都不能单独赢得消灭资本主义

的光荣。如果法国——可能如此——发出信号，那么，斗争的结局将决定于受社会主义影响最深、理论最深入群众的德国；虽然如此，只要英国还掌握在资产阶级手中，那么，不管是法国还是德国，都还不能保证最终赢得胜利。无产阶级的解放只能是国际的事业。

弗·恩格斯：《恩格斯致保尔·拉法格》中共中央马克思恩格斯列宁斯大林著作编译局编译：《马克思恩格斯文集》（第十卷），人民出版社2009年版，第655—656页。

114. 西欧工人运动的思想和策略不容嘲弄

米海洛夫斯基先生企图回避唯物主义在工人中间取得成就的真正原因，其手法是对这个学说如何对待"远景"作了与事实真相根本不符的介绍，现在他又开始**用最庸俗的小市民的方式来嘲弄西欧工人运动的思想和策略**。正如我们所看到的，他实在举不出一个理由来反对马克思关于资本主义制度因劳动社会化而必然转变为社会主义制度的论据，可是他却非常放肆地讥讽说，"无产者大军"正在准备剥夺资本家，"随后任何阶级斗争都会停止，天下就会太平，人间就会幸福。"他，米海洛夫斯基先生，知道一条比这简单得多和正确得多的实现社会主义的道路：只要"人民之友"更详细地指出"明白的和确定不移的"实现"合乎心愿的经济演进"的道路，那时这些人民之友就一定会"被召去"解决"实际经济问题"（见《俄国则富》第11期尤沙柯夫先生《俄国经济发展问题》一文），可是暂时……暂时工人还应当等待一下，应当指望人民之友，不要抱着"没有根据的自信心"来独立进行反对剥削者的斗争。我们这位作者想彻底摧毁这种"没有根据的自信心"，就声色俱厉地痛斥"这个几乎可以容纳在袖珍词典里的科学"。的确，这还了得：科学居然是只值几文钱的可以放在口袋里的社会民主主义小册子!! 有些人只是因为科学教导被剥削者独立进行争取自身解放的斗争，教导他们拒绝任何掩盖阶级对抗并想独揽一切的"人民之友"，才重视科学，因而才用庸人们觉得有失体面的廉价出版物叙述这个科学。请看，这些人盲目自信到了何等地步！如果工人把自己的命运交给"人民之友"，那就会是另一回事了，那时，"人民之友"就会拿出真正的、大部头的、学院式的和庸人的科学给他们看，就会把合乎人的本性的社会组织详细地介绍给他们，只要……工人们同意等待，不抱着这种没有根据的自信心自己起来斗争就行了！

列宁:《什么是"人民之友"以及他们如何攻击社会民主党人?》,中共中央马克思恩格斯列宁斯大林著作编译局编译:《列宁选集》(第一卷),人民出版社1995年版,第52—53页。

115. 俄国政治革命对于西欧工人运动的意义

马克思和恩格斯都清楚地看到,俄国政治革命对于西欧的工人运动也会有巨大的意义。专制的俄国向来是欧洲一切反动势力的堡垒。1870年的战争造成了德法之间长期的纷争,使俄国处于一种非常有利的国际地位,这当然只是增加了专制俄国这一反动力量的作用。只有自由的俄国,即既不需要压迫波兰人、芬兰人、德意志人、亚美尼亚人及其他弱小民族,也不需要经常挑拨德法两国关系的俄国,才能使现代欧洲摆脱战争负担而松一口气,才能削弱欧洲的一切反动势力,加强欧洲工人阶级的力量。因此,恩格斯为了西欧工人运动的胜利,也渴望俄国实现政治自由。俄国的革命者因恩格斯的逝世而失去了最好的朋友。

列宁:《弗里德里希·恩格斯》,中共中央马克思恩格斯列宁斯大林著作编译局编译:《列宁选集》(第一卷),人民出版社1995年版,第97页。

116. 英国和美国的棉纺织工业,满足了世界消费的2/3,其所雇用的工人仅有60余万

"我们看一看……即使我们把英国沉入海底并取其地位而代之,资本主义的进一步发展究竟能带给我们什么东西"(尼·—逊先生—《论文集》第210页)**英国和美国的棉纺织工业,满足了世界消费的2/3,其所雇用的工人仅有60余万。**"由此可见,即使我们获得了最大一部分的世界市场……资本主义也还不能够使用它现在正不断使之丧失职业的全部劳动力。事实上,与几百万整月整月坐着没有事干的农民比较起来,英国和美国的区区60万工人又算得了什么呢。"(第211页)

列宁:《俄国资本主义的发展》,中共中央马克思恩格斯列宁斯大林著作编译局编译:《列宁选集》(第一卷),人民出版社1995年版,第235页。

117. 西欧工人阶级与俄国工人阶级的比较

下面所引的《信条》旨在表明某些(所谓的"青年派")俄国社会民主党人的基本观点,它试图系统而明确地叙述"新观点"。这个《信条》的全文如下。

西欧存在过行会和工场手工业时期,这深刻地影响了后来的全部历史,

特别是社会民主党的历史。资产阶级必须争得自由的形式和力求摆脱束缚生产的行会规章，所以它（资产阶级）就成了革命的因素；它在西欧各国都是从主张 liberté, fraternité, égalité,（自由、博爱、平等），从争取自由的政治形式开始活动的。但是，正如俾斯麦所说的，它争得了这种形式，却给了自己的对手即工人阶级一张将来必须兑现的期票。在西欧，工人阶级作为一个阶级，几乎在任何地方都没有争得过民主制度，而只是坐享其成。有人可能会反驳我们，说工人阶级参加过革命。但是从历史上加以考证就会推翻这种意见，因为正当1848年西欧确立宪法的时候，工人阶级还只是城市手工业者，还只是小市民民主派；工厂无产阶级当时几乎还不存在，而大生产中的无产阶级（如霍普特曼所描写的德国织工，以及里昂的织工），还是群粗野的人，只会骚动，根本不能提出什么政治要求。1848年的宪法可以直言不讳地说是由资产阶级和小市民、手艺匠争得的。另一方面，工人阶级（手艺匠与手工工场工人，印刷工，织工，钟表匠等等）从中世纪起，就习惯于参加各种组织，参加互助储金会、宗教团体等等。西欧熟练工人中间至今还保持着这种组织精神，这也就使他们同工厂无产阶级有很大的不同，因为要组织工厂无产阶级既很难又很慢，他们只能加入所谓lose Organisation（临时组织），而不能参加订有规章的永久性组织。这些手工工场的熟练工人就是社会民主党的核心。结果就形成了这样一种局面：一方面，比较容易和完全可能进行政治斗争，另一方面，又有可能把那些在工场手工业时期受到训练的工人吸收来有计划地组织这个斗争。在这种背景下，西欧就形成了理论的和实践的马克思主义。它以议会政治斗争为出发点，其前途（只在表面上近似布朗基主义，成因的性质则完全不同）。一方面是夺取政权，另一方面是 Zusammenbruch（崩溃）。马克思主义是当时流行的那种实践在理论上的表现，即比经济斗争占优势的政治斗争在理论上的表现。在比利时、法国，特别是在德国，工人组织政治斗争非常容易，而组织经济斗争则感到困难重重，意见纷云。直到现在，经济组织与政治组织比较起来（除开英国不说），仍然异常薄弱，极不稳定，到处都 laissent a desirer quelque chose（尚嫌不足）。在政治斗争的精力尚未消耗殆尽之前，Zusammenbruch 曾是个必要的、起组织作用的 Schlagwort（流行提法），它本应起巨大的历史作用。在研究工人运动时所能得出的基本规律就是阻力最小的路线。在西欧，这样的路线就是政治活动，而《共产党宣言》表述出来的那种马克思主义，是运动当时所应采取的最合适不过的形式。但是，由于目前政治活动的精力已经消耗殆尽，政治运动已经搞得过于紧张，以至难以进展，甚至无法进展（近来选票数目增长得很慢，集会的群众情绪冷淡，书报上的论调低沉），另一方面，由于议会活动软弱无力，以及无组织的和几乎无法组织的工厂无产阶级愚昧群众走上舞台，所以，在西欧造成了现在称为伯恩施坦主义的东西，造成了马克思主义的危机。工人运动从《共产党宣言》发表时起到伯恩施坦主义出现时止的发展时期是一种最合事物逻辑的进程，把这全部进程加以细心研究，就能像天文学家那样准确地断定这个"危机"的结局。这里说的当然不是伯恩施坦主义的成败问题，因为这并没有多大意义；这里说的是党内早已逐渐发生的实际活动方面的根本变化。

这种变化不仅使党更加努力进行经济斗争，巩固经济组织，并且最重要的是促使党改变对其他反对派政党的态度。固执己见的马克思主义，否定一切的马克思主义，原始的马克思主义（对于社会阶级的划分持过分死板的看法），将让位于民主主义的马克思主义，而党在现代社会中的社会地位也就会发生急剧的变化。党将承认社会：党的狭隘小团体的、多半是宗派主义性的任务，将扩大为社会的任务，而它的夺取政权的意图，就会变成适应现代实际情况和根据民主原则改变或改良现代社会的意图，以求最有效最充分地保护劳动阶级的权利（各种各样的权利）。"政治"这一概念的内容，就会扩大得具有真正的社会意义，而目前的一些实际要求就会具有更大的份量，就会引起比以前更大的注意。

从上面关于西欧工人运动发展进程的概述中，不难得出对于俄国的结论。我们这里阻力最小的路线，绝对不在政治活动方面。不堪忍受的政治压迫虽然使人们不得不时常谈到这种压迫，并专心注意这个问题，但是它却始终不会推动人们采取实际行动。**在西欧，力量薄弱的那部分工人，卷入政治活动就在其中成长壮大起来，我国的情形却与此相反，力量薄弱的工人面对很沉重的政治压迫，不仅没有什么实际的办法来同这种压迫作斗争，从而求得本身的发展，而且还经常为这种政治压迫所窒息，甚至发不出纤弱的幼芽。更何况我国工人阶级又不像西欧战士那样具有组织精神的传统，所以我们这里的情景将会十分悲惨，连那些认为每增加个工厂烟囱就是件莫大幸事的最乐观的马克思主义者也会感到沮丧。进行经济斗争也**

很困难，极其困难，但它终究还是可能进行的，并且群众自己也已经在实际进行了。俄国工人既然能在经济斗争中学习如何组织，并能时时刻刻在这个斗争中触及政治制度问题，他们就终究会建立起称得上工人运动形式的一种东西，建立起某个或某些最适合俄国实际情况的组织。现在可以肯定地说，俄国工人运动还处在原始状态中，还没有建立起任何形式。罢工运动有各种各样的组织形式，因此还不能称为俄国运动的固定形式，至于不合法组织，单从数量来看，也是不值得注意的（更不必说这种组织在现时条件下有什么益处了）。

> 列宁：《俄国社会民主党人抗议书》，中共中央马克思恩格斯列宁斯大林著作编译局编译：《列宁选集》（第一卷），人民出版社 1995 年版，第262—264 页。

118. 俄国马克思主义者与西欧马克思主义者

俄国马克思主义者现在还处在一种可怜的状态。他们现在的实际任务还很渺小，而他们的理论知识——由于不是用作研究的工具，而是当作活动的公式，——甚至对执行这些渺小的实际任务也没有什么价值。而且，从他人手中接过来的这些公式，从实践的意义来说也是有害的。我国马克思主义者忘记了西欧工人阶级是在已经打扫干净的政治活动场所行动的，因此也就过分藐视了其他一切非工人的社会阶层所进行的激进主义或自由主义反对派的活动。只要有人对带有自由主义政治性质的社会现象稍表关注，正统派马克思主义者就会表示反对，他们忘记了，**许多历史条件使我们不能成为西欧那种马克思主义者，而要求我们拿出另一种马克思主义，一种适合俄国条件并且为俄国条件所需要的马克思主义**。每个俄国公民都缺乏政治感觉和政治嗅觉，这点显然不能靠对政治的高谈阔论或者向根本不存在的势力呼吁来求得弥补。政治嗅觉只能用教育来培养，就是说，只有参加俄国的现实生活（尽管它完全不是马克思主义性的）才能得到。在西欧，"否定"曾是（一时）适宜的，在我国就有害了，因为由一个有组织有实力的团体提出否定是回事，而由没有组织起来的散漫的一群人提出否定，又是另一回事。

上面引录的《信条》，第一，是"西欧工人运动发展进程的概述"，第二，是"对于俄国的结论"。

首先，《信条》作者们对于以往西欧工人运动的看法就是完全不正确的。**说西欧工人阶级没有参加过争取政治自由的斗争和政治革命，这是不正确的。**宪章运动的历史，1848年法国、德国和奥地利的革命就是一种反证。"马克思主义是当时流行的那种实践在理论上的表现，即比经济斗争占优势的政治斗争在理论上的表现"这句话，是完全不正确的。恰恰相反，"马克思主义"是正当非政治的社会主义（欧文主义、"傅立叶主义"、"真正的社会主义"等等）流行的时候出现的，所以《共产党宣言》立即出来反对非政治的社会主义。甚至当马克思主义已经具有全副理论武装（《资本论》），并且组织了著名的国际工人协会的时候，政治斗争也绝不是一种流行的实践（当时在英国有狭隘的工联主义，在罗马语国家有无政府主义和蒲鲁东主义了）。在德国，拉萨尔的伟大历史功绩，就是他使工人阶级从自由资产阶级的尾巴变成了独立的政党。马克思主义把工人阶级的经济斗争和政治斗争结合成了一个不可分割的整体，所以《信条》作者们企图把这两种斗争形式分开，就是一种最拙劣最可悲地背弃马克思主义的行为。

其次，《信条》作者们对于西欧工人运动的现状以及作为这个运动旗帜的马克思主义理论，也持有完全不正确的见解。谈论"马克思主义的危机"，不过是重复资产阶级下流文人无聊的议论，他们竭力想把社会党人之间发生的任何争论都加以夸大，以促成各社会党的分裂。臭名远扬的"伯恩施坦主义"，按照广大公众特别是《信条》作者们通常所了解的含义来说，就是企图缩小马克思主义的理论，把革命的工人政党变为改良主义者的党，而这种企图理所当然地受到了大多数德国社会民主党人的坚决谴责。在德国社会民主党内，机会主义的派别已经出现过不止一次，但是每次都遭到忠实地恪守革命国际社会民主党原则的党的谴责。我们深信，把机会主义观点搬到俄国来的一切企图，也会遭到绝大多数俄国社会民主党人同样坚决的回击。

与《信条》作者们所说的相反，也根本谈不到西欧工人政党有什么"实际活动方面的根本变化"，因为马克思主义一开始就承认无产阶级经济斗争的重大意义和必要性，马克思和恩格斯早在40年代就已经驳斥了否认经济斗争的意义的空想社会主义者。

过了20年左右，成立了国际工人协会，在1866年日内瓦第一次代表大会上就提出了工会和经济斗争的意义的问题。在这次代表大会的决议中，确切地指明了经济斗争的意义，警告社会党人和工人既不要夸大这种斗争的意义（当时在英国工人中间有过这种表现），也不要对这种斗争的意义估计不足（在法国人和德国人中间，特别是在拉萨尔派中间，有过这种表现）。决议认为在资本主义存在的情况下，工会不仅是合乎规律的现象，而且是必然的现象；认为工会对于组织工人阶级进行反对资本的日常斗争和消灭雇佣劳动，都是非常重要的。决议认为工会不应该仅仅注意"反对资本的直接斗争"，不应该回避工人阶级的一般政治运动和社会运动；工会不应该抱着"狭小的"目的，而应该争取千百万被压迫工人大众普遍的解放。从那时起，各国工人政党已经不止一次提出，将来当然还会不止一次提出一个问题：在某个时候是否应该偏重无产阶级的经济斗争或者偏重无产阶级的政治斗争。但是总的或原则的问题，现在还是同马克思主义原先提出的一样。至于无产阶级的统一的阶级斗争必须把政治斗争和经济斗争结合起来的信念，则早已深入国际社会民主运动的血肉之中了。其次，历史经验又确凿地证明，当无产阶级没有政治自由或者政治权利受到限制的时候，始终必须把政治斗争提到首位。

> 列宁：《俄国社会民主党人抗议书》，中共中央马克思恩格斯列宁斯大林著作编译局编译：《列宁选集》（第一卷），人民出版社1995年版，第265—267页。

119. 马克思理论的具体应用在英国不同于法国，在法国不同于德国，在德国又不同于俄国

我们认为，对于俄国社会党人来说，尤其需要独立地探讨**马克思的理论，因为它所提供的只是总的指导原理，而这些原理的应用具体地说，在英国不同于法国，在法国不同于德国，在德国又不同于俄国。**因此我们很愿意在我们的报纸上登载有关理论问题的文章，请全体同志来公开讨论争论之点。

> 列宁：《我们的纲领》，中共中央马克思恩格斯列宁斯大林著作编译局编译：《列宁选集》（第一卷），人民出版社1995年版，第274—275页。

120. 欧洲工人享有自由集会、结社、办报纸、派代表参加人民的集会的权利

如果工人不能像德国工人和欧洲其他一切国家（土耳其和俄国除外）工人那样享有自由集会、结社、办报纸、派代表参加人民的集会这些权利，那么任何经济斗争都不能给他们带来持久的改善，甚至不可能大规模地进

行任何经济斗争。而要想获得这些权利，就必须进行政治斗争。

列宁：《我们的纲领》，中共中央马克思恩格斯列宁斯大林著作编译局编译：《列宁选集》（第一卷），人民出版社 1995 年版，第 276 页。

121. 英国的费边派，法国的内阁派，德国的伯恩施坦派，俄国的批评派，都成了一家弟兄

社会主义运动内部不同派别之间的争执，第一次从一国的现象变成了国际的现象，这在现代社会主义运动史上恐怕是唯一的而且也是非常令人欣慰的现象。从前，拉萨尔派和爱森纳赫派之间，盖得派和可能派之间，费边派和社会民主党人之间，民意党人和社会民主党人之间的争论，始终纯粹是一国内的争论，所反映出来的，纯粹是各国的特征，这些争论可以说是在不同的侧面进行的。而目前（这一点现在已经看得很清楚），**英国的费边派，法国的内阁派，德国的伯恩施坦派，俄国的批评派，都成了一家弟兄，**他们互相吹捧，彼此学习，一起攻击"教条式的"马克思主义。在这场同社会主义运动内的机会主义进行的第一次真正国际性的搏斗中，**国际革命社会民主党也许会大大加强起来，足以结束早已笼罩于欧洲的政治反动局面**？

列宁：《怎么办》，中共中央马克思恩格斯列宁斯大林著作编译局编译：《列宁选集》（第一卷），人民出版社 1995 年版，第 294 页。

122. 德国社会党为什么统一和法国社会党为什么涣散

要解释德国社会党为什么统一和法国社会党为什么涣散，完全不必去考察两国历史的特点，不必把军事的半专制制度和共和的议会制的条件加以对比，不必分析巴黎公社和反社会党人非常法的后果，不必把两国的经济生活和经济发展加以比较，不必回顾在"德国社会民主党空前发展"的同时进行了社会主义运动史上空前努力的斗争，不仅反对理论上的错误（米尔柏格、杜林、讲坛社会主义者），而且反对策略上的错误（拉萨尔），如此等等。所有这一切都没有必要！法国人所以争吵是因为他们偏激，德国人所以统一是因为他们都是些乖孩子。

列宁：《怎么办》，中共中央马克思恩格斯列宁斯大林著作编译局编译：《列宁选集》（第一卷），人民出版社 1995 年版，第 299—300 页。

123. 拉萨尔对于德国工人运动的历史功绩

请回忆一下德国的例子吧。**拉萨尔对于德国工人运动的历史功绩**何在呢？就在于他使这个运动脱离了它自发地走上（在舒尔采—德里奇之类的人的盛情参与下）的那条进步党的工联主义和合作社主义的道路。为了执行这个任务，所需要的不是谈论什么轻视自发因素，什么策略—过程，什么因素和环境的相互作用等等，而是与此完全不同的做法。为此需要同自发性进行殊死的斗争，也正由于许多年来进行了这种斗争，比如说，柏林的工人才由进步党的支柱变成了社会民主党的最好的堡垒之一。这种斗争直到现在也远远没有结束（也许那些根据普罗柯波维奇的著述研究德国运动的历史，根据司徒卢威的著述研究德国运动的哲学的人，会认为斗争已经结束了）。**直到现在，德国工人阶级可以说还分属于几种思想体系；一部分工人组织在天主教的和君主派的工会中，另一部分工人组织在崇拜英国工联主义的资产阶级分子所创立的希尔施敦克尔工会中，还有一部分工人则组织在社会民主党的工会中。最后一部分工人比其余两部分工人多得多，但社会民主党的思想体系只是由于同所有其他的思想体系进行了不懈的斗争才获得了这个首位，而且也只有继续进行这种不懈的斗争，才能保持这个首位。**

> 列宁：《怎么办》，中共中央马克思恩格斯列宁斯大林著作编译局编译：
> 《列宁选集》（第一卷），人民出版社 1995 年版，第 328 页。

124. 波兰的独立和欧洲的民主运动

当时整个波兰，不仅农民而且很多贵族都是革命的。民族解放斗争的传统是如此地有力和深刻，甚至在本国失败之后，波兰的优秀儿女还到处去支援革命阶级，东布罗夫斯基和弗卢勃列夫斯基的英名，同 19 世纪最伟大的无产阶级运动，同巴黎工人最后一次我们希望是最后一次不成功起义，是紧密地联系在一起的。当时，不恢复波兰的独立，民主运动在欧洲确实不可能取得完全的胜利。**当时，波兰确实是反对沙皇制度的文明堡垒，是民主运动的先进部队。现在，波兰的统治阶级、德奥的贵族地主、俄国的工业金融大亨，都在充当压迫波兰的各国统治阶级的支持者。而德国和俄国的无产阶级，同英勇地继承了过去革命波兰的伟大传统的波兰无产阶级一起，在为自己的解放而斗争。**现在，邻国先进的马克思主义者密切地注视着欧洲政局的发展，对波兰人的英勇斗争充满了同情，不过他们也公开承认："彼得堡现在已经成为比华沙重要得多的革命中心，俄国革命运动已经比波兰革命运动具有更大的国际意义。"

列宁：《我们纲领中的民族问题》，中共中央马克思恩格斯列宁斯大林著作编译局编译：《列宁选集》（第一卷），人民出版社 1995 年版，第 463 页。

125. 德国的机会主义比法意两国的弱些

德国的机会主义比法意两国的弱些，所以德国的"自治制倾向，暂时还只表现为唱一些反对独裁者和大宗教裁判者，反对开除教籍，和追究异端的相当动听的高调，表现为无休止的吹毛求疵和无谓争吵，而对这种吹毛求疵和无谓争吵加以分析，又只会引起无休止的口角"。

俄国党内的机会主义比德国的更弱，所以俄国的自治制倾向所产生的东西，其思想成分更少，"动听的高调"和无谓争吵的成分更多，这原是不足为奇的。

列宁：《进一步，退两步》，中共中央马克思恩格斯列宁斯大林著作编译局编译：《列宁选集》（第一卷），人民出版社 1995 年版，第 512 页。

126. 社会民主党的世界观以马克思主义为基础

社会民主党的整个世界观是以科学社会主义即马克思主义为基础的。

列宁：《论工人政党对宗教的态度》，中共中央马克思恩格斯列宁斯大林著作编译局编译：《列宁选集》（第二卷），人民出版社 1995 年版，第 247 页。

127. 社会民主党宣传无神论必须发展被剥削群众反对剥削者的阶级斗争

社会民主党宣传无神论，必须服从社会民主党的基本任务：发展被剥削群众反对剥削者的阶级斗争。

列宁：《论工人政党对宗教的态度》，中共中央马克思恩格斯列宁斯大林著作编译局编译：《列宁选集》（第二卷），人民出版社 1995 年版，第 251 页。

不管是在（我国）革命到来以前，还是在革命期间，整个党（俄国社会民主工党）的历史中充满了派别的斗争。

约从 1907 年六三政变起到现在（1909 年）为止的最近两年，是俄国革命史上以及俄国工人运动和俄国社会民主工党发展中发生急剧转变和严重危机的时期。1908 年 12 月俄国社会民主工党的全国代表会议，对目前的政治形势、革命运动的状况及其前途、工人阶级政党当前的任务等问题作了总结。这次代表会议的决议是党的可靠的财富，孟什维克机会主义者拼命想批评这些决议，只不过特别明显地暴露了他们的"批评"是软弱无力的，对在这些决议中剖析过的问题根本提不出任何有道理的、完整的和有系统的东西。

但是，党的代表会议给予我们的还不止这一点。这次代表会议在党的生活中起了极重要的作用：它指出在孟什维克和布尔什维克这两派中都产生了新的思想派别。可以毫不夸大地说，不管是在革命到来以前，还是在革命期间，整个党的历史中充满了这些派别的斗争。因此，新的思想派别是党内生活中一种非常重要的现象，所有社会民主党人都应当仔细思考，理解和领会这种现象，以便能自觉地对待新形势下的新问题。

这些新的思想派别的出现，简单说来，就是在党的两个处于两极的派别中都出现了取消主义，都出现了反对取消主义的斗争。孟什维克中的取消主义在 1908 年 12 月以前就十分明显地暴露出来了，但是当时同它进行斗争的差不多都是其他的派别（布尔什维克、波兰和拉脱维亚的社会民主党人以及一部分崩得分子）。……

列宁：《取消取消主义》，中共中央马克思恩格斯列宁斯大林著作编译局
编译：《列宁选集》（第二卷），人民出版社 1995 年版，第 259—260 页。

128. 为了使真正统一的工人政党团结起来，（工人政党）党内的意见分歧不应该妨碍共同的工作、共同的冲击、共同的斗争

在资产阶级革命时期，在发生危机、瓦解和崩溃的情况下，工人政党中的机会主义派不可避免地不是完全成为取消派，便是做取消派的俘虏。在资产阶级革命时期，不可避免地有一些小资产阶级同路人（德语称为 Mitlaufer）参加无产阶级政党，他们最不能领会无产阶级的理论和策略，最不能在发生崩溃的时期坚持下去，最倾向于彻底推行机会主义。瓦解一发生，大批孟什维克知识分子和孟什维克著作家实际上就投向了自由派。知识分子脱党而去，所以孟什维克的组织垮得最厉害。那些真心同情无产阶级和无产阶级的阶级斗争、赞同无产阶级的革命理论的孟什维克（而这样的孟什维克总是有的，他们为自己在革命中的机会主义辩解，理由是他们希望能估计到一切形势的变动和一切复杂的历史道路的曲折），"又一次成了少数"，成了孟什维克派中的少数，他们没有决心同取消派进行斗争，没有力量卓有成效地进行这场斗争。可是，机会主义同路人愈来愈走向自由主义，以致普列汉诺夫无法容忍波特列索夫，《社会民主党人呼声报》

无法容忍切列万宁，莫斯科的孟什维克工人无法容忍孟什维克知识分子，等等。孟什维克护党派，即孟什维克正统马克思主义者开始分化出来，既然他们走向党，那就势必走向布尔什维克。我们的任务就是要理解这种形势，千方百计地处处尽量把取消派和孟什维克护党派分子分开，同后者接近，不过这不是要抹杀原则分歧，而是为了使真正统一的工人政党团结起来，党内的意见分歧不应该妨碍共同的工作、共同的冲击、共同的斗争。

列宁：《革命的教训》，中共中央马克思恩格斯列宁斯大林著作编译局编译：《列宁选集》（第二卷），人民出版社1995年版，第262—263页。

129. 1905年10月俄国工人阶级革命的教训

从1905年10月俄国工人阶级给沙皇专制制度第一次强大打击到现在，已经有五年了。无产阶级在那些伟大的日子里，发动了千百万劳动者起来进行反对压迫者的斗争。……

革命的胜利也好，失败也好，都给了俄国人民以伟大的历史教训。在纪念1905年五周年之际，我们要力求弄清楚这些教训的主要内容。

第一个而且是主要的教训是：只有群众的革命斗争，才能使工人生活和国家管理真正有所改善。无论有教养的人们怎样"同情"工人，无论单枪匹马的恐怖分子怎样英勇斗争，都不能摧毁沙皇专制制度和资本家的无限权力。只有工人自己起来斗争，只有千百万群众共同斗争才能做到这一点，而只要这个斗争一减弱，工人所争得的成果立刻就要被夺走。

第二个教训是：仅仅摧毁或限制沙皇政权是不够的，必须把它消灭。沙皇政权不消灭，沙皇作出的让步总是不可靠的。沙皇在革命进攻加强的时候就作些让步，进攻减弱的时候他就把这些让步统统收回。只有争得民主共和国，推翻沙皇政权，政权归于人民，才能使俄国摆脱官吏的暴力和专横，摆脱黑帮——十月党人杜马，摆脱农村中地主及其走狗的无限权力。如果说现在，也就是在革命后，农民和工人的灾难比以往更加深重的话，那么这就是当时革命力量薄弱，沙皇政权没有被推翻种下的苦果。1905年，在此之后的头两届杜马的召开及其被解散，都给人民许多教益，首先教会了他们要用共同斗争来实现政治要求。人民觉醒起来参与政治生活，开始是要求专制政府让步：要沙皇召集杜马，要沙皇撤换大臣，要沙皇"赐予"普选权。但是专制政府没有作出这种让步，也不可能作出这种让步。专制政府用刺刀回答了请求让步的行动。于是人民开始认识到必须进行斗争反对专制政权。现在斯托雷平和老爷黑帮杜马，可以说是更加有力地把这种观念灌进农民的脑袋里。他们正在灌而且一定会灌进去。

沙皇专制制度本身也从革命中吸取了教训。它已经知道不能指靠农民对沙皇的信任了。现在它和黑帮地主以及十月党工厂主结成联盟来巩固自己的政权。现在要推翻沙皇专制制度，就要有比1905年强大得多的革命群众斗争的进攻。

这种强大得多的进攻是否可能呢？要回答这个问题，我们就要谈谈**第三个而且是最主要的**革命教训。这个教训就是：我们已经看到俄国人民中的各阶级是怎样行动的。在1905年以前，有很多人以为全体人民都同样追求自由，都想得到同样的自由；至少是当时大多数人都没有清楚地认识到俄国人民中的各阶级对争取自由的斗争所持的态度是各不相同的，并且它们所争取的自由也是各不相同的。革命吹散了迷雾。1905年底，以及第一届和第二届杜马时期，俄国社会的一切阶级都公开登台了。他们实际上是公开亮相，亮出了他们的真实意图，他们究竟能为什么而斗争，他们斗争的实力、顽强精神和能量究竟有多大。

……

俄国工人阶级的斗争实力是居于俄国人民的其余一切阶级之首的。工人本身的生活条件使工人具备了斗争能力，并推动他们去进行斗争。资本把大批工人集中在大城市，把他们团结在一起，训练他们同心协力。工人经常与他们的主要敌人资本家阶级发生直接冲突。在同这个敌人斗争的过程中，工人也逐渐成为社会主义者，从而认识到必须彻底改造整个社会，必须彻底消灭一切贫困和一切压迫。工人逐渐成为社会主义者，他们奋不顾身地同阻挡他们前进的一切障碍作斗争，首先是反对沙皇政权和农奴主——地主。

农民在革命中也起来同地主，同政府作斗争，但是他们的斗争力量太弱了。据统计，工厂工人参加过革命斗争即罢工的占多数达到（五分之三），而农民参加过革命斗争的无疑只占少数，大概不超过（五分之一）或（四分之一）。农民斗争不够顽强，比较分散，不够自觉，往往仍然指望慈父沙皇发善心。……

列宁:《革命的教训》，中共中央马克思恩格斯列宁斯大林著作编译局编译：《列宁选集》（第二卷），人民出版社 1995 年版，第 267—272 页。

130. 欧美现代工人运动中的基本的策略分歧，归结起来就是同背离实际上已经成为这个运动中的主导理论的马克思主义的两大流派作斗争

欧美现代工人运动中的基本的策略分歧，归结起来就是同背离实际上已经成为这个运动中的主导理论的马克思主义的两大流派作斗争。这两个流派就是修正主义（机会主义、改良主义）和无政府主义（无政府工团主义、无政府社会主义）。在半个多世纪的大规模工人运动的历史上，这两种背离工人运动中起主导作用的马克思主义理论和马克思主义策略的倾向，在一切文明国家里，是以各种不同的形式和各种不同的色彩表现出来的。

单从这个事实就可以看出，这两种倾向不是偶然出现的，也不是由某些个别人或集团的错误造成的，甚至也不是由民族特点或民族传统的影响等等造成的。应该有一些由一切资本主义国家的经济制度和发展性质所决定的、经常产生这两种倾向的根本原因。

列宁：《欧洲工人运动中的分歧》，中共中央马克思恩格斯列宁斯大林著作编译局编译：《列宁选集》（第二卷），人民出版社 1995 年版，第 273 页。

131. 第二国际破产的最突出的表现，就是欧洲大多数正式的社会民主党令人触目惊心地背叛了自己的信念，背叛了自己在斯图加特和巴塞尔大会上通过的庄严的决议

第二国际破产的最突出的表现，就是欧洲大多数正式的社会民主党令人触目惊心地背叛了自己的信念，背叛了自己在斯图加特和巴塞尔大会上通过的庄严的决议。但是，这种意味着机会主义完全得胜、意味着社会民主党变成了民族主义自由派工人政党的破产，正是第二国际整个历史时代（19 世纪末到 20 世纪初）的产物。这个时代——从西欧完成资产阶级的和民族的革命开始向社会主义革命过渡的时代——的客观条件产生并培育了机会主义。

这个时期，我们在欧洲的一些国家中看到工人运动和社会主义运动的分裂，这种分裂总的说来正是由于机会主义而发生的（英国、意大利、荷兰、保加利亚、俄国）；我们在欧洲的另一些国家中看到各个派别之间由于同样的原因进行了长期顽强的斗争（德国、法国、比利时、瑞典、瑞士）。这场大战所造成的危机，揭开了帷幕，打破了常规，割破了早已熟透了的脓疮，表明了机会主义所扮演的真正角色就是资产阶级的同盟者。……

列宁：《第二国际的破产》，中共中央马克思恩格斯列宁斯大林著作编译局编译：《列宁选集》（第二卷），人民出版社1995年版，第503—504页。

132. 俄国唯一没有沾染上沙文主义的阶级是无产阶级

俄国唯一没有沾染上沙文主义的阶级是无产阶级。战争开始时发生的个别过火行动只牵涉工人中最愚昧无知的阶层。工人参加莫斯科反对德国人的粗暴行动一事被过分夸大了。整个说来，俄国工人阶级对沙文主义是有免疫力的。

列宁：《社会主义与战争》，中共中央马克思恩格斯列宁斯大林著作编译局编译：《列宁选集》（第二卷），人民出版社1995年版，第531页。

133. 国际社会主义运动和工人运动的三种派别

战争爆发两年多来，国际社会主义运动和工人运动在所有国家都造成了三种派别；谁要是离开现实的基础，不承认这三种派别的存在，不对它们进行分析，不为真正的国际主义派进行彻底斗争，他一定会软弱无力，束手无策，陷入错误。

三种派别如下：

（1）社会沙文主义者，即口头上的社会主义者，实际上的沙文主义者；这些人同意在帝国主义战争中（首先是在这次帝国主义战争中）"保卫祖国"。这些人是我们的阶级敌人，他们已经转到资产阶级方面去了。

各国正式社会民主党的正式领袖大多数都是这样。这就是俄国的普列汉诺夫先生之流，德国的谢德曼之流，法国的列诺得尔、盖得、桑巴等，意大利的比索拉蒂之流，英国的海德门、费边社分子和"拉布分子"（指"工党"的领袖们），瑞典的布兰亭之流，荷兰的特鲁尔斯特拉和他的党，丹麦的斯陶宁格和他的党，美国的维克多·伯杰及其他"保卫祖国派"等等。

（2）第二派即所谓"中派"，这些人摇摆于社会沙文主义者和真正的国际主义者之间。

所有"中派"分子都赌咒发誓，说他们是马克思主义者，是国际主义者，说他们赞成和平，赞成对政府多方施加"压力"，从多方面"要求"本国政府"表达人民的和平意志"，赞成各种各样有利于和平的运动，赞成没有兼并的和约等等，同时也赞成同社会沙文主义者讲和平。"中派"

赞成"团结一致",反对分裂。

（3）第三派是真正的国际主义者,表现得最明显的是"齐美尔瓦尔德左派"（我们把他们1915年9月发表的宣言作为附录转载于后,使读者能够就原件了解这一派别的产生）。

这一派的主要特点就是他们既同社会沙文主义也同"中派"彻底决裂。他们进行忘我的革命斗争来反对本国的帝国主义政府和本国的帝国主义资产阶级。他们的原则是"主要的敌人在本国"。他们坚决反对社会和平主义者的甜言蜜语（社会和平主义者是口头上的社会主义者,实际上的资产阶级和平主义者;资产阶级和平主义者梦想不打破资本的枷锁和统治而获得永久的和平）,反对利用种种借口来否认因这次战争而进行无产阶级革命斗争和无产阶级社会主义革命是可能的、适当的和及时的。

这派最有名的代表,在德国是"斯巴达克派"即"国际派",卡尔·李卜克内西就是它的成员。卡尔·李卜克内西是这一派别和真正无产阶级的新国际的最有名望的代表。

卡尔·李卜克内西号召德国工人和士兵把枪口转向本国政府。卡尔·李卜克内西曾在国会（帝国国会）的讲台上公开发出这一号召。随后他又到柏林一个最大的广场——波茨坦广场上,向示威群众散发秘密印成的传单,号召"打倒政府"。他被逮捕并被判处苦役。他现在被关在德国的苦役监狱里,在德国少说也有几百个真正的社会主义者因反对战争而被监禁。

卡尔·李卜克内西在他的演说和信件中,不仅同他本国的普列汉诺夫之流、波特列索夫之流（即谢德曼之流、列金之流、大卫之流,等等）作无情的斗争,而且同他本国的中派即同他们的齐赫泽、策列铁里（即考茨基、哈阿兹、累德堡之流）作无情的斗争。

在110个议员中,只有卡尔·李卜克内西和他的朋友奥托·吕勒两个人破坏了纪律,破坏了同"中派"和沙文主义者的"团结一致",反对全体议员。只有李卜克内西一个人代表社会主义,代表无产阶级事业,代表无产阶级革命。除他以外,整个德国社会民主党,正像罗莎·卢森堡（她也是"斯巴达克派"的成员和领袖之一）所正确形容的那样,已变成了一具发臭的死尸。

德国另一个真正的国际主义者团体是不来梅的《工人政治》。

堪称真正的国际主义者的,在法国有洛里欧和他的朋友们（布尔德朗和梅尔黑姆已堕落到社会和平主义），以及在日内瓦出版《明日》杂志的法国人昂利·吉尔波；在英国，有《工联主义者报》及英国社会党和独立工党的部分党员（如罗素·威廉斯，他曾公开号召同背叛社会主义的领袖们分裂），有苏格兰的国民教师社会党人马克林，他因从事反战的革命斗争而被英国资产阶级政府判处苦役，因同一罪名而入狱的还有几百个英国社会党人。他们，只有他们，才是真正的国际主义者；在美国，有"社会主义工人党"以及机会主义"社会党"内那些从 1917 年 1 月开始出版《国际主义者周报》的人；在荷兰，有出版《论坛报》的"论坛派"（潘涅库克、赫尔曼·哥尔特、怀恩科普、罕丽达·罗兰—霍尔斯特，后者曾是齐美尔瓦尔德的中派，现在已转向我们）；在瑞典，有青年党或左派党，党的领袖有林德哈根、图雷·涅尔曼、卡尔松、斯特勒姆、塞·霍格伦，霍格伦曾在齐美尔瓦尔德亲自参加建立"齐美尔瓦尔德左派"的工作，现因进行反战的革命斗争而被判罪入狱；在丹麦，有特里尔和他的朋友们，他们退出了以斯陶宁格大臣为首的完全变成资产阶级政党的丹麦"社会民主党"；在保加利亚，有"紧密派"；在意大利，最接近国际主义的是党的书记康斯坦丁诺·拉查理和中央机关报《前进报》的编辑塞拉蒂；在波兰，有拉狄克、加涅茨基和其他由"边疆区执行委员会"统一起来的社会民主党的领袖；此外还有罗莎·卢森堡、梯什卡和其他由"总执行委员会"统一起来的社会民主党的领袖；在瑞士，有一些左派，他们草拟了举行"全民投票"的理由书（1917 年 1 月）同本国的社会沙文主义者和"中派"作斗争，1917 年 2 月 11 日，他们在特斯举行的社会党苏黎世州代表大会上提出了原则上革命的反战决议；在奥地利，有弗里德里希·阿德勒的左派青年朋友，其中一部分人常在维也纳的"卡尔·马克思"俱乐部内活动，极其反动的奥地利政府现已查封了这个俱乐部，这个政府还因弗·阿德勒英勇地——但欠考虑地——枪击首相而对他进行迫害；以及其他等人。

> 列宁：《无产阶级在我国革命中的任务》，中共中央马克思恩格斯列宁斯大林著作编译局编译：《列宁选集》（第三卷），人民出版社 1995 年版，第 54—59 页。

134. 英法德三国的工人运动情况

俄国工农临时政府在向一切交战国政府和人民提出以上媾和建议的同时，特别向人类三个最先进的民族，这次战争中三个最大的参战国，即英法德三国的觉悟工人呼吁。这些国家的工人对于进步和社会主义事业贡献最多，例如英国的宪章运动树立了伟大的榜样，法国无产阶级进行过多次具有世界历史意义的革命，最后，德国工人进行过反对非常法的英勇斗争，并为建立德国无产阶级群众组织进行过堪称全世界工人楷模的长期的坚持不懈的有纪律的工作。所有这些无产阶级英雄主义和历史性的创造的范例，都使我们坚信上述各国工人定会了解他们现在所担负的使人类摆脱战祸及其恶果的任务，定会从各方面奋力采取果敢的行动，帮助我们把和平事业以及使被剥削劳动群众摆脱一切奴役和一切剥削的事业有成效地进行到底。

列宁：《全俄工兵代表苏维埃第二次代表大会文献》，中共中央马克思恩格斯列宁斯大林著作编译局编译：《列宁选集》（第三卷），人民出版社1995年版，第342页。

135. 工人运动被资产阶级所利用

在自由、民主和革命工人运动同时并存最长久的国家，如英国和法国，资本家曾多次利用这种手段，而且收到很大的效果。"社会党人"领袖们加入资产阶级内阁后，必然成为资本家的傀儡、玩物和挡箭牌，成为欺骗工人的工具。俄国"民主共和派"资本家所运用的正是这种手段。社会革命党人和孟什维克马上就上了钩，于是切尔诺夫和策列铁里之流参加的"联合"内阁也就在5月6日成了事实。

列宁：《革命的教训》，中共中央马克思恩格斯列宁斯大林著作编译：《列宁选集》（第三卷），人民出版社1995年版，第101页。

136. 巴黎工人政权仅存在了2个月零10天

第一次创立了公社这种苏维埃政权萌芽的巴黎工人，仅仅支持了2个月零10天，就被法国的立宪民主党人、孟什维克和右派社会革命党人卡列金分子枪杀了。法国工人不得不为成立工人政府的第一次尝试付出空前未有的重大牺牲，而对成立这个政府的意义和目的，当时法国绝大部分农民是不了解的。

列宁：《全俄工兵农代表苏维埃第三次代表大会文献》，中共中央马克思恩格斯列宁斯大林著作编译局编译：《列宁选集》（第三卷），人民出版社1995年版，第400—401页。

137. 一国工人运动会对其他国家产生影响，世界各国的社会主义革命在不断成熟

1905年的十月罢工——革命胜利的第一步，一下子就传播到了西欧，

并在当时，1905年，就引起了奥地利的工人运动，我们当时已在实践中看到，革命的实例、一国工人的行动有多大的价值，而现在我们看到，世界各国的，不是一天一天地，而是每时每刻地在成熟起来。

列宁：《全俄工兵农代表苏维埃第三次代表大会文献》，中共中央马克思恩格斯列宁斯大林著作编译局编译：《列宁选集》（第三卷），人民出版社1995年版，第415页。

138. 工人运动的新发展

社会主义的伟大奠基人马克思和恩格斯，在几十年中考察了工人运动的发展和世界社会主义革命的成长，清楚地看到：从资本主义过渡到社会主义，需要经过长久的阵痛，经过长时期的无产阶级专政，摧毁一切旧东西，无情地消灭资本主义的各种形式，需要有全世界工人的合作，全世界的工人则应当联合自己的一切力量来保证彻底的胜利。他们并且说过，在19世纪末，"将由法国人开始，而由德国人完成"，其所以由法国人开始，是因为法国人在几十年的革命中养成了发起革命行动的奋不顾身的首创精神，从而使他们成了社会主义革命的先锋队。

现在我们看到的是国际社会主义力量的另一种结合。我们说，比较容易开始革命运动的，并不是那些能够比较容易地进行掠夺和有力量收买本国工人上层分子的剥削国家。西欧这些所谓社会主义的、几乎都加入了内阁的切尔诺夫—策列铁里式的政党，什么事情都没有做，也没有巩固的基础。我们看到了意大利的实例，我们在最近几天看到了奥地利工人反对帝国主义者强盗们的英勇斗争。就假定强盗们能够暂时阻碍运动的开展吧，但是要想完全制止这个运动是不可能的，这个运动是不可战胜的。

苏维埃共和国这个榜样将长期地摆在他们面前。我们的社会主义苏维埃共和国将作为国际社会主义的火炬，作为各国劳动群众的范例而稳固地屹立着。在那边是冲突、战争、流血、千百万人的牺牲、资本的剥削，在这边是真正的和平政策和社会主义的苏维埃共和国。

现在的形势与马克思和恩格斯所预料的不同了，它把国际社会主义革命先锋队的光荣使命交给了我们——俄国的被剥削劳动阶级；我们现在清楚地看到革命的发展会多么远大；俄国人开始了，德国人、法国人、英国人将去完成，社会主义定将胜利。

列宁：《全俄工兵农代表苏维埃第三次代表大会文献》，中共中央马克思

> 恩格斯列宁斯大林著作编译局编译：《列宁选集》（第三卷），人民出版社
> 1995 年版，第 416—417 页。

139. 美国工人是不会跟着资产阶级走的

美国工人是不会跟着资产阶级走的。他们将同我们一起，拥护反资产阶级的国内战争。世界工人运动和美国工人运动的全部历史使我坚信这一点。

> 列宁：《给美国工人的信》，中共中央马克思恩格斯列宁斯大林著作编译
> 局编译：《列宁选集》（第三卷），人民出版社 1995 年版，第 564 页。

140. 罢工斗争的长期锻炼和欧洲群众性工人运动的经验有助于苏维埃的产生

罢工斗争的长期锻炼和欧洲群众性工人运动的经验，有助于苏维埃这种特殊的无产阶级革命组织形式在深刻而迅速尖锐化的革命形势下产生出来。

> 列宁：《第三国际及其在历史上的地位》，中共中央马克思恩格斯列宁斯
> 大林著作编译局编译：《列宁选集》（第三卷），人民出版社 1995 年版，
> 第 794 页。

141. 建立工人联合会是无产阶级在世界范围内战胜资产阶级的一个小小的步骤

一位不可多得的、甚至可以说是绝无仅有的德国资产阶级民主主义者约·雅科比（他在 1870—1871 年的教训之后没有转向沙文主义和民族自由主义而转向了社会主义）曾经说过，建立一个工人联合会比萨多瓦会战具有更大的历史意义。这话说得很对。萨多瓦会战所解决的，是在建立德意志民族资本主义国家方面奥地利和普鲁士这两个资产阶级君主国究竟哪一个当霸主的问题。建立一个工人联合会是无产阶级在世界范围内战胜资产阶级的一个小小的步骤。

> 列宁：《伟大的创举，用革命精神从事工作（共产主义星期六）》，中共中
> 央马克思恩格斯列宁斯大林著作编译局编译：《列宁选集》（第四卷），人
> 民出版社 1995 年版，第 14 页。

142. 只有资本主义，凭借城市的文化，无产者才认清自己的地位而创立世界工人运动

人类走到了资本主义，而只有资本主义，凭借城市的文化，才使被压迫的无产者阶级有可能认清自己的地位，创立世界工人运动，造就出在全

世界组织成政党的千百万工人，建立起自觉地领导群众斗争的社会主义政党。没有议会制度，没有选举制度，工人阶级就不会有这样的发展。

列宁：《论国家（1919 年 7 月 11 日在斯维尔德洛夫大学的讲演）》，中共中央马克思恩格斯列宁斯大林著作编译局编译：《列宁选集》（第四卷），人民出版社 1995 年版，第 38 页。

143. 西欧帝国主义正在瓦解，德国的阶级斗争更尖锐了

我们看到西欧帝国主义正在瓦解。你们知道，一年以前，甚至德国社会党人也同极大多数不了解形势的社会党人一样，以为世界帝国主义两大集团之间在进行斗争，这种斗争构成了全部历史，除此之外，没有别的力量还能有所作为。他们觉得，甚至社会党人也只能投靠某一个强大的世界强盗集团，没有其他的选择。1918 年 10 月底的时候，似乎就是这样。但是我们看到，在这以后的一年当中，世界历史上发生了一些空前未有的现象，广泛而深刻的现象，使很多社会党人擦亮了眼睛，这些人在帝国主义大战期间曾经是爱国主义者，而且曾经借口大敌当前来为自己的行为辩护，还为自己联合英法帝国主义者的行为辩解，说这些帝国主义者能使人们摆脱德帝国主义的压迫。看吧，这场战争破除了多少幻想！我们看到，德帝国主义的瓦解不仅引起了共和革命，而且引起了社会主义革命。你们知道，目前德国的阶级斗争更尖锐了，国内战争，即德国无产阶级反对那些涂上了一层共和派色彩但依然代表帝国主义的德帝国主义者的斗争，日益逼近了。

列宁：《在俄东部各民族共产党组织第二次代表大会上的报告》，中共中央马克思恩格斯列宁斯大林著作编译局编译：《列宁选集》（第四卷），人民出版社 1995 年版，第 73—74 页。

144. 1852—1892 年间的英国工人贵族与 20 世纪初的工人贵族阶层

在帝国主义战争末期和战后时期，在一切国家里，"领袖"和"群众"的分离表现得特别明显而突出。产生这种现象的基本原因，马克思和恩格斯在 1852—1892 年间曾以英国为例作过多次说明。英国的垄断地位使"群众"分化出一部分半市侩的机会主义的"工人贵族"。这种工人贵族的领袖们总是投靠资产阶级，直接间接地受资产阶级豢养。马克思所以光荣地被这班坏蛋痛恨，就是因为他公开地斥责他们是叛徒。现代（20 世纪的）帝国主义造成了某些先进国家的垄断特权地位，正是在这个基础上，第二

国际中纷纷出现了叛徒领袖、机会主义者、社会沙文主义者这样一种人，他们只顾自己这个行会的利益，只顾自己这个工人贵族阶层的利益。于是机会主义的政党就脱离了"群众"，即脱离了最广大的劳动阶层，脱离了大多数劳动者，脱离了工资最低的工人。不同这种祸害作斗争，不揭露这些机会主义的、背叛社会主义的领袖，使他们大丢其丑，并且把他们驱逐出去，革命无产阶级就不可能取得胜利；第三国际所实行的正是这样的政策。

> 列宁：《共产主义运动中的"左派"幼稚病（节选），德国"左派"共产党人。领袖、政党、阶级、群众间的相互关系》，中共中央马克思恩格斯列宁斯大林著作编译局编译：《列宁选集》（第四卷），人民出版社 1995 年版，第 152—153 页。

145. 工会不可避免地暴露出某些反动色彩

资本主义发展初期，建立工会是工人阶级的一大进步，使工人由散漫无助的状态过渡到了初步的阶级联合。当无产者的阶级联合的最高形式，即无产阶级的革命政党（要是这个党不学会把领袖和阶级、领袖和群众结成一个整体，结成一个不可分离的整体，它便不配拥有这种称号）开始成长的时候，工会就不可避免地暴露出某些反动色彩，如某种行会的狭隘性，某种不问政治的倾向以及某些因循守旧的积习等等。但是除了通过工会，通过工会同工人阶级政党的协同动作，无产阶级在世界上任何地方从来没有而且也不能有别的发展道路。无产阶级夺取政权是无产阶级这个阶级向前迈出的一大步，这时候党更需要用新的方法而不单纯靠旧有的方法去对工会进行教育和领导，同时不应当忘记，工会现在仍然是、将来在一个长时期内也还会是一所必要的"共产主义学校"和无产者实现其专政的预备学校，是促使国家整个经济的管理职能逐渐转到工人阶级（而不是某个行业的工人）手中，进而转到全体劳动者手中所必要的工人联合组织。

> 列宁：《共产主义运动中的"左派"幼稚病（节选），革命家应当不应当在反动工会里做工作?》，中共中央马克思恩格斯列宁斯大林著作编译局编译：《列宁选集》（第四卷），人民出版社 1995 年版，第 160 页。

146. 无产阶级先锋队与工会的关系

上面所说的工会的某种"反动性"，在无产阶级专政时期是难免的。不懂得这一点，就是完全不懂得从资本主义向社会主义过渡的基本条件。

害怕这种"反动性",企图避开它,跳过它,是最愚蠢不过的了,因为这无异是害怕发挥无产阶级先锋队的作用,即训练、启发、教育工人阶级和农民中最落后的阶层和群众并吸引他们来参加新生活。另一方面,如果把无产阶级专政推迟到没有一个工人抱狭隘的行业观念、没有一个工人抱行会偏见和工联主义偏见的那一天才去实现,那错误就更加严重了。政治家的艺术(以及共产党人对自己任务的正确理解)就在于正确判断在什么条件下、在什么时机无产阶级先锋队可以成功地取得政权,可以在取得政权过程中和取得政权以后得到工人阶级和非无产阶级劳动群众十分广大阶层的充分支持,以及在取得政权以后,能够通过教育、训练和争取愈来愈多的劳动群众来支持、巩固和扩大自己的统治。

> 列宁:《共产主义运动中的"左派"幼稚病(节选),革命家应当不应当在反动工会里做工作?》,中共中央马克思恩格斯列宁斯大林著作编译局编译:《列宁选集》(第四卷),人民出版社 1995 年版,第 160—161 页。

147. 西欧的孟什维克在工会里的"地盘"巩固得多

西欧的孟什维克在工会里的"地盘"巩固得多,那里形成的"工人贵族"阶层比我国的强大得多,他们抱有行业的、狭隘的观念,只顾自己,冷酷无情,贪图私利,形同市侩,倾向于帝国主义,被帝国主义收买,被帝国主义腐蚀。这是无可争辩的。同龚帕斯之流,同西欧的茹奥、韩德逊、梅尔黑姆、列金之流的先生们作斗争,要比同我国的孟什维克作斗争困难得多。他们完全是同一个社会类型和政治类型的人。但是必须无情地进行这种斗争,必须像我们过去所做的那样把斗争进行到底,直到一切不可救药的机会主义和社会沙文主义领袖丢尽了丑,从工会中被驱逐出去为止。这种斗争没有进行到一定的程度,就不能夺取政权(而且也不应该去作夺取政权的尝试)。不过在不同的国家和不同的情况下,这个"一定的程度"是不一样的;只有每个国家的深谋远虑、经验丰富、熟悉情况的无产阶级政治领导者才能正确地估计这种程度。

> 列宁:《共产主义运动中的"左派"幼稚病(节选),革命家应当不应当在反动工会里做工作?》,中共中央马克思恩格斯列宁斯大林著作编译局编译:《列宁选集》(第四卷),人民出版社 1995 年版,第 161 页。

148. 左派共产党人借口工会的"反动性"而拒绝在工会内部进行工作

这些事实同其他千百件事实一样,也最清楚不过地证明,正好是无产阶级群众、"下层"群众、落后群众的觉悟程度正在提高，要求组织起来的愿望日益迫切。当英、法、德各国的几百万工人第一次摆脱完全无组织的状态，进入初步的、低级的、最简单的、最容易接受的（对那些满脑子资产阶级民主偏见的人说来）组织形式即工会的时候，那班虽然革命但不明智的左派共产党人却站在一旁，空喊"群众"，"群众"！并且拒绝在**工会**内部进行工作！！借口工会的"反动性"而拒绝去工作！！臆想出一种崭新的、纯洁的以及没有沾染资产阶级民主偏见、没有行会习气和狭隘行业观念的"工人联合会"，一种将会（将会！）具有广泛性而只要（只要！）"承认苏维埃制度和专政"就可以加入的"工人联合会"！！

> 列宁：《共产主义运动中的"左派"幼稚病（节选），革命家应当不应当在反动工会里做工作?》，中共中央马克思恩格斯列宁斯大林著作编译局编译：《列宁选集》（第四卷），人民出版社1995年版，第163页。

149. 在欧洲各国议会里，建立真正革命的议会党团，要比在俄国困难得多

在西欧和美国，议会已经成为工人阶级中先进革命分子深恶痛绝的东西。这是不容争辩的。这是完全可以理解的，因为很难想象还有什么比大多数社会党议员和社会民主党议员战时和战后在议会中的所作所为更卑鄙无耻，更具有叛卖性了。但是，如果在解决应当怎样去同这一公认的祸害作斗争的问题时，竟任凭这种情绪来支配，那就不仅不明智，而且简直是犯罪了。在西欧许多国家里出现革命情绪，目前可以说是件"新鲜事"，或者说是"希罕事"，人们盼望这种情绪太久、太失望、太焦急了，或许正因为这个缘故，人们才这样容易为情绪所支配。当然，没有群众的革命情绪，没有促使这种情绪高涨的条件，革命的策略是不能变为行动的，但是，俄国过于长久的惨痛的血的经验，使我们确信这样一个真理：决不能只根据革命情绪来制定革命策略。制定策略，必须清醒而极为客观地估计到本国的（和邻国的以及一切国家的，即世界范围内的）一切阶级力量，并且要估计到历次革命运动的经验。仅仅靠咒骂议会机会主义，仅仅靠否认参加议会的必要，来显示自己的"革命性"，这是非常容易的，但是正因为太容易了，所以不是完成困难的、极其困难的任务的办法。在欧洲各国议会里，建立真正革命的议会党团，要比在俄国困难得多。这是不言而喻的。然而这只是说出了全部真理的一部分，而全部真理是：俄国在1917

年那种历史上非常独特的具体形势下，开始社会主义革命是容易的，而要把革命继续下去，把革命进行到底，却要比欧洲各国困难。我还在 1918 年年初就指出了这个情况，此后两年来的经验也完全证实了这种看法是正确的。俄国当时的特殊条件是：（1）有可能把苏维埃革命同结束（通过苏维埃革命）给工农带来重重灾难的帝国主义战争联结起来；（2）有可能在一定时期内利用称霸世界的两个帝国主义强盗集团之间的殊死斗争，当时这两个集团不能联合起来反对苏维埃这个敌人；（3）有可能坚持比较长期的国内战争，其部分原因是俄国幅员广大和交通不便；（4）当时农民中掀起了非常深刻的资产阶级民主革命运动，无产阶级政党就接过了农民政党（即社会革命党，他们多数党员是激烈反对布尔什维主义的）的革命要求，并且由于无产阶级夺取了政权而立即实现了这些要求。这些特殊条件，目前在西欧是没有的，而且重新出现这样的或类似的条件也不是很容易的。除其他一些原因外，这也是西欧开始社会主义革命比我国困难的一个原因。要想"避开"这种困难，"跳过"利用反动议会来达到革命目的这个难关，那是十足的孩子气。你们要建立新社会吗？可是你们又害怕困难，不去在反动议会内建立一个由坚定、忠诚、英勇的共产党人组成的优秀的议会党团！难道这不是孩子气吗？德国的卡尔·李卜克内西和瑞典的塞·霍格伦甚至在得不到来自下面的群众支持的情况下，尚且能够树立以真正的革命精神利用反动议会的榜样，难道一个迅速发展着的群众性的革命政党，处在战后群众大失所望、愤怒异常的环境中，反而不能在那些最可恶的议会里锻造出一个共产党党团来吗？！正因为西欧工人中的落后群众，尤其是小农中的落后群众，受资产阶级民主偏见和议会制偏见的熏染比俄国的要厉害得多，所以共产党人只有从资产阶级议会这种机构内部，才能（并且应该）进行长期的、顽强的、百折不挠的斗争，来揭露、消除和克服这些偏见。

> 列宁：《共产主义运动中的"左派"幼稚病（节选），参加不参加资产阶级议会？》，中共中央马克思恩格斯列宁斯大林著作编译局编译：《列宁选集》（第四卷），人民出版社 1995 年版，第 172—173 页。

150. 在一切国家中，工人运动都必然经历与机会主义和社会沙文主义以及同"左倾"共产主义的斗争

不仅如此，工人运动的历史现在表明：在一切国家中，工人运动都必然（而且已经开始）经历一种斗争，即正在成长、壮大和走向胜利的共产主义运动首先而且主要是同**各自的**（对每个国家来说）"孟什维主义"，也就是同机会主义和社会沙文主义的斗争；其次是同"左倾"共产主义的斗争（这可以说是一种补充的斗争）。第一种斗争看来已经毫无例外地在一切国家内展开了，这就是第二国际（目前事实上它已被击溃）和第三国际之间的斗争。第二种斗争则存在于德国、英国、意大利、美国（至少"世界产业工人联合会"和无政府工团主义各派还有相当**一部分人**在坚持左倾共产主义的错误，虽然他们几乎普遍地、几乎绝对地承认苏维埃制度）和法国（如一部分过去的工团主义者对于政党及议会活动采取不正确态度，虽然他们也承认苏维埃制度），也就是说，毫无疑义，这种斗争不仅在国际这个组织范围内存在，而且在全世界范围内都存在。

> 列宁：《共产主义运动中的"左派"幼稚病（节选），几点结论》，中共中央马克思恩格斯列宁斯大林著作编译局编译：《列宁选集》（第四卷），人民出版社 1995 年版，第 199 页。

151. 先进资本主义大国的工人运动走得比布尔什维主义快得多

然而，每个国家的工人运动在取得对资产阶级的胜利之前虽然都要预先经过本质上相同的锻炼，但这一发展过程又是**按各自的方式**来完成的。在这条道路上，先进的资本主义大国走得比布尔什维主义**快得多**；布尔什维主义在历史上用了 15 年时间才使它这个有组织的政治派别作好夺取胜利的准备。第三国际在短短一年的时间里就取得了决定性的胜利，击溃了黄色的社会沙文主义的第二国际；而第二国际仅仅在几个月以前，还远比第三国际强大，还显得坚强有力，还得到全世界资产阶级各方面的，即直接和间接的、物质上（部长的肥缺、护照、报刊）和思想上的帮助。

> 列宁：《共产主义运动中的"左派"幼稚病（节选），几点结论》，中共中央马克思恩格斯列宁斯大林著作编译局编译：《列宁选集》（第四卷），人民出版社 1995 年版，第 199 页。

152. 俄国社会民主党如何组织工人运动（一）

社会民主党就在这样的情况下着手领导这个不自觉的、自发的和无组织的运动。它竭力提高工人的觉悟，竭力把成批的工人各自反对其业主的互不配合的分散的斗争统一起来，融合成总的阶级斗争，使这个斗争成为俄国工人阶级反对俄国压迫者阶级的斗争，并竭力使这个斗争具有组织性。

最初一个时期，社会民主党不能在工人群众中广泛开展自己的活动，因而只安于宣传鼓动小组的工作。当时社会民主党的唯一工作方式就是小组活动。这些小组的目的是要从工人中间造就出一批将来能领导运动的人才。因此这些小组是由先进工人组成的，也只有优秀的工人才有机会在这些小组里学习。

但是，小组活动时期很快就过去了。社会民主党不久便觉得必须走出狭隘的小组圈子，把自己的影响扩大到广大工人群众中去。外部的条件也促进了这一点。这时工人中间的自发运动特别高涨。

斯大林：《俄国社会民主党及其当前任务》，中共中央马克思恩格斯列宁斯大林著作编译局编译：《斯大林选集》（上卷），人民出版社 1979 年版，第 3 页。

153. 俄国社会民主党如何组织工人运动（二）

社会民主党清清楚楚地知道，工人运动的发展不能局限于这些琐碎的要求，这些要求并不是运动的目的，而只是达到目的的手段。尽管这些要求是琐碎的，尽管各个城市和地区的工人今天还是各自分散地进行斗争，但这个斗争本身将教会工人，使他们认识到只有整个工人阶级结成统一的、强大的、有组织的力量去冲击他们的敌人时，才能得到完全的胜利。这个斗争也将向工人表明，他们除了自己的直接敌人资本家而外，还有另一个更警觉的敌人，这就是整个资产阶级有组织的力量，即拥有军队、法庭、警察、监狱和宪兵的现代资本主义国家。既然西欧的工人要改善自己生活状况的任何最小尝试都会碰到资产阶级政权的压制，既然在已经争得人权的西欧，工人也得与政府当局进行直接的斗争，那么俄国工人在自己的运动中就一定更会和专制政权发生冲突，这个政权之所以是任何工人运动的警觉的敌人，不仅因为它保卫资本家，而且因为它既是专制政权就不能容忍各个社会阶级的独立自主活动，特别是不能容忍比其他阶级更受压迫更受践踏的工人阶级的独立自主活动。俄国社会民主党就是这样理解运动的进程，并尽全力在工人中间传播这些思想的。它的力量就在于此，它一开始便有伟大的和胜利的发展，其原因就在于此。1896 年彼得堡各纺织工厂工人的大罢工就证明了这一点。

斯大林：《俄国社会民主党及其当前任务》，中共中央马克思恩格斯列宁斯大林著作编译局编译：《斯大林选集》（上卷），人民出版社 1979 年版，第3—4页。

154. 部分社会民主党人对工人运动的错误认知

这部分俄国社会民主党人不去领导自发运动，不把社会民主主义的理想灌输到群众中去，不把群众引向我们的最终目的，反而成了运动本身的盲目工具；他们盲目地跟着一部分不够开展的工人走，只限于表达当时工人群众所意识到的那些需要和要求。一句话，他们是站在那里敲着敞开的大门，不敢走进屋子里面去。他们没有能力向工人群众说明最终目的是社会主义，甚至没有能力向工人群众说明当前的目标是推翻专制制度，更可悲的是他们认为这一切是无益的，甚至是有害的。他们把俄国工人看成了小孩子，唯恐这种大胆的思想吓坏了俄国工人。不仅如此，依照社会民主党某些人的看法，实现社会主义并不需要任何革命斗争，所需要的只是经济斗争，只要有罢工和工会、消费合作社和生产合作社，社会主义就算成功了。他们认为老的国际社会民主党人的学说是错误的，因为这些人说，当政权尚未转入无产阶级手中（即建立无产阶级专政）以前，改变现存制度是不可能的，工人的彻底解放也是不可能的。在他们看来，社会主义并不是什么新东西，其实它和现存的资本主义制度也没有区别。譬如，据他们说，把社会主义纳入现存制度并不困难，每一个工会，甚至每一个消费合作社零售处或生产合作社，都已经是"社会主义的一部分"了。他们就想用这种补缀旧衣的荒唐办法来给受苦受难的人类缝制新衣！但最令人痛心而且为革命者所无法理解的一件事情，就是这部分俄国社会民主党人把他们西欧的老师（伯恩施坦及其同伙）的学说发展到这样的地步，居然恬不知耻地宣称：政治自由（即罢工、结社、言论等等自由）和沙皇制度可以相容的，因而特别的政治斗争，即推翻专制制度的斗争，完全是多余的，因为单是经济斗争就足以达到目的，只要不顾政府禁令，更频繁地举行罢工，政府就会疲于惩治罢工者，罢工和集会的自由也就自然而然地到来。

可见这些假"社会民主党人"要想证明的是，俄国工人只应当把自己的全部力量和精力用在经济斗争上，而不应当追求各种"远大的理想"。在实践上他们的行动表明了，他们认为自己的天职仅仅是在某个城市里进行地方工作。他们对于组织俄国社会民主工党丝毫不感兴趣，反而认为组织政党是一种滑稽可笑的儿戏，会妨碍他们履行自己的直接"天职"——进行经济斗争。罢工、再罢工和为战斗基金募集几文钱，——这就是他们的全部工作。

斯大林：《俄国社会民主党及其当前任务》，中共中央马克思恩格斯列宁
斯大林著作编译局编译：《斯大林选集》（上卷），人民出版社 1979 年版，
第 5—6 页。

155. 俄国早期工人斗争的误区

由于俄国工人在进行斗争时所打的旗帜仍然是一块写着争取一戈比的
经济斗争口号的陈旧褪色的破布，他们就不能随着运动的发展深刻地了解
斗争的崇高目的和内容，所以工人们也就不免以较少的精力、较小的兴趣、
较低的革命热情来参加这个斗争，因为伟大的精力只是为了伟大的目的而
产生的。

斯大林：《俄国社会民主党及其当前任务》，中共中央马克思恩格斯列宁
斯大林著作编译局编译：《斯大林选集》（上卷），人民出版社 1979 年版，
第 7 页。

156. 俄国工人的政治觉醒

觉醒了的俄国工人对于今天压得他们呻吟叫苦的经济和政治现状公开
表示不满的每一尝试，他们想摆脱压迫的每一尝试，都能推动工人举行经
济斗争色彩日益减少的游行。俄国的五一节为政治斗争和政治游行示威开
辟了道路。于是俄国工人在自己原来的唯一斗争手段——罢工以外，又增
添了一种新的强有力的手段，即 1900 年规模巨大的哈尔科夫五一游行时第
一次试用过的政治游行示威。

这样，俄国工人运动由于自己内部的发展，便从小组宣传和利用罢工
进行经济斗争逐渐转上政治斗争和政治鼓动的道路了。

当工人阶级看见俄国其他社会阶级的人抱着争取政治自由的坚定决心
登上斗争舞台时，这个转变就显著地加速了。

斯大林：《俄国社会民主党及其当前任务》，中共中央马克思恩格斯列宁
斯大林著作编译局编译：《斯大林选集》（上卷），人民出版社 1979 年版，
第 7—8 页。

157. 工人阶级必须接过推翻专制制度的旗帜

要擎得住这面旗帜，就需要更强有力的手臂，而在当前的条件下，只
有工人群众联合的力量才是这样的力量。因此俄国工人阶级必须把全国旗
帜从大学生软弱的手中接过来，在上面写上"打倒专制制度！民主宪法万
岁！"去引导俄国人民走向自由。

斯大林：《俄国社会民主党及其当前任务》，中共中央马克思恩格斯列宁
斯大林著作编译局编译：《斯大林选集》（上卷），人民出版社1979年版，
第11页。

158. 部分社会民主党人对工人运动的狭隘认识

由此可见，一部分"社会民主党人"对于问题的看法是多么狭隘；他
们竟想把工人运动局限在经济斗争和各种经济组织的范围里，把政治斗争
让给"知识界"、大学生和社会人士去进行，而只让工人充当配角。历史
教导我们，在这样的条件下，工人就只好为资产阶级火中取栗。在反对专
制政权的斗争中，资产阶级常常乐于利用工人壮健的手臂，但当胜利已经
取得时，他们就把胜利的果实据为己有，使工人一无所得。如果我们这里
的情形也是如此，那么工人从这个斗争中是什么也得不到的。

斯大林：《俄国社会民主党及其当前任务》，中共中央马克思恩格斯列宁
斯大林著作编译局编译：《斯大林选集》（上卷），人民出版社1979年版，
第14页。

159. 工人阶级是可靠的砥柱

只有工人阶级才是真正民主主义可靠的砥柱。只有工人阶级才不会由
于获得某种让步而和专制制度妥协，才不会因为人家弹奏宪政琵琶、唱起
甜蜜调子便麻痹起来。

斯大林：《俄国社会民主党及其当前任务》，中共中央马克思恩格斯列宁
斯大林著作编译局编译：《斯大林选集》（上卷），人民出版社1979年版，
第14页。

160. 工人阶级必须组成独立的政党

为了能起领导作用，工人阶级就必须组织成一个独立的政党，那时工
人阶级在反对专制制度的斗争中，就不会害怕自己的暂时同盟者"社会人
士"的任何叛变和出卖行为了。当这些"社会人士"一旦背叛了民主主义
事业时，工人阶级就会用自己的力量引导这个事业前进；而这个独立的政
党将给工人阶级以担当这种事业所必需的力量。

斯大林：《俄国社会民主党及其当前任务》，中共中央马克思恩格斯列宁
斯大林著作编译局编译：《斯大林选集》（上卷），人民出版社1979年版，
第15页。

161. 工人运动走上政治斗争的道路

伴随有一系列同业罢工（1896—1898年）的工业繁荣，渐渐为危机代

替了。危机一天天尖锐起来，而且成了同业罢工的障碍。虽然如此，工人运动还是为自己开辟道路，并向前发展：许多细流汇成一条洪流，运动日益带有阶级色彩，渐渐走上了政治斗争的道路。

　　　　斯大林：《略论党内意见分歧》，中共中央马克思恩格斯列宁斯大林著作编译局编译：《斯大林选集》（上卷），人民出版社1979年版，第26页。

162. 工人运动初期和社会主义没有结合

　　工人运动以惊人的速度发展起来了。不过当时还看不见先进部队，还看不见能把社会主义意识灌输到工人运动中去、把工人运动和社会主义结合起来因而赋予无产阶级斗争以社会民主主义性质的社会民主党。

　　　　斯大林：《略论党内意见分歧》，中共中央马克思恩格斯列宁斯大林著作编译局编译：《斯大林选集》（上卷），人民出版社1979年版，第26—27页。

163. 俄国社会民主党对工人运动和社会主义关系的错误认识

　　当时的"社会民主党人"（他们被称为"经济派"）究竟干了些什么呢？他们竭力赞扬自发运动，漫不经心地重复说：工人运动并不怎样需要社会主义意识，没有这种意识它也能很好地达到自己的目的，问题的实质在于运动本身。运动就是一切，而意识却是微不足道的。没有社会主义的工人运动，——这就是他们努力追求的目标。

　　既然如此，那么俄国社会民主党的使命究竟是什么呢？他们断定说：它应该是自发运动的驯服的工具。把社会主义意识灌输到工人运动中去并不是我们的事情，领导这个运动也不是我们的事情，——这只是徒劳无益的强制；我们的义务只是倾听这个运动的声息并准确地记录社会生活中所发生的事情，——我们应该做自发运动的尾巴。

　　　　斯大林：《略论党内意见分歧》，中共中央马克思恩格斯列宁斯大林著作编译局编译：《斯大林选集》（上卷），人民出版社1979年版，第27页。

164. 社会主义意识对工人运动具有极大意义

　　没有社会主义的自发工人运动就是在黑暗中摸索，即使有一天能摸索到目的地，但谁知道要到什么时候并且要受多少痛苦，所以社会主义意识对于工人运动是有极大意义的。

　　　　斯大林：《略论党内意见分歧》，中共中央马克思恩格斯列宁斯大林著作编译局编译：《斯大林选集》（上卷），人民出版社 1979 年版，第 28 页。

165. 俄国社会民主党的责任（一）

社会民主党的责任是把社会主义意识灌输到自发的工人运动中去，把工人运动和社会主义结合起来，因而赋予无产阶级斗争以社会民主主义的性质。

斯大林：《略论党内意见分歧》，中共中央马克思恩格斯列宁斯大林著作编译局编译：《斯大林选集》（上卷），人民出版社 1979 年版，第 28 页，第 33 页。

166. 俄国社会民主党的责任（二）

我们的责任，社会民主党的责任，就是使自发的工人运动离开工联主义的道路而走上社会民主主义的道路。我们的责任就是把社会主义意识灌输到这个运动中去，并把工人阶级的先进力量团结成一个集中的党。我们的任务就是始终走在运动的前头，毫不倦怠地和一切阻碍这些任务实现的人作斗争，不管他们是敌人也罢，"朋友"也罢。

斯大林：《略论党内意见分歧》，中共中央马克思恩格斯列宁斯大林著作编译局编译：《斯大林选集》（上卷），人民出版社 1979 年版，第 38 页。

167. 工人运动必须和社会主义相结合（一）

"经济派"崇拜自发的工人运动，但谁不知道自发运动就是没有社会主义的工人运动，"就是工联主义"，而工联主义是不愿看见资本主义范围以外的任何东西的。谁不知道没有社会主义的工人运动就是在资本主义圈子里踏步不前，在私有制周围徘徊，即使有一天能达到社会革命，但谁知道要在什么时候并且要受多少痛苦才能达到。工人们是在最近时期还是经过一个长时期、是经过容易的道路还是经过困难的道路才能踏上"乐土"，这些问题对于他们难道都是无所谓的吗？显然，谁赞扬自发运动并崇拜自发运动，谁就不由自主地在社会主义和工人运动之间挖掘鸿沟，谁就轻视社会主义思想体系的意义，谁就把这个思想体系逐出实际生活之外，并且不由自主地使工人受资产阶级思想体系的支配，因为他不了解"社会民主党是工人运动和社会主义的结合"，不了解"对工人运动自发性的任何崇拜，对'自觉因素'的作用即社会民主党的作用的任何轻视，完全不管轻视者愿意与否，都是加强资产阶级思想体系对工人的影响"。

斯大林:《略论党内意见分歧》，中共中央马克思恩格斯列宁斯大林著作
编译局编译:《斯大林选集》（上卷），人民出版社 1979 年版，第 30—
31 页。

168. 工人运动必须和社会主义相结合（二）

什么是没有工人运动的科学社会主义呢？——这好象是放在船上不用
的罗盘，只会生锈，结果只好把它扔到海里去。

什么是没有社会主义的工人运动呢？——这好象是一只没有罗盘的大
船，虽然也能驶到彼岸，但是有了罗盘，到达彼岸就会快得多，危险也少
得多。

把这两者结合起来就会有一只很好的大船，它会一直驶向彼岸，安然
靠近码头。

把工人运动和社会主义结合起来就会有社会民主主义运动，它会一直
向前猛进，到达"乐土"。

斯大林:《略论党内意见分歧》，中共中央马克思恩格斯列宁斯大林著作
编译局编译:《斯大林选集》（上卷），人民出版社 1979 年版，第 35—
36 页。

169. 工人运动必须和社会主义相结合（三）

总之，自发的工人运动，即没有社会主义的工人运动，必然会变得烦
琐而带有工联主义的性质，它一定会受资产阶级思想体系的支配。能否由
此得出结论说，社会主义就是一切，工人运动却是微不足道的呢？当然不
能！只有唯心主义者才这样说。经过很长时期以后，总有一天经济的发展
必然把工人阶级引向社会革命，因而将迫使它和资产阶级思想体系断绝任
何联系。问题只在于这将是一条很漫长很痛苦的道路。

斯大林:《略论党内意见分歧》，中共中央马克思恩格斯列宁斯大林著
作编译局编译:《斯大林选集》（上卷），人民出版社 1979 年版，第
37 页。

170. 工人运动必须和社会主义相结合（四）

工人运动必须和社会主义相结合，实践活动和理论思想必须融合为一，
从而赋予自发的工人运动以社会民主主义的性质，因为"社会民主党是工
人运动和社会主义的结合"。于是，和工人运动结合起来的社会主义就会由
空洞的词句变成工人手中极大的力量。于是，变成社会民主主义运动的自
发运动就会循着正确的道路迅速地走向社会主义制度。

斯大林：《略论党内意见分歧》，中共中央马克思恩格斯列宁斯大林著作编译局编译：《斯大林选集》（上卷），人民出版社1979年版，第38页。

171. 工人运动必须和社会主义相结合（五）

总之，没有工人运动的科学社会主义，永远是些随便说说的空话。

另一方面，没有社会主义的工人运动，就是一种工联主义的摸索，固然它有一天也会导致社会革命，可是要付出长期的磨难和痛苦的代价。

斯大林：《略论党内意见分歧》，中共中央马克思恩格斯列宁斯大林著作编译局编译：《斯大林选集》（上卷），人民出版社1979年版，第46页。

172. 中间阶层问题是工人革命的基本问题之一

毫无疑问，中间阶层问题是工人革命的基本问题之一。中间阶层就是农民和城市小劳动者。被压迫民族也应该算在里面，因为它们中间十分之九是中间阶层。可见，按经济地位来说，这是一些介于无产阶级和资产阶级之间的阶层。

斯大林：《十月革命和中间阶层问题》，中共中央马克思恩格斯列宁斯大林著作编译局编译：《斯大林选集》（上卷），人民出版社1979年版，第139页。

173. 被压迫者的命运痛苦不堪

工人阶级的命运痛苦不堪。劳动者备受折磨和苦难。奴隶和奴隶主，农奴和农奴主，农民和地主，工人和资本家，被压迫者和压迫者，——自古以来世界就是这样构成的，而且现在绝大多数国家都还是这样的。千百年来，劳动者数十次数百次地企图推翻压迫者，使自己成为自己生活的主宰。但是他们每一次都遭到失败，受到侮辱，不得不退却，不得不把委屈和耻辱、愤怒和绝望埋在心里，仰望茫茫的苍天，希望在那里找到救星。

斯大林：《悼列宁》，中共中央马克思恩格斯列宁斯大林著作编译局编译：《斯大林选集》（上卷），人民出版社1979年版，第170页。

174. 没有革命的理论就没有革命的运动

理论是概括起来的各国工人运动的经验。当然，离开革命实践的理论是空洞的理论，而不以革命理论为指南的实践是盲目的实践。可是，理论如果是在和革命实践密切联系中形成的，那么它就能成为工人运动的极伟大的力量；因为理论，而且只有理论，才能使运动具有信心，使它有确定方针的能力，使它能了解周围事变的内部联系；因为理论，而且只有理论，才能使实践不仅了解各阶级在目前如何行进和向哪里行进，而且了解这些阶级在最近的将来会如何行进和向哪里行进。

斯大林：《论列宁主义基础》，中共中央马克思恩格斯列宁斯大林著作编译局编译：《斯大林选集》（上卷），人民出版社 1979 年版，第 199——200 页。

175. 工人运动自发论是机会主义的理论

自发"论"是机会主义的理论，是崇拜工人运动自发性的理论，是实际上否认工人阶级的先锋队即工人阶级政党的领导作用的理论。

斯大林：《论列宁主义基础》，中共中央马克思恩格斯列宁斯大林著作编译局编译：《斯大林选集》（上卷），人民出版社 1979 年版，第 201 页。

176. 无产阶级革命发展的原因

从前，总是把无产阶级革命看做纯粹是某一个国家内部发展的结果。现在，这种观点已经不够了。现在首先应当把无产阶级革命看做帝国主义世界体系中各种矛盾发展的结果，看做世界帝国主义战线的链条在某个国家内破裂的结果。

斯大林：《论列宁主义基础》，中共中央马克思恩格斯列宁斯大林著作编译局编译：《斯大林选集》（上卷），人民出版社 1979 年版，第 205 页。

177. 十月革命的外部有利条件

在欧洲有雄伟的工人运动，在西方和东方有长期的帝国主义战争所造成的日益成熟的革命危机。这个情况对于俄国革命有不可估量的意义，因为它保证了俄国革命在反对世界帝国主义的斗争中有可靠的国外同盟者。

斯大林：《十月革命和俄国共产党人的策略》，中共中央马克思恩格斯列宁斯大林著作编译局编译：《斯大林选集》（上卷），人民出版社 1979 年版，第 276——277 页。

178. 法国两次革命失败的原因

法国 1848 年革命和 1871 年革命所以失败，主要是因为农民后备军站在资产阶级方面。

斯大林：《十月革命和俄国共产党人的策略》，中共中央马克思恩格斯列宁斯大林著作编译局编译：《斯大林选集》（上卷），人民出版社 1979 年版，第 279 页。

179. 西欧工会和无产阶级政党的发展

西欧的工会完全是在另一种情况下发展起来的。第一，它们在工人阶级政党出现以前很久就在那里产生并巩固起来了。第二，在那里，工会不是在工人阶级政党周围发展起来的，恰恰相反，工人阶级政党本身却是从工会当中分离出来的。第二，由于对工人阶级有极密切关系的经济斗争领域可以说已经被工会占领，因此党就不得不主要进行议会中的政治斗争，这就不能不影响党的工作性质和党在工人阶级心目中的重要性。正因为在那里党是在工会成立以后产生的，正因为工会在党建立以前很久就产生了，并且工会确实是无产阶级反资本斗争中的主要堡垒，——正因为如此，党就成了一支不依靠工会的独立力量，就退到了次要地位。

斯大林：《俄共（布）第十四次代表会议的总结》，中共中央马克思恩格斯列宁斯大林著作编译局编译：《斯大林选集》（上卷），人民出版社 1979 年版，第 331 页。

180. 在资本主义国家里，促成新的革命高潮的因素正在增长

关于资本主义国家的阶级变动也应当这样说。如果以为资本主义的稳定没有变化，那就可笑了。如果断言稳定日益巩固，日益牢靠，那就更可笑了。事实上，资本主义的稳定每月每日都在毁坏，都在动摇。争夺国外市场和原料的斗争的尖锐化，军备的扩充，美英之间对抗的加剧，苏联社会主义的发展，资本主义国家工人阶级的左倾，欧洲各国罢工和阶级搏斗时期的到来，殖民地（包括印度在内）革命运动的发展，——所有这些事实都毫无疑问地表明：在资本主义国家里，促成新的革命高潮的因素正在增长。

斯大林：《论联共（布）党内的右倾》，中共中央马克思恩格斯列宁斯大林著作编译局编译：《斯大林选集》（下卷），人民出版社 1979 年版，第 123—124 页。

181. 工人阶级要警觉起来作好战斗的准备

难道你否认知识分子在革命运动中的作用吗？难道法国大革命是律师的革命，而不是发动了广大人民群众反对封建制度、保卫了第三等级的利益并获取了胜利的人民革命吗？难道法国大革命领袖中间的律师们，是按

照旧制度的法律行动吗？难道他们没有建立新的资产阶级的革命法制吗？

丰富的历史经验教导我们，直到现在没有一个阶级曾经自愿让路给另一个阶级。在世界历史上是没有这种先例的。共产党人掌握了这个历史经验。共产党人是会欢迎资产阶级自愿地退出舞台的。但是经验告诉我们，这样的事情是不可思议的。因此，共产党人愿意作坏的准备，号召工人阶级警觉起来，作战斗的准备。谁需要那种麻痹自己军队的警觉性的统帅，那种不知道敌人决不会投降而应当加以击溃的统帅呢？作这样的统帅，就是欺骗和出卖工人阶级。正因为如此，所以我认为，你觉得不合时宜的东西，事实上对工人阶级来说，正是一种革命的合适方法。

> 斯大林：《和英国作家赫·乔·威尔斯的谈话》，中共中央马克思恩格斯列宁斯大林著作编译局编译：《斯大林选集》（下卷），人民出版社 1979 年版，第 362—363 页。

182. 工人阶级的物质状况

当人们谈到工人阶级的物质状况时，通常总是指在业工人，而没有估计到所谓失业工人后备军的物质状况。这样看待工人阶级物质状况的问题，是不是正确呢？我认为是不正确的。既然有失业工人后备军，而它的成员除了出卖自己的劳动力就无法生存，那么失业工人是不能不列入工人阶级之中的，但是，既然他们列入工人阶级之中，那么他们的赤贫状况，就不能不影响在业工人的物质状况。因此我认为，在说明资本主义国家工人阶级的物质状况时，也应该估计到失业工人后备军的状况。

> 斯大林：《对于和一九五一年十一月讨论会有关的经济问题的意见》，中共中央马克思恩格斯列宁斯大林著作编译局编译：《斯大林选集》（下卷），人民出版社 1979 年版，第 572 页。

（七）社会主义：从空想到科学

1. 德国解放的实际可能性

那么，德国解放的**实际**可能性到底在哪里呢？

答：就在于形成一个被戴上**彻底的锁链**的阶级，一个并非市民社会阶级的市民社会阶级，形成一个表明一切等级解体的等级，形成一个由于自己遭受普遍苦难而具有普遍性质的领域，这个领域不要求享有任何**特殊的权利**，因为威胁着这个领域的不是**特殊的不公正**，而是**普遍的不公正**，它不能再求助于**历史的**权利，而只能求助于**人的**权利，它不是同德国国家制度的后果处于片面的对立，而是同这种制度的前提处于全面的对立，最后，在于形成一个若不从其他一切社会领域解放出来从而解放其他一切社会领域就不能解放自己的领域，总之，形成这样一个领域，它表明人的**完全丧失**，并因而只有通过**人的完全回复**才能回复自己本身。社会解体的这个结果，就是**无产阶级**这个特殊等级。

德国无产阶级只是通过兴起的**工业**运动才开始形成；因为组成无产阶级的不是**自然形成的**而是**人为造成的**贫民，不是在社会的重担下机械地压出来的而是由于社会的**急剧解体**、特别是由于中间等级的解体而产生的群众，虽然不言而喻，自然形成的贫民和基督教日耳曼的农奴也正在逐渐跨入无产阶级的行列。

> 卡·马克思：《〈黑格尔法哲学批判〉导言》，中共中央马克思恩格斯列宁斯大林著作编译局编译：《马克思恩格斯文集》（第一卷），人民出版社2009年版，第16—17页。

2. 哲学是无产阶级的精神武器

哲学把无产阶级当做自己的**物质**武器，同样，无产阶级也把哲学当做自己的**精神武器**；思想的闪电一旦彻底击中这块素朴的人民园地，**德国人**就会解放成为人。

> 卡·马克思：《〈黑格尔法哲学批判〉导言》，中共中央马克思恩格斯列宁斯大林著作编译局编译：《马克思恩格斯文集》（第一卷），人民出版社2009年版，第17—18页。

3. 德国的解放是宣布人是人的最高本质这个理论为立足点的解放

德国唯一**实际**可能的解放是以宣布人是人的最高本质这个理论为立足点的解放。在德国，只有同时从对中世纪的**部分**胜利解放出来，才能从**中世纪**得到解放。在德国，不摧毁一切奴役制，**任何一种**奴役制都不可能被摧毁。**彻底的**德国不从**根本**上进行革命，就不可能完成革命。**德国人的解放就是人的解放**。这个解放的**头脑**是**哲学**，它的**心脏**是**无产阶级**。哲学不消灭无产阶级，就不能成为现实；无产阶级不把哲学变成现实，就不可能消灭自身。

一切内在条件一旦成熟，德国**的复活日**就会由**高卢雄鸡的高鸣**来宣布。

> 卡·马克思：《〈黑格尔法哲学批判〉导言》，中共中央马克思恩格斯列宁斯大林著作编译局编译：《马克思恩格斯文集》（第一卷），人民出版社

2009 年版，第 18 页。

4. 政治解放是人的解放的最后形式

政治解放当然是一大进步；尽管它不是普遍的人的解放的最后形式，但在迄今为止的世界制度内，它是人的解放的最后形式。不言而喻，我们这里指的是现实的、实际的解放。

> 卡·马克思：《论犹太人问题》，中共中央马克思恩格斯列宁斯大林著作编译局编译：《马克思恩格斯文集》（第一卷），人民出版社 2009 年版，第 32 页。

5. 18 世纪以前根本没有科学

18 世纪以前根本没有科学；对自然的认识具有自己的科学形式，只是在 18 世纪才有，某些部门或者早几年。牛顿由于发现了万有引力定律而创立了科学的天文学，由于进行了光的分解而创立了科学的光学，由于创立了二项式定理和无限理论而创立了科学的数学，由于认识了力的本性而创立了科学的力学。物理学也正是在 18 世纪获得了科学性质，化学刚刚由布莱克、拉瓦锡和普利斯特列创立起来；由于地球形状的确定和人们进行的许多次只有在今天才对科学有益的旅行，地理学被提高到科学水平；同样，博物学也被布丰和林耐提高到科学水平，甚至地质学也开始逐渐地从它所陷入的荒诞假说的旋涡中挣脱出来。百科全书思想是 18 世纪的特征；这种思想的根据是意识到以上所有这些科学都是互相联系着的，可是这种思想还不能够使各门科学彼此沟通，所以只能够把它们简单地并列起来。在历史学方面情况也完全一样；这时我们第一次看到卷帙浩繁的世界史编纂著作，它们固然还缺乏评介并且完全没有哲学上的分析，但毕竟不是从前那种受时间地点限制的历史片断，而是通史了。政治学已经以人作为基础，而国民经济学则由亚当·斯密进行了改造。18 世纪科学的最高峰是唯物主义，它是第一个自然哲学体系，是上述各门自然科学完成过程的结果。

> 弗·恩格斯：《英国状况》，中共中央马克思恩格斯列宁斯大林著作编译局编译：《马克思恩格斯文集》（第一卷），人民出版社 2009 年版，第 88 页。

6. 欧文的社会主义是空想的

英国社会主义的创始人是欧文，他是一个工厂主，所以，他的社会主义虽然在实质上超越资产阶级和无产阶级的对立，但在形式上仍然以很宽容的态度对待资产阶级，以很不公平的态度对待无产阶级。社会主义者十分温顺随和；不管现存的各种关系如何坏，他们还是承认这些关系有合理性，因为他们除了争取公众信任外，对改变现存关系的其他一切途径是一概否定的。同时他们的原则又是如此抽象，如果他们的原则保持现在的形式，他们是永远也不能争得公众信任的。此外，社会主义者还经常抱怨下层阶级颓废堕落，他们看不见社会制度的这种瓦解中含有进步成分，看不见唯利是图的伪善的有产阶级更严重的道德堕落。他们不承认历史的发展，所以他们打算一下子就把国家置于共产主义的境界，而不是进一步开展政治斗争以达到国家自行消亡的目的。

> 弗·恩格斯：《英国工人阶级状况》，中共中央马克思恩格斯列宁斯大林著作编译局编译：《马克思恩格斯文集》（第一卷），人民出版社 2009 年版，第 471—472 页。

7. 一切为了金钱是资产阶级的本性

我从来没有看到过一个阶级像英国资产阶级那样堕落，那样自私自利到不可救药的地步，那样内部腐败，那样无力再前进一步。在这里我指的首先是本来意义上的资产阶级，特别是反对谷物法的自由资产阶级。在资产阶级看来，世界上没有一样东西不是为了金钱而存在的，连他们本身也不例外，因为他们活着就是为了赚钱，除了快快发财，他们不知道还有别的幸福，除了金钱的损失，不知道有别的痛苦。

> 弗·恩格斯：《英国工人阶级状况》，中共中央马克思恩格斯列宁斯大林著作编译局编译：《马克思恩格斯文集》（第一卷），人民出版社 2009 年版，第 476 页。

8. 资产积极的马尔萨斯的人口论

而资产阶级对无产阶级的最公开的宣战是**马尔萨斯的人口论**和由此产生的**新济贫法**。关于马尔萨斯的理论我们已经谈过好几次。现在我们来简略地重述一下这一理论的主要结论：地球上永远有过剩人口，所以永远充满着匮乏、贫困、穷苦和不道德；世界上的人数过多，从而分为不同的阶级，这是人类的宿命，是人类的永恒的命运，这些阶级中有的比较富裕、受过教育、有道德，而另一些阶级则比较穷苦、贫困、愚昧和不道德。由此就得出下面这个实践上的结论（而且这个结论是马尔萨斯本人得出的）：慈善事业和济贫金实际上是毫无意义的，因为它们只会维持过剩人口的存在，并鼓励他们繁殖，而其余的人的工资由于他们的竞争而降低。济贫机构给穷人工作同样是毫无意义的，因为既然只有一定数量的劳动产品能够得到消费，一个失业的工人找到了工作，就必然要使另一个现在有工作的工人失业，所以济贫机构经营的事业是在损害私人产业的基础上进行的。因此，问题不在于去养活过剩人口，而在于采用某种办法尽可能限制过剩人口。马尔萨斯干脆宣布，以往公认的每个生在世界上的人都有权获得生活资料的说法是完全荒谬的。

弗·恩格斯：《英国工人阶级状况》，中共中央马克思恩格斯列宁斯大林著作编译局编译：《马克思恩格斯文集》（第一卷），人民出版社 2009 年版，第 484—485 页。

9. 共产主义是全人类的事业

无产阶级所接受的社会主义思想和共产主义思想越多，革命中的流血、报复和残酷性就越少。在原则上，共产主义是超越资产阶级和无产阶级之间的敌对的；共产主义只承认这种敌对在目前的历史意义，而不承认它在将来还有存在的必要；共产主义正是要消除这种敌对。所以，只要这种敌对还存在，共产主义就认为，无产阶级对他们的压迫者的愤怒是必然的，是**正在开始**的工人运动的最重要的杠杆；但是共产主义比这种愤怒更进了一步，因为它不仅仅是工人的事业，而且是全人类的事业。没有一个共产主义者想到要向个别人复仇，或者认为某个资产者在现存的关系中能够有不同于现在的行动。

弗·恩格斯：《英国工人阶级状况》，中共中央马克思恩格斯列宁斯大林著作编译局编译：《马克思恩格斯文集》（第一卷），人民出版社 2009 年版，第 497 页。

10. 一切唯物主义不了解"革命的"、"实践批判的"活动的意义

从前的一切唯物主义（包括费尔巴哈的唯物主义）的主要缺点是：对对象、现实、感性，只是从**客体**的或者**直观**的形式去理解，而不是把它们当做**感性的人的活动**，当做**实践**去理解，不是从主体方面去理解。因此，和唯物主义相反，唯心主义却把**能动的**方面抽象地发展了，当然，唯心主义是不知道现实的、感性的活动本身的。费尔巴哈想要研究跟思想客体确实不同的感性客体，但是他没有把人的活动本身理解为**对象性的**〔gegen-staendliche〕活动。因此，他在《基督教的本质》中仅仅把理论的活动看

做是真正人的活动，而对于实践则只是从它的卑污的犹太人的表现形式去理解和确定。因此，他不了解"革命的"、"实践批判的"活动的意义。

> 卡·马克思：《关于费尔巴哈的提纲》，中共中央马克思恩格斯列宁斯大林著作编译局编译：《马克思恩格斯文集》（第一卷），人民出版社2009年版，第499页。

11. 人的思维是否具有客观的真理性是个实践问题

人的思维是否具有客观的［gegenstaendliche］真理性，这不是一个理论的问题，而是一个**实践**的问题。人应该在实践中证明自己思维的真理性，即自己思维的现实性和力量，自己思维的此岸性。关于思维——离开实践的思维——的现实性或非现实性的争论，是一个纯粹经院哲学的问题。

> 卡·马克思：《关于费尔巴哈的提纲》，中共中央马克思恩格斯列宁斯大林著作编译局编译：《马克思恩格斯文集》（第一卷），人民出版社2009年版，第500页。

12. 新唯物主义的立脚点则是人类社会或社会的人类

旧唯物主义的立脚点是市民社会，新唯物主义的立脚点则是人类社会或社会的人类。

> 卡·马克思：《关于费尔巴哈的提纲》，中共中央马克思恩格斯列宁斯大林著作编译局编译：《马克思恩格斯文集》（第一卷），人民出版社2009年版，第502页。

13. 哲学家们只是用不同的方式解释世界

哲学家们只是用不同的方式**解释**世界，问题在于**改变**世界。

> 卡·马克思：《关于费尔巴哈的提纲》，中共中央马克思恩格斯列宁斯大林著作编译局编译：《马克思恩格斯文集》（第一卷），人民出版社2009年版，第502页。

14. 一切人类生存的第一个前提是能够生活

我们谈的是一些没有任何前提的德国人，因此我们首先应当确定一切人类生存的第一个前提，也就是一切历史的第一个前提，这个前提是：人们为了能够"创造历史"，必须能够生活。但是为了生活，首先就需要吃喝住穿以及其他一些东西。因此第一个历史活动就是生产满足这些需要的资料，即生产物质生活本身，而且，这是人们从几千年前直到今天单是为了维持生活就必须每日每时从事的历史活动，是一切历史的基本条件。

> 卡·马克思、弗·恩格斯：《德意志的意识形态》，中共中央马克思恩格

斯列宁斯大林著作编译局编译：《马克思恩格斯文集》（第一卷），人民出
版社 2009 年版，第 531 页。

15. 统治阶级的思想在每一时代都是占统治地位的思想

统治阶级的思想在每一时代都是占统治地位的思想。这就是说，一个
阶级是社会上占统治地位的**物质**力量，同时也是社会上占统治地位的**精神**
力量。支配着物质生产资料的阶级，同时也支配着精神生产资料，因此，
那些没有精神生产资料的人的思想，一般地是隶属于这个阶级的。占统治
地位的思想不过是占统治地位的物质关系在观念上的表现，不过是以思想
的形式表现出来的占统治地位的物质关系；因而，这就是那些使某一个阶
级成为统治阶级的关系在观念上的表现，因而这也就是这个阶级的统治的
思想。

卡·马克思、弗·恩格斯：《德意志的意识形态》，中共中央马克思恩格
斯列宁斯大林著作编译局编译：《马克思恩格斯文集》（第一卷），人民出
版社 2009 年版，第 550—551 页。

16. 共产主义和所有过去的运动不同的地方

共产主义和所有过去的运动不同的地方在于：它推翻一切旧的生产关
系和交往关系的基础，并且第一次自觉地把一切自发形成的前提看做是前
人的创造，消除这些前提的自发性，使这些前提受联合起来的个人的支配。
因此，建立共产主义实质上具有经济的性质，这就是为这种联合创造各种
物质条件，把现存的条件变成联合的条件。共产主义所造成的存在状况，
正是这样一种现实基础，它使一切不依赖于个人而存在的状况不可能发生，
因为这种存在状况只不过是各个人之间迄今为止的交往的产物。这样，共
产主义者实际上把迄今为止的生产和交往所产生的条件看做无机的条件。
然而他们并不以为过去世世代代的意向和使命就是给他们提供资料，也不
认为这些条件对于创造它们的个人来说是无机的。有个性的个人与偶然的
个人之间的差别，不是概念上的差别，而是历史事实。……这种差别不是
我们为每个时代划定的，而是每个时代本身在既存的各种不同的因素之间
划定的，而且不是根据概念而是在物质生活冲突的影响下划定的。

卡·马克思、弗·恩格斯：《德意志的意识形态》，中共中央马克思恩格
斯列宁斯大林著作编译局编译：《马克思恩格斯文集》（第一卷），人民出
版社 2009 年版，第 574 页。

17. 资产阶级和无产阶级的利益是互相对抗和冲突的

资产阶级从一开始就有一个本身是封建时期无产阶级残存物的无产阶级相伴随。资产阶级在其历史发展过程中不可避免地要发展它的对抗性质，起初这种性质或多或少是掩饰起来的，仅仅处于隐蔽状态。随着资产阶级的发展，在它的内部发展着一个新的无产阶级，即现代无产阶级。无产阶级同资产阶级之间展开了斗争，这个斗争在双方尚未感觉到，尚未予以注意、重视、理解、承认并公开宣告以前，最初仅表现为局部的暂时的冲突，表现为一些破坏行为。另一方面，如果说现代资产阶级的全体成员由于组成一个与另一个阶级相对立的阶级而有共同的利益，那么，一旦那些成员之间出现对立，他们的利益就会互相对抗和冲突。

> 卡·马克思：《哲学的贫困》，中共中央马克思恩格斯列宁斯大林著作编译局编译：《马克思恩格斯文集》（第一卷），人民出版社 2009 年版，第 614 页。

18. 历史运动的科学是革命的科学

正如**经济学家**是资产阶级的学术代表一样，**社会主义者和共产主义者**是无产者阶级的理论家。在无产阶级尚未发展到足以确立为一个阶级，因而无产阶级同资产阶级的斗争尚未带政治性以前，在生产力在资产阶级本身的怀抱里尚未发展到足以使人看到解放无产阶级和建立新社会必备的物质条件以前，这些理论家不过是一些空想主义者，他们为了满足被压迫阶级的需要，想出各种各样的体系并且力求探寻一种革新的科学。但是随着历史的演进以及无产阶级斗争的日益明显，他们就不再需要在自己头脑里找寻科学了；他们只要注意眼前发生的事情，并且把这些事情表达出来就行了。当他们还在探寻科学和只是创立体系的时候，当他们的斗争才开始的时候，他们认为贫困不过是贫困，他们看不出它能够推翻旧社会的革命的破坏的一面。但是一旦看到这一面，这个由历史运动产生并且充分自觉地参与历史运动的科学就不再是空论，而是革命的科学了。

> 卡·马克思：《哲学的贫困》，中共中央马克思恩格斯列宁斯大林著作编译局编译：《马克思恩格斯文集》（第一卷），人民出版社 2009 年版，第 616 页。

19. 劳动阶级解放的条件就是要消灭一切阶级

被压迫阶级的存在就是每一个以阶级对抗为基础的社会的必要条件。

因此，被压迫阶级的解放必然意味着新社会的建立。要使被压迫阶级能够解放自己，就必须使既得的生产力和现存的社会关系不再能够继续并存。在一切生产工具中，最强大的一种生产力是革命阶级本身。革命因素之组成为阶级，是以旧社会的怀抱中所能产生的全部生产力的存在为前提的。

这是不是说，旧社会崩溃以后就会出现一个表现为新政权的新的阶级统治呢？不是。

劳动阶级解放的条件就是要消灭一切阶级；正如第三等级即市民等级解放的条件就是消灭一切等级一样。

劳动阶级在发展进程中将创造一个消除阶级和阶级对抗的联合体来代替旧的市民社会；从此再不会有原来意义的政权了。因为政权正是市民社会内部阶级对抗的正式表现。

> 卡·马克思：《哲学的贫困》，中共中央马克思恩格斯列宁斯大林著作编译局编译：《马克思恩格斯文集》（第一卷），人民出版社 2009 年版，第655 页。

20. 无产阶级和资产阶级之间的斗争的最高表现就是全面革命

在这以前，无产阶级和资产阶级之间的对抗仍然是阶级反对阶级的斗争，这个斗争的最高表现就是全面革命。可见，建筑在阶级**对立**上面的社会最终将导致剧烈的**矛盾**、人们的肉搏，这用得着奇怪吗？

不能说社会运动排斥政治运动。从来没有哪一种政治运动不同时又是社会运动的。

只有在没有阶级和阶级对抗的情况下，**社会进化**将不再是**政治革命**。而在这以前，在每一次社会全盘改造的前夜，社会科学的结论总是：

"不是战斗，就是死亡；不是血战，就是毁灭。问题的提法必然如此。"（乔治·桑）

> 卡·马克思：《哲学的贫困》，中共中央马克思恩格斯列宁斯大林著作编译局编译：《马克思恩格斯文集》（第一卷），人民出版社 2009 年版，第655 页。

21. 共产主义不是教义，而是运动

共产主义不是教义，而是**运动**。它不是从原则出发，而是从**事实**出发。共产主义者不是把某种哲学作为前提，而是把迄今为止的全部历史，特别是这一历史目前在文明各国造成的实际结果作为前提。共产主义的产生是

由于大工业以及由大工业带来的后果，是由于世界市场的形成，是由于随之而来的不可遏止的竞争，是由于目前已经完全成为世界市场危机的那种日趋严重和日益普遍的商业危机，是由于无产阶级的形成和资本的积聚，是由于由此产生的无产阶级和资产阶级之间的阶级斗争。共产主义作为理论，是无产阶级立场在这种斗争中的理论表现，是无产阶级解放的条件的理论概括。

> 卡·马克思：《哲学的贫困》，中共中央马克思恩格斯列宁斯大林著作编
> 译局编译：《马克思恩格斯文集》（第一卷），人民出版社 2009 年版，第
> 672 页。

22. 私有财产一定要被废除

其实恰恰相反。因为大工业和机器设备、交通工具、世界贸易发展的巨大规模使这一切越来越不可能为个别资本家所利用，因为日益加剧的世界市场危机在这方面提供了最有力的证明，因为现代生产**方式**和交换**方式**下的生产**力**和交换**手段**日益超出了个人交换和私有财产的范围，总之，因为工业、农业、交换的共同管理将成为工业、农业和交换本身的物质必然性的日子日益逼近，所以，私有财产一定要被废除。

> 卡·马克思：《哲学的贫困》，中共中央马克思恩格斯列宁斯大林著作编
> 译局编译：《马克思恩格斯文集》（第一卷），人民出版社 2009 年版，第
> 672 页。

23. 共产主义是关于无产阶级解放的条件的学说

第一个问题：什么是共产主义？

答：共产主义是关于无产阶级解放的条件的学说。

第二个问题：什么是无产阶级？

答：无产阶级是完全靠出卖自己的劳动而不是靠某一种资本的利润来获得生活资料的社会阶级。这一阶级的祸福、存亡和整个生存，都取决于对劳动的需求，即取决于工商业繁荣期和萧条期的更替，取决于没有节制的竞争的波动。一句话，无产阶级或无产者阶级是 19 世纪的劳动阶级。

第三个问题：是不是说，无产者不是一向就有的？

答：是的，不是一向就有的。穷人和劳动阶级一向就有；并且劳动阶级通常都是贫穷的。但是，生活在上述条件下的这种穷人、这种工人，即无产者，并不是一向就有的，正如竞争并不一向是自由的和没有节制的

一样。

第四个问题；无产阶级是怎样产生的？

答：无产阶级是由于工业革命而产生的，这一革命在上个世纪下半叶发生于英国，后来，相继发生于世界各文明国家。工业革命是由蒸汽机、各种纺纱机、机械织布机和一系列其他机械装备的发明而引起的。这些价钱很贵，因而只有大资本家才买得起的机器，改变了以前的整个生产方式，挤掉了原来的工人。这是因为机器生产的商品要比工人用不完善的纺车和织布机生产的又便宜又好。这样一来，这些机器就使工业全部落到大资本家手里，并且使工人仅有的一点薄产（工具、织布机等）变得一钱不值，于是资本家很快就占有了一切，而工人却一无所有了。……于是，从前的中间等级，特别是小手工业师傅日益破产，工人原来的状况发生了根本的变化，产生了两个逐渐并吞所有其他阶级的新阶级。这两个阶级就是：

一、大资本家阶级，他们在所有文明国家里现在已经几乎独占了一切生活资料和生产这些生活资料所必需的原料和工具（机器、工厂）。这就是资产者阶级或资产阶级。

二、完全没有财产的阶级，他们为了换得维持生存所必需的生活资料，不得不把自己的劳动出卖给资产者。这个阶级叫做无产者阶级或无产阶级。

弗·恩格斯：《共产主义原理》，中共中央马克思恩格斯列宁斯大林著作编译局编译：《马克思恩格斯文集》（第一卷），人民出版社2009年版，第676—678页。

24. 劳动和其他任何商品一样也是一种商品

第五个问题：无产者是在怎样的条件下把劳动出卖给资产者的？

答：劳动和其他任何商品一样，也是一种商品，因此，劳动的价格和其他任何商品的价格一样，也是由同样的规律决定的。正像我们在下面将看到的，在大工业或自由竞争的统治下，情形都一样，商品的价格平均总是和这种商品的生产费用相等的。因此，劳动的价格也是和劳动的生产费用相等的。而劳动的生产费用正好是使工人能够维持他们的劳动能力并使工人阶级不致灭绝所必需的生活资料的数量。工人的劳动所得不会比为了这一目的所必需的更多。因此，劳动的价格或工资将是维持生存所必需的最低额。

弗·恩格斯：《共产主义原理》，中共中央马克思恩格斯列宁斯大林著作编译局编译：《马克思恩格斯文集》（第一卷），人民出版社2009年版，第678页。

25. 在工业革命前的劳动阶级

第六个问题：在工业革命前，有过什么样的劳动阶级？

答：在不同的社会发展阶段上，劳动阶级的生活条件各不相同，劳动阶级在同有产阶级和统治阶级的关系中所处的地位也各不相同。在古代，劳动者是主人的**奴隶**。直到今天在许多落后国家甚至美国南部他们还是这种奴隶。在中世纪，劳动者是土地贵族的**农奴**，直到今天在匈牙利、波兰和俄国他们还是这种农奴。此外，在中世纪，直到工业革命前，城市里还有在小资产阶级师傅那里做工的手工业帮工，随着工场手工业的发展，也渐渐出现了受较大的资本家雇用的工场手工业工人。

弗·恩格斯：《共产主义原理》，中共中央马克思恩格斯列宁斯大林著作编译局编译：《马克思恩格斯文集》（第一卷），人民出版社2009年版，第678页。

26. 无产者和奴隶的区别

第七个问题：无产者和奴隶有什么区别？

答：奴隶一次就被完全卖掉了。无产者必须一天一天、一小时一小时地出卖自己。单个的奴隶是**某一个**主人的财产，由于他与主人利害攸关，他的生活不管怎样坏，总还是有保障的。单个的无产者可以说是整个资产者**阶级**的财产，他的劳动只有在有人需要的时候才能卖掉，因而他的生活是没有保障的。只有对整个无产者**阶级**来说，这种生活才是有保障的。奴隶处在竞争之外，无产者处在竞争之中，并且亲身感受到竞争的一切波动。奴隶被看做物，不被看做市民社会的成员。无产者被承认是人，是市民社会的成员。因此奴隶能够比无产者生活得好些，但无产者属于更高的社会发展阶段，他们本身处于比奴隶更高的阶段。在所有的私有制关系中，只要废除奴隶制关系，奴隶就能解放自己，并由此而成为无产者，无产者只有废除一切私有制才能解放自己。

弗·恩格斯：《共产主义原理》，中共中央马克思恩格斯列宁斯大林著作编译局编译：《马克思恩格斯文集》（第一卷），人民出版社2009年版，第678—679页。

27. 无产者和农奴的区别

第八个问题：无产者和农奴有什么区别？

答：农奴占有并使用一种生产工具，一块土地，为此他要交出自己的一部分收益或者服一定的劳役。无产者用别人的生产工具为这个别人做工，从而得到一部分收益。农奴是交出东西，无产者是得到报酬。农奴生活有保障，无产者生活无保障。农奴处在竞争之外，无产者处在竞争之中。农奴可以通过各种道路获得解放：或者是逃到城市里去做手工业者；或者是交钱给地主代替劳役和产品，从而成为自由的佃农；或者是把他们的封建主赶走，自己变成财产所有者。总之，农奴可以通过不同的办法加入有产阶级的队伍并进入竞争领域而获得解放。无产者只有通过消灭竞争、私有制和一切阶级差别才能获得解放。

弗·恩格斯：《共产主义原理》，中共中央马克思恩格斯列宁斯大林著作编译局编译：《马克思恩格斯文集》（第一卷），人民出版社 2009 年版，第 679 页。

28. 工业革命和社会划分产生了资产者与无产者

第十一个问题：工业革命和社会划分为资产者与无产者首先产生了什么结果？

答：**第一**，由于在世界各国机器劳动不断降低工业品的价格，旧的工场手工业制度或以手工劳动为基础的工业制度完全被摧毁。……

第二，凡是大工业代替了工场手工业的地方，工业革命都使资产阶级及其财富和势力最大限度地发展起来，使它成为国内的第一阶级。……

第三，工业革命到处都使无产阶级和资产阶级以同样的速度发展起来。……

弗·恩格斯：《共产主义原理》，中共中央马克思恩格斯列宁斯大林著作编译局编译：《马克思恩格斯文集》（第一卷），人民出版社 2009 年版，第 680—681 页。

29. 工业革命产生了定期重复的商业危机

第十二个问题：工业革命进一步产生了什么结果？

答：大工业创造了像蒸汽机和其他机器那样的手段，使工业生产在短时间内用不多的费用便能无限地增加起来。由于生产变得这样容易，这种大工业必然产生的自由竞争很快就达到十分剧烈的程度。大批资本家投身于工业，生产很快就超过了消费。结果，生产出来的商品卖不出去，所谓商业危机就到来了。工厂只好关门，厂主破产，工人挨饿。到处出现了极度贫困的现象。过了一段时间，过剩的产品卖光了，工厂重新开工，工资提高，生意也渐渐地比以往兴旺起来。但这是不会长久的，因为很快又会生产出过多的商品，新的危机又会到来，这种新危机的过程和前次危机完全相同。因此，从本世纪初以来，工业经常在繁荣时期和危机时期之间波动。这样的危机几乎定期地每五年到七年发生一次，每一次都给工人带来极度的贫困，激起普遍的革命热情，给整个现存制度造成极大的危险。

> 弗·恩格斯：《共产主义原理》，中共中央马克思恩格斯列宁斯大林著作编译局编译：《马克思恩格斯文集》（第一卷），人民出版社 2009 年版，第 682 页。

30. 新型的社会制度

第十四个问题：这种新的社会制度应当是怎样的？

答：这种新的社会制度首先必须剥夺相互竞争的个人对工业和一切生产部门的经营权，而代之以所有这些生产部门由整个社会来经营，就是说，为了共同的利益、按照共同的计划、在社会全体成员的参加下来经营。这样，这种新的社会制度将消灭竞争，而代之以联合。因为个人经营工业的必然结果是私有制，竞争不过是单个私有者经营工业的一种方式，所以私有制同工业的个体经营和竞争是分不开的。因此私有制也必须废除，而代之以共同使用全部生产工具和按照共同的协议来分配全部产品，即所谓财产公有。废除私有制甚至是工业发展必然引起的改造整个社会制度的最简明扼要的概括。所以共产主义者完全正确地强调废除私有制是自己的主要要求。

> 弗·恩格斯：《共产主义原理》，中共中央马克思恩格斯列宁斯大林著作编译局编译：《马克思恩格斯文集》（第一卷），人民出版社 2009 年版，第 683 页。

31. 不能一下子废除私有制

第十七个问题：能不能一下子就把私有制废除？

答：不，不能，正像不能**一下子**就把现有的生产力扩大到为实行财产公有所必要的程度一样。因此，很可能就要来临的无产阶级革命，只能逐步改造现今社会，只有创造了所必需的大量生产资料之后，才能废除私有制。

> 弗·恩格斯：《共产主义原理》，中共中央马克思恩格斯列宁斯大林著作编译局编译：《马克思恩格斯文集》（第一卷），人民出版社 2009 年版，

第 685 页。

32. 社会主义革命的过程

第十八个问题：这个革命的发展过程将是怎样的？

答：首先无产阶级革命将建立**民主的国家制度**，从而直接或间接地建立无产阶级的政治统治。在英国可以直接建立，因为那里的无产者现在已占人民的大多数。在法国和德国可以间接建立，因为这两个国家的大多数人民不仅是无产者，而且还有小农和小资产者，小农和小资产者正处在转变为无产阶级的过渡阶段，他们的一切政治利益的实现都越来越依赖无产阶级，因而他们很快就会同意无产阶级的要求。这也许还需要第二次斗争，但是，这次斗争只能以无产阶级的胜利而告终。

弗·恩格斯：《共产主义原理》，中共中央马克思恩格斯列宁斯大林著作
编译局编译：《马克思恩格斯文集》（第一卷），人民出版社 2009 年版，
第 685 页。

33. 共产主义革命不能单独在一个国家发生

第十九个问题：这种革命能不能单独在一个国家发生？

答：不能。单是大工业建立了世界市场这一点，就把全球各国人民，尤其是各文明国家的人民，彼此紧紧地联系起来，以致每一国家的人民都受到另一国家发生的事情的影响。此外，大工业使所有文明国家的社会发展大致相同，以致在所有这些国家，资产阶级和无产阶级都成了社会上两个起决定作用的阶级，它们之间的斗争成了当前的主要斗争。因此，共产主义革命将不是仅仅一个国家的革命，而是将在一切文明国家里，至少在英国、美国、法国、德国同时发生的革命，在这些国家的每一个国家中，共产主义革命发展得较快或较慢，要看这个国家是否有较发达的工业，较多的财富和比较大量的生产力。因此，在德国实现共产主义革命最慢最困难，在英国最快最容易。共产主义革命也会大大影响世界上其他国家，会完全改变并大大加速它们原来的发展进程。它是世界性的革命，所以将有世界性的活动场所。

弗·恩格斯：《共产主义原理》，中共中央马克思恩格斯列宁斯大林著作
编译局编译：《马克思恩格斯文集》（第一卷），人民出版社 2009 年版，
第 687 页。

34. 最终废除私有制的结果

第二十个问题：最终废除私有制将产生什么结果？

答：由于社会将剥夺私人资本家对一切生产力和交换手段的支配权以及他们对产品的交换和分配权，由于社会将按照根据实有资源和整个社会需要而制定的计划来管理这一切，所以同现在的大工业经营方式相联系的一切有害的后果，将首先被消除。危机将终止。

> 弗·恩格斯：《共产主义原理》，中共中央马克思恩格斯列宁斯大林著作编译局编译：《马克思恩格斯文集》（第一卷），人民出版社 2009 年版，第 687 页。

35. 共产主义社会制度对家庭的影响

第二十一个问题：共产主义社会制度对家庭将产生什么影响？

答：共产主义社会制度将使两性关系成为仅仅和当事人有关而社会无须干预的纯粹私人关系。共产主义社会制度之所以能实现这一点，是由于这种社会制度将废除私有制并将由社会教育儿童，从而将消灭迄今为止的婚姻的两种基础，即私有制所产生的妻子依赖丈夫、孩子依赖父母。这也是对道貌岸然的市侩关于共产主义公妻制的号叫的回答。公妻制完全是资产阶级社会的现象，现在的卖淫就是公妻制的充分表现。卖淫是以私有制为基础的，它将随着私有制的消失而消失。因此，共产主义组织并不实行公妻制，正好相反，它要消灭公妻制。

> 弗·恩格斯：《共产主义原理》，中共中央马克思恩格斯列宁斯大林著作编译局编译：《马克思恩格斯文集》（第一卷），人民出版社 2009 年版，第 689—690 页。

36. 土地公有制能成为共产主义发展的起点

《共产主义宣言》的任务，是宣告现代资产阶级所有制必然灭亡。但是在俄国，我们看见，除了迅速盛行起来的资本主义狂热和刚开始发展的资产阶级土地所有制外，大半土地仍归农民公共占有。那么试问；俄国公社，这一固然已经大遭破坏的原始土地公共占有形式，是能够直接过渡到高级的共产主义的公共占有形式呢？或者相反，它还必须先经历西方的历史发展所经历的那个瓦解过程呢？

对于这个问题，目前唯一可能的答复是：假如俄国革命将成为西方无产阶级革命的信号而双方互相补充的话，那么现今的俄国土地公有制便能成为共产主义发展的起点。

> 卡·马克思、弗·恩格斯：《共产党宣言》1882 年俄文版序言，中共中央马克思恩格斯列宁斯大林著作编译局编译：《马克思恩格斯文集》（第二

卷），人民出版社 2009 年版，第 8 页。

37. 经济生产和社会结构是时代政治、精神和历史的基础

贯穿《宣言》的基本思想：每一历史时代的经济生产以及必然由此产生的社会结构，是该时代政治的和精神的历史的基础；因此（从原始土地公有制解体以来）全部历史都是阶级斗争的历史，即社会发展各个阶段上被剥削阶级和剥削阶级之间、被统治阶级和统治阶级之间斗争的历史，而这个斗争现在已经达到这样一个阶段，即被剥削被压迫的阶级（无产阶级），如果不同时使整个社会永远摆脱剥削、压迫和阶级斗争，就不再能使自己从剥削它压迫它的那个阶级（资产阶级）下解放出来。

卡·马克思、弗·恩格斯：《共产党宣言》1883 年德文版序言，中共中央马克思恩格斯列宁斯大林著作编译局编译：《马克思恩格斯文集》（第二卷），人民出版社 2009 年版，第 9 页。

38. 社会主义和空想主义体系

在 1847 年，所谓社会主义者，一方面是指各种空想主义体系的信徒，即英国的欧文派和法国的傅立叶派，这两个流派都已经降到纯粹宗派的地位，并在逐渐走向灭亡；另一方面是指形形色色的社会庸医，他们凭着各种各样的补缀办法，自称要消除一切社会弊病而毫不危及资本和利润。这两种人都是站在工人阶级运动以外，宁愿向"有教养的"阶级寻求支持。只有工人阶级中确信单纯政治变革还不够而公开表明必须根本改造全部社会的那一部分人，只有他们当时把自己叫做共产主义者。这是一种粗糙的、尚欠修琢的、纯粹出于本能的共产主义，但它却接触到了最主要之点，并且在工人阶级当中已经强大到足以形成空想共产主义，在法国有卡贝的共产主义，在德国有魏特林的共产主义。可见，在 1847 年，社会主义是资产阶级的运动，而共产主义则是工人阶级的运动。当时，社会主义，至少在大陆上，是"上流社会的"，而共产主义却恰恰相反。

卡·马克思、弗·恩格斯：《共产党宣言》1888 年英文版序言，中共中央马克思恩格斯列宁斯大林著作编译局编译：《马克思恩格斯文集》（第二卷），人民出版社 2009 年版，第 13—14 页。

39. 空想社会主义是在无产阶级和资产阶级之间的斗争还不发展的最初时期出现的

本来意义的社会主义和共产主义的体系，圣西门、傅立叶、欧文等人

的体系，是在无产阶级和资产阶级之间的斗争还不发展的最初时期出现的。……

但是，这些社会主义和共产主义的著作也含有批判的成分。这些著作抨击现存社会的全部基础。因此，它们提供了启发工人觉悟的极为宝贵的材料。它们关于未来社会的积极的主张，例如消灭城乡对立、消灭家庭、消灭私人营利、消灭雇佣劳动、提倡社会和谐、把国家变成纯粹的生产管理机构——所有这些主张都只是表明要消灭阶级对立，而这种阶级对立在当时刚刚开始发展，它们所知道的只是这种对立的早期的、不明显的、不确定的形式。因此，这些主张本身还带有纯粹空想的性质。

> 卡·马克思、弗·恩格斯：《共产党宣言》，中共中央马克思恩格斯列宁斯大林著作编译局编译：《马克思恩格斯文集》（第二卷），人民出版社2009年版，第62—64页。

40. 空论的社会主义实质上只是把现代社会理想化，描绘出一幅没有阴暗面的现代社会的图画

这种乌托邦，这种空论的社会主义，想使全部运动都服从于运动的一个阶段，用个别学究的头脑活动来代替共同的社会生产，而主要是幻想借助小小的花招和巨大的感伤情怀来消除阶级的革命斗争及其必要性；这种空论的社会主义实质上只是把现代社会理想化，描绘出一幅没有阴暗面的现代社会的图画，并且不顾这个社会的现实而力求实现自己的理想。

> 卡·马克思：《1848年至1850年的法兰西阶级斗争》，中共中央马克思恩格斯列宁斯大林著作编译局编译：《马克思恩格斯文集》（第二卷），人民出版社2009年版，第166页。

41. 社会主义自从成为科学以来，就要求人们把它当做科学来对待

特别是领袖们有责任越来越透彻地理解种种理论问题，越来越彻底地摆脱那些属于旧世界观的传统言辞的影响，并且时刻注意到：社会主义自从成为科学以来，就要求人们把它当做科学来对待，就是说，要求人们去研究它。必须以高度的热情把由此获得的日益明确的意识传播到工人群众中去，必须不断增强党组织和工会组织的团结。

> 弗·恩格斯：《德国农民战争，1870年第二版序言》，中共中央马克思恩格斯列宁斯大林著作编译局编译：《马克思恩格斯文集》（第二卷），人民出版社2009年版，第219页。

42. 资本主义生产这一社会形式是使社会生产力发展到很高水平所必需的

正像马克思尖锐地着重指出资本主义生产的各个坏的方面一样，同时他也明白地证明这一社会形式是使社会生产力发展到很高水平所必需的：在这个水平上，社会全体成员的平等的、合乎人的尊严的发展，才有可能。要达到这一点，以前的一切社会形式都太薄弱了。资本主义的生产才第一次创造出为达到这一点所必需的财富和生产力，但是它同时又创造出一个社会阶级，那就是被压迫的工人大众。他们越来越被迫起来要求利用这种财富和生产力来为全社会服务，以代替现在为一个垄断者阶级服务的状况。

> 弗·恩格斯：《卡·马克思〈资本论〉第一卷书评》，中共中央马克思恩格斯列宁斯大林著作编译局编译：《马克思恩格斯文集》（第三卷），人民出版社 2009 年版，第 87 页。

43. 工人阶级不能简单地掌握现成的国家机器

工人阶级不能简单地掌握现成的国家机器，并运用它来达到自己的目的。

> 卡·马克思：《法兰西内战》，中共中央马克思恩格斯列宁斯大林著作编译局编译：《马克思恩格斯文集》（第三卷），人民出版社 2009 年版，第 151 页。

44. 国家—阶级专制的机器

现代工业的进步促使资本和劳动之间的阶级对立更为发展、扩大和深化。与此同步，国家政权在性质上也越来越变成了资本借以压迫劳动的全国政权，变成了为进行社会奴役而组织起来的社会力量，变成了阶级专制的机器。

> 卡·马克思：《法兰西内战》，中共中央马克思恩格斯列宁斯大林著作编译局编译：《马克思恩格斯文集》（第三卷），人民出版社 2009 年版，第 152 页。

45. 打碎旧的国家机器

无产者对全社会负有消灭一切阶级和阶级统治的新的社会使命，只有在这一使命激励下的无产者才能够把国家这个阶级统治的工具，也就是把集权化的、组织起来的、窃据社会主人地位而不是为社会做公仆的政府权力打碎。

> 卡·马克思：《法兰西内战》，中共中央马克思恩格斯列宁斯大林著作编

译局编译:《马克思恩格斯文集》(第三卷),人民出版社 2009 年版,第 194 页。

46. 土地国有化的意义

土地国有化将彻底改变劳动和资本的关系,并最终消灭工业和农业中的资本主义生产方式。只有到那时,阶级差别和各种特权才会随着它们赖以存在的经济基础一同消失。靠他人的劳动而生活将成为往事。与社会相对立的政府或国家政权将不复存在!农业、矿业、工业,总之,一切生产部门将用最合理的方式逐渐组织起来。生产资料的全国性的集中将成为由自由平等的生产者的各联合体所构成的社会的全国性的基础,这些生产者将按照共同的合理的计划进行社会劳动。这就是 19 世纪的伟大经济运动所追求的人道目标。

卡·马克思:《论土地国有化》,中共中央马克思恩格斯列宁斯大林著作编译局编译:《马克思恩格斯文集》(第三卷),人民出版社 2009 年版,第 233 页。

47. 无产阶级必须采取政治行动

……无产阶级必须采取政治行动,必须把实行无产阶级专政作为达到废除阶级并和阶级一起废除国家的过渡。

弗·恩格斯:《论住宅问题》,中共中央马克思恩格斯列宁斯大林著作编译局编译:《马克思恩格斯文集》(第三卷),人民出版社 2009 年版,第 310 页。

48. 只有在消除城乡对立才能使人们从以往历史所铸造的枷锁中完全解放出来

消灭城乡对立不是空想,不多不少正像消除资本家与雇佣工人的对立不是空想一样。消灭这种对立日益成为工业生产和农业生产的实际要求。……只有使人口尽可能地平均分布于全国,只有使工业生产和农业生产发生紧密的联系,并适应这一要求使交通工具也扩充起来——同时这要以废除资本主义生产方式为前提——才能使农村人口从他们数千年来几乎一成不变地在其中受煎熬的那种与世隔绝的和愚昧无知的状态中挣脱出来。……人们只有在消除城乡对立后才能从他们以往历史所铸造的枷锁中完全解放出来……

弗·恩格斯:《论住宅问题》,中共中央马克思恩格斯列宁斯大林著作编译局编译:《马克思恩格斯文集》(第三卷),人民出版社 2009 年版,第 326 页。

49. 资产阶级也是社会主义革命的一个先决条件

现代社会主义力图实现的变革，简言之就是无产阶级战胜资产阶级，以及通过消灭一切阶级差别来建立新的社会组织。为此不但需要有能实现这个变革的无产阶级，而且还需要有使社会生产力发展到能够彻底消灭阶级差别的资产阶级。野蛮人和半野蛮人通常也没有任何阶级差别，每个民族都经历了这种状态。我们决不会想到要重新恢复这种状态，因为随着社会生产力的发展，从这种状态中必然要产生阶级差别。只有在社会生产力发展到一定程度，发展到甚至对我们现代条件来说也是很高的程度，才有可能把生产提高到这样的水平，以致使得阶级差别的消除成为真正的进步，使得这种消除可以持续下去，并且不致在社会的生产方式中引起停滞甚至倒退。但是生产力只有在资产阶级手中才达到了这样的发展程度。可见，就是从这一方面说来，资产阶级正如无产阶级本身一样，也是社会主义革命的一个必要的先决条件。

> 弗·恩格斯：《流亡者文献》，中共中央马克思恩格斯列宁斯大林著作编译局编译：《马克思恩格斯文集》（第三卷），人民出版社 2009 年版，第 389—390 页。

50. 社会主义在经济、道德和精神方面都还带着它脱胎出来的那个旧社会的痕迹

我们这里所说的是这样的共产主义社会，它不是在它自身基础上已经发展了的，恰好相反，是刚刚从资本主义社会中产生出来的，因此它在各方面，在经济、道德和精神方面都还带着它脱胎出来的那个旧社会的痕迹。

> 卡·马克思：《哥达纲领批判》，中共中央马克思恩格斯列宁斯大林著作编译局编译：《马克思恩格斯文集》（第三卷），人民出版社 2009 年版，第 434 页。

51. 社会主义阶段的分配原则

……在这里平等的权利按照原则仍然是资产阶级权利，虽然原则和实践在这里已不再互相矛盾，而在商品交换中，等价物的交换只是平均来说才存在，不是存在于每个个别场合。虽然有这种进步，但这个平等的权利总还是被限制在一个资产阶级的框框里。生产者的权利是同他们提供的劳动成比例的；平等就在于以同一尺度——劳动——来计量。但是，一个人在体力或智力上胜过另一个人，因此在同一时间内提供较多的劳动，或者能够劳动较长的时间；而劳动，要当做尺度来用，就必须按照它的时间或强度来确定，不然它就不成其为尺度了。这种平等的权利，对不同等的劳动来说是不平等的权利。它不承认任何阶级差别，因为每个人都像其他人一样只是劳动者；但是它默认，劳动者的不同等的个人天赋，从而不同等的工作能力，是天然特权。所以就它的内容来讲，它像一切权利一样是一种不平等的权利。

> 卡·马克思：《哥达纲领批判》，中共中央马克思恩格斯列宁斯大林著作编译局编译：《马克思恩格斯文集》（第三卷），人民出版社 2009 年版，第 434—435 页。

52. 共产主义高级阶段的分配原则

在共产主义社会高级阶段，在迫使个人奴隶般地服从分工的情形已经消失，从而脑力劳动和体力劳动的对立也随之消失之后；在劳动已经不仅仅是谋生的手段，而且本身成了生活的第一需要之后；在随着个人的全面发展，他们的生产力也增长起来，而集体财富的一切源泉都充分涌流之后，——只有在那个时候，才能完全超出资产阶级权利的狭隘眼界，社会才能在自己的旗帜上写上：各尽所能，按需分配！

> 卡·马克思：《哥达纲领批判》，中共中央马克思恩格斯列宁斯大林著作编译局编译：《马克思恩格斯文集》（第三卷），人民出版社 2009 年版，第 435—436 页。

53. 生产方式决定分配方式

消费资料的任何一种分配，都不过是生产条件本身分配的结果；而生产条件的分配，则表现生产方式本身的性质。例如，资本主义生产方式的基础是：生产的物质条件以资本和地产的形式掌握在非劳动者手中，而人民大众所有的只是生产的人身条件，即劳动力。既然生产的要素是这样分配的，那么自然就产生现在这样的消费资料的分配。如果生产的物质条件是劳动者自己的集体财产，那么同样要产生一种和现在不同的消费资料的分配。

> 卡·马克思：《哥达纲领批判》，中共中央马克思恩格斯列宁斯大林著作编译局编译：《马克思恩格斯文集》（第三卷），人民出版社 2009 年版，第 436 页。

54. 所谓"现代社会"、"现代国家"的实质

"现代社会"就是存在于一切文明国度中的资本主义社会，它或多或少地摆脱了中世纪的杂质，或多或少地由于每个国度的特殊的历史发展而改变了形态，或多或少地有了发展。"现代国家"却随国境而异。它在普鲁士德意志帝国同在瑞士不一样，在英国同在美国不一样。所以，"现代国家"是一种虚构。

但是，不同的文明国度中的不同的国家，不管它们的形式如何纷繁，却有一个共同点：它们都建立在现代资产阶级社会的基础上，只是这种社会的资本主义发展程度不同罢了。所以，它们具有某些根本的共同特征。在这个意义上可以谈"现代国家制度"，而未来就不同了，到那时，"现代国家制度"现在的根基即资产阶级社会已经消亡了。

> 卡·马克思：《哥达纲领批判》，中共中央马克思恩格斯列宁斯大林著作编译局编译：《马克思恩格斯文集》（第三卷），人民出版社 2009 年版，第 444 页。

55. 无产阶级专政

在资本主义社会和共产主义社会之间，有一个从前者变为后者的革命转变时期。同这个时期相适应的也有一个政治上的过渡时期，这个时期的国家只能是无产阶级的革命专政。

> 卡·马克思：《哥达纲领批判》，中共中央马克思恩格斯列宁斯大林著作编译局编译：《马克思恩格斯文集》（第三卷），人民出版社 2009 年版，第 445 页。

56. 马克思的唯物主义历史观

……至今的全部历史都是阶级斗争的历史，在全部纷繁复杂的政治斗争中，问题的中心仅仅是社会阶级的社会的和政治的统治，即旧的阶级要保持统治，新兴的阶级要争得统治。可是，这些阶级又是由于什么而产生和存在的呢？是由于当时存在的基本的物质条件，即各个时代社会借以生产和交换必要生活资料的那些条件。……从这个观点来看，在充分认识了该阶段社会经济状况……的条件下，一切历史现象都可以用最简单的方法来说明，同样，每一历史时期的观念和思想也可以极其简单地由这一时期的经济的生活条件以及由这些条件决定的社会关系和政治关系来说明。历史破天荒第一次被置于它的真正基础上：一个很明显的而以前完全被人忽

略的事实，即人们首先必须吃、喝、住、穿，就是说首先必须劳动，然后才能争取统治，从事政治、宗教和哲学等等，——这一很明显的事实在历史上的应有之义此时终于获得了承认。

> 弗·恩格斯：《卡尔·马克思》，中共中央马克思恩格斯列宁斯大林著作
> 编译局编译：《马克思恩格斯文集》（第三卷），人民出版社 2009 年版，
> 第 458—459 页。

57. 马克思关于价值规律的发现

马克思的第二个重要发现，就是彻底弄清了资本和劳动的关系，换句话说，就是揭示了在现代社会内，在现存资本主义生产方式下，资本家对工人的剥削是怎样进行的。……现代资本主义生产方式是以两个社会阶级的存在为前提的，一方面是资本家，他们占有生产资料和生活资料；另一方面是无产者，他们被排除于这种占有之外而仅有一种商品即自己的劳动力可以出卖，因此他们不得不出卖这种劳动力以占有生活资料。……这样，给这个资本家做事的工人，不仅再生产着他那由资本家付酬的劳动力的价值，而且除此之外还生产剩余价值，这个剩余价值首先被这个资本家所占有，然后按一定的经济规律在整个资本家阶级中进行分配，构成地租、利润、资本积累的基础，总之，即非劳动阶级所消费或积累的一切财富的基础。这样也就证明了，现代资本家，也像奴隶主或剥削徭役劳动的封建主一样，是靠占有他人无酬劳动发财致富的，而所有这些剥削形式彼此不同的地方只在于占有这种无酬劳动的方式有所不同罢了。……现代资产阶级社会就像以前的各种社会一样真相大白：它也是人数不多并且仍在不断缩减的少数人剥削绝大多数人的庞大机构。

> 弗·恩格斯：《卡尔·马克思》，中共中央马克思恩格斯列宁斯大林著作
> 编译局编译：《马克思恩格斯文集》（第三卷），人民出版社 2009 年版，
> 第 460—461 页。

58. 马克思"唯物史观"的基本观点

这种观点认为，一切重要历史事件的终极原因和伟大动力是社会的经济发展，是生产方式和交换方式的改变，是由此产生的社会之划分为不同的阶级，是这些阶级彼此之间的斗争。

> 弗·恩格斯：《社会主义从空想到科学的发展》，中共中央马克思恩格斯
> 列宁斯大林著作编译局编译：《马克思恩格斯文集》（第三卷），人民出版
> 社 2009 年版，第 509 页。

59. 空想社会主义产生的历史背景

虽然总的说来，资产阶级在同贵族斗争时有理由认为自己同时代表当时的各个劳动阶级的利益，但是在每一个大的资产阶级运动中，都爆发过作为现代无产阶级的发展程度不同的先驱者的那个阶级的独立运动。例如，德国宗教改革和农民战争时期的再洗礼派和托马斯·闵采尔，英国大革命时期的平等派，法国大革命时期的巴贝夫。伴随着一个还没有成熟的阶级的这些革命暴动，产生了相应的理论表现；在16世纪和17世纪有理想社会制度的空想的描写，而在18世纪已经有了直接共产主义的理论（摩莱里和马布利）。平等的要求已经不再限于政治权利方面，它也应当扩大到个人的社会地位方面；不仅应当消灭阶级特权，而且应当消灭阶级差别本身。禁欲主义的、禁绝一切生活享受的、斯巴达式的共产主义，是这种新学说的第一个表现形式。后来出现了三个伟大的空想主义者：圣西门、傅立叶和欧文。……所有这三个人有一个共同点：他们都不是作为当时已经历史地产生的无产阶级的利益的代表出现的。他们和启蒙学者一样，并不是想首先解放某一个阶级，而是想立即解放全人类。他们和启蒙学者一样，想建立理性和永恒正义的王国，但是他们的王国和启蒙学者的王国是有天壤之别的。按照这些启蒙学者的原则建立起来的资产阶级世界也是不合理性的和非正义的，所以也应该像封建制度和一切更早的社会制度一样被抛到垃圾堆里去。

> 弗·恩格斯：《社会主义从空想到科学的发展》，中共中央马克思恩格斯列宁斯大林著作编译局编译，《马克思恩格斯文集》（第二卷），人民出版社2009年版，第525—526页。

60. 不成熟的理论，是同不成熟的资本主义生产和阶级状况相适应的

……在这个时候，资本主义生产方式以及随之而来的资产阶级和无产阶级之间的对立还没有得到充分发展。在英国刚刚兴起的大工业，在法国还不为人所知。但是，一方面，只有大工业才能发展那些使生产方式的变革，使生产方式的资本主义性质的消除成为绝对必要的冲突——不仅是大工业所产生的各个阶级之间的冲突，而且是它所产生的生产力和交换形式本身之间的冲突；另一方面，大工业又正是通过这些巨大的生产力来发展解决这些冲突的手段。因此如果说，在1800年前后，新的社会制度所产生的冲突还只是开始形成，那么，解决这些冲突的手段就更是这样了。虽然

巴黎的无财产的群众在恐怖时代曾有一瞬间夺得了统治权，从而能够甚至违背资产阶级的意愿引导资产阶级革命达到胜利，但是他们只是以此证明了，他们的统治在当时的条件下是不可能持久的。在当时刚刚作为新阶级的胚胎从这些无财产的群众中分离出来的无产阶级，还完全无力采取独立的政治行动，它表现为一个无力帮助自己，最多只能从外面、从上面取得帮助的受压迫的受苦的等级。

这种历史情况也决定了社会主义创始人的观点。不成熟的理论，是同不成熟的资本主义生产状况、不成熟的阶级状况相适应的。解决社会问题的办法还隐藏在不发达的经济关系中，所以只有从头脑中产生出来。社会所表现出来的只是弊病，消除这些弊病是思维着的理性的任务。于是，就需要发明一套新的更完善的社会制度，并且通过宣传，可能时通过典型示范，从外面强加于社会。这种新的社会制度是一开始就注定要成为空想的，它越是制定得详尽周密，就越是要陷入纯粹的幻想。

弗·恩格斯：《社会主义从空想到科学的发展》，中共中央马克思恩格斯列宁斯大林著作编译局编译：《马克思恩格斯文集》（第三卷），人民出版社2009年版，第528—529页。

61. 圣西门的理论贡献

圣西门是法国大革命的产儿。他在革命爆发时还不到30岁。……认识到法国革命是阶级斗争，并且不仅是贵族和资产阶级之间的，而且是贵族、资产阶级和无财产者之间的阶级斗争，这在1802年是极为天才的发现。在1816年，圣西门宣布政治是关于生产的科学，并且预言政治将完全溶化在经济中。如果说经济状况是政治制度的基础这样的认识在这里仅仅以萌芽状态表现出来，那么对人的政治统治应当变成对物的管理和对生产过程的领导这种思想，即最近纷纷议论的"废除国家"的思想，已经明白地表达出来了。

弗·恩格斯：《社会主义从空想到科学的发展》，中共中央马克思恩格斯列宁斯大林著作编译局编译：《马克思恩格斯文集》（第三卷），人民出版社2009年版，第529—531页。

62. 傅立叶对资本主义社会制度的批判

我们在傅立叶那里就看到了他对现存社会制度所作的具有真正法国人的风趣的、但并不因此就显得不深刻的批判。傅立叶抓住了资产阶级所说的话，抓住了他们的革命前的狂热预言者和革命后得到利益的奉承者所说的话。他无情地揭露资产阶级世界在物质上和道德上的贫困，他不仅拿这种贫困同以往的启蒙学者关于只应由理性统治的社会、关于能给所有的人以幸福的文明、关于人类无限完善化的能力的诱人的诺言作对比，而且也拿这种贫困同当时的资产阶级意识形态家的华丽的词句作对比；他指出，同最响亮的词句相对应的到处都是最可怜的现实，他辛辣地嘲讽这种词句的无可挽救的破产。傅立叶不仅是批评家，他的永远开朗的性格还使他成为一个讽刺家，而且是自古以来最伟大的讽刺家之一。他以巧妙而诙谐的笔调描绘了随着革命的低落而盛行起来的投机欺诈和当时法国商业中普遍的小商贩习气。他更巧妙地批判了两性关系的资产阶级形式和妇女在资产阶级社会中的地位。他第一个表述了这样的思想：在任何社会中，妇女解放的程度是衡量普遍解放的天然尺度。但是，傅立叶最了不起的地方表现在他对社会历史的看法上。他把社会历史到目前为止的全部历程分为四个发展阶段：蒙昧、野蛮、宗法和文明。最后一个阶段就相当于现在所谓的资产阶级社会，即从 16 世纪发展起来的社会制度……

弗·恩格斯：《社会主义从空想到科学的发展》，中共中央马克思恩格斯
列宁斯大林著作编译局编译：《马克思恩格斯文集》（第三卷），人民出版
社 2009 年版，第 531—532 页。

63. 欧文的实验

当革命的风暴横扫整个法国的时候，英国正在进行一场比较平静，但是并不因此就显得缺乏力量的变革。蒸汽和新的工具机把工场手工业变成了现代的大工业，从而使资产阶级社会的整个基础发生了革命。工场手工业时代的迟缓的发展进程转变成了生产中的真正的狂飙时期。社会越来越迅速地分化为大资本家和一无所有的无产者，现在处于他们二者之间的，已经不是以前的稳定的中间等级，而是不稳定的手工业者和小商人群众，他们过着动荡不定的生活，是人口中最流动的部分。新的生产方式还处在上升时期的最初阶段；它还是正常的、适当的、在当时条件下唯一可能的生产方式。但是就在那时，它已经产生了明显的社会弊病：无家可归的人挤在大城市的贫民窟里；一切传统的血缘关系、宗法从属关系、家庭关系都解体了；劳动时间，特别是女工和童工的劳动时间延长到可怕的程度；突然被抛到全新的环境中的劳动阶级，从乡村转到城市、从农业转到工业、从稳定的生活条件转到天天都在变化的毫无保障的生活条件的劳动阶级，大批地堕落了。这时有一个 29 岁的厂主作为改革家出现了，这个人具有像孩子一样单纯的高尚的性格，同时又是一个少有的天生的领导者。罗伯特·欧文接受了唯物主义启蒙学者的学说：人的性格是先天组织和人在自己的一生中，特别是在发育时期所处的环境这两个方面的产物。社会地位和欧文相同的大多数人都认为，工业革命只是便于浑水摸鱼和大发横财的一片混乱。欧文则认为，工业革命是运用他的心爱的理论并把混乱化为秩序的好机会。当他在曼彻斯特领导一个有 500 多工人的工厂的时候，就试行了这个理论，并且获得了成效。从 1800 年到 1829 年间，他按照同样的精神以股东兼经理的身份管理了苏格兰的新拉纳克大棉纺厂，只是在行动上更加自由，而且获得了使他名闻全欧的成效。新拉纳克的人口逐渐增加到 2500 人，这些人的成分原来是极其复杂的，而且多半是极其堕落的分子，可是欧文把这个地方变成了一个完善的模范移民区，在这里，酗酒、警察、刑事法官、诉讼、贫困救济和慈善事业都绝迹了。而他之所以能做到这点，只是由于他使人生活在比较合乎人的尊严的环境中，特别是让成长中的一代受到精心的教育。他发明了并且第一次在这里创办了幼儿园。孩子们满一周岁以后就进幼儿园；他们在那里生活得非常愉快，父母几乎领不回去。欧文的竞争者迫使工人每天劳动 13—14 小时，而在新拉纳克工人只劳动 10 小时半。当棉纺织业危机使工厂不得不停工四个月的时候，歇工的工人还继续领取全部工资。虽然如此，这个企业的价值还是增加了一倍多，而且直到最后一直给企业主们带来丰厚的利润。

弗·恩格斯：《社会主义从空想到科学的发展》，中共中央马克思恩格斯列宁斯大林著作编译局编译：《马克思恩格斯文集》（第三卷），人民出版社 2009 年版，第 532—534 页。

64. 欧文的共产主义

欧文的共产主义就是通过这种纯粹商业的方式，作为所谓商业计算的果实产生出来的。它始终都保持着这种面向实际的性质。例如，在 1823 年，欧文提出了通过共产主义移民区消除爱尔兰贫困的办法，并附上了关于筹建费用、年度开支和预计收入的详细计算。而在他的关于未来的最终计划中，对各种技术上的细节，包括平面图、正面图和鸟瞰图在内，都作了非常内行的规划，以致他的社会改革的方法一旦被采纳，则各种细节的安排甚至从专家的眼光看来也很少有什么可以挑剔的。

转向共产主义是欧文一生中的转折点。当他还只是一个慈善家的时候，他所获得的只是财富、赞扬、尊敬和荣誉。他是欧洲最有名望的人物。不仅社会地位和他相同的人，而且连达官显贵、王公大人们都点头倾听他的讲话。可是，当他提出他的共产主义理论时，情况就完全变了。在他看来，阻碍社会改革的首先有三大障碍：私有制、宗教和现在的婚姻形式。他知道，他向这些障碍进攻，等待他的将是什么：官方社会的普遍排斥，他的整个社会地位的丧失。但是，他并没有却步，他不顾一切地向这些障碍进攻，而他所预料的事情果然发生了。他被逐出了官方社会，报刊对他实行沉默抵制，他由于以全部财产在美洲进行的共产主义试验失败而变得一贫如洗，于是他就直接转向工人阶级，在工人阶级中又进行了30年的活动。当时英国的有利于工人的一切社会运动、一切实际进步，都是和欧文的名字联在一起的。例如，经过他五年的努力，在1819年通过了限制工厂中妇女和儿童劳动的第一个法律。他主持了英国工会的第一次代表大会，在这次大会上，全国各工会联合成一个工会大联盟。同时，作为向完全共产主义的社会制度过渡的措施，一方面他组织了合作社（消费合作社和生产合作社），这些合作社从这时起至少已经在实践上证明，无论商人或厂主都决不是不可缺少的人物；另一方面他组织了劳动市场，即借助以劳动小时为单位的劳动券来交换劳动产品的机构；这种机构必然要遭到失败，但是充分预示了晚得多的蒲鲁东的交换银行，而它和后者不同的是，它并没有被说成是医治一切社会弊病的万灵药方，而只是被描写为激进得多的社会改造的第一步。

> 弗·恩格斯：《社会主义从空想到科学的发展》，中共中央马克思恩格斯列宁斯大林著作编译局编译：《马克思恩格斯文集》（第三卷），人民出版社2009年版，第535—536页。

65. 为了使社会主义变为科学必须把它置于现实的基础之上

空想主义者的见解曾经长期支配着19世纪的社会主义观点，而且现在还部分地支配着这种观点。法国和英国的一切社会主义者不久前都还信奉这种见解，包括魏特林在内的先前的德国共产主义也是这样。对所有这些人来说，社会主义是绝对真理、理性和正义的表现，只要它被发现了，它就能用自己的力量征服世界，因为绝对真理是不依赖于时间、空间和人类的历史发展的，所以，它在什么时候和什么地方被发现，那纯粹是偶然的事情。同时，绝对真理、理性和正义在每个学派的创始人那里又是各不相同的；而因为在每个学派的创始人那里，绝对真理、理性和正义的独特形式又是由他们的主观知性、他们的生活条件、他们的知识水平和思维训练水平所决定的，所以，解决各种绝对真理的这种冲突的办法就只能是它们互相磨损。由此只能得出一种折中的不伦不类的社会主义，这种社会主义实际上直到今天还统治着法国和英国大多数社会主义工人的头脑，它是由各学派创始人的比较温和的批判性言论、经济学原理和关于未来社会的观念组成的色调极为复杂的混合物，这种混合物的各个组成部分，在辩论的激流中越是磨去其锋利的棱角，就像溪流中的卵石一样，这种混合物就越容易构成。为了使社会主义变为科学，就必须首先把它置于现实的基础之上。

> 弗·恩格斯：《社会主义从空想到科学的发展》，中共中央马克思恩格斯
> 列宁斯大林著作编译局编译：《马克思恩格斯文集》（第三卷），人民出版
> 社 2009 年版，第 536—537 页。

66. 近代德国哲学在黑格尔的体系中完成了

……要精确地描绘宇宙、宇宙的发展和人类的发展，以及这种发展在人们头脑中的反映，就只有用辩证的方法，只有不断地注意生成和消逝之间、前进的变化和后退的变化之间的普遍相互作用才能做到。近代德国哲学一开始就是以这种精神进行活动的。康德一开始他的学术生涯，就把牛顿的稳定的太阳系和太阳系经过有名的第一推动后的永恒存在变成了历史的过程，即太阳和一切行星由旋转的星云团产生的过程。同时，他已经作出了这样的结论：太阳系的产生也预示着它将来的不可避免的灭亡。过了半个世纪，他的观点由拉普拉斯从数学上作出了证明；又过了半个世纪，分光镜证明了，在宇宙空间存在着凝聚程度不同的炽热的气团。

这种近代德国哲学在黑格尔的体系中完成了。在这个体系中，黑格尔第一次——这是他的伟大功绩——把整个自然的、历史的和精神的世界描写为一个过程，即把它描写为处在不断的运动、变化、转变和发展中，并企图揭示这种运动和发展的内在联系。从这个观点来看，人类的

历史已经不再是乱七八糟的、统统应当被这时已经成熟了的哲学理性的法庭所唾弃并最好尽快被人遗忘的毫无意义的暴力行为，而是人类本身的发展过程，而思维的任务现在就是要透过一切迷乱现象探索这一过程的逐步发展的阶段，并且透过一切表面的偶然性揭示这一过程的内在规律性。

> 弗·恩格斯：《社会主义从空想到科学的发展》，中共中央马克思恩格斯列宁斯大林著作编译局编译：《马克思恩格斯文集》（第三卷），人民出版社 2009 年版，第 541—542 页。

67. 现代唯物主义本质上都是辩证的

一旦了解到以往的德国唯心主义是完全荒谬的，那就必然导致唯物主义，但是要注意，并不是导致 18 世纪的纯粹形而上学的、完全机械的唯物主义。同那种以天真的革命精神简单地抛弃以往的全部历史的做法相反，现代唯物主义把历史看做人类的发展过程，而它的任务就在于发现这个过程的运动规律。无论在 18 世纪的法国人那里，还是在黑格尔那里，占统治地位的自然观都认为，自然界是一个沿着狭小的圆圈循环运动的、永远不变的整体，牛顿所说的永恒的天体和林耐所说的不变的有机物种也包含在其中。同这种自然观相反，现代唯物主义概括了自然科学的新近的进步，从这些进步来看，自然界同样也有自己的时间上的历史，天体和在适宜条件下生存在天体上的有机物种都是有生有灭的；至于循环，即使能够存在，其规模也要大得无比。在这两种情况下，现代唯物主义本质上都是辩证的，而且不再需要任何凌驾于其他科学之上的哲学了。

> 弗·恩格斯：《社会主义从空想到科学的发展》，中共中央马克思恩格斯列宁斯大林著作编译局编译：《马克思恩格斯文集》（第三卷），人民出版社 2009 年版，第 543 页。

68. 一种唯物主义的历史观被提出来了

新的事实迫使人们对以往的全部历史作一番新的研究，结果发现：以往的全部历史，除原始状态外，都是阶级斗争的历史，这些互相斗争的社会阶级在任何时候都是生产关系和交换关系的产物，一句话，都是自己时代的经济关系的产物；因而每一时代的社会经济结构形成现实基础，每一个历史时期的由法的设施和政治设施以及宗教的、哲学的和其他的观念形式所构成的全部上层建筑，归根到底都应由这个基础来说明。

黑格尔把历史观从形而上学中解放了出来，使它成为辩证的，可是他的历史观本质上是唯心主义的。现在，唯心主义从它的最后的避难所即历史观中被驱逐出去了，一种唯物主义的历史观被提出来了，用人们的存在说明他们的意识，而不是像以往那样用人们的意识说明他们的存在这样一条道路已经找到了。

> 弗·恩格斯：《社会主义从空想到科学的发展》，中共中央马克思恩格斯列宁斯大林著作编译局编译：《马克思恩格斯文集》（第三卷），人民出版社 2009 年版，第 544—545 页。

69. 社会主义变成了科学

这两个伟大的发现——唯物主义历史观和通过剩余价值揭开资本主义生产的秘密，都应当归功于马克思。由于这两个发现，社会主义变成了科学……

> 弗·恩格斯：《社会主义从空想到科学的发展》，中共中央马克思恩格斯列宁斯大林著作编译局编译：《马克思恩格斯文集》（第三卷），人民出版社 2009 年版，第 545—546 页。

70. 经济危机——生产方式起来反对交换方式

……自从 1825 年第一次普遍危机爆发以来，整个工商业世界，一切文明民族及其野蛮程度不同的附属地中的生产和交换，差不多每隔十年就要出轨一次。交易停顿，市场盈溢，产品大量滞销积压，银根奇紧，信用停止，工厂停工，工人群众因为他们生产的生活资料过多而缺乏生活资料，破产相继发生，拍卖纷至沓来。停滞状态持续几年，生产力和产品被大量浪费和破坏，直到最后，大批积压的商品以或多或少压低了的价格卖出，生产和交换又逐渐恢复运转。步伐逐渐加快，慢步转成快步，工业快步转成跑步，跑步又转成工业、商业、信用和投机事业的真正障碍赛马中的狂奔，最后，经过几次拼命的跳跃重新陷入崩溃的深渊。如此反复不已。……在危机中，社会化生产和资本主义占有之间的矛盾剧烈地爆发出来。商品流通暂时停顿下来，流通手段即货币成为流通的障碍，商品生产和商品流通的一切规律部颠倒过来了。经济的冲突达到了顶点：生产方式起来反对交换方式。

> 弗·恩格斯：《社会主义从空想到科学的发展》，中共中央马克思恩格斯列宁斯大林著作编译局编译：《马克思恩格斯文集》（第三卷），人民出版社 2009 年版，第 556—557 页。

71. 生产力归国家所有不是冲突的解决，但包含着解决冲突的手段和线索

……无论向股份公司和托拉斯的转变，还是向国家财产的转变，都没有消除生产力的资本属性。在股份公司和托拉斯的场合，这一点是十分明显的。而现代国家也只是资产阶级社会为了维护资本主义生产方式的一般外部条件使之不受工人和个别资本家的侵犯而建立的组织。现代国家，不管它的形式如何，本质上都是资本主义的机器，资本家的国家，理想的总资本家。它越是把更多的生产力据为己有，就越是成为真正的总资本家，越是剥削更多的公民。工人仍然是雇佣劳动者，无产者。资本关系并没有被消灭，反而被推到了顶点。但是在顶点上是要发生变革的。生产力归国家所有不是冲突的解决，但是这里包含着解决冲突的形式上的手段，解决冲突的线索。

这种解决只能是在事实上承认现代生产力的社会本性，因而也就是使生产、占有和交换的方式同生产资料的社会性质相适应。而要实现这一点，只有由社会公开地和直接地占有已经发展到除了适于社会管理之外不适于任何其他管理的生产力。现在，生产资料和产品的社会性质反过来反对生产者本身，周期性地突破生产方式和交换方式，并且只是作为盲目起作用的自然规律强制性地和破坏性地为自己开辟道路，而随着社会占有生产力，这种社会性质就将为生产者完全自觉地运用，并且从造成混乱和周期性崩溃的原因变为生产本身的最有力的杠杆。

> 弗·恩格斯：《社会主义从空想到科学的发展》，中共中央马克思恩格斯
> 列宁斯大林著作编译局编译：《马克思恩格斯文集》（第三卷），人民出版
> 社 2009 年版，第 559—560 页。

72. 无产阶级将取得国家政权，并把生产资料变为国家财产

资本主义生产方式日益把大多数居民变为无产者，从而就造成一种在死亡的威胁下不得不去完成这个变革的力量。这种生产方式日益迫使人们把大规模的社会化的生产资料变为国家财产，因此它本身就指明完成这个变革的道路。无产阶级将取得国家政权，并且首先把生产资料变为国家财产。但是这样一来，它就消灭了作为无产阶级的自身，消灭了一切阶级差别和阶级对立，也消灭了作为国家的国家。

> 弗·恩格斯：《社会主义从空想到科学的发展》，中共中央马克思恩格斯
> 列宁斯大林著作编译局编译：《马克思恩格斯文集》（第三卷），人民出版

社 2009 年版，第 561 页。

73. 无产阶级革命

……无产阶级将取得公共权力，并且利用这个权力把脱离资产阶级掌握的社会化生产资料变为公共财产。通过这个行动，无产阶级使生产资料摆脱了它们迄今具有的资本属性，使它们的社会性质有充分的自由得以实现。从此按照预定计划进行的社会生产就成为可能的了。生产的发展使不同社会阶级的继续存在成为时代错乱。随着社会生产的无政府状态的消失，国家的政治权威也将消失。人终于成为自己的社会结合的主人，从而也就成为自然界的主人，成为自身的主人——自由的人。完成这一解放世界的事业，是现代无产阶级的历史使命。

弗·恩格斯：《社会主义从空想到科学的发展》，中共中央马克思恩格斯列宁斯大林著作编译局编译：《马克思恩格斯文集》（第三卷），人民出版社 2009 年版，第 566 页。

74. 马克思发现了人类历史的发展规律

马克思发现了人类历史的发展规律，即历来为繁芜丛杂的意识形态所掩盖着的一个简单事实：人们首先必须吃、喝、住、穿，然后才能从事政治、科学、艺术、宗教等等；所以，直接的物质的生活资料的生产，从而一个民族或一个时代的一定的经济发展阶段，便构成基础，人们的国家设施、法的观点、艺术以至宗教观念，就是从这个基础上发展起来的，因而，也必须由这个基础来解释，而不是像过去那样做得相反。不仅如此，马克思还发现了现代资本主义生产方式和它所产生的资产阶级社会的特殊的运动规律。由于剩余价值的发现，这里就豁然开朗了，而先前无论资产阶级经济学家或者社会主义批评家所做的一切研究都只是在黑暗中摸索。

弗·恩格斯：《在马克思墓前的讲话》，中共中央马克思恩格斯列宁斯大林著作编译局编译：《马克思恩格斯文集》（第三卷），人民出版社 2009 年版，第 601 页。

75. 科学是一种在历史上起推动作用的、革命的力量

在马克思看来，科学是一种在历史上起推动作用的、革命的力量。任何一门理论科学中的每一个新发现——它的实际应用也许还根本无法预见——都使马克思感到衷心喜悦，而当他看到那种对工业、对一般历史发

展立即产生革命性影响的发现的时候，他的喜悦就非同寻常了。

弗·恩格斯：《在马克思墓前的讲话》，中共中央马克思恩格斯列宁斯大林著作编译局编译：《马克思恩格斯文集》（第三卷），人民出版社2009年版，第602页。

76. 马克思首先是一个革命家

马克思首先是一个革命家。他毕生的真正使命，就是以这种或那种方式参加推翻资本主义社会及其所建立的国家设施的事业，参加现代无产阶级的解放事业，正是他第一次使现代无产阶级意识到自身的地位和需要，意识到自身解放的条件。斗争是他的生命要素。很少有人像他那样满腔热情、坚韧不拔和卓有成效地进行斗争。

弗·恩格斯：《在马克思墓前的讲话》，中共中央马克思恩格斯列宁斯大林著作编译局编译：《马克思恩格斯文集》（第三卷），人民出版社2009年版，第602页。

77. 从以血族团体为基础的社会向阶级社会的过渡

根据唯物主义观点，历史中的决定性因素，归根结底是直接生活的生产和再生产。但是，生产本身又有两种。一方面是生活资料即食物、衣服、住房以及为此所必需的工具的生产，另一方面是人自身的生产，即种的繁衍。一定历史时代和一定地区内的人们生活于其下的社会制度，受着两种生产的制约：一方面受劳动的发展阶段的制约，另一方面受家庭的发展阶段的制约。劳动越不发展，劳动产品的数量，从而社会的财富越受限制，社会制度就越在较大程度上受血族关系的支配。然而，在以血族关系为基础的这种社会结构中，劳动生产率日益发展起来；与此同时，私有制和交换、财产差别、使用他人劳动力的可能性，从而阶级对立的基础等等新的社会成分，也日益发展起来；这些新的社会成分在几个世代中竭力使旧的社会制度适应新的条件，直到两者的不相容性最后导致一个彻底的变革为止。以血族团体为基础的旧社会，由于新形成的各社会阶级的冲突而被炸毁；代之而起的是组成为国家的新社会，而国家的基层单位已经不是血族团体，而是地区团体了。在这种社会中，家庭制度完全受所有制的支配，阶级对立和阶级斗争从此自由开展起来，这种阶级对立和阶级斗争构成了直到今日的全部成文史的内容。

弗·恩格斯：《家庭、私有制和国家的起源》，中共中央马克思恩格斯列宁斯大林著作编译局编译：《马克思恩格斯文集》（第四卷），人民出版社

2009 年版，第 15—16 页。

78. 国家是一种从社会中产生但又居于社会之上且日益同社会相异化的力量

……国家是社会在一定发展阶段上的产物，国家是承认：这个社会陷入了不可解决的自我矛盾，分裂为不可调和的对立面而又无力摆脱这些对立面。而为了使这些对立面，这些经济利益互相冲突的阶级，不致在无谓的斗争中把自己和社会消灭，就需要有一种表面上凌驾于社会之上的力量，这种力量应当缓和冲突，把冲突保持在"秩序"的范围以内，这种从社会中产生但又自居于社会之上并且日益同社会相异化的力量，就是国家。

> 弗·恩格斯：《家庭、私有制和国家的起源》，中共中央马克思恩格斯列宁斯大林著作编译局编译：《马克思恩格斯文集》（第四卷），人民出版社 2009 年版，第 189 页。

79. 各种不同类型的国家

由于国家是从控制阶级对立的需要中产生的，由于它同时又是在这些阶级的冲突中产生的，所以，它照例是最强大的、在经济上占统治地位的阶级的国家，这个阶级借助于国家而在政治上也成为占统治地位的阶级，因而获得了镇压和剥削被压迫阶级的新手段。因此，古希腊罗马时代的国家首先是奴隶主用来镇压奴隶的国家，封建国家是贵族用来镇压农奴和依附农的机关，现代的代议制的国家是资本剥削雇佣劳动的工具。但也例外地有这样的时期，那时互相斗争的各阶级达到了这样势均力敌的地步，以致国家权力作为表面上的调停人而暂时得到了对于两个阶级的某种独立性。17 世纪和 18 世纪的专制君主制，就是这样，它使贵族和市民等级彼此保持平衡；法兰西第一帝国特别是第二帝国的波拿巴主义，也是这样，它唆使无产阶级去反对资产阶级，又唆使资产阶级来反对无产阶级。使统治者和被统治者都显得同样滑稽可笑的这方面的最新成就，就是俾斯麦国家的新的德意志帝国；在这里，资本家和工人彼此保持平衡，并为了破落的普鲁士土容克的利益而遭受同等的欺骗。

> 弗·恩格斯：《家庭、私有制和国家的起源》，中共中央马克思恩格斯列宁斯大林著作编译局编译：《马克思恩格斯文集》（第四卷），人民出版社 2009 年版，第 191—192 页。

80. 随着阶级的消失国家也不可避免地要消失

……国家并不是从来就有的。曾经有过不需要国家，而且根本不知国家和国家权力为何物的社会。在经济发展到一定阶段而必然使社会分裂为阶级时，国家就由于这种分裂而成为必要了。现在我们正在以迅速的步伐走向这样的生产发展阶段，在这个阶段上，这些阶级的存在不仅不再需要，而且成了生产的真正障碍。阶级不可避免地要消失，正如它们从前不可避免地产生一样。随着阶级的消失，国家也不可避免地要消失。在生产者自由平等的联合体的基础上按新方式来组织生产的社会，将把全部国家机器放到它应该去的地方，即放到古物陈列馆去……

弗·恩格斯：《家庭、私有制和国家的起源》，中共中央马克思恩格斯列宁斯大林著作编译局编译：《马克思恩格斯文集》（第四卷），人民出版社2009年版，第193页。

81. 黑格尔哲学的真实意义和革命性质在于它彻底否定了关于人的思维和行动的一切结果具有最终性质

正像在18世纪的法国一样，在19世纪的德国，哲学革命也作了政治变革的前导。但是这两个哲学革命看起来是多么不同啊！法国人同整个官方科学，同教会，常常也同国家进行公开的斗争，他们的著作在国外，在荷兰或英国印刷，而他们本人则随时都可能进巴士底狱。相反，德国人是一些教授，一些由国家任命的青年的导师，他们的著作是公认的教科书，而全部发展的最终体系，即黑格尔的体系，甚至在某种程度上已经被推崇为普鲁士王国的国家哲学！在这些教授后面，在他们的迂腐晦涩的言词后面，在他们的笨拙枯燥的语句里面竟能隐藏着革命吗？那时被认为是革命代表人物的自由派，不正是最激烈地反对这种使人头脑混乱的哲学吗？

……

但是，黑格尔哲学（我们在这里只限于考察这种作为从康德以来的整个运动的完成的哲学）的真实意义和革命性质，正是在于它彻底否定了关于人的思维和行动的一切结果具有最终性质的看法。哲学所应当认识的真理，在黑格尔看来，不再是一堆现成的、一经发现就只要熟读死记的教条了；现在，真理是在认识过程本身中，在科学的长期的历史发展中，而科学从认识的较低阶段向越来越高的阶段上升，但是永远不能通过所谓绝对真理的发现而达到这样一点……历史同认识一样，永远不会在人类的一种完美的理想状态中最终结束；完美的社会、完美的"国家"是只有在幻想中才能存在的东西；相反，一切依次更替的历史状态都只是人类社会由低级到高级的无穷发展进程中的暂时阶段。

……

但是这里确实必须指出一点：黑格尔并没有这样清楚地作出如上的阐述。这是他的方法必然要得出的结论，但是他本人从来没有这样明确地作出这个结论。原因很简单，因为他不得不去建立一个体系，而按照传统的要求，哲学体系是一定要以某种绝对真理来完成的。所以，黑格尔，特别是在《逻辑学》中，尽管如此强调这种永恒真理不过是逻辑的或历史的过程本身，他还是觉得自己不得不给这个过程一个终点，因为他总得在某个地方结束他的体系。在《逻辑学》中，他可以再把这个终点作为起点，因为在这里，终点即绝对观念——它所以是绝对的，只是因为他关于这个观念绝对说不出什么来——"外化"也就是转化为自然界，然后在精神中，即在思维中和在历史中，再返回到自身。

弗·恩格斯：《路德维希·费尔巴哈和古典德国哲学的终结》，中共中央马克思恩格斯列宁斯大林著作编译局编译：《马克思恩格斯文集》（第四卷），人民出版社 2009 年版，第 267—271 页。

82. 黑格尔体系的演进和内部斗争

可以理解，黑格尔的体系在德国的富有哲学味道的气氛中曾发生了多么巨大的影响。这是一次胜利进军，它延续了几十年，而且决没有随着黑格尔的逝世而停止。相反，正是从 1830 年到 1840 年，"黑格尔主义"取得了独占的统治，它甚至或多或少地感染了自己的敌手：正是在这个时期，黑格尔的观点自觉地或不自觉地大量渗入了各种科学，也渗透了通俗读物和日报，而普通的"有教养的意识"就是从这些通俗读物和日报中汲取自己的思想材料的。……黑格尔的整个学说，如我们所看到的，为容纳各种极不相同的实践的党派观点留下了广阔场所：而在当时的理论的德国，有实践意义的首先是两种东西：宗教和政治。特别重视黑格尔的体系的人，在两个领域中都可能是相当保守的；认为辩证方法是主要的东西的人，在政治上和宗教上都可能属于最极端的反对派。黑格尔本人，虽然在他的著作中相当频繁地爆发出革命的怒火，但是总的说来似乎更倾向于保守的方面；他在体系上所花费的"艰苦的思维劳动"倒比他在方法上所花费的要多得多。到 30 年代末，他的学派内的分裂越来越明显了。左翼，即所谓青年黑格尔派，在反对虔诚派的正统教徒和封建反动派的斗争中一点一点地放弃了在哲学上对当前的紧迫问题所采取的超然态度，由于这种态度，他们的学说在此之前曾经得到国家的容忍，甚至保护；到了1840年，正统教派的虔诚和封建专制的反动随着弗里德里希—威廉四世登上了王座，这时人们就不可避免地要公开站在这一派或那一派方面了。斗争依旧是用哲学的武器进行的，但已经不再是为了抽象的哲学目的；问题已经直接是要消灭传统的宗教和现存的国家了。

……

对现存宗教进行斗争的实践需要，把大批最坚决的青年黑格尔分子推回到英国和法国的唯物主义。他们在这里跟自己的学派的体系发生了冲突。唯物主义把自然界看做唯一现实的东西，而在黑格尔的体系中自然界只是绝对观念的"外化"，可以说是这个观念的下降；无论如何，思维及其思想产物即观念在这里是本原的，而自然界是派生的，只是由于观念的下降才存在。他们就在这个矛盾中彷徨，尽管程度各不相同。

这时，费尔巴哈的《基督教的本质》出版了。它直截了当地使唯物主义重新登上王座，这就一下子消除了这个矛盾。自然界是不依赖任何哲学而存在的；它是我们人类（本身就是自然界的产物）赖以生长的基础；在自然界和人以外不存在任何东西，我们的宗教幻想所创造出来的那些最高存在物只是我们自己的本质的虚幻反映。魔法被破除了，"体系"被炸开并被抛在一旁了，矛盾既然仅仅是存在于想象之中，也就解决了。

弗·恩格斯：《路德维希·费尔巴哈和古典德国哲学的终结》，中共中央
马克思恩格斯列宁斯大林著作编译局编译：《马克思恩格斯文集》（第四
卷），人民出版社2009年版，第273—275页。

83. 对黑格尔哲学必须从它的本来意义上予以"扬弃"

……黑格尔学派虽然解体了，但是黑格尔哲学并没有被批判地克服。……费尔巴哈打破了黑格尔的体系，简单地把它抛在一旁。但是简单地宣布一种哲学是错误的，还制服不了这种哲学。像对民族的精神发展有过如此巨大影响的黑格尔哲学这样的伟大创作，是不能用干脆置之不理的办法来消除的。必须从它的本来意义上"扬弃"它，就是说，要批判地消灭它的形式，但是要救出通过这个形式获得的新内容。

弗·恩格斯：《路德维希·费尔巴哈和古典德国哲学的终结》，中共中央
马克思恩格斯列宁斯大林著作编译局编译：《马克思恩格斯文集》（第四卷），人民出版社 2009 年版，第 276 页。

84. 哲学的基本问题

全部哲学，特别是近代哲学的重大的基本问题，是思维和存在的关系问题。

……

哲学家依照他们如何回答这个问题而分成了两大阵营。凡是断定精神对自然界说来是本原的，从而归根到底承认某种创世说的人……组成唯心主义阵营。凡是认为自然界是本原的，则属于唯物主义的各种学派。

弗·恩格斯：《路德维希·费尔巴哈和古典德国哲学的终结》，中共中央马克思恩格斯列宁斯大林著作编译局编译：《马克思恩格斯文集》（第四卷），人民出版社 2009 年版，第 277—278 页。

85. 费尔巴哈走向唯物主义的进程及其局限性

费尔巴哈的发展进程是一个黑格尔主义者（诚然，他从来不是完全正统的黑格尔主义者）走向唯物主义的发展进程，这一发展使他在一定阶段上同自己的这位先驱者的唯心主义体系完全决裂了。他势所必然地终于认识到，黑格尔的"绝对观念"之先于世界的存在，在世界之前就有的"逻辑范畴的预先存在"，不外是对世界之外的造物主的信仰的虚幻残余，我们自己所属的物质的、可以感知的世界，是唯一现实的，而我们的意识和思维，不论它看起来是多么超感觉的，总是物质的、肉体的器官即人脑的产物。物质不是精神的产物，而精神本身只是物质的最高产物。这自然是纯粹的唯物主义。但是费尔巴哈到这里就突然停止不前了。他不能克服通常的哲学偏见，即不反对事情本身而反对唯物主义这个名称的偏见。他说："在我看来，唯物主义是人的本质和人类知识的大厦的基础，但是，我认为它不是生理学家、狭义的自然科学家如摩莱肖特所认为的而且从他们的观点和专业出发所必然认为的那种东西，即大厦本身。向后退时，我同唯物主义者完全一致，但是往前进时就不一致了。"

费尔巴哈在这里把唯物主义这种建立在对物质和精神关系的特定理解上的一般世界观同这一世界观在特定的历史阶段即 18 世纪所表现的特殊形式混为一谈了。……像唯心主义一样，唯物主义也经历了一系列的发展阶段。甚至随着自然科学领域中每一个划时代的发现，唯物主义也必然要改变自己的形式；而自从历史也得到唯物主义的解释以后，一条新的发展道路也在这里开辟出来了。

上一世纪的唯物主义主要是机械唯物主义，因为那时在所有自然科学中只有力学，而且只有固体（天上的和地上的）力学，简言之，即重力的力学，达到了某种完善的地步。化学刚刚处于幼稚的燃素说的形态中。生物学尚在襁褓中；对植物和动物的机体只作过粗浅的研究，并用纯粹机械的原因来解释；正如在笛卡儿看来动物是机器一样，在18世纪的唯物主义者看来，人是机器。仅仅运用力学的尺度来衡量化学性质的和有机性质的过程（在这些过程中，力学定律虽然也起作用，但是被其他较高的定律排挤到次要地位），这是法国古典唯物主义的一个特有的，但在当时不可避免的局限性。

这种唯物主义的第二个特有的局限性在于：它不能把世界理解为一种过程，理解为一种处在不断的历史发展中的物质。这是同当时的自然科学状况以及与此相联系的形而上学的即反辩证法的哲学思维方法相适应的。人们已经知道，自然界处在永恒的运动中。但是根据当时的想法，这种运动是永远绕着一个圆圈旋转，因而始终不会前进；它总是产生同一结果。……因此，对自然界的非历史观点是不可避免的。……

这种非历史观点也表现在历史领域中。在这里，反对中世纪残余的斗争限制了人们的视野。中世纪被看做是千年普遍野蛮状态造成的历史的简单中断；中世纪的巨大进步——欧洲文化领域的扩大，在那里一个挨着一个形成的富有生命力的大民族，以及14世纪和15世纪的巨大的技术进步，这一切都没有被人看到。这样　来，对伟大历史联系的合理看法就不可能产生，而历史至多不过是一部供哲学家使用的例证和图解的汇集罢了。

> 弗·恩格斯：《路德维希·费尔巴哈和古典德国哲学的终结》，中共中央马克思恩格斯列宁斯大林著作编译局编译：《马克思恩格斯文集》（第四卷），人民出版社2009年版，第281—283页。

86. 导致费尔巴哈唯物主义局限性的原因

……这里应当注意两种情况。第一，费尔巴哈在世时，自然科学也还处在剧烈的酝酿过程中，这一过程只是在最近15年才达到了足以澄清问题的相对完成的地步，新的认识材料以空前的规模被提供出来，但是，只是到最近才有可能在纷纷涌来的这一大堆杂乱的发现中建立起联系，从而使它们有了条理。虽然三个决定性的发现——细胞、能量转化和以达尔文命名的进化论的发现，费尔巴哈在世时全看到了，但是，这位在乡间过着孤寂生活的哲学家怎么能够对科学充分关注，给这些发现以足够的评价呢？……因而，现在已经成为可能的、排除了法国唯物主义的一切片面性的、历史的自然观，始终没有为费尔巴哈所了解，这就不是他的过错了。

第二，费尔巴哈说得完全正确：纯粹自然科学的唯物主义虽然"是人类知识的大厦的基础，但不是大厦本身"。因为，我们不仅生活在自然界中，而且生活在人类社会中，人类社会同自然界一样也有自己的发展史和自己的科学。因此，问题在于使关于社会的科学，即所谓历史科学和哲学科学的总和，同唯物主义的基础协调起来，并在这个基础上加以改造。但是，这一点费尔巴哈是做不到的。他虽然有"基础"，但是在这里仍然受到传统的唯心主义的束缚，这一点他自己也是承认的，他说："向后退时，我同唯物主义者是一致的，但是往前进时就不一致了。"

弗·恩格斯：《路德维希·费尔巴哈和古典德国哲学的终结》，中共中央
马克思恩格斯列宁斯大林著作编译局编译：《马克思恩格斯文集》（第四
卷），人民出版社 2009 年版，第 283—284 页。

87. 费尔巴哈在宗教哲学和伦理学上的唯心主义

我们一接触到费尔巴哈的宗教哲学和伦理学，他的真正的唯心主义就显露出来了。费尔巴哈决不希望废除宗教，他希望使宗教完善化。哲学本身应当融化在宗教中。

……

按照费尔巴哈的看法，宗教是人与人之间的感情的关系、心灵的关系，过去这种关系是在现实的虚幻映象中（借助于一个神或许多神，即人类特性的虚幻映象）寻找自己的真理，现在却直接地而不是间接地在我和你之间的爱中寻找自己的真理了。归根到底，在费尔巴哈那里，性爱即使不是他的新宗教借以实现的最高形式，也是最高形式之一。

……

在这里，费尔巴哈的唯心主义就在于：他不是抛开对某种在他看来也已成为过去的特殊宗教的回忆，直截了当地按照本来面貌看待人们彼此间以相互倾慕为基础的关系，即性爱、友谊、同情、舍己精神等等，而是断言这些关系只有在用宗教名义使之神圣化以后才会获得自己的完整的意义。在他看来，主要的并不是存在着这种纯粹人的关系，而是要把这些关系看做新的、真正的宗教。这些关系只是在盖上了宗教的印记以后才被认为是完满的。

弗·恩格斯:《路德维希·费尔巴哈和古典德国哲学的终结》，中共中央
马克思恩格斯列宁斯大林著作编译局编译:《马克思恩格斯文集》（第四
卷），人民出版社 2009 年版，第 287—288 页。

88. 对抽象的人的崇拜是费尔巴哈的新宗教的核心

费尔巴哈的道德论是和它的一切前驱者一样的。它是为一切时代、一切民族、一切情况而设计出来的；正因为如此，它在任何时候和任何地方都是不适用的，而在现实世界面前，是和康德的绝对命令一样软弱无力的。实际上，每一个阶级，甚至每一个行业，都各有各的道德，并且，只要它能破坏这种道德而不受惩罚，它就加以破坏。而本应把一切人都联合起来的爱，则表现在战争、争吵、诉讼、家庭纠纷、离婚以及一些人对另一些人的尽可能的剥削中。但是，费尔巴哈所提供的强大推动力怎么能对他本人毫无结果呢？理由很简单，因为费尔巴哈不能找到从他自己所极端憎恶的抽象王国通向活生生的现实世界的道路。他紧紧地抓住自然界和人；但是，在他那里，自然界和人都只是空话。无论关于现实的自然界或关于现实的人，他都不能对我们说出任何确定的东西。要从费尔巴哈的抽象的人转到现实的、活生生的人，就必须把这些人作为在历史中行动的人去考察。……但是，费尔巴哈没有走的一步，必定会有人走的。对抽象的人的崇拜，即费尔巴哈的新宗教的核心，必定会由关于现实的人及其历史发展的科学来代替。这个超出费尔巴哈而进一步发展费尔巴哈观点的工作，是由马克思于 1845 年在《神圣家族》中开始的。

弗·恩格斯:《路德维希·费尔巴哈和古典德国哲学的终结》，中共中央
马克思恩格斯列宁斯大林著作编译局编译:《马克思恩格斯文集》（第四
卷），人民出版社 2009 年版，第 294—295 页。

89. 马克思主义是从黑格尔学派解体过程中产生的一个真正结出果实的派别

……从黑格尔学派的解体过程中还产生了另一个派别，唯一的真正结出果实的派别。这个派别主要是同马克思的名字联系在一起的。

同黑格尔哲学的分离在这里也是由于返回到唯物主义观点而发生的。这就是说，人们决心在理解现实世界（自然界和历史）时按照它本身在每一个不以先人为主的唯心主义怪想来对待它的人面前所呈现的那样来理解；他们决心毫不怜惜地抛弃一切同事实（从事实本身的联系而不是从幻想的联系来把握的事实）不相符合的唯心主义怪想。除此以外，唯物主义并没有别的意义。不过在这里第一次对唯物主义世界观采取了真正严肃的态度，把这个世界观彻底地（至少在主要方面）运用到所研究的一切知识领域里去了。

黑格尔不是简单地被放在一边，恰恰相反，上面所阐述的他的革命方面即辩证方法被接过来了。……在自然界和历史中所显露出来的辩证的发展，即经过一切迂回曲折和暂时退步而由低级到高级的前进运动的因果联系，在黑格尔那里，只是概念的自己运动的翻版，而这种概念的自己运动是从来就有的（不知在什么地方），但无论如何是不依任何能思维的人脑为转移的。这种意识形态上的颠倒是应该消除的。我们重新唯物地把我们头脑中的概念看做现实事物的反映，而不是把现实事物看做绝对概念的某一阶段的反映。这样，辩证法就归结为关于外部世界和人类思维的运动的一般规律的科学，这两个系列的规律在本质上是同一的，但是在表现上是不同的，这是因为人的头脑可以自觉地应用这些规律，而在自然界中这些规律是不自觉地、以外部必然性的形式、在无穷无尽的表面的偶然性中实现的，而且到现在为止在人类历史上多半也是如此。这样，概念的辩证法本身就变成只是现实世界的辩证运动的自觉的反映，从而黑格尔的辩证法就被倒转过来了，或者宁可说，不是用头立地而是重新用脚立地了。……而这样一来，黑格尔哲学的革命方面就恢复了，同时也摆脱了那些曾经在黑格尔那里阻碍它贯彻到底的唯心主义装饰。

弗·恩格斯：《路德维希·费尔巴哈和古典德国哲学的终结》，中共中央马克思恩格斯列宁斯大林著作编译局编译：《马克思恩格斯文集》（第四卷），人民出版社2009年版，第296—298页。

90. 一切争取解放的阶级斗争归根到底都是围绕着经济解放进行的

……在现代历史中至少已经证明，一切政治斗争都是阶级斗争，而一切争取解放的阶级斗争，尽管它必然地具有政治的形式（因为一切阶级斗争都是政治斗争），归根到底都是围绕着经济解放进行的。因此，至少在这里、国家、政治制度是从属的东西，而市民社会、经济关系的领域是决定性的因素。……在现代历史中，国家的意志总的说来是由市民社会的不断变化的需要，是由某个阶级的优势地位，归根到底，是由生产力和交换关系的发展决定的。

> 弗·恩格斯：《路德维希·费尔巴哈和古典德国哲学的终结》，中共中央马克思恩格斯列宁斯大林著作编译局编译：《马克思恩格斯文集》（第四卷），人民出版社2009年版，第306页。

91. 国家"独立性"的外表模糊了人们对政治斗争同经济基础之间关系的认识

国家作为第一个支配人的意识形态力量出现在我们面前。社会创立一个机关来保护自己的共同利益，免遭内部和外部的侵犯。这种机关就是国家政权。它刚一产生，对社会来说就是独立的，而且它越是成为某个阶级的机关，越是直接地实现这一阶级的统治，它就越独立。被压迫阶级反对统治阶级的斗争必然要变成政治的斗争，变成首先是反对这一阶级的政治统治的斗争；对这一政治斗争同它的经济基础的联系的认识，就日益模糊起来，并且会完全消失。

> 弗·恩格斯：《路德维希·费尔巴哈和古典德国哲学的终结》，中共中央马克思恩格斯列宁斯大林著作编译局编译：《马克思恩格斯文集》（第四卷），人民出版社2009年版，第307—308页。

92. 现代社会主义的经济根源和思想根源

现代社会主义，就其内容来说，首先是对现代社会中普遍存在的有财产者和无财产者之间、资产者和雇佣工人之间的阶级对立以及生产中普遍存在的无政府状态这两个方面进行考察的结果。但是，就其理论形式来说，它起初表现为18世纪法国伟大的启蒙学者们所提出的各种原则的进一步的、据称是更彻底的发展。同任何新的学说一样，它必须首先从已有的思想材料出发，虽然它的根子深深扎在经济的事实中。

> 弗·恩格斯：《反杜林论》，中共中央马克思恩格斯列宁斯大林著作编译局编译：《马克思恩格斯文集》（第九卷），人民出版社2009年版，第19页。

93. 以往的全部历史都是阶级斗争的历史……上层建筑归根到底都应由基础来说明

新的事实迫使人们对以往的全部历史作一番新的研究，结果发现：以往的全部历史，都是阶级斗争的历史；这些互相斗争的社会阶级在任何时候都是生产关系和交换关系的产物，一句话，都是自己时代的经济关系的

产物；因而每一时代的社会经济结构形成现实基础，每一个历史时期的由
法的设施和政治设施以及宗教的、哲学的和其他的观念形式所构成的全部
上层建筑，归根到底都应由这个基础来说明。这样一来，唯心主义从它的
最后的避难所即历史观中被驱逐出去了，一种唯物主义的历史观被提出来
了，用人们的存在说明他们的意识，而不是像以往那样用人们的意识说明
他们的存在这样一条道路已经找到了。

> 弗·恩格斯：《反杜林论》，中共中央马克思恩格斯列宁斯大林著作编译
> 局编译：《马克思恩格斯文集》（第九卷），人民出版社 2009 年版，第
> 29 页。

94. 两个伟大发现——唯物主义历史观和剩余价值

这两个伟大的发现——唯物主义历史观和通过剩余价值揭开资本主义
生产的秘密，都应当归功于马克思。由于这两个发现，社会主义变成了科
学，现在首先要做的是对这门科学的一切细节和联系作进一步的探讨。

> 弗·恩格斯：《反杜林论》，中共中央马克思恩格斯列宁斯大林著作编译
> 局编译：《马克思恩格斯文集》（第九卷），人民出版社 2009 年版，第
> 30 页。

95. 无产阶级平等要求的实际内容都是消灭阶级的要求

无产阶级所提出的平等要求有双重意义。或者它是对明显的社会不平
等，对富人和穷人之间、主人和奴隶之间、骄奢淫逸者和饥饿者之间的对
立的自发反应……或者它是从对资产阶级平等要求的反应中产生的，它从
这种平等要求中吸取了或多或少正当的、可以进一步发展的要求，成了用
资本家本身的主张发动工人起来反对资本家的鼓动手段；在这种情况下，
它是和资产阶级平等本身共存亡的。在上述两种情况下，无产阶级平等要
求的实际内容都是消灭阶级的要求。任何超出这个范围的平等要求，都必
然要流于荒谬。

> 弗·恩格斯：《反杜林论》，中共中央马克思恩格斯列宁斯大林著作编译
> 局编译：《马克思恩格斯文集》（第九卷），人民出版社 2009 年版，第
> 112—113 页。

96. 马克思发现了剩余价值

马克思又进一步研究了货币转化为资本的过程，他首先发现，货币作
为资本流通的形式，同货币作为商品的一般等价物流通的形式是相反的。
简单的商品占有者为买而卖；他卖出他不需要的东西，而以所得的货币买

进他需要的东西。未来的资本家一开头就买进他自己不需要的东西；他为卖而买，而且要卖得贵些，以便收回最初用于购买的货币价值，并且在货币上获得一个增长额；马克思把这种增长额叫做剩余价值。

> 弗·恩格斯：《反杜林论》，中共中央马克思恩格斯列宁斯大林著作编译局编译：《马克思恩格斯文集》（第九卷），人民出版社 2009 年版，第211 页。

97. 剩余价值理论揭示了整个现代社会制度得以确立起来的核心

由于马克思以这种方式说明了剩余价值是怎样产生的，剩余价值怎样只能在调节商品交换的规律的支配下产生，所以他就揭露了现代资本主义生产方式以及以它为基础的占有方式的机制，揭示了整个现代社会制度得以确立起来的核心。

> 弗·恩格斯：《反杜林论》，中共中央马克思恩格斯列宁斯大林著作编译局编译：《马克思恩格斯文集》（第九卷），人民出版社 2009 年版，第214 页。

98. 空想社会主义不成熟的理论是同不成熟的资本主义生产状况、不成熟的阶级状况相适应的

这种历史情况也决定了社会主义创始人的观点。不成熟的理论，是同不成熟的资本主义生产状况、不成熟的阶级状况相适应的。解决社会问题的办法还隐藏在不发达的经济关系中，所以只有从头脑中产生出来。社会所表现出来的只是弊病，消除这些弊病是思维着的理性的任务。于是，就需要发明一套新的更完善的社会制度，并且通过宣传，可能时通过典型示范，从外面强加于社会。这种新的社会制度是一开始就注定要成为空想的，它越是制定得详尽周密，就越是要陷入纯粹的幻想。

> 弗·恩格斯：《反杜林论》，中共中央马克思恩格斯列宁斯大林著作编译局编译：《马克思恩格斯文集》（第九卷），人民出版社 2009 年版，第274 页。

99. 圣西门宣布政治是关于生产的科学，并且预言政治将完全溶化在经济中

认识到法国革命是贵族、资产阶级和无财产者之间的阶级斗争，这在1802 年是极为天才的发现。在 1816 年，圣西门宣布政治是关于生产的科学，并且预言政治将完全溶化在经济中。如果说经济状况是政治制度的基础这样的认识在这里仅仅以萌芽状态表现出来，那么对人的政治统治应当

变成对物的管理和对生产过程的领导这种思想，即最近纷纷议论的废除国家的思想，已经明白地表达出来了。

弗·恩格斯：《反杜林论》，中共中央马克思恩格斯列宁斯大林著作编译
局编译：《马克思恩格斯文集》（第九卷），人民出版社 2009 年版，第
275 页。

100. 傅立叶无情揭露资产阶级

如果说我们在圣西门那里发现了天才的远大眼光，由于他有这种眼光，后来的社会主义者的几乎所有并非严格意义上的经济学思想都以萌芽状态包含在他的思想中，那么，我们在傅立叶那里就看到了他对现存社会制度所作的具有真正法国人的风趣的、但并不因此就显得不深刻的批判。傅立叶抓住了资产阶级所说的话，抓住了他们的革命前的狂热预言者和革命后得到利益的奉承者所说的话。他无情地揭露资产阶级世界在物质上和道德上的贫困，他不仅拿这种贫困同启蒙学者关于只应由理性统治的社会、关于能给所有的人以幸福的文明、关于人类无限完善化的能力的诱人的诺言作对比，而且也拿这种贫困同当时的资产阶级意识形态家的华丽的词句作对比，他指出，同最响亮的词句相对应的到处都是最可怜的现实，他辛辣地嘲讽这种词句的无可挽救的破产。

弗·恩格斯：《反杜林论》，中共中央马克思恩格斯列宁斯大林著作编译
局编译：《马克思恩格斯文集》（第九卷），人民出版社 2009 年版，第
275—276 页。

101. 傅立叶最先提出：妇女解放的程度是衡量普遍解放的天然尺度

傅立叶不仅是批评家，他的永远开朗的性格还使他成为一个讽刺家，而且是自古以来最伟大的讽刺家之一。他以巧妙而诙谐的笔调描绘了随着革命的低落而盛行起来的投机欺诈和当时法国商业中普遍的小商贩习气。他更巧妙地批判了两性关系的资产阶级形式和妇女在资产阶级社会中的地位。他第一个表述了这样的思想：在任何社会中，妇女解放的程度是衡量普遍解放的天然尺度。

弗·恩格斯：《反杜林论》，中共中央马克思恩格斯列宁斯大林著作编译
局编译：《马克思恩格斯文集》（第九卷），人民出版社 2009 年版，第
276 页。

102. 傅立叶把人类将来会走向灭亡的思想引入历史研究

我们看到，傅立叶是和他的同时代人黑格尔一样熟练地掌握了辩证法的。他反对关于人类无限完善化的能力的空谈，而同样辩证地断言，每个历史阶段都有它的上升时期，但是也有它的下降时期，而且他还把这种考察方法运用于整个人类的未来。正如康德把地球将来会走向灭亡的思想引入自然科学一样，傅立叶把人类将来会走向灭亡的思想引入历史研究。

> 弗·恩格斯：《反杜林论》，中共中央马克思恩格斯列宁斯大林著作编译局编译：《马克思恩格斯文集》（第九卷），人民出版社 2009 年版，第277 页。

103. 欧文的共产主义是作为所谓商业计算的果实产生出来的

欧文的共产主义就是通过这种纯粹商业的方式，作为所谓商业计算的果实产生出来的。它始终都保持着这种面向实际的性质。例如，在 1823 年，欧文提出了通过共产主义移民区消除爱尔兰贫困的办法，并附上了关于筹建费用、年度开支和预计收入的详细计算。而在他的关于未来的最终计划中，对各种技术上的细节，都作了非常内行的规划，以致他的社会改革的方法一旦被采纳，则各种细节的安排甚至从专家的眼光看来也很少有什么可以挑剔的。

> 弗·恩格斯：《反杜林论》，中共中央马克思恩格斯列宁斯大林著作编译局编译：《马克思恩格斯文集》（第九卷），人民出版社 2009 年版，第279 页。

104. 空想主义者之所以是空想主义者是因为资本主义生产还很不发达

空想主义者之所以是空想主义者，正是因为在资本主义生产还很不发达的时代，他们只能是这样。他们不得不从头脑中构想出新社会的要素，因为这些要素在旧社会本身中还没有普遍地明显地表现出来；他们只能求助于理性来构想自己的新建筑的基本特征，因为他们还不能求助于同时代的历史。

> 弗·恩格斯：《反杜林论》，中共中央马克思恩格斯列宁斯大林著作编译局编译：《马克思恩格斯文集》（第九卷），人民出版社 2009 年版，第282 页。

105. 一切社会变迁和政治变革的终极原因应当到生产方式和交换方式的变更中，以及有关时代的经济中去寻找

唯物主义历史观从下述原理出发：生产以及随生产而来的产品交换是一切社会制度的基础；在每个历史地出现的社会中，产品分配以及和它相伴随的社会之划分为阶级或等级，是由生产什么、怎样生产以及怎样交换

产品来决定的。所以，一切社会变迁和政治变革的终极原因，不应当到人们的头脑中，到人们对永恒的真理和正义的日益增进的认识中去寻找，而应当到生产方式和交换方式的变更中去寻找，不应当到有关时代的哲学中去寻找，而应当到有关时代的经济中去寻找。

> 弗·恩格斯：《反杜林论》，中共中央马克思恩格斯列宁斯大林著作编译
> 局编译：《马克思恩格斯文集》（第九卷），人民出版社 2009 年版，第
> 283—284 页。

106. 生产力和生产方式之间的冲突存在于事实中

现存的社会制度是由现在的统治阶级即资产阶级创立的。资产阶级所固有的生产方式（从马克思以来称为资本主义生产方式），是同封建制度的地方特权、等级特权以及相互的人身束缚不相容的：资产阶级摧毁了封建制度，并且在它的废墟上建立了资产阶级的社会制度，建立了自由竞争、自由迁徙、商品占有者平等的王国，以及其他一切资产阶级的美妙东西。资本主义生产方式现在可以自由发展了。自从蒸汽和新的工具机把旧的工场手工业变成大工业以后，在资产阶级领导下造成的生产力，就以前所未闻的速度和前所未闻的规模发展起来了。但是，正如从前工场手工业以及在它影响下进一步发展了的手工业同封建的行会桎梏发生冲突一样，大工业得到比较充分的发展时就同资本主义生产方式对它的种种限制发生冲突了。新的生产力已经超过了这种生产力的资产阶级利用形式；生产力和生产方式之间的这种冲突，并不是像人的原罪和神的正义的冲突那样产生于人的头脑中，而是存在于事实中，客观地、在我们之外，甚至不依赖于引起这种冲突的那些人的意志或行动而存在着。现代社会主义不过是这种实际冲突在思想上的反映，是它在头脑中，首先是在那个直接吃到它的苦头的阶级即工人阶级的头脑中的观念上的反映。

> 弗·恩格斯：《反杜林论》，中共中央马克思恩格斯列宁斯大林著作编译
> 局编译：《马克思恩格斯文集》（第九卷），人民出版社 2009 年版，第
> 284—285 页。

107. 社会化生产和资本主义占有的不相容性必然越加鲜明地表现出来

从前，劳动资料的占有者占有产品，因为这些产品通常是他自己的产品，别人的辅助劳动是一种例外，而现在，劳动资料的占有者还继续占有产品，虽然这些产品已经不是他的产品，而完全是别人劳动的产品

了。这样，现在按社会化方式生产的产品已经不归那些真正使用生产资料和真正生产这些产品的人占有，而是归资本家占有。生产资料和生产实质上已经社会化了。但是，它们仍然服从于这样一种占有形式，这种占有形式是以个体的私人生产为前提，因而在这种形式下每个人都占有自己的产品并把这个产品拿到市场上去出卖。生产方式虽然已经消灭了这一占有形式的前提，但是它仍然服从于这一占有形式。赋予新的生产方式以资本主义性质的这一矛盾，已经包含着现代的一切冲突的萌芽。新的生产方式越是在一切有决定意义的生产部门和一切在经济上起决定作用的国家里占统治地位，并从而把个体生产排挤到无足轻重的残余地位，社会化生产和资本主义占有的不相容性，也必然越加鲜明地表现出来。

> 弗·恩格斯：《反杜林论》，中共中央马克思恩格斯列宁斯大林著作编译局编译：《马克思恩格斯文集》（第九卷），人民出版社 2009 年版，第287 页。

108. 社会化生产和资本主义占有之间的矛盾表现为无产阶级和资产阶级的对立

集中在资本家手中的生产资料和除了自己的劳动力以外一无所有的生产者彻底分离了。社会化生产和资本主义占有之间的矛盾表现为无产阶级和资产阶级的对立。

> 弗·恩格斯：《反杜林论》，中共中央马克思恩格斯列宁斯大林著作编译局编译：《马克思恩格斯文集》（第九卷），人民出版社 2009 年版，第288 页。

109. 无产阶级将取得国家政权，并且首先把生产资料变为国家财产

资本主义生产方式日益把大多数居民变为无产者，从而就造成一种在死亡的威胁下不得不去完成这个变革的力量。这种生产方式日益迫使人们把大规模的社会化的生产资料变为国家财产，因此它本身就指明完成这个变革的道路。无产阶级将取得国家政权，并且首先把生产资料变为国家财产。但是这样一来，它就消灭了作为无产阶级的自身，消灭了一切阶级差别和阶级对立，也消灭了作为国家的国家。

> 弗·恩格斯：《反杜林论》，中共中央马克思恩格斯列宁斯大林著作编译局编译：《马克思恩格斯文集》（第九卷），人民出版社 2009 年版，第297 页。

110. 国家最终将自行消亡

国家是整个社会的正式代表，是社会在一个有形的组织中的集中表现，但是，说国家是这样的，这仅仅是说，它是当时独自代表整个社会的那个阶级的国家：在古代是占有奴隶的公民的国家，在中世纪是封建贵族的国家，在我们的时代是资产阶级的国家。当国家终于真正成为整个社会的代表时它就使自己成为多余的了。当不再有需要加以镇压的社会阶级的时候，当阶级统治和根源于至今的生产无政府状态的个体生存斗争已被消除，而由此二者产生的冲突和极端行动也随着被消除了的时候就不再有什么需要镇压了，也就不再需要国家这种特殊的镇压力量了。国家真正作为整个社会的代表所采取的第一个行动，即以社会的名义占有生产资料，同时也是它作为国家所采取的最后一个独立行动。那时，国家政权对社会关系的干预在各个领域中将先后成为多余的事情而自行停止下来。那时，对人的统治将由对物的管理和对生产过程的领导所代替。国家不是"被废除"的，它是自行消亡的。

弗·恩格斯：《反杜林论》，中共中央马克思恩格斯列宁斯大林著作编译局编译：《马克思恩格斯文集》（第九卷），人民出版社 2009 年版，第297 页。

111. 把生产资料从这种桎梏下解放出来，是生产力不断地加速发展的唯一先决条件

把生产资料从这种桎梏下解放出来，是生产力不断地加速发展的唯一先决条件，因而也是生产本身实际上无限增长的唯一先决条件。但是还不止于此。生产资料由社会占有，不仅会消除生产的现存的人为障碍，而且还会消除生产力和产品的有形的浪费和破坏，这种浪费和破坏在目前是生产的无法摆脱的伴侣，并且在危机时期达到顶点。此外，这种占有还由于消除了现在的统治阶级及其政治代表的穷奢极欲的挥霍而为全社会节省出大量的生产资料和产品。通过社会化生产，不仅可能保证一切社会成员有富足的和一天比一天充裕的物质生活，而且还可能保证他们的体力和智力获得充分的自由的发展和运用，这种可能性现在第一次出现了，但它确实是出现了。

弗·恩格斯：《反杜林论》，中共中央马克思恩格斯列宁斯大林著作编译局编译：《马克思恩格斯文集》（第九卷），人民出版社 2009 年版，第299 页。

112. 社会生产内部的无政府状态将为有计划的自觉的组织所代替

一旦社会占有了生产资料，商品生产就将被消除，而产品对生产者的统治也将随之消除。社会生产内部的无政府状态将为有计划的自觉的组织所代替。个体生存斗争停止了。于是，人在一定意义上才最终地脱离了动物界，从动物的生存条件进入真正人的生存条件。人们周围的、至今统治着人们的生活条件，现在受人们的支配和控制，人们第一次成为自然界的自觉的和真正的主人，因为他们已经成为自身的社会结合的主人了。人们自己的社会行动的规律，这些一直作为异己的、支配着人们的自然规律而同人们相对立的规律，那时就将被人们熟练地运用，因而将听从人们的支配。人们自身的社会结合一直是作为自然界和历史强加于他们的东西而同他们相对立的，现在则变成他们自己的自由行动了。至今一直统治着历史的客观的异己的力量，现在处于人们自己的控制之下了。只是从这时起，人们才完全自觉地自己创造自己的历史，只是从这时起，由人们使之起作用的社会原因才大部分并且越来越多地达到他们所预期的结果。这是人类从必然王国进入自由王国的飞跃。

> 弗·恩格斯：《反杜林论》，中共中央马克思恩格斯列宁斯大林著作编译局编译：《马克思恩格斯文集》（第九卷），人民出版社 2009 年版，第300 页。

113. 解放世界是现代无产阶级的历史使命

完成这一解放世界的事业，是现代无产阶级的历史使命。深入考察这一事业的历史条件以及这一事业的性质本身，从而使负有使命完成这一事业的今天受压迫的阶级认识到自己的行动的条件和性质，这就是无产阶级运动的理论表现即科学社会主义的任务。

> 弗·恩格斯：《反杜林论》，中共中央马克思恩格斯列宁斯大林著作编译局编译：《马克思恩格斯文集》（第九卷），人民出版社 2009 年版，第300 页。

114. 在傅立叶和欧文看来，人应当通过全面的实践活动获得全面的发展

在傅立叶看来，手艺和工场手工业在工业中起着主要的作用，而在欧文看来，大工业已经起着主要的作用，而且认为在家务劳动中也应该应用蒸汽力和机器。但是，无论是在农业还是在工业中，他们两人都要求每个

人尽可能多地调换工种，并且要求相应地训练青年从事尽可能全面的技术活动。在他们两人看来，人应当通过全面的实践活动获得全面的发展；劳动应当重新获得它由于分工而丧失的那种吸引力，这首先是通过经常调换工种和相应地使从事每一种劳动的"活动时间"（用傅立叶的话说）不过长的办法来实现。

> 弗·恩格斯：《反杜林论》，中共中央马克思恩格斯列宁斯大林著作编译局编译：《马克思恩格斯文集》（第九卷），人民出版社 2009 年版，第310 页。

115. 除了这种共产主义外，同时还出现了另一些如傅立叶、蒲鲁东等人的社会主义学说，这不是偶然的，而是必然的

我们应当设法帮助教条主义者认清他们自己的原理。例如共产主义就尤其是一种教条的抽象概念，不过我指的不是某种想象的和可能存在的共产主义，而是如卡贝、德萨米和魏特林等人所讲授的那种实际存在的共产主义。这种共产主义本身只不过是受自己的对立面即私有制度影响的人道主义原则的特殊表现。所以，私有制的消灭和共产主义决不是一回事；除了这种共产主义外，同时还出现了另一些如傅立叶、蒲鲁东等人的社会主义学说，这不是偶然的，而是必然的，因为这种共产主义本身只不过是社会主义原则的一种特殊的片面的实现。然而整个社会主义的原则又只是涉及真正的人的本质的现实性的这一个方面。我们还应当同样关心另一个方面，即人的理论生活，因而应当把宗教、科学等等当做我们批评的对象。

> 卡·马克思：《马克思致阿尔诺德·卢格》，中共中央马克思恩格斯列宁斯大林著作编译局编译：《马克思恩格斯文集》（第十卷），人民出版社2009 年版，第 7—8 页。

116. 共产主义者的宗旨

我把共产主义者的宗旨规定如下：（1）实现同资产者利益相反的无产者的利益，（2）用消灭私有制而代之以财产公有的手段来实现这一点，（3）除了进行暴力的民主的革命以外，不承认有实现这些目的的其他手段。

> 弗·恩格斯：《恩格斯致布鲁塞尔共产主义通讯委员会，1846 年 10 月23 日于巴黎》，中共中央马克思恩格斯列宁斯大林著作编译局编译：《马克思恩格斯文集》（第十卷），人民出版社 2009 年版，第 40 页。

117. 用"消灭阶级"来代替"阶级平等"

我们坚持用"消灭阶级"来代替"阶级平等"。

卡·马克思:《马克思致保尔拉法格和劳拉拉法格》,中共中央马克思恩格斯列宁斯大林著作编译局编译:《马克思恩格斯文集》(第十卷),人民出版社2009年版,第334页。

118. 只有这个共产主义社会才能像对物的生产进行调节那样,同时也对人的生产进行调节

人类数量增多到必须为其增长规定一个限度的这种抽象可能性当然是存在的。但是,如果说共产主义社会在将来某个时候不得不像已经对物的生产进行调节那样,同时也对人的生产进行调节,那么正是这个社会,而且只有这个社会才能无困难地做到这点。在这样的社会里,有计划地达到现在法国和下奥地利在自发的无计划的发展过程中产生的那种结果,在我看来,并不是那么困难的事情。无论如何,共产主义社会中的人们自己会决定,是否应当为此采取某种措施,在什么时候,用什么办法,以及究竟是什么样的措施。我不认为自己有向他们提出这方面的建议和劝导的使命。那些人无论如何也会和我们一样聪明。

弗·恩格斯:《恩格斯致卡尔·考茨基》,中共中央马克思恩格斯列宁斯大林著作编译局编译:《马克思恩格斯文集》(第十卷),人民出版社2009年版,第455—456页。

119. 把国家对自由竞争的每一种干涉都叫做"社会主义",对这种胡说我们应当批判

……把国家对自由竞争的每一种干涉——保护关税、同业公会、烟草专卖、个别工业部门的国有化、海外贸易公司、皇家陶瓷厂——都叫做"社会主义",纯粹是曼彻斯特的资产者为了自己的利益而在胡说。对这种胡说我们应当批判,而不应当相信。如果我们相信它,并且根据它建立起一套理论,那么,只要提出下面的简单论据就会使这套理论连同它的前提一起破产,这种论据就是:此类所谓的社会主义一方面不过是封建的反动,另一方面不过是榨取金钱的借口,而它的间接目的则是使尽可能多的无产者变成依赖国家的公务员和领养老金者,即除了一支有纪律的士兵和公务员大军以外,再组织一支类似的工人大军。在国家长官,而不是在工厂监工的监视下举行强制性的选举——好一个美妙的社会主义!但是,如果相信资产阶级这一套连他们自己都不相信、而只是假装相信的说法,那就会得出结论:国家等于社会主义……

弗·恩格斯：《恩格斯致爱德华·伯恩斯坦》，中共中央马克思恩格斯列宁斯大林著作编译局编译：《马克思恩格斯文集》（第十卷），人民出版社2009年版，第460页。

120. 这些"社会主义者"不触动雇佣劳动，无非是企图在社会主义的伪装下挽救资本家的统治

1847年，我在一篇反对蒲鲁东的著作里曾经谈到这一点：

"……一些经济学家要求地租归国家所有以代替税收，我们是可以理解的。这不过是产业资本家仇视土地所有者的一种公开表现而已，因为在他们的眼里，土地所有者在整个资产阶级生产中是一个无用的累赘。"

……

但是，第一个把激进的英国资产阶级经济学家的这种要求变为社会主义的灵丹妙药，并宣称这种措施可以解决现代生产方式中所包含的种种对抗的人，是科兰。

……

从科兰算起，所有这些"社会主义者"都有一个共同点：他们不触动雇佣劳动，也就是不触动资本主义生产，他们想哄骗自己或世人，说什么把地租变成交给国家的赋税，资本主义生产的一切弊端就一直会自行消灭。可见，所有这一切无非是企图在社会主义的伪装下挽救资本家的统治，并且实际上是要在比现在更广泛的基础上来重新巩固资本家的统治。

卡·马克思：《马克思致弗里德里希·阿道夫·左尔格》，中共中央马克思恩格斯列宁斯大林著作编译局编译：《马克思恩格斯文集》（第十卷），人民出版社2009年版，第462—463页。

121. 一个大民族只要还没有实现民族独立，就根本谈不上社会主义

一个大民族，只要还没有实现民族独立，历史地看，就甚至不能比较严肃地讨论任何内政问题。1859年以前，在意大利根本谈不上社会主义，甚至当时算是最有活力的因素的共和主义者也并不很多。共和主义者到1861年以后才多起来，他们当中最优秀的力量后来投入了社会主义者的行列。德国的情况也是这样。

弗·恩格斯：《恩格斯致卡尔·考茨基》，中共中央马克思恩格斯列宁斯大林著作编译局编译：《马克思恩格斯文集》（第十卷），人民出版社2009年版，第471页。

122. 所谓"社会主义社会"不是一种一成不变的东西

我认为，所谓"社会主义社会"不是一种一成不变的东西，而应当和任何其他社会制度一样，把它看成是经常变化和改革的社会。它同现存制度的具有决定意义的差别当然在于，在实行全部生产资料公有制（先是国家的）基础上组织生产。

……

一旦我们掌握了政权，只要在群众中有足够的拥护者，大工业以及大庄园式的大农业是可以很快地实现社会化的。其余的也将或快或慢地随之实现。而有了大生产，我们就能左右一切。

> 弗·恩格斯：《恩格斯致奥托·冯·伯尼克》，中共中央马克思恩格斯列宁斯大林著作编译局编译：《马克思恩格斯文集》（第十卷），人民出版社2009年版，第588—589页。

123. 未来无产阶级革命的最终结果之一，将是称为国家的政治组织逐步解体直到最后消失

马克思和我从1845年起就持有这样的观点：未来无产阶级革命的最终结果之一，将是称为国家的政治组织逐步解体直到最后消失。这个组织的主要目的，从来就是依靠武装力量保证富有的少数人对劳动者多数的经济压迫。随着富有的少数人的消失，武装压迫力量或国家权力的必要性也就消失。同时我们始终认为，为了达到未来社会革命的这一目的以及其他更重要得多的目的，工人阶级应当首先掌握有组织的国家政权并依靠这个政权镇压资本家阶级的反抗和按新的方式组织社会。

> 弗·恩格斯：《恩格斯致菲力普·范派顿》，中共中央马克思恩格斯列宁斯大林著作编译局编译：《马克思恩格斯文集》（第十卷），人民出版社2009年版，第506页。

124. 民主共和国是资产阶级统治的最后形式，资产阶级统治将在这种形式下走向灭亡

照我的意见，应当这样说：无产阶级为了夺取政权也需要民主的形式，然而对于无产阶级来说，这种形式和一切政治形式一样，只是一种手段。在今天，如果有人要把民主看成目的，那他就必然要依靠农民和小资产者，也就是要依靠那些正在灭亡的阶级，而这些阶级只要想人为地保全自己，那他们对无产阶级说来就是反动的。其次，不应该忘记，资产阶级统治的

彻底的形式正是民主共和国，虽然这种共和国由于无产阶级已经达到的发展水平而面临严重的危险，但是，像在法国和美国所表明的那样，它作为单纯的资产阶级统治，总还是可能的。可见，自由主义的"原则"作为"一定的、历史地形成的"东西，实际上不过是一种不彻底的东西。自由主义的立宪君主政体是资产阶级统治的适当形式，那是（1）在初期，当资产阶级还没有和专制君主政体彻底决裂的时候，（2）在后期，当无产阶级已经使民主共和国面临严重的危险的时候。不过无论如何，民主共和国毕竟是资产阶级统治的最后形式：资产阶级统治将在这种形式下走向灭亡。

弗·恩格斯：《恩格斯致爱德华·伯恩斯坦》，中共中央马克思恩格斯列宁斯大林著作编译局编译：《马克思恩格斯文集》（第十卷），人民出版社2009年版，第514—515页。

125. 评马克思对资本主义社会制度的客观分析

尽可不同意马克思，但是决不能否认，是马克思万分明确地表述了自己的观点，这些观点对从前的社会主义者来说完全是新东西。新就新在从前的社会主义者为了论证自己的观点，认为只要指明群众在现代制度下受压迫的事实，只要指明使每个人都可获得自己生产成果的那种制度的优越性，只要指明这个理想制度适合"人的本性"、适合理性道德生活概念等等就足够了。马克思认为不能以这种社会主义为满足。他并不限于评论现代制度，评价和斥责这个制度，他还对这个制度作了科学的解释，**把这个在欧洲和非欧洲各个国家表现得不同的现代制度归结为一个共同基础，即资本主义社会形态**，并对这个社会形态的活动规律和发展规律作了客观分析（他指明这个制度下的剥削的必然性）。同样，他认为不能满足于伟大的空想社会主义者及其渺小的模仿者即主观社会学家所说的只有社会主义制度才适合人的本性的断语。他以对资本主义制度的这种客观分析，证明了资本主义制度变为社会主义制度的必然性（他究竟怎样证明这一点，米海洛夫斯基先生又怎样反驳这一点，对于这个问题，我们还得回头再说）。这就是马克思主义者经常援引必然性的由来。

列宁：《什么是"人民之友"以及他们如何攻击社会民主党人?》，中共中央马克思恩格斯列宁斯大林著作编译局编译：《列宁选集》（第一卷），人民出版社1995年版，第24—25页。

126. 无产阶级思想领导者的工作

如果社会主义者的任务是要做无产阶级的思想领导者，领导无产阶进行现实斗争，去反对横在一定社会经济发展的现实道路上的现实的真正敌人，那么情形就完全不同了。在这种条件下，理论工作和实际工作就会融合在一起，融合为一个工作，**德国社会民主党的老战士李卜克内西把这个工作说得极为中肯，这就是：研究，宣传，组织。**

> 列宁：《什么是"人民之友"以及他们如何攻击社会民主党人?》，中共中央马克思恩格斯列宁斯大林著作编译局编译：《列宁选集》（第一卷），人民出版社 1995 年版，第 78 页。

127. 对马克思、恩格斯和黑格尔的评价

恩格斯 1820 年生于普鲁士王国莱茵省的巴门城。父亲是个工厂主。1838 年，由于家庭情况，恩格斯中学还没有毕业，就不得不到不来梅一家商号去当办事员。从事商业并没有妨碍恩格斯对科学和政治的研究。当他还是中学生的时候，就憎恶专制制度和官吏的专横。对哲学的钻研，使他更前进了。当时在德国哲学界占统治地位的是黑格尔学说，于是恩格斯也成了黑格尔的信徒。黑格尔本人虽然崇拜普鲁士专制国家，他以柏林大学教授的身份为这个国家服务，但是黑格尔的学说是革命的。黑格尔对于人类理性和人类权利的信念，以及他的哲学的基本原理——世界是不断变化着发展着的过程，使这位柏林哲学家的那些不愿与现实调和的学生得出了一种想法，即认为同现状、同现存的不公平现象、同流行罪恶进行的斗争，也是基于世界永恒发展规律的。既然一切都是发展着的，既然一些制度不断被另一些制度所代替，那么为什么普鲁士国王或俄国沙皇的专制制度，极少数人靠剥夺绝大多数人发财致富的现象，资产阶级对人民的统治，却会永远延续下去呢？黑格尔的哲学谈论精神和观念的发展，它是唯心主义的哲学。它从精神的发展中推演出自然界、人以及人与人的关系即社会关系的发展。马克思和恩格斯保留了黑格尔关于永恒的发展过程的思想，而抛弃了那种偏执的唯心主义观点；他们面向实际生活之后看到，不能用精神的发展来解释自然界的发展，恰恰相反，要从自然界，从物质中找到对精神的解释……与黑格尔和其他黑格尔主义者相反，马克思和恩格斯是唯物主义者。他们用唯物主义观点观察世界和人类，看出一切自然现象都有物质原因作基础，同样，人类社会的发展也是受物质力量即生产力的发展所制约的。生产力的发展决定人们在生产人类必需的产品时彼此所发生的关系。用这种关系才能解释社会生活中的一切现象，人的意向、观念和法

律。生产力的发展造成了以私有制为基础的社会关系，但是我们现在看到，生产力的发展又夺走了大多数人的财产，将它集中在极少数人的手中。生产力的发展正在消灭私有制，即现代社会制度的基础，这种发展本身就是朝着社会主义者所抱定的那个目标前进的。社会主义者就是要了解，究竟哪种社会力量因其在现代社会中所处的地位而关心社会主义的实现，并使这种力量意识到它的利益和历史使命。这种力量就是无产阶级。

> 列宁：《弗里德里希·恩格斯》，中共中央马克思恩格斯列宁斯大林著作编译局编译：《列宁选集》（第一卷），人民出版社 1995 年版，第 90—91 页。

128. 欧洲无产阶级的科学创造者

的确，这两卷《资本论》是马克思和恩格斯两人的著作。古老传说中有各种非常动人的友谊故事。欧洲无产阶级可以说，它的科学是由这两位学者和战士创造的，他们的关系超过了古人关于人类友谊的一切最动人的传说。恩格斯总是把自己放在马克思之后，总的说来这是十分公正的。他在写给一位老朋友的信中说："马克思在世的时候，我拉第二小提琴。"他对在世时的马克思无限热爱，对死后的马克思无限敬仰。这位严峻的战士和严正的思想家，具有一颗深情挚爱的心。

> 列宁：《弗里德里希·恩格斯》，中共中央马克思恩格斯列宁斯大林著作编译局编译：《列宁选集》（第一卷），人民出版社 1995 年版，第 95 页。

129. 恩格斯与欧洲社会党人

马克思逝世以后，恩格斯一个人继续担任欧洲社会党人的顾问和领导者。无论是受政府迫害但力量仍然不断迅速增长的德国社会党人，或者是落后国家内那些还需仔细考虑斟酌其初步行动的社会党人，如西班牙、罗马尼亚和俄国的社会党人，都同样向恩格斯征求意见，请求指示。他们都从年老恩格斯的知识和经验的丰富宝库中得到教益。

> 列宁：《弗里德里希·恩格斯》，中共中央马克思恩格斯列宁斯大林著作编译局编译：《列宁选集》（第一卷），人民出版社 1995 年版，第 96 页。

130. 以马克思主义学说为基础的无产阶级社会主义的这个完全的统治，并不是一下子就巩固起来的

在欧洲，在各种社会主义学说中间，马克思主义现在已经取得了完全的统治，而争取实现社会主义制度的斗争，几乎完全是各国社会民主党领

导的工人阶级的斗争。但是**以马克思主义学说为基础的无产阶级社会主义的这个完全的统治，并不是一下子就巩固起来的**，而只是在同各种落后的学说如小资产阶级社会主义、无政府主义等等作了长期斗争以后，才巩固起来的。大约 30 年以前，马克思主义就是在德国也还没有取得统治地位，当时在德国占优势的，老实说，是介于小资产阶级社会主义和无产阶级社会主义之间的过渡的、混合的、折中的见解。而在罗马语国家，如法国、西班牙、比利时，在先进工人中最流行的学说是蒲鲁东主义、布朗基主义、无政府主义，这些学说所反映的显然是小资产者的观点而不是无产者的观点。

> 列宁：《小资产阶级社会与无产阶级社会主义》，中共中央马克思恩格斯列宁斯大林著作编译局编译：《列宁选集》（第一卷），人民出版社 1995 年版，第 653 页。

131. 社会党人对战争的态度

社会党人一向谴责各民族之间的战争，认为这是一种野蛮的和残暴的行为。但是我们对战争的态度，同资产阶级和平主义者（和平的拥护者和鼓吹者）和无政府主义者有原则的区别。我们和资产阶级和平主义者不同的是，我们懂得战争和国内阶级斗争有必然的联系，懂得不消灭阶级，不建立社会主义，就不可能消灭战争，再就是我们完全承认国内战争即被压迫阶级反对压迫阶级——奴隶反对奴隶主、农奴反对地主、雇佣工人反对资产阶级——的战争是合理的、进步的和必要的。我们马克思主义者既不同于和平主义者也不同于无政府主义者的是，我们认为必须历史地（从马克思的辩证唯物主义观点）分别地研究每次战争。历史上多次发生过这样的战争，它们虽然像任何战争一样不可避免地带来种种惨祸、暴行、灾难和痛苦，但是它们却是进步的战争，也就是说，它们由于帮助破坏了特别有害的和反动的制度（如专制制度或农权制），破坏了欧洲最野蛮的专制政体（土耳其的和俄国的）而有利于人类的发展。

> 列宁：《社会主义与战争》，中共中央马克思恩格斯列宁斯大林著作编译局编译：《列宁选集》（第二卷），人民出版社 1995 年版，第 510 页。

132. 德国社会民主党内部最明显地反映了当今社会主义运动中的分裂

德国社会民主党内部最明显地反映了当今社会主义运动中的分裂。我们在这里可以十分清楚地看到三个派别：机会主义的沙文主义者，他们的堕落和叛变，在任何其他国家都没有达到像在德国那样的程度；考茨基的"中派"，他们在这里除了充当机会主义者的奴仆，根本没有能力扮演任何别的角色；左派，它是德国的唯一的社会民主派。

> 列宁：《社会主义与战争》，中共中央马克思恩格斯列宁斯大林著作编译
> 局编译：《列宁选集》（第二卷），人民出版社 1995 年版，第 538 页。

133. 俄国社会民主党分裂为"经济派"和"火星派"

社会民主党作为一种思想派别，产生于 1883 年。那时，"劳动解放社"在国外第一次针对俄国的情况系统地阐述了社会民主党的观点。在 90 年代以前，社会民主派一直是一个和俄国群众性工人运动没有联系的思想派别。90 年代初期社会运动的高涨、工人的风潮和罢工运动，使社会民主党成为同工人阶级的斗争（经济的和政治的斗争）有密切联系的积极的政治力量。也就是从这时起，社会民主党开始分裂为"经济派"和"火星派"。

> 列宁：《社会主义与战争》，中共中央马克思恩格斯列宁斯大林著作编译
> 局编译：《列宁选集》（第二卷），人民出版社 1995 年版，第 543 页。

134. 社会主义可能首先在少数甚至在单独一个资本主义国家内获得胜利

经济和政治发展的不平衡是资本主义的绝对规律。由此就应得出结论：社会主义可能首先在少数甚至在单独一个资本主义国家内获得胜利。这个国家的获得胜利的无产阶级既然剥夺了资本家并在本国组织了社会主义生产，就会奋起同其余的资本主义世界抗衡，把其他国家的被压迫阶级吸引到自己方面来，在这些国家中发动反对资本家的起义，必要时甚至用武力去反对各剥削阶级及其国家。无产阶级推翻资产阶级而获得胜利的社会所采取的政治形式将是民主共和国，它将日益集中该民族或各该民族的无产阶级的力量同还没有转向社会主义的国家作斗争。没有无产阶级这一被压迫阶级的专政，便不可能消灭阶级。没有各社会主义共和国对各落后国家的比较长期而顽强的斗争，便不可能有各民族在社会主义下的自由联合。

> 列宁：《社会主义与战争》，中共中央马克思恩格斯列宁斯大林著作编译
> 局编译：《列宁选集》（第二卷），人民出版社 1995 年版，第 554 页。

135. 有关民族自决权的理解

如果从民主纲领中删去一条，例如删去民族自决这一条，借口这一条在帝国主义时代似乎"不能实现"，或者说是"一种虚幻"，那同样是错误

的。民族自决权在资本主义范围内不能实现的论断，可以从绝对的、经济的意义上来理解，也可以从相对的、政治的意义上来理解。

在第一种场合，这个论断在理论上是根本错误的。第一，从这个意义上来讲，在资本主义制度下，诸如劳动货币或消灭危机等等，是不能实现的。但如果认为民族自决也同样不能实现，那就完全不对了。第二，即使只举1905年挪威从瑞典分离的例子，也足以驳倒认为民族自决在这个意义上"不能实现"的论断。第三，如果德国和英国稍微改变一下政治上和战略上的相互关系，则今天或明天成立波兰、印度等新国家是完全"可以实现"的，否认这一点是可笑的。第四，金融资本为谋求向外扩张，会"自由"收买和贿赂最自由民主共和的政府以及任何一个国家哪怕是"独立"国家的由选举产生的官吏。金融资本的统治，也和任何资本的统治一样，是政治民主方面的任何改革所不能消灭的；而自决则完全是属于政治民主方面的。但是，政治民主作为阶级压迫和阶级斗争的更自由、更广泛和更明显的形式，它的作用是这种金融资本的统治根本无法消除的。因此，从经济意义上来说，关于政治民主的某一种要求在资本主义制度下"不能实现"的一切说法，归结起来，就是在理论上对资本主义和整个政治民主的一般的、基本的关系作了不正确的判定。

在第二种场合，这个论断是不完全和不确切的。因为不单是民族自决权，就是一切根本的政治民主要求，在帝国主义时代，如果说它们"可以实现"，那也只能是不充分地、残缺不全地得到实现，而且是罕见的例外（如1905年挪威从瑞典分离）。一切革命的社会民主党人提出的立即解放殖民地的要求，在资本主义制度下，不经过多次革命，也是"不能实现"的。然而，社会民主党绝不因此而拒绝为实现这一切要求立即进行最坚决的斗争，因为拒绝这种斗争只会有利于资产阶级和反动势力；恰恰相反，必须用革命的而不是改良的方式表述并且实现这一切要求；不要局限于资产阶级所容许的合法的框框，而要打破这个框框；不要满足于议会中的演讲和口头抗议，而要发动群众积极行动起来，扩大和加强争取实现任何根本的民主要求的斗争，直到无产阶级向资产阶级发起直接的冲击，也就是说，直到进行社会主义革命，剥夺资产阶级。社会主义革命不但可以因大罢工、街头游行示威、饥民骚乱、军队起义或殖民地暴动而爆发，也可以因德雷福斯案件或萨韦纳事件之类的任何政治危机，或者因就被压迫民族的分离问题举行的全民投票等等而爆发。

列宁：《社会主义革命和民族自决权》，中共中央马克思恩格斯列宁斯大林著作编译局编译：《列宁选集》（第二卷），人民出版社 1995 年版，第 562—563 页。

136. 民族自决权只是一种政治意义上的独立权，即在政治上从压迫民族自由分离的权利

民族自决权只是一种政治意义上的独立权，即在政治上从压迫民族自由分离的权利。具体说来，这种政治民主要求，就是有鼓动分离的充分自由，以及由要求分离的民族通过全民投票来决定分离问题。因此，这种政治民主要求并不就等于要求分离、分裂、建立小国，它只是反对任何民族压迫的斗争的彻底表现。一个国家的民主制度愈接近充分的分离自由，在实际上要求分离的愿望也就愈少愈弱，因为无论从经济发展或群众利益来看，大国的好处是不容置疑的，而且这些好处会随着资本主义的发展而日益增多。承认自决并不等于承认联邦制这个原则。可以坚决反对这个原则而拥护民主集中制，但是，与其存在民族不平等，不如建立联邦制，作为实行充分的民主集中制的唯一道路。主张集中制的马克思正是从这种观点出发，宁愿爱尔兰和英国结成联邦，而不愿爱尔兰受英国人的暴力支配。

列宁：《社会主义革命和民族自决权》，中共中央马克思恩格斯列宁斯大林著作编译局编译：《列宁选集》（第二卷），人民出版社 1995 年版，第 564 页。

137. 社会主义的目的

社会主义的目的不只是要消灭人类分为许多小国的现象，消灭一切民族隔绝状态，不只是要使各民族接近，而且要使各民族融合。

列宁：《社会主义革命和民族自决权》，中共中央马克思恩格斯列宁斯大林著作编译局编译：《列宁选集》（第二卷），人民出版社 1995 年版，第 564 页。

138. 我们的最终目的是消灭国家

民主和少数服从多数的原则不是一个东西。民主就是承认少数服从多数的国家，即一个阶级对另一个阶级、一部分居民对另一部分居民使用有系统的暴力的组织。

我们的最终目的是消灭国家，也就是消灭任何有组织有系统的暴力，消灭任何加在人们头上的暴力。我们并不期待一个不遵守少数服从多数的

原则的社会制度。但是，我们在向往社会主义的同时深信：社会主义将发展为共产主义，而对人们使用暴力，使一个人服从另一个人、使一部分居民服从另一部分居民的任何必要也将随之消失，因为人们将习惯于遵守公共生活的起码规则，而不需要暴力和服从。

列宁：《国家与革命》，中共中央马克思恩格斯列宁斯大林著作编译局编译：《列宁选集》（第三卷），人民出版社 1995 年版，第 184—185 页。

139. 共产主义是历史地从资本主义中发展出来的，是资本主义所产生的那种社会力量发生作用的结果

马克思的全部理论，就是运用最彻底、最完整、最周密、内容最丰富的发展论去考察现代资本主义。自然，他也就要运用这个理论去考察资本主义的即将到来的崩溃和未来共产主义的未来的发展。

究竟根据什么材料可以提出未来共产主义的未来发展问题呢？

这里所根据的是，共产主义是从资本主义中产生出来的，它是历史地从资本主义中发展出来的，它是资本主义所产生的那种社会力量发生作用的结果。马克思丝毫不想制造乌托邦，不想凭空猜测无法知道的事情。马克思提出共产主义的问题，正像一个自然科学家已经知道某一新的生物变种是怎样产生以及朝着哪个方向演变才提出该生物变种的发展问题一样。

列宁：《国家与革命》，中共中央马克思恩格斯列宁斯大林著作编译局编译：《列宁选集》（第三卷），人民出版社 1995 年版，第 186—187 页。

140. 无产阶级专政还要对压迫者、剥削者、资本家采取一系列剥夺自由的措施

而无产阶级专政，即被压迫者先锋队组织成为统治阶级来镇压压迫者，不能仅仅只是扩大民主。除了把民主制度大规模地扩大，使它第一次成为穷人的、人民的而不是富人的民主制度之外，无产阶级专政还要对压迫者、剥削者、资本家采取一系列剥夺自由的措施。为了使人类从雇佣奴隶制下面解放出来，我们必须镇压这些人，必须用强力粉碎他们的反抗，——显然，凡是实行镇压和使用暴力的地方，也就没有自由，没有民主。

列宁：《国家与革命》，中共中央马克思恩格斯列宁斯大林著作编译局编译：《列宁选集》（第三卷），人民出版社 1995 年版，第 190 页。

141. 只有在共产主义社会中，国家才会消失，才有可能谈自由

只有在共产主义社会中，当资本家的反抗已经彻底粉碎，当资本家已

经消失，当阶级已经不存在（即社会各个成员在同社会生产资料的关系上已经没有差别）的时候，——只有在那个时候，"国家才会消失，才有可能谈自由"。只有在那个时候，真正完全的、真正没有任何例外的民主才有可能，才会实现。也只有在那个时候，民主才开始消亡，道理很简单：人们既然摆脱了资本主义奴隶制，摆脱了资本主义剥削制所造成的无数残暴、野蛮、荒谬和丑恶的现象，也就会逐渐习惯于遵守多少世纪以来人们就知道的、千百年来在一切行为守则上反复谈到的、起码的公共生活规则，而不需要暴力，不需要强制，不需要服从，不需要所谓国家这种实行强制的特殊机构。

"国家消亡"这个说法选得非常恰当，因为它既表明了过程的渐进性，又表明了过程的自发性。只有习惯才能够发生而且一定会发生这样的作用，因为我们在自己的周围千百万次地看到，如果没有剥削，如果根本没有令人气愤、引起抗议和起义而使镇压成为必要的现象，那么人们是多么容易习惯于遵守他们所必需的公共生活规则。

总之，资本主义社会里的民主是一种残缺不全的、贫乏的和虚伪的民主，是只供富人、只供少数人享受的民主。无产阶级专政，向共产主义过渡的时期，将第一次提供人民享受的、大多数人享受的民主，同时对少数人即剥削者实行必要的镇压。只有共产主义才能提供真正完全的民主，而民主愈完全，它也就愈迅速地成为不需要的东西，愈迅速地自行消亡。

> 列宁：《国家与革命》，中共中央马克思恩格斯列宁斯大林著作编译局编译：《列宁选集》（第三卷），人民出版社 1995 年版，第 191—192 页。

142. 国家完全消亡的经济基础就是共产主义的高度发展

国家完全消亡的经济基础就是共产主义的高度发展，那时脑力劳动和体力劳动的对立已经消失，因而现代社会不平等的最重要的根源之一也就消失，而这个根源光靠把生产资料转为公有财产，光靠剥夺资本家，是决不能立刻消除的。

这种剥夺会使生产力有蓬勃发展的可能。我们看到，资本主义目前已经在令人难以置信地阻碍这种发展，而在现代已经达到的技术水平的基础上本来是可以大有作为的，因此我们可以绝对有把握地说，剥夺资本家一定会使人类社会的生产力蓬勃发展。但是，生产力将以什么样的速度向前发展，将以什么样的速度发展到打破分工、消灭脑力劳动和体力劳动的对立、把劳动变为"生活的第一需要",这都是我们所不知道而且也不可能知道的。

因此,我们只能谈国家消亡的必然性,同时着重指出这个过程是长期的,指出它的长短将取决于共产主义高级阶段的发展速度,而把消亡的日期或消亡的具体形式问题作为悬案,因为现在还没有可供解决这些问题的材料。

当社会实现"各尽所能,按需分配"的原则时,也就是说,当人们已经十分习惯于遵守公共生活的基本规则,他们的劳动生产率已经极大地提高,以致他们能够自愿地尽其所能来劳动的时候,国家才会完全消亡。那时,就会超出"资产阶级权利的狭隘眼界",超出这种使人像夏洛克那样冷酷地斤斤计较,不愿比别人多做半小时工作,不愿比别人少得一点报酬的狭隘眼界。那时,分配产品就无需社会规定每人应当领取的产品数量;每人将"按需"自由地取用。

> 列宁:《国家与革命》,中共中央马克思恩格斯列宁斯大林著作编译局编译:《列宁选集》(第三卷),人民出版社 1995 年版,第 197—198 页。

143. 民主只是从封建主义到资本主义和从资本主义到共产主义的道路上的阶段之一

在工人阶级反对资本家以争取自身解放的斗争中,民主具有巨大的意义。但是民主决不是不可逾越的极限,它只是从封建主义到资本主义和从资本主义到共产主义的道路上的阶段之一。

> 列宁:《国家与革命》,中共中央马克思恩格斯列宁斯大林著作编译局编译:《列宁选集》(第三卷),人民出版社 1995 年版,第 200 页。

144. 社会主义同共产主义在科学上的差别

这里我们也就接触到了社会主义和共产主义在科学上的差别问题,这个问题在上面引用的恩格斯说"社会民主党人"这个名称不正确的一段话里已经谈到。共产主义第一阶段或低级阶段同共产主义高级阶段之间的差别在政治上说将来也许很大,但现在在资本主义下来着重谈论它就很可笑了,把这个差别提到首要地位的也许只有个别无政府主义者(在克鲁泡特金之流、格拉弗、科尔纳利森和其他无政府主义"大师"们已经"像普列汉诺夫那样"变成了社会沙文主义者,或者如少数没有丧失廉耻和良心的无政府主义者之一格耶所说,变成了无政府主义卫国战士以后,如果无政府主义者当中还有人丝毫没有学到什么东西的话)。

但是社会主义同共产主义在科学上的差别是很明显的。通常所说的社会主义，马克思把它称作共产主义社会的"第一"阶段或低级阶段。既然生产资料已成为公有财产，那么"共产主义"这个名词在这里也是可以用的，只要不忘记这还不是完全的共产主义。马克思的这些解释的伟大意义，就在于他在这里也彻底地运用了唯物主义辩证法，即发展学说，把共产主义看成是从资本主义中发展出来的。马克思没有经院式地臆造和"虚构"种种定义，没有从事毫无意义的字面上的争论（什么是社会主义，什么是共产主义），而是分析了可以称为共产主义在经济上成熟程度的两个阶段的东西。

在第一阶段，共产主义在经济上还不可能完全成熟，完全摆脱资本主义的传统或痕迹。由此就产生一个有趣的现象，这就是在共产主义第一阶段还保留着"资产阶级权利的狭隘眼界"。既然在消费品的分配方面存在着资产阶级权利，那当然一定要有资产阶级国家，因为如果没有一个能够强制人们遵守权利准则的机构，权利也就等于零。

当社会全体成员或者哪怕是大多数成员自己学会了管理国家，自己掌握了这个事业，对极少数资本家、想保留资本主义恶习的先生们和深深受到资本主义腐蚀的工人们"调整好"监督的时候，对任何管理的需要就开始消失。民主愈完全，它成为多余的东西的时候就愈接近。由武装工人组成的、"已经不是原来意义上的国家"的"国家"愈民主，则任何国家就会愈迅速地开始消亡。

因为当所有的人都学会了管理，都来实际地独立地管理社会生产，对寄生虫、老爷、骗子等等"资本主义传统的保持者"独立地进行计算和监督的时候，逃避这种全民的计算和监督就必然会成为极难得逞的、极罕见的例外，可能还会受到极迅速极严厉的惩罚（因为武装工人是重实际的人，而不是重感情的知识分子；他们未必会让人跟自己开玩笑），以致人们对于人类一切公共生活的简单的基本规则就会很快从必须遵守变成习惯于遵守了。

到那时候，从共产主义社会的第一阶段过渡到它的高级阶段的大门就会敞开，国家也就随之完全消亡。

列宁：《国家与革命》，中共中央马克思恩格斯列宁斯大林著作编译局编

译：《列宁选集》（第三卷），人民出版社1995年版，第199—203页。

145. 只有无产者阶级才能代替资产阶级

社会党人所以在理论上近视、被资产阶级偏见俘虏并在政治上背叛无产阶级，主要是因为他们不懂得，在资本主义社会中，当作为这个社会的基础的阶级斗争稍微严重一些的时候，除了资产阶级专政或无产阶级专政，不可能有任何中间道路。幻想走第三条道路，不过是抒发小资产者的反动哀怨。一切先进国家百多年来资产阶级民主和工人运动发展的经验，尤其是近五年来的经验，都证明了这一点。全部政治经济学，马克思主义的全部内容，也说明了这一点；马克思主义阐明了在任何一种商品经济制度下资产阶级专政的经济必然性，而能够代替资产阶级的，只有那个随着资本主义的发展本身而发展、扩大、团结起来、站稳脚跟的阶级，即无产者阶级。

> 列宁：《共产国际第一次代表大会文献》，中共中央马克思恩格斯列宁斯大林著作编译局编译：《列宁选集》（第三卷），人民出版社 1995 年版，第 698 页。

146. 无产阶级专政是用暴力镇压剥削者的反抗

无产阶级专政同其他阶级专政相似的地方在于，这种专政之所以需要，同任何专政一样，是由于必须用暴力镇压那个失去政治统治权的阶级的反抗。无产阶级专政同其他阶级专政（中世纪的地主专政，一切文明的资本主义国家中的资产阶级专政）根本不同的地方在于，地主资产阶级的专政是用暴力镇压大多数人即劳动人民的反抗。相反地，无产阶级专政是用暴力镇压剥削者的反抗，镇压极少数人即地主资本家的反抗。

由此可以得出结论，无产阶级专政不仅一般地说必然使民主形式和民主机构发生变化，而且要使它们变得能使受资本主义压迫的劳动阶级空前广泛地实际享受到民主。

> 列宁：《共产国际第一次代表大会文献》，中共中央马克思恩格斯列宁斯大林著作编译局编译：《列宁选集》（第三卷），人民出版社 1995 年版，第 699 页。

147. 无产阶级夺取政权后的任务

在无产阶级夺得政权以前，为了从政治上教育和组织工人群众，利用资产阶级民主制特别是议会制曾经是（必需的）必要的，而现在，当无产阶级夺得政权以后，在苏维埃共和国实现了更高类型的民主制的情况下，任何退到资产阶级议会制和资产阶级民主制的步骤都是为剥削者即为地主和资本家的利益效劳的绝对反动的行为。那些似乎是全民的、全民族的、普遍的、超阶级的民主而实际上是资产阶级的民主的口号，不过是为剥削者的利益服务，只要土地和其他生产资料的私有制仍然存在，最民主的共和国都必然是资产阶级专政，是一小撮资本家镇压占大多数的劳动者的机器。

列宁：《俄共（布）纲领草案》，中共中央马克思恩格斯列宁斯大林著作
编译局编译：《列宁选集》（第三卷），人民出版社 1995 年版，第 721 页。

148. 苏维埃国家组织实现了真正的民主制度

资产阶级民主制冠冕堂皇地宣布一切公民平等，而实际上却伪善地掩盖剥削者资本家的统治，用剥削者和被剥削者似乎能够真正平等的思想欺骗群众。苏维埃国家组织戳穿了这种欺骗和伪善，实现了真正的民主制度，即一切劳动者的真正平等，把剥削者排除出享有充分权利的社会成员之外。全部世界史的经验、被压迫阶级反抗压迫者的一切起义的经验告诉我们，剥削者必然要进行拼命的和长期的反抗来保持他们的特权。苏维埃国家组织适合于镇压这种反抗，否则就谈不上胜利的共产主义革命。

列宁：《俄共（布）纲领草案》，中共中央马克思恩格斯列宁斯大林著作
编译局编译：《列宁选集》（第三卷），人民出版社 1995 年版，第 722 页。

149. 共产主义的社会劳动组织其第一步为社会主义，靠推翻了地主资本家压迫的劳动群众本身自由的自觉的纪律来维持

农奴制的社会劳动组织靠棍棒纪律来维持，劳动群众极端愚昧，备受压抑，横遭一小撮地主的掠夺和侮辱。资本主义的社会劳动组织靠饥饿纪律来维持，在最先进最文明最民主的共和国内，尽管资产阶级文化和资产阶级民主有很大的进步，广大劳动群众仍旧是一群愚昧的、受压抑的雇佣奴隶或被压迫的农民，横遭一小撮资本家的掠夺和侮辱。共产主义的社会劳动组织——其第一步为社会主义——则靠推翻了地主资本家压迫的劳动群众本身自由的自觉的纪律来维持，而且愈向前发展就愈要靠这种纪律来维持。这种新的纪律不是从天上掉下来的，也不是由善良的愿望产生的，它是从资本主义大生产的物质条件中生长起来的，而且只能是从这种条件中生长起来。没有这种物质条件就不可能有这种纪律。代表或体现这种物质条件的是大资本主义所创造、组织、团结、训练、启发和锻炼出来的一定历史阶级。这个阶级就是无产阶级。

如果我们把无产阶级专政这个原出拉丁文的、历史哲学的科学用语译成普通的话，它的意思就是：

在推翻资本压迫的斗争中，在推翻这种压迫的过程中，在保持和巩固胜利的斗争中，在创建新的社会主义的社会制度的事业中，在完全消灭阶级的全部斗争中，只有一个阶级，即城市的总之是工厂的产业工人，才能够领导全体被剥削劳动群众。（我们要顺便指出：社会主义和共产主义之间的科学区别，只在于第一个词是指从资本主义生长起来的新社会的第一阶段，第二个词是指它的下一个阶段，更高的阶段。）

> 列宁：《伟大的创举，用革命精神从事工作（共产主义星期六）》，中共中央马克思恩格斯列宁斯大林著作编译局编译：《列宁选集》（第四卷），人民出版社 1995 年版，第 10 页。

150. 消灭阶级是社会主义者的最终目的

"消灭阶级"是什么意思呢？凡自称为社会主义者的人，都承认社会主义的这个最终目的，但远不是所有的人都深入思索过它的含义。所谓阶级，就是这样一些大的集团，这些集团在历史上一定的社会生产体系中所处的地位不同，同生产资料的关系（这种关系大部分是在法律上明文规定了的）不同，在社会劳动组织中所起的作用不同，因而取得归自己支配的那份社会财富的方式和多寡也不同。所谓阶级，就是这样一些集团，由于它们在一定社会经济结构中所处的地位不同，其中一个集团能够占有另一个集团的劳动。

> 列宁：《伟大的创举，用革命精神从事工作（共产主义星期六）》，中共中央马克思恩格斯列宁斯大林著作编译局编译：《列宁选集》（第四卷），人民出版社 1995 年版，第 11 页。

151. 为了完全消灭阶级，不仅要推翻剥削者即地主和资本家，不仅要废除他们的所有制，而且要废除任何生产资料私有制，要消灭城乡之间、体力劳动者和脑力劳动者之间的差别

显然，为了完全消灭阶级，不仅要推翻剥削者即地主和资本家，不仅要废除他们的所有制，而且要废除任何生产资料私有制，要消灭城乡之间、体力劳动者和脑力劳动者之间的差别。这是很长时期才能实现的事业。要完成这一事业，必须大大发展生产力，必须克服无数小生产残余的反抗（往往是特别顽强特别难于克服的消极反抗），必须克服与这些残余相联系

的巨大的习惯势力和保守势力。

认为一切"劳动者"都同样能胜任这一工作，那是纯粹的空话或马克思以前的旧社会主义者的幻想。因为这种能力不是自行产生的，而是在历史上生长起来的，并且只能是从资本主义大生产的物质条件中生长起来的。在开始从资本主义走向社会主义的时候，只有无产阶级才具有这种能力。它所以能够完成它所肩负的巨大任务，第一是因为它是各文明社会中最强大最先进的阶级；第二是因为它在最发达的国家中占人口的多数；第三是因为在像俄国这样一些落后的资本主义国家中，大多数人是半无产者，就是说，这些人总是每年有一部分时间过着无产者的生活，总是某种程度上靠在资本主义企业中从事雇佣劳动来维持生活。

> 列宁：《伟大的创举，用革命精神从事工作（共产主义星期六）》，中共中央马克思恩格斯列宁斯大林著作编译局编译：《列宁选集》（第四卷），人民出版社 1995 年版，第 11—12 页。

152. 要正确解决资本主义向社会主义过渡的任务，只有具体地研究已经夺得政权的无产阶级和所有一切非无产阶级以及半无产阶级劳动群众之间的特殊的关系

谁想根据什么自由、平等、一般民主、劳动民主派的平等这类泛泛的空话来解决从资本主义向社会主义过渡的任务（像考茨基、马尔托夫和伯尔尼国际即黄色国际其他英雄们所做的那样），谁就只能以此暴露出他在思想方面奴隶般地跟着资产阶级跑的小资产者、庸人和市侩的本性。要正确地解决这一任务，只有具体地研究已经夺得政权的那个特殊的阶级即无产阶级和所有一切非无产阶级以及半无产阶级劳动群众之间的特殊的关系，这种关系不是在空想和谐的、"理想的"环境中形成的，而是在资产阶级进行疯狂的和多种多样的反抗的现实环境中形成的。

> 列宁：《伟大的创举，用革命精神从事工作（共产主义星期六）》，中共中央马克思恩格斯列宁斯大林著作编译局编译：《列宁选集》（第四卷），人民出版社 1995 年版，第 12 页。

153. 无产阶级应当解决的双重或二位一体的任务

为了取得胜利，为了建立和巩固社会主义，无产阶级应当解决双重的或二位一体的任务：第一，用自己在反对资本的革命斗争中奋不顾身的英勇精神吸引全体被剥削劳动群众，吸引他们，组织他们，领导他们去推翻资产阶级和彻底镇压资产阶级的一切反抗；第二，把全体被剥削劳动群众以及小资产阶级的所有阶层引上新的经济建设的道路，引上建立新的社会联系、新的劳动纪律、新的劳动组织的道路，这种劳动组织把科学和资本主义技术的最新成就同创造社会主义大生产的自觉工作者大规模的联合联结在一起。这第二个任务比第一个任务更困难，因为解决这个任务决不能靠一时表现出来的英勇气概，而需要在大量的日常工作中表现出来的最持久、最顽强、最难得的英勇精神。但这个任务又比第一个任务更重要，因为归根到底，战胜资产阶级所需力量的最深源泉，这种胜利牢不可破的唯一保证，只能是新的更高的社会生产方式，只能是用社会主义的大生产代替资本主义的和小资产阶级的生产。

> 列宁：《伟大的创举，用革命精神从事工作（共产主义星期六）》，中共中央马克思恩格斯列宁斯大林著作编译局编译：《列宁选集》（第四卷），人民出版社 1995 年版，第 13 页。

154. 劳动生产率，归根到底是使新社会制度取得胜利的最重要最主要的东西

劳动生产率，归根到底是使新社会制度取得胜利的最重要最主要的东西。资本主义创造了在农奴制度下所没有过的劳动生产率。资本主义可以被最终战胜，而且一定会被最终战胜，因为社会主义能创造新的高得多的劳动生产率。这是很困难很长期的事业，但这个事业已经开始，这是最主要的。度过四年艰苦的帝国主义战争、又度过一年半更艰苦的国内战争的挨饿的工人，1919 年夏季尚且能在饥饿的莫斯科开始这件伟大的事业，一旦我们在国内战争中获得胜利并争得和平，它又将获得怎样的发展呢？

共产主义就是利用先进技术的、自愿自觉的、联合起来的工人所创造的较资本主义更高的劳动生产率。共产主义星期六义务劳动非常可贵，它是共产主义的实际开端，而这是极其难得的，因为我们现时所处的阶段，"只是采取最初步骤从资本主义向共产主义过渡"（正如我们党纲中完全正确地指出的那样）。

普通工人起来承担艰苦的劳动，奋不顾身地设法提高劳动生产率，保护每一普特粮食、煤、铁及其他产品，这些产品不归劳动者本人及其"近亲"所有，而归他们的"远亲"即归全社会所有，归起初联合为一个社会主义国家然后联合为苏维埃共和国联盟的亿万人所有，——这也就是共产主义的开始。

列宁：《伟大的创举，用革命精神从事工作（共产主义星期六）》，中共中央马克思恩格斯列宁斯大林著作编译局编译：《列宁选集》（第四卷），人民出版社1995年版，第16—17页。

155. 资本主义和共产主义之间有一个过渡时期，它是历史的必然

在资本主义和共产主义之间有一个过渡时期，这在理论上是毫无疑义的。这个过渡时期不能不兼有这两种社会经济结构的特点或特性。这个过渡时期不能不是衰亡着的资本主义与生长着的共产主义彼此斗争的时期，换句话说，就是已被打败但还未被消灭的资本主义和已经诞生但还非常幼弱的共产主义彼此斗争的时期。

具有这种过渡时期特点的整个历史时代的必然性，不仅对马克思主义者来说，而且对任何一个有学识的、多少懂得一点发展论的人来说，应当是不言而喻的。但是，我们听到的现代小资产阶级民主派代表（第二国际一切代表人物，包括麦克唐纳、让·龙格、考茨基和弗里德里希·阿德勒之流在内，都是这样的代表，尽管他们挂着所谓社会主义的招牌）关于向社会主义过渡的议论，都有一个特点，就是完全忘掉了这个不言自明的真理。小资产阶级民主派的特性就是厌恶阶级斗争，幻想可以不要阶级斗争，力图加以缓和、调和，磨掉锐利的锋芒。所以，这类民主派或者根本不承认从资本主义过渡到共产主义的整个历史阶段，或者认为自己的任务是设想种种方案把相互斗争的两种力量调和起来，而不是领导其中一种力量进行斗争。

列宁：《无产阶级专政时代的经济和政治》，中共中央马克思恩格斯列宁斯大林著作编译局编译：《列宁选集》（第四卷），人民出版社1995年版，第59—60页。

156. 社会主义民主与平等

我们把所有的基本力量或基本阶级及其被无产阶级专政改变了的相互关系比较一下，就可以看出，第二国际的一切代表所持的、流行的小资产阶级观念，即"经过"一般"民主"过渡到社会主义的观念，在理论上是何等荒谬，何等愚蠢。这种错误观念的根源就是从资产阶级那里继承下来的偏见，即以为"民主"具有绝对的、超阶级的内容。其实，在无产阶级专政下，民主也进入了崭新的阶段，阶级斗争也上升到了更高的阶段，而

使一切形式都服从它。

搬弄关于自由、平等和民主的笼统词句，实际上等于盲目重复那些反映商品生产关系的概念。用这些笼统词句来解决无产阶级专政的具体任务，就意味着全面地转到资产阶级的理论立场和原则立场上去了。从无产阶级的观点看来，问题只能这样提：是不受哪个阶级压迫的自由？是哪一个阶级同哪一个阶级的平等？是私有制基础上的民主，还是废除私有制的斗争基础上的民主？如此等等。

恩格斯在《反杜林论》中早已阐明，如果不把平等了解为消灭阶级，反映商品生产关系的平等概念就会变成一种偏见。这个关于资产阶级民主主义平等概念不同于社会主义平等概念的起码真理，是常常被人遗忘的。只要不忘记这个真理，就可以清楚地看到，无产阶级推翻资产阶级就是朝着消灭阶级的方向迈进了最有决定意义的一步，而无产阶级要完成这一事业，就应当利用国家政权机关来继续进行阶级斗争，就应当对被推翻了的资产阶级和动摇不定的小资产阶级采用斗争、影响、诱导等不同的方法来继续进行阶级斗争。

> 列宁：《无产阶级专政时代的经济和政治》，中共中央马克思恩格斯列宁斯大林著作编译局编译：《列宁选集》（第四卷），人民出版社1995年版，第68—69页。

157. 第二国际的一切英雄都破了产

如果说第二国际的一切英雄都破了产，他们在苏维埃和苏维埃政权的意义和作用这个问题上丢了脸，如果说现在脱离了第二国际的三个非常重要的政党（即德国独立社会民主党、法国龙格派的党和英国独立工党）的领袖们，在这个问题上也特别"光彩地"丢了脸而且变得糊涂透顶，如果说所有这些人都成了小资产阶级民主派偏见的奴隶（同1848年自命为"社会民主派"的小资产者一模一样），那么这一切我们已经在孟什维克身上看到了。历史开了这样的玩笑：1905年俄国产生了苏维埃；在1917年2月到10月间，孟什维克篡改了苏维埃，他们由于无法理解苏维埃的作用和意义而破产了；现在，苏维埃政权的思想已经在全世界诞生，并且正以空前未有的速度在各国无产阶级中间传播开来，而第二国际的老英雄们也像我国孟什维克一样，由于无法理解苏维埃的作用和意义而到处遭到破产。经验证明，在无产阶级革命某些非常重要的问题上，一切国家都必然要做俄国已经做过的事情。

列宁：《共产主义运动中的"左派"幼稚病（1920 年 4—5 月），布尔什维
主义历史的几个主要阶段》，中共中央马克思恩格斯列宁斯大林著作编译
局编译：《列宁选集》（第四卷），人民出版社 1995 年版，第 141 页。

**158. 苏维埃的历史使命是充当资产阶级议会制以及整个资产阶级民主
制的掘墓人、后继人和接替人**

1917 年的二月革命和十月革命使苏维埃在全国范围内得到了全面的发
展，后来又使它在无产阶级社会主义革命中获得了胜利。不到两年功夫就
显示出：苏维埃具有国际性质，这种斗争形式和组织形式已经扩展到全世
界的工人运动，苏维埃的历史使命是充当资产阶级议会制以及整个资产阶
级民主制的掘墓人、后继人和接替人。

列宁：《共产主义运动中的"左派"幼稚病（1920 年 4—5 月），几点结
论》，中共中央马克思恩格斯列宁斯大林著作编译局编译：《列宁选集》
（第四卷），人民出版社 1995 年版，第 198 页。

**159. 无产阶级专政是无产阶级同资产阶级进行阶级斗争的最坚决最革
命的形式**

无产阶级专政是无产阶级同资产阶级进行阶级斗争的最坚决最革命的
形式。只有在无产阶级的最革命的先锋队带领本阶级的绝大多数前进时，
这种斗争才能取得胜利。因此，要为建立无产阶级专政作准备，就不仅要
说明在保存生产资料私有制的情况下，任何改良主义、任何维护民主制的
行为都是资产阶级性质的，不仅要揭露实际上等于在工人运动内部维护资
产阶级的那些倾向的各种表现，而且要在所有的无产阶级组织中（不仅在
政治组织中，而且在工会、合作社、教育等等组织中）用共产党人去代替
老领袖。在一个国家内，资产阶级民主的统治愈长久、愈彻底、愈巩固，
资产阶级就愈能把他们培养的、满脑子都是他们的观点和偏见的、往往是
他们直接或间接收买的人物安置在这种领袖的地位上。必须比过去大胆百
倍地把这些工人贵族或资产阶级化了的工人的代表人物从他们所占据的一
切岗位上赶走，宁愿用最没有经验的工人去代替他们，只要这些工人同被
剥削群众息息相关，在反对剥削者的斗争中得到这些群众的信任就行。无
产阶级专政要求任命这些没有经验的工人去担任国家最重要的一些职务，
不然工人政府这种政权就会没有力量，而这个政府就会得不到群众的支持。

列宁：《为共产国际第二次代表大会准备的文件，关于共产国际第二次代表大会的基本任务的提纲》，中共中央马克思恩格斯列宁斯大林著作编译局编译：《列宁选集》（第四卷），人民出版社 1995 年版，第 240 页。

160. 革命无产阶级的政党应把合法斗争和不合法斗争配合起来

我们现在来看看"荷兰左派"主张不参加议会的论据。下面就是刚才提到的"荷兰人的"提纲中最重要的一条即第 4 条的译文（译自英文）：

"在资本主义的生产体系已经崩溃而社会已处于革命状态的时候，议会活动同群众本身的行动比较起来，便逐渐失去意义。在这种条件下，议会正在变成反革命的中心和反革命的机构，而另一方面，工人阶级正在建立自己的政权工具即苏维埃；这时候，拒绝以任何方式参加议会活动，甚至可能是必要的。"

头一句话显然就错了，因为群众的行动，例如大罢工，任何时候都比议会活动重要，决不是仅仅在革命时期或在革命形势下才如此。这种显然站不住脚的、从历史上和政治上来看都是错误的论据，只是特别清楚地表明，提纲作者们既绝对没有考虑到全欧洲的经验（法国 1848 年、1870 年革命前的经验，德国 1878—1890 年的经验等等），也绝对没有考虑到俄国的经验，没有考虑到把合法斗争和不合法斗争配合起来的重要性。这个问题，一般说来，或是就特定的情况说来，都具有极其重大的意义，因为在一切文明的先进的国家内，由于无产阶级和资产阶级之间的国内战争日益成熟和逼近，由于百般侵犯合法性的共和制政府以及所有资产阶级政府疯狂迫害共产党人（只要看看美国的例子就够了），等等，革命无产阶级的政党愈来愈有必要（有些地方早已有必要）把合法斗争和不合法斗争配合起来的时刻正在迅速到来。荷兰人以至一切左派对这个极为重要的问题却根本不懂。

列宁：《共产主义运动中的"左派"幼稚病（节选），参加不参加资产阶级议会?》，中共中央马克思恩格斯列宁斯大林著作编译局编译：《列宁选集》（第四卷），人民出版社 1995 年版，第 170 页。

161. 同机会主义和"左倾"学理主义斗争时，要考虑各国经济、政治、文化、民族构成情况、所属殖民地以及不同宗教信仰等方面的特征而具有的并且必然具有的具体特点

现在全部问题就是要使每个国家的共产党人十分自觉地既考虑到同机

会主义以及"左倾"学理主义进行斗争这个主要的基本任务，又考虑到这种斗争由于各国经济、政治、文化、民族构成情况（例如爱尔兰等）、所属殖民地以及不同宗教信仰等方面的特征而具有的并且必然具有的具体特点。现在到处都可以感到对第二国际的不满，这种不满正在蔓延和增长，这既是由于它推行机会主义，又是由于它不善于或没有能力建立一个真正集中的、真正能进行指导的中心，一个能在革命无产阶级为建立世界苏维埃共和国而进行的斗争中指导无产阶级的国际策略的中心。必须清楚地认识到，这样的领导中心无论如何不能建立在斗争策略准则的千篇一律、死板划一、彼此雷同之上。只要各个民族之间、各个国家之间的民族差别和国家差别还存在（这些差别就是无产阶级专政在全世界范围内实现以后，也还要保持很久很久），各国共产主义工人运动国际策略的统一，就不是要求消除多样性，消灭民族差别（这在目前是荒唐的幻想），而是要求运用共产党人的基本原则（苏维埃政权和无产阶级专政）时，把这些原则在某些细节上正确地加以改变，使之正确地适应于民族的和民族国家的差别，针对这些差别正确地加以运用。在每个国家通过具体的途径来完成统一的国际任务，战胜工人运动内部的机会主义和左倾学理主义，推翻资产阶级，建立苏维埃共和国和无产阶级专政的时候，都必须查明、弄清、找到、揣摩出和把握住民族的特点和特征，这就是一切先进国家（而且不仅是先进国家）在目前历史时期的主要任务。争取工人阶级的先锋队，使它转向苏维埃政权而反对议会制度，转向无产阶级专政而反对资产阶级民主，在这方面主要的（当然这还远远不是一切，然而是主要的）事情已经做到了。现在要把一切力量、一切注意力都集中在下一个步骤上，也就是说，要找到转向或走向无产阶级革命的形式；这个步骤看来似乎比较次要，并且从某种观点上说，也的确比较次要，但是在实践上却更接近于实际完成任务。

列宁：《共产主义运动中的"左派"幼稚病（节选），几点结论》，中共中央马克思恩格斯列宁斯大林著作编译局编译：《列宁选集》（第四卷），人民出版社 1995 年版，第 198—199 页。

162. 共产党人要把加快所有自称为社会党人的小资产阶级民主派的代表们之间的冲突和决裂

邱吉尔之流和劳合—乔治之流（这种政治类型的人各国都有，只是依国家不同而稍有差别）的分歧以及韩德逊之流和劳合—乔治之流的另一种分歧，从纯粹共产主义，即抽象共产主义，也就是从还没有成熟到采取实际的、群众性的政治行动的共产主义的观点来看，完全是无关紧要、无足轻重的。但是从群众这种实际行动的观点来看，这些分歧却是极其重要的。一个共产党人如果不仅想做一个觉悟的、信仰坚定的、思想先进的宣传家，而且想在革命中做一个群众的实际领导者，那他的全部工作、全部任务就是要估计到这些分歧，确定这些"朋友"之间不可避免的、使**所有这些"朋友"一齐**削弱的冲突完全成熟的时机。应当把对共产主义思想的无限忠诚同善于进行一切必要的实际的妥协、机动、通融、迂回、退却等等的才干结合起来，以加速韩德逊之流（如果不指名道姓的话，那就是第二国际的英雄们，即自称为社会党人的小资产阶级民主派的代表们）的政权的建立和倒台；加速他们在实践中的不可避免的破产，从而启发群众接受我们的观点，转到共产主义运动方面来；加速韩德逊之流、劳合—乔治之流、邱吉尔之流相互之间（即孟什维克和社会革命党人、立宪民主党人、君主派之间，谢德曼之流、资产阶级、卡普派之间，等等）不可避免的摩擦、争吵、冲突和彻底分裂；并且正确地选择这些"神圣私有制的支柱"分崩离析的时机，来发起无产阶级坚决的进攻，把它们全部打垮，把政权夺过来。

> 列宁：《共产主义运动中的"左派"幼稚病（节选），几点结论》，中共中央马克思恩格斯列宁斯大林著作编译局编译：《列宁选集》（第四卷），人民出版社1995年版，第202—203页。

163. 我们的任务是要使政治成为每个劳动妇女都能参与的事情

在资本主义旧社会里，要从事政治活动需要有特殊的素养，因此，甚至在最先进、最自由的资本主义国家里，妇女也极少参加政治活动。我们的任务是要使政治成为每个劳动妇女都能参与的事情。自从土地私有制和工厂私有制被消灭、地主资本家政权被推翻以后，政治任务对于劳动群众和劳动妇女，已经是一种简单明白、大家完全能参与的事情了。在资本主义社会，妇女处于无权的地位，与男子相比，她们是极少参与政治的。要改变这种状况，就要有劳动者的政权，有了劳动者的政权，政治的首要任务就同劳动者自己的命运息息相关了。

> 列宁：《论苏维埃共和国女工运动的任务——莫斯科市非党女工第四次代表会议上的讲话》，中共中央马克思恩格斯列宁斯大林著作编译局编译：

《列宁选集》（第四卷），人民出版社1995年版，第49页。

164. 引导劳动群众利用军队来完成当前基本任务

现在我要谈一谈迫使我们下决心引导劳动群众利用军队来完成当前基本任务的那些最重要的带根本性的理由。旧的纪律源泉即资本已经削弱了，旧的联合源泉已经消失了。我们应当建立另一种纪律，开辟另一种纪律和联合的源泉。强制手段引起资产阶级民主派的愤懑、叫嚣、喧嚷和哀号；这班人嘴上老是挂着"自由"、"平等"这些字眼，却不懂得，让资本享受自由就是对工人犯罪，让饱食者和挨饿者平等就是对劳动者犯罪。我们反对说假话，我们主张在实行劳动义务制和联合劳动者时，丝毫也不要害怕采用强制手段，因为不采用强制手段就决不能进行革命。因此，为了坚决地保持住自己的胜利成果，无产阶级有权采用强制手段。当资产者老爷们、妥协派老爷们、德国"独立党"老爷们、奥地利"独立党"老爷们和法国龙格派老爷们争论历史因素问题时，他们总是把无产阶级的革命决心、坚定性、不屈不挠精神这样的因素忘掉了。这也就是我国无产阶级表现的那种不屈不挠和坚韧不拔的精神，他们曾对自己也对别人说过，并且用行动证明过，我们宁肯全部战死，也不放弃自己的领土，也不放弃自己的原则，即纪律和坚定政策的原则，为此我们应当不惜任何牺牲。在各资本主义国家和资本家阶级分崩离析的时候，在他们处于绝望和危机的时候，只有这个政治因素能起决定作用。少数和多数、民主和自由这些空洞的词句，不管旧历史时期的英雄们怎样强调，现在都起不了什么决定作用。这里起决定作用的是工人阶级的觉悟性和坚定性。如果工人阶级准备作出自我牺牲，如果工人阶级表明它能竭尽全力，那就可以完成任务。一切都为了完成这个任务。工人阶级的决心，它实现自己"宁死不屈"口号的坚定意志，不但是历史的因素，而且是起决定作用的、能夺取胜利的因素。

列宁：《俄共（布）第九次代表大会文献，中央委员会的报告》，中共中央马克思恩格斯列宁斯大林著作编译局编译：《列宁选集》（第四卷），人民出版社1995年版，第120—121页。

165. 不仅革命无产阶级的先锋队，而且革命无产阶级的多数在整个事态发展的启迪下，都开始转到我们第三国际这方面来了

第二国际最有影响的政党，如法国社会党、德国独立社会民主党、英国独立工党、美国社会党，都已经退出这个黄色国际，决定（前三个党是

有条件的，后一个党甚至是无条件的）加入第三国际，这个事实极其客观地确切地说明了，在那些从世界经济和世界政治来看都是最重要的国家中，无产阶级对于实现本阶段专政的准备程度如何。这一事实证明，不仅革命无产阶级的先锋队，而且革命无产阶级的多数在整个事态发展的启迪下，都开始转到我们这方面来了。现在主要的事情是完成这种转变，切实地从组织上巩固既有的成就，以便毫不动摇地全线前进。

上面提到的这些政党（如瑞士社会党决定加入第三国际的消息属实，还应加上瑞士社会党）的全部活动证明，并且它们的每一种定期出版物也明显地证实，它们的活动还不是共产主义的，而且往往直接违背第三国际的基本原则：承认无产阶级专政和苏维埃政权，否认资产阶级民主。

因此，共产国际第二次代表大会应当作出决议：大会认为还不能立即吸收这些政党；批准第三国际执行委员会给德国"独立"党人的回信；重申准备和任何一个退出第二国际并愿意靠拢第三国际的政党进行谈判；允许这些政党派代表列席共产国际的一切代表大会和代表会议；为这些政党（以及类似的政党）正式加入共产国际规定条件。

> 列宁：《为共产国际第二次代表大会准备的文件，关于共产国际第二次代
> 表大会的基本任务的提纲》，中共中央马克思恩格斯列宁斯大林著作编译
> 局编译：《列宁选集》（第四卷），人民出版社1995年版，第245—246页。

166. 资产阶级民主革命的问题作为无产阶级革命的副产品顺便解决了

要巩固俄国各族人民所取得的资产阶级民主革命的成果，我们就应当继续前进，而我们也确实前进了。我们把资产阶级民主革命的问题作为我们主要的和真正的工作即无产阶级革命的、社会主义的工作的"副产品"顺便解决了。我们一向说，改良是革命的阶级斗争的副产品。我们不仅说过并且还用事实证明过，资产阶级民主改造是无产阶级革命即社会主义革命的副产品。顺便提一下，所有考茨基、希法亭、马尔托夫、切尔诺夫、希尔奎特、龙格、麦克唐纳、屠拉梯之流以及"第二半"马克思主义的其他英雄们，都不能理解资产阶级民主革命和无产阶级社会主义革命之间的这种相互关系。前一革命可以转变为后一革命。后一革命可以顺便解决前一革命的问题。后一革命可以巩固前一革命的事业。斗争，只有斗争，才能决定后一革命能比前一革命超出多远。

> 列宁：《十月革命四周年》，中共中央马克思恩格斯列宁斯大林著作编译

局编译：《列宁选集》（第四卷），人民出版社 1995 年版，第 566 页。

167. 科学社会主义产生的困难

人类的思维只是在经历许多磨难、痛苦和变化之后，才科学地研究和论证了社会主义。西欧社会主义者只是在空想（无法实现的，不能实现的）社会主义荒野上盲目徘徊很久之后，才给自己开辟了道路，才探索和论证了社会生活的规律，从而证明了社会主义对于人类的必然性。

斯大林：《俄国社会民主党及其当前任务》，中共中央马克思恩格斯列宁斯大林著作编译局编译：《斯大林选集》（上卷），人民出版社 1979 年版，第 1 页。

168. 空想社会主义的缺陷

从十九世纪初叶起，欧洲产生了许多勇敢的、忘我的、忠诚实干的学者，他们曾力图阐明和解决这个问题：什么东西才能拯救人类，使之摆脱随着商业和工业的发展而日益严重和恶化的宿疾？为了消灭少数人对多数人的压迫，在西欧有过多次暴风雨，多次大流血，然而悲愁依旧没有消散，创伤还是那样厉害，痛苦日益不堪忍受。我们应当认为造成这种现象的主要原因之一，是空想社会主义没有阐明社会生活的规律，而是脱离生活，好高骛远，其实需要的却是与现实的牢固联系。当实际生活中还没有实现社会主义的任何基础时，空想主义者就把实现社会主义作为当前的目标，并且依其结果讲来更可悲的是，他们（罗伯特·欧文、路易·勃朗、傅立叶，等等）期待当代有权有势的人来实现社会主义，在他们看来，这些有权有势的人是不难信服社会主义理想的正确性的。这个观点完全忽视了现实的工人运动和工人群众，其实工人群众才是社会主义理想唯一天然的代表者。空想主义者是不能了解这一点的。他们想用立法和发表宣言的办法来创造人间的幸福，而不要人民（工人）本身的帮助。他们对于工人运动并没有特别注意，甚至往往否认它的意义。因此他们的理论始终是和工人群众不相干的理论。

斯大林：《俄国社会民主党及其当前任务》，中共中央马克思恩格斯列宁斯大林著作编译局编译：《斯大林选集》（上卷），人民出版社 1979 年版，第 1—2 页。

169. 实现社会主义理想的途径

要实现社会主义理想，就必须有工人的独立自主的活动，必须使工人不分民族和国家团结成一个有组织的力量。当时必须论证这个真理（这一点由马克思及其朋友恩格斯光辉地完成了）以便为强大的社会民主主义政党奠定牢固的基础，这个政党今天好似一个难逃的劫运笼罩着欧洲资产阶级制度，威胁着这个制度，要消灭它，要在它的废墟上建立起社会主义制度。

> 斯大林：《俄国社会民主党及其当前任务》，中共中央马克思恩格斯列宁
> 斯大林著作编译局编译：《斯大林选集》（上卷），人民出版社 1979 年版，
> 第 2 页。

170. 社会主义在俄国的早期发展

社会主义思想在俄国发展的途径差不多也和在西欧一样。在俄国，社会主义者也是盲目徘徊很久之后，才达到了社会民主主义的意识，即科学的社会主义。在这里也有过社会主义者，也有过工人运动，可是两者互不相干，各行其是：社会主义者走向无法实现的空想（"土地和自由"社、民意党），而工人运动则走向自发的骚动。两者在同一时期（七十年代至八十年代）活动，可是互不相识。社会主义者在劳动人民中间没有基础，因而他们的活动是脱离实际的，没有根基的。工人则没有领导者，没有组织者，因而他们的运动流为混乱的骚动。这就是社会主义者争取社会主义的英勇斗争没有结果和他们非凡的勇敢精神在专制制度的坚壁上碰得粉碎的主要原因。俄国社会主义者直到九十年代初才和工人群众接近起来。当时他们看到，只有工人阶级才是救星，只有这个阶级才能实现社会主义的理想。俄国社会民主党随即把自己的努力和注意力全部集中到当时俄国工人中间所发生的运动上面。觉悟还不高的和对斗争还没有准备的俄国工人，力求逐渐摆脱自己的绝望境地，总想设法改善自己的命运。自然，当时在这个运动中有条理的组织工作是没有的，运动是自发的。

> 斯大林：《俄国社会民主党及其当前任务》，中共中央马克思恩格斯列宁
> 斯大林著作编译局编译：《斯大林选集》（上卷），人民出版社 1979 年版，
> 第 2—3 页。

171. 要创立科学的社会主义，必须用科学知识武装起来

要创立科学的社会主义，就必须领导科学，就必须用科学知识武装起来，并善于深刻地研究历史发展的规律。而工人阶级当它还是工人阶级时，是不能领导科学、推进科学并科学地研究历史规律的，因为它既没有时间，

也没有经费来做这件事情。

斯大林：《略论党内意见分歧》，中共中央马克思恩格斯列宁斯大林著

作编译局编译：《斯大林选集》（上卷），人民出版社1979年版，第

33页。

172. 创立科学社会主义的前期

存在着资本主义制度。有工人，也有厂主。他们之间进行着斗争。科学社会主义暂时还没有在任何地方出现。当工人已在进行斗争时，科学社会主义在任何地方却还无影无踪。

斯大林：《略论党内意见分歧》，中共中央马克思恩格斯列宁斯大林著作

编译局编译：《斯大林选集》（上卷），人民出版社1979年版，第34—

35页。

173. 创立科学社会主义的条件

当然，假如没有资本主义和阶级斗争，也就不会有科学社会主义。但同样正确的是：少数的几个人，比方说，马克思和恩格斯，假如他们没有掌握科学的知识，也就不能创立科学社会主义。

斯大林：《略论党内意见分歧》，中共中央马克思恩格斯列宁斯大林著

作编译局编译：《斯大林选集》（上卷），人民出版社1979年版，第

35页。

174. 社会主义必须和工人运动相结合

另一方面，没有工人运动的社会主义，不管它是在什么样的科学基础上产生的，终究还是一句空话，毫无意义。能否由此得出结论说，运动就是一切，社会主义却是微不足道的呢？当然不能！只有那些可怜的马克思主义者才会发出这样的议论，他们认为意识既然是社会生活本身产生的，因而也就没有任何意义。社会主义可以和工人运动结合起来，从而由空洞的词句变成锐利的武器。

斯大林：《略论党内意见分歧》，中共中央马克思恩格斯列宁斯大林著

作编译局编译：《斯大林选集》（上卷），人民出版社1979年版，第

38页。

175. 十月革命的成就（一）

十月革命推翻了地主和资产阶级的政权，而代之以工人和农民的政府，一举而解决了二月革命的种种矛盾。废除地主富农的无限权力，把土地交给农村的劳动群众使用；没收工厂，把它们交给工人管理；同帝国主义决

裂，结束掠夺性的战争；公布密约，揭穿侵占别国领上的政策；最后，宣布被压迫民族劳动群众实行自决，承认芬兰独立，——这些就是苏维埃政权在苏维埃革命初期所实施的主要措施。

　　　　斯大林：《十月革命和民族问题》，中共中央马克思恩格斯列宁斯大林著
　　　　作编译局编译：《斯大林选集》（上卷），人民出版社 1979 年版，第
　　　　121 页。

176. 十月革命的成就（二）

　　这样，十月革命结束了旧的资产阶级的民族解放运动，开辟了被压迫民族工人和农民的新的社会主义运动的纪元，这个运动的目的在于反对一切压迫（也包括民族压迫），反对"自己的"和异族的资产阶级政权，反对整个帝国主义。

　　　　斯大林：《十月革命和民族问题》，中共中央马克思恩格斯列宁斯大林著
　　　　作编译局编译：《斯大林选集》（上卷），人民出版社 1979 年版，第
　　　　123 页。

177. 十月革命的世界意义（一）

　　十月革命是世界上第一个成为西方工人和士兵解救自己的活榜样并推动他们走上真正摆脱战争和帝国主义压迫的道路的革命。奥匈帝国和德国的工人和士兵的起义，工兵代表苏维埃的成立，奥匈帝国没有充分权利的各族人民反对民族压迫的革命斗争，都十分雄辩地说明这一点。

　　　　斯大林：《十月革命和民族问题》，中共中央马克思恩格斯列宁斯大林著
　　　　作编译局编译：《斯大林选集》（上卷），人民出版社 1979 年版，第
　　　　124 页。

178. 十月革命的世界意义（二）

　　这样，十月革命就在落后的东方各族人民和先进的西方各族人民之间建立了联系，把他们拉进反对帝国主义的共同阵营。

　　这样，民族问题就从反对民族压迫的局部问题发展成为各民族、各殖民地和半殖民地从帝国主义下解放出来的总问题。

　　　　斯大林：《十月革命和民族问题》，中共中央马克思恩格斯列宁斯大林著
　　　　作编译局编译：《斯大林选集》（上卷），人民出版社 1979 年版，第
　　　　125 页。

179. 十月革命的世界意义（三）

　　十月革命的胜利是人类历史中的根本转变，是世界资本主义历史命运

中的根本转变，是世界无产阶级解放运动中的根本转变，是全世界被剥削群众的斗争方法和组织形式、生活方式和传统、文化和思想上的根本转变。

> 斯大林：《十月革命的国际性质》，中共中央马克思恩格斯列宁斯大林著作编译局编译：《斯大林选集》（上卷），人民出版社 1979 年版，第617 页。

180. 社会主义是群众解放的旗帜

如果说从前，在极辽阔的罗马帝国内，基督教被认为是受压迫受摧残的奴隶的救星，那么现在的情形是：在帝国主义的极广大的殖民地国家中，社会主义可以成为（而且已经开始成为！）千百万群众解放的旗帜。

> 斯大林：《十月革命和中间阶层问题》，中共中央马克思恩格斯列宁斯大林著作编译局编译：《斯大林选集》（上卷），人民出版社 1979 年版，第142 页。

181. 社会主义革命能够在一个国家内取得胜利

毫无疑问，革命在欧洲主要国家内同时胜利的万能理论，社会主义不能在一个国家内胜利的理论，是编造的没有生命力的理论。

> 斯大林：《十月革命和俄国共产党人的策略》，中共中央马克思恩格斯列宁斯大林著作编译局编译：《斯大林选集》（上卷），人民出版社 1979 年版，第304—305 页。

182. 社会主义在俄国的最终胜利及其必要条件

社会主义的最终胜利就是有免除武装干涉行动、因而就是有免除复辟行动的完全保障，因为稍微严重的复辟行动，只有在外来的重大的援助下，只有在国际资本的援助下，才有可能发生。因此，各国工人对我国革命的支援，尤其是这些工人的胜利，即使在几个国家内的胜利，是完全保障第一个获得胜利的国家免除武装干涉和复辟行动的必要条件，是保证社会主义最终胜利的必要条件。

> 斯大林：《俄共（布）第十四次代表会议的总结》，中共中央马克思恩格斯列宁斯大林著作编译局编译：《斯大林选集》（上卷），人民出版社 1979年版，第342 页。

183. 巴黎公社——光荣的英勇的没有成功的尝试

巴黎公社是无产阶级为反对资本主义而扭转历史的第一次光荣的英勇的然而毕竟没有成功的尝试。

> 斯大林：《十月革命的国际性质》，中共中央马克思恩格斯列宁斯大林著

作编译局编译：《斯大林选集》（上卷），人民出版社 1979 年版，第 617 页。

（八）民族问题

1. 俄国民族问题突出

在俄国社会生活诸问题中，民族问题目前已经很突出，这是显而易见的。无论是反动派的民族主义气焰嚣张，还是反革命资产阶级自由派转向民族主义（特别是转向大俄罗斯民族主义，其次是转向波兰、犹太、乌克兰以及其他的民族主义），甚至各个不同"民族的"（也就是非大俄罗斯的）社会民主党人中民族主义的动摇思想日趋严重，发展到违反党纲的地步，——这一切都绝对要求我们比以往更加关注民族问题。

列宁：《关于民族问题的批评意见》，中共中央马克思恩格斯列宁斯大林著作编译局编译：《列宁选集》（第二卷），人民出版社 1995 年版，第 331 页。

2. 欧洲自由派和民主派对语言问题的态度

……瑞士没有一种全国通用的语言，而是有三种语言——德语、法语和意大利语，但是小小的瑞士并没有因此吃亏，反而得到了好处。在瑞士居民中，德意志人占 70%（在俄国，大俄罗斯人占 43%），法兰西人占 22%（在俄国，乌克兰人占 17%），意大利人占 7%（在俄国，波兰人占 6%，白俄罗斯人占 4.5%）。在瑞士，意大利人在联邦议会经常讲法语，这并不是由于某种野蛮的警察法（在瑞士没有这种法律）强迫他们这样做，而纯粹是由于民主国家的文明公民自己愿意使用多数人都懂得的语言。法语之所以没有引起意大利人的仇视，是因为它是一个自由的、文明的民族的语言，而不是靠令人厌恶的警察措施强迫别人接受的语言。

为什么民族成分复杂得多而又极端落后的"庞大的"俄国却一定要保留一种语言的特权，从而妨碍自己的发展呢？自由派先生们，情况不是正好相反吗？如果俄国想赶上欧洲，它不是应当尽量迅速、彻底、坚决地取消一切特权吗？

如果取消一切特权，如果不再强迫使用一种语言，那么所有的斯拉夫人就会很快而且很容易地学会相互了解，就不用担心在全国议会里使用不同的语言发言这一"可怕的"主张。经济流转的需要本身自然会确定一个国家的哪种语言使用起来对多数人的贸易往来有好处。由于这种确定是各民族的居民自愿接受的，因而它会更加巩固，而且民主制实行得愈彻底，资本主义因此发展得愈迅速，这种确定也就会愈加迅速、愈加广泛。

自由派对待语言问题也像对待所有的政治问题一样，活像一个虚伪的小商人，一只手（公开地）伸给民主派，另一只手（在背后）却伸给农奴主和警察。自由派分子高喊：我们反对特权；但在背后却向农奴主时而要求这种特权，时而要求那种特权。

一切自由派资产阶级的民族主义都是这样的，不仅大俄罗斯的民族主义（它是最坏的，因为它带有强制性，并且同普利什凯维奇之流有着血缘关系）是这样，波兰的、犹太的、乌克兰的、格鲁吉亚的以及一切其他的民族主义也是这样。无论在奥地利还是在俄国，一切民族的资产阶级都高喊"民族文化"这个口号，实际上是在分裂工人，削弱民主派，同农奴主大做出卖人民权利和人民自由的交易。

工人民主派的口号不是"民族文化"，而是民主主义的和全世界工人运动的各民族共同的文化。让资产阶级用各种"良好的"民族纲领去欺骗人民吧。觉悟的工人将这样回答他们：解决民族问题的办法只有一个（如果说在资本主义世界，在追逐金钱、互相争吵和人剥削人的世界，民族问题能够解决的话），那就是实行彻底的民主主义。

证据是：西欧的瑞士是一个具有古老文化的国家，东欧的芬兰是一个具有新兴文化的国家。

工人民主派的民族纲领是：绝不允许任何一个民族，任何一种语言享有任何特权；采取完全自由和民主的办法解决各民族的政治自决问题，即各民族的国家分离权问题；颁布一种全国性的法律，规定凡是赋予某一民族任何特权、破坏民族平等或侵犯少数民族权利的措施（地方自治机关的、城市的、村社的等等），都是非法的和无效的，同时国家的每一个公民都有权要求取消这种违反宪法的措施，都有权要求给予采取这种措施的人以刑事处分。

各民族的资产阶级政党由于语言问题以及其他问题而争吵不休，工人民主派则反对这样争吵，要求在一切工人组织中，即在工会组织、合作社组织、消费合作社组织、教育组织以及其他一切组织中，各民族的工人无条件地统一，并且完全打成一片，以对抗各种资产阶级的民族主义。只有这样的统一，这样的打成一片，才能捍卫民主，捍卫工人的利益而反对资本（资本已经成为而且愈来愈成为国际资本），捍卫人类向不容许任何特权、任何剥削现象的新的生活制度发展的利益。

> 列宁：《关于民族问题的批评意见》，中共中央马克思恩格斯列宁斯大林著作编译局编译：《列宁选集》（第二卷），人民出版社 1995 年版，第332—335 页。

3. 资产阶级的（以及资产阶级—农奴主的）趋向是以"民族文化"的口号作掩护的

……任何自由派资产阶级的民族主义，都会在工人中起严重的腐蚀作用，都会使自由的事业和无产阶级阶级斗争的事业遭受极大的损失。尤其危险的是，资产阶级的（以及资产阶级—农奴主的）趋向是以"民族文化"的口号作掩护的。黑帮和教权派以及一切民族的资产者，都在大俄罗斯的、波兰的、犹太的、乌克兰的等等民族文化的幌子下，干反动肮脏的勾当。

如果用马克思主义的观点，即用阶级斗争的观点来观察现代的民族生活，如果把口号同阶级利益和阶级政策加以对照而不是同空洞的"一般原则"、高调和空话加以对照，那么事实就是如此。

民族文化的口号是资产阶级的（而且常常是黑帮—教权派的）骗局。我们的口号是民主主义的和全世界工人运动的各民族共同的文化。

> 列宁：《关于民族问题的批评意见》，中共中央马克思恩格斯列宁斯大林著作编译局编译：《列宁选集》（第二卷），人民出版社 1995 年版，第335 页。

4. 每个民族文化都有一些民主主义的和社会主义的即使是不发达的文化成分，以及表现为占统治地位的资产阶级的文化

每个民族文化，都有一些民主主义的和社会主义的即使是不发达的文化成分，因为每个民族都有被剥削劳动群众，他们的生活条件必然会产生民主主义的和社会主义的意识形态。但是每个民族也都有资产阶级的文化（大多数还是黑帮的和教权派的），而且这不仅表现为一些"成分"，而表现为占统治地位的文化。因此，笼统说的"民族文化"就是地主、神父、资产阶级的文化。崩得分子避而不谈这个对马克思主义者来说是最起码的基本的道理，而"大谈"其空话，这实际上就是反对揭露和阐明阶级鸿沟，把阶级鸿沟掩盖起来，使读者看不清楚。实际上，崩得分子和资产者的表现一样，因为资产者的整个利益要求散布对超阶级的民族文化的信仰。

我们提出"民主主义的和全世界工人运动的各民族共同的文化"这个口号，只是从每一个民族的文化中抽出民主主义和社会主义的成分，我们抽出这些成分只是并且绝对是为了对抗每个民族的资产阶级文化、资产阶级民族主义。任何一个民主主义者，特别是任何一个马克思主义者，都不会否认语言平等，不会否认用母语同"本民族的"资产阶级进行论战、向"本民族的"农民和小市民宣传反教权派的思想或反资产阶级的思想的必要性，这是用不着多说的，但是崩得分子却用这些无可争辩的道理来掩盖争论的问题，也就是掩盖问题的实质。

> 列宁：《关于民族问题的批评意见》，中共中央马克思恩格斯列宁斯大林
> 著作编译局编译：《列宁选集》（第二卷），人民出版社1995年版，第
> 336—337页。

5. 民族文化这个口号的含义取决于这个国家同世界各国各阶级的客观相互关系

问题在于：马克思主义者可否直接或间接提出民族文化的口号呢，还是说必须"适应"各地方和各民族的特点，用各种语言宣传工人的国际主义口号以反对民族文化这一口号。

"民族文化"这个口号的含义，不取决于这位知识分子的诺言或他想"说明"这个口号"是指通过它来推行各民族共同的文化"的善良愿望。这样看问题就是幼稚的主观主义。民族文化这个口号的含义，取决于这个国家同世界各国各阶级的客观相互关系。资产阶级的民族文化就是一个事实（而且我还要重说一遍，资产阶级到处都在同地主和神父勾结）。气焰嚣张的资产阶级民族主义麻醉、愚弄和分化工人，使工人听任资产阶级摆布，——这就是当代的基本事实。

谁想为无产阶级服务，谁就应当联合各民族工人，不屈不挠地同"自己的"和别人的资产阶级民族主义作斗争。谁拥护民族文化的口号，谁就只能与民族主义市侩为伍，而不能与马克思主义者为伍。

举个具体例子。大俄罗斯的马克思主义者能采纳大俄罗斯的民族文化这个口号吗？不能。这样的人应当请他到民族主义者那儿去，而不应让他呆在马克思主义者当中。我们的任务是同占统治地位的、黑帮和资产阶级的大俄罗斯民族文化作斗争，完全用国际主义精神并通过同别国的工人结

成最紧密的联盟，来培植那些在我国民主工人运动史上出现的幼苗。你的任务是同本国的大俄罗斯的地主和资产者作斗争，反对他们的"文化"，"适应"普利什凯维奇和司徒卢威之流的特点为国际主义而斗争，不是去鼓吹民族文化这一口号，不是让这个口号畅行无阻。

对于最受压迫最受欺凌的民族——犹太民族来说同样如此。犹太的民族文化，这是拉比和资产者的口号，是我们敌人的口号。但是犹太的文化中和犹太人的全部历史中还有别的成分。全世界 1050 万犹太人中，有一半多一点居住在落后的、半野蛮的加里西亚和俄国境内，这两个国家用暴力把犹太人置于帮会地位。另一半居住在文明世界，那里的犹太人没有帮会式的隔绝。那里犹太文化明显地表现出具有世界进步意义的伟大特征：它的国际主义，它对时代的先进运动的同情（犹太人参加民主运动和无产阶级运动的百分比，任何地方都高于犹太人在居民中所占的百分比）。

谁直接或间接地提出犹太"民族文化"的口号，谁（不管他的愿望多么好）就是无产阶级的敌人，谁就在维护犹太的旧的和帮会的一套，谁就是拉比和资产者的帮凶。相反，犹太的马克思主义者已经同俄罗斯、立陶宛、乌克兰以及其他民族的工人在跨民族的马克思主义组织之中打成一片，并且为建立工人运动的各民族共同的文化作出自己的贡献（既用俄语又用依地语），也正是这些犹太人不顾崩得的分离主义，继承了犹太人的优良传统，同时反对"民族文化"这一口号。

　　列宁：《关于民族问题的批评意见》，中共中央马克思恩格斯列宁斯大林著作编译局编译：《列宁选集》（第一卷），人民出版社 1995 年版，第337—339 页。

6. 资产阶级的民族主义和无产阶级的国际主义代表着民族问题上的两种政策

资产阶级的民族主义和无产阶级的国际主义——这是两个不可调和的敌对口号，这两个同整个资本主义世界的两大阶级营垒相适应的口号，代表着民族问题上的两种政策（也是两种世界观）。崩得分子维护民族文化这一口号，并且根据这个口号制定出所谓"民族文化自治"的一揽子计划和实践纲领，因此，他们实际上充当了向工人传播资产阶级民族主义的人。

　　列宁：《关于民族问题的批评意见》，中共中央马克思恩格斯列宁斯大林著作编译局编译：《列宁选集》（第二卷），人民出版社 1995 年版，第 339 页。

7. 什么样的人反对民族"同化"

反对俄国正统派马克思主义者的"同化"喊得最厉害的是俄国的犹太民族主义者，特别是其中的崩得分子。……全世界 1050 万犹太人中，约一半人生活在文明世界里，处在"同化"最多的条件下，只有俄国和加里西亚的被蹂躏的、无权的、受普利什凯维奇之流（俄国和波兰的）压迫的不幸的犹太人，才生活在"同化"最少、隔绝得最厉害，甚至还有"犹太区"、"百分比限额"以及其他普利什凯维奇式的种种好处的条件下。

……

在世界历史上享有盛名的犹太优秀人物，其中出现过全世界民主主义和社会主义的先进领袖，他们从未高喊过反对同化。只有那些肃然起敬地注视犹太人"后背"的人才高喊反对同化。

> 列宁：《关于民族问题的批评意见》，中共中央马克思恩格斯列宁斯大林著作编译局编译：《列宁选集》（第二卷），人民出版社 1995 年版，第 341—342 页。

8. 谁没有陷进民族主义偏见，谁就不会不把资本主义的民族同化过程看作是极其伟大的历史进步，看作是对各个偏僻角落的民族保守状态的破坏

谁没有陷进民族主义偏见，谁就不会不把资本主义的民族同化过程看作是极其伟大的历史进步，看作是对各个偏僻角落的民族保守状态的破坏，对俄国这样的落后国家来说尤其如此。

就拿俄国和大俄罗斯人对乌克兰人的态度来说吧。自然，任何一个民主主义者，马克思主义者就更不用说了，都会坚决反对骇人听闻的对乌克兰人的侮辱，都会要求保证他们享有完全平等的权利。但是，如果削弱目前存在的乌克兰无产阶级同大俄罗斯无产阶级在一国范围内的联系和联盟，那就是直接背叛社会主义，甚至从乌克兰人的资产阶级的"民族任务"来看，这也是愚蠢的政策。

> 列宁：《关于民族问题的批评意见》，中共中央马克思恩格斯列宁斯大林著作编译局编译：《列宁选集》（第二卷），人民出版社 1995 年版，第 342 页。

9. 每一个现代民族中，都有两个民族；每一种民族文化中，都有两种民族文化

在谈到无产阶级时，这种把整个乌克兰文化同整个大俄罗斯文化对立

起来的做法，就是对无产阶级利益的最无耻的背叛，为资产阶级民族主义效劳。

我们要告诉一切民族的社会党人：每一个现代民族中，都有两个民族。每一种民族文化中，都有两种民族文化。一种是普利什凯维奇、古契柯夫和司徒卢威之流的大俄罗斯文化，但是还有一种是以车尔尼雪夫斯基和普列汉诺夫的名字为代表的大俄罗斯文化。

乌克兰同德国、法国、英国和犹太人等等一样，也有这样两种文化。如果说多数乌克兰工人处于大俄罗斯文化的影响下，那么我们就确凿地知道了，除了大俄罗斯神父的和资产阶级的文化思想外，还有大俄罗斯的民主派和社会民主党的思想在产生影响。乌克兰的马克思主义者在同前一种"文化"作斗争时，总是要把后一种文化区别开来，并且要告诉自己的工人们："必须用全力抓住、利用、巩固一切机会，同大俄罗斯的觉悟工人相交往，阅读他们的书刊，了解他们的思想，乌克兰的工人运动的根本利益和大俄罗斯的工人运动的根本利益都要求这样做。"

一个乌克兰的马克思主义者对大俄罗斯压迫者的仇恨是完全合情合理的，但是如果忘乎所以，以致对大俄罗斯工人的无产阶级文化和无产阶级事业也仇恨起来，哪怕只有一点儿，哪怕仅仅采取疏远态度，那么这个马克思主义者也就会滚入资产阶级民族主义的泥潭。如果一个大俄罗斯的马克思主义者哪怕只是一分钟忘记了乌克兰人对于完全平等的要求，或者忘记了他们享有建立独立国家的权利，那么他同样也会滚入民族主义的泥潭，并且不仅会滚入资产阶级民族主义的泥潭，而且还会滚入黑帮民族主义的泥潭。

只要大俄罗斯和乌克兰的工人生活在一个国家里，他们就应该一同通过组织上最紧密的统一和打成一片，维护无产阶级运动共同的文化或各民族共同的文化，以绝对宽容的态度对待用何种语言进行宣传的问题和在这种宣传中如何照顾一些纯地方的或纯民族的特点问题。这就是马克思主义的绝对要求。任何鼓吹把一个民族的工人同另一个民族的工人分离开来的论调，任何攻击马克思主义的"同化"的言论，任何在涉及无产阶级的问题时把某个民族文化当作整体同另一个据说是整体的民族文化相对立等等的行为，都是资产阶级民族主义，应该与之作无情的斗争。

列宁：《关于民族问题的批评意见》，中共中央马克思恩格斯列宁斯大林著作编译局编译：《列宁选集》（第二卷），人民出版社 1995 年版，第 344—346 页。

10. 各民族之间"确定地"要发生一种"民族文化"反对另一种"民族文化"的永无休止的纠纷

东欧有一个国家直到现在还有可能发生类似贝利斯案件的事情，那里的犹太人被普利什凯维奇先生们贬到比黑人还不如的地位。这个国家的内阁不久前拟了一个犹太学校民族化的草案。值得庆幸的是，这个反动的空想未必能够实现，奥地利的小资产者的空想也是如此，这些人对实现彻底的民主主义、对终止民族纠纷已经绝望了，于是就在学校教育方面给各民族重重设防，使各民族不会因为分校而发生纠纷……然而各民族之间却"确定地"要发生一种"民族文化"反对另一种"民族文化"的永无休止的纠纷。

列宁：《关于民族问题的批评意见》，中共中央马克思恩格斯列宁斯大林著作编译局编译：《列宁选集》（第二卷），人民出版社 1995 年版，第 350 页。

11. 无论是奥地利的社会民主党人，还是俄国的社会民主党人，都没有把"民族文化"自治纳入自己的纲领

奥地利的民族文化自治在很大程度上是著作家杜撰出来的，奥地利的社会民主党人自己都没有把它当真。但是俄国所有的犹太资产阶级政党和各民族的一些市侩机会主义分子，例如崩得分子、高加索的取消派以及俄国各民族左派民粹派政党代表会议，却都把它纳入了纲领。（顺便说一下，这个代表会议在 1907 年召开，代表会议的决议是在俄国社会革命党和波兰社会爱国派、波兰社会党弃权的情况下通过的。弃权——这是社会革命党人和波兰社会党人在涉及民族纲领方面的最重要的原则问题上所采用的一种极其典型的方法！）

在奥地利，正是"民族文化自治"的最主要的理论家奥托·鲍威尔在自己的书中，用专门一章来论证对犹太人不能提出这个纲领。而在俄国，正是所有的犹太资产阶级政党及其应声虫崩得采纳了这个纲领。这说明什么呢？这就是说，历史用另一个国家的政治实践揭露了鲍威尔的荒谬杜撰，同样，俄罗斯的伯恩施坦分子（司徒卢威、杜冈—巴拉诺夫斯基、别尔嘉耶夫之流）也用自己从马克思主义向自由主义的迅速演变的事实揭露了德

国伯恩施坦派的实际思想内容。

　　无论是奥地利的社会民主党人，还是俄国的社会民主党人，都没有把"民族文化"自治纳入自己的纲领。然而，一个最落后的国家里的犹太资产阶级政党和许多冒牌的社会主义市侩集团却采纳了它，以便用精致的形式把资产阶级民族主义思想灌输到工人中去。这个事实本身很清楚地说明了问题。

　　　　列宁：《关于民族问题的批评意见》，中共中央马克思恩格斯列宁斯大林著作编译局编译：《列宁选集》（第二卷），人民出版社1995年版，第350—351页。

12. 瑞士比那些同它接壤的多数欧洲邻国有更多的民主

　　瑞士不是一个单一民族的国家……在瑞士，正是独特的、不寻常的、历史形成的条件和生活条件，才保证了它比那些同它接壤的多数欧洲邻国有更多的民主。

　　　　列宁：《关于民族问题的批评意见》，中共中央马克思恩格斯列宁斯大林著作编译局编译：《列宁选集》（第二卷），人民出版社1995年版，第353页。

13. 瑞士经验表明民族和平的实现是可能的

　　……瑞士的经验表明，在整个国家实行彻底（仍然是相对而言）民主主义的条件下保证高度的（相对而言）民族和平，在实践上是可能的并且已经实现了。

　　　　列宁：《关于民族问题的批评意见》，中共中央马克思恩格斯列宁斯大林著作编译局编译：《列宁选集》（第二卷），人民出版社1995年版，第354页。

14. 法国大革命顺便地"解决"了民族问题

　　……法国大革命时代不仅用最民主的方式解决了从封建制度向资本主义制度过渡的一些首要问题，同时还顺便地"解决了"民族问题。

　　　　列宁：《关于民族问题的批评意见》，中共中央马克思恩格斯列宁斯大林著作编译局编译：《列宁选集》（第二卷），人民出版社1995年版，第354页。

15. 欧洲东部国家对民族自决的态度

　　……欧洲东部：奥地利、巴尔干、特别是俄国。在这里，20世纪使资产阶级民主民族运动特别发展起来，使民族斗争特别尖锐起来。这些国家的无产阶级如果不坚持民族自决权，它无论在完成本国资产阶级民主改革方面或帮助其他国家的社会主义革命方面的任务都是不能完成的。在这里，特别困难而又特别重要的任务，就是把压迫民族的工人和被压迫民族的工人的阶级斗争汇合起来。

> 列宁：《社会主义革命和民族自决权》，中共中央马克思恩格斯列宁斯大林著作编译局编译：《列宁选集》（第二卷），人民出版社1995年版，第569页。

16. 俄国革命的社会民主党人和波兰社会民主党人在民族自决问题上存在意见分歧

俄国革命的社会民主党人和波兰社会民主党人在自决问题上的意见分歧，早在1903年的代表大会上就表面化了。这次大会通过了俄国社会民主工党纲领，并且不顾波兰社会民主党代表团的反对，把承认民族自决权的第9条列入了这个纲领。此后，波兰社会民主党人从来没有以党的名义再提议把第9条从我们党的纲领中删掉，或代以其他条文。

> 列宁：《社会主义革命和民族自决权》，中共中央马克思恩格斯列宁斯大林著作编译局编译：《列宁选集》（第二卷），人民出版社1995年版，第572页。

17. 波兰社会民主党在民族问题上的立场

波兰社会民主党在民族问题上的立场的最新表述（波兰社会民主党在齐美尔瓦尔德代表会议上的宣言）包含下列一些思想：

这个宣言痛斥德国政府和其他国家政府把"波兰地区"看作将要到来的赔偿赌博中的抵押品，"剥夺波兰人民自己决定自己命运的可能"。"波兰社会民主党坚决而严正地提出抗议，反对重新瓜分，反对把一个完整的国家肢解成几部分……"宣言斥责那些把……"解放被压迫民族的事业"交给霍亨索伦王朝的社会党人。宣言深信只有参加这一即将到来的革命国际无产阶级的斗争，争取社会主义的斗争，"才能打碎民族压迫的枷锁和消灭一切形式的异国统治，保证波兰人民能够在各民族的联盟中作为平等的一员获得全面的自由发展"。宣言认为这场战争"对波兰人"来说是"双重的骨肉相残的战争"（1915年9月27日国际社会党委员会公报第2号第15页；俄译文见《国际和战争》文集第97页）。

这些论点同承认民族自决权并没有什么实质上的区别，只不过它们的政治措辞比第二国际的大多数纲领和决议更加含糊不清。如果尝试用确切的政治措辞来表达这些思想并确定它们适用于资本主义制度还是只适用于社会主义制度，那就会更清楚地表明波兰社会民主党人否认民族自决是错误的。

> 列宁：《社会主义革命和民族自决权》，中共中央马克思恩格斯列宁斯大林著作编译局编译：《列宁选集》（第二卷），人民出版社 1995 年版，第573 页。

18. 挪威在 1905 年所"实现"的独立仅仅是政治上的独立

挪威在 1905 年所"实现"的独立，仅仅是政治上的独立。它并不打算触及也不可能触及经济上的不独立。我们的提纲所说的正是这一点。我们指出，自决仅仅涉及政治，因此甚至提出经济上不能实现的问题，也是错误的。

> 列宁：《论面目全非的马克思主义和"帝国主义经济主义"》，中共中央马克思恩格斯列宁斯大林著作编译局编译：《列宁选集》（第二卷），人民出版社 1995 年版，第 754 页。

（九）战争

1. 1914—1915 年欧洲战争是帝国主义战争

几乎所有的人都承认，目前这场战争（1914—1915 年欧洲战争）是帝国主义战争；但是这一概念在大多数情况下被人们所歪曲，他们不是单方面地加以运用，就是寻找借口说这场战争还可能具有资产阶级进步的、民族解放的意义。帝国主义是资本主义发展的最高阶段，这个阶段只是在 20 世纪才达到的。过去，不建立民族国家，资本主义就不能推翻封建主义，然而现在，旧的民族国家已经束缚资本主义的发展了。资本主义使集中发展到这样的程度，以致整个整个的工业部门都掌握在辛迪加、托拉斯这些资本家亿万富翁的同盟手中，几乎整个地球已被这些"资本大王"所瓜分，他们或者采取占有殖民地的形式，或者用金融剥削的千万条绳索紧紧缠绕住其他国家。自由贸易和竞争已经被追求垄断、抢夺投资场所和原料输出地等等的意向所代替。帝国主义的资本主义，已经由原先反封建主义斗争中的民族解放者，变为最大的民族压迫者了。资本主义已经由进步变为反动，它使生产力发展到了这种程度，以致使人类面临这样的抉择：要么过渡到社会主义，要么一连几年、甚至几十年地经受"大"国之间为勉强维持资本主义（以殖民地、垄断、特权和各种各样的民族压迫作为手段）而进行的武装斗争。

列宁：《社会主义与战争》，中共中央马克思恩格斯列宁斯大林著作编译

局编译：《列宁选集》（第二卷），人民出版社 1995 年版，第 512—513 页。

2. 部分欧洲国家为保存和巩固奴隶制而进行战争

从 1876 年起到 1914 年止，6 个"大"国抢占了 2500 万平方公里的土地，即抢占了比整个欧洲大一倍半的面积！6 个大国奴役着 5 亿以上（52300 万）的殖民地居民。这些"大"国平均每 4 个人奴役着"它们的"殖民地的 5 个居民。同时大家知道，殖民地是用火与剑抢夺来的，殖民地居民受着野蛮的虐待，他们遭受着各式各样的剥削（如资本输出、租借等、商品销售中的欺骗行径、对"统治"民族当局的强制服从，等等）。英法资产阶级欺骗人民说，他们是为了各民族和比利时的自由而战，实际上他们是为了保存他们抢夺来的大量殖民地而战。只要英国人和法国人肯把自己的殖民地"公平合理地"分给德国帝国主义者一些，德国帝国主义者就会立刻退出比利时等地。目前形势的一个特点就是，在这场战争中，殖民地的命运取决于大陆上的战争。从资产阶级的公平和民族自由（或民族生存权）的观点来看，德国反对英国和法国无疑是对的，因为它殖民地"分得少"，它的敌人所压迫的民族比它所压迫的要多得多，而在它的盟友奥地利那里，被压迫的斯拉夫人享有的自由无疑比在沙皇俄国这个名副其实的"各族人民的牢狱"里享有的自由多些。但是德国本身并不是在为解放其他民族，而是在为压迫其他民族而战。社会党人决不应当帮助一个较年轻较强壮的强盗（德国）去抢劫那些较老的因吃得过多而撑坏了肚子的强盗。社会党人应当利用强盗之间的斗争，去把他们统统打倒。为此，社会党人应当首先向人民说明真相，也就是说，指出这场战争从三种意义上说是奴隶主为巩固奴隶制而进行的战争。第一，这是一场要通过更"公平地"瓜分从而更"和睦地"剥削殖民地来加强对殖民地的奴役的战争；第二，这是一场要在"大"国国内巩固对异族的压迫的战争，因为无论奥地利或俄国（俄国比奥地利要厉害得多，糟糕得多）都是专靠这种压迫来维持，并且靠战争来加强这种压迫的；第三，这是一场要巩固雇佣奴隶制并延长其寿命的战争，因为无产阶级已被分裂，已被压制下去，资本家则得

到各种好处：发战争财，煽起民族偏见，强化反动势力，——目前这种反动势力在一切国家里，甚至在最自由的、共和制最完善的国家里也开始抬头了。

列宁：《社会主义与战争》，中共中央马克思恩格斯列宁斯大林著作编译
局编译：《列宁选集》（第二卷），人民出版社 1995 年版，第 514—515 页。

3. 英、法、德、意、奥、俄这些国家的政府和统治阶级几乎半个世纪以来一直在推行掠夺殖民地、压迫其他民族、镇压工人运动的政治

用这个观点（克劳塞维茨语"战争是政治通过另一种手段〈暴力手段〉的继续"——编者著）来考察当前这场战争就会看到，英、法、德、意、奥、俄这些国家的政府和统治阶级几十年来，几乎半个世纪以来一直在推行掠夺殖民地、压迫其他民族、镇压工人运动的政治。当前这场战争所继续的，正是这种政治，也只能是这种政治。尤其是在奥地利和俄国，无论平时的政治还是战时的政治都是奴役其他民族，而不是解放其他民族。相反，在中国、波斯、印度和其他附属国里，近几十年来我们所看到的是一种唤起千百万人争取民族生存、摆脱反动"大"国压迫的政治。在这种历史基础上进行的战争，即使在今天也可以是具有资产阶级进步性的、民族解放的战争。

只要把目前这场战争看作各"大"国及其国内的主要阶级所推行的政治的继续，就可以立刻看出，那种认为在这场战争中可以为"保卫祖国"的思想辩护的看法是极端反历史的、骗人的和虚伪的。

列宁：《社会主义与战争》，中共中央马克思恩格斯列宁斯大林著作编译
局编译：《列宁选集》（第二卷），人民出版社 1995 年版，第 515 页。

4. 从比利时战争看帝国主义战争的特点

三协约国（现在是四协约国）的社会沙文主义者（在俄国是普列汉诺夫及其一伙）最爱援引比利时的例子。可是这个例子正好说明他们错了。德帝国主义者无耻地破坏了比利时的中立，这和其他交战国随时随地所做的一样，只要需要就践踏一切条约和义务。我们姑且假定，一切愿意遵守国际条约的国家都向德国宣战，要求德国撤出比利时并赔偿它的损失。假如是这样，社会党人当然会站在德国的敌人一边。可是问题恰恰在于"三协约国（或四协约国）"并不是为了比利时而进行战争的。这是人所共知的，只有伪君子才会隐瞒这一点。英国正在抢夺德国的殖民地和土耳其，

俄国正在抢夺加里西亚和土耳其，法国在力争得到阿尔萨斯—洛林、甚至莱茵河左岸地区；同意大利签订了分赃条约（瓜分阿尔巴尼亚和小亚细亚）；同保加利亚和罗马尼亚正在进行一笔交易，同样是为了分赃。在各国现在的政府所进行的目前这场战争的条件下，不帮助扼杀奥地利或土耳其等，就不能帮助比利时！这跟"保卫祖国"有什么关系呢？？这正是帝国主义战争的特点，正是历史上已经过了时的反动资产阶级的政府间为压迫其他民族而进行的战争的特点。谁为参加这场战争辩护，谁就是要使帝国主义对各民族的压迫永世长存。谁宣传要利用各国政府目前的困难来为社会革命而斗争，谁就是在维护真正是一切民族的真正的自由，因为这种自由只有在社会主义制度下才能实现。

列宁：《社会主义与战争》，中共中央马克思恩格斯列宁斯大林著作编译局编译：《列宁选集》（第二卷），人民出版社 1995 年版，第 516 页。

5. 沙皇政府夺取加里西亚并彻底扼杀乌克兰人的自由、夺取亚美尼亚和君士坦丁堡等地的战争就具有特别反动和反民族解放的性质

在俄国，最新型的资本帝国主义已经在沙皇政府对波斯、满洲和蒙古的政策中充分显露了身手，但是总的说来，在俄国占优势的还是军事封建帝国主义。世界上没有一个地方像在俄国那样对国内的多数居民进行这样的压迫：大俄罗斯人只占人口的 43%，即不到一半，而其余一切民族都被当作异族看待，没有任何权利。在俄国的 17000 万人口中，有近 1 亿的居民遭受压迫，没有权利。沙皇政府进行战争是为了夺取加里西亚并彻底扼杀乌克兰人的自由，是为了夺取亚美尼亚和君士坦丁堡等地。沙皇政府把这场战争看作是转移人们对国内日益增长的不满情绪的注意力和镇压日益高涨的革命运动的一种手段。现在，俄国平均每两个大俄罗斯人压迫着两三个无权的"异族人"。沙皇政府还力图通过这场战争增加俄国所压迫的民族的数量，巩固对他们的压迫，从而破坏大俄罗斯人本身争取自由的斗争。既然有可能对其他民族进行压迫和掠夺，经济停滞就会持续下去，因为在这种情况下往往是以对"异族人"的半封建的剥削作为收入来源，而不是靠发展生产力。因此，从俄国方面来说，这场战争就具有特别反动和反民族解放的性质。

列宁：《社会主义与战争》，中共中央马克思恩格斯列宁斯大林著作编译局编译：《列宁选集》（第二卷），人民出版社 1995 年版，第 517 页。

6. 俄国政府用沙文主义毒害群众，似乎沙皇政府是在进行一场"正义的"战争

俄国政府有一点是不落后于它的欧洲伙伴的：它也能够像它们那样大规模地欺骗"自己的"人民。无比庞大的撒谎和欺骗机器在俄国也开动了起来，其目的就是用沙文主义毒害群众，就是要造成一种印象，似乎沙皇政府是在进行一场"正义的"战争，是在无私地保卫"斯拉夫同胞"等等。

列宁：《社会主义与战争》，中共中央马克思恩格斯列宁斯大林著作编译局编译：《列宁选集》（第二卷），人民出版社 1995 年版，第 529 页。

（十）欧洲联邦

1. 欧洲联邦在资本主义制度下不是无法实现的，便是反动的

……如果说同以革命推翻欧洲三国最反动的君主制度（以俄国君主制度为首）联系起来提出的共和制的欧洲联邦这一口号，作为一个政治口号是无懈可击的，那么这里还有一个极其重要的问题，就是这一口号的经济内容和经济意义问题。从帝国主义的经济条件来看，即从"先进的"和"文明的"殖民大国的输出资本和瓜分世界这一点来看。

资本已经变成国际的和垄断的资本。世界已经被少数几个大国即依靠大规模掠夺和压迫其他民族而强盛起来的国家瓜分完毕。欧洲四个大国英、法、俄、德，共有 25000—30000 万人口和将近 700 万平方公里土地，而它们所占领的殖民地却有近 5 亿（49450 万）人口和 6460 万平方公里土地，即差不多占全球面积的一半（全球面积除两极地区外，共有 13300 万平方公里）。此外还有亚洲三个国家，即中国、土耳其、波斯，现在正遭到日、俄、英、法这四个进行"解放"战争的强盗的分割。亚洲这三个可以称之为半殖民地（其实它们现在十分之九已经是殖民地）的国家，共有人口 36000 万，土地 1450 万平方公里（也就是说差不多等于全欧洲面积的一倍半）。

其次，英、法、德三国在国外的投资不下 700 亿卢布。保证从这笔相当可观的款项上每年能够得到 30 亿卢布以上的"正当"收益的，是百万富翁们的全国委员会即所谓的政府。这些委员会拥有陆军和海军，把"亿万富翁"的子弟"安置"在殖民地和半殖民地充当总督、领事、大使、各种官员、牧师和其他吸血虫。在资本主义发展到最高程度的时代，少数几

个大国对地球上将近 10 亿人口的掠夺，就是这样组织的。在资本主义制度下，也只能这样组织。能够放弃殖民地，放弃"势力范围"，放弃资本输出吗？谁这样想，谁就是把自己降低到牧师的水平，这些牧师每礼拜天都向富人宣扬基督教的崇高教义，劝他们周济穷人……每年如果不能拿出几十亿卢布，至少也拿出几百卢布。

在资本主义制度下建立欧洲联邦，就等于缔结瓜分殖民地的协定。可是在资本主义制度下，除了实力以外，不可能根据别的基础、别的原则进行瓜分。……

> 列宁：《社会主义与战争》，中共中央马克思恩格斯列宁斯大林著作编译
> 局编译：《列宁选集》（第二卷），人民出版社 1995 年版，第 552—553 页。

2. 建立欧洲联邦，作为欧洲资本家之间的协定，也是可能的

当然，资本家之间和大国之间缔结暂时的协定是可能的。在这个意义上说，建立欧洲联邦，作为欧洲资本家之间的协定，也是可能的……协定的内容是什么呢？仅仅是共同镇压欧洲社会主义运动，共同保卫已经抢得的殖民地，不让他们被日本和美国夺走，因为这两个国家对于当前这种瓜分殖民地的状况感到极端委屈，而它们近半个世纪以来实力增强之快，远非落后的、君主制的、已经开始老朽的欧洲所能比拟。与美国相比，欧洲整个说来意味着经济上的停滞。在现代经济基础上，即在资本主义制度下，建立欧洲联邦就等于把反动势力组织起来去阻碍美国的更为迅速的发展。民主事业和社会主义事业仅仅同欧洲相联系的时代，已经一去不复返了。

> 列宁：《社会主义与战争》，中共中央马克思恩格斯列宁斯大林著作编译
> 局编译：《列宁选集》（第二卷），人民出版社 1995 年版，第 553—554 页。

五 欧洲各国文明

（一）英国

1. 工业资本家的产生

原始积累的不同因素，多少是按时间顺序特别分配在西班牙、葡萄牙、荷兰、法国和英国。在英国，这些因素在 17 世纪末系统地综合为殖民制度、国债制度、现代税收制度和保护关税制度。这些方法一部分是以最残酷的暴力为基础，例如殖民制度就是这样。但所有这些方法都利用国家权力，也就是利用集中的、有组织的社会暴力，来大力促进从封建生产方式向资本主义生产方式的转化过程，缩短过渡时间。暴力是每一个孕育着新社会的旧社会的助产婆。暴力本身就是一种经济力。

> 卡·马克思：《资本论》（第一卷）之《资本的积累过程》，中共中央马克思恩格斯列宁斯大林著作编译局编译：《马克思恩格斯文集》（第五卷），人民出版社 2009 年版，第 861 页。

2. 英国铁路运输的发展问题

在其他条件不变的情况下、由运输费用追加到商品价格中去的相对价值部分，和商品的体积和重量成正比。但是，引起变化的情况是很多的。例如，根据物品容易破碎、腐烂和爆炸的相对程度不同，在运输上就需要采取程度不同的防护措施，因而需要耗费多少不等的劳动和劳动资料。在这里，铁路大王们在幻想的物种形成上，比植物学家或动物学家展现了更大的天才。例如，英国铁路的货物分类繁多，按其总的原则来说是建立在这样一种倾向上的；把货物繁杂的自然属性，变为同样多种多样的运输上的困难和理所当然的骗人借口。

> 卡·马克思：《资本论》（第二卷）之《资本形态变化及其循环》，中共中央马克思恩格斯列宁斯大林著作编译局编译：《马克思恩格斯文集》（第六卷），人民出版社 2009 年版，第 169 页。

3. 英国的法律规定符合我们对资本的设定

固定资本需要有各种特别的维持费用。固定资本的维持，部分地是依靠劳动过程本身，固定资本不在劳动过程内执行职能，就会损坏。因此，

英国的法律把那种不按国内习惯耕种租地的行为明确地当做破坏行为来
看待。

卡·马克思：《资本论》（第二卷）之《资本周转》，中共中央马克思恩格
斯列宁斯大林著作编译局编译：《马克思恩格斯文集》（第六卷），人民出
版社 2009 年版，第 193 页。

4. 英国建筑业的发展

在给私人建造房子时，私人分期付款给建筑业主。因此，事实上他是
按照房屋的生产过程的进度，一部分一部分地支付房屋的代价。而在发达
的资本主义时期，一方面大量资本集中在单个资本家手里，另一方面，除
了单个资本家，又有联合的资本家（股份公司），同时信用制度也发展了，
资本主义建筑业主只是在例外的情况下才为个别私人定造房屋。他以为市
场建筑整排的房屋或市区为业，就像单个资本家以作为承包人从事铁路建
筑为业一样。

卡·马克思：《资本论》（第二卷）之《资本周转》，中共中央马克思恩格
斯列宁斯大林著作编译局编译：《马克思恩格斯文集》（第六卷），人民出
版社 2009 年版，第 260 页。

5. 资本主义促使伦敦房屋建筑业发生变革

资本主义生产怎样使伦敦的房屋建筑业发生变革，可以用 1857 年一个
建筑业主在银行法委员会所提出的证词来说明。他说，在他青年时代，房
屋大都是定造的，建筑费用在建筑的某些阶段完工时分期付给建筑业主。
为投机而建筑的现象很少发生，建筑业主这样做，主要只是为了使他们的
工人经常有活干，而不至于散伙。近 40 年来，这一切都改变了。现在，定
造房屋的现象是极少有的。需要新房屋的人，可以在为投机而建成或正在
建筑的房屋中，挑选一栋。建筑业主不再是为顾客，而是为市场从事建筑；
和任何其他产业家完全一样，他必须在市场上有完成的商品。以前，一个
建筑业主为了投机，也许同时建筑三四栋房屋；现在，他却必须购买（也
就是大陆上所说的，通常以 99 年为期租用）大块地皮，在上面建筑一二百
栋房屋，因此他经营的企业，竟超出他本人的财产 20 倍到 50 倍。这笔基
金用抵押的办法借来钱会按照各栋房屋建筑的进度，拨给建筑业主。一旦
发生危机，分期垫款就会停止支付，整个事业通常就会停顿；最好的情况，
是房屋停建，等情况好转再建；最坏的情况，就是半价拍卖了事。现在，

任何一个建筑业主不从事投机建筑，而且不大规模地从事这种建筑，就得不到发展。建筑本身的利润是极小的；建筑业主的主要利润，是通过提高地租，巧妙地选择和利用建筑地点而取得的。几乎整个贝尔格雷维亚和泰伯思尼亚以及伦敦郊区成千上万的别墅，都是预计会出现房屋需求而以这种投机办法建筑起来的。

> 卡·马克思：《资本论》（第二卷）之《资本周转》，中共中央马克思恩格斯列宁斯大林著作编译局编译：《马克思恩格斯文集》（第六卷），人民出版社 2009 年版，第 260—261 页。

6. 英国农业经济发展状况

要在五年期满之前提供一个五年生的动物，自然是不可能的。但在一定限度内，通过饲养方法的改变，使牲畜在较短时间成长起来供一定的用途，却是可能的。贝克韦尔正是在这方面做出了成绩。以前，英国羊，像 1855 年前的法国羊一样，不满四年或五年是不能宰的。按照贝克韦尔的一套方法，一年生的羊已经可以肥育，无论如何，在满两年以前可以完全成熟。迪什利·格兰奇的租地农场主贝克韦尔，由于精心选种，使羊的骨骼缩小到它们生存所必需的最低限度。他的这种羊叫做新莱斯特羊。

> 卡·马克思：《资本论》（第二卷）之《资本周转》，中共中央马克思恩格斯列宁斯大林著作编译局编译：《马克思恩格斯文集》（第六卷），人民出版社 2009 年版，第 264 页。

7. 美国工人待遇高于英国，来源于成本的降低

但是，使工人成为一个合理消费者的主要秘密，还在下面这一点。德拉蒙德先生曾经访问过特纳·福尔斯（康涅狄格河畔）的制刀工厂。股份公司的主任会计欧克星先生告诉他，美国的餐刀制品已在质量上胜过英国制品，接着又告诉他：

"在价格上，我们也要胜过英国，现在我们已经在质量上领先了，这是公认的；但是我们必须有较低的价格，只要我们的钢的价格便宜了，我们的劳动也便宜了，我们就会有较低的价格！"

> 卡·马克思：《资本论》（第二卷）之《社会总资本的再生产和流通》，中共中央马克思恩格斯列宁斯大林著作编译局编译：《马克思恩格斯文集》（第六卷），人民出版社 2009 年版，第 582 页。

8. 17 世纪英国金匠执行银行家的职能

在英国 17 世纪的大部分时间内，金匠还执行银行家的职能。在这里，

我们完全撇开国际支付的平衡如何进一步发展为汇票交易等等，完全撇开一切和有价证券营业有关的事情；总之，完全撇开信用制度的一切特殊形式不谈，这些方面在这里还与我们无关。

> 卡·马克思：《资本论》第三卷第四篇第十九章《货币经营资本》，中共中央马克思恩格斯列宁斯大林著作编译局编译：《马克思恩格斯文集》（第七卷），人民出版社 2009 年版，第 355 页。

9. 19 世纪中期英国经济繁荣的原因

1842 年底，从 1837 年以来几乎不间断地压在英国工业身上的压力开始减弱。在其后的两年中，外国对英国工业品的需求增加得更多；1845—1846 年是高度繁荣的时期。1843 年，鸦片战争为英国商业打开了中国的门户。新的市场，给予当时已经存在的蓬勃扩展，特别是棉纺织业的扩展以新的借口。"我们怎么会有生产过多的时候呢？我们要为 3 亿人提供衣服。"——当时曼彻斯特一位工厂主就是这样对笔者说的。

> 卡·马克思：《资本论》第三卷第五篇第二十五章《信用和虚拟资本》，中共中央马克思恩格斯列宁斯大林著作编译局编译：《马克思恩格斯文集》（第七卷），人民出版社 2009 年版，第 458 页。

10. 在英国社会结构中也有中间的和过渡的阶层使阶级界限规定模糊

在英国，现代社会的经济结构无疑已经达到最高度的、最典型的发展。但甚至在这里，这种阶级结构也还没有以纯粹的形式表现出来。在这里，一些中间的和过渡的阶层也到处使界限规定模糊起来（虽然这种情况在农村比在城市少得多）。不过，这种情况对我们的考察来说是无关紧要的。我们已经看到，资本主义生产方式的经常趋势和发展规律，是使生产资料越来越同劳动分离，使分散的生产资料越来越大量积聚在一起，从而，使劳动转化为雇佣劳动，使生产资料转化为资本。另一方面，适应于这种趋势，土地所有权同资本和劳动相分离而独立，换句话说，一切土地所有权都转化为同资本主义生产方式相适应的土地所有权形式。

> 卡·马克思：《资本论》第三卷第七篇第五十二章《阶级》，中共中央马克思恩格斯列宁斯大林著作编译局编译：《马克思恩格斯文集》（第七卷），人民出版社 2009 年版，第 1001 页。

11. 18 世纪英国在科学上的进步

18 世纪，数学、力学、化学领域的进步和发现，无论在英国、法国、瑞典、德国，几乎都达到了相同的程度。发明也是如此，例如在法国就是这样。然而，在当时它们的资本主义应用却只发生在英国，因为只有在那里，经济关系才发展到使资本有可能利用科学进步的程度。（当时，特别是英国的农业关系和殖民地起了决定性的作用。）

> 卡·马克思：《政治经济学批判（1861—1863 年手稿）》摘选：《机器、自然力和科学的应用（蒸汽、电、机械的和化学的因素）》，中共中央马克思恩格斯列宁斯大林著作编译局编译：《马克思恩格斯文集》（第八卷），人民出版社 2009 年版，第 367 页。

12. 英国和荷兰民族充满了商业精神

……在基督教国家，特别是在英国和荷兰，整个民族充满了商业精神，经济的繁荣建立在新形成的世界市场上，发财致富被看做是目的本身，重商主义者宣传节欲、俭省，愤怒地反对挥霍，只愿意当帮手去推动别的国家浪费，而自己则想成为财宝贮藏者。

> 卡·马克思：《资本论（1863—1865 年手稿）》摘选：第二册［第 1 稿］第三章《流通和再生产》，中共中央马克思恩格斯列宁斯大林著作编译局编译：《马克思恩格斯文集》（第八卷），人民出版社 2009 年版，第 581 页。

13. 英国有势力的社会集团总是支持官僚特权地位

让我们举例来说明我们的意思。我们就拿官僚这个专干行政事务并在人民面前处于特权地位的特殊阶层的机关来说，从专制的、半亚洲式的俄国起，到有文化的、自由的、文明的英国止，我们到处都可以看到这种资产阶级社会不可或缺的官僚机关。与俄国的落后性及其专制制度相适应的，是人民在官吏面前完全无权，特权官僚完全不受监督。在英国，人民对行政机关实行强有力的监督，然而即使在那里，这种监督也远不是完全的，官僚仍然保持着不少特权，他们往往是人民的主人，而不是人民的公仆。**即使在英国，我们也看到，有势力的社会集团总是支持官僚特权地位**，不让这个机关完全民主化。这是由于什么原因呢？由于这个机关的完全民主化仅仅有利于一个无产阶级；于是连资产阶级最先进的阶层，也维护官吏的某些特权，反对一切官吏由选举产生，反对完全废除资格限制，反对官吏对人民直接负责等等，因为他们感觉到，这种彻底的民主化将被无产阶级利用来反对资产阶级。俄国的情况也是这样。

> 列宁：《俄国社会民主党人的任务》，中共中央马克思恩格斯列宁斯大林著作编译局编译：《列宁选集》（第一卷），人民出版社 1995 年版，第 148 页。

14. 亚当·斯密之后和马克思之前的其他经济学家，他们全都重复了亚当·斯密的错误

至于说到亚当·斯密之后和马克思之前的其他经济学家，他们全都重复了亚当·斯密的错误，并没有前进一步。因此，在关于收入的种种学说中充满着多么糊涂的观念，这一点，我们还要在下面谈到。在关于是否可能发生整个商品生产过剩的争论中，站在一方的李嘉图、萨伊、穆勒等人和站在另一方的马尔萨斯、西斯蒙第、查默斯、基尔希曼等人，所依据的都是斯密的错误理论，因此，按谢·布尔加柯夫先生公正的评论来说就是："由于出发点不正确和问题本身的提法不正确，这种争论只会导致空洞的和烦琐的争吵。"（上引书第 21 页。见杜冈—巴拉诺夫斯基对这些争吵的叙述：《现代英国的工业危机及其原因和对人民生活的影响》1894 年圣彼得堡版，第 377—404 页）

> 列宁：《俄国资本主义的发展》，中共中央马克思恩格斯列宁斯大林著作编译局编译：《列宁选集》（第一卷），人民出版社 1995 年版，第 177 页。

15. 英国和法国的经验多次证明，小资产阶级民主派总是做资产阶级的尾巴

在政治上也是一样：小资产阶级民主派，特别是它的领袖们，总是想跟着资产阶级跑。小资产阶级民主派的领袖们总是用诺言和保证来安慰自己的群众，说同大资本家达成协议是可能的，可是，他们顶多能在极短的时间内使资本家对劳动群众中的少数上层分子作些小小的让步，而在一切有决定意义的问题上，在一切重要问题上，小资产阶级民主派总是做资产阶级的尾巴，成为资产阶级的软弱无力的附属品，成为金融大王手中的顺从的工具。这是英国和法国的经验多次证明了的。

> 列宁：《革命的教训》，中共中央马克思恩格斯列宁斯大林著作编译局编译：《列宁选集》（第三卷），人民出版社 1995 年版，第 107 页。

16. 无论在英国或美国，都要以打碎、破坏"现成的""国家机器"，作为"任何一次真正的人民革命的先决条件"

在以上引证的马克思的这段论述中，有两个地方是值得特别指出的。第一，他把他的结论只限于大陆。这在 1871 年是可以理解的，那时英国还是一个纯粹资本主义的、但是没有军阀并在很大程度上没有官僚的国家的典型。所以马克思把英国除外，当时在英国，革命，甚至是人民革

命，被设想有可能而且确实有可能不以破坏"现成的国家机器"为先决条件。

现在，在 1917 年，在第一次帝国主义大战时期，马克思的这个限制已经不能成立了。英国和美国这两个全世界最大的和最后的盎格鲁撒克逊"自由制"（从没有军阀和官僚这个意义来说）的代表，已经完全滚到官僚和军阀支配一切、压制一切这样一种一般欧洲式的污浊血腥的泥潭中去了。现在，无论在英国或美国，都要以打碎、破坏"现成的"（是 1914—1917年间在这两个国家已制造出来而达到了"欧洲式的"、一般帝国主义的完备程度的）"国家机器"，作为"任何一次真正的人民革命的先决条件"。

列宁：《革命的教训》，中共中央马克思恩格斯列宁斯大林著作编译局编

译：《列宁选集》（第三卷），人民出版社 1995 年版，第 143—144 页。

17. 英国的民族问题没有完全消除

在英国，无论从地理条件、从共同的语言或从数百年的历史来看，似乎已经把各个小地区的民族问题都"解决了"。可是，甚至在这个国家里，恩格斯也注意到一个明显的事实，即民族问题还没有完全消除，因此他承认建立联邦制共和国是"前进一步"。自然，这里他丝毫没有放弃批评联邦制共和国的缺点，丝毫没有放弃为实现单一制的、民主集中制的共和国而最坚决地进行宣传和斗争。

列宁：《国家与革命》，中共中央马克思恩格斯列宁斯大林著作编译局编

译：《列宁选集》（第三卷），人民出版社 1995 年版，第 175 页。

18. 英国工联并不是在"完全自由"的条件下，而是在完全的资本主义奴役下发展的

伯恩施坦在他那本背叛变节的作品《社会主义的前提》中，激烈反对"原始"民主的思想，反对他所称为"学理主义的民主制度"的东西，即实行限权委托书制度，公职人员不领报酬，中央代表机关软弱无力等等。为了证明这种"原始"民主制度的不中用，伯恩施坦就援引了维伯夫妇所阐述的英国工联的经验。据说，工联根据自己 70 年来在"完全自由"（德文版第 137 页）的条件下发展的情形，确信原始的民主制度已不中用，因而用普通的民主制度，即与官僚制相结合的议会制代替了它。其实，工联并不是在"完全自由"的条件下，而是在完全的资本主义奴役下发展的，在这种奴役下，对普遍存在的邪恶现象、暴虐、欺骗以及把穷人排斥在

"最高"管理机关之外的现象，自然非作种种让步"不可"。在社会主义下，"原始"民主的许多东西都必然会复活起来，因为人民群众在文明社会史上破天荒第一次站起来了，不仅独立地参加投票和选举，而且独立地参加日常管理。在社会主义下，所有的人将轮流来管理，因此很快就会习惯于不要任何人来管理。

列宁：《国家与革命》，中共中央马克思恩格斯列宁斯大林著作编译局编
译：《列宁选集》（第三卷），人民出版社 1995 年版，第 217 页。

19. 英国资本家屈服于工人的条件

他指的是上一世纪 70 年代的英国，是垄断前的资本主义的极盛时代，是当时军阀机构和官僚机构最少的国家，是当时最有可能"和平地"即通过工人向资产阶级"赎买"的办法取得社会主义胜利的国家。所以马克思说：在一定条件下，工人决不拒绝向资产阶级赎买。至于变革的形式、方法和手段，马克思没有束缚自己的手脚，也没有束缚未来的社会主义革命活动家的手脚，他非常懂得在变革时会有怎样多的新问题发生，在变革进程中整个情况会怎样变化，在变革进程中情况会怎样频繁而剧烈地变化。

在苏维埃俄国，在无产阶级取得政权以后，在剥削者的军事反抗和怠工反抗被镇压下去以后，已经形成某些类似半世纪前在英国可以形成的条件（如果英国当时开始和平地向社会主义过渡的话），这难道还不明显吗？当时英国有下列种种情况可以保证资本家屈服于工人：（1）工人即无产者在人口中占绝对优势，因为已经没有农民（在 70 年代的英国已经有一些征象，可以指望社会主义在农业工人中非常迅速地得到成功）；（2）加入工会的无产阶级具有很高的组织程度（当时英国在这方面居世界第一位）；（3）在长期的政治自由发展中受到严格训练的无产阶级具有比较高的文明程度；（4）组织得极好的英国资本家——当时他们是世界各国中最有组织的资本家（现在这个领先地位已经转到德国）——长时期惯于用妥协的方法解决政治和经济问题。就因为这些情况，当时才会产生有可能使英国资本家和平地屈服于英国工人的想法。

列宁：《论"左派"幼稚性和小资产阶级性》，中共中央马克思恩格斯列
宁斯大林著作编译局编译：《列宁选集》（第三卷），人民出版社 1995 年
版，第 529—530 页。

20. 现代的文明的美国的历史是美国人民反对英国强盗的战争

现代的文明的美国的历史，是从一次伟大的、真正解放的、真正革命的战争开始的；这种战争，同那些因帝王、地主、资本家瓜分已夺得的土地或已攫取的利润而引起的掠夺战争（像目前的帝国主义战争）比较起来，是不多见的。这是美国人民反对英国强盗的战争，这些英国强盗当时压迫美国，使它处于殖民地奴隶地位，就像这些"文明的"吸血鬼现在压迫印度、埃及和世界各地的亿万人民，使他们处于殖民地奴隶地位一样。

列宁：《给美国工人的信》，中共中央马克思恩格斯列宁斯大林著作编译局编译：《列宁选集》（第三卷），人民出版社1995年版，第557页。

21. 英、法、德等国的帝国主义强盗行径（一）

四年各民族间的帝国主义大厮杀并没有白白过去。英德这两个强盗集团的恶棍们对人民的欺骗，已被不可争辩的明显事实彻底揭穿了。四年战争的结果表明，资本主义的一般规律，运用在强盗分赃战争上就是：谁最富最强，他聚敛的财富就最多，掠夺的就最多；谁最弱，他遭到的掠夺、蹂躏、压榨和扼杀就最厉害。

英帝国主义强盗就他们拥有的"殖民地奴隶"的数量来说是最强的。英国资本家不但没有丧失"自己的"（也就是他们在数百年间掠夺来的）一寸土地，反而夺取了德国在非洲的所有殖民地，夺取了美索不达米亚和巴勒斯坦，扼杀了希腊，并已开始掠夺俄罗斯了。

德帝国主义强盗就"他们的"军队的组织性和纪律性来说是最强的，但就拥有殖民地来说是较弱的。他们失掉了所有的殖民地，却抢劫了半个欧洲，扼杀了大批弱小国家和弱小民族。从交战双方来看，这是多么伟大的"解放"战争！两个集团的强盗们，英法资本家和德国资本家们，同他们的走狗社会沙文主义者即投靠"本国"资产阶级的社会党人一起，多么出色地"保卫了祖国"！

美国的亿万富翁们几乎是最富的，并且处在最安全的地理位置上。他们聚敛的财富最多。他们把所有的国家，甚至最富有的国家，都变成了自己的进贡者。他们掠夺了数千亿美元。每一块美元都有英国和它的"盟国"、德国和它的附庸国缔结的各种肮脏的秘密条约的污迹，为了分赃、为了在压迫工人和迫害国际主义者社会党人方面互相"帮助"而缔结的各种条约的污迹。每一块美元都有使每个国家的富人发财、穷人破产的"有利可图的"军事订货的污迹。每一块美元都有1000万死者和2000万残废者的血迹，他们在这场为了确定英国和德国强盗谁争得更多赃物、英国和德国刽子手谁在摧残世界弱小民族方面占首位而展开的伟大的、高尚的、解放的、神圣的斗争中血流成河。

如果说德国强盗在军事屠杀的残暴性方面打破了纪录，那么英国强盗不仅在夺得的殖民地的数量方面，而且在玩弄令人厌恶的虚伪手法的高超方面，也打破了纪录。正是现在，英、法、美三国的资产阶级用几百万份报纸来散布诽谤俄国的言论，同时却虚伪地把自己对俄国的掠夺性进攻说成是要"保卫"俄国不受德国人的侵略！

> 列宁：《给美国工人的信》，中共中央马克思恩格斯列宁斯大林著作编译
> 局编译：《列宁选集》（第三卷），人民出版社 1995 年版，第 558—559 页。

22. 英、法、德等国的帝国主义强盗行径（二）

英国和德国的帝国主义者为了"自己的"事业，就是说，为了夺取世界霸权，不惜彻底毁灭和扼杀从比利时和塞尔维亚到巴勒斯坦和美索不达米亚等一大批国家。那么，社会主义者为了"自己的"事业，为了使全世界劳动人民摆脱资本压迫，为了争取普遍的持久的和平，难道因为找不到一条没有牺牲的道路就应当观望等待吗？难道因为不能"担保"轻易获得胜利就应当害怕开始战斗吗？难道应当把"自己的"、资产阶级建立起来的"祖国"的安全和完整置于全世界社会主义革命的利益之上吗？应当百倍地鄙视抱有这种想法的国际社会主义的败类和资产阶级道德的奴才。

英、法、美三国的帝国主义豺狼们"责难"我们同德帝国主义达成了"协议"。十足的伪君子！一群恶棍！他们看见"他们"本国工人对我们表示同情而吓得发抖，竟诽谤起工人政府来了！但是他们的伪善面孔一定会被揭穿。他们假装不懂两种协议的差别：一种是"社会主义者"同资产阶级（本国和外国的）达成协议来反对工人，反对劳动者；另一种是为了保卫战胜了本国资产阶级的工人，为了无产阶级能利用资产阶级不同集团间的对立，而同具有一种色彩的资产阶级达成协议来反对具有另一种民族色彩的资产阶级。

> 列宁：《给美国工人的信》，中共中央马克思恩格斯列宁斯大林著作编译
> 局编译：《列宁选集》（第三卷），人民出版社 1995 年版，第 560—561 页。

23. 英、法、德等国的帝国主义强盗行径（三）

国际帝国主义资产阶级在"自己的"战争中，即在确定由英国强盗还是由德国强盗来称霸世界的战争中杀死了 1000 万人，使 2000 万人成了

残废。

列宁：《给美国工人的信》，中共中央马克思恩格斯列宁斯大林著作编译

局编译：《列宁选集》（第三卷），人民出版社 1995 年版，第 566 页。

24. 英国和法国的无产阶级革命

当法国实现伟大的资产阶级革命、促使整个欧洲大陆走向历史上新的生活时，资本主义比法国发达得多的英国竟成了反革命同盟的首领。而当时的英国工人运动却英明地预示了未来马克思主义中的许多东西。

当英国发生世界上第一次广泛的、真正群众性的、政治上已经成型的无产阶级革命运动即宪章运动的时候，欧洲大陆发生的革命大都是软弱的资产阶级革命，而在法国却爆发了无产阶级和资产阶级之间的第一次伟大的国内战争。资产阶级在不同的国家用不同的手段把无产阶级队伍各个击破了。

英国，照恩格斯的说法，是资产阶级同资产阶级化的贵族一起造成了极端资产阶级化的无产阶级上层的典型国家。从无产阶级的革命斗争来看，这个先进的资本主义国家竟落后了几十年。法国工人阶级在 1848 年和 1871 年先后两次举行了反资产阶级的英勇起义，对世界历史作出了重大贡献，在这两次起义中，法国无产阶级的力量好像是用尽了。这以后，即从 19 世纪 70 年代起，工人运动国际中的领导权转到了在经济上比英法都落后的德国。而到 20 世纪第二个十年，当德国在经济方面超过了英法两国的时候，领导德国马克思主义工人政党这个全世界的模范政党的，已是一小群十足的恶棍和卖身投靠资本家的最卑鄙的坏蛋，是从谢德曼和诺斯克到大卫和列金这些工人出身的替君主制和反革命资产阶级效劳的最可恶的刽子手。

列宁：《第三国际及其在历史上的地位》，中共中央马克思恩格斯列宁斯

大林著作编译局编译：《列宁选集》（第三卷），人民出版社 1995 年版，

第 791 页。

25. 英国和美国的集会自由是骗人的东西

英国和北美合众国宪法上的集会自由是骗人的东西，因为它会在向社会主义过渡的整个时期束缚劳动群众的手脚，因为我们很清楚，资产阶级将用一切办法来推翻这个一开始就很不寻常很"怪诞的"政权。在那些考虑过阶级斗争和稍微具体而明确地想到起义工人对资产阶级的态度的人看来，只能是这样。资产阶级已在一个国家内被推翻，但还没有在一切国家

内被推翻，正因为它还没有完全被推翻，它现在才以更为狂怒的姿态投入战斗。

> 列宁：《在全俄社会教育第一次代表大会上的讲话》，中共中央马克思恩格斯列宁斯大林著作编译局编译：《列宁选集》（第三卷），人民出版社1995年版，第814页。

26. 凡尔赛和约使各战胜国民族擦亮了眼睛，并且证明英法等国并不是文化和文明的代表

凡尔赛和约使各战胜国民族擦亮了眼睛，并且证明英法等国并不是文化和文明的代表，而是一些号称民主实则由帝国主义强盗操纵的国家。这些强盗之间的内部斗争发展得异常迅速，这使我们十分高兴，因为我们知道凡尔赛和约不过是高唱凯歌的帝国主义者的表面胜利，实质上它意味着整个帝国主义世界的崩溃，意味着劳动群众断然离开那些在战争时期同腐朽的帝国主义者结成联盟并维护着一个参战强盗集团的社会党人。劳动人民的眼睛已经擦亮了，因为凡尔赛和约是掠夺性的和约，它表明，英法两国同德国作战，实际上是为了巩固自己对殖民地的统治和加强本国帝国主义的实力。这种内部斗争愈往后就会愈扩大。今天我看到11月21日从伦敦发出的一则无线电讯，美国记者（这些人是不可能有同情革命者的嫌疑的）在电讯中写道，法国出现空前的反美情绪，因为美国人拒绝批准凡尔赛和约。

> 列宁：《在俄东部各民族共产党组织第二次代表大会上的报告》，中共中央马克思恩格斯列宁斯大林著作编译局编译：《列宁选集》（第四卷），人民出版社1995年版，第74页。

27. 英国"左派"共产主义者

英国现在还没有共产党，但是工人中间出现了一种崭新的、广泛的、强大的、迅速增长的、令人感到极有希望的共产主义运动；有几个政党和政治组织（"英国社会党"、"社会主义工人党"、"南威尔士社会主义协会"、"工人社会主义联盟"）希望成立共产党，并且正在就这个问题进行谈判。在"工人社会主义联盟"的机关报《工人无畏舰》周刊（1920年2月21日第6卷第48期）上刊载了该刊主编西尔维娅·潘克赫斯特同志的一篇文章：《向建立共产党的目标前进》。这篇文章叙述了上述四个组织谈判的经过，谈判的内容是：在加入第三国际、承认苏维埃制度（而不是议

会制）和无产阶级专政的基础上建立统一的共产党。原来，不能立刻成立统一的共产党的主要障碍之一，是它们之间发生了意见分歧，分歧在于要不要参加议会以及新成立的共产党要不要加入旧的、行业性的（大半由工联组成的）、机会主义和社会沙文主义的"工党"。"工人社会主义联盟"以及"社会主义工人党"都反对参加议会选举，反对参加议会，反对加入"工党"，在这方面它们和英国社会党全体党员或多数党员意见不一致，在它们看来英国社会党是英国"各共产主义政党中的右翼"。

> 列宁：《共产主义运动中的"左派"幼稚病（节选）（1920 年 4—5 月），
> 英国"左派"共产主义者》，中共中央马克思恩格斯列宁斯大林著作编译
> 局编译：《列宁选集》（第四卷），人民出版社 1995 年版，第 186—187 页。

28. 在英国，能"冲开缺口"、"打破坚冰"的也许是议会危机，也许是由极端错综复杂、日益恶化和日益尖锐的殖民地的矛盾和帝国主义的矛盾所引起的危机，也许是什么别的，等等

拿英国来说吧。我们无法知道，而且任何人也无法预先断定，什么时候那里将要爆发真正的无产阶级革命，什么缘由最能唤醒、激起和推动目前还在沉睡的非常广大的群众去进行斗争。所以我们必须做好我们的全部准备工作，把四只脚都钉上马掌（正如已故的普列汉诺夫在他还是马克思主义者和革命家的时候所爱说的那样）。能"冲开缺口"、"打破坚冰"的也许是议会危机，也许是由极端错综复杂、日益恶化和日益尖锐的殖民地的矛盾和帝国主义的矛盾所引起的危机，也许是什么别的，等等。我们谈的不是哪一种斗争将决定英国无产阶级革命命运的问题（这个问题，任何一个共产主义者都不会发生疑问，这个问题对于我们大家来说，已经解决了，并且彻底解决了），我们谈的是什么缘由将唤起目前还在沉睡的无产阶级群众行动起来，并且把他们一直引向革命的问题。我们不要忘记，譬如资产阶级的法兰西共和国，当时无论从国际或国内环境来说，革命形势都不及现在的百分之一，但是，只要有反动军阀千万次无耻行径中的一次（德雷福斯案件），只要有这样一个"意外的"、"小小的"缘由，就足以把人民径直引向国内战争！

在英国，共产主义者必须坚持不断、始终不渝地利用议会选举，利用不列颠政府的爱尔兰政策、殖民地政策和全球性的帝国主义政策所遇到的波折，利用社会生活中其他一切领域、一切部门和一切方面，并且要在所

有这些方面，用新的方式，用共产主义的方式，照第三国际那样而不是照第二国际那样来进行工作。在这里，我没有时间也没有篇幅来叙述"俄国式的"、"布尔什维克式的"参加议会选举和议会斗争的方法，但是我可以肯定地告诉外国的共产党人说，这和通常的西欧议会活动是完全不同的。人们往往由此得出结论说："是啊，那是在你们俄国，我们这里，议会活动却是另一个样子。"这个结论是不正确的。世界上所以要有共产党人，第三国际在各国的拥护者，正是要在各个系统，在生活的各个领域里，把旧的、社会党的、工联主义的、工团主义的议会工作，改造成新的、共产主义的议会工作。过去在我国的选举中，机会主义的和纯粹资产阶级的、专讲实利的、资本主义招摇撞骗的情况也是屡见不鲜的。西欧和美国的共产主义者必须学会创造一种新的、不寻常的、非机会主义的、不贪图禄位的议会活动，使共产党能够提出自己的口号，使真正的无产者能在没有组织的、备受压抑的贫民的帮助下传送和散发传单，走访工人住所，走访农村无产者和穷乡僻壤（好在欧洲大陆的穷乡僻壤比俄国要少得多，英国就更少）农民的茅舍，走进最下层的平民酒馆，进入真正的平民会社、团体，参加他们的临时集会，不用学者口吻（也不要太带议会腔）跟人民说话，丝毫也不追求议会的"肥缺"，而是到处启发思想，发动群众，抓住资产阶级说过的话，利用资产阶级设立的机构，利用它规定的选举以及它向全体人民发出的号召，并使人民了解布尔什维主义，而在资产阶级统治下，除了选举期间，是从来没有这种机会的（大罢工当然例外，因为在大罢工时期，这样的全民鼓动机构在我国曾经更紧张地工作过）。在西欧和美国，要做这些事情是很困难的，是万分困难的，但这是可以做到而且应该做到的，因为共产主义运动的一切任务不花气力都是无法完成的，而气力必须花在完成日益多样化的、日益涉及社会生活各部门的、从资产阶级手中逐一夺取各个部门、各个领域的实际任务上。

在英国，还应当在军队中，在"本"国被压迫的、没有平等权利的民族（如爱尔兰和各殖民地）中，按新的方式（不是按社会党的方式，而是按共产主义的方式，不是用改良办法，而是用革命办法）来进行宣传、鼓动和组织工作。要知道，在整个帝国主义时代，尤其是在战后的今天，当各国人民受尽战争的煎熬而迅速地擦亮眼睛，认清了真相（真相就是：几千万人死亡和残废只是为了解决应由英国强盗还是德国强盗掠夺更多的国家这样一个问题）的时候，社会生活的所有这些领域都布满了易燃物，可以触发冲突和危机、激发阶级斗争的机会也特别多。目前在世界性经济危机和政治危机的影响下，在一切国家中都有无数火星从各方面迸发出来，我们不知道而且也无法知道，哪点星星之火能燃起熊熊之焰，就是说，能够彻底唤醒群众，因此我们必须本着我们新的、共产主义的原则，去"耕耘"一切园地，甚至包括最陈腐的、臭气熏人的、看来毫无指望的园地，不然我们就将肩负不起自己的任务，不能照顾到各个方面，不能掌握一切种类的武器，既不能准备好去战胜资产阶级（资产阶级过去按自己的方式安排了各方面的社会生活，现在又按它自己的方式把它们破坏了），也不能准备好在战胜资产阶级之后按共产主义的方式去改造全部生活。

> 列宁：《共产主义运动中的"左派"幼稚病（节选）（1920 年 4—5 月），几点结论》，中共中央马克思恩格斯列宁斯大林著作编译局编译：《列宁选集》（第四卷），人民出版社 1995 年版，第 205—207 页。

29. 麦克唐纳仍旧是十足的资产阶级和平主义者和妥协主义者，是幻想建立超阶级政府的小资产者

我现在拿英国"独立工党"的领袖拉姆赛·麦克唐纳作例子，来说明机会主义在愿意加入第三国际的党内还有多么大的势力，有些党的工作离训练好革命阶级去利用革命危机这一要求还多么远。麦克唐纳的《议会和革命》一书中谈到的问题，正是我们现在研究的那些根本问题。他在这本书里对形势的描述和资产阶级和平主义者大致相同。他承认现在有革命危机，革命情绪正在增长，也承认工人群众是同情苏维埃政权和无产阶级专政的（请注意：这里讲的是英国），无产阶级专政比目前的英国资产阶级专政好。

但是，麦克唐纳仍旧是十足的资产阶级和平主义者和妥协主义者，是幻想建立超阶级政府的小资产者。麦克唐纳同一切资产阶级的骗子、诡辩家、学究一样，只认为阶级斗争是一种"记叙的事实"。麦克唐纳绝口不谈俄国克伦斯基、孟什维克和社会革命党人建立似乎是超阶级的"民主"政府的尝试，以及匈牙利、德国等国家的类似的尝试。他却麻醉他的党，麻醉那些不幸把他这个资产者当作社会主义者，把他这个庸人当作领袖的工人，说什么："我们知道，这〈革命危机，革命风潮〉会过去，会平息的。"他说，战争必然引起危机，危机在战后虽然不会立即平息，但"总归会平息下去的"！

　　一个愿意参加第三国际的党的领袖竟然能说出这样的话！这样赤裸裸的暴露是罕见的，因而更有价值，它暴露了法国社会党和德国独立社会民主党上层分子中间同样常见的情况，不仅不善于而且不愿意在革命意义上利用革命危机，换句话说，就是既不善于又不愿意使党和阶级为建立无产阶级专政作好真正的革命准备。

> 列宁：《共产国际第二次代表大会文献，关于国际形势和共产国际基本任务的报告》，中共中央马克思恩格斯列宁斯大林著作编译局编译：《列宁选集》（第四卷），人民出版社 1995 年版，第 268—269 页。

（二）德国

1. 德国人民也有自己的革命传统

　　德国人民也有自己的革命传统。在历史上德国也产生过能和其他国家最优秀的革命人物媲美的人才；在历史上德国人民也曾表现出韧性和毅力，如果是在一个中央集权程度较高的国家，这种韧性和毅力会创造出极其辉煌的成果；在历史上德国农民和平民所怀抱的理想和计划，常常使他们的后代为之惊惧。

> 弗·恩格斯：《德国农民战争》，中共中央马克思恩格斯列宁斯大林著作编译局编译：《马克思恩格斯文集》（第二卷），人民出版社 2009 年版，第 220 页。

2. 德国工业革命对农村地区的波及要比英国和法国广阔得多

　　家庭工业已经成了德国出口贸易以及全部大工业的广大基础。因此，它扩散到德国广大地区，并且还在一天比一天发展。小农为自己消费而从事的家庭工业劳动被服装工业和机器工业的廉价产品所消灭，而他们的牲畜以及厩肥的堆集由于马尔克制度、共有的马尔克地产和强制的轮作制遭到破坏而无法维持，这时小农不可避免地要破产，这种破产就把备受高利贷者盘剥的小农强制地驱赶到现代家庭工业中来。正像爱尔兰地主的地租一样，德国的抵押高利贷者的利息也无法靠土地的收益来偿付，而只能靠从事工业的农民的工资来偿付。而随着家庭工业的发展，一个个农民地区就相继卷入了现代的工业运动。这种由家庭工业造成的农业地区的革命化，就使德国境内工业革命波及的地区要比英国和法国境内工业革命波及的地区广阔得多；我国工业发展的水平较低，这就使这个革命尤其有必要向广大地区发展。这就说明，为什么德国同英国和法国相反，革命的工人运动在全国大部分地区有了这样强劲的发展，而不只是局限于中心城市。

弗·恩格斯：《论住宅问题》，中共中央马克思恩格斯列宁斯大林著作编译局编译：《马克思恩格斯文集》（第三卷），人民出版社 2009 年版，第247 页。

3. 德国农民越来越革命化是进一步变革的准备

这种农村家庭工业和工场手工业虽然由于广泛发展而成为德国的有决定意义的生产部门，同时使德国农民阶级越来越革命化，可是它们本身又不过是进一步变革的准备阶段。正如马克思已经证明的那样，在一定的发展阶段上，机器和工厂生产也会为它们敲响丧钟。敲响丧钟的时刻看来已经很近了。但是农村家庭工业和工场手工业被机器和工厂生产所消灭，在德国就意味着千百万农村生产者的生计被断绝，德国几乎一半小农被剥夺，不只是家庭工业转化为工厂生产，而且农民经济转化为资本主义的大农业，小地产转化为地主大地产——也就是意味着一场牺牲农民而有利于资本和大地产的工农业革命。如果德国注定连这个变革也要在旧的社会条件下完成，那么这样的变革毫无疑问会成为一个转折点。如果那时其他任何一国的工人阶级都还没有首先发难，那么德国一定会发起攻击，而组成"英勇军队"的农民子弟一定会英勇地助战。

弗·恩格斯：《论住宅问题》，中共中央马克思恩格斯列宁斯大林著作编译局编译：《马克思恩格斯文集》（第三卷），人民出版社 2009 年版，第248 页。

4. 中世纪德国农民的经济活动

一个这样的家庭要向其他家庭交换或购买的少数物品，在德国，甚至直到 19 世纪初，还主要是手工业生产的物品。农民并不是不会生产这些物品，他所以自己不生产这些物品，只是因为得不到原料，或者因为买到的物品要好得多或便宜得多。因此，中世纪的农民相当准确地知道，要制造他换来的物品，需要多少劳动时间。村里的铁匠和车匠就在他眼前干活；裁缝和鞋匠也是这样，在我少年时代，裁缝和鞋匠们还挨家挨户地来到我们莱茵地区的农民家里，把各家自备的原料做成衣服和鞋子。农民和卖东西给他的人本身都是劳动者，交换的物品也是他们各人自己的产品。……

自从货币进入这种经济方式的时候起，一方面，适应价值规律（注意，指马克思所表述的价值规律！）的趋势变得更明显了，但另一方面，这种趋势又由于高利贷资本和苛捐杂税的干扰而受到了破坏；价格平均起来达到几乎完全接近价值的程度就需要更长的期间了。

弗·恩格斯：《资本论》第三卷增补 1 《价值规律和利润率》，中共中央马克思恩格斯列宁斯大林著作编译局编译：《马克思恩格斯文集》（第七卷），人民出版社 2009 年版，第 1016 页。

5. 日耳曼的所有制形式

劳动的个人，即自给自足的公社成员，对他们劳动的自然条件的所有制的第三种形式，是日耳曼的所有制。在这种所有制形式下，公社成员本身既不像在东方特有的形式下那样是共同财产的共有者（在财产仅仅作为公社财产而存在的地方，单个成员本身只是一块特定土地的占有者，或是继承的，或不是继承的，因为财产的每一小部分都不属于任何单独的成员，而属于作为公社的直接成员的人，也就是说，属于同公社直接统一而不是同公社有别的人。因此，这种单个的人只是占有者。只有公共财产，只有私人占有。对公共财产的这种占有方式可以发生十分不同的历史的、地域的等等变化，这要看劳动本身是由每一个私人占有者孤立地进行，还是由公社来规定或由凌驾于各个公社之上的统一体来规定）；也不像罗马的、希腊的（简言之，古典古代的）形式下那样，土地为公社所占领，是罗马的土地；一部分土地留给公社本身支配，而不是由公社成员支配，这就是各种不同形式的公有地；另一部分则被分割，而每一小块土地由于是一个罗马人的私有财产，是他的领地，是实验场中属于他的一份，因而都是罗马的土地；但他之所以是罗马人，也只是因为他在一部分罗马的土地上享有这样的权利。

卡·马克思：《政治经济学批判（1857—1858 年手稿）》摘选：《资本主义生产以前的各种形式》，中共中央马克思恩格斯列宁斯大林著作编译局编译：《马克思恩格斯文集》（第八卷），人民出版社 2009 年版，第 129—130 页。

6. 俄国人的争论不过是德国人的争论的反应

关于我自己的"正统思想"问题，我只简短地谈这几点意见，一则因为这和我论文的主题没有直接关系，一则因为我没有可能详尽地发挥第一种人的观点，只能请有兴趣的人去查看德国书刊。在这个问题上，**俄国人的争论不过是德国人的争论的反应**，不知道德国人的争论，就不能对争论的本质获得十分确切的认识。

> 列宁：《非批判的批判》，中共中央马克思恩格斯列宁斯大林著作编译局编译：《列宁选集》（第一卷），人民出版社1995年版，第235页。

7. 德国社会党人伯恩施坦没有教给无产阶级任何新的斗争方法

我们现在要问，那些纠集在德国社会党人伯恩施坦周围、在这一时期大喊大叫要"革新"这个理论的人，究竟对这个理论有什么新的贡献呢？什么也没有，他们并没有把马克思和恩格斯嘱咐我们加以发展的科学推进一步；他们并没有教给无产阶级任何新的斗争方法；他们只是向后退，借用一些落后理论的片言只语，不是向无产阶级宣传斗争的理论，而是宣传让步的理论，宣传对无产阶级的死敌、对无休止地寻找新花招来迫害社会党人的政府和资产阶级政党实行让步的理论。俄国社会民主党创始人和领袖之一的普列汉诺夫，对伯恩施坦的最时髦的"批评"作了无情的批判，他做得完全正确。现在连德国工人的代表人物也摒弃了伯恩施坦的观点（在汉诺威代表大会上）。

> 列宁：《我们的纲领》，中共中央马克思恩格斯列宁斯大林著作编译局编译：《列宁选集》（第一卷），人民出版社1995年版，第274页。

8. 在德国，没有一次政治事件不是使社会民主党的威信和声望愈来愈高的

就拿我们的"经济派"只想仿效其弱点的德国社会民主党来说吧。**在德国，没有一次政治事件不是使社会民主党的威信和声望愈来愈高的**，这是为什么呢？这是因为社会民主党总是走在大家的前面，用最革命的态度来估计这种事件，支持一切对专横暴虐的抗议。它不用所谓经济斗争一定会使工人碰到他们无权的问题，具体条件必然推动工人运动走上革命道路等等的议论来安慰自己。它干预社会生活和政治生活的一切领域和一切问题，例如关于威廉不批准资产阶级进步党人当市长的问题（我们的"经济派"还没有来得及开导德国人，说这其实就是同自由主义妥协！），关于颁布法令禁止"淫秽"书籍和画册的问题，关于政府对教授人选施加影响的问题以及其他等等问题。他们处处都走在大家的前面，在一切阶级中间激发政治上的不满，唤醒沉睡者，鼓励落后者，提供各方面的材料来提高无

产阶级的政治意识和政治积极性。

列宁：《怎么办》，中共中央马克思恩格斯列宁斯大林著作编译局编译：《列宁选集》（第一卷），人民出版社 1995 年版，第 380 页。

9. 德国人懂得没有"十来个"富有天才的领袖，无论哪个阶级都无法进行坚持不懈的斗争

为了清楚起见，我就先举例来说吧。就拿德国人作例子。他们的组织包括群众，一切事情都是由群众来干，工人运动已经学会用自己的腿走路，我想你们一定不会否认这一点吧？可是，这些数以百万计的群众又是多么重视自己的"十来个"经过考验的政治领袖，多么坚决拥护这些领袖啊！在国会中曾经不止一次听见敌对党的议员讥讽社会党人说："好样的民主派！你们只是口头上讲工人阶级的运动罢了，实际上出面的总是这帮首领。一年复一年，十年又十年，还是这个倍倍尔，还是这个李卜克内西。你们的那些所谓从工人中选举出来的议员，真是比皇帝册封的官吏还难得调换呢！"这是企图把"群众"与"首领"对立起来，想激发群众的劣根性和虚荣心，想以破坏群众对"十来个聪明人"的信任来使运动失去坚定性和稳定性，但是德国人对这种蛊惑人心的企图只是嗤之以鼻。**德国人的政治思想的发展和政治经验的积累已经足以使他们懂得：在现代社会中，假如没有"十来个"富有天才（而天才人物不是成千成百地产生的）、经过考验、受过专业训练和长期教育并且彼此配合得很好的领袖，无论哪个阶级都无法进行坚持不懈的斗争。**在德国人自己的队伍中，也有过一些蛊惑家，他们竭力奉承"几百个蠢人"，把他们抬高到"几十个聪明人"之上，一味赞美群众的"筋肉条条的拳头"，激发他们（像莫斯特和哈赛尔曼那样）去从事轻率的"革命"行动，散布对坚定刚毅的领袖的不信任。德国社会主义运动只是由于它同社会主义运动内部形形色色的蛊惑家不断地进行了毫不调和的斗争，才得到这样的发展和巩固。

列宁：《怎么办》，中共中央马克思恩格斯列宁斯大林著作编译局编译：《列宁选集》（第一卷），人民出版社 1995 年版，第 402 页。

10. 德国机会主义认为宗教是私人的事情

恩格斯故意强调"对国家来说"这几个字，目的是要击中德国机会主义的要害，因为德国机会主义宣布宗教对党来说是私人的事情，这样也就把革命无产阶级政党降低到最庸俗的"自由思想派"那班市侩的水平，这

种市侩可以容许不信宗教，但是拒绝执行对麻醉人民的宗教鸦片进行党的斗争的任务。

　　将来研究德国社会民主党的历史学家在探讨该党 1914 年遭到可耻的破产的根源时，会找到许多关于这个问题的有趣的材料：从该党思想领袖考茨基的论文中为机会主义打开大门的暧昧言论起，直到党对 1913 年的与教会分离的运动的态度止。

　　　　　　列宁：《国家与革命》，中共中央马克思恩格斯列宁斯大林著作编译局编
　　　　　　译：《列宁选集》（第三卷），人民出版社 1995 年版，第 179 页。

11. 资本主义民主共和国就是资产阶级专政

　　在欧洲大陆最发达的资本主义国家德国，由于德帝国主义战败而得到的共和制自由刚刚实行了几个月，就使德国工人和全世界看到了资产阶级民主共和国的真正阶级本质究竟是什么。卡尔·李卜克内西和罗莎·卢森堡被害是世界历史上的重大事件，不仅因为这是真正无产阶级的国际即共产国际的优秀人物和领袖惨遭杀害，而且还因为这一事件使欧洲的一个先进国家——可以毫不夸大地说，也是全世界范围内的一个先进国家——的阶级本质暴露无遗。在社会爱国主义者执政的情况下，军官和资本家可以不受惩罚地杀害被捕者即受到国家政权监护的人，这说明能够发生这种事情的民主共和国就是资产阶级专政。有些人对卡尔·李卜克内西和罗莎·卢森堡被害表示愤慨，但又不明白这个道理，这种人不是迟钝，就是伪善。在世界上最自由最先进的共和国之一的德意志共和国，所谓"自由"，就是可以不受惩罚地杀害被捕的无产阶级领袖的自由。只要资本主义还存在，情况就只能是这样，因为民主制度的发展不是使阶级斗争变得缓和，只是使它更加尖锐。而由于战争的一切后果和影响，阶级斗争已经达到白热化的地步了。

　　　　　　列宁：《共产国际第一次代表大会文献》，中共中央马克思恩格斯列宁斯
　　　　　　大林著作编译局编译：《列宁选集》（第三卷），人民出版社 1995 年版，
　　　　　　第 697—698 页。

12. 西欧各党中正是革命的德国社会民主党才产生了最优秀的领袖

　　　　附带说明一点，历史现在已经在广大的、世界历史的范围内证实了我们始终坚持的那个意见：革命的德国社会民主党（请注意，普列汉诺夫早在 1900—1903 年间就要求把伯恩施坦开除出党，后来布尔什维克始终继承

这种传统，在 1913 年揭穿了列金的全部卑鄙、下流和叛卖行为）同革命无产阶级取得胜利所必需的那种政党最相近。现在 1920 年，在战争期间和战后最初几年中发生的一切可耻的破产和危机之后，可以清楚地看到，西欧各党中正是革命的德国社会民主党才产生了最优秀的领袖，并且比别的党更早地恢复了元气和健康，重新巩固了起来。无论在斯巴达克派那里，或在"德国独立社会民主党"左翼，即无产阶级一翼那里，都可以看到这种情形。这一翼正在对考茨基、希法亭、累德堡、克里斯平之流的机会主义和毫无气节进行坚定不移的斗争。如果我们现在大致回顾一下从巴黎公社到第一个社会主义苏维埃共和国这一十分完整的历史时期，那么，关于马克思主义对无政府主义的态度，便可以得到一个十分明确的毫不含糊的轮廓。归根到底马克思主义是正确的，虽然无政府主义者曾经正确地指出在多数社会党内所盛行的国家观是机会主义的，但是，第一，这种机会主义是同曲解甚至公然隐匿马克思的国家观（我在《国家与革命》一书中已经指出，恩格斯给倍倍尔的一封信，曾经异常鲜明、尖锐、直接、明确地揭穿了社会民主党内所流行的国家观是机会主义的，可是这封信竟被倍倍尔从 1875 年到 1911 年搁置了 36 年）分不开的；第二，正是欧美社会党中最忠实于马克思主义的派别才最迅速最广泛地纠正了这种机会主义观点，承认了苏维埃政权及其对资产阶级议会制民主所具有的优越性。

> 列宁：《共产主义运动中的"左派"幼稚病（1920 年 4—5 月），布尔什维主义是在反对工人运动内部哪些敌人的斗争中成长、壮大和得到锻炼的？》，中共中央马克思恩格斯列宁斯大林著作编译局编译：《列宁选集》（第四卷），人民出版社 1995 年版，第 144—145 页。

13. 德国"左派"共产党人

"是党专政还是阶级专政？是领袖专政（领袖的党）还是群众专政（群众的党）？"——单是问题的这种提法就已经证明思想混乱到了不可思议的无可救药的地步。这些人竭力要标新立异，结果却弄巧成拙。谁都知道，群众是划分为阶级的；只有把不按照生产的社会结构中的地位区分的大多数同在生产的社会结构中占有特殊地位的集团对立时，才可以把群众和阶级对立起来；在通常情况下，在多数场合，至少在现代的文明国家内，阶级是由政党来领导的；政党通常是由最有威信、最有影响、最有经验、被选出担任最重要职务而称为领袖的人们所组成的比较稳定的集团来主持的。这都是起码的常识。这都是简单明了的道理。何必再另来一套胡说八道，另造一套新奇的沃拉皮尤克呢？一方面，大概是由于党的合法状态和不合法状态的迅速更替破坏了领袖、政党和阶级之间那种通常的、正常的和简单的关系，人们面对这种难于理解的情况，思想便发生了混乱。在德国，也像在欧洲其他国家那样，人们过分习惯于合法状态，习惯于由政党定期举行的代表大会自由地正常地选举"领袖"，习惯于通过议会选举、群众大会、报章杂志，通过工会和其他团体的情绪变化等方便办法来检验各政党的阶级成分。但是，由于革命的急剧发展和内战的展开，不得不放弃这种通常的办法，而迅速转为交替使用合法的和不合法的方式，结合使用这两种方式，采用"不方便的"和"非民主的"方法来推选或组成或保留"领导集团"，在这个时候，人们不知所措，开始臆想出一些荒谬绝伦的东西。大概荷兰共产党某些党员由于不幸生在一个具有特别优越和特别稳定的合法状态的传统和条件的小国，根本没有见过合法状态和不合法状态的相互更替，因此思想上发生了混乱而不知所措，助长了这种荒谬的臆想。

列宁：《共产主义运动中的"左派"幼稚病（节选）（1920 年 4—5 月），德国"左派"共产党人。领袖、政党、阶级、群众间的相互关系》，中共中央马克思恩格斯列宁斯大林著作编译局编译：《列宁选集》（第四卷），人民出版社 1995 年版，第 151—152 页。

14. 在德国，对于阶级、对于群众，议会制在政治上还没有过时

显然在德国，议会制在政治上还没有过时。显然是德国"左派"把自己的愿望，把自己思想上政治上的态度，当作了客观现实。这对革命家是最危险的错误。

……对于德国共产党人来说，议会制当然"在政治上已经过时了"，可是问题恰恰在于不能认为对于我们已经过时的东西，对于阶级、对于群众也已经过时。正是在这一点上我们又一次看到，"左派"不善于作为阶级的党、作为群众的党来判断事理，处理事情。你们决不应该把自己降低到群众的水平，降低到本阶级中落后阶层的水平。这是毫无疑义的。你们应该对他们说不中听的真话。你们应该把他们的资产阶级民主偏见和议会制偏见叫作偏见。但是同时你们也应该清醒地注意到正是整个阶级的（而不仅是它的共产主义先锋队的）、正是全体劳动群众的（而不仅是他们的先进分子的）觉悟和准备的实际状况。即使不是"数百万的"和"众多的"，而是只有相当数量的少数产业工人跟着天主教神父走，只有相当数量的少数农业工人跟着地主和富农（Groβbauern）走，那么根据这一点也可以毫无疑义地得出结论说，在德国，议会制在政治上还没有过时，革命无产阶级的政党必须参加议会选举，参加议会讲坛上的斗争，其目的正是在于教育本阶级的落后阶层，正是在于唤醒和启发水平不高的、备受压抑的和愚昧无知的农村群众。当你们还无力解散资产阶级议会以及其他类型的任何反动机构的时候，你们就应该在这些机构内部工作，正是因为在那里还有受神父愚弄的、因身处穷乡僻壤而闭塞无知的工人；不然，你们就真有成为空谈家的危险。

列宁：《共产主义运动中的"左派"幼稚病（节选）（1920 年 4—5 月），
参加不参加资产阶级议会?》，中共中央马克思恩格斯列宁斯大林著作编
译局编译：《列宁选集》（第四卷），人民出版社 1995 年版，第 167—
168 页。

15. 德国共产党人以多种形式表现出"左派"幼稚病

为什么德国工人有同样的、完全相同的从右向左的转变趋势，却没有立即增强共产党人的力量，而首先增强了中间政党——"独立"党（虽然这个党从来没有过任何独立的政见和任何独立的政策，而只是摇摆于谢德曼之流和共产党人之间）的力量呢？

很明显，原因之一就是德国共产党人采取了错误的策略，德国共产党人必须大胆地老老实实地承认这个错误，并且学会纠正这个错误。这个错误就是否认有必要参加反动的资产阶级议会和反动的工会，这个错误就是以多种形式表现出来的"左派"幼稚病，这种病症现在已经暴露出来，这就可以更好更快地把它治好，对于机体会更有益处。

列宁：《共产主义运动中的"左派"幼稚病（节选）（1920 年 4—5 月），
不作任何妥协吗?》，中共中央马克思恩格斯列宁斯大林著作编译局编译：
《列宁选集》（第四卷），人民出版社 1995 年版，第 182 页。

16. 德国"独立社会民主党"内部分裂

德国"独立社会民主党"内部，显然是不一致的：其中除那些已经证明不能理解苏维埃政权和无产阶级专政的意义，不能领导无产阶级革命斗争的机会主义老领袖（如考茨基、希法亭，看来克里斯平、累德堡等在很

大程度上也是如此）以外，还有一个左翼，即无产阶级一翼已经形成，并且正在非常迅速地发展着。该党数十万无产者党员（党员总数似为75万）正在离开谢德曼而迅速靠拢共产党人。这个无产阶级一翼已经在"独立党人"莱比锡代表大会（1919年）上提议无条件地立即加入第三国际。如果害怕同该党的这一翼"妥协"，那简直是可笑的。恰恰相反，共产党人必须寻找而且必须找到一种同他们妥协的适当形式，这种妥协一方面可以促进和加速共产党人同这一翼实现必要的完全融合，另一方面丝毫不妨碍共产党人对"独立党人"机会主义右翼进行思想上和政治上的斗争。要找到这样一种适当的形式，大概是不容易的，然而只有骗子才会向德国工人和德国共产党人许诺一条"容易"致胜的道路。

> 列宁：《共产主义运动中的"左派"幼稚病（节选）（1920年4—5月），不作任何妥协吗？》，中共中央马克思恩格斯列宁斯大林著作编译局编译：《列宁选集》（第四卷），人民出版社1995年版，第183页。

17. 为了推翻资产阶级，如果有必要，可以而且应当容忍凡尔赛和约存在一个较长的时期

德国"左派"十分固执地坚持不承认凡尔赛和约，这也是他们的一个明显的错误。这种观点表述得愈"庄重"、愈"神气"、愈"坚决"、愈武断（像克·霍纳所表达的那样），结果就显得愈不明智。在现时国际无产阶级革命的条件下，仅仅唾弃"民族布尔什维主义"（劳芬贝格等人的）那种竟然主张同德国资产阶级结盟对协约国作战的荒谬立场，是不够的。应当认识到，苏维埃德国（如果苏维埃德意志共和国不久就可以成立的话）在一定的时期内必须承认和服从凡尔赛和约，不容许这样做的策略是根本错误的。当然不能由此得出结论说，当谢德曼之流还不在政府里、匈牙利苏维埃政权还没有被推翻、维也纳的苏维埃革命尚有可能去援助苏维埃匈牙利的时候，在当时这样的条件之下，"独立党人"提出签订凡尔赛和约的要求是正确的。"独立党人"当时实行的机动和灵活是很不好的，因为他们多少替叛徒谢德曼之流分担了责任，多少离开了同谢德曼之流进行无情的（和十分冷静的）阶级战争的观点，而滑到了"非阶级的"或"超阶级的"观点上去。

然而，现在的局势却显然是这样的：德国共产党人不应当束缚自己的手脚，不应当许诺，共产党人一旦取得胜利，就一定废除凡尔赛和约。这是愚蠢的。应该说：谢德曼之流和考茨基之流干了一系列的叛卖勾当，阻碍了（就某种程度上说简直是断送了）同苏维埃俄国和苏维埃匈牙利结成联盟的事业。我们共产党人则要采取一切办法去促成和准备实现这个联盟，至于凡尔赛和约，我们完全没有必要一定而且立刻加以废除。能不能顺利地废除这个和约，不仅取决于苏维埃运动在德国的胜利，而且取决于苏维埃运动在国际上的胜利。谢德曼之流和考茨基之流阻碍了这个运动，而我们却要帮助这个运动。这就是问题的本质所在，这就是根本的差别所在。既然我们的阶级敌人、剥削者、他们的走狗谢德曼之流和考茨基之流，放过了加强德国及国际苏维埃运动、加强德国及国际苏维埃革命的许多机会，那么，这种罪责就应该由他们来承担。德国的苏维埃革命会加强国际苏维埃运动，而国际苏维埃运动则是反对凡尔赛和约、反对整个国际帝国主义的最强大的堡垒（而且是唯一可靠的、不可战胜的、威震全球的堡垒）。硬要迫不及待地把摆脱凡尔赛和约一事放在第一位，放在使其他被帝国主义压迫的国家摆脱帝国主义压迫的问题之上，这就是市侩的民族主义（很合乎考茨基、希法亭、奥托·鲍威尔之流的身分），而不是革命的国际主义。在欧洲任何一个大国，其中包括德国，推翻资产阶级将是国际革命的一大胜利，为了这种胜利，如果有必要，可以而且应当容忍凡尔赛和约存在一个较长的时期。既然俄国一国为了革命的利益能够忍受几个月布列斯特和约，那么苏维埃德国在同苏维埃俄国结成联盟的情况下，为了革命的利益在更长一段时间里忍受凡尔赛和约决不是不可能的。

法、英等国帝国主义者挑动德国共产党人，给他们设下圈套："你们说你们不在凡尔赛和约上签字吧。"而左派共产党人不善于随机应变，同诡计多端而且目前比他们强大的敌人周旋，不会回答敌人说："现在我们要在凡尔赛和约上签字了"，却像小孩子一样上了这个圈套。事先就束缚住自己的手脚，公开告诉那个目前武装得比我们好的敌人，我们是否要同他作战、什么时候同他作战——这是愚蠢行为，而不是革命行为。当应战显然对敌人有利而对自己不利的时候，却去应战，那就是犯罪；革命阶级的政治家如果不善于实行"机动、通融、妥协"，以避免显然不利的战斗，这样的政治家是毫无用处的。

列宁：《共产主义运动中的"左派"幼稚病（节选）（1920年4—5月），不作任何妥协吗？》，中共中央马克思恩格斯列宁斯大林著作编译局编译：

《列宁选集》（第四卷），人民出版社 1995 年版，第 184—186 页。

18. 德国从落后到先进的发展

在半世纪以前，德国同英法比较起来还是一个落后的国家。日本当时同俄国比较起来也是这样。可是大家知道，在二十世纪初，德国和日本已经跳跃很远，德国超过了法国，并开始在世界市场上排挤英国，日本超过了俄国。

> 斯大林：《十月革命和俄国共产党人的策略》，中共中央马克思恩格斯列宁斯大林著作编译局编译：《斯大林选集》（上卷），人民出版社 1979 年版，第 285 页。

19. 德国是个遵守秩序的民族

在德国，有一个时候人们确实非常尊重法律。1907 年我曾经在柏林住过两三个月，当时我们俄国布尔什维克常常嘲笑某些德国朋友这样尊重法律。例如流传过这样的笑话：柏林社会民主党委员会规定在某日某时举行一次游行示威，凡城郊各组织的人员都必须参加这次游行示威，某郊区一个一百人的小组虽然按时在指定时间内到达城市，但是没有来得及参加游行，因为他们在车站的月台上站了两小时，不敢离开月台：在出口处没有收票的检票员，车票没有人可交。人们开玩笑说，需要有一个俄国同志来给德国人指出一条简单的出路：走出月台，不要交票……

可是，难道现在德国还有什么类似的情形吗？难道现在德国还有人尊重法律吗？难道那些本来应该比所有的人都更维护资产阶级法律的社党人自己不是在破坏法律，不是在捣毁工人俱乐部，不是在肆无忌惮地杀害工人吗？

更不用说工人了，我以为他们早已不再尊重资产阶级法律了。

是的，近来德国人已经大大地改变了。

> 斯大林：《和德国作家埃米尔·路德维希的谈话》，中共中央马克思恩格斯列宁斯大林著作编译局编译：《斯大林选集》（下卷），人民出版社 1979 年版，第 312 页。

20. 黑格尔的辩证法

马克思和恩格斯在说明自己的辩证方法的时候，通常援引黑格尔，认为他是表述了辩证法基本特征的哲学家。但这并不是说，马克思和恩格斯的辩证法同黑格尔的辩证法是一样的。其实，马克思和恩格斯从黑格尔的辩证法中采取的仅仅是它的"合理的内核"，而屏弃了黑格尔的唯心主义的外壳，并且向前发展了辩证法，赋予辩证法以现代的、科学的形态。

……

马克思和恩格斯在说明自己的唯物主义的时候，通常援引费尔巴哈，认为他是恢复了唯物主义应有权威的哲学家。但这并不是说，马克思和恩格斯的唯物主义和费尔巴哈的唯物主义是一样的。其实，马克思和恩格斯是从费尔巴哈唯物主义中采取了它的"基本的内核"，把它进一步发展成为科学的哲学唯物主义理论，而屏弃了它那些唯心主义的和宗教伦理的杂质。大家知道，费尔巴哈虽然在基本上是唯物主义者，但是他竭力反对唯物主义这个名称。恩格斯屡次说过：费尔巴哈"虽然有唯物主义的基础，但是在这里还没有摆脱传统的唯心主义束缚"，"我们一接触到费尔巴哈的宗教哲学和伦理学，他的真正的唯心主义就显露出来了"。

斯大林：《论辩证唯物主义和历史唯物主义》，中共中央马克思恩格斯列宁斯大林著作编译局编译：《斯大林选集》（下卷），人民出版社 1979 年版，第 424—425 页。

（三）法国

1. 法国的农民所有制

……法国的农民所有制，比起英国的地主所有制离土地国有化要远得多。的确，在法国凡是买得起土地的人都可以获得土地，但是，正因为如此，土地便分成许多小块，耕种土地的人资金很少，主要依靠本人及其家属的劳动。这种土地所有制形式以及它所要求的小地块耕作的方式，不仅不能采用现代农业的各种改良措施，反而把耕作者本人变成顽固反对社会进步，尤其是反对土地国有化的人。他被束缚在土地上，必须投入全部精力才能获得相当少的回报；他不得不把大部分产品以赋税的形式交给国家，以诉讼费的形式交给讼棍，以利息的形式交给高利贷者；除了他活动的那块小天地，他对社会运动一无所知，他一直痴情地迷恋着他那一小块土地，迷恋着他的纯粹名义上的占有权。于是法国农民就陷入同产业工人阶级相对立的极可悲的境地。

农民所有制既然是土地国有化的最大障碍，所以在目前情况下，法国无疑不是我们应当寻求解决这个重大问题的办法的地方。

卡·马克思:《论土地国有化》,中共中央马克思恩格斯列宁斯大林著作编译局编译:《马克思恩格斯文集》(第三卷),人民出版社 2009 年版,第 231—232 页。

2. 争取正常工作日的斗争

法国在英国后面慢慢地跟了上来。在那里,十二小时工作日法律曾需要二月革命来催生,但是它比自己的英国原版更不完备得多。虽然如此,法国的革命方法还是显示了它的独特的优点。它一下子就给所有的作坊和工厂毫无区别地规定了同样的工作日界限,而英国立法却时而在这一点上,时而在那一点上被迫向环境的压力屈服,并且极容易制造出一起又一起的诉讼纠纷。另一方面,法国法律作为原则宣布的东西,在英国则只是以儿童、少年和妇女的名义争取的东西,并且这些东西直到最近才作为普遍的权利提了出来。

卡·马克思:《资本论》(第一卷)之《绝对剩余价值的生产》,中共中央马克思恩格斯列宁斯大林著作编译局编译:《马克思恩格斯文集》(第五卷),人民出版社 2009 年版,第 347 页。

3. 马克思恩格斯对圣西门和傅立叶的评价

如果马克思来得及修订这个手稿,他无疑会把这一段话大加修改。这一段话,是他看到那些前圣西门主义者在法兰西第二帝国所起的作用有感而发的。在法国,正是在马克思写这段话的时候,这个学派的救世的信用幻想,由于历史的讽刺,作为规模空前的骗局得到了实现。后来,马克思说到圣西门,总只是赞美他的天才和百科全书式的头脑。如果说圣西门在以前的著作中,忽视了资产阶级和法国刚刚诞生的无产阶级之间的对立,把资产阶级中从事生产的那部分人算做劳动者,那么,这同傅立叶想把资本和劳动融合起来的观点是一致的,这要由当时法国的经济政治状况来说明。如果说欧文对这个问题的观点前进了一步,那只是因为他生活在另外一种环境中、即生活在产业革命和阶级对立已经尖锐化的时期。

弗·恩格斯:《资本论》第三卷第五篇第三十六章《资本主义以前的状态》注释(24),中共中央马克思恩格斯列宁斯大林著作编译局编译:《马克思恩格斯文集》(第七卷),人民出版社 2009 年版,第 684 页。

4. 法国社会党人已为伯恩施坦的"新方法"做了示范

如果说伯恩施坦的理论批评和政治欲望还有什么人不明白,那么法国人已经设法为"新方法"作了示范。法国在这一次也没有辜负它历来的名声,即它是"这样一个国家,在那里历史上的阶级斗争,比起其他各国来每一次都达到更加彻底的结局"（恩格斯为马克思的《雾月十八日》一文写的序言）。法国社会党人并不谈什么理论，而是直接行动起来；法国那种民主制发展程度较高的政治条件，·使他们能够立刻转到带来种种后果的"实践的伯恩施坦主义"上去。米勒兰在实行这种实践的伯恩施坦主义方面作出了一个极好的榜样，难怪伯恩施坦和福尔马尔都这么热心地、迫不及待地为米勒兰辩护，对他大加赞赏！的确，既然社会民主党实质上不过是个主张改良的党，并且应当有勇气公开承认这一点，那么社会党人也就不仅有权加入资产阶级内阁，而且甚至应当时时刻刻力求做到这一点。

列宁：《怎么办》，中共中央马克思恩格斯列宁斯大林著作编译局编译：

《列宁选集》（第一卷），人民出版社 1995 年版，第 295—296 页。

5. 法国无产阶级革命自 1981 年起就停顿了

恩格斯在《雾月十八日》第 3 版序言里写道："法国是这样一个国家，在那里历史上的阶级斗争，比起其他各国来每一次都达到更加彻底的结局；因而阶级斗争借以进行、阶级斗争的结果借以表现出来的变换不已的政治形式，在那里也表现得最为鲜明。法国在中世纪是封建制度的中心，从文艺复兴时代起是统一等级君主制的典型国家，它在大革命时期粉碎了封建制度，建立了纯粹的资产阶级统治，这种统治所具有的典型性是欧洲任何其他国家所没有的。而奋起向上的无产阶级反对占统治地位的资产阶级的斗争在这里也以其他各国所没有的尖锐形式表现出来。"（1907 年版第 4 页）

最后一句评语已经过时了，因为从 1871 年起，法国无产阶级的革命斗争就停顿了，虽然这种停顿（无论它会持续多久）丝毫不排除法国在将来的无产阶级革命中有可能成为使阶级斗争达到彻底的结局的典型国家。

列宁：《国家与革命》，中共中央马克思恩格斯列宁斯大林著作编译局编

译：《列宁选集》（第三卷），人民出版社 1995 年版，第 136—137 页。

6. "伟大自由的胜利者"法国被美国奴役着

那里没有一个工厂、没有一个工业部门不在美国人的掌握之中。美国已蛮横到如此地步，竟奴役起"伟大自由的胜利者"法国来了。法国过去是一个放高利贷的国家，现在却完全成了美国的债务国，因为法国已毫无经济实力，粮食和煤炭都不能自给，不能大规模发展自己的物质力量，而美国又一定要它交纳全部贡款。因此，法国、英国和其他强国的经济破产愈往后就愈明显。法国大选的结果是教权派占了上风。法国人民过去受了

骗，为了所谓自由民主拿出了全部力量去跟德国打仗，现在得到的报酬却是无穷的债务、凶残的美帝国主义者的嘲弄，以及代表最野蛮的反动势力的教权派在大选中的获得多数。

> 列宁：《在俄东部各民族共产党组织第二次代表大会上的报告》，中共中央马克思恩格斯列宁斯大林著作编译局编译：《列宁选集》（第四卷），人民出版社1995年版，第74—75页。

（四）意大利

1. 意大利的社会经济状况

资产阶级在争取民族解放时期和那以后取得了政权，但是没有能够而且也没有想要彻底实现它的胜利。它既没有消灭封建制度的残余，也没有按照现代资本主义模式重组国民生产。它没有能力让本国分享资产阶级制度的相对的和暂时的利益，反而把这种制度的一切累赘、一切弊害都加在它身上。这还不够，它还由于卑鄙的财政舞弊行为而永远丧失了最后的一点尊严和信用。因此，劳动人民——农民、手工业者、工人——一方面受到陈旧的弊病的压迫，这些弊病不仅是封建时代遗留下来的，甚至还是古典古代（分成租佃制；南方的大地产，那里人被牲畜所排挤）遗留下来的；另一方面又受到资产阶级制度所曾发明的最贪婪的税收制度的压迫。

......

显而易见，社会党还太年轻，而且由于经济条件的缘故还太软弱，使我们不能希望立即取得社会主义的胜利。全国的农村人口远远地超过了城市人口，在城市里，大工业很不发达，因此典型的无产阶级人数很少。大多数人是手工业者、小商贩和失掉阶级性的分子即摇摆于小资产阶级和无产阶级之间的群众。这是正在没落和瓦解的中世纪的小资产阶级，这些人目前还不是无产者，但却是未来的无产者。只有这个面临着经济破产并且已经陷入绝境的阶级，能够为革命运动提供大批战士和领袖。农民将会支持他们。农民虽然由于土地分散和不识字而没有可能表现任何有效的主动精神，但是毕竟是强大的和不可缺少的同盟者。

> 弗·恩格斯：《未来的意大利革命和社会党》，中共中央马克思恩格斯列宁斯大林著作编译局编译：《马克思恩格斯文集》（第四卷），人民出版社2009年版，第468—469页。

2. 但丁、加里波第是意大利伟大人物的无与伦比的完美典型

意大利是典型之邦。自从现代世界的曙光在那里升起的那个伟大时代以来，它产生过许多伟大人物，从但丁到加里波第，他们是无与伦比的完美的典型。但是，遭受屈辱和异族统治的时期，也给它留下了若干典型的人物脸谱，其中有两个经过特别刻画的类型：斯加纳列尔和杜尔卡马腊。我们看到，在我们这位大名鼎鼎的洛里亚身上体现着这二者的典型的统一。

弗·恩格斯：《资本论》第三卷序言，中共中央马克思恩格斯列宁斯大林著作编译局编译：《马克思恩格斯文集》（第七卷），人民出版社 2009 年版，第 24 页。

3. 一个国家的力量在于群众的觉悟

在我们看来，一个国家的力量在于群众的觉悟。只有当群众知道一切，能判断一切，并自觉地从事一切的时候，国家才有力量。我们丝毫用不着害怕说出疲乏的真情实况，试问现在哪一个国家不是疲乏不堪，哪一国人民不在公开谈论这一点呢？就拿意大利来说吧，那里由于疲乏不堪而产生过要求结束这场厮杀的长期的革命运动。难道在德国没有发生过工人的群众性示威运动，提出停止战争的口号吗？难道被刽子手威廉及其奴仆残暴地镇压下去的德国海军起义不是疲乏不堪引起的吗？既然在德国这样纪律严明的国家都可能发生这样的现象，开始说疲乏，说要停止战争，那我们就丝毫用不着害怕公开讲出这一点，因为这无论对于我们，对于一切交战国，甚至对于非交战国来说，都是千真万确的实情。

列宁：《全俄工兵代表苏维埃第二次代表大会文献》，中共中央马克思恩格斯列宁斯大林著作编译局编译：《列宁选集》（第三卷），人民出版社 1995 年版，第 347 页。

（五）其他国家

1. 争取正常工作日的斗争

在北美合众国，只要奴隶制使共和国的一部分还是畸形的，任何独立的工人运动就仍然处于瘫痪状态。在黑人的劳动打上屈辱烙印的地方，白人的劳动也不能得到解放。但是，从奴隶制的死亡中，立刻萌发出一个重新变得年轻的生命。南北战争的第一个果实，就是争取八小时工作日运动，这个运动以特别快车的速度，从大西洋跨到太平洋，从新英格兰跨到加利

福尼亚。在巴尔的摩召开的全国工人代表大会（1866 年 8 月）宣布：

"为了把我国的劳动从资本主义的奴隶制下解放出来，当务之急是颁布一项法律，规定八小时工作日为美利坚联邦各州的正常工作日。我们誓以全力争取这一光荣的结果。"

> 卡·马克思：《资本论》（第一卷）之《绝对剩余价值的生产》，中共中央马克思恩格斯列宁斯大林著作编译局编译：《马克思恩格斯文集》（第五卷），人民出版社 2009 年版，第 348 页。

2. 罗马和希腊早就有了汇兑业

汇兑银行就是从兑换业发展而来的。在汇兑银行中，银（或金）与通用的铸币不同，是作为世界货币——而现在是作为银行货币或商业货币——执行职能的。如果说汇兑业只是指一国的一个汇兑业者通知另一国的一个汇兑业者付款给旅行者，那么，它早在罗马和希腊就已从本来的兑换业者的业务中发展起来了。

> 卡·马克思：《资本论》第三卷第四篇第十九章《货币经营资本》，中共中央马克思恩格斯列宁斯大林著作编译局编译：《马克思恩格斯文集》（第七卷），人民出版社 2009 年版，第 354 页。

3. 17 世纪的荷兰是经济发展的模范国家

阿姆斯特丹银行（1609 年），和汉堡银行（1619 年）一样，并不标志着现代信用制度发展中的一个时代。它纯粹是一个存款银行。银行发出的本票，事实上只是存入的贵金属铸币和贵金属条块的收据，要有它们的持有人的背书才可以流通。但是，在荷兰，商业信用和货币经营业已经随着商业和工场手工业的发展而发展，而在发展过程中，生息资本已从属于产业资本和商业资本。这一点已经表现在利息率的低微上。然而，和现在的英国一样，17 世纪的荷兰被认为是经济发展的模范国家。以贫穷为基础的旧式高利贷的垄断，在那里已经自然而然地被推翻了。

> 卡·马克思：《资本论》第三卷第五篇第三十六章《资本主义以前的状态》，中共中央马克思恩格斯列宁斯大林著作编译局编译：《马克思恩格斯文集》（第七卷），人民出版社 2009 年版，第 681 页。

4. 在挪威，掺杂着少量中等资产阶级的小农和小资产阶级好几个世纪以来都是正常的社会状态

而在挪威，掺杂着少量中等资产阶级的小农和小资产阶级（大致和 17 世纪时英法两国的情形一样），好几个世纪以来都是正常的社会状态。

在挪威，谈不上由于伟大运动的失败和三十年战争而被迫退回到过时的状态中去。这个国家由于它的闭塞和自然条件而落后，可是，它的状况是完全适合它的生产条件的，因而是正常的。只是直到最近，这个国家才零散地出现了一点点大工业，可是在那里并没有资本积聚的最强有力的杠杆——交易所，此外，海外贸易的猛烈扩展也正好产生了保守的影响。因为在其他各地轮船都在排挤帆船的时候，挪威却在大规模地扩大帆船航运，它所拥有的帆船队即使不是世界上最大的，无疑也是世界上第二大的，而这些船只大部分都为中小船主所有，就像1720年前后的英国那样。但是这样一来，旧有的停滞状态毕竟开始运动了，这种运动也表现在文学的繁荣上。

挪威的农民从来都不是农奴，这使得全部发展（卡斯蒂利亚的情形也类似）具有一种完全不同的背景。挪威的小资产者是自由农民之子，在这种情况下，与堕落的德国小市民相比，他们是真正的人。

弗·恩格斯：《恩格斯致保尔·恩斯特》，中共中央马克思恩格斯列宁斯大林著作编译局编译：《马克思恩格斯文集》（第十卷），人民出版社2009年版，第584—585页。

5. 大俄罗斯的觉悟的无产者也有民族自豪感

我们，大俄罗斯的觉悟的无产者，是不是根本没有民族自豪感呢？当然不是！我们爱自己的语言和自己的祖国，我们正竭尽全力把祖国的劳动群众（即祖国十分之九的居民）的觉悟提高到民主主义者和社会主义者的程度。我们看到沙皇刽子手、贵族和资本家蹂躏、压迫和侮辱我们美好的祖国感到无比痛心。而使我们感到自豪的是，这些暴行在我们中间，在大俄罗斯人中间引起了反抗；在这些人中间产生了拉吉舍夫、十二月党人、70年代的平民知识分子革命家；大俄罗斯工人阶级在1905年创立了一个强大的群众性的革命政党；同时，大俄罗斯农夫开始成为民主主义者，开始打倒神父和地主。

……我们满怀民族自豪感，因为大俄罗斯民族也造就了革命阶级，也证明了它能给人类提供为自由和为社会主义而斗争的伟大榜样，而不只是大暴行，大批的绞架和刑讯室，普遍的饥荒，以及对神父、沙皇、地主和资本家十足的奴颜婢膝。

列宁：《论大俄罗斯人的民族自豪感》，中共中央马克思恩格斯列宁斯大

林著作编译局编译：《列宁选集》（第二卷），人民出版社 1995 年版，第
450 页。

6. 19 世纪末 20 世纪初各先进国家的历史

现在我们来概括地看一看 19 世纪末 20 世纪初各先进国家的历史。我
们可以看到，这里更缓慢地、更多样地、范围更广阔得多地进行着那同一
个过程：一方面，无论在共和制的国家（法国、美国、瑞士），还是在君
主制的国家（英国、一定程度上的德国、意大利、斯堪的纳维亚国家等），
都逐渐形成"议会权力"；另一方面，在不改变资产阶级制度基础的情况
下，各资产阶级政党和小资产阶级政党瓜分着和重新瓜分着官吏职位这种
"战利品"，为争夺政权进行着斗争；最后，"行政权力"，它的官吏和军事
机构，日益完备和巩固起来。

毫无疑问，这是一般资本主义国家现代整个演变过程的共同特征。法
国在 1848—1851 年这 3 年内迅速地、鲜明地、集中地显示出来的，就是整
个资本主义世界所特有的那种发展过程。

列宁：《国家与革命》，中共中央马克思恩格斯列宁斯大林著作编译局编
译：《列宁选集》（第三卷），人民出版社 1995 年版，第 137 页。

7. 在任何一个最民主的资产阶级国家中，对外政策都是不公开的

拿对外政策来说。在任何一个最民主的资产阶级国家中，对外政策都
是不公开的。到处都是欺骗群众，而在民主的法国、瑞士、美国和英国，
这种欺骗比其他国家更广泛百倍，巧妙百倍。苏维埃政权用革命手段揭露
了对外政策的黑幕。考茨基没有注意到这一点，对这一点默不作声，虽然
在进行掠夺战争和签订"瓜分势力范围"（即资本家强盗瓜分世界）的秘
密条约时代，这一点具有根本的意义，因为和平问题，千百万人的生死问
题都是以此为转移的。

列宁：《无产阶级革命和叛徒考茨基》，中共中央马克思恩格斯列宁斯大林著
作编译局编译：《列宁选集》（第三卷），人民出版社 1995 年版，第 605 页。

（六）欧洲文明与中国

1. 中国革命对文明世界很可能发生的影响是"两极相联"原则的一个明显例证

有一位思想极其深刻但又怪诞的研究人类发展原理的思辨哲学家，常

常把他所说的两极相联规律赞誉为自然界的基本奥秘之一。在他看来，"两极相联"这个朴素的谚语是一个伟大而不可移易地适用于生活一切方面的真理，是哲学家所离不开的定理，就像天文学家离不开开普勒的定律或牛顿的伟大发现一样。

"两极相联"是否就是这样一个普遍的原则姑且不论，中国革命对文明世界很可能发生的影响却是这个原则的一个明显例证。欧洲人民的下一次起义，他们下一阶段争取共和自由、争取廉洁政府的斗争，在更大的程度上恐怕要决定于天朝帝国（欧洲的直接对立面）目前所发生的事件，而不是决定于现存其他任何政治原因，甚至不是决定于俄国的威胁及其带来的可能发生全欧战争的后果。

卡·马克思：《中国革命和欧洲革命》，中共中央马克思恩格斯列宁斯大林著作编译局编译：《马克思恩格斯文集》（第二卷），人民出版社2009年版，第607页。

2. 中国革命将把火星抛到现今工业体系的地雷上，把酝酿已久的普遍危机引爆，紧接而来的将是欧洲大陆的政治革命

在这样的情况下，既然英国的贸易已经经历了通常商业周期的大部分，所以可以有把握地说，中国革命将把火星抛到现今工业体系这个火药装得足而又足的地雷上，把酝酿已久的普遍危机引爆，这个普遍危机一扩展到国外，紧接而来的将是欧洲大陆的政治革命。这将是一个奇观：当西方列强用英、法、美等国的军舰把"秩序"送到上海、南京和运河口的时候，中国却把动乱送往西方世界。

卡·马克思：《中国革命和欧洲革命》，中共中央马克思恩格斯列宁斯大林著作编译局编译：《马克思恩格斯文集》（第二卷），人民出版社2009年版，第612页。